『쇄미록瑣尾錄』(보물1096호) 7책 필사본

임진왜란 때 오희문(1539~1613)이 쓴 일기로, 선조 24년(1591)부터 선조 34년(1601) 2월까지 약 9년 3개월간의 사실을 기록한 것이다. 양반 사대부층의 농장이 노비의 노동을 기반으로 농장주가 직접 감독하는 경영이었음을 잘 보여주고 있다. 오희문은 부리던 늙은 비녀 열금이 병들어 죽게 된 경위를 일기에 기록으로 남겼다.

오정근 소장

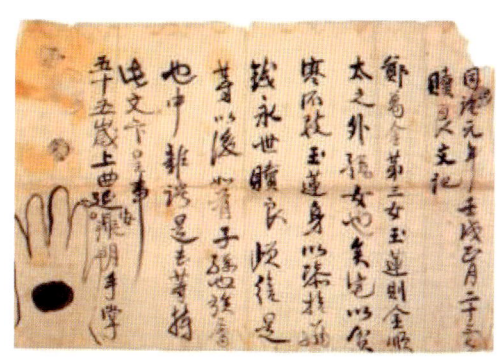

옥련玉蓮 속량노비문서

주인인 이정명이 정만금의 셋째 딸 옥련을 돈을 받고 양인으로 만들기 위해 70냥에 속량贖良하면서 작성한 노비문서이다. 노비는 글을 몰라 수결 대신 손을 문서에 대고 그 모양대로 그렸다.

출처: 국립중앙도서관

김홍도의 도강도 渡江圖

양평의 나무꾼 시인 정초부가 지은 화제가 눈길을 끈다.

화제;
고호의 봄 물결은 쪽빛보다 푸르러	高湖春水碧於藍
또렷하게 보이는 건 두세 마리 해오라기	白鳥分明見兩三
노 젓는 소리에 새들은 모두 날아가고	柔櫓一聲飛去盡
노을 진 산빛만이 강물에 가득하네	夕陽山色滿空潭

노비일 奴婢日, 머슴날의 풍속도

'머슴 날'이라고도 하는데, 조선시대 긴 겨울동안 쉬었던 노비들이 2월이 되면 비로소 한 해의 농사를 준비해야 하기 때문에, 노비들을 위로하기 위해 하루 동안 주식酒食을 베풀고 배불리 먹게 하였다.

김홍도의 풍속화(타작도)

『성종실록』에 따르면 노비는 1478년에 성년 남자 인구의 80~90%를 차지하였다. '타작도'는 수확기 농촌의 타작 모습을 그린 그림이다.

경직도 耕織圖

고된 노역으로 몸이 드러난 노비의 모습과 한가로이 치렁한 옷을 걸친 양반의 모습이 대조되어 부각된다.

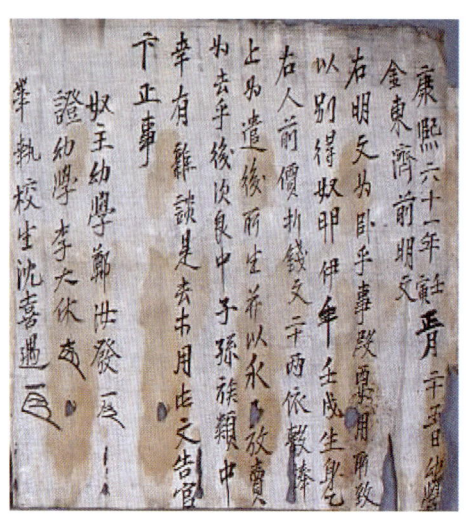

1722년 정여발이 김동제에게 난이를 매매한 노비매매문기

강희 61년 즉 1722년 (경종2년 임인년) 1월 25일에 노주 유학 정여발이 유학 김동제에게 노비 난이를 20냥에 후소생까지 아울러 매매하는 문서이다.

현소장처; 한국국학진흥원
원소장처; 도산서원陶山書院

유희경의 『촌은집村隱集』 책판

경남 남해군 용문사 대웅전 불상 밑에 보관하던 모두 52매의 목판은 촌은 유희경 선생의 행적과 시가 수록되어 있다. 촌은은 조선 인조 때 시인으로 본관은 강화, 자는 응길 호는 촌은이라 했다.

지정번호: 유형문화재 제 172호
소재지: 경남 남해군 이동면 용소리 868(용문사 내)

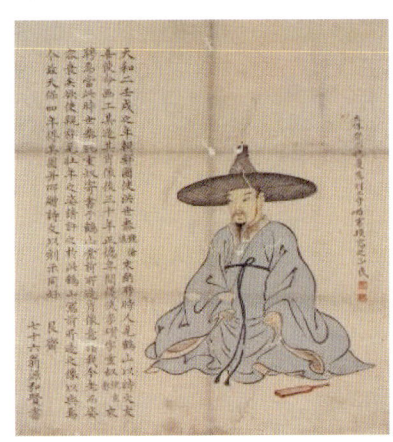

홍세태의 초상화 목판본

홍세태의 초상을 본으로 목판에 섬세하게 조각하고 찍은 뒤, 채색을 엷게 한 작품이다. 화제를 보면 1682년 홍세태가 조선통신사로 일본에 갔을 때, 교류하던 일본인이 화공으로 하여금 그의 모습을 그리게 하였고, 그 초상이 후에 판각되어 전해지는 것으로 추측할 수 있다.

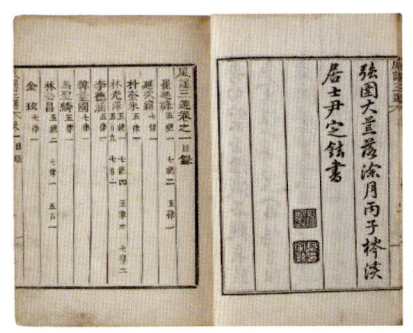

『풍요속선』

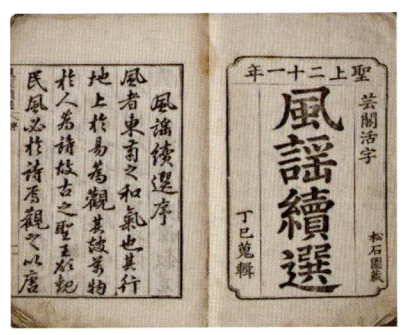

『풍요삼선』

『소대풍요』를 간행한지 60년만인 1797년에 천수경千壽慶이 편찬하고 장혼張混이 교정하여 운각활자로 간행한 여항인 시선집이다.

『풍요속선』을 간행한지 60년만인 1857년에 간행한 여항인 시선집이다. 305명의 시가 실려 있다.

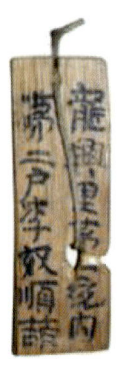 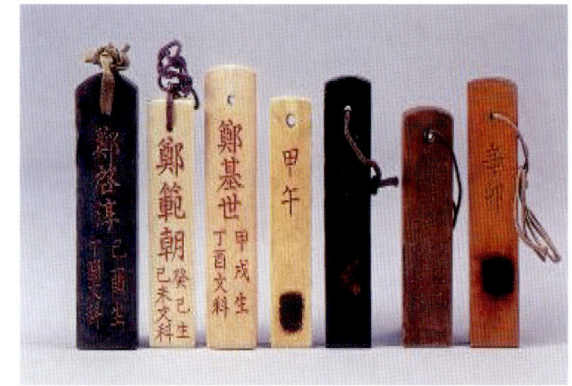

노비호패(좌)와 사대부 양반, 중인의 호패(우)

조선시대 왕족으로부터 양인, 노비에 이르기까지 16세 이상의 남자에게 발급한 호패는 호구 파악, 유민 방지, 신분질서 확립 등의 목적으로 사용되었는데, 신분에 따라 재료와 기재 내용, 새겨진 위치 등이 달랐다.

출처: 국립민속박물관

충비순량순절지연忠婢順良殉節之淵 음각마애비석

비석은 특이하게 포항시 곡강 어귀 자연암반을 다듬어 음각한 마애 비석이다.

소재지: 포항시 북구 흥해읍

충비단양지비忠婢丹良之碑

조선시대 계유정란 때 영의정 황보인의 여종 단양丹良은 황보 가문의 대를 잇기 위해 그의 손자를 물동이에 이고 천리 먼 길을 걸어 땅 끝인 포항 대보면 구만리 짚신골까지 도망쳐 친어미같이 키우고 죽게 된다. 죽기 직전 자기는 어머니가 아니고 여종이었다는 사실과 집안 내력을 황보인의 손자 황보단에게 들려주었다.

충비갑연지비忠婢甲連之碑

영일민속박물관에는 가로 50㎝, 세로 80㎝ 남짓한 비석 전면에 '충비 갑연의 비석忠婢甲連之碑'이란 글이 새겨져 있었다. 원래 이 비는 포항시 남구 용흥동 산 41-3번지, 연화재 고개에 방치돼 있다가 15년 전쯤 현재 자리로 옮긴 것이다.

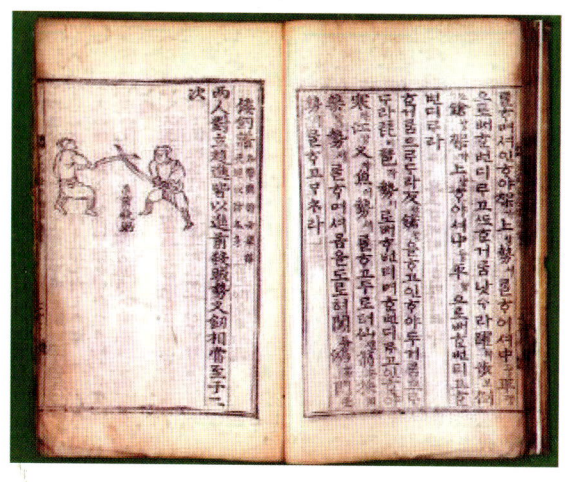

『무예제보번역속집武藝諸譜飜譯續集』

광해군 대에 훈련도감의 도청都廳을 맡았던 최기남이 『무예제보속집』에 일본고日本考를 첨부하여 편찬한 것이다.

소재지; 대구 달서구 신당동 1000
계명대학교 동산도서관
보물 제1321호

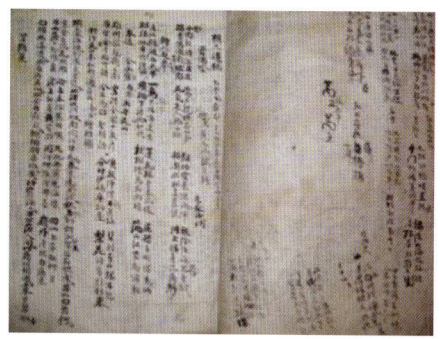

『초부유고』 필사본

조선 정조 때 노비시인 정초부鄭樵夫(1714~1789)의 한시집.

출처; 고려대도서관 소장, 안대회 교수 제공

노비문학산고

노비문학산고

이 상 원

국학자료원

머 리 말

　최근 십여 년 동안 우리 고전을 읽으면서 조선 기층민중의 삶에 관하여 관심을 가지게 되었다. 여러 자료를 살펴보면서 행간의 곳곳에 그들이 살았던 곤고한 삶의 풍경을 여실하게 엿볼 수 있었다. 천민들은 조선사회의 근간을 지탱하면서도 사람으로 제대로 대접받지 못하고 혹독한 조건에서 대물림되는 아웃사이더들이었다. 지배층의 중심으로 들어가거나, 신분제의 질곡을 끊어낼 수 없었기에 그들은 절망하였고, 이를 초탈하고자 가혹한 인간조건을 극복하여 영롱한 문학의 물줄기를 틔워 오늘 귀중한 '노비문학'이란 자산을 우리에게 남겼다. 이제 그들이 남긴 단편적이고 흩어진 자료를 꿰맞추어 비로소 '노비문학'이란 이름으로 세상에 펴내고자 한다.

　최근에 노비의 한시를 여러분의 격려에 힘입어 계간『뿌리』에 연재하여 세상에 내보냈으나 더욱 정련하여 다듬고 빠진 부분을 보충하느라 또 두 해가 흘렀다. 그리고 필자의 손이 미치지 못하여 미처 찾아내지 못한 노비문학 자료도 더러 있으리라 생각한다. 이는 훗날 다시 풀어야 할 과제로 미루어 두었다. 조선시대 한국문학을 연구하는데 있어 대체로 담당 계층에 따라 다양한 층위의 용어들이 사용된다. 예를 들면 양반문학, 여항문학, 중인문학, 서민문학, 기녀문학, 여류문학 등이라 칭하는 것이 그것들인데, 졸고에서는 노비만을 따로 떼어 '노비문학'이란 용어를 사용하여 최초로 정립하고자 한다.

　노비는 가장 참혹한 인간실존의 밑바닥에서 인간이 천부적으로 지닌 성정의 발로와 기질에 따라 독특한 문학의 성취를 이루었는데, 이런 점에서 천민계층도 나름대로 조선문학사의 소중한 한 부분을 차지한다고 생각한다. 일군의 천민시인들이 이룩한 시적 성취는 양반사대부의 그것과는 변별되는 아취와 회한, 울분, 초탈과 저항 의식이 시의 행간마다 투영되어 그 저류에서 원시의 아름다움이 용솟음치고 있음을 볼 수 있다.

그들은 오늘날 우리들에게 말을 건다. 시간이 흘러도 여전히 인간조건과 삶의 양식은 크게 진보하지 않다는 걸 증명하고 있다. 치자와 피치자는 시대를 막론하고 그 대척점에서 소통하지 못하고, 다스리는 자는 일방적인 힘의 논리로 타자를 소유하고 지배하려고 한다. 다만 그 방법과 모습만 달리 할 뿐, 여전히 노비들이 살아냈던 조선의 참혹한 광경이 오늘을 사는 우리 주변에서도 종종 재현되는 걸 볼 수 있다. 아직도 정치는 아래와 위가 일치되는 방향성을 상실하고, 탐욕과 위선에 찬 꼭두각시놀음으로 백성을 어려움에 몰아넣고 있다. 김해의 관노인 어무적이 살았던 조선왕조의 부패와 부조리가 지금도 여전히 재현되고 있다.

21세기의 자유민주주의 사회에서도 인간의 삶이 존재양식이 아니라 소유양식으로 치달리는 한, 힘에 의한 야만적인 폭압은 여전히 지속될 것이다. 이러한 토대 위에서, 졸고는 오늘을 사는 나 자신을 성찰하고, 존재양식으로 향하여 한 걸음이라도 더 다가가기 위한 시론이 될 것이다. 그러므로 조선의 한 모서리를 지탱한 노비라는 최하층의 시인들이 이룩한 문학을 성찰함으로써 오늘을 사는 우리가 자신을 비춰볼 수 있는 심연의 거울을 새로이 닦고자 한다. 그리하여 화석처럼 먼지가 켜켜이 쌓인 시공의 지층을 걷어내고 모든 사람이 한 가지로 서로 도우며 사는 밝고 아름다운 세상이 되기를 바란다.

  사람은 모두 귀하다. 천하 만물이 어찌 천하고 귀함이 따로 있는가. 노비라 이름 붙여진 그 가혹한 짐승의 세월 속에서, 그들이 자신의 피를 먹으로 찍고, 뼈를 갈아 붓으로 삼아, 써내려간 조선시대의 조서를 우리는 마땅히 '노비문학'이라는 위대한 탑으로 기려도 좋으리라. 그 처절한 시의 행간을 오늘 우리가 쫓아가보면, 차마 시린 가슴 없이는 한 줄도 읽지 못할 것이다. 현실의 절망을 초월하고 극복하려는 울음이 녹아 흐르는 저문 강가에서, 마치 누추하고 후줄근한 노비의 심정이 되어 흙투성이가 되어 삽을 씻는 심정이 되어 본 적이 있는가. 주자 성리학의 기치 아래, 조선사회는 신분제와 관료제의 폭압적 굴레에서 다수 기층민중의 삶을 도구화 하고, 그들은 좌식계급으로 도를 실어 그게 문학이라고 거들먹거리며 유행처럼 세상에 문집을 펴냈다. 조선의 위선과 오욕은 이런 걸 두고 말한다. 썩은 도학자가 껍데기 같은 문장을 읊조리며, 천리나 인욕을 들먹이고, 점잔을 떠는 돼먹지 않은 비린 글들은 또한 얼마나 많은가. 졸고는 무엇보다도 천학인 나 자신을 먼저 돌아보기 위하여 쓴 글이다. 아직도 우리 사회에 사람의 모습을 갖추지 못한 짐승과 야만의 얼굴을 한 모습이 있다면, 이를 끄집어내어 성찰하는 심정으로 우리의 부끄러움을 감히 세상에 내보이고자 하기 위하여 쓴 글이다.

노비의 글은 문자로 정착되는데, 기본적으로 한계가 있을 수밖에 없어 자료가 흩어지거나, 거칠고 성글어 이를 맞추고 독해하는데 어려움이 많았다. 그동안 선행연구가 극히 일부에서 이루어졌는데, 산발적이고, 본격적인 노비문학의 집성은 이루어지지 않았다. 그래서 졸고는 이 자리를 빌어, 노비문학의 개략적인 밑그림을 그리는 심정으로 서술하였기에 난삽하고 더러는 중첩되거나, 다소 거친 면이 있을 줄 안다. 되도록 원전 자료를 풍부하게 싣고, 또 전거를 일일이 밝히고자 하였으나, 부족한 부분은 훗날 안목이 트인 연구자에게 미루어 두기로 한다.

  그동안 계간 『뿌리』에 귀한 지면을 할애하여 졸고를 실어주신 발행인 고故 공석하 선생님과 처음 잡지에 졸고가 나갈 때부터 크게 격려하여 주신 전 사상계편집장 김중위 선생님께 감사의 말씀을 드린다. 이 어른들의 격려로 두렵지만 졸저가 한 권으로 묶일 수 있었다고 생각한다. 거칠고 옹색한 책상물림이 여러분의 은덕으로 세상 한 귀퉁이에서도 근근이 버틸 수 있어 참 다행이라 여긴다.

2011년, 하지절
이상원

목 차

■ 머리말

I. 시작하는 글 ··· 13

1. 개관 ··· 13
2. 노비의 가혹한 조건 - 사람인가, 짐승인가 ················ 18
   1) 노비의 몸값 ·· 19
   2) 늙은 비녀, 열금의 죽음 ································ 20
   3) 소설 '김씨남정기' ·· 22
   4) 소설 '김학공전' ··· 23
   5) '용비석' 전설 ·· 28
   6) 충비忠婢; 전생全生, 단양丹良, 순량順良, 갑연甲連 ········ 29
   7) 노비에 대한 형벌 ·· 36
   8) 노비 연향의 살인사건 ·································· 41
   9) 노비일 ··· 43
   10) 성호 이익의 노비관奴婢觀 ···························· 43
   11) 노비의 의열義烈 ··· 48
   12) 여종에 얽힌 야담 ······································· 49

Ⅱ. 노비들의 한시 고찰 ········· 55

1. 백대붕白大鵬 – 전함사에 딸린 노비 ········· 55
2. 어무적魚無迹 – 김해 관비의 서출 ········· 71
3. 이단전李亶佃 – 스스로 '하인'이라 호를 지은 기인 ··· 101
4. 정초부鄭樵夫 – 양평 여씨집 종인 나무꾼 시인 ········· 137
5. 박만朴蔓 – 요절한 천재 시인 ········· 158
6. 천한 여종들 ········· 163
   1) 안동 권씨 집의 여종, 얼현孼玄 ········· 164
   2) 영남 노복가奴僕家의 한 여종 ········· 196
   3) 금가琴哥 ········· 196
   4) 동양위東陽尉의 궁비宮婢 ········· 197
7. 정옥서鄭玉瑞 – 백년에 드문 풍월향도風月香徒 ········· 197
8. 최기남崔奇男 – 궁실에 딸린 종으로 수졸守拙 ········· 201
9. 왕태王太 – 정조가 아낀 주막 중노미 ········· 261
10. 홍세태洪世泰 – 조선 최고의 역관 시인 ········· 276
11. 유희경劉希慶
   – 강상의 도리를 다한 풍월향도風月香徒 ········· 420

Ⅲ. 마치는 글 ········· 479

■ 색 인 481

I. 시작하는 글

I. 시작하는 글

1. 개관

"우리나라에서는 노비를 재물로 삼는다. 대개 사람이란 같은 종류인데 어찌 사람이 사람을 재물로 삼는 이치가 있을 것인가. 옛날에는 나라의 부를 물을 때에는 말[馬]의 수로써 대답하였으니, 이것은 천자와 제후일지라도 다만 사람을 다스리는 소임을 하였을 뿐이고, 일찍이 사람을 자기의 재물로 삼지 않은 것이다. 지금 우리나라의 풍속은 다른 사람의 부를 물을 때에 반드시 노비와 농지를 가지고 말하니, 그 법이 그르고 풍속이 고질화되었음을 알 수 있다."1)

졸고는 조선시대 노비奴婢 문학에 관한 글이다. 조선 사회는 법제적으로 양천제를 표방하였지만 실제로는 양반, 중인, 상민, 노비의 네 계층으로 분화되었다. 노비는 최하층 신분으로 '종'이라 불렸는데, '노奴'는 남자종, '비婢'는 여자종을 말한다. 이 신분층은 가장 오래도록 그리고 가장 가혹한 조건에서 존속했는데, 졸고는 그들이 남긴 한시문학을

---

1) 이긍익李肯翊, 『연려실기술燃藜室記述』 별집 제13권, 정교전고政敎典故, 노비奴婢. 또 조헌趙憲, 『중봉집重峯集』, 소疏.

중심으로 소략하게 고찰하는데 목적을 두고 있다.

우리나라에서 노비의 존재는 기자箕子 조선의 '팔조법금八條法禁'에 처음으로 나타난다. 당시에는 주로 범죄자를 노비로 삼았는데, 전쟁이 잦은 삼국시대에 오면 포로를 노비로 삼았다. 그러다가 고려왕조에서는 노비 공급이 눈에 띄게 줄어들자, 정종 5년(1039)에 '천자수모법賤者隨母法'이 제정되었다. 즉 아비가 귀족이어도 어미가 노비면 그 자녀 모두를 노비로 삼았다. 이 법을 이용하여 고려 호족들은 교묘하게 노비 수를 늘려갔는데, 개인이 소유한 노비 수가 늘고 양민이 줄어들자 고려 조정은 조세 수입이 감소하게 되었다. 그래서 전민변정도감田民辨正都監을 설치하여 많은 노비를 풀어 주기도 하였다. 또 조선 초기에는 한때 아비의 신분을 따르는 종부법從父法이 시행되기도 하였다. 그런데 힘 있는 양반이 많은 여자를 거느리는 일부다처제 사회이다 보니 종부법은 양반 수를 급격히 늘려 놓았다. 그래서 영조 때에는 어머니가 양인이면 자식도 양인이 되는 '종모종량법從母從良法'이라는 것을 만들어 시행케 하였다. 그러나 노비 소유주들의 사욕 때문에, '일천즉천一賤卽賤', 곧 부모 한쪽이 노비이면 자식도 노비가 되는 관행이 계속 되어 사노비 수는 여전히 늘어만 갔다.

노비는 소유형태에 따라 공노비와 사노비로 구분된다. 공노비는 상전에 대한 의무부담이 노역인가 현물인가에 따라 선상選上노비와 납공納貢노비로 구분된다. '선상'은 일정기간 중앙 또는 지방 관아에 신역을 제공하며, '납공'은 신공身貢으로 면포 등을 상납한다. 조선의 기본 법전인 『경국대전經國大典』에 따르면 납공노비 가운데 '노'는 신공으로 면포 한 필과 저화楮貨 스무 장, '비'는 면포 한 필과 저화 열 장을 바쳤다. 공노비의 부담은 양인 장정에게 부과되는 양역良役에 비해 두 배 이상 과중하였다. 조선은 국가운영에 주요한 인적 기반이 되는 공노비를 철저히 관리하기 위해 삼 년마다 속안續案을 작성하고 이십 년에 한 번씩 정안正案을 작성하여 형조, 의정부, 장예원掌隷院,2) 사섬시司贍寺 및 해당 도읍에 보관시켰다.

한편 사노비는 솔거노비와 외거노비로 구분된다. 솔거노비는 상전 가족의 일원으로 생활하여 독자적인 재화 축적의 기회나 행동의 제한을 받았으며, 대부분 하인으로 사역 및 경작에 동원되었다. 또한 다른 동산動産처럼 소유객체인 '물物'로 인정되어, 인격과 몸까지 상전의 소유물이 되었다. 외거노비는 상전으로부터 독립된 가호와 가계를 유지하여 행동의 제한을 크게 받지 않아 예속 정도에서 상대적으로 자유로웠다. 이들은 상전에게 매년 신공을 바쳤는데, 상전 또는 타인의 토지를 경작하여 소작료를 제외한 생산물 일부를 소유하고 독자적인 가계를 유지했기 때문에 양인 전호농민과 그 처지가 비슷했다.

또 부모 어느 한쪽이 노비인 경우 자손은 대대로 노비신분으로 규정되는 세전법世傳法으로 노비들의 면천 통로는 원천적으로 차단되어 있었다. 그러나 노비들은 16세기 이후 군공종량軍功從良이나 공사천무과公私賤武科 및 경제력에 바탕을 둔 납속 등의 방법을 통해 끊임없이 양인으로 신분이 상승하였다. 국가적으로 대대적인 신분제 변동추세에 따라 순조 1년(1801)에 약 육만 명의 공노비 혁파가 있었고, 이후 고종 20년(1894) 갑오개혁으로 공사노비제가 완전히 혁파됨에 따라 차별적인 신분제의 폐지와 더불어 노비제가 사라졌다.

문학은 어느 시대를 막론하고 한 시대를 살다간 사람들의 서정과 사상을 오롯이 담아내는 그릇이다. 특히 시는 인간의 심연을 표현하는 가장 근원적인 문학의 한 갈래이다. 양반관료체제를 지향한 조선의 들과

---

2) 장예원; 조선시대 공·사노비公私奴婢의 장적帳籍과 노비결송奴婢決訟에 관한 일을 맡아보던 관청.

산, 저자에서 시란 그저 양반 사대부의 전유물이었다. 반상제도가 엄격한 조선의 독점적 문화 향유자인 양반 사대부들은 그들만의 암호인 한자를 통하여 상류문화의 중심축을 형성하였다. 역사 이래로 대부분의 시인은 신분이 높은 남성 위주였다. 아주 드물게 여성이나 평민이 시인으로 이름을 올리기도 했으나 대개가 소외된 아웃사이더일 뿐이었다. 조선의 누추한 밑바닥에도 시안詩眼이 열린 천민들이 있는데, 졸고에서는 소중한 이들의 시문학을 한 자리에 차려보고자 하는데 작은 의미를 두고자 한다. 이들 천민들은 주류사회에서 소외되어 설움을 받던 노비나 하인, 천예賤隸들이었고, 심지어 소나 돼지와 같이 세습되거나 사고 팔리기도 하였기에 '생구生口'라고 불렸던 우리의 귀한 백성들이다. 언제 어디서나 밑바닥 인생으로 하대下待 당하며, 핍박받았기에 '종놈', '종년'으로, 혹은 천한 '것'으로, 심지어 물건을 지칭하는 '이것', '저것'으로 불리기까지 하였다. 그래서 그들은 글을 읽고 쓸 수도 없었고, 아예 그런 기회조차 태생적으로 막혀있어 숙세의 고통을 안고 살 수 밖에 없었다.

　이러한 조선의 엄격한 신분사회의 질곡에서 미천한 출신에도 불구하고 자신의 꿈을 이루기 위해 피맺힌 눈물로 역사의 한 모퉁이를 시로 써 시름을 풀고 민초의 아픔을 온 몸으로 써내려간 인물들이 있었다. 그들은 한결같이 외면당하고 멸시받던 계층이었지만, 자신을 둘러싼 환경에 좌절하거나 굴복하지만은 않았다. 어무적, 백대붕, 이단전, 정초부, 박만, 얼현, 홍세태, 최기남, 정옥서, 왕태, 유희경 등은 대표적 인물이다. 이들 시인 외에도, 어떤 재상의 종이었으나 함경남도병마절도사가 된 반석평, 여종의 자식으로 무과 급제를 통하여 장군이 되어 임진왜란에서 크게 활약한 유극량, 어머니가 종의 신분이었으나 뛰어난 학식으로 벼슬에 올라 덕으로 백성을 다스린 신유한 등은 입지전적인 천출賤出, 서류庶流들이었다.

　이처럼 조선의 골목과 산과 강, 들에서 아주 드물게 숨은 꽃이 피어올랐으니, 그 꽃들은 들꽃이로되 독특한 향기를 내뿜는 은화식물과 같은 존재였다. 이른바 조선의 서민층문학을 일러 여항문학이라 부르지만, 그 중에서도 기층민중의 가장 밑바닥에 속한 노비들의 천민문학은 실로 우리의 소중한 문학자산이다. 조선중기를 지나 중인계급이 성장하고, 전란을 겪고 난 뒤 엄격한 신분체제가 무너지기 시작하면서 서민문화가 발달하자 이른바 여항시인이 등장하기도 했지만 여전히 양반 사대부 중심의 문학구조가 바뀐 것은 아니었다. 또 여항시인들이 문학 활동을 활발히 했다 해도 그들 대부분은 일반평민이 아니라 소외된 양반 서얼이나 역관 출신 등과 같은 중인 계층이 대부분이었다. 더구나 노비와는 비교할 수 없는 신분과 축적된 경제력으로 여가활동을 즐길 만큼 부유했다. 그 어디에도 노비를 위한 문학공간은 존재하지 않았다.

　그럼에도 불구하고 숙명처럼 따라붙은 노비란 신분의 꼬리를 달고 개성적인 시 쓰기를 한 천인들이 있었다. 그들은 명종 때 김해의 관노였던 어무적, 전함노였던 백대붕, 스스로 하인이라 선언한 이단전, 나무꾼 노비출신 정초부, 요절한 천재 박만, 기구한 인생유전을 겪은 천한 여종 얼현, 국제적인 역관시인 홍세태, 절의와 강상으로 신분상승을 한 유희경, 주막 중노미로 정조가 아낀 왕태, 궁실에 딸린 종으로 수졸옹으로 부른 최기남, 백년에 드문 풍월향도 정옥서 등이다. 졸고에서는 이들이 꽃피운 시문학을 중심으로, 시대의 고통을 안고 눈물을 찍어 써내려간 시의 행간을 살펴보고자 한다. 이들의 신분이 천인 출신이기에 대부분 개인적인 문집이나 시집이 있을 리 없고 또한 기록이 흩어져 있어 마치 퍼즐을 맞추어나가 듯 어렵고 성가신 작업이다. 더구나 이들에 관한 기록은 산일散逸한 관계로 여기저기에서 착간錯簡이 많고 정보가 미미할 뿐더러 대개가 중복되어 극히 단편적으로 전하고 있을 뿐이다.

  그러나 기록의 양이 많고 적음은 그리 큰 문제가 아니다. 단 한편의 시를 보면 그 너머 위인爲人을 알 수 있기에 더욱 소중한 것이다. 세월에 낡아 흐려지고, 신분이 미천하여 그 전하는 바가 극히 희귀하기에 낱알 한 알이라도 너무나 소중한 선인들의 발자취이기에 더 아끼는 까닭이 여기 있다. 이 글을 쓰면서 오늘을 생각한다. 지금 우리가 사는 세상에도 이들처럼 변두리에서 소외된 채, 짐승처럼 살고 있는 사람이 혹시나 있지 않은지 성찰하면서, 졸고에서는 되도록이면 산재되어 전하는 그들의 기록을 원전에 따라 풍부하게 그대로 싣고자 하였다. 이러한 태도는 적어도 그들에 대한 외경과 예의의 최소한이라 믿기에 더욱 그렇다.

2. 노비의 가혹한 조건
— 사람인가, 짐승인가

  졸고는 노비라는 신분적 제약에도 불구하고 인간의 기본적인 천성에서 우러나온 문학을 통하여 어떻게 그들이 아픔을 치유했으며, 시대를 투영하고 있는지 살피고자 한다. 그런데 문학은 시대의 소산이며, 그 반영이라는 소박한 생각에서 출발한다면, 무엇보다 다양한 스펙트럼을 통하여 그들의 내면에 드리운 질곡과 속박, 가혹한 인간조건을 먼저 살펴보는 것이 순서일 것이다. 그래서 노비의 가혹한 조건을 각각 사람과 짐승, 주인과 종물, 폭압과 순종, 의리와 반역 등 대결과 화해라는 다양한 시각의 두 대척점에서 살펴보고자 한다. 사료, 소설, 설화, 전설, 사건, 풍습, 금석문 등 다양한 인용 자료를 제시하여 당시의 역사적 현장에서 이를 가감 없이 살펴봄으로써 노비문학의 심층에 드리운 숨은 키워드를 읽을 수 있을 것이다. 이러한 배경지식은 바로 다음 장에서 본격적으로 고찰하게 될 실존하는 노비문학의 숨은 행간을 읽는데 매우 유용한 하나의 방법이 되리라 생각한다.

1) 노비의 몸값

조선시대 태조 당시 가치로는 말 한 필로 노비 세 구口를 살 수 있었다. 가축 값보다 노비가 싼 값으로 거래 되었기에 조정에서는 노비의 몸값을 올려 정하도록 하였다. 『조선왕조실록』에는 이러한 사실이 기록되어 있다. 이는 노비가 얼마나 가혹하고 비인간적인 조건에 처하여 있었는지를 반증하는 우리의 아픈 역사이다.

> 노비의 몸값을 올려 정하다. 형조도관刑曹都官에서 말씀을 올리었다.
> "무릇 노비의 값은 많아도 오승포五升布3) 백오십 필에 지나지 않는데 말 값은 사오백 필에 이르게 되니, 이것은 가축을 중하게 여기고 사람을 가볍게 여기는 것이므로 도리에 거슬리는 일입니다. 원컨대, 지금부터는 무릇 노비의 값은 남녀를 논할 것 없이 나이 열다섯 살 이상에서 마흔 살 이하인 자는 사백 필로 하고, 열네 살 이하와 마흔한 살 이상인 자는 삼백 필로 하여 매매를 의논하여 정하기로 하고, 이를 일정한 법으로 삼게 하며, 현재 도망 중에 있는 노비의 노역의 대가는 한 명마다 한 달에 오승포 세 필로 하고, 연월年月이 비록 많더라도 그 값에 지나지 않게 하소서."4)

---

3) 오승포五升布; 5새[五升 : 1승은 80올]로 짠 베. 조선시대에는 포를 화폐 대용으로 사용했는데, 5승포를 기준포인 정포正布로 삼았다.
4) 『태조실록』, 태조 7년 무인(1398,홍무 31) 6월18일 (임술)조 기사. "刑曹都官上言: "凡奴婢價, 多不過五升布一百五十匹, 馬價則至四五百匹, 是重畜輕人, 於理不順。 願自今凡奴婢價, 勿論男女, 年十五以上四十以下者, 四百匹; 十四以下四十一以上者, 三百匹, 論定買賣, 永爲恒法。 其在逃役價, 則每一名一朔, 五升布三匹。 年月雖多, 不過其直。"上允之。"

I. 시작하는 글 19

2) 늙은 비녀, 열금의 죽음

『쇄미록瑣尾錄』5)은 오희문吳希文(1539~1613)이 임진왜란 전후 약 9년간 피란중의 상황을 생생하게 기록한 일기이다. 『쇄미록』은 피난으로 나그네처럼 떠도는 자신의 심정을 얹어, 『시경』「패풍邶風」'모구旄丘'에서 "자잘하고 보잘 것 없구나, 떠도는 사람이로다. 瑣兮尾兮, 遊離之子"란 구절을 인용하여 제목으로 삼은 것이다. 곧 '유리기遊離記' 또는 '피난의 기록'이라는 뜻을 담고 있다. 그는 인조 때 영의정 오윤겸吳允謙6)의 부친이자 병자호란 때 삼학사三學士7)의 한 사람인 오달제吳達濟의 조부이기도 하다. 과거에 급제하여 관직에 오르지는 못했지만, 오희문은 학식이 매우 뛰어난 사람이었다. 그는 왕의 교서, 의병들의 글, 유명한 장수들이 쓴 성명서 등 전란 중에 보고 들은 귀중한 역사 자료를 『쇄미록』에 남겼다. 이 일기는 오희문이 인조 때 영의정 윤겸의 아버지로 많은 노비를 거느렸기 때문에, 당시 양반의 특권과 노비의 신공 및 매매, 소송, 입안立案 등 노비신분에 관해서 풍부한 사례를 담고 있어 조선시대 사회사, 경제사 연구에 귀중한 자료로서 많은 참고가 된다. 이 책에는 당시 노비의 처절한 삶을 잘 보여주는, 다음과 같은 이야기가 나온다.

---

5) 『쇄미록』은 오희문이 임진왜란 때 홍주洪州, 임천林川, 아산牙山, 평강平康 등지를 피난하면서 전란상황과 사회상을 적은 일기로 보물 제1096호. 7책. 필사본. 오정근 소장. 선조 24년(1591) 11월부터 1601년 2월까지의 전쟁에 관한 기사는 물론 16세기말 당시 각 계층의 생활상, 군대징발과 세금징수, 군량운반, 사회상, 경제상태, 풍속, 습관, 물산 등의 여러 내용을 살펴볼 수 있다. 특히 양반 사대부층의 농장경영이 노비의 부역노동을 기반으로 농장주가 직접 감독하는 경영이었음을 잘 보여주고 있다. 1962년 국사편찬위원회에서 상·하 2책으로 발간.

6) 오윤겸吳允謙(1559~1636); 조선 중기의 문신. 본관 해주海州, 자 여익汝益, 호 추탄楸灘, 토당土塘. 아버지는 선공감역繕工監役 희문希文이며, 성혼成渾의 문인이다.

7) 삼학사三學士; 인조 14년(1636) 병자호란 때 청나라와의 화의를 반대한 강경파의 세 학자인 평양 서윤庶尹인 홍익한洪翼漢, 교리인 윤집尹集, 오달제吳達濟를 일컫는데 척화삼학사斥和三學士라고도 한다.

> "비婢 열금의 병이 중하여 흙집에 거처했는데 음식만은 평소와 같았다. 전란으로 인한 곡식이 부족해서 조석으로 죽도 잇기 어려운데 하물며 주육을 갖추어 죽음에 임박한 늙은 계집종에게 먹이겠는가? 병이 비록 위중하나 일찍 죽지 않을 것 같으면 우리 집을 자꾸 난처하게 함이 많을 것이다."[8]

오희문이 이 일기를 쓴 때가 임진왜란 기간 중인데, 당시 집안에 딸린 열금이라는 늙은 여자 종이 병들어 있을 때 쓴 글이다. 이 글에는 주인이 어차피 죽게 될 늙은 종이 곡식을 덜 축내고 빨리 죽기를 바라는 솔직한 심정이 나타나있다. 이로부터 사흘 후 그 늙은 종이 죽게 되는데, 이에 대해 다음과 같이 일기에 쓰고 있다.

> "비록 죽었으나 족히 애석하지는 않다. 다만 어릴 때 데려와 부렸는데 나이 일흔 살이 넘도록 한 번도 도망하지 않았으며 베 짜기를 잘했고 집안 일을 근면 검소하게 하여 조금이라도 속이는 일이 없었으니, 이런 것들은 취할 만하나 타향을 떠돌아다니는 처지에서 비婢의 관을 마련치 못했다."[9]

이러한 구절을 통해서 보면 그는 늙은 여자 종이 죽은 일에 대해 크게 슬프게 생각하지도 않고 장례를 위한 준비도 거의 없었던 것 같다. 장례라고 해야 열금이 죽고 나서 다음날에 바로 매장이 되었다. 오희문은 노비들을 시켜, 그냥 들것에 얹어서 열금의 시신을 오 리쯤 떨어진 양지바른 곳에 묻게 하였다. 하지만 열금과 평생을 함께한 그 주인은 겨울이라 날이 춥다는 이유로 아예 장지에도 가지 않았다. 조선 시대 늙은 노비의 처량한 최후를 보여 주는 장면이다.

---

8) 오희문, 『쇄미록瑣尾錄』.
9) 오희문, 같은 책.

3) 소설 '김씨남정기'

충청도 해미현에 김씨 여인이 있었는데, 모재 김안국의 칠 세손 덕강의 딸로 어려서 부친을 여의고 외숙집에 의탁해 살고 있었다. 그녀는 나이가 들어 면천해 사는 황탁의 둘째 아들 동로와 혼인을 하였다. 가난한 시집살림이지만 잘 꾸려나가 집안을 화목하게 하였다. 그러던 어느 날 영광에 살고 있는 선대의 노비를 추노推奴[10]하기로 의논하고, 종제 김언규와 남편 동로에게 그 일을 부탁하였다. 동로는 그 일을 부탁받고 영광에 내려갔다가 박천강 등 노비들에게 봉변만 당하고 겨우 돌아왔다. 다음 해 박천강이 찾아와서, 대흥에 사는 신삼징이 자신이 상전이라고 우기는데 진짜 상전만 밝혀지면 신공을 바치겠다고 말하였다. 그런데 동로는 대흥으로 가서 판결을 받고 다음 해 다시 추노를 떠나지만 소식이 끊어져버렸다. 그 뒤 외숙 조상선으로부터 동로가 노비 박천강, 천명 형제의 손에 살해됐다는 소식이 전해왔다. 남편이 살해당했다는 소식을 접한 김씨는 남편의 원수를 갚기 위해 영광으로 내려갔지만 노비 박천강 일행은 고부로 달아난 뒤였다. 김씨는 고부까지 찾아가 군수에게 도움을 요청하지만 별다른 성과를 얻지 못하였다. 이미 박천강에게 뇌물을 받은 고부 군수가 소극적으로 행동하기 때문이었다. 이 때문에 김씨는 좌절하지만 결국 기지를 발휘해서 남편이 살해당했다는 사실을 밝혀내었다.

앞의 이야기는 가장 오래된 추노계 소설로 알려진 '김씨남정기'의 개략적인 내용이다. 양반이지만 가난했던 김씨와 남편 황동로는 선대에 달아난 노비를 찾아 몸값을 받으려고 한다. '추노推奴'[11]란 단어는 조선

---

10) 추노推奴; 도망간 종을 찾아오던 일.
11) 역사적으로 '추노'라는 어휘는 기록되지 않고, '추쇄推刷'라는 어휘를 사용했다. 실

후기 사회경제를 대변하는 용어로 볼 수 있다. '김씨남정기'는 18세기 초반에 전라도 영광에서 실제로 일어난 '황동로 추노사건'에 기반을 둔 것으로 알려졌다. 충청도에 살았던 양반 황동로는 부인 김씨 가문이 몰락하고 사노비들이 도망가자, 처가를 대신해 추노에 나섰다. 선대先代 때 있던 노비들이 사는 곳을 수소문하여 알아내고, 그 동안 밀린 신공身貢, 즉 몸값을 받으러 그곳으로 갔다. 전체의 모티브는 사회 최하층 천민계급에 속한 노비가 양반을 살해하였지만, 결국 김씨가 기지를 발휘해 살해사건을 밝혀낸다는 줄거리이다.

4) 소설 '김학공전'

또한, '김학공전金鶴公傳'[12])에서는 노비가 짐승이 아니라 사람임을 선언하고 있다. 신분제 철폐를 향한 기층민중의 우렁찬 울림으로 다가온다. 주인과 노비 사이의 대립, 갈등과 복수를 다룬 고소설 작품이다. 이 작품에 나타난 노비와 주인간의 대립과 갈등은 전통적인 신분제가 동요되던 조선후기 사회를 배경으로 한다. 조선후기에는 곡식을 바치는 사람에게 직첩을 주던 납속수직納贖授職, 다른 신분으로 위장하거나 사칭하던 모칭冒稱, 노비의 신분을 면해주던 면천첩免賤帖의 발행 등으로 신분제가 크게 동요되었다. 주인공 학공이 다섯 살 되던 해에 그의 부친이 죽어서 가사家事를 주관할 사람이 없게 되자 노비 박명석을 주동으로 한 노속奴屬들이 모반하여 비합법적으로 천민 신분을 면하던 사례를 소재로 하여 구성한 소설이다.

제로 『조선왕조실록』, 『승정원일기』, 『홍재전서』, 『일성록』 등의 관찬 사서나 김창업金昌業의 저서인 『연행일기燕行日記』 등에 모두 추노라는 말이 쓰이고 있다.

12) 1권 1책으로 되어 있는 작자·연대 미상의 고전소설. 필사본 4종과 활자본 1종이 있다. 주인을 배반한 노비를 찾아 복수한다는 이야기로서, 독창적인 작품으로 평가받고 있다. 이해조李海朝의 신소설 '탄금대彈琴臺'를 이 작품의 개작으로 보기도 한다.

"우리가 매양 남의 종노릇만 한단 말인가. 너희들은 나를 모르느냐? 나는 다른 사람 아니라 강주 홍천부 북면에서 살던 김 낭청의 아들 학공이다. 나도 한때가 있지. 장천 죽어지내며, 너희는 장천 세상을 만나랴. 이제도 원수를 갚지 못하랴. 너희는 무슨 원수로 나의 부모 동생을 다 죽이고자 하고, 나도 마저 죽이려 했더냐? 애매한 별선이만 죽인 것을 아느냐? 내 이제 부모 동생과 별선의 원수를 갚고자 하여 들어왔으니, 너희는 내 손에 죽어보아라.' 그놈들이 이 말을 들으매 대경실색하여 아니 떠는 놈이 없더라."

노비는 가족을 중심으로 살림을 하지만, 언제나 주인에게 복종해야 하며, 그들의 신분은 나라에서 큰 공을 세우는 특수한 경우가 아니면 영구히 세습되어 그 굴레를 벗어날 수 없었다. 주인은 그들을 매매하거나 죽일 수도 있었고 그 딸을 첩으로 삼거나 또 형벌을 줄 권리 등을 무한히 누릴 수 있었다. 노비는 주인에게 맹목적으로 복종해야 하며 모반이 아니고는 관에 고발할 권리조차도 없었다. 지배계급에게 노비는 인적 자원이 되고 토지는 물적 자원이 되는 셈이다. 노비는 조선사회경제의 특수성 중의 하나였는데, 그것은 사유재산으로 인정된다는 점이다. 노비는 관청이나 주인에게 노역이나 신공 등을 바치고, 그 나머지는 농경 등 생산 활동을 하여 이것을 비축하는 것이다. 임진왜란이 일어나자 선조宣祖가 의주義州로 몽진蒙塵하여 한양漢陽이 무너지자 이들은 맨 먼저 장예원의 노비문서를 없애버리고 장예원을 비롯한 궁궐을 불태워 버렸다. 뿐만 아니라, 사노비私奴婢들도 해묵은 감정을 품고 주인의 가택과 전답을 빼앗거나 주인을 죽이는 사례들도 허다하였다. 또 한편으로는 주종主從관계에 놓여있으면서 한 집안에 살다보니 주인이 종의 아내를 빼앗기거나, 그 반대로 종이 주인 마나님과 불륜을 저지르는 일도 때로 일어나곤 하였다.

'김학공전'의 줄거리는 다음과 같다.

"김학공은 재상 김태金泰가 늘그막에 백일기도를 하여 얻은 아들이다. 김재상은 남매를 낳아놓고 커는 것을 보지 못하고 죽는다. 학공은 어머니와 누이와 함께 외롭게 지냈는데, 노복 중 박명석이라는 자가 종들과 공모하여 학공 모자를 죽이고 재산을 탈취하려 하자, 학공의 어머니는 굴을 파서 노비문서랑 전답 문서와 학공을 숨겨놓은 뒤, 딸과 함께 남쪽 지방으로 피난길을 떠난다. 노복들은 학공 일가가 피난 간 것을 알고 집에 불을 지른 뒤, 계도桂島로 가서 마을을 이루며 살았다. 이 날 밤 학공은 시비 춘섬과 함께 집을 떠난다. 열다섯 살이 되었을 때, 계도에 들어가 김동지의 집에서 살게 되는데, 그를 아끼던 김동지가 서당에 보내어 공부를 하게 하고, 자기의 딸 별선과 혼인시킨다. 학공은 혼인 뒤 집을 떠날 때부터 지니고 다니던 전답 문서를 가까운 곳에 묻어두고 간혹 가서 보다가 김동지에게 발각되어 할 수 없이 자기의 신분을 밝힌다. 이 사실을 엿들은 김동지의 처가 취중에 실언을 하여, 계도에 살고 있는 학공의 옛날 노복들이 이 사실을 알게 된다. 노복들이 학공을 죽이기로 한 것을 알게 된 별선은, 남복을 하고 학공으로 가장하여 학공 대신 바다에 던져진다. 여장을 하고 섬을 탈출한 학공은 방황하다가 아버지의 옛 친구인 황승상의 수양아들이 되고, 황승상의 친구인 임감사의 무남독녀와 혼인한다. 학공은 꿈속에서 별선의 암시를 받고 과거에 응시, 장원급제하여 강주자사가 된다. 학공이 임소로 향하는 도중, 헤어졌던 어머니와 누이를 만나고 계도에 들어가 원수를 갚는다. 전처인 별선의 원혼을 위해 제사를 드리자, 물속에서 별선이 되살아 온다. 학공은 벼슬이 승상에 오르고, 아들과 딸을 낳아 부귀를 누린 뒤 선계로 돌아간다."[13]

'김학공전'은 주인을 배반한 노비를 찾아 복수함으로써 사건을 이끌어 가는 독창적인 소설로 평가받는다. 대체로 영웅소설의 구조를 따르고 있으나, 초월적 힘을 지닌 조력자가 등장하지 않고 단지 학공의 집념과 계획에 의해 사건을 해결하며 군담軍談의 내용도 나타나지 않는다.

---

13) 한국정신문화연구원, 『민족문화대백과사전』 인용, 참조.

또한 복수의 차원이 국가를 위한 것이 아니라 개인적 차원이라는 점도 특이하다. 이 작품은 신분제도가 흔들리던 조선 후기 사회의 시대상을 반영하고 있다. 학공의 복수를 통해 볼 수 있듯이 모반에 의한 신분해방은 용납되지 않는다. 반면 옥향과 춘섬의 속량贖良[14])에서 보이는 것처럼 정당한 절차에 따른 신분해방은 지지하고 있다. 이는 봉건적 신분의식에 대한 온건한 비판의식을 표출하는 것이다. 또 대다수의 고전소설에서는 일부다처혼에 대한 여성의 부정적인 반응을 직접적으로 드러내는 경우가 드물다. 그러나 이 작품에서는 김학공이 임소저와 혼인하자 죽은 김별선이 꿈에 나타나 원망하는 부분에서 이러한 금기를 깨뜨리고 있다. '김학공전'은 중국을 배경으로 하는 이본과 한국을 배경으로 하는 이본으로 나뉘어진다. 전자의 경우에는 결말부에서 가문을 회복하여 가문 회복에 대한 의식이 비교적 강하게 드러나고 있다. 후자의 경우는 가족의 재회 부분이 없고 결말부가 대폭 축소되어 가문회복보다는 복수에 대한 강한 집착이 엿보인다. 이 작품은 문체면에서도 구어체나 잡가 같은 운문 등을 많이 수용하고 있어 문장체소설의 문체와 차별을 두고 있다. 영창서관본으로 활자본『고전소설전집』에 수록되어 있다. 학공은 노속들의 모반으로 여러 차례 죽을 고비를 맞지만 유모, 춘섬, 별선 등 주변의 헌신적인 도움으로 위기를 넘긴다. 결국 관리가 된 그는 모반의 무리를 물리치고 복수를 한다. 작자는 명문가의 자녀를 주인공으로 앞세우고 있으나 보수적인 신분 의식을 고수하지는 않는다. 정당한 절차에 따른 신분 해방을 지지하며 무력에 의한 모반은 용서하지 않는다. 이처럼 '김학공전'에는 선명한 작가 의식이 드러나고 있으며 당시의 민중의식이 잘 반영되어 있다. 즉 진보적 사회 인식을 반영하여

---

14) 속량贖良; 조선시대 노비에게 대가를 받고 그들의 신분을 풀어주어 양인良人이 되게 하던 제도.

착한 일은 권하고 악한 일을 내치는 사상을 그대로 드러낸다. 상전을 죽여서라도 사람답게 살고 싶었던 이들과 다른 이름으로 자신을 지켜야 했던 학공의 이야기를 실감나게 풀어낸다. 개작 '신계후전申繼後傳'15)으로도 알려진 '김학공전'은 후에 '탄금대'로도 개작되었을 만큼, 당시에 널리 회자되었다. 더불어 여전히 조선후기의 살벌한 사회 모습을 엿볼 수 있는 자료이기도 하다. 이는 조선후기의 신분 제도가 붕괴되는 일면을 그대로 보여준다.『청구야담靑邱野談』,『삽교별집霅橋別集』16) 등의 문헌에도 노비들의 신분 상승 욕구가 드러난 사례들이 한문 단편으로 기록되어 전한다. 이런 이야기들은 널리 구전되어 오다가 한문에 소양이 있는 지식인들에 의해 한문 단편으로 구성되었을 것이다. 한편, '김학공전'과 같이 한글 소설로도 창작되었는데, 1912년에 발표된 이해조李海朝의 '탄금대彈琴臺'와도 내용면에서 일치하는 점이 많아 신소설로 개작된 것임을 알 수 있다.17)

---

15) 작자 연대 미상의 고전소설. 1권 1책. 국문본.「신계후전」은 부모를 일찍 여읜 신계후가 노비 험탈에게 재산을 빼앗기고 목숨마저 위태로운 상황에서 도망하지만 우연히 그 노비의 딸과 혼인했다가 자신의 정체가 드러나 그 노비의 딸이 대신 죽고 자신은 탈출하여 권찰방의 딸과 다시 혼인하였다가, 이번에는 계모인 장모의 간계로 계후는 도망하고 아내인 권경애는 모함으로 뒤주에 갇혀 그 안에서 아이를 출산하게 되며, 다시 계후가 지낭자와 혼인하고 과거에 급제하여 전라도의 암행어사로 부임하게 됨으로써 권경애의 무고함을 밝힌다. 험탈 딸의 간청으로 험탈 부부는 죄를 면하지만, 험탈 일족을 벌한다는 내용이 핵심적 구성 항목이다.
16) 안석경의 문집. 안석경安錫儆(1718~1774); 자 숙화叔華, 호 삽교霅橋, 완양完陽, 탁이산인卓異山人, 본관 순흥順興. 조선 후기의 학자. 아버지는 중관重觀인데, 김창흡金昌翕의 문인으로 당시 노론계 및 홍세태洪世泰같은 중인 시인과 교유한 노론계 학자였다. 아버지가 죽자 강원도 두메산골인 횡성 삽교霅橋에 은거, 벼슬을 단념한 채 산중에 은거, 처사로 생을 마쳤다.『삽교집』,『삽교만록』.
17)『活字本古典小說全集』, 亞細亞文化社, 1976;『김학공전, 권지단』, 전경욱 해제, 박이정출판사, 1995; 최운식,『김학공전연구』, 국어국문학 74, 1977; 이혜순,「김학

5) '용비석' 전설

충청북도 진천군 이월면에는 '노비가 만들었다는 용비석' 전설이 있다. 진천에서 서울 방면으로 오 리쯤 가면 '원고개'라는 조그마한 고개가 있고 그 고개를 넘으면 '신방죽'이 있다. 이곳에서 서북쪽으로 400m쯤 가면 커다란 묘가 있고 그 묘 앞에 비석이 하나 서 있다. 이 비석을 '용비석'이라 한다. 이 비석은 이수에 아홉 마리의 용이 마치 살아서 꿈틀거리며 하늘로 승천하려는 모습으로 누구나 보면 조각 솜씨에 감탄하지 않을 수 없다. 이 용비석에는 다음과 같은 전설이 전하여 오고 있다.

옛날 진천읍 송두리 턱골이란 동네에 고성이씨인 이대감이 살았다. 그는 현재의 턱골이란 마을 뒷산 중턱에 으리으리한 기와집을 짓고 많은 땅과 노비를 가지고 남부럽지 않게 세도를 부리며 행복하게 살아오다가 일흔 노령에 접어들면서 우연히 병이 들어 다시는 소생하기가 어렵게 되었다. 그 때에 같은 노비와 결혼하면서 한창 재미있게 살아가는 십칠 세 된 부부가 대감의 병시중을 들면서 살고 있었다 한다. 그 당시의 풍습으로는 노비는 모시고 있던 상전이 죽으면 장례 때 같이 순장을 하는 풍습이 있어 대감이 죽으면 젊은 노비도 같이 죽게 되었다. 젊은 부부는 밤낮으로 걱정하면서 지내다 마침내 대감마님을 위하여 무엇이든 하겠으니 목숨만 살려달라고 애걸하여 사흘 동안 식음을 전폐하고 빌었다. 두 내외의 지극한 병수발에 감동한 대감은 마침내 두 부부에게 자기 묘 앞에 세울 비석을 여섯 달 안에 만들어 오되 마음에 들면 노비에서 풀어 자유롭게 살게 해주겠다고 했다. 두 부부는 그 이튿날로 여장을 차려 강원도로 떠나 여섯 달 만에 남자노비는 귀부龜趺와 비신碑身을 지게에 지고, 여자 노비는 이수螭首를 머리에 이고 대감의 집에

공전에 나타난 복수플롯의 수용양상」, 『震檀學報 45』, 1978; 최운식, 「조선후기 사회의 신분제 동요와 김학공전」, 『東洋文學 2』, 東洋文學社, 1988; 전경욱, 「金鶴公傳 異本攷」, 『古典文學研究 9』, 1994; 임철호, 「고소설에 설정된 一夫多妻婚의 유형과 의미' (1)」, 『고소설연구 2』, 1996 재인용.

도착하였다. 대감이 비석을 보니 너무 잘 만들어 묘에 세울 욕심이 생겼다. 그러다가 이수에 새긴 용이 여의주를 물고 있는데 여의주를 돌려 보니 여의주가 돌지 않는다. 여의주가 돌지 않으니 여의주가 돌게 하라고 명령을 한다. 그 말에 충격을 받은 젊은 노비는 그 자리에서 피를 토하고 죽었다. 그 후 대감이 죽은 뒤에 대감의 묘 앞에 비석을 세우고 비석 앞면에 노비의 묘를 썼다고 하는데 지금도 그곳에 가 보면 대감과 노비의 묘가 위와 아래에 있는 것을 볼 수 있다.

6) 충비忠婢; 전생全生, 단양丹良, 순량順良, 갑연甲連

주인과 노비는 상명하복의 주종관계로 엄격하였다. 수직적 관계의 엄격한 신분체제로 유지되던 노비제도 아래 상전은 노비에게 오로지 노역에 대한 의무와 충성만을 강요하였다. 또한 상전은 그들을 자유로이 매매, 증여, 상속할 수 있었는데, 심지어 사적인 형벌권이나 사법권을 쥐고 노비의 생사여탈을 좌우하기도 하였다. 그런데 다음에 보이는 '전생全生', '단양丹良', '순량順良', '갑연甲連'은 충직한 계집종에 대한 설화와 실화를 각각 보여준다. 전생은 설화 속 인물이나, 단양, 순량, 갑연은 실존인물로 금석문이 지금도 남아있다.

(1) 충비전생忠婢全生 설화

임진왜란 때 얘기다. 어느 집이 삼대가 같이 살다가 난리를 당하니 자손들이나 노비가 늙은 노인은 돌보지도 않고 각자 제 살 길을 찾아서 뿔뿔이 도망가고 한 사람도 남지 않았다. 늙은이가 혼자 남아 비록 염장과 쌀이 있으나, 손수 밥을 지어먹지 못하니 굶어 죽을 길밖에 별도리가 없는 것이었다. 자손들도 그런 것쯤 뻔히 알면서 그런 짓을 하였으니, 늙은 것은 죽으란 말과 같았다. 노옹이 세상 인심을 탓하고 앉아 있으니, 계집종 하나가 돌아왔다. 늙은이는 놀라며 반가운 낯으로 맞이하여 물었다.

"너는 어찌 피난을 가지 않고 돌아왔느냐?"

계집종은 울면서 아뢰었다.

"소비小婢는 주인마님의 덕을 입은 것이 태산 같고 바다 같사온데, 비록 도망가서 목숨을 도모할지라도, 어찌 주인마님이 굶어서 세상을 떠나심을 참을 수 있겠습니까? 그러므로 돌아와서 제가 모시고 같이 죽어 주인마님의 은덕을 갚을까 하나이다."

노인은 그 말을 듣고 기뻐 눈물을 흘리며 말하였다.

"아, 기특하고 착하구나! 너는 반드시 한평생 잘 살겠구나. 그리고 얘야, 네 방에 들어가 벼루와 붓을 가져오너라."

계집종은 이상히 여기면서 방에 들어가 벼루를 가지고 와서 놓자, 노옹은 주머니 속에 주사朱砂를 꺼내더니 벼루에 갈았다. 그리고 주사를 붓에 묻히더니 종이에다 벌겋게 부符를 하나 그렸다. 옆에서 보고 있는 계집종을 돌아보면서 일렀다.

"네 이것을 대문 위에다 갖다 붙이고 오너라."

계집종은 영문도 모르고 노옹이 시키는 대로 갖다 붙이고 돌아왔다. 노옹은 계집종을 보면서,

"네가 난리를 구경하고 싶은가?"

"예, 보고 싶습니다."

"그럼 저 대문 안에서 구경할 것이지 절대로 밖으로는 나가지 말아라."

"지금이 어디서 난리가 났습니까? 아직 왜병이 아니 온걸요."

"응, 그래도 보고 싶거든 한번 가보려무나"

종년은 더욱 의심이 나고 호기심에 끌려 아무 생각 없이 대문으로 나가 보았다. 이 어쩐 일인가? 고요하다고 생각한 집 앞에는 무수한 왜병들이 떼를 지어 걸어가는데 먼지가 자욱하여 햇볕에 창칼이 번쩍번쩍 비치고 여기저기서 아우성소리가 들려왔다. 그러나 왜병들에게는 집이

보이지 않는지, 그저 그 앞을 오갈 뿐 쳐다보지도 않았다. 계집종은 호기심이 부쩍 나서 좀 더 가까이 가서 얘기로만 듣던 왜놈이 어떻게 생겼는지 보고 싶었다. 계집종은 자신도 모르게 대문 밖으로 나왔다. 그런데 이게 웬 일인가. 대문밖엔 만경창파萬頃蒼波가 바람 따라 굽이쳐 꿈틀거리며, 산더미 같은 파도가 곧 삼킬 듯이 밀려오지 않는가. 계집종은 허겁지겁 고함을 지르며 살려달라고 소리쳤다. 그 소리를 들은 노옹은 지팡이를 끌면서 나와 계집종을 부축하여 끌어들이며 말하였다.

"대문밖에는 나가지 말라고 했는데 무엇 하러 나갔어?"

계집종은 울면서 말하였다.

"주인마님이 이런 기술奇術을 아시면서, 어찌 작은 주인 나으리와 가족들과 함께 계시지 않나이까?"

"그것들은 다 횡사할 무리들이니, 마음이 착하지 못하여 제 살 것만 꾀할 뿐 늙은이는 굶어 죽는 것도 생각지도 않으니 어찌 사람의 자식이라 하겠는가? 그러므로 내버리고 구하지 않은 것이니, 무릇 사람은 마음이 선량하면 반드시 하늘이 도울지니 너는 이후로 나쁜 짓을 하여 스스로 상하게 하지 말라." 하더라.

(2) 충비단양지비忠婢丹良之碑

단양丹良은 세종과 문종 때 영의정을 지낸 황보인皇甫仁[18]의 여종이었다. 조선 단종이 열두 살의 어린나이로 등극하면서 단종을 옹호하는

---

18) 황보인皇甫仁(1387~1453); 조선 전기의 문신, 본관 영천永川, 자 사겸四兼, 춘경春卿, 호 지봉芝峰. 1452년 단종이 12세 나이로 즉위하자 좌의정 남지南智, 우의정 김종서와 왕을 보필하면서 의정부에 권력을 집중시켰다. 그해 10월 수양대군首陽大君이 계유정난을 일으켜 의정부 대신들을 제거할 때 김종서, 정분鄭苯, 조극관趙克寬 등과 함께 살해되었다. 영조 22년(1746) 복관, 신원되었다. 단종의 능인 장릉莊陵 충신단忠臣壇에 배향配享되었으며 영천의 임고서원臨皐書院, 구룡포의 경남서원慶南書院, 종성 행영사行營祠 등에 재향. 시호 충정忠定.

황보인, 김종서 등과 수양대군이 반목이 생기면서 수양대군은 한명회 등 심복을 동원하여 황보인, 김종서 등 반대파를 주살하였다. 이른바 계유정난癸酉靖難이 일어난 단종 원년(1453) 10월 10일 밤, 영의정 황보인과 두 아들, 장성한 두 손자가 함께 무참하게 살해당하자 황보 가문의 멸문지화를 막겠다는 일념으로 단양은 황보인의 손자 황보단端을 물동이에 숨겨 머리에 이고 황보인의 막내사위 윤당尹塘이 사는 경북 봉화군 상운면 닥실리까지 팔백여 리를 걸어 피신한 뒤 노자를 얻어, 다시 여기까지 화가 미칠까 두려워하여 무작정 동해안 바닷가로 내려와 포항 대보면 구만리 짚신골에 이르렀다. 이곳으로 도망쳐온 단양은 황보단을 친자식처럼 키워 성인이 되자, 죽기 직전에 자기는 생모가 아니고 여종이었다는 사실과 조상에 대한 내력을 자상하게 알려주었다. 그 뒤 황보단의 증손 황보억億이 뇌성산 아래 구룡포읍 성동리에 거처를 옮겨와 세거지世居地를 이루고 살았다. 성동리의 원래 명칭은 '잣뒤'였는데 옛날에는 성을 '잣'이라 불렀기에 성의 뒷마을, 곧 '잣뒤'가 뒤에 성동이 되었다. 이렇게 황보가문은 멸문지화를 막을 수 있었는데, 사대가 숨어 살다가 이백구십 년만인 숙종 때 누명이 풀려 황보인과 아들 황보석錫, 황보흠欽 삼 부자의 관적을 회복하고, 황보인은 추정공이란 시호를 영조로부터 받았다. 정조 15년(1791) 지방의 선비들이 장기현 창주리에 세덕사世德祠를 창건하여 황보인과 황보석, 황보흠을 배향하였다. 그 뒤 사십 년만에 순조 31년(1831)에 광남서원廣南書院이라 사액을 받아 오늘에 이르렀다. 이처럼 숭고하면서도 아름다운 이야기를 담고 있는 충비 단양의 비碑는 황보인의 손자를 물동이에 숨겨 구함으로써 주군을 위해 가문의 멸문지화를 막은 충성스런 여종의 마음을 기린 것이다. 한 충직한 여종의 고귀한 뜻을 후세에 전하고자 황보 문중에서는 단양의 충비忠婢를 광남서원 뜰에 세워놓았다.

(3) 계집종 순량의 음각마애비석

조선 선조 16년(1583) 어느 봄날, 경상도 흥해군에 군수가 새로 부임하자 경주에 사는 한 한량이 임관한 벗을 축하할 겸 유람삼아 여러 날 노닐었다. 그는 흥해군 칠포에 있는 풍광이 빼어난 곡강曲江을 찾았다. 그는 북미北彌 질부성秩夫城 밑 곡강 어귀에서 이씨 집안의 한 낭자가 빨래하는 자태에 반해 이를 희롱할 요량으로 시 한 수를 넌지시 건넸다.

그대 석자 되는 칼이 아닐진대	爾非三尺劍
능히 몇 사람이나 애간장을 끊었는가	能斷幾人臟

낭자는 본체만체 즉시 시를 지어 신랄하게 한량을 질책하는 마음을 담아 화답 하였다.

내 일찍이 형남 땅 옥이었는데	我肇荊南和氏璧
진나라의 열다섯 성과도 바꿀 수 없네	秦城十五猶不易
우연히 곡강가에 유랑하는 신세지만	偶然流浪曲江頭
어찌 계림의 썩은 선비와 같이 하리	況學鷄林一腐儒

낭자는 시 한 수로 한량의 코를 납작하게 눌러버렸다. 자신을 '화씨벽華氏璧'이란 옥덩이에 비유하여 자못 도도하게 같잖은 희롱을 물리친 것이다. 무참해진 한량은 군수에게 달려가서 자초지종을 알리자, 흥해군수는 시골 아녀자의 높은 글에 발끈하였다. 군노사령을 불러 당장 낭자를 체포할 것을 명하자, 사령은 낭자를 차마 체포하지 못하고서 자기가 둘러댈 테니 멀리 도망가라고 도움을 주었다. 이래저래 기가 막힌 낭자는 쫓기는 심정으로 유서를 몸종 순량順良에게 전해준 뒤, 곡강어귀 '참

포관소𡋢浦官沼'라는 기암절벽 아래에 있는 용소에 투신하였다. 순량도 낭자의 억울함과 종의 신세를 원망하며 자식을 뒤로 남겨두고 낭자와 같이 물에 뛰어들어 순사殉死하였다.

순량이 죽은 지 삼십 년이 지난 인조 8년(1630) 신임 홍해군수 조성趙峸은 순량이 순사한 아름다운 얘기를 전해 들었다. 비록 종의 신세지만 주인을 따라 순사한 일이 너무 가련하고 후세에 남길 충절이라 여겨 투신한 절벽 맞은편 층암절벽에 순량의 비를 세워주었다. 비 제막 당일, 곡강이 붉게 변하고 참포 양쪽 언덕에는 나는 새가 한 마리도 없었으며 벌레마저 울지 않았다고 한다. 순량의 얘기는 글로 남겨져 근처 곡강서원에 보관돼 있었지만 대원군에 의해 서원철폐령이 내릴 때 분실되었다. 비석의 제목은 '충비순량순절지연忠婢順良殉節之淵', 곧 '충성스러운 계집종 순량이 절의로 주인을 따라 죽은 연못'이란 의미다. 이 비석은 특이하게 곡강 어귀 자연암반을 다듬어 음각한 마애 비석이다. 비문은 홍해군수 조성이 짓고, 글을 새긴 석공은 윤탕이, 암반을 다듬은 자는 김기원. 비를 조성한 날은 1630년 8월이었다.

비문에 이르되, "순량은 홍해군 북쪽 홍안리에 사는 이 낭자의 몸종이었다. 이 낭자에게 깊은 슬픔이 있어 이 연못에 빠져 죽으니 몸종도 이 낭자의 뒤를 따르려 하였으나 그 어린 아들이 민망하게 따라와 보챔으로 달래어 집으로 돌려보낸 뒤에 연못에 이르러 이 낭자의 시신을 안고 순사하였으니 기해년 4월 24일이다. 숭정3년 병술 8월 일, 홍해 군수 조성은 비문을 짓고 쓰다. 아전 정창신, 석수 윤탕이, 치장 김기원."19)

---

19) '忠婢順良殉節之淵'; "銘曰, 順良郡北興安里, 李娘婢也. 娘有幽恨沒于是淵, 婢欲下從, 憫其稚子隨後, 誘使歸娘家卽, 赴淵抱娘屍而乃, 己亥四月二十四日也. 崇禎三年丙戌八月日, 行興海郡守趙峸書而識, 色吏鄭昌臣, 石手尹湯伊, 治匠金起元."

(4) 충비 갑연지비忠婢甲連之碑

영일민속박물관에는 가로 50㎝, 세로 80㎝ 남짓한 비석 전면에 '충비 갑연의 비석忠婢甲連之碑'이란 글이 새겨져 있었다. 원래 이 비는 포항시 남구 용흥동 산 41-3번지, 연화재 고개에 방치돼 있다가 십오 년 전쯤 현재 자리로 옮긴 것이다. 비문의 내용을 좇아, 조선 순조 30년(1830)으로 거슬러 가보자.

"순조 임금이 즉위한지 이십구 년 되는 기축년(1829), 내가 영남의 안찰사로 나간 다음 해였다. 남쪽의 영일현에 송씨 성을 가진 과부가 있었는데, 그녀는 여관으로 생계를 꾸렸다. 그런데 그 연약함을 업신여기고 여관업을 탈취하여 심하게 능욕하는 자가 있었다. 과부의 힘이 그 자에 대적하지 못하여 분하게 여기고 그 자를 꾸짖고는 형산강에 뛰어들었다. 송과부에게는 갑연이라는 몸종이 있었는데 나이가 스물네 살이다. 주인인 과부를 뒤쫓아 가며 크게 소리쳐 말하길, '주인마님이 죽는데 나 어찌 홀로 살려고 하겠는가' 하였다. 그러면서 순식간에 물에 들어가 그 주인을 잡아당기고 끌어 올려서 물에 떠올라 나오게 하였다. 뱃사람 여럿이 과부를 건져내어 강가에 다다르게 하니 송과부는 다행히 죽지 않았다. 그러나 갑연은 파도에 떠밀려 배 밑창으로 쓸려들어가 한참 만에 건져냈지만 이미 죽어 있었다. 당시 이 광경을 보았던 이웃 사람과 배 위에 탔던 행상들은 서로 관가에 알리지 않는 자가 없었다. 현에서는 경상감영에 보고하였는데 내가 그 일을 듣고는 한숨을 쉬며 말하길, '이것은 이른바 대의와 명분을 모르면서 능히 생명을 버리고 몸을 죽인 것이 아닌가'라고 하였다. 그 사실을 갖추어 조정에 보고하니 임금께서 그 충성을 아름다이 여기시고 표창하라 명하셨다. 고을 사람들이 임금의 명을 중히 여기고 재물을 내어 그 일을 오래도록 전하고자 하며 나에게 기록을 구하였다. 슬프다. 명분이야 진실로 갑연이가 구한 것은 아니었다. 그럼에도 어찌 그 구한 바가 아니었다는 것으로 하여 그 명분을 드러내지 아니할 수가 있으랴. 나는 이미 그 일을 가지

고 현창하였으니 내 어찌 사양하리오. 그 일을 기념하여 썩지 않게 하
리니 마침내 이 일을 명으로 읊노니,

하늘이 널 이룰 때 홀로 살게 하지 않았으니
어찌 너로 하여금 홀로 죽게 하리오.
죽었지만 마을에 정표하고 물가에 비를 세우니
빗돌을 만지거들랑 살아있는 충비인 듯 여길지라.

가선대부 행경상도관찰사 병마수군절도사 대구도호부 겸 순찰사 박
기수 짓고, 자헌대부 이조판서 겸 지경연 홍문관제학 이면승 머리글자
쓰다."

당시 암행감사로 경상도를 순찰 중이던 경상도 관찰사 병마수군 절도사 겸 대구도호부순찰사 박기수는 이 사실을 알고 조정에 올려 정려旌閭를 건립하고 갑연의 비가 세워질 수 있도록 공론을 형성하고 글도 지었다. 비석명은 '충비갑연지비忠婢甲連之碑'이다. 박기수는 후일에 공조, 예조, 이조판서를 거쳐 판돈영부사를 지낸다. 글자를 쓴 사람은 자헌대부 이조판서 겸 지경연 홍문관제학 이면승이었다. 그는 나중에 한성부윤을 두 번이나 지냈다. 이 내용은 조선왕조실록 순조 30년 11월 21일 조에 기록되어 있다.[20]

7) 노비에 대한 형벌

조선왕조는 엄격한 신분체제를 유지하기 위해서 특히 노비에 대한

---

[20] 『순조실록』, 순조 30년 경인(1830, 도광10), 11월 21일(을해) "'연일 사비 갑연을 정려하게 하다', 충직한 여종[婢] 연일延日의 사비私婢 갑연甲連을 정려旌閭하게 하였는데, 예조에서 어사御史의 아룀으로 인하여 청하였기 때문이었다. 旌忠婢延日私婢甲連閭, 禮曹因繡啓請之也."

형벌이 매우 가혹하였다고 말할 수 있다. 『경국대전』은 조선왕조 개창 부터 정부체제인 육조六曹의 집무규정 곧, 이전吏典, 호전戶典, 예전禮典, 병전兵典, 형전刑典, 공전工典에 따라 육전으로 구성되었는데,「형전」은 스물여덟 항목으로 되어 있으며, 형벌, 재판, 노비, 상속 등에 대한 규정을 싣고 있다. 노비에 대한 규정을 「형전」에 자세하게 담은 것은 당시 지배층이 노비제도의 기반 위에서 그들을 기본적으로 죄인으로 인식했음을 보여준다. 조선시대 형벌제도의 기본 골격은 대명률에서 규정한 태笞·장杖·도徒·유流·사死의 오형五刑이다. 이 가운데 태형笞刑과 장형杖刑은 신체형에 해당하며 비교적 작은 죄를 범한 죄수에게 가하는 형벌이다. 그리고 형벌의 종류는 크게 아홉 가지로 나눌 수 있다. 묵형墨刑, 태형笞刑, 장형杖刑, 도형徒刑, 유형流刑, 위리안치圍籬安置, 사형死刑, 속전贖錢, 부가형附加刑이 그것이다. 묵형은 이마나 얼굴에다 문신을 새기는 형벌이다. 연산조에는 건물을 중수하다 도망친 인부나 노비에게 묵형을 내렸다. 또 중국에서도 이 형벌이 있었는데, 두 가지 공통점은 죄를 지은 사람들에게 내리는 것인데, 문신을 할 때 죄목을 새겨 묵형을 하도록 했다.『초한지楚漢志』에도 이 형벌을 받은 영포英布장군이 있는데, 젊었을 때 죄를 지어 묵형을 받은 것이 남아있어 '경포黥布'라고도 부른다.21) 이 묵형은 영조대까지 지속되었다가 없어졌다. 또 조선의 형벌에는 기본형인 오형 이외에도 여러 종류의 부가형이 있었다. 그 중 중요한 것은 자자刺字, 노비몰수, 재산몰수, 피해배상 등을 들 수가 있으며 연좌제도도 일종의 부가형의 성질을 띠고 있다.

   조선시대 형벌 중에는 법에 규정된 형 이외에 행하던 몇 종류의 사형私刑이 있는데 법 이외의 형이라도 실제 관아에서 관습적으로 시행함으로써 일반화되어 있던 것과 권세가 있는 사가私家에서 불법으로 행하여지

---

21) 사마천,『사기』,「열전列傳」31, '경포黥布'.

던 것이 있다. 주리,22) 태배笞背,23) 압슬,24) 난장,25) 낙형26) 등은 전자에 속하고 의비형劓鼻刑, 단근형斷根刑, 월족형刖足刑, 비공입회수형鼻孔入灰水刑, 고족형刳足刑 등은 후자에 속한다. 태笞로서 등을 난타하는 태배형笞背刑, 무릎 위에 무거운 물건을 놓아 압력을 가하여 고문을 하는 압슬형壓膝刑, 여러 명이 장杖을 가지고 죄인의 몸을 마구 때리는 난장亂杖, 쇠를 불에 달구어 몸을 지지는 낙형烙刑이 있는데, 이는 대적죄인의 신문에 사용되었다고 하며 권문사가에서는 노비의 죄를 벌할 때 행하는 경우도 있었다. 세종 때 이를 금하는 영을 내렸다. 그러나 숙종 때 강도익명서의 옥서에서 낙형을 행한 기록이 있는 것으로 보아 완전히 없어지지 않았다. 따라서 영조 9년(1733)에 다시 왕명을 내려 낙형을 폐지하였다.27) 권문세도가에서 거의 불법으로 노비의 죄를 다스릴 때 자행한 것으로 죄인의 코를 베어 버리는 의비형은 세종이 이를 엄중히 금하는 영을 내린 후,28) 역대 왕은 이 형을 불법행위로 엄히 단속하였다. 단근형은 복숭아뼈 부근의 힘줄을 끊어 버리는 형이고, 월족형은 단근형의 일종으로 발뒤꿈치의 힘줄을 베어버리는 형인데 월족형을 하게 되면 절음발이 또는 앉은뱅이가 되는 매우 잔인한 형벌이다. 이 역시 사가에서 노비의 죄를 다스릴 때 자행하는 경우가 있어서 세종은 법으로 이를 금하였다.29) 그러나 패

---

22) 주리; 조선시대 죄인의 두 다리를 묶고, 2개의 주릿대에 다리를 끼워서 엇비슷이 조여 비트는 형벌.
23) 태배笞背; 조선시대 죄인을 매로써 등을 때리는 형벌.
24) 압슬壓膝; 조선시대 죄인을 자백시키기 위하여 행하던 고문. 죄인을 기둥에 묶어 사금파리를 깔아 놓은 자리에 무릎을 꿇게 하고 그 위에 압슬기나 무거운 돌을 얹어서 자백을 강요하였다.
25) 난장亂杖; 고려와 조선시대 신체의 부위를 가리지 아니하고 마구 매로 치던 고문. 영조 46년(1770)에 없앴다.
26) 낙형烙刑; 단근질. 불에 달군 쇠로 몸을 지지는 일.
27) 『속대전』, 『대전통편』, 「형전」, '추단안' 참조.
28) 『대전통편』, 「형전」, '추단안' 참조.

류행위를 하는 자에게 문중 혹은 마을 사람들이 사벌私罰로서 행하는 풍습이 존재하였다. 비공입회수형은 사람을 거꾸로 매달아 놓고 코에 잿물을 붓는 일종의 고문방법인데 권세가 있는 사가에서 노비나 천민의 죄를 다스릴 때 사용된 경우가 있었다고 하나 이 역시 불법이므로 형전사목에서 형벌을 남용한 사례로서 특별히 금지하는 영을 내렸다. 고족형은 발을 쪼개는 형벌인데 사가에서 노비의 죄를 다스리면서 자행하는 경우가 있었으나 형전사목에서 이를 금하는 영을 내렸다.

조선시대에는 '공천추쇄도감公賤推刷都監'이 있었는데 국가나 관아에 소속된 공노비가 도망치거나 숨거나, 혹은 불법으로 양인이 된 자를 색출하던 임시기관이다. 공노비로 산다는 것은 힘든 일이었기 때문에 도망치는 자들이 많았다. 고려시대에도 전민변정도감田民辨正都監이라는 노비추쇄기관이 있었다. 고려시대에는 공노비를 임의로 사노비화하는 문제가 많이 있었다. 조선시대에는 간관諫官 전백영全伯英의 건의로 태조 4년(1395)에 처음 설치하였다.30) 성종 10년(1479)에 노비추쇄도감이 발표한 바에 따르면 경외노비 이십육만여 명, 역노비驛奴婢 구만여 명

---

29) 『대전통편』, 「형전」, '추단안' 참조.
30) 『태조실록』, 태조3년 갑술(1394, 홍무27) 8월2일 (기사) "전조 말기에 토지의 제도가 문란하여 세력있는 족속들이 토지를 독차지하고, 호적도 역시 폐지되어 양민과 천인이 뒤섞여서 송사가 날로 일어나고, 일족끼리 서로 헐뜯으며, 혹은 산과 들을 통틀어서 남의 토지를 빼앗고, 혹은 세도를 빌려서 법을 어기고 남의 노복을 빼앗으며 양민을 억눌러서 노복을 삼는 데까지 이르러서, 백성이 원망하고 신령이 성을 내어 마침내 나라가 망하게 되었습니다. 전하께서 잠저潛邸에 계실 때 통탄이 생각하여 이미 전제田制를 고쳐서 그 폐해가 자연히 없어졌으나, 다만 노비에 관한 한 가지 일만은 아직도 송사가 분분합니다. 전하께서는 도감을 설치하고 공정한 관리를 골라서 임명하여, 판결하는 규정을 엄중하게 세우고 기한을 정하여 결말을 내게 하여, 원노비 문서를 상고하여 각각 공문 한 통씩을 주도록 하였으나, 그 원 문권文券은 전제의 예에 의하여 모두 불살라 버려서 서로 다투는 꼬투리를 없게 할 것입니다."

등 모두 삼십오만여 명이 집계되었다. 『경국대전』에는 삼 년마다 추쇄하고 이십 년마다 정안을 작성하도록 되어 있지만 실제로는 불가능하였다. 한 번 추쇄하는데 최소 삼 년이나 사 년이 걸리는 일이기 때문이다. 그래서 조선 건국 후 백오십 년 동안에는 모두 여섯 번의 추쇄가 있었을 뿐이다. 그나마 임진왜란을 전후한 백 년 동안 신분제도가 약화되면서 한 번도 실시하지 못했다. 그러다가 효종 때 국가의 재정적자 때문에 다시 실시하게 되었다. 효종 6년(1655)에 국가는 이만 석의 재정적자가 났는데 수입은 십만 석이지만 지출이 십이만 석이었기 때문이다. 이에 효종은 등록되어 있는 십구만여 명의 노비 중에 불과 이만 칠천 명만이 신공을 내고 있음에 착안하여 추쇄를 실시하였다. 이 때 노비추쇄도감사목奴婢推刷都監事目의 내용을 열거하면 다음과 같다. ① 할아버지 때 생원, 진사과에 합격해 그 자식과 손자가 양인良人으로 거짓 행세하고 있는 자는 양인으로 허락한다. ② 아버지 때 생원, 진사가 된 자의 자식 또는 아버지는 등과하지 못했으나 아들이 생원, 진사가 된 자로서 거짓 양인 행세를 한 자는 대구속량代口贖良을 허락한다. ③ 삼대 이상 등과한 사람이라도 자수한 자는 위와 같은 은전을 베풀어주고, 자수하지 않고 적발된 자는 누대屢代가 지난 뒤라도 천적賤籍에 환속한다. ④ 법정 절차를 밟지 않은 면천자는 환천한다. ⑤ 시노寺奴가 사비私婢와 결혼해 처를 속량贖良시켰을 경우 그 자녀는 부역父役을 따르도록 한다. ⑥ 경중京中 각사 노비의 추쇄는 각사의 장관이 이를 책임진다.

그러나 십만 명 이상의 실공노비實貢奴婢를 밝혀낼 수 있을 것으로 기대하였는데 불과 만팔천여 명만 찾아내었다. 그 후에는 각 지방관청에서 삼 년마다 실시하는 추쇄만 실시했으며 전국적으로 노비추쇄도감은 설치되지 않았고, 순조 1년(1801)에 공노비가 혁파되면서 자연스럽게 사라졌다.

8) 노비 연향의 살인사건

"여종 연향이 자기 주인을 살해하자 삼성추국三省推鞫31)을 명하다. 사삿집 여종 연향連香이 자기 주인을 살해하자, 삼성추국을 명하였는데, 끝내 사형을 당했다."32)

"효종 10년(1659) 본조의 계목 중에 다음과 같이 말하였다. '죄인 사비私婢 연향連香이 진술한 말 중에, 정유년(1657) 9월에 상전 홍준래洪俊來가 연향이의 집에 와서 아들을 때려죽이고, 또 연향이의 머리를 때려 상처를 입혔고, 그 후에 다시 또 집에 와서 품에 안고 있는 젖먹이를 빼앗아 거꾸로 들고 마구 휘두르고 때리므로, 차마 않아서 볼 수가 없어서 남편 돌무적乭無赤과 함께 어린 아이를 도로 빼앗고, 베로 된 노끈으로 함께 힘껏 목을 졸라 죽이고서는, 집 뒷산의 동굴에 파묻은 것이 사실이라고 합니다. 『대명률』 '모살조부모부모조謀殺祖父母父母條'에는 '조부모, 부모를 모살謀殺한 경우에는 모두 능지처사하고 노비가 가장을 모살한 경우라면 죄가 자손이 한 것과 같다'고 하였으며, 『대명률』 '사수복주대보死囚覆奏待報'조에는 '십악의 죄를 범하여 사형해야 할 경우에는 때를 기다리지 않고 집행한다'고 하였으니 율에 의해 처단하소서.' 임금께서 윤허하셨다."33)

조선시대에 노비는 인간 대우를 받지 못했다. 자식이 부모를 고발하지 못하고 노비가 주인을 고발하지 못한다는 법률을 정해놓고 이를 금과옥조로 삼아 가혹하게 다루었다. 주인이 노비를 살해하면 장 아흔 대의 가벼운 처벌을 받지만 반대로 노비가 주인을 살해하면 아무리 정당방위라

---

31) 형조에서 이미 자백을 받은 사건을 국청에서는 결안만 받는데 강상죄에 해당하는 것을 다룬다. 예와 효를 중시한 조선에서는 인간의 기본적인 도덕을 저버린 강상사건에 대해서는 임금의 특지에 따라 의정부, 사헌부, 의금부의 관원이 합석하여 추국을 행했기 때문에 삼성추국이라고 불렀다.
32) 『효종실록』, 효종21권, 효종 10년(1659) 기해, 3월 18일 기유, 3번째 기사.
33) 박일원, 『한국여성관계자료집』 근세편(법전-하), '윤상倫常'조, 이화여자대학교 한국여성연구소, 이화여자대학교 출판부, 1989 참조.

고 해도 능지처사, 정확히는 거열형에 처해진다. 효종 8년 9월, 노비 연향連香과 그 남편 돌무적乭無赤이 주인 홍준래洪俊來를 살해하여 암매장한 사실이 발각되어 삼성추국을 당하고 능지처사에 처해졌다.『추관지秋官志』34)와『효종실록』을 통해 재구성한 사건의 전말은 다음과 같다.

"효종 8년 9월, 사노비 연향의 집에 주인 홍준래가 갑자기 들이닥쳤다. 홍준래는 성품이 포악하여 이유도 말하지 않고 다짜고짜 그녀의 아들을 때려 죽였다. 연향은 경악하여 울부짖었으나 홍준래는 이에 그치지 않고 어린 아들에게 젖을 먹이는 그녀의 머리를 가격하여 피를 흘리게 만들었다. 방안은 삽시간에 아수라장으로 변했다. 연향은 머리에서 피가 흘러내리는 것도 의식하지 못하고 죽은 아들을 부둥켜안고 울부짖었다. 이때 연향의 젖먹이 아들이 소란에 놀라서 울음을 터뜨렸다. 그러자 홍준래는 연향의 젖먹이 아들을 거꾸로 들고 때리기 시작했다. 연향과 돌무적은 경악하여 홍준래의 손에서 젖먹이 아들을 빼앗은 다음 홍준래를 밀어뜨렸다. 홍준래는 눈이 뒤집혀 길길이 날뛰었다. 연향과 돌무적은 아들의 죽음에 피눈물을 흘렸다. 연향의 아들이 죽었다는 사실에 깜짝 놀란 홍준래는 연향과 돌무적을 회유하기도 하고 협박하기도 했다. 노비라고 해도 사람을 죽이면 처벌을 받기 때문이었다. 연향은 홍준래의 눈치를 살핀 뒤에 남편에게 조용히 말했다. 아들을 잃은 연향은 제 정신이 아니었고, 돌무적 역시 정신이 얼떨떨하여 어찌할 바를 모르고 있었다. 연향은 남편을 재촉하여 홍준래의 목을 삼끈으로 감아서 조르기 시작했다. 홍준래는 발버둥을 치면서 저항했으나 둘이서 합세하여 졸랐기 때문에 이내 축 늘어져 숨이 끊어졌다. 관에 발각되면 죽음을 면치 못한다는 것을 잘 알고 있던 연향과 돌무적은 홍준래의 시체를 야산 동굴 속에 암매장하였다."35)

---

34) 『추관지秋官志』는 조선 정조 때 박일원朴一源이 형조의 소관 사례를 모아 편집한 책. 1781년 국초 이래의 각종 법례・판례・관례를 모아 5편의 추관지를 사찬하고 1791년 증보했음.
35) 이수광, 『조선을 뒤흔든 16가지 살인사건』, 다산초당, 2006 참조.

9) 노비일

'머슴날'이라고도 하는데, 조선시대 긴 겨울동안 쉬었던 노비들이 2월이 되면 비로소 한 해의 농사를 준비해야 하기 때문에, 노비들을 위로하는 차원에서 하루를 즐겁게 쉬게 해 그들에게 주식酒食을 베풀고 배불리 먹게 하였다. 이때 노비들은 농악農樂을 치며 노래와 춤으로 하루를 보냈다. 또한 시절 음식인 송편을 노비들에게 그 나이 수대로 나누어 먹이기도 했다. 이러한 노비일奴婢日을 주어 그들의 노동력을 효율적으로 이용하고 불만을 무마하려는 의도도 다소 있었다고 보인다.

10) 성호 이익의 노비관奴婢觀

조선왕조 실학사상의 거두 성호 이익李瀷은 일찍이 노비의 가혹한 인간조건에 눈을 떠서 노비제도의 폐단을 역설하고, 이를 점차 폐지할 것을 주장하였다. 그는 실학사상에 바탕을 둔 주체의식과 비판 정신을 토대로 그의 저서인 『성호사설星湖僿說』과 『곽우록藿憂錄』36)을 통해 당시

---

36) 『곽우록藿憂錄』; 성호 이익이 당시의 사회제도를 실증적으로 분석 비판하여 정책적 대안을 제시한 대표적 저술로서 모두 19개 항목으로 구성되어 있다. 서문에 이어 경연, 인재 양성, 관료제도, 법제개혁, 통치일반론, 재정, 화폐문제, 토지문제, 국방, 정치개혁에 이르는 다양한 내용을 담고 있다. 곽우藿憂(콩잎 곽藿, 근심할 우憂)란 높은 벼슬을 하면서 국가정책을 결정하는 '고기 먹는 사람'에 대비되는 '콩잎을 먹는 사람'의 걱정, 즉 벼슬하지 않는 사람이 백성을 걱정한다는 뜻을 보인 것이다. 서문에서, "나는 천한 사람이다. 천한 사람이 걱정할 바는 백 묘쯤 농사하는 것 외에 벗어나지 않는다. 그러나 생각하기를 그치지 않아, 혹 제 위치를 벗어나서 넘치게 생각하면, 이것은 필부의 죄이다. 옛적에 동곽조조東郭祖朝가 진헌공에게 글을 올려서 국가 계획을 알려주기를 청하면서 '고기를 먹는 자가 묘당에서 하루 아침이라도 계획을 잘못하면 콩잎 먹는 자의 간과 뼈가 중원의 들판을 더럽히는 일이 어찌 없겠습니까. 그러므로 신도 또한 깊은 걱정이 있습니다. 진실로 말을 몰아갈 때 고삐와 재갈을 잃었다면 옆의 말이라도 수레에

의 사회제도를 실증적으로 분석, 비판하여 정책적 대안을 제시하였다. 중농사상重農思想에 입각하여 전제田制개혁의 방향을 개인의 토지점유를 제한하여 전주田主의 몰락을 방지하는 한전론限田論37)에서 찾았으며, 노비신분을 점차적으로 해방시킬 것 등을 주장하는 한편, 당쟁의 발생은 이해득실이 상반되는 데서 오는 것이라고 분석하여, 양반도 산업에 종사해야 한다는 사농합일士農合一론을 주장하였다. 그는 『성호사설』에서 '죽은 종을 위로하는 제문'을 썼는데, 여기에는 그의 노비에 대한 시선이 그대로 투영되어 있다. 자기가 살던 고을에 '관쑴'이라는 노비가 살다가 죽었는데, 우연히 이곳을 지나다가 수년 동안, 그 자식조차 무덤을 돌보지 않고 흩어지니, 이를 슬퍼하여 술을 올리고 제문을 지어 외로운 혼을 위로한 것이다.

'죽은 종을 위로하는 제문祭奴文'

"우리나라의 종과 주인의 관계를 비교하자면 임금과 신하의 관계와 같다. 그러나 임금은 신하에게 벼슬로써 귀하게 하고 봉록으로써 길러 주니 은혜가 이미 크므로 그 은혜 갚기를 생각하지 않는 자가 잘못이지만, 주인은 종에게 잘 먹이고 잘 입히지는 못하면서 온갖 고역을 다 시키고 성날 때에 형벌은 있어도 기쁠 때에 상이 없으며, 조금만 잘못이 있으면 충성스럽지 않음을 꾸짖으니, 왜 그럴까?

매어서 화를 면할 수 있습니다' 하였다. 지금 국가가 편안하고, 모든 계획이 주밀하니 입을 놀릴 것이 없다. 그러나 촉나라 개가 눈을 보고 짖는 것과 구멍 개미가 먹이를 뽑아 올리는 것처럼 진실로 제 힘을 요량하지 못함이 있다. 병 앓는 여가에 붓을 움직인 것이 약간 있기에 거두어서 기록하였으나 나의 허물을 기록하는 것임을 면치 못한다."라 하였다.

37) 한전론限田論; 조선후기 논밭의 개인 소유를 한정하자던 주장. 실학자 이익이 주장한 토지개혁론.

신하가 되는 사람은 벼슬길에 나가기를 마음으로 흠모하여 어깨를 비집고 뚫고 나가서 구차하게 영리를 도모하지만, 종은 그렇지 않아 도망갈 땅마저 없어서 어쩔 수 없이 매어 있는 신세이다. 또 신하가 윗사람을 섬기는 것은 겨우 명령에 따라 계획을 짜내는 데에 분주할 뿐이지만, 종이 주인을 섬기는 데는 도탄塗炭[38]에 드나들고 매를 맞거나 치욕을 당하는 것이 보통이고 보니 사실은 원수나 다름이 없다.

그런데도 신하는 임금의 상喪에 머리를 풀지 않는데, 종은 주인의 상에 머리를 풀고 꼭 처자와 같이 하며, 신하의 죽음에는 임금이 조상을 하고 제문을 보내는 예가 있는데, 종의 죽음에는 주인이 한번 슬퍼하지도 않고 술 한 잔 붓는 일이 없으니, 그것은 또 왜 그럴까?

나의 고장에 '관管'이란 종이 있었는데 죽은 지가 이미 수년이 지났다. 우연히 그곳을 지나다가 물어 보니 그 무덤에 오래 전부터 제를 지내지 않는다 하기에, 다음과 같이 제문을 지어 위로한다.

'아무 달 아무 날에 성호일인星湖逸人은, 옛 종 아무의 무덤에 고하노라. 아! 나라의 옛 풍속에 종과 주인의 분의를 임금과 신하에 비교했다. 그러나 어진 임금에 대해 신하가 반드시 은혜를 갚는 것은 당연하지만, 주인은 박하면서 종에게 충성을 바라는 것이 어찌 이치라 하겠느냐? 너는 한평생 부지런히 윗사람을 받들었으므로 내가 사실 힘입음이 많았는데 어찌 차마 잊겠느냐? 너의 자식이 불초[39]하기에 내가 일찍이 훈계한 적이 있었는데, 이제 과연 살길을 잃어 떠나 버렸고, 너의 무덤에 풀이 우거졌는데도 벌초할 것을 생각하는 자가 없구나. 살아서는 이미 노력이 심했고 귀신도 항상 굶주리니 어찌 슬프지 않으랴? 내가 우연히 이곳을 지나다가 너를 불쌍히 여기는 마음에서 약간의 떡과 과일을 갖춰 너의 외손을 시켜서 무덤 앞에 술 한 잔을 붓게 하고 변변치 못하나마 몇 마디 고하노니, 네가 비록 문사를 해득하지 못하지만, 귀신의 이치는 느껴서 통하고 정성이 있으면 반드시 깨닫기 마련이니, 너는 그 흠향하라.'고 하였다. 그런데 이 일을 남들이 보면 반드시 나를 비웃을 것이다. 그러나 인정이 여기에 있으니, 아마 이렇게 함이 옳을 것이다."[40]

---

38) 도탄塗炭; 진흙탕에 빠지고 숯불에 탄다는 뜻으로 생활이 몹시 곤궁困窮하고 고통스러운 지경을 이르는 말.
39) 불초不肖; 아버지를 닮지 않았다는 뜻으로, 못나고 어리석은 사람을 이르는 말.

또한 성호는 『성호사설』, 「인사문人事門」 '노비奴婢' 조에서 대물림되는 노비제도의 악습을 지적하면서, 아무리 자질이 뛰어난 사람일지라도 애초에 노비로 신분이 얽매어있다면, 단지 고역만 하다가 죽어야하는 하찮은 살덩어리에 불과할 뿐이라고 말하였다. 또 노비가 그렇게 살 수밖에 없는 것은 노비의 혹독한 조건에서 뒤따르는 불가피한 그들의 불쌍한 처지와 환경에서 기인되는 것을 낱낱이 지적하여, 그 폐단을 고치기를 바랐다.

"우리나라 노비의 법은 천하 고금에 없는 법이다. 한번 노비가 되면 백세토록 고역을 겪으니 그것도 불쌍한데 하물며 법에 있어서는 반드시 어미의 신역을 따름에 있어서랴? 그렇다면 어미의 어미와 그 어미의 어미의 어미로부터 멀리 십 세, 백 세를 소급하여 어느 세대의 어떤 사람인 줄도 모르면서 막연한 외손으로 하여금 하늘과 땅이 다하도록 한량없는 고뇌를 받아서 벗어날 수가 없게 하는 것이니, 과연 이러한 환경에 빠진다면, 안회顔回와 백기伯奇도 그 행실을 가질 수 없을 것이고, 관중管仲과 안영晏嬰도 그 지혜를 쓸 수 없을 것이며, 맹분孟賁과 하육夏育도 그 용맹을 쓸 수 없어서 마침내 노둔하고 미천한 최하의 등류가 되고야 말 것이다. 더구나 남의 집에 붙어 우러러 신역하는 자를 학대하고 괴롭혀 살아갈 수 없게 하니 이처럼 궁한 백성은 천하에 없을 것이다.
　내가 일찍이 여염집에 기숙해 있었는데 하루는 벽 뒤에 뭇 노비들이 모여서 서로 원통함을 하소연하기에, 내가 자세히 들어보니 다 까닭이 있었다. 그런데도 사람들은 그 주인의 말만 듣고 완악한 노비라고 지목하니 이런 것이 다 잘못이다. 송사란 것은 반드시 양 편의 말을 다 들은 후에 그 시비를 결정하는 것이니 그렇다면 노비의 말이 도리어 옳을 수도 있지 않겠는가?
　도연명陶淵明은, '노비도 사람의 자식이니 잘 대우해야 한다.'고 했으니, 이른바, 사람의 도리로써 사람을 부린다면 사람의 도리를 다하는

---

40) 이익李瀷, 『성호사설星湖僿說』 제12권, 「인사문人事門」, '죽은 종을 위로하는 제문祭奴文'.

것이라 하겠다. 또 옛날에 원 아무개는 그 자녀들에게 훈계하기를, '자기 일에 부지런하고 남의 일에 게으른 것은 누구나 다 같은 심정인데, 노비는 젊어서부터 늙을 때까지 매일 하는 일이 모두가 남의 일이니 어찌 일마다 마음을 극진히 할 수 있겠느냐? 다만 너그럽게 용서하고 노여워하지 말라.'고 했으니, 이 말이야말로 과연 그러하다.

옛사람이 노비의 상相을 논하면서, '탁자는 높은 곳에다 놓고, 물그릇은 가득 채우고, 물건은 사람이 다니는 길에 놓는다.'고 했으니, 탁자가 높으면 떨어지고, 물이 가득 차면 넘치고, 물건이 길에 있으면 부서지기 마련인데, 이것이 다 남의 물건이기 때문이다. 또 마른 밥을 씹는 것은 항상 굶어서 가슴이 체하지 않기 때문이고, 빨리 잠을 자는 것은 피로가 심하기 때문이고, 의상을 뒤바꿔 입는 것은 몸을 단장할 여가가 없기 때문이니, 이런 것을 미루어본다면, 가련하지 않은 것이 없다."[41]

임진왜란이 일어나자 조선의 신분제는 동요되고, 기층민중의 최하위에 억눌려 지내던 노비들이 전란을 틈타 질긴 예속의 고리를 끊기 위해서 노비문서를 관장하여 보관하던 창고를 습격하여 불사르기도 하였다. 대개 천하의 인심은 빈부, 귀천이 따로 없는 것이다. 당시의 정황을 성호는 이렇게 적고 있다.

"『죽천한화竹泉閑話』[42]에, '유미암柳眉庵 희춘希春이 지고地庫에 소장되어 있는 전조前朝의 사초史草를 보았는데, 왕씨王氏, 신씨辛氏의 변변辨이 있었다 ……'라고 하였다. 지고라는 것은 한양漢陽에 도읍을 정한 뒤에 고려의 사초를 옮겨 간직한 것인데, 임진왜란이 일어나자 왜적이 입성하기 전에 난민들에 의해 여러 궁관宮館과 함께 불에 타서 잿더미가 되어 버렸다. 이때에 먼저 장예원掌隸院을 불태웠는데 장예원은 노

---

41) 이익李瀷,『성호사설星湖僿說』제12권,「인사문人事門」, '노비奴婢'.
42) 조선 인조仁祖 때의 문신 이덕형李德泂의 저서. 죽천은 그의 호임. 이덕형李德泂 (1566~1645) 본관 한산韓山, 자 원백遠伯, 시호 충숙忠肅. 저서 『죽창한화竹窓閑話』, 『송도기이松都記異』.

비의 장적帳籍을 간직한 곳이다. 그런데 고려 때의 노예군奴隷軍들이 공모하여 먼저 그 장적을 불태웠으니, 이것이 또 고금의 한 가지 예이다."43)

11) 노비의 의열義烈

노비는 주인을 위하여 평생 충복忠僕으로서 의리를 지키기도 하였다. 실제 있었던 사적을 통해 갑이甲伊와 이난향李蘭香이란 노비의 행적을 따라가 보자.

갑이는 의열이 있는 노비인데 생몰년은 미상이다. 명종이 즉위한 1545년에 윤원형尹元衡, 이기李芑 등의 모함을 받아 윤임尹任, 유인숙柳仁淑 등과 함께 삼흉三兇으로 몰려 사사賜死된 유관柳灌의 노비였다. 나이 십오 세 무렵에 유관이 을사사화乙巳士禍를 당한 후에 우의정 정순붕鄭順朋의 노비가 되었는데, 정순붕은 바로 유관을 모함하는 상소를 올린 장본인이었다. 갑이는 주인의 원수를 갚기 위하여 전염병으로 죽은 사람의 유골을 가져다 정순붕의 잠자리에 몰래 숨겨 두었는데, 일 년 사이에 정씨의 집안 사람 일곱 명이 죽고, 정순붕도 전염병에 걸려 죽고 말았다. 이를 이상하게 여긴 정씨 집안에서 노비들을 신문하자 갑이는 억울하게 죽은 주인의 원수를 갚기 위해 자신이 한 일이라고 밝히고 자결을 하였다. 영조 22년(1746)에 조정에서 정려하였다. 묘는 과천현 상북면 방배리에 있었다가 도시화로 1973년 안산시 와동으로 이장되었다.44)

이난향(?~1592)은 의열로 드러났다. 그녀는 조선 중기 선조년간에 살았던 호조참판戶曹參判 홍습洪濕의 사노비이다. 선조 25년(1592) 임진

---

43) 이익李瀷, 『성호사설星湖僿說』 제13권, 「인사문人事門」, '지고에 있는 노비 문서를 불태움焚地庫隷籍'.
44) 『문화유씨계보文化柳氏系譜』, 『시흥군지始興郡誌』(1988), 『경기인물지京畿人物誌』, 과천시 홈페이지(http://www.gccity.go.kr) 참조.

왜란이 일어나자, 홍습이 전라북도 진안군鎭安郡 탄전면呑田面(오늘의 상전
면上田面) 수동리水東里 산정山亭으로 피난을 왔다가, 다시 서당동書堂洞으
로 피신하였다. 이때 홍습은 서둘러 피신하는 바람에 식량이나 먹을 물
도 없었는데 이난향이 주인을 위해 식량을 구하러 나갔다가, 왜군에게
붙잡히자 혀를 깨물고 자결하였다. 선조 37년(1604)에 그녀의 충절을
기념하기 위해 정려旌閭를 내리고, 진안 상전면 수동리 대산마을에 비
석을 세웠다.45)

12) 여종에 얽힌 야담

조선시대 여종은 양반 사대부들의 소유물로서 때로는 성적 노리개였
다. 또한 야담에서 종종 조롱거리나 해학의 대상이 되는 소재이기도 하
였다. 다음에 보이는 예화는 『어수록禦睡錄』과 『고금소총古今笑叢』에 실
린 여종에 대한 우스개 야담이다. 이를 통하여 미루어보면 최하층의 계
집종에 대한 당시의 시선과 인식을 여실히 살펴볼 수 있다. 여종은 양반
사대부인 상전에게 딸린 성 노리개감으로 이를 범하여도 아무 거리낌
이 없었으며 당시 그녀들을 보호해줄 아무런 제도적 장치도 없었기에
그 처지와 신세가 자못 애처롭기까지 하다.

■ 흰떡과 절인 채소(백병침채白餅沈菜)

어느 집 여종이 아름답기가 그지없었다. 여종의 남편이 날마다 와서
자지 않자 주인 집 소년이 맘대로 간통했는데, 오히려 이를 숨기는 자
는 여종과 그의 부모였다. 어느 날 밤 소년이 그의 처와 함께 자다가 처
가 깊이 잠든 틈을 타서, 가만히 행랑으로 나갈 때, 그 처가 잠이 깨어
비로소 알고 살금살금 뒤를 밟아서 창틈으로 엿본 즉, 여종이 거절하면

---

45) 『진안군지』, 『진안의맥』, 『전라문화의 맥과 전북인물』, '이난향비' 참조.

서 말하길,

"서방님은 왜 하필 흰 떡같은 아가씨를 버리고 구구히 이렇게 하찮은 저에게 오셔서 못살게 구십니까?"

"아가씨가 흰 떡 같다면 너는 절인 채소와 같으니 음식으로 따지면 떡을 먹은 후에 절인 채소를 가히 먹지 않을 수 없는 것이라."

하며 드디어 입을 맞추며 운우雲雨가 방농方濃하였다. 그리고 돌아가니 그 처는 여전히 누워서 자고 있었다. 소년이 생각하기를 처가 행랑의 일을 보지 못하였겠지 하고 이튿날 부부가 함께 시아버님을 모시고 있을 때, 소년이 갑자기 기침이 연거푸 나와 입을 다물고 벽을 향하여 말하길,

"요즈음 내가 이 병이 있으니 괴이하구나, 괴이해."

하므로 그 처가 고개를 숙여 말하길,

"그것이야 다른 까닭인가요. 매일 많은 절인 채소를 잡수신 까닭이지요."

하니 소년의 아비가 듣고 말하기를,

"어디서 절인 채소가 났기에 너만 혼자 먹느냐?"

하므로 소년이 부끄러워 입을 닫고 곧 밖으로 나가버렸다.

■ 알아서 무엇하리(지지하용知之何用)

여종을 간통하기를 좋아하는 한 선비가 있었다. 무슨 일 때문에 여종의 남편을 수십 리 밖에 심부름을 보내니, 그 종놈이 주인의 처사를 아주 수상히 여기던 터이라 그 기미를 알아차리고 이레 동안 사람들을 고용하여 대신 보내고 스스로 그 방에 숨어있었다. 밤이 깊은 뒤 주인은 이미 종년의 남편이란 놈이 출타한 줄로 아는지라 아무 거리낌 없이 여종의 방에 들어가 보니, 다만 한 사람이 누워 자고 있는 소리뿐이었다. 욕정이 끓어올라 이불 아래 꿇어앉으며 한 손으로 이불을 걷고 두 다리를 들어 찬 뒤에 그 허리를 꽉 끌어안으니, 주객의 네 다리 사이에 두 거북의 대가리(귀두龜頭)가 돌연히 서로 부딪치므로 주인은 당황하여 꾸며댈 말이 없는 까닭에 말하기를,

"너의 물건이 왜 그리 크냐?"

하니,

"여종 남편의 양물陽物이 크고 작은 것을 양반이 알아 무엇 하리오."

하니 주인이 아무 말 없이 물러가더라.

■ 병을 핑계로 계집종을 범하다(인병간비因病奸婢)

어떤 재상의 처가댁에 어린 여종이 있었다. 이름은 향월向月이요, 나이는 열여덟 살에 제법 자색을 지녔다. 재상은 늘 향월을 사랑해보려 하였으나 기회를 얻지 못하였다. 때마침 향월이 학질에 걸려 고생을 하는 중이었다. 그때 재상의 벼슬은 내의국의 제조提調였다. 하루는 그의 장모가 사위인 재상에게 청하기를,

"우리 향월이 학질로써 이다지 고생하는데 내국에는 반드시 좋은 약이 있을 것이니 한번 약을 구해서 치료해 주는 것이 어떻겠는가?"

하기에 그는,

"그럼 어느 날 어느 때 그 병이 더 심해지는지요?"

하고 묻자 장모는,

"바로 내일이라네."

하고 대답하니 그 재상은,

"그럼, 내일 공무를 끝낸 뒤에 좋은 약을 갖고 나올 테니, 뒷동산 깊숙한 곳에 커다란 병풍을 둘러 자리를 만드십시오. 그리고 그 안에 향월을 눕히고 다른 사람들은 함부로 출입을 하지 못하게 하면 제가 곧 치료해 드리겠습니다."

하는 것이었다. 장모는 곧 그의 말과 같이 준비하였다. 그 이튿날 재상이 뒷동산 속으로 들어가 불문곡직하고 향월을 껴안았다. 향월이 크게 두려워하여 땀이 흘러 등을 적시는 것이다. 재상은,

"학질이란 몹쓸 병인만큼 이렇게 가혹히 다루지 않는다면 결코 고치기 어려운 법이니라."

하고 거듭 일을 치르려 할 때 향월은,

"만일 부인께서 이 일을 아신다면 반드시 제게 벌을 내릴 것이니, 저는 어떡하면 좋겠습니까?"

하는 것이다. 그는,

"그렇지 않아. 이 일은 부인이 시킨 일이니라."

하고 일을 다시금 시작하여 흥이 무르녹자 향월은 재상의 허리를 부둥켜 안으면서,

"이젠 부인께서 알고 죽인다 하여도 아무런 원한이 없소이다."

하여 학질이 모르는 사이에 나은 줄을 깨닫지 못했다. 그 후 그의 장모가 역시 학질을 만나서 사위로 하여금

치료를 하게 했더니 사위는,

"이건 장인 영감이 아니고선 결코 치료하지 못한답니다."

하고 웃음을 머금었다.

■ 벌거벗은 계집종은 감추기 어렵다(난익적비難匿赤婢)[46]

백사白沙 이항복李恒福이 장인인 권율權栗 도원수都元帥[47]의 집에서 처가살이를 하였는데, 미모가 수려한 한 여종을 눈여겨보고는 권율에게 청하였다.

"조용한 곳에서 전심전력 독서하기를 원하옵니다."

권율은 그리하라고 허락하였다. 이항복은 마침내 계획을 이루었는지라 후미진 별채에서 매일 여종을 은밀히 불러 정을 통하였다. 어느 날 밤도 여종과 잠들었다가 아침에 늦게 일어났는데, 권율이 그 사실을 알고 청지기와 하인들을 데리고서 이항복이 있는 방에 이르렀다. 이에 당황한 이항복은 이불로 여종을 감싸서 방 한 모퉁이에 밀쳐두었는데 이윽고 권율이 말했다.

"방이 협소하니 저 이불은 시렁 위에 두자꾸나."

청지기와 하인들에게 시켜 이불을 당겨서 들어 올리게 하니, 알몸의 여종이 이불 안에서 방바닥으로 나동그라졌다. 이를 본 이항복이 겸연쩍은 얼굴을 하고 웃으면서 말했다.

"벌거벗은 여종은 과연 감추기가 어렵습니다."

이에 그 자리에 있던 사람들 모두 허리를 잡고 웃었더라 한다.

---

46) 『고금소총古今笑叢』.
47) 조선시대 전쟁이 일어났을 때 군무를 총괄 지휘하던 임시 무관직.

Ⅱ. 노비들의 한시 고찰

II. 노비들의 한시 고찰

1. 백대붕白大鵬 — 전함사에 딸린 노비

　백대붕白大鵬(?~1592)은 조선 선조 년간에 살았던 천출賤出로 시에 뛰어난 자질을 보인 인물이다. 본관은 임천林川, 자는 만리萬里이다. 허균의 기록에 의하면, 원래 그는 천인으로 태어났으나 나중에 궁중의 열쇠를 보관하는 정육품 사약司鑰 벼슬에까지 올랐다고 한다. 그는 만당晚唐1)의 시를 따라 위약萎弱한 풍격의 시를 잘 지었는데, 당시 사람들에게 그의 시풍이 유행하여 그 벼슬 이름을 따서 '사약체'라는 이름을 얻었다고 한다.
　허균許筠의 시화집 「성수시화惺叟詩話」에 따르면, "백대붕이라는 자가 있어 또한 시에 능했다. 일찍이 문지기 벼슬인 사약 벼슬을 했는데, 그의 동류들이 모두 그를 본받았다. 그의 시는 맹교孟郊2)와 가도賈島3)를

---

1) 만당晚唐; 한시漢詩를 중심으로 한 중국의 문학사에서, 당대唐代를 넷으로 구분한 맨 끝의 시대로 대개 9세기 중엽에서 10세기 초엽까지를 이름.
2) 맹교孟郊(751~814); 중국 중당中唐의 시인, 자 동야東野. 796년 진사시험에 급제, 율양의 위尉가 되었으나 사직하였다. 자신의 곤궁과 사회의 부정을 예리하게 파헤

배워 고담枯淡하고 연약했다. 그래서 권여장權汝章4)은 만당晩唐의 시를 배우는 사람을 볼 때마다 반드시 '사약체'라고 일컬었으니 대개 그 연약함을 조롱하는 말이었다"고 하였다.

백대붕은 시 '구일취음九日醉吟'에서 스스로가 고백하길, 군함과 수운을 맡고 있는 "전함사典艦司에 소속된 노비"라는 구절이 나오나, 그의 정확한 출신과 생년을 확인할 길은 없다. 전함사는 조선시대 선박의 관리 및 조선造船과 운수에 관한 일을 관장하기 위하여 설치되었던 관서인데, 원래 내사內司와 외사外司가 있어서 내사는 서울의 중부 징청방澄淸坊에, 외사는 서강西江에 있었다. 그가 언제 태어났는지 알 수 없으나 유재건劉在建(1793~1880)이 지은 『이향견문록里鄕見聞錄』에 의하면, 유희경劉希慶, 정치鄭致와 함께 노닐었다는 구절이 있다.

처, 가도賈島와 더불어 '교한도수郊寒島瘦'라 불렸다. 시문집『맹동야집孟東野集』.
3) 가도賈島(779~843); 중국 당나라 시인. 자 낭선浪仙, 하북河北 범양사람. 처음에 여러 차례 과거에 응시했으나 실패하고, 출가出家하여 법호를 무본無本이라 하였으나 한유와 교유하면서 환속하였다. 가난한 생애와 풍족한 정서는 결핍되어 있지만 서정적인 시는 매우 세련되어 세세한 부분까지 잘 묘사된 작품作風에 있어서 공통점 때문에, 맹교와 함께 '교한도수'라 불렸으며, 또 '퇴고堆敲'라는 말을 낳기도 하였다. 시집『가랑선장강집 賈浪仙長江集』(10권).
4) 권필權韠(1569~1612)의 자. 조선중기의 시인, 본관 안동安東, 호 석주石洲. 정철鄭澈의 문인으로 성격이 자유분방하고 구속받기 싫어하여 야인으로 일생을 마쳤다. 유희분柳希奮 등의 방종을 임숙영任叔英이 책문策文에서 공격하다가 광해군의 뜻에 거슬려 삭과削科된 사실을 듣고 분함을 참지 못하여 '궁류시宮柳詩'를 지어 풍자하였다. 이에 광해군이 대노하여 시의 출처를 찾던 중, 1612년 김직재金直哉의 무옥誣獄에 연루된 조수륜趙守倫의 집을 수색하다가 연좌되어 해남으로 귀양가다가 동대문 밖에서 술을 폭음하고는 이튿날 44세로 죽었다. 시재가 뛰어나 자기성찰을 통한 울분과 갈등을 토로하고 잘못된 사회상을 비판 풍자하는 데 성과를 거두었다. 인조반정 이후 사헌부지평에 추증, 광주光州 운암사雲巖祠에 배향되었다. 묘는 경기도 고양시 위양리에 있고, 묘갈은 송시열宋時烈이 찬하였다.『석주집石洲集』과 한문소설「주생전周生傳」이 전한다.

그런데, 홍여하洪汝河(1620~1674)5)가 기록한 「백대붕전白大鵬傳」이 다른 어떤 문헌보다 비교적 상세하다.

"백대붕의 자는 만리萬里, 아버지의 이름은 연근蓮根인데 나의 외증조부 철성이공 집에 딸린 종의 아들이다. 그 어머니는 전함사의 여종이다. 그래서 어머니를 따라 전함사의 종이 되었다. 대붕이 어려서 시에 능하여 시구를 지으면 사람들을 놀라게 하였다. 일시에 서익徐翊, 한모韓某, 홍적洪迪 공과 같은 이름난 사대부가 모두 허여하고 사귀었다. 대붕이 시험삼아 한익지韓益之, 홍태고洪太古 제공을 자로 호칭하니 마음으로써 기약하여 붙인 것이기에 명분으로써 꾸짖지는 않았다. 제공이 일찍이 이조의 정리을 위하여 일을 맡아서 식록을 도모하게 하려 하자, 대붕이 말하길, 나는 성현의 책을 읽었기로, 어찌 능히 '도필리'가 되겠습니까, 하고 마침내 옳게 여기지 않았다. 제공들이 더욱 그를 중히 여겼다. 계미년에 서공이 북도 순안사巡按使가 되자 대붕이 수행하여 따라갔다. 서공이 고개위에 이르러 일행이 차비를 차리는데 대붕의 행전은 초라하였다. 오직 공이 준 황모 붓 두 자루뿐이었다. 그 몸가짐과 행실이 깔끔하기가 이와 같았다. 그 아버지 연근이 일찍이 죄를 지어 이공이 그를 안동의 사저에 가두었다. 서공이 안동 원에게 가서 하루는 사람을 보내 안부를 물었는데, 편하지 못하였다. 대붕이 밤낮으로 아버지를 곁에 모시고 한 시도 떨어지지 않았는데 이공을 뵙고 문득 땅에 엎드려 머리를 찧어 매양 더욱 삼가하여 뵈었다. 이충순李忠順이란 사람이 있었는데, 이공의 서조카이다. 이공이 죽자, 대붕이 제문을 지어 제사를 지내고, 충순이 그 제문을 읽었다. 계미년 가을에 내가 춘양春陽에서 돌아오니 충순이 나를 위해 이와 같이 말해주었다. 이어 말하길, 제문을 읽을 때 나이가 아직 어려 문장을 알아듣지 못했는데, 지금 벌써 오십이 넘었다고 하였다. 모두 망각 한 글자로다. 특별히 '모년 모월 모일에 종의 아들 백대붕이 옛날의 상전에게 경건히 제사 드리오니 운운' 하는 걸 듣고 적어둔다. 대붕에게 반죽시斑竹詩와 통칠명筒漆銘

---

5) 자 백원百源, 은도應圖, 호 산택재山澤齋, 목재木齋, 대박산인大朴山人, 본관 부계缶溪, 저서 『목재선생문집木齋先生文集』.

이 있고, 그밖에는 만리행장萬里行裝 네 자이다. 아우는 운붕雲鵬인데,
역시 글을 알았다. 충순이 말한 것이다."6)

　홍여하가 계미년(인조 21년, 1643), 곧 백대붕이 죽은 지 오십여 년이 흐른 뒤에 이충순이 진술한 얘기를 듣고 '백대붕전傳'을 지었다. 내용에서 보는 바와 같이 백대붕은 그 위인이 비록 천역에 종사하고 있으나 성품이 매우 고결하고 또 강직한 면이 있음을 알 수 있다. 허여하며 지내던 여러 사대부들이 그에게 도필리刀筆吏란 말직을 맡게 하여 먹고살게끔 추천을 하려 하자 거절하였다. 도필리란 문서 작성이나 하는 하급관리로 아전衙前을 얕잡아 일컫던 말인데, 예전에 죽간竹簡에 잘못 기록된 글자를 아전이 늘 칼로 긁고 고치는 일을 한 까닭에 생긴 말이다. 또 순안사 수행 중에 붓 두 자루만 달랑 싼 단출한 짐도 그가 굳고 깨끗한 인품을 지녔음을 말해준다. 또한 그의 충직한 면도 보인다. 자기 아버지 연근이 죄를 지어 상전인 이공이 가두어 죄를 물은 일이 있는데 아버지 옥바라지를 성심껏 하였고, 그 뒤 죽은 상전을 위해서는 또 제문을 지어 제사를 올린 사실에서도 알 수 있다.

　한편 허균은 백대붕이 검은 빛깔의 옷을 입는 무리, 곧 승려와 같은 '흑의지열黑衣之列'에 끼었다고 하였다. 원래 '흑의'는 승려의 '법의法衣'나 '출가出家'를 의미하기도 하고, 또는 공용公用에 동원되어 노역을 하던 인부들이 입던 검은 빛깔인 웃옷으로 두루마기와 같은 데 무와 섶이 없이 세 자락으로 되어있다. 허균의 말을 미루어보면 그가 당시 억불정책으로 승려와 더불어 천한 노비 출신에 속한 부류임을 말한 것이다.

　　　"백대붕은 천한 종으로 '흑의지열'에 끼었다. 시를 잘 하였으므로 우
　　리 중형과 승지承旨 심희수沈喜壽가 다 대등한 벗으로 사귀었는데, "가

---

6) 홍여하, 『목재선생문집木齋先生文集』 제5권, 「백대붕전白大鵬傳」.

을 하늘에 엷은 그늘 어리어, 화악의 그림자 침침하여라秋天生薄陰, 華岳影沈沈"라는 시는 우리 중형이 칭찬해 마지않았다. 우리 백형을 따라 일본에 오간 일이 있으며, 아름다운 시가 매우 많았다."[7)]

허균이 앞서 말한 심희수[8)]와 허균의 중형인 허봉許篈이 백대붕 등과 서로 터놓고 사귀었다는 기록이 있는 것으로 보아, 백대붕은 1550년 전후에 태어난 것으로 보인다. 당시에 같은 천인으로 시를 잘 지은 유희경劉希慶과 함께 '유劉·백白'으로 병칭하여 일컬어졌다. 그는 또 같은 처지의 위항인끼리 모여 시를 짓는 모임인 풍월향도風月香徒[9)]를 주도하기도 하였다. 허균이 인용한, 백대붕이 지은 이 시의 제목은 추일秋日, "가을날"이다. 다 저물어가는 어느 가을날 객지에서 떠도는 외로운 심사가 매우 극적으로 묘사되고 있는데, 심상이 다양한 외물에 잘 겹쳐져 뛰어난 작품이다.

가을날	秋日
가을 하늘 엷은 그늘이 생겨서	秋天生薄陰
화악산에도 뉘엿뉘엿 그림자 지네	華嶽影沈沈
한 떨기 국화꽃은 타향살이하는 내 눈물이고	叢菊他鄕淚

[7)] 허균, 『성소부부고』 제26권, 「학산초담 鶴山樵談」.
[8)] 심희수沈喜壽(1548~1622); 조선 중기의 문신. 본관 청송靑松, 자 백구伯懼, 호 일송一松, 수뢰루인水雷累人, 노수신盧守愼의 문인, 1599년 예문관제학, 예조판서, 이조판서, 홍문관, 예문관 대제학을 겸하고 사명辭命을 장악하고 밖으로 외국 사신의 접대에 힘썼다. 좌찬성, 우찬성을 거쳐 우의정에 올랐으며, 청백리淸白吏에 뽑혔다. 저서 『일송집一松集』, 상주 봉암사鳳巖祠에 제향, 시호 문정文貞.
[9)] 풍월향도風月香徒; 조선시대 선조 때 활동한 시인들을 지칭하는 시단詩壇. 원래 이 용어는 이식李植이 시단의 맹주이던 유희경劉希慶의 시문집 『촌은집村隱集』 발문에서 처음 사용함으로써 시작되었다. 이 발문에 의하면 유희경, 백대붕 등을 당시 사람들이 '풍월향도'라고 불렀다고 한다.

외로운 등불은 오늘 밤 내 마음이네	孤燈此夜心
날아다니는 반딧불 잡초 속에 숨어들고	流螢隱亂草
성긴 빗방울은 수풀 속에 떨어지는데	疎雨落長林
벗 그리워 잠 못 이루는 밤	懷侶不能寐
이름 모를 산새가 창밖에서 우는구나	隔窓啼怪禽

풍월향도는 선조 때에 활동한 한 무리의 시인들을 지칭하는 시 모임인데, 원래 이 용어는 시단의 맹주이던 유희경의 시문집『촌은집村隱集』 발문에 이식李植[10])이 처음 사용함으로써 비롯되었다. 이 발문에 의하면 당시 사람들이 유희경, 백대봉 등을 '풍월향도'라고 불렀다고 한다. 풍월향도를 이끈 인물은 유희경인데, 그도 원래 천인 출신으로 남언경南彦經에게서 수학하여 특히 상제喪制에 밝았다고 한다. 그래서 국상이나 사대부가의 초상집에 자주 불려 다녔다. 그런데 임진왜란 때에는 의병을 일으켜 왜적과 싸워 공을 세웠다. 또 전란 중에 재정난 해결에 도움을 준 공이 알려져 통정대부通政大夫의 자급資級[11])을 받아 보기 드물게 사대부 반열에 올라 수직으로 신분상승을 한 인물이다. 저서로『촌은집』 세 권과『상례초喪禮抄』가 전한다.

유희경은 본관은 강화江華, 자는 응길應吉, 호는 촌은村隱으로, 아버지

---

10) 이식李植(1584~1647); 조선후기의 문신. 본관 덕수德水, 자 여고汝固, 호 택당澤堂, 남궁외사南宮外史, 택구거사澤癯居士, 시호 문정文靖. 문장이 뛰어나 신흠申欽, 이정구李廷龜, 장유張維와 함께 한문사대가로 꼽혔다. 그의 문장은 우리 나라의 정통적인 고문으로 높이 평가되었다. 김택영金澤榮에 의하여 여한구대가麗韓九大家의 한 사람으로 뽑혔다. 또 그의 시는 각 체에 모두 능숙하여 많은 작품을 남겼다. 대체로 정경의 묘사가 뛰어나고 직서적인 것이 많다. 특히 고체에 능하고 오언율시에 가장 뛰어났다. 1686년 영의정에 추증, 여주 기천서원沂川書院에 제향. 문집『택당집澤堂集』.
11) 자급資級; 가자加資(벼슬의 품계品階를 올리는 일)의 등급. 벼슬아치의 위계를 이른다.

는 종칠품인 계공랑啓功郞 업동業소이고 어머니는 허씨許氏였다는 것만 전할 뿐 자세한 가계는 알 수 없다. 유희경은 어려서부터 효자로 이름이 났다. 임진왜란 때 의병으로 나가 싸운 공으로 선조로부터 포상과 교지를 받았다. 사신들의 잦은 왕래로 호조의 비용이 고갈되자 그 계책을 일러준 공로로 통정대부通政大夫를 하사받았다. 광해군 때 이이첨李爾瞻이 모후를 폐하려고 그에게 소疏를 올리라고 협박하였으나 거절하고 따르지 않았다. 인조반정 뒤 그 절의를 칭송하여 가선대부嘉善大夫에 올랐고, 여든 살 때 가의대부嘉義大夫를 제수 받았다. 만년에 은퇴하여 정업원淨業院 북쪽 계곡, 자기 집 뒤 시냇가에 돌을 쌓아 대를 만들어 침류대枕流臺라 하고, 거기서 시회를 열며 화답한 시를 모아 「침류대시첩」을 만들었다. 유희경의 시는 한가롭고 담담하여 당시唐詩에 가깝다는 평을 듣는다. 그는 백대붕, 박계강朴繼姜, 정치鄭致, 최기남崔奇男, 박지화朴枝華, 강옥서姜玉瑞, 박인수朴仁壽, 권천동權千同, 공억건孔億建 등 사대부가 아닌 소외된 서류庶流나 천인들과 시문을 지으며 노닐었다. 당시에 이들을 풍월향도라 불렀는데, 이들의 등장은 한국한문학사에 있어서 새로운 작가층이 등장한 것을 의미한다. 곧 지배계층인 양반사대부들의 전유물이던 한시가 그 하층신분에까지 널리 보급되는 근거를 제공한 것이다. 소외된 서류나 잡직이나 천인들이 가세하여 시사詩社를 결성해 당시 상류사회에 대항하여 변방에 노닐던 중인계층을 중심으로 한 집단창작의 근거지를 제공했음을 의미한다. 풍월향도라 불리던 일군의 시인들은 그 뒤에 나타나는 낙사시사洛社詩社12)나 송석원시사松石園詩

---

12) 낙사시사; 조선 숙종 때 서울의 중인을 중심으로 결성한 시사로, 임준원林俊元이 중심인물이다. 최승태崔承太, 유찬홍庾纘弘, 김부현金富賢, 최대립崔大立, 김충렬金忠烈, 홍세태洪世泰 등이 참여하였다. 이들은 중인들로서 역관, 서리 등에 종사하는 미천한 신분에서 오는 불만과 한탄을 시로 표현하고 동병상련의 동류의식으로 결집하였다. 임준원은 내수사內需司에 근무하며 부를 축적하여 시회를

社13)처럼 뚜렷한 자기 신분에 대한 의식을 전제로 하여 모이지는 않았으나, 일단 뒤에 전개될 기층민중이 중심이 된 여항문학閭巷文學의 문호를 활짝 열었다는 점에서 우리 문학사에 큰 의미를 가진다.

성해응成海應14)은 백대봉과 유희경의 기절氣節을 비교하여 평한 글을

주관하였고, 홍세태는 뛰어난 시재로써 모임의 중추적 구실을 하였다. 이 모임에 대해서는 『완암집浣巖集』의 '임준원전'에 소개되어 있으며, 홍세태의 '삼청동가'에서 시회의 장소는 삼청동 숲속임을 알 수 있다. '낙사'라는 명칭은 구자균具滋均이 『조선평민문학사』에서 편의상 사용했는데 이 모임의 동인들은 명칭에 대하여 언급하지 않았다.

13) 송석원시사; 조선 정조10년(1786) 천수경千壽慶이 중심이 된 문인들의 모임이다. 서울의 중인계층 시인들이 인왕산 아래에 있는 옥류동玉流洞 송석원松石園에서 결성한 문학단체로 일명 '옥계시사玉溪詩社'라고도 한다. 시사의 주요인물은 맹주인 천수경을 비롯하여 장혼張混, 조수삼趙秀三, 차좌일車佐一, 김낙서金洛瑞, 왕태王太, 박윤묵朴允默, 최북崔北, 엄의길嚴義吉, 엄한빈嚴漢賓, 엄한명嚴漢明, 엄계승嚴啓昇, 엄계흥嚴啓興, 엄계응嚴啓膺, 지도성池道成, 지덕구池德龜, 지한상池翰祥, 박영석朴永錫, 서경창徐慶昌, 임득명林得明, 노윤적盧允迪, 이경연李景淵 등이다. 그들은 매일같이 천수경의 거처인 송석원에 모여 시문으로 즐겼다. 송석원시사가 결성되고 5년이 지난 1791년에 「옥계아집첩玉溪雅集帖」이 만들어졌다. 1793년 봄에는 천수경이 송석아회를 개최하고 이때에 읊은 시들을 『옥계계축춘상시축玉溪癸丑春賞詩軸』으로 편찬하였다. 송석원시사의 활동 중에서 백전白戰은 1년에 두 차례씩 개최된 전국적 대규모의 시회이다. 남북 두 패로 나누어 서로 다른 운자韻字를 사용함으로써 공정을 기하였다. 조희룡은 "동인들이 모여 패를 나누어 시를 읊음에 허일이 없었다. 세상의 시를 아는 사람들은 젊은이 늙은이를 가리지 않고 송석원의 모임에 참여하지 못하는 것을 수치로 알았다."라고 하여 백전이 규모가 크고 성황리에 이루어졌음을 알 수 있다. 백전이 끝난 후에는 여기서 읊은 시문들을 모아 『백전첩白戰帖』을 엮었다. 그리고 1797년에는 『풍요속선』을 간행하여 『소대풍요』에 이어 위항인들이 정사년丁巳年마다 그들의 시선집을 간행하는 전통을 수립하는 데 큰 구실을 하였다. 위항문학은 이 송석원시사의 융성함과 그 구성원의 활발한 작품활동으로 인하여 이 시기에 전성기를 맞이하게 되었으며, 순조18년(1818)까지 활동하였다. 1818년 시사의 맹주였던 천수경이 죽자 남은 시사인들은 시사에서 읊었던 시를 모아 『송석원산사』를 편성하고 그 활동의 막을 내렸다.

썼다. 시세에 따라 두 사람의 부침이 너무 달라, 백대붕은 후세에 그 이름마저도 희미하게 사라졌다고 탄식하고 있다.

"백대붕은 종이다. 국법에 종은 과거에 응시할 수 없었다. 대붕은 시를 잘 지었다. 생각하면 저절로 드러나는 바가 없다. 통절한 슬픔을 읊은 시가 있는데, '흰머리로 이 풍진 세상 전함사 종놈이라네白首風塵典艦奴'라 하였다. 대붕과 유희경劉希慶은 친하게 지냈는데 공경대부들의 아는 바가 되었다. 허성許筬이 일본사신으로 갈 때 그를 데리고 갔다. 뒤에 이일李鎰이 순변사로 군사를 통솔하는데, 대붕이 왜의 사정에 밝다고 하여 받들고 스스로 따라갔다. 이일이 패하여 죽자 대붕이 지위가 미약하므로 드러나지 않았다. 유희경과 백대붕이 모두 기개와 절도가 있는데, 희경은 드러났으나 대붕은 드러나지 못했으니 어쩐 일인가. 희경은 당시 경상卿相들이 칭찬하고 허여하였는데, 대붕은 그러하지 못했다. 이것이 태사공太史公이 '천리마의 꼬리에 붙었다〔기미驥尾〕'라고 탄식한 것이다. 대붕의 기절이 세 번이나 종사하여 경중이 없었는데, 유독 '세 번이나 종사하여' 단을 쌓아 제사를 지냈다. 또 유몽인柳夢寅이 말하길, 서기徐起, 박인수朴仁壽, 권천동權千同, 허억건許億健을 학행學行으로 칭하였으나, 오직 서기 고청孤靑은 이름이 났으나, 나머지 사람들은 어떤 사람인지 모른다. 이런 부류는 인멸湮滅되어버렸으니 어찌 한탄하지 않겠는가."15)

유희경은 대부의 반열에 올랐으나 백대붕은 전장에서 죽었다. 두 사람 다 천출로 태어났으나 서로 시를 주고받으며 사귀었다. '유劉'는 드러나고 '백白'은 묻혔으니 태사공이 말한 바대로, '백'은 천리마의 꼬리에

---

14) 성해응成海應(1760~1839); 조선후기의 학자, 문신. 본관 창녕昌寧, 자 용여龍汝, 호 연경재硏經齋, 포천 출생. 실학 전성기의 인물로서, 조선 후기 주자학에 대한 발전적 비판 내지 저항이 줄기차게 계속될 때 경학의 이념적 굴레를 탈피하려는 박학적樸學的이고도 고증학적 경향을 보인 학자라는 역사적 평가를 받는다. 문집 『연경재전집』.
15) 성해응, 『연경재전집硏經齋全集』제55권, 「초사담헌草榭談獻」2.

붙은 격이다. 태사공은 '사마천司馬遷'이 자칭自稱한 말로, 그는 중국 최초의 기전체紀傳體 통사通史인 『사기史記』를 편찬하였다. '기미'는 준마駿馬의 꼬리인데, 쉬파리 혼자서는 먼 길을 갈 수는 없지만 천리마의 꼬리에 붙으면 천릿길도 갈 수 있다는 뜻이다. 범인凡人이 현자賢者에게 달라붙어 공명功名을 이룬다는 말이다. 『사기』 제61권, 「백이열전伯夷列傳」에 "안연顔淵이 비록 독실하게 학문을 닦긴 하였지만, 그래도 '천리마 꼬리 끝에 붙었기' 때문에 그 행실이 더욱 이 세상에 드러나게 되었다" 하였는데, 당唐나라 사마정司馬貞의 주석에 "쉬파리가 천리마 꼬리 끝에 붙어서 천리를 치달리는 것16)처럼, 안회도 공자 덕분에 이름이 드러나게 되었다는 뜻이다"라고 하였다. 이처럼, 대봉 자신도 희경을 따라 드러났으련만, 대봉은 신분이나 지위가 현격해서 후세에 그 이름이 미미하였다는 안타까운 뜻을 비쳤다. 서기徐起17)는 계룡산鷄龍山 고청봉孤靑峯 아래 살았으므로 스스로 호를 고청孤靑이라 했는데, 집안이 미천하였다. 세상에서는 본래 정승 심열沈悅의 집에 딸린 종이었다고 하는데, 배우는 이들이 많이 찾아들었다. 박인수朴仁壽(1521~1592)18)는 선조 년간의 시인으로 송경松京 출신인데 평민 신분으로 한때 중이 되고자 불경을 공부하였지만 박지화朴枝華의 학문에 감화되었고, 김근공金謹恭에게서 유학을 배웠다.

한편 이익李瀷은 백대봉에 대하여 다음과 같이 말하고 있다.

"천인 백대봉의 시에 '백발로 풍진을 무릅썼는데 전함사의 종이로세 白首風塵典艦奴' 하였으니, 나는 매우 가엾게 여긴다. 국법에, 종은 과거에 응시할 수 없어서 비록 기특한 재주가 있어도 천인에 그칠 따름이니, 이 시 한 구절에 또한 그의 원통해 하고 억울해 하는 뜻을 볼 수 있

---

16) "蒼蠅附驥尾, 而致千里."
17) 자 대가待可.
18) 자 덕로德老, 아버지는 연련이며, 어머니는 건씨乾氏.

다. 대붕이 유희경과 친한 벗으로서 시를 주고받아, 책 한 질帙이 되니, 당시의 경대부들이 모두 허여許與하였다. 학사 허성이 일본으로 사신 갈 때에 함께 갔으며, 뒤에 이일李鎰이 '일본에 대하여 사정을 잘 안다' 하여, 데리고 갔다가 군사가 패하여 군중軍中에서 죽었는데, 그는 출신 이 가난하고 지체가 변변하지 못하였기 때문에 드러나지 못하였다."19)

1590년에 백대붕은 통신사 허성許筬을 따라 일본에 갔는데, 나중에 이 일로 일본 사정을 잘 안다고 해서 임진왜란(1592년)이 일어나자 순변사 이일을 따라 상주尙州에서 싸우다가 죽었다20)는 기록이 보인다. 이 사실로 미루어 보면, 중년의 나이 무렵에 이미 그의 시재詩才가 꽤 알려져, 도왜渡倭한 경험으로 일본통이 되어 왜란에 일정한 기여를 하다 순절한 것으로 보인다. 이상의 전말은 대체로 이경민李慶民21)이 엮은 『희조질사熙朝軼事』에서도 거의 동일한 내용으로 기술되어 있다.22)

그의 시는 '구일취음九日醉吟', '추일秋日' 두 편만이 남아 있다. 두 편밖에 남아 있지 않아 구체적인 시세계의 전모는 알 수 없으나, 대개 전하는 바대로 '불평과 원통하고 답답한 기운'23)을 반영하고 있다. '구일취음'은 노비로 살아야 하는 비천한 신분의 서러움을 토로하는데, 즐거움

---

19) 이익, 『성호사설星湖僿說』 제7권, 「인사문人事門」.
20) 『유선류선』 제9권, 「경사편經史篇」, '논사문論史門'.
21) 이경민(1814~1883); 조선 후기의 문신, 본관 강양江陽, 자 원회元會, 호 운강雲岡. 빈한한 집안에 태어났으나 관계에 나아가 벼슬이 첨지중추부사에 이르렀다. 청렴고결한 선비로 시국이 어려워지자 벼슬을 버리고 향리에서 은둔생활을 하였다. 편저 『희조질사熙朝軼事』.
22) 『희조질사熙朝軼事』, 상권, '白大鵬', "白大鵬者,典艦司之奴也. 能詩善飲酒, 俊逸橫健有烈俠之風, 嘗與劉希慶遊二人者, 俱以詩聞於世, 大鵬嘗有詩曰, 醉挿茱萸獨自娛, 滿山明月枕空壺. 傍人莫問何爲者, 白首風塵典艦奴. 其豪宕不肯屈如此. 萬曆初隨通信使許筬赴日本, 壬辰之役隨巡邊使李鎰戰于尙州, 以死之時鎰遁去其從事皆殉節, 贈卹甚優獨大鵬不與焉, 人皆嗟惜之."[碩齋稿].
23) '불평원울지기不平寃鬱之氣'.

으로 시작해 슬픔이 가득한 자조적 어조로 전환하는 시적기법이 반전의 묘미와 충격을 주는 작품이다. '추일'은 허균의 문집 가운데 「학산초담」에 그 일부가 전하고 있을 뿐이다.

먼저, 그의 시 '구일취음九日醉吟'을 살펴보자.

중양절에 술에 취하여 읊음　　　　　　　　　　　　九日醉吟[24]

술 취해 산수유꽃 머리에 꽂고 혼자 즐기니　　　醉揷茱萸獨目誤
산 가득한 밝은 달 아래 빈 병 베고 있네　　　　滿山明月枕空壺
옆 사람은 내가 뭘 하는 사람이냐 묻지 말게　　傍人莫問何爲者
흰머리로 이 풍진 세상 전함사 종놈이라네　　　白首風塵典艦奴

이 시는 칠언절구로 작자가 전함사에 딸린 노복奴僕으로 있을 때, 음력 9월 9일, 중양절重陽節을 맞아 술을 진탕 마시고 달밤에 밖에 누웠다가 지은 것으로 보인다. 선경후정先景後情의 짜임으로 된, 이 시의 전반부에서는 산 가득 달빛이 교교하게 비치는 밝은 밤, 다 따라 마신 술병을 베개 삼아 취한 채 누워있는 작자의 흥건한 멋을 그려볼 수 있다. 그러면서도 후반부에 와서는, 극적인 반전을 꾀하면서 자조적인 고백을 하고 있다. 곧 자신의 처량한 신세를 말하면서 쓰라린 세상에 울분을 토하고 있다. 머리털은 어느새 희끗희끗 세어졌는데, 겨우 전함사에 딸려 종노릇이나 하는 자신의 서글픈 심사를 슬쩍 내비치면서 종놈으로 살아야하는 숙세宿世의 고통과 처지를 탄식하고 있다. 이 시구 때문에 당시 유행하던 그의 시체詩體를 본떠서 사람들은 나중에 그의 벼슬이 사약에까지 올랐으므로 '사약체司鑰體'라고 일컬었다. 이덕무李德懋도 위 시를 인용한 뒤 대개 백대붕의 일화를 비슷한 취지로 쓰고 있다.

---

[24] 『소대풍요昭代風謠』 제3권, 아세아亞細亞문화사 영인본影印本, 58쪽.

"백대붕의 시가 세상에서 유명하다. 내 일찍이 이 사람이 어느 재상에게 올린 고목告目(상민이 양반에게 올리는 글)을 보고서 노예인 줄 알았으나 사적事迹은 알지 못했다. 유몽인柳夢寅이 지은 「촌은유희경전村隱劉希慶傳」을 보니, '서리書吏 백대붕과 수창酬唱했다. 허성이 일본에 사신 가게 되었을 때 백대붕, 유희경과 함께 생사를 같이하려 했으나 희경은 늙은 어버이 섬기는 일 때문에 거절하고 다만 대붕과 함께 갔다. 임진왜란이 일어났을 때 순변사 이일은 대붕이 왜중倭中의 일에 밝다고 하여 억지로 그를 데리고 갔는데, 군중軍中에서 죽었다.' 했다. 그렇다면 나라를 빛냈을 뿐만 아니라 죽을 곳을 얻어 죽었으니, 서예胥隷라고 해서 멸시할 수 있으랴. 그 시를 보고서 이미 그 호협하고 통달한 정도를 알았다. 일찍이 전함사의 서리가 되었기 때문에 전함노라고 자칭한 것일까."25)

윤행임尹行恁(1762~1801)26)은 임란에 참전한 백대붕의 사적을 좀 더 구체적으로 밝히고 있다. 이백년이 지나서 김일金鎰의 묘갈명을 찬술한 일이 있어서 비교적 그 전말을 잘 알고 있은 것으로 보인다. 유독 백대붕은 천인이라 순절하고도 장제비용을 받지 못하여 당시 사람들이 모두 애석해하였다.

"백대붕이란 자는 전함사의 종이다. 시에 능하고 술을 잘 마셨으며, 준걸하고 강건하여 매서운 호협의 풍도가 있었다. 일찍이 유희경과 노닐었고 두 사람은 모두 시로 세상에 이름이 났다. 대붕의 시는 호탕하여 굽신거리는 걸 좋아하지 않기가 이와 같았다. 만력萬曆27)초에 통신사 허성許筬을 수행하여 일본에 갔다. 임진란에 순변사 이일李鎰을 따라 상주尙州에서 싸우다가 죽었다. 이때 이일은 피하여 달아났는데, 그

---
25) 이덕무,『청장관전서』제53권,「이목구심서耳目口心書」6.
26) 자 성보聖甫, 호 석재碩齋, 방시한재方是閒齋, 시천당蓍泉堂, 유여관留餘觀, 불기헌弗欺軒이고, 본관 남원南原, 시호 문헌文獻. 서형수徐瀅修, 남공철南公轍, 이곤수李崑秀 등과 교유하였다.
27) 만력萬曆; 중국 명明나라 신종 때의 연호年號. 서기 1573년부터 1619년까지를 말함.

종사들은 모두 순절하였다. 순절한 종사에게 장제비를 후하게 내렸는데, 유독 대붕에게는 주지 않았다. 사람들 모두가 이를 탄식하며 애석해하였다. 내가 일찍이 의사義士 김일의 묘갈명을 지었는데, 그는 상주인이다. 이일이 도망을 가자, 김일은 힘을 다해 싸우다가 전사하였다. 열일곱 살 된 여식이 있었는데, 아비의 시신을 지고 가서 장사지냈다. 비석은 있었는데 새기지 못하다가, 뒤에 명銘을 새기게 되어 이르기를, '이백년이 지난 지금에야 제단을 쌓아서, 돌아가신 넋에게 제사를 올리나니, 내 이로써 그 비석에 명을 새겨 비로소 그 징험을 말하노라'."28)

백대붕은 정치鄭致29)와 사귀었다. 정치는 글재주가 뛰어났는데 선조가 그 소문을 듣고 특별히 내수사 별좌라는 벼슬을 하사하기도 하였다. 그가 백대붕에게 준 시가 있다. 두 사람은 풍월향도라는 시모임에서 거의 매일 만나서 술을 마셨던 것으로 보인다. 이백李白이 지은 "달 아래 홀로 술 마시며"라는 "월하독작시月下獨酌詩"에서 보듯이, 석 잔 술에 큰 도에 통하고 한 말 술에 자연에 합일한다는 뜻을 끌어왔는데, 호기로운 장부의 기개가 느껴진다.

술잔을 마주 놓고 백대붕을 부르다	對酒招百萬里
전생에 이 몸은 스님이었으니	我也前身過去僧

---

28) 윤행임,『석재고碩齋稿』권9,「해동외사海東外史」'백대붕白大鵬'. "白大鵬者. 典艦司之奴也. 能詩善飮酒. 俊逸橫健. 有烈俠之風. 嘗與劉希慶遊. 二人者俱以詩聞於世. 大鵬嘗有詩曰. 醉揷茱萸獨自娛. 滿舡明月枕空壺. 傍人莫問何爲者. 白首風塵典艦奴. 其豪宕不肯屈如此. 萬曆初. 隨通信使許筬赴日本. 壬辰之役. 隨巡邊使李鎰. 戰于尙州以死之. 時鎰遁去. 其從事皆殉節. 贈卹甚優. 獨大鵬不與焉. 人皆嗟惜之. 余嘗銘義士金鎰之墓. 鎰尙州人也. 當李鎰走時. 金鎰力戰死. 有女年十七. 負其屍而葬之. 碑而不刻曰. 後當有銘者. 其後二百年. 今上命築壇以祠戰亡諸人. 余乃銘其碑. 其言始驗. "

29) 자 가원可遠, 호 늑헌櫟軒.

세상 명리는 바람 앞에 등불처럼 보네	世間名利視風燈
마음속 좋아하는 건 맑은 술 마시는 일	中心愛矣靑從事
어느 하루라도 잊으랴 백대붕을	何日忘之白大鵬
한 말 술로 고을과 바꾸는 건 못난 놈 짓	一斗換州誠小點
석 잔 술로 도를 통하니 이게 능한 일이지	三杯通道是多能
북망산 무덤을 그대는 아시는가	邙山有塚君知否
뼈 부서져 이끼 자욱하면 술친구도 없는 걸	粉骨生苔無醉朋

당시 조선 중기의 문신이던 김부륜金富倫(1531~1598)[30]이 백대붕에게 준 시가 남아있다. 그는 이황李滉의 문인인데, 1592년 임진왜란이 일어나자 가산을 털어 향병鄕兵을 도왔으며, 봉화현감이 도망가자 가현감假縣監이 되어 선무에도 힘썼다. 그리고 관찰사 김수金晬에게 적을 막는 세 가지 계책을 올렸는데, 충심이 지극한 내용이었다. 김성일金誠一, 이발李潑과 도의로 강마하였으며, 만년에 관직에서 물러난 뒤 향리에 '설월당雪月堂'이라는 정자를 짓고 후진을 양성하는 데 전념하였다.

원운에 차운하여 백대붕에게 주다	次逢原韻贈白大鵬
문 닫으니 시름은 많고	門閉多愁病
마을은 외져 왕래가 적네	村深少往來
그대 두 나막신 굽을 나무라니	荷君雙屐齒[31]
내 뜰을 밟아 반이나 이끼 자욱한데	踏我半庭苔
낙동강 물위에 찬 연기 감돌아	洛水寒煙鎖
도잠의 상서로운 날은 기울어가네	陶岑[32]瑞日頹

---

30) 김부륜金富倫(1531~1598); 조선 중기의 학자, 본관 광산, 자 돈서敦敍, 호 설월당雪月堂, 이황李滉의 문인, 저서 『설월당집雪月堂集』 6권.
31) 극치屐齒는 나막신의 굽.
32) 도잠陶潛(365~427); 이름 잠潛, 호 오류선생五柳先生, 자 연명淵明. 동진東晉 말기부터 남조南朝의 송宋 초기에 생존. 강주江州 심양군 심양군尋陽郡 출생. 강주자사, 참

| 아득한 뜻은 끝도 없으니 | 蒼茫意不盡 |
| 애오라지 시구나 새로 다듬네 | 聊把句新裁 |

절로 들은 게 없어 늘 거칠고 무뎌	無聞常自任疏頑
뉘우치지 않아 어찌 비방을 면하리	寡悔如何免謗訕
백 살도 몸은 고달프지 않은데	百歲未能身矻矻
삼 년 만에 벌써 머리털 희끗희끗	三年已見鬢斑斑
흥 일어 그저 바람에 이는 대 읊으니	興來偶詠風前竹
고요한 곳에 비 젖은 산 바라보네	靜處時觀雨後山
텅 빈 집 손님 오니 가을이 성큼 와서	客到虛堂秋氣早
술 한 잔 하니 얼굴 활짝 펴지겠네	且將樽酒一開顔

또한 백대붕의 운을 써서 허성許筬(1548~1612)이 일찍이 시를 지었는데 이를 다시, 차운하여 학봉 김성일이 시를 지었다. 김세렴金世濂(1593~1646)[33]이 인조 14년(1636) 8월 11일에 일본에 사신으로 갔다가 이듬해 돌아올 때까지 여섯 달에 걸친 기행일기인 『동명해사록東溟海槎錄』에 남아있다. 해사海槎는 바다에 띄운 뗏목이니, 당시 일본을 가서 남긴 기록이란 뜻으로 말한 것이다.

군 및 팽택彭澤 현령縣令을 역임하다 은둔하였다. 그는 41세 때, 팽택 현령이 된 지 겨우 80여 일 만에 그만 두었다. 심양군 휘하의 독우督郵가 순찰을 온다고 하여 부하 관료가 "필히 의관을 정제하고 맞이하십시오" 하고 진언하자, 도연명은 "오두미五斗米 때문에 허리를 굽혀 향리의 소인을 섬기는 일을 할 수 있겠는가"라고 말한 뒤 그날로 사임하고 집에 돌아갔다. 작품 '귀거래사歸去來辭', '귀전원거오수歸田園居五首'가 유명하다. *『송서宋書』, 「은일전隱逸傳」.

33) 김세렴金世濂(1593~1646); 조선 중기의 문신, 본관 선산, 자 도원道源, 호 동명東溟, 그를 가리켜 김류金瑬는 '진학사眞學士'로, 정경세鄭經世는 '당대 제일의 인물'이라고 칭송하였다. 시호 문강文康, 저서 『동명집東溟集』, 『해사록海槎錄』.

허산전34)의 '백대붕의 운을 써서 짓다'에 차운하다. '망해도', 이상은
'해사록'이다.
次山前用白大鵬韻 望海島 以上海槎錄

푸른 봉우리 점점 바다 구름 가운데	靑螺萬點海雲中
해가 부상에 뜨자 서기가 서리었네	日出扶桑瑞國蔥
누대에 홀연히 이무기 굴이 생기니	忽有樓臺生蜃窟
산머리가 혼연히 수정궁이 되었네	山頭渾作水晶宮

2. 어무적魚無迹 — 김해 관비의 서출

 어무적魚無迹이 언제 태어나고 죽은 지에 대한 기록은 찾을 길이 없으나, 다만 성종, 연산군 연간에 경남 김해金海에 살았던 인물로 추정된다. 그의 본관은 함종咸從, 자는 잠부潛夫, 호는 낭선浪仙인데, 생원이었던 변문變文의 손자이며, 사직司直을 지낸 효량孝良의 서자庶子이다. 관인으로 현달하였던 세겸世謙과 세공世恭과는 서손庶孫으로 일가간이 된다. 할아버지 때 김해로 갔는데, 아버지는 엄연한 사대부였으나 서출庶出로서 어머니가 김해 관아에 딸린 관비官婢 출신이기에 당시의 '세전법'에 따라 그도 관노官奴가 되었다가, 나중에 속량贖良하여 면천免賤되었을 것

---

34) 허산전許山前; 산전은 허성許筬(1548~1612)의 호. 자 공언功彦, 호 악록岳麓, 산전山前, 동지중추부사를 지낸 초당 허엽許曄의 아들이며, 허봉許篈, 허균許筠의 형이고, 허난설헌許蘭雪軒의 오빠이다. 당시 이름난 문장가이며 유희춘柳希春의 문인이다. 1590년 전적典籍으로서 통신사 종사관從事官이 되어 황윤길黃允吉, 부사副使 김성일金誠一과 일본에 다녀왔다. 이때 통신사인 황윤길은 일본의 침략의도를 지적했으나 부사인 김성일은 침략 우려가 없다고 진술하자 김성일과 같은 동인東人임에도 불구하고 그 의견에 반대하고 침략가능성이 있음을 직고直告했다. 1592년 임진왜란이 일어나자 이조좌랑으로 강원도 소모어사召募御史를 자청하여 군병모집에 진력하였다. 양천허씨 5문장으로 강릉시 초당동에 시비詩碑가 있다. 저서『악록집岳麓集』.

으로 짐작된다. 당시에 서자로 태어나면, 국법에 "서자는 청환淸宦35)을 못 한다"는 국금國禁에 얽매여 과거는 보지 못했으나 시를 짓는 재주는 대단히 뛰어났다.

조선중기의 학자이며 문장가였던 청강淸江 이제신李濟臣이 지은 『청강시화』에 보면, 어렸을 때의 어무적의 뛰어난 재주에 관한 이야기가 전한다. 그가 아버지를 따라 이른 새벽에 절간을 지나갈 때, 산봉우리에 구름이 나오는 것을 보고 시를 지어 보라고 했더니, 다음과 같은 시를 지었다. "청산이 손님 오는 것을 보고, 머리에 흰 구름으로 갓을 썼네靑山敬客至 頭戴白雲冠." 이와 같이 뛰어난 글재주를 가지고 있었기에 모계母系가 비천한 관비 출신이었음에도 아버지의 후원을 받을 수는 있었지만, 당시의 엄격한 신분제와 사회적 여건상 그는 자신의 기개를 크게 떨칠 형편이 되지 못했다.

아버지 효량의 훈도를 받아 천인으로서는 드물게 어려서부터 한문을 익힐 수 있어, 후에 뛰어난 시재詩才를 계발할 수 있었으나, 당시의 엄격한 반상제도 때문에 그는 과거에도 응시하지 못하고 불우하게 평생을 살았다. 한 때 율려습독관律呂習讀官36)이라는 말직에 나간 적도 있었으나, 그 직이 대개 형식적으로 서얼들에게 주어지는 보잘것없는 자리여서 오히려 자기 신분을 고착시키는데 불과하였다. 하지만 그 사람됨이 매우 의연하고 강개慷慨함을 『조선왕조실록』 같은 사료에서 확인할 수

---

35) 청환淸宦; 학식이나 문벌이 높은 사람에게 시키던 벼슬로 규장각奎章閣, 홍문관弘文館, 선전관청宣傳官廳 등임. 지위와 봉록俸祿이 높지 아니하나 뒷날에 높이 될 자리임.
36) 조선시대의 관직으로 율려律呂에 관한 서책들을 강습시키기 위해 선발하였는데, 다른 관청에 소속되어 있는 하급 관원이 겸직하기도 하였다. 율려는 원래 성음聲音의 청탁淸濁과 고하高下를 바르게 정할 목적으로 죽통竹筒의 길이를 각각 길고 짧게 해서 만든 12개의 악기를 말하는데, 이 중에서 6률은 양陽에 속하고 6려는 음陰에 속한다.

있다. 폭정을 일삼던 연산군 당시에 조정의 폐해를 지적하는 동시에 군왕으로서 올바른 정사를 펼치도록, 그는 연산군 7년 신유년(1501) 멀리 김해 땅에서 장문의 상소를 올린다.

그는 상소문에서, "나는 천한 백성으로 벼슬 할 생각은 없지만, 옛말에 '집이 위에서 새는 것을 밑에서 가장 잘 안다屋漏在上知之者在下'고 했듯이 지금 이처럼 밑에 있으면서 세상이 새는 것을 누구보다도 잘 압니다." 하면서, 백성들의 고통을 낱낱이 들어서 밝혔다. 그러나 상소는 묵살되고 아무런 회답이 없었다.

다음은 신유년에 올린 그 상소의 일부이다.

> 율려습독관 어무적이 나라의 근본을 회복하는 등의 제안을 상소하였으나 회보하지 않았다.
> "율려습독관 어무적이 상소하기를, 신臣은 서얼庶孼37)의 천한 신하로서 바닷가에서 자라났는데, 국운이 번성하는 때를 만나 맑은 교화에 젖어서 몸은 비록 노복이지만 배불리 먹고 일이 없어, 일찍이 경서經書와 사서史書에 힘쓸 수 있었습니다. 견마지치犬馬之齒38)가 차츰 많아지매 빈대나 좀39)의 어리석음이 더욱 돈독해져 성인聖人을 비방하는 글은 읽지 않고, 의리에 벗어난 말은 하지 않았습니다. 스스로 지극히 비천卑賤함을 생각하였기에 공명功名과 사업에는 마음을 두지 않았지만, 임금에게 충성하고 나라를 사랑하여 삼대三代40)의 정치를 돌이키려는 마음만은 곤궁하여 넘어지는 일 때문에 한 터럭만큼도 좌절되지 않았습니다.

---

37) 서얼庶孼; 정처正妻가 아닌 첩에게서 난 자손(서자)을 지칭하는 말. 조선시대 서얼은 하나의 특수한 신분층으로서 법적으로 차별을 받았다. 정처의 자식과 달리 관직에 진출하는 것을 원칙적으로 금지 당했으며, 재산상속과 가족 내의 위치에 있어서도 차별대우를 받았다.
38) 자기 나이를 겸손하게 이르는 말.
39) 책갈피에 생기는 좀, 곧 독서를 하고자 하는 욕망을 말함.
40) 하夏, 은殷, 주周를 지칭함.

전하께서는 하늘이 그 덕을 돕고 귀신이 복을 도와서 문명의 정치가 삼대에 비길 수 있는 시대를 삼가 만났습니다. 그러하오나, 상서로운 징조가 아직 이르지 아니하고 재앙의 징조가 자주 나타나니, 생각해 보건대, 그것이 또한 미진한 데가 있는 것이 아니겠습니까. 옛사람이 말하기를, '새는 지붕은 위에 있지만, 새는 줄 아는 것은 밑에 있다'고 하였습니다. 오늘의 세상에서 밑에 있으면서 잘 볼 수 없는 위의 일을 아는 사람은 신보다 자세한 자가 없습니다. 또한 금년 봄에 구언求言의 하교가 간절하지 않음도 아니요, 조야에는 말할 일이 없음도 아닌데, 끝내 충언, 당론으로써 전하의 뜻에 보답하였다는 말을 듣지 못했으므로, 신은 저어기 부끄럽게 여깁니다. 어찌 위엄과 형벌을 두려워해서 마음속으로 비방하는 생각을 품고, 사방을 총명하게 비쳐 보시려는 전하의 거룩한 마음을 저버리겠습니까. 더구나 신은 어릴 적부터 질병이 많으므로 하루아침에 죽어서 초목과 더불어 썩는다면 죽어서도 남은 한이 있을 것입니다. 진실로 신의 천루賤陋[41]함을 더럽게 여기지 마시고 대궐 안에서 대답할 기회를 주신다면, 전하의 귀가 미처 듣지 못한 바와 전하의 눈이 아직 보지 못한 바를 한결같이 들으시도록 하겠습니다."(중략)

"지금 서울 기녀와 시골 기녀가 있는데, '경국대전'을 상고해 보면 이것은 군인들 가운데 아내가 없는 사람을 위한 것으로 되어 있습니다. 이것이 어찌 군인들을 위해서 설치된 것입니까. 가령 군사를 위해 설치된 것이라도 여자가 군중에 있는 것은 병법에서 꺼리는 일이며, 더구나 선왕先王의 정치에 군사를 위하여 창기娼妓를 두었다는 말은 듣지 못했습니다. 신이 보는 바로 말 하오면, 사대부들의 잔치 때에 노래하고 춤추는 도구에 지나지 않는 것입니다 …… 옛사람이 말하기를, '도둑도 딸 다섯을 가진 집의 문 앞을 지나가지 않는다.'고 했으니, 딸이 많으면 가난하게 됨을 말한 것입니다. 지금 우리나라는 토지의 넓이와 둘레가 수 천리인데, 주와 군의 창기가 무려 수천 명입니다. 그들이 옷감을 장만함엔 밭을 가는 것도 아니요 베를 짜는 것도 아니며 또한 하늘이 주었거나 귀신이 보낸 것도 아니며, 오직 사대부로 인연하거나 관아의 위세를 빌어서 백성들의 고혈을 몰래 빨아먹는 것에 불과할 뿐입니다. 어찌 딸 다섯 가진 자의 집을 걱정하지 않겠습니까. 대체로 창기는 미도

---

41) 인품人品이 낮고 천함.

媚道42)로써 사람을 홀리기를 여우처럼 하기 때문에 비록 행검이 높고 지조가 있다고 자처하는 사람일지라도 그 음부陰部 속에 빠지지 않는 사람이 적습니다. 관직을 구하고 송사를 다투는 사람에 이르기까지 뇌물을 주고 부탁하여 흑백을 바꾸어 어지럽히며, 무지하고 어리석은 세속 사람은 다투어 그 요염한 자태를 부러워합니다. 대신의 첩들도 기녀를 본뜨고 서민의 아내들도 기녀를 본떠서 아름다움을 다투고 사랑을 시기하여 기녀로써 스승을 삼게 되며, 왕왕이 높은 집안과 빛나는 문벌에게도 매우 추잡한 소문이 있게 되니, 시경詩經 관저關雎43)편의 풍화風化를 크게 더럽히고 있습니다."44)

이즈음 연산군은 제안대군齊安大君 사저의 가비家婢였던 장녹수張綠水45)를 입궁시켜 후궁으로 삼았다. 그녀는 품계를 뛰어넘어 내명부의 높은 지위에 올라 세도를 부렸다. 대개 어무적이 올린 상소의 내용은 다음과 같은 여섯 조목으로 이루어져 있다.

첫째, 나라의 큰 근본을 바로잡는 일로, 어진 성군이 되기 위하여 한

---

42) 미도媚道; 남자의 사랑을 얻기 위하여 요사스럽게 방술하는 것.
43) 『시경詩經』의 처음에 나오는 이 작품은 사랑의 완성을 노래한 애정시이다. 연꽃과 처녀의 모습을 거듭 반복함으로써 시적 분위기를 아름답게 그리고 있으며, 아름다운 여자를 연모하는 청년을 화자로 설정하여 애틋한 사랑이 솔직하고 담박淡泊한 필체로 잘 표현되어 있다.
44) 『조선왕조실록』, 「연산군일기」, 연산군7년 신유(1501, 홍치14), 7월 28일(을해)조.
45) 장녹수張綠水(?~1506); 조선시대 연산군燕山君의 총희寵姬로서 아버지 장한필은 문과에 급제하고 성종 19년에 충청도 문의현령까지 지냈으나 어미는 첩으로 신분도 천인이다. 성종成宗의 형인 제안대군齊安大君의 여종이었는데 가노家奴와 혼인하여 자식까지 하나 있었다. 그러나 용모가 뛰어나고 가무에도 능해 연산군의 눈에 들어 입궐, 내명부內命婦 종4품 숙원淑媛에 봉해져 금은·노비·전택田宅 등을 하사받았다. 왕의 총애를 업고 국사에 간여하여 재정을 궁핍하게 하여 연산군이 실정失政한 원인이 되었다. 1503년(연산군 9) 종3품 숙용淑容에 봉해진 뒤 선공감繕工監에서 그녀의 집을 새롭게 단장하였으며, 1506년에는 오빠와 자녀들을 양인 신분으로 올려주었다. 친척 중에 출세한 형부 김효손은 정3품 당상관까지 올랐다. 1506년 중종반정中宗反正으로 참형을 받고 적몰籍沒되었다.

결같이 요순堯舜을 본받을 것과 둘째, 선비들의 기개를 기르는 일로, 언로言路를 크게 틔워서 어진 선비를 끌어올리고 부정한 사람을 물리칠 것, 셋째, 여악女樂을 없애는 일로, 예기禮記와 공자의 말씀에 의거하여 기생을 없애고, 인심을 바로잡아 풍속을 착하게 할 것과 넷째, 의례儀禮에 쓰는 외에 일체의 술을 근절시키는 일로, 백성의 재물을 넉넉하게 하고 목숨을 연장시켜, 백성의 행복을 도모할 것과 다섯째, 불교를 금하는 법을 세울 것과 여섯째, 성城을 쌓는 부역을 그만 두어, 무엇보다 외적을 방비하기 위해서 먼저 백성의 마음을 흔들지 말 것을 주청하였다. 그러나 조정에서는 아무런 회보回報가 없었다.

  대개 국정은 어지럽고 지방 관속들은 부패하여 가렴주구가 혹심하여 민초들의 삶은 그야말로 눈물겨운 지경에 이르렀다. 어무적이 살던 고을에서 매실을 공납貢納하도록 하였다. 매실의 낱알을 일일이 세어 매화나무에까지 세금을 무리하게 부과하자, 어느 백성이 매화나무를 도끼로 찍어버린 사건이 일어났다. 그래서 어무적은 '작매부斫梅賦'라는 시를 지어 백성을 가혹하게 착취하는 벼슬아치들의 횡포를 격렬하게 규탄하였다. 그러자 고을 원이 크게 노하여 그를 잡아 죄를 다스리려 하였다. 그래서 그는 화를 피하여 다른 군으로 도망가서 유랑하다가 어느 역사驛舍에서 객사하고 말았다.

  어무적은 미미한 신분이었기에 그 기록이 많지 않아 생애가 구체적으로 나타나지는 않다. 그러나 남아 전하는 자료에서 몇 편의 시를 살펴보면 그 위인이 강개하고 기절氣節이 대단함을 알 수 있다. 또 시상을 펼치는데 있어서 그 기상이 우뚝하고 툭 트여 문학적 향취가 독특하다고 말할 수 있다. 시에 뛰어난 재주를 보여서 『속동문선續東文選』과 『국조시산國朝詩刪』에 그의 시가 실릴 정도로 평가를 받았고, 단편적인 기록이 『청강시화淸江詩話』, 『패관잡기稗官雜記』 등에 실려 있다. 그의 시 가운데 특히, 당대의 곤고困苦한 삶을 살았던 백성의 어려움을 노래한 '유민탄流民 嘆', '작매부'와 같은 대표적인 작품은 심금을 울리는 뛰어난 시로 널리 회자되었다. 그의 시는 민중의 편에 서서 그들의 고통스러운 참상을 매우 사실적인 필치로 그려내어 득의得意의 한 경지를 얻었다고 평가할 수 있다.

그런데, 이덕무는 어무적의 시를 평하길, 다소 거친 맛이 있어 그 강팍함을 지적하기도 하였다. '청비록'은 역대 고금의 이름난 시에 대한 시화詩話, 시평詩評으로 말미에는 중국과 일본의 시까지 망라하여 언급하였다. 어무적에 대한 그의 시평을 살펴보기로 하자. 그런데, 이 시는 지금 흩어져 없어져 그 일부만 인용된 채 전할 뿐이다.

"어무적의 시에, '봄꿈은 진나라 이세46) 때보다 어지럽고, 나그네 시름 노나라 삼가47)보다 강하네春夢亂於秦二世, 羈愁强似魯三家' 하였는데, 이 시는 명나라 양기楊基48)의 시에, '봄바람은 당나라 장욱49)보다 시끄럽고, 천기는 노나라 전금50)보다 온화하다春風顚似唐張旭, 天氣和 於魯展禽' 한 것에서 나온 것이다. 그러나 어무적의 것이 양기의 것만

---

46) 진이세秦二世는 진시황의 둘째 아들 호해胡亥를 말함. 『사기史記』제6권에 보면, 진시황이 죽자 이사李斯와 조고趙高가 유조遺詔를 위조하여 큰아들 부소扶蘇를 죽이고 호해를 세워, 조고가 정사를 농단하였다. 이때 관동關東에서 도적이 창궐하므로 이세가 조고를 책망하자, 조고가 그를 시해弑害하였다.
47) '노삼가魯三家'는 춘추 시대 노나라의 세 공족, 곧 맹손씨孟孫氏, 숙손씨叔孫氏, 계손씨季孫氏를 말함. 환공桓公의 자손들로 국정을 잡으며 권세가 강성해져 왕실이 도리어 미약했는데, 뒤에 계손씨의 가신家臣 양호陽虎에게 권력을 빼앗겼다.
48) 양기楊基; 자 맹재孟載, 호 미암眉菴, 시문과 서화에 능하였다.
49) 『당서唐書』제202권에, 장욱張旭은 당대의 서예가로 자는 백고伯高로 초서를 잘 썼는데, 술을 좋아해 머리털에다 먹을 묻혀 미친 듯이 초서를 썼으므로 '장전張顚'이라 불렀다.
50) 전금展禽은 유하혜柳下惠. 자 계季, 시호 혜惠, 『맹자孟子』「만장萬章」에 "유하혜는 성자聖者의 온화한 면을 지닌 사람이다." 하였다.

못함은 무슨 일일까? 어지러운 꿈은 있어도 강한 시름은 없는 법이니, 시름에다 '강强' 자를 씀은 순탄하지 못한 것이다."[51]

사실 어무적의 시는 다소 격앙되어 절제미가 떨어지는 면이 있기도 하다. 그래서 읽기에 따라서는 강경한 어조가 다소 귀에 거슬리기도 한 점을 지적한 것이다. 그런데 어무적의 이러한 진술 방식은 당시에 민초들의 고단한 삶에 작가 자신의 처지가 그대로 투사하여 감정이 이입되었던 점을 살핀다면 수긍이 되는 면이 있다.

이러한 이덕무의 평가와는 달리, 특히 허균은 「성수시화」에서 어무적이 지은 '유민탄'을 당대의 대표적 걸작으로 다음과 같이 평가하고 있다.

"양경우梁慶遇가 일찍이 나에게, '우리나라에서는 칠언고시를 누가 잘한다고 할 수 있습니까?' 하고 물은 적이 있다. 그래서 '글쎄 어떠할지 잘 모르겠소.' 하고 대답하니, 경우가 박朴, 이李의 잠두蠶頭 시는 어떤지 차례로 물어 왔다. 내가 대답하기를, '한퇴지韓退之에서 나왔으되 한 사람은 억세고 한 사람은 번거로우니 그 지극한 것은 아니다.' 고 하니, 눌재訥齋(박상朴祥의 호)의 진양형제도晉陽兄弟圖와 충암의 우도가 牛島歌는 어떤지 물었다. 대답하기를, '진양형제도는 굉걸宏然[52]하나 막힘이 있고 우도가는 기이하나 음침하다.' 고 하니, 그렇다면 결국 누구에게 돌아가겠느냐 하여 대답하되, '어잠부魚潛夫(잠부는 어무적의 자)의 유민탄과 이익지李益之(익지는 이달의 자)의 만랑무가漫浪舞歌[53]일

---

51) 이덕무, 『청장관전서靑莊館全書』제32권, 「청비록淸脾錄」.
52) 광대하고 호사스러움.
53) 익지는 이달李達의 자. 이달(1539~1612); 조선시대의 시인. 호 손곡蓀谷, 동리東里. 서얼 출신이며 허균許筠과 그 누이 허난설헌許蘭雪軒에게 시를 가르쳤다. 허균은 스승인 이달이 훌륭한 재능을 지녔으나 서얼이기 때문에 불우하게 사는 것을 가슴 아파하여 『홍길동전洪吉童傳』을 지었다는 설이 있음. 문집 『손곡집蓀谷集』이 있다. 이달은 관기官妓의 몸에서 태어나 천덕꾸러기로 일생을 마친 삼당시인의 대표인물로서 대표작 '만랑무가漫浪舞歌'는 신선의 세계를 향해서 칼춤을

것이오.' 하고 이어 말하기를, '시로 본다면 기재奇才가 그대들 가운데서 많이 나왔소.' 하니, 그 역시 크게 웃었다."54)

또한 허균은 『성소부부고』 말미에서 "우리나라에서 서출庶出로 세상에 이름을 낸 자는 어무적, 이효칙李孝則,55) 어숙권魚叔權, 권응인權應仁, 이달李達, 양대박梁大樸이 가장 드러났다"56)고 말했는데, 같은 서얼로 교분이 있던 이효칙과 어무적에 관한 시화가 전한다. 가을이 깊은 어느 날, 문경 새재를 넘던 이효칙이 먼저 고갯마루에 도착해 끙끙대며 시상을 가다듬던 어무적을 보았다. 어무적이 초면인 그를 보고 시를 지어보라 하자, 이에 효칙이 단번에 시를 짓자, 어무적이 붓을 거두고 가버렸다. 이렇게 서로 운韻 자를 내어, 시 짓기를 다투는 것을 "시투詩鬪"라 한다. 김득신金得臣(1604~1648)이 지은 「종남총지終南叢志」57)에도 실려 있다.

"안동安東에 사는 선비, 이효칙이 어무적과 함께 새재[鳥嶺]를 넘으면서, 다음과 같이 절운絶韻 한 수를 짓자, 어무적이 붓을 놓고 말았다.

| 가을바람에 단풍잎 우수수 지는데 | 秋風黃葉落紛紛 |
| 주흘산 높아 반쯤은 구름에 묻혔네 | 主紇58)山高半沒雲 |

추는 한 노인의 거동을 비상한 상상력과 벅찬 감격으로 묘사하여 현실로부터 탈출하려는 의지를 예술적으로 잘 표현한 작품이다.
54) 허균, 『성소부부고』 제25권, 「설부說部 4」, '성수시화'.
55) 이효칙李孝則(1476~1544); 본관 고성固城. 초명初名 측側. 자 희인希仁, 호 쌍탄雙灘. 전의감봉사典醫監奉事에 임명됨. 시문에 뛰어나 많은 칭송을 받음.
56) 허균, 같은 책 제5권, 문부 2, 「적암유고서適菴遺稿序」.
57) 조선후기의 문신 김득신의 시화집. 1책, 필사본. 홍만종洪萬宗의 시화총림詩話叢林에 실려 있는데, 모두 47항목의 내용으로 구성되어 있다. 조선 연산군 때의 어무적의 시에서 동시대의 남용익南龍翼에 이르는 시인들의 시평과 우리나라 시학의 문제점을 지적하고 있다. 시의 본질을 "무릇 시는 천기天機에서 얻어지는 것"이라 하여 조화의 공을 운용하는 것을 으뜸으로 여겼는데, 이를 묘오妙悟(오묘한 깨달음)의 세계에서 구하고 있다.

| 스물네 곳 다리아래 졸졸 흐르는 물은 | 二十四橋嗚咽水 |
| 한 해에 세 차례나 여길 지나며 들었구나 | 一年三度客中聞 |

　　　　이 시는 평범한데『명시종明詩綜』59)에 실려 있어, 이효칙이 별로 이
　　　름이 나지 않았다가 시 한 편으로 인하여 천하에 전해지게 되었으니,
　　　다행한 사람이다."60)

　조선 왕조의 부패한 관리들의 수탈에 못 이겨 매화나무를 쪼개 버리
는 현실을 목도하고, 그 참담함 정경을 노래한 어무적의 '작매부'는 정
약용丁若鏞이 지은 '애절양哀絶陽'과 함께 비극적인 상황을 포착하여 당
시 피지배층이 당하던 고통과 탐학무도한 지배계층을 고발한 대표적
작품이다.『다산시문집茶山詩文集』에 수록된 '절양絶陽'은 남성의 생식기
를 자른다는 뜻으로, 탐학한 관리들이 군포軍布를 많이 거둬들이기 위
해, 이미 죽은 사람뿐만 아니라 갓난아이의 이름까지 군적에 올려 세금
을 가혹하게 거둬들이자, 이를 감당할 수 없던 백성들이 아이를 낳지 않
겠다며 자신의 생식기를 자른 기막힌 현실을 두고 노래한 것이다.

| 양근을 잘라버린 서러움 | 哀絶陽61) |
| 노전마을 젊은 아낙 통곡소리 이어져 | 蘆田62)少婦哭聲長 |

---

58) 주흘산主屹山; 경상북도 문경시 문경읍에 있는 산으로 소백산맥에 솟아있으며
　　서쪽으로 조령천을 사이에 두고 조령산鳥嶺山(1,017m)과 마주보고 있다. 문경의
　　진산鎭山, 높이 1,106m.
59) 중국 청淸나라 주이존朱彛尊(1629~1709)이 명시明詩를 모아놓은 총집總集.
60) 이덕무,『청장관전서』제32권,「청비록」1; 이효칙, 또 권응인權應仁,『송계만록松
　　溪漫錄』에도 거의 같은 내용으로 실려 있다
61) 정약용,『다산시문집茶山詩文集』제4권. '절양絶陽'은 '양근陽根', 곧 남자의 생식
　　기를 자른다는 뜻이다. 당시 과중한 군역 때문에 사내아이를 낳으면 거세去勢한
　　것을 두고 읊은 시이다.

관아 문을 향해 가며 하늘에 울부짖길	哭向縣門號穹蒼
전장나간 남편 돌아오지 못할 수는 있어도	夫征不復尙可有
남자가 양근 자른 건 들어본 적 없다네	自古未聞男絶陽
시아비 초상 치르고 애는 물도 안 말랐는데	舅喪已縞兒未澡
조자손 삼대가 다 군보에 실리다니	三代名簽在軍保63)
가서 아무리 호소해도 문지기는 호랑이요	薄言往愬虎守閽
이정은 으르렁대며 마구간에 소를 몰고가네	里正64)咆哮牛去皁
칼을 갈아 방에 들자 자리는 피가 흥건해	磨刀入房血滿席
자식 낳아 궁한 재앙 당해 한 맺혀 그랬네	自恨生兒遭窘厄
무슨 죄가 있어서 잠실음형 당했던가	蠶室淫刑65)豈有辜
민땅 자식들 거세당한 일 역시 슬픈 일	閩囝66)去勢良亦慽
자식 낳고 낳는 건 하늘이 정한 이치라	生生之理天所予
하늘 닮아 아들 되고 땅 닮아 딸이 되지	乾道成男坤道女
불알 깐 말과 돼지도 서럽다 할 것인데	騸馬豶豕猶云悲
대 이어갈 백성이야 말을 더해 뭐 하리	況乃生民恩繼序
부호들은 일년내내 풍류나 즐기면서	豪家終歲奏管弦

---

62) 노전蘆田은 주로 해서지방인 황주黃州, 안악安岳, 봉산鳳山 등은 갈대밭이 극히 비옥하기 때문에 발과 자리[簾簞]의 재료로 갈대가 전국에 이용되어, 호조에 납세하도록 하였는데 대부분 궁궐의 수요에 충당하도록 하였다.
63) 군보軍保; 조선시대 군역 의무자로서 현역에 나가는 대신 정군正軍을 지원하기 위해 편성된 신역身役의 단위. 양인으로 16~60세의 정남丁男은 모두 군역의 의무가 있지만 실제로는 군역에 징발된 정군과 이를 경제적으로 보조하기 위한 보保가 편성되었다.
64) 이정里正은 오가작통五家作統에 따라 한 마을을 담당하였다.
65) 잠실음형蠶室淫刑은 남자는 거세를 하고 여인은 음부를 봉하는 형벌로,『한서漢書』「무제기武帝紀」에 나온다. 바람이 통하지 않는 밀실에 계속 불을 피워, 높은 온도를 유지시키는 방이 잠실蠶室인데, 궁형宮刑에 처한 자는 회복할 때까지 잠실에 머물게 하였다.
66) 『청상잡기靑箱雜記』에 따르면, 민閩의 사람들은, 자식을 건囝, 아버지는 낭파郞罷라고 불렀는데, 당唐 나라 때 그곳 자식들을 환관宦官으로 썼기 때문에 형세가 부호한 자들이 많아, 그곳 사람들은 자식을 낳으면 곧 거세를 하여 장획臧獲(종이나 하인)으로 만들었다고 함.

낟알 한 톨 비단 한 치 바치는 일 없는데	粒米寸帛無所捐
똑같은 백성 두고 왜 이리도 차별일까	均吾赤子何厚薄
객창에서 거듭하여 '시구'편을 읊어보네	客窓重誦鳲鳩篇67)

조선후기 사회구조의 부조리와 참담한 민초의 삶을 극명하게 보여주는 두 시는 비록 시간적 차이가 있음에도 불구하고 여전히 계층 간 사회구조의 모순은 끊이지 않고 있음을 보여준다. 비극적 시대상을 슬퍼하는 서로 다른 작가의 시선을 눈여겨보면 오늘을 사는 우리의 현실과도 일맥상통한다고 할 수 있어 흥미롭게 읽힌다. 어무적을 따라 매화나무를 쪼아버리는 슬픈 조선의 민초들이 걷던 오솔길을 따라가 보자.

매화나무를 잘라내는 노래	斫梅賦
세상에는 훌륭한 군자가 없고	世之馨香之君子
지금은 뱀과 호랑이 같은 가혹한 법에만 힘써	時務蛇虎之苛法
참혹함은 이미 엎드린 꿩에게 이르고	慘已到於伏雌
정치는 뿔 없는 양에게 더욱 참혹해	政又酷於童羖
백성이 한 그릇 밥에 배부르면	民飽一盂飯
벼슬아치는 군침 흘리며 달려들고	官饞涎而齋怒
백성이 한 벌 갖옷으로 따뜻하면	民暖一裘衣68)
아전은 팔 걷어붙이고 벗겨가네	吏攘臂耳剝肉
들에서 굶어죽은 넋을 내가 제사지내고	使余香掩野殍之魂
유민의 뼈에 꽃을 덮어 주어도	花點流民之骨
마음 아프기가 이러하니	傷心知此
어찌 초췌함을 논하랴	寧論憔悴
어찌 할까 농부가 무지하여	奈何田夫無知

---

67) '시구편鳲鳩篇'은 『시경詩經』의 편명으로, 군자의 마음이 전일하고 공평무사한 것을 찬미한 시.
68) 구의裘衣; 갖옷. 짐승의 털가죽으로 안을 댄 옷.

도끼날에 욕까지 보게 된 걸	見辱斧斤
바람에 시달리고 달마다 고생하니	風酸月苦
누가 끊어진 혼을 불러주려나	誰招斷魂
황금 같은 열매가 많이 달리니	黃金子繁
벼슬아치는 토색질 멋대로 하여	吏肆其饗
낱알을 불려 갑절로 거둬가고	增顆倍徵
걸핏하면 매질이나 해대니	動遭鞭捶
아낙은 원망하며 낮에 지키고	妻怨晝護
어린 것은 울며 밤에 지키네	兒啼夜守
이것이 다 매화 탓이니	玆皆梅祟
매화가 근심거리 되었구나	是爲尤物
남산에 가죽나무 있고	南山有樗
북산에 상수리나무 있지만	北山有櫟
관청에서는 그걸 상관하지 않고	官不之管
아전도 모질게 하지도 않네	吏不之虐
매화는 도리어 그만도 못하니	梅反不如
어찌 베어버리지 않을 수 있으랴	豈辭剪伐

중종 말년에 편찬된 패관잡기에서는 '작매부'에 대하여 다음과 같이 그 전말을 적고 있다.

"모든 고을 원이 된 자는 으레 민가의 과일나무를 일일이 적어두고 그 열매를 거두어들이는데, 가혹하게 하는 자는 그해에 흉년이 든 것도 상관하지 않고 거둬들이는데, 반드시 그 수효를 채웠으므로 백성들이 이를 괴롭게 여겨 그 나무를 베어버리는 자도 생기기까지 하였다. 어잠부魚潛夫가 김해에 살 때에 매화나무를 도끼로 찍는 사람을 보고 부賦를 지었다. 김해 원이 그것을 읽어 보고 크게 화를 내어 잡아다가 그 죄를 다스리려 하자, 잠부가 다른 고을로 도망하여 절도사 무열공武烈公 박원종朴元宗에게 가서 의탁하려 했으나, 병들어 역사驛舍에서 죽고 말았다."69)

어무적이 살았던 시기는 연산군의 폭정이 극에 달해 온 나라가 어수선하여 백성들의 삶은 피폐해 도탄塗炭에 빠지고 나라의 기강은 무너져 사기士氣가 떨어져 허우적거릴 때였다. 여러 차례 사화를 겪으면서 바른 선비들은 관직에서 쫓겨나고, 백성들의 원성은 날로 높아가고 있었다. 좌절과 실의에 빠진 참담한 지경이 지속되고 있는 때, 어무적은 여러 차례 상소문을 올렸으나 모두 헛일이 되고 말았다. 그는 김해에서 태어나 그 곳에 줄곧 살고 있었는데, 그 곳의 참상도 말이 아니었다, 탐학하고 부패한 관리들은 사사로이 자기 배를 채우기 위하여 가혹한 수탈을 서슴지 않으며, 끝내는 매화나무에 열리는 매실을 강제로 징수하는 지경에 이르렀다. 이에 백성들은 견디다 못해 매화나무를 찍어 베어내 버렸다. 농부들이 매실농사를 위해 그토록 사랑하고 아끼던 매화이며, 동시에 사대부들이 침이 마르도록 시구를 읊으면서 그 절개와 향기를 칭송하고 즐기던 매화를 무참히 도끼로 찍어 버리는 절박한 현실을 지켜본 어무적은 매화를 쪼개 베어버리는 노래 즉 '작매부'를 지어 백성의 울분을 대신하였다. 시의 전반부에서 뱀과 호랑이는 교활하고 포악한 관리를, 엎드린 꿩은 숨죽여 엎드려 사는 백성을, 뿔 없는 양은 힘없는 백성을 각각 상징하여 시적 긴장을 유지하고 긴 여운과 파장을 이끌며 저간의 비참한 정경이 눈앞에 펼쳐진다. 매화나무를 베어내야 하는 민초들의 처절한 참상을 매우 사실적으로 담담하게 그려낸 작품이다.

작매부를 통해서 우리는 지금까지 매화에 대하여 가져왔던 기존의 인식과는 많은 차이점을 발견하게 된다. 다시 말해서 고통과 역경을 견디내며 살아가는 백성들의 처지에서 느껴지는 매화의 모습과 사대부들이 자주 완상하고 칭송하며 관념적으로 시제詩題에 등장하는 매화는 양날의 칼과 같다. 동일한 하나의 사물을 보고 느끼는 시각이 어찌 저리도

---

69) 어숙권, 『패관잡기稗官雜記』 제2권, '어무적'.

다를 수 있는가 하는 점이다. 즉 한 사물을 두고, 극명하게 갈리는 상대적 시선의 대척점은 시적 긴장을 극대화 시킨다. 시대적 현실을 맞닥뜨리며 처절하게 살아가는 농민의 눈을 가진, 시인의 서늘한 안목은 눈물 어린 백성의 삶 쪽에 기울어져 있음을 알게 된다. 냉철한 현실파악에 근거한 관찰자의 시점에서 시적 형상화가 이렇듯 현격하게 달라질 수 있는지, 또한 시선이 머무는 그 지점에서 놀라운 시적 변용이 얼마만큼 가능한 지를 살펴보는 일은 매우 흥미롭다. 어무적이 겨누는 시선의 중심은 민초의 눈물과 울분에 있지만, 그 비판의 붓끝은 서슬 퍼런 칼날이 되어 탐관오리의 부패와 체제의 모순을 극적으로 베어 넘기고 있음을 알 수 있다. 나아가, 그가 겨누는 붓의 파장은 오늘을 사는 우리들에게도 여전히 유효하다.

다른 어무적의 한시, 신력탄新曆嘆70)은 천년에 한 번씩 꽃이 피고 질 만큼 세월의 흐름이 지체되어, 요순과 같은 성인이 나라를 여전히 잘 다스렸으면 하는 소망을 나타낸 작품이다.

전편의 내용을 살펴보면, 1~4구는 세월의 흐름이 삼만 육천 날을 아침과 저녁으로 삼을 만큼 더뎠으면 하는 소망을 읊었다. 5~8구는 세월이 그처럼 더디다면 이상적인 정치를 시행하던 요순이 아직까지 살아있어 세상은 태평을 누릴 것이라고 하였다. 9~14구는 강구가康衢歌71)를 부르며 요순 치하의 풍요한 삶과 태평성세를 노래하는 백성들의 모습을 상상하였다. 15·16구는 옥황玉皇이 태사太史에게 명하여 만 만년에 한 번씩 책력을 고치게 하였으면 좋겠다는 소망을 담았다. 이 시는 매우 독특한 발상을 통하여 우언체로 엮어진 작품이다.

요순의 치세를 그리고 있으나, 단순한 현실도피나 복고주의가 아니

---

70) 7언 16구, 『속동문선 續東文選』 제5권에 전편이 실려 있고, 이덕무의 『청장관전서 靑莊館全書』 제35권, 「청비록淸脾錄」 4에는 1~8구만 전한다.
71) 강구가康衢歌; 요임금 때에 시대가 태평스러워 백성들이 태평성세를 칭송한 노래.

고 자기가 열망하는 이상적 사회의 한 전형을 제시한 것이다. 봉건사회의 모순을 인식하여 이를 개조하고자 하는 매운 열정을 지녔으나, 현실에서는 도저히 이를 실현할 수 없기에, 다만 이상향을 꿈꾸는 작가 자신의 강렬한 개혁의지와 담대한 포부를 드러내고 있는 작품이다. 현실에 무력한 자기 존재의 한계를 인식하고 이에 대한 반작용으로 자신을 투사한 작품이다.

새로운 책력을 찬탄하며	新曆嘆[72]
내 바라노니 삼만 육천 날을	我願三萬六千日
인간이 조석으로 갈라 만들기를	判作人間兩朝夕
봄꽃이 천년 만에 한 번 붉어지고	春花一吐千年紅
가을달이 천년 만에 한 번 희어지고	秋月一照千年白
요순은 지금까지 소년의 얼굴	堯舜至今顔尙韶
주공은 지금까지 새까만 머리	周孔至今頭尙黑
아침에 토계에서 우불하는 소리	朝聞吁咈[73]土階[74]上
저녁엔 행단에서 현송하는 풍경	暮見絃誦杏壇[75]側
황하수가 일 년에 두 번 맑고	一年黃河水再淸
반도가 삼년마다 자주 무르익고	三歲蟠桃子屢熟
태산의 안주에, 구리기둥 젓가락에	太山肴核銅柱筯

---

72) 『속동문선』 제5권, '칠언고시'.
73) 우불吁咈은 임금과 신하가 태평성대를 이루기 위하여 조정에서 서로의 의견을 개진하는 가운데, 좋은 말은 받아들이고 부당한 말은 내치는 언로言路를 말한다.
74) 토계土階는 『태평어람太平御覽』 696권에서 윤문자尹文子가 한 말이다. 즉 "요 임금은 천자가 되고 나서도 비단옷을 겹으로 입지 않았고 밥상에는 두 가지의 맛있는 반찬을 놓지 않았으며, 석 자 높이의 섬돌은 흙으로 만들었고 지붕의 띠풀도 가지런히 자르지 않았다.堯爲天子 衣不重帛 食不兼味 土階三尺 茅茨不剪"라고 하였다. 이는 아주 소박하고 검약하게 정사를 돌봄을 의미한다.
75) 공자가 제자들을 가르치던 유지遺址로 산동성山東省 곡부현曲阜縣의 성묘聖廟 앞에 있는 단.

창해의 술잔, 북두 구기로	滄海杯樽斗杓勺
만민과 함께 취하여 자면서	聊與萬民同醉眠
어와, 어와 강구곡을 함께 부르고자	鳴鳴共唱康衢曲76)
옥황께 권하여서 태사에게 명하여	却勸紫皇詔太史
만 만년에 한 번씩 책력을 고쳤으면	萬萬年來一改曆

예로부터 책력冊曆은 군주가 정사를 펴기 위하여 꼭 필요한 최고의 정보였다. 여기서 새로운 책력은 신세계를 꿈꾸는 하나의 상징물로서 제시하고 있는데, 요순시대와 같이 태평성대를 이루고자 하는 염원과 현실개조의 강한 포부를 그려내고 있다.

그런데, 이덕무는 『청장관전서靑莊館全書』에서 신력탄에 이어, 이규보 李奎報의 '위심違心'이라는 시와 송나라의 시를 끌어와, 신력탄에서 제시하고 있는 것처럼 요순의 태평성세가 바라는 대로 되지 않을 뿐더러 세상만사가 호락호락 뜻대로 되지 않음을 부연하여 토로하고 있다. 아래 글을 살펴보자.

 "내가 일찍이 듣건대, 백로국白露國은 '집집마다 모두 성현이고 땅을 파면 금과 은이 나오며, 개인 날이 많고 비 오는 날이 적으며 풍년 들고 흉년은 없다' 하므로 머리를 들고 바라면서 낙토樂土라고 여기지 않은 적이 없었더니 잠부의 시를 읽고서야 비로소 백로국 역시 우언寓言으로서 화서華胥77) 괴안槐安78)과 같은 부류의 시라는 의심을 가지게 되었다.
 이규보의 '위심' 시에는,

---

76) 강구곡康衢曲은 시대가 태평하여 백성들이 편안함을 노래한 것을 말한다.
77) 화서華胥는 『열자列子』, 「황제黃帝」에 "옛날 황제가 천하가 다스려지지 않음을 근심하고 있었는데, 낮잠을 자다가 꿈에 화서국에 가서 그 나라가 아주 태평하게 다스려지는 것을 구경했다."는 고사이다.
78) 괴안槐安은 개미의 나라인데, 이공좌李公佐의 『남가기南柯記』에 "당唐나라 순우분淳于棼이 느티나무 아래서 낮잠을 자다가 꿈에 개미 나라에 가서 남가 태수가 되어 영화를 누렸다."는 우화에서 온 말이다.

인간의 모든 일 고르지 못해	人間萬事若參差
모든 일 뜻과 어긋나 맞지 않네	動輒違心莫適宜
젊어서는 가난하여 처에게 멸시받다가	少歲家貧妻尙侮
늙어서는 봉록이 후하니 기생까지 따르며	殘年祿厚妓將追
외출할 때는 비오는 날 많더니	雨霪多是出遊日
한가로이 있을 땐 날씨도 맑네	天霽皆吾閑坐時
배불러 그만 먹으려 하면 양고기 나오고	腹飽輟餐逢羔肉
목 아파 못 먹을 땐 술도 많이 생기며	喉瘡忌飮遇深巵
저장한 보물 싸게 팔자 값이 오르고	儲珍賤售市高價
묵은 병 고치자 의원이 이웃에도 있네	宿疾方痊隣有醫
사소한 것마저 어긋남이 이러한데	瑣小不諧猶類此
양주에 학 타기 어이 바라리	楊州駕鶴79)況堪期

하였으니 세상일의 어긋남이 대개 이와 같다.
송宋나라 사람의 시에,

| 구십 일 봄날엔 맑게 갠 날이 적고 | 九十日春晴景少 |
| 삼천 년 일 속엔 어지러운 때가 많네 | 三千年事亂時多 |

하였는데, 참으로 옳은 말이다."80)

이규보의 '위심'이 겨냥하는 세상 이치는 오늘날 흔히 말하는 '머피의 법칙' 같은 것이다. 세상만사가 어긋나 제 뜻대로 되는 게 없음을 갈파한 것이니, 어무적이 '신력탄'에서 도모하는 태평성세는 다만 한 조각

---

79) '양주의 학 타기楊州駕鶴'는 인간이 모든 욕망을 다 이룬다는 뜻의 고사인데, 옛날 네 사람이 모여 각자 자신의 욕망을 말하는 자리에서 한 사람은 양주 자사刺史가 되고 싶다 하고, 한 사람은 부자가 되고 싶다 하고, 한 사람은 학을 타고 싶다 하였는데, 나머지 한 사람이 허리에 십만 관의 황금을 두르고 학을 타고 양주에 부임하고 싶다는 데서 온 말이다.
80) 이덕무, 『청장관전서』 제35권, 「청비록」 4.

꿈이거나 이상으로 그칠 뿐, 이라는 점을 두드러지게 설파한 것이다.

또 다른 시, '유민탄流民嘆'은 『속동문선』과 『국조시산』에 전하는 칠언 고시인데, 삼언, 오언이 섞여 있다. 이 시에서 어무적은 자기 고장에 머물러 살지 못하고 떠돌아다니는 백성의 탄식과 하층민의 원성을 대변하였다. 그리고 자신이 스스로 능력이 없음을 탄식하고 참다운 애민愛民 정치의 실현을 갈망하고 있다. 시의 첫머리에서, '창생난蒼生難' 곧, 창생의 어려움이여, 이라는 말을 두 번 되풀이한 뒤, 흉년에 먹을 것이 없어 사방을 떠돌며 유리걸식하는 백성들의 참담한 광경과 어려움을 노래하고 있다. 두 번째 단락에서는, 다시 '창생고蒼生苦' 곧 창생의 괴로움이여, 라는 말을 두 번 되풀이 한 뒤 추위에 덮을 거적조차 없이 헐벗은 백성들의 남루한 삶의 정경과 괴로움을 노래하였다. 그러면서, 작가인 '나'는 창생을 구제할 마음은 간절하지만 나에게는 그럴 만한 힘이 없다고 탄식한다. 창생을 구할 힘이 있는 '저들', 벼슬아치들은 그럴 마음이 아예 없고 조정에서 내려 보내는 공문서조차 빈 종이처럼 하찮게 여기고 무시하여 백성의 아픔을 나 몰라라 외면하고 있다고 개탄하였다.

유민탄은 소인배인 벼슬아치들이 마음을 돌려 군자의 배려와 큰 귀를 가지고 백성들, 곧 소민小民의 말을 잘 들어 편안한 정사를 펼쳐주기를 바란다는 호소를 담고 있다. "소민이 비록 할 말이 많으나 임금이 알지 못하므로 지금의 창생들은 모두 갈 곳을 잃고 떠돌고 있다."고 탄식하고 있다. 유민탄은 기층 민중으로서 하층민인 작자 자신의 입장을 이입移入한 시점視點에서 돌아본 작품으로서 위항委巷 문학에서 자주 주목을 끄는 시이기도 하다. 삼언 오언 칠언을 변화를 주어 역동적으로 구사하면서 반복과 대구를 이룬 표현기교는 민요의 형식과도 상통하는 바가 있다.

유랑하는 백성의 탄식	流民嘆
백성들의 어려움이여, 백성들의 어려움이여	蒼生難蒼生難
흉년들어 너희들은 먹을 것이 없구나	年貧爾無食
나는 너희들을 구제할 마음이 있어도	我有濟爾心
너희들을 구제할 힘이 없구나	而無濟爾力
백성들의 괴로움이여, 백성들의 괴로움이여	蒼生苦蒼生苦
날이 추워 네가 이불이 없을 때	天寒爾無衾
저들은 너희들을 구제할 힘이 있어도	彼有濟爾力
너희들을 구제할 마음이 없구나	而無濟爾心
원컨대, 잠시라도 소인의 마음을 돌려서	願回小人腹
군자의 생각을 가져보게나	暫爲君子慮
군자의 귀를 빌려	暫借君子耳
백성의 말을 들어 보게나	試聽小民語
백성이 고통의 말을 해도 임금은 모르고	小民有語君不知
오늘 백성들은 모두 살 곳을 잃었구나	今歲蒼生皆失所
궁궐에선 매양 백성을 걱정하는 조서 내리는데	北闕每下憂民詔
지방 관청에 전해져서는 한갓 헛된 종이조각	州縣傳看一虛紙
서울에서 관리를 보내 백성의 고통 물으려	特遣京官問民瘼
역마로 날마다 삼 백리를 달려도	馹騎日馳三百里
백성들은 문턱에 나설 힘도 없어	吾民無力出門限
어느 겨를에 마음 속 일을 말이나 하겠소	何暇面陳心內事
비록 한 고을에 한 서울 관리 온다고 해도	從使一郡一京官
서울 관리는 귀가 없고 백성은 입이 없다네	京官無耳民無口
급회양 같은 착한 관리를 불러다가	不如喚起汲淮陽[81]
아직 죽지 않은 백성을 구해봄만 못하리라	未死孑遺猶可求

"궁궐에선 매양 백성을 걱정하는 조서 내리는데, 지방 관청에 전해져

---

81) 급회양汲淮陽; 중국 한漢나라의 급암汲黯. 그는 무제武帝 때 동해태수東海太守로서 맑은 정사를 폈고 회양 태淮陽太守로 죽기까지 선정善政을 베풀었다.

서는 한갓 헛된 종이조각"[82]이란 말은 소통 부재를 말한다. 오늘 우리에게도 소용이 되는 무서운 예언이다. 유랑민으로 떠도는 백성의 원성을 귀 기울여 들어줄 소통의 장치는 어디에도 없는가. 군주는 가볍고 백성은 무겁다는 말은 여기, 이 지점에서는 적어도 공염불이다. 백성의 마음이 떠돌면 이미 나라도 떠도는 법이다. 조선 중기의 산림처사로 영남학파의 거두인 남명南冥 조식曹植[83])이 "군주는 배요, 백성은 물이다"라고 '민암부民巖賦'에서 말한 대로, 이 시의 행간에는 배를 뒤집을 혁명의 동인動因이 저류底流에서 용솟음치고 있다.

『사기史記』제120권, 「급암전汲黯傳」에 따르면, 한漢나라 때의 명신인 장유長孺는 자가 급암汲黯인데, 그가 화재사건을 조사하기 위하여 하내河內 지방으로 나갔다가 그 고장 백성들이 기아에 허덕이는 것을 보고는 편의에 따라 제명帝命을 가탁하여 창고를 열어 백성을 구제하는 등 훌륭한 정치를 하였다. 곧, 급회양汲淮陽은 선정을 베푼 인물로 이 때문에 뒤에 '와치회양臥治淮陽'이라는 말도 생겼는데 '가만히 누워 있으면서도 회양을 잘 다스렸다'는 뜻이다. 그러나 '유민탄'에서 회양 땅은 먼 나라의 꿈같은 얘기일 뿐. 여기 이 땅에 유랑하는 백성들은 헐벗고 굶주린 채, 백성들이 하소연한다고 임금이야 도대체 알기나 하며, 대궐 앞에 달아 놓은 신문고申聞鼓를 치니 치라고 달아놓고는 쳤다고 잡아넣지 않나, 어사御使나 경관京官을 아무리 내려 보낸들, 내려오는 사람은 귀가 없고 쳐다보는 백성은 입이 없으니, 결국은 모두 민폐民弊만 더 보태는 꼴이 되고 말았다. 눈앞에 선연한 고통의 그림자가 너무 짙다. 그러기에 그 울림은 너무 깊어 가슴이 시려온다. 시적 의미공간은 심연을 울리며 깊

---

82) "北闕每下憂民詔, 州縣傳看一虛紙."
83) 조식(1501~1572); 조선중기의 학자. 본관 창녕昌寧, 자 건중健中, 호 남명南冥. 경남 산청의 덕천서원德川書院, 김해의 신산서원新山書院, 삼가의 용암서원龍巖書院에 제향. 저서 『남명집』 시호 문정文貞.

은 흔적을 남기고 그 파장은 길고 그윽하다. 표현이 아주 평범하면서도 세련되고 깔끔하여 심금을 울리고 있다.

"김수가 아뢰기를, '재상경차관災傷敬差官'의 본래 뜻은 다만 재앙을 당한 곳만을 살피게 하려는 것일 뿐인데 지금은 예와 다릅니다. 가령 어떤 백성이, 우리 전답이 어느 정도로 재해를 당했다고 할 때 수령이 친히 가 살펴서 만일 사실이 아닌 경우에는 중한 형벌을 가한다면 대체로 허위로 보고하는 자가 없어질 것인데, 수령이나 감사가 마음을 쓰지 않기 때문에 어렵습니다. 그리고 거주민이 옮겨 다니는 폐단을 막지 않으면 이 일은 더욱 어렵습니다. 전일 본조本曹에서 아뢴 것은, 비록 새로 살림을 난 사람이라도 오가통五家統84)에다 소속시켜 이리 저리 옮겨 다니는 폐단을 막아보려 한 것입니다.' 하니, 상이 이르기를, '어무적의 시에 '궁궐에선 매양 백성을 걱정하는 조서 내리는데, 주현에서 한낱 부질없는 종이로 보네北闕每下憂民詔, 州縣傳看一虛紙' 하였는데, 우리나라의 폐습이 그러하다. 드러나는 대로 죄를 주어 사정私情으로 요행히 면제받는 일이 없도록 하라.' 하였다. 이항복이 아뢰기를, '육조六曹의 공사公事를 가지고 말하면, 판서判書가 이 일은 해야 한다고 해도 낭청郎廳85)은 받들어 행하지 않고, 이 일은 제거해야 한다고 해도 낭청은 또한 받들어 행하지 않으니, 이는 당상이 낭청을 잘 부리지 못해서입니다. 경외京外가 다 그러한 형편입니다."86)

어무적이 연산군에게 상소를 올린 지 꼭 백년이 되는 해, 선조 34년(1601) 왕의 하교에 어무적의 시가 인용되고 있음은 유의해볼만하다. 백년이 지나도록 여전히 백성의 언로는 막혀있고 관리들의 탐학과 부

---

84) 오가작통五家作統; 조선시대 범죄자 색출과 세금징수, 부역 동원 등을 위하여, 다섯 집을 한 통씩으로 묶던 호적제도. 성종成宗 16년(1485) 한명회의 주장으로 실시했는데, 헌종憲宗 때에는 천주교도를 탄압하는 데 이용했음.
85) 낭청郎廳; 조선시대 비변사, 선혜청, 준천사, 오군영 등에 두었던 실무관직. 낭관郎官과 같은 의미로 각 관서의 당하관을 말함.
86) 『조선왕조실록』, 선조34년, 신축(1601, 만력29) 3월 17일(을묘) 참조.

패는 한 치도 나아진 것이 없었다. 그래서 당시에 "서리망국론胥吏亡國論"이란 말까지 나온 것이다. 지리산 기슭 덕산동德山洞87) 산천재山天齋에서 강학하며 은거하던 남명南冥 조식曺植이 1568년에 군왕의 올바른 정치와 강령을 논한 상소문 '무진봉사戊辰封事'를 올렸는데, 여기에서 논한 서리망국론은 당시 서리의 폐단을 극렬히 지적한 것으로 유명하다.

조신曺伸(1450~1521)이 1525년에 조야朝野에 떠도는 자잘하고 변변찮은 이야기를 수습하여 펴낸, 『소문쇄록』 하권에는 "어무적의 시" 세 편이 다음과 같은 단평短評과 더불어 실려 있다. 그의 시를 인정한 안침安琛(1445~1515)88)은 조선 전기의 문신으로 문장에 능하고, 필법은 송설체松雪體로서 해서에 뛰어났다.

"어무적의 자는 잠부인데, 문정공 어세겸魚世謙의 서후손이다. 그는 힘써 배웠으며 시를 잘 지었으므로 지사 안침이 그를 깊이 인정하였다."

병을 앓으며 느낌을 적어 상공에게 올림	病裏書懷呈相公
다 같이 이 세상에 난 남자 몸이건마는	俱是乾坤男子身
그대는 상서로운 봉황, 나는 가난한 물고기	公爲祥鳳我窮鱗
세상에서 부침은 비록 달랐으나	昇沈縱隔雲泥路
임금의 은택을 받을 때는 영욕이 같았네	榮悴均逢雨露辰
이군이 수레를 몰 때는 속인임을 뽐냈고	御李君89)車方詫俗
왕부가 논을 지을 때는 가난이 부끄러웠네	著王符90)論敢羞貧

---

87) 지금의 경남 산청군 시천면.
88) 본관 순흥順興, 자 자진子珍, 호 죽창竹窓, 죽제竹齊.
89) 이군李君; 중국 동한東漢의 명사 이응李膺. 훌륭한 사람을 모시게 되어 영광스럽다는 뜻. 『후한서後漢書』, 「이응전李膺傳」에 "순상荀爽이 일찍이 이응을 만나 수레를 몰고는 집에 돌아와서 '내가 오늘 이응을 위하여 수레를 몰았다.' 하면서 기뻐하였다." 하였다.
90) 왕부王符(?~162); 중국 후한의 철학가이자 정론가政論家. 자 절신節信, 감숙성甘

이러한 마음을 글로 나타내기는 어려워	這般心事難名狀
지음에게만 하소연하니 남에겐 말하지 마소서	只訴知音不訴人
내 마음 돌멩이가 아니라 바꾸기가 어려워	我心非石轉之難
생강과 육계 같은 마음 더 맵고 차가워졌네	薑桂襟懷辣更寒
마음이 굳세어 일찍 머리 셀 줄 몰랐는데	心壯不曾知白首
세상은 편안해도 청산에 숨고자하네	世平猶欲隱靑山
대대로 전해오는 노비는 천 그루의 귤나무요	傳家奴婢千頭橘
죽는 날 생애는 백 이랑의 난초로다	畢命生涯九畹蘭
미친 말로 떠든다고 의아하게 여기지 마소서	莫訝狂言成强聒
굽이쳐 흐르는 물은 누굴 위해 졸졸거리나	曲中流水爲誰彈
방장산의 연하는 광한궁을 둘러쌌는데	方丈煙霞鎖廣寒
저녁 종 세 번 울고 해는 뉘엿뉘엿 넘어가네	暮鐘三杵夕陽殘
나무는 관가 길 끼고 담장가 늘어섰는데	樹沿官道墻邊立
이웃집에 비친 달이 지붕위로 보이네	月在隣家屋上看
물을 스치는 반딧불이 아차 떨어질 듯	點水却憐螢誤落
보금자리 찾아드는 새가 못내 부러워	尋巢堪羨鳥知還
창 너머 맞은 쪽 밤새도록 물레질 소리	隔窓終夜鎖車響
어쩌면 산장에 드신 꿈 행여나 깨실런지	疑在山莊夢始闌

어무적이 그 친척이 되는 좌의정 어세겸(1430~1500)91)에게 자신의 불우한 신세를 하소연한 시다. 어세겸은 연산군 때 우의정, 대제학을 거치고 학문과 문장이 뛰어났다. 후한 때 왕부王符는 지조가 있는 인물로 비록 사람들에게 천대를 받았으나 학문을 좋아하여 당세의 명류名流들과 교류하였으며 '잠부론潛夫論'을 지었다. 이 글에서, 백성은 팽개치고 부패와 사치에 골몰하면서 권력을 휘두르고 있던 부패한 정치를 통렬하게 비난하였다. '강계薑桂' 곧 생강과 육계는 오래 묵을수록 맛이 매워

肅省 진원鎭原 사람. 평생 은거한 채 저술에 전념하면서 당시의 정치를 풍자하고 지주의 탐욕을 폭로했다. 저서『잠부론潛夫論』.
91) 자字 자익子益, 호 서천西川, 본관 함종咸從, 시호 문정文貞.

지므로 늙어서 더욱 강직한 성질을 드러낸다는 말로 쓰인다.

세상에 똑같은 사내로 태어났지만, 상하가 이미 지어져 있다. 자신이 천한 신분으로 벼슬길에 나갈 수 없는 것이 마치 월궁에 연하가 겹겹이 둘러싸인 것처럼 엿볼 길이 없는데, 오늘도 벌써 석양이 짙어 세월만 흘러간다. 관가에 죽 늘어선 나무처럼 관원들이 오가는 걸 지켜보고 있노라니, 남이 출세하는 것은 마치 이웃집 지붕위에 뜨는 달을 바라보는 것과 같을 뿐. 또 세도가에 드나드는 건 반딧불이 물에 잠방거리다 아차하면 빠져죽는 것과 무엇이 다르랴. 다른 사람들은 일가 덕으로 출세하는 걸 보니 마치 새가 저녁때가 되면 둥지를 찾아드는 것 같아 부럽기만 하다. 궁한 선비가 밤새도록 글 읽는 소리는 물레질하는 소리같이 요란하니, 정승께선 혹시라도 이내 심정을 알아주시려나. 은근한 어법 속에 뼈 저린 탄식과 울분이 앙금처럼 녹아 있음을 알 수 있다.

매화를 읊음	詠梅
한 그루 매화나무 남쪽 땅에 환하니	一樹明南紀
꽃 속에서 초나라 왕비가 보이네	花中見楚妃
은은한 향기는 달빛아래 훙건하고	生香月下旺
그윽한 아름다움은 섣달 전에 기이하네	幽艷臘前奇
먹는 음식이야 고기가 없어도 그만이지만	可但食無肉
물건에 홈이 가서는 안 되겠지	能令物不疵
가지를 꺾어서 멀리 보내지 마시게	折枝休贈遠
지녔다가 서로 그리는 정이나 위로하게나	持以慰相思

섣달이 오기 전, 환한 달밤이다. 남쪽 땅 어딘가에 머물 때, 이르게 핀 매화나무를 두고 읊었다. 비록 고기반찬은 없어도 좋으니 매화의 고결한 정한이야 상하게 할 수는 없다 한다. "먹는 음식이야 고기가 없어도

그만이지만可但食無肉"란 말은 송宋나라 학자 소식蘇軾이 지은 '잠승록균헌시潛僧綠筠軒詩'에 '차라리 밥상에 고기가 없을지언정 사는 곳에 대나무가 없어서는 안 된다. 밥상에 고기가 없으면 사람이 여위고, 사는 곳에 대가 없으면 사람이 속되어진다. 사람이 여윈 것은 살찌게 할 수 있어도, 사람이 속된 것은 고칠 수 없다.'92)하여, 사는 곳에 반드시 대나무가 있어야 한다고 강조하였다는 데서 끌어와, 작자는 매화가 없으면 안 된다고 한 것이다. 초나라 황후같이 농염한 매화 한 가지라도 꺾지 말고 그냥 마음에 서로 그리는 정으로나 간직하길 바란다. 소유양식이 아니라, 존재양식으로 사물을 대하는 작가의 시선이 따뜻하다. 서로 그리는 정한도 이만하면 은근하다할 수 있다.

회포를 읊음	詠懷
어지러이 아이들 맘을 맞는 벗을 부르려고	紛紛兒輩號知音
경쇠를 친들 어찌 괴로운 마음을 알랴	擊磬93)那能識苦心
다만 세상에 종자기같이 들어줄 벗이 있다면	但得世間鍾子94)聽

---

92) "寧可食無肉, 不可居無竹, 無肉令人瘦, 無竹令人俗, 人瘦尙可肥, 人俗不可醫."
93) '경쇠를 치다擊磬' 는 뜻은,『논어論語』제14장,「헌문憲問」편에 공자가 위衛나라에서 경쇠를 칠 때, 마침 삼태기를 메고 그 문 앞을 지나가던 은사隱士가 말하기를, "천하에 도를 행하려는 데 마음을 두었구나, 경쇠 치는 소리여有心哉, 擊磬乎"라고 한 말로, 도를 끝내 행할 수 없음을 탄식한 것이다.
94) '종자기鍾子期'는 '백아고금伯牙鼓琴'이란 고사에서 나오는 인물이다. 옛날 백아는 거문고를 잘 타고 친구 종자기는 거문고 소리를 잘 알아들었다. 백아가 높은 산에 뜻을 두고 거문고를 타자, 종자기가 듣고 말하기를 "좋다, 높다란〔峩峩〕것이 마치 태산 같구나." 하고, 또 백아가 흐르는 물에 뜻을 두고 거문고를 타자, 종자기가 또 말하기를 "좋다, 광대한〔洋洋〕것이 마치 강하江河 같구나."라 하여, 백아가 생각한 것을 종자기가 반드시 다 알아들었으므로, 종자기가 죽은 뒤로는 백아가 자기의 거문고 소리를 알아들을 사람이 없다 하여 마침내 거문고를 부수고 죽는 날까지 다시는 거문고를 타지 않았다고 한다.

줄 없는 거문고가 줄 있는 것보다 낫겠지	無絃琴95)勝有絃琴
장차 우의가 두텁지 않아서	休將車笠96)莅鷄壇
어려움을 겪고 나서야 길이 험한 줄 알았네	折臂97)方知行路難
반평생 서로 한 번도 만나기가 쉽지 않으니	半世相逢靑一樣
그대 눈을 보듯이 남산을 마주 대하네	只應君眼與南山
황금석에 눈을 붙이듯 서로 그리워하노니	黃金鑛裏着相思
그대 조금 늦게 찾는다고 나무라지 마시게	莫訝尋君去較遲
새해에 병이 들어 옷차림이 느슨하여	病入新年衣帶緩
술이며 음식을 잘 먹고 지낸다네.	徐家之肺沈家脾98)

---

95) 무현금無絃琴; 줄 없는 거문고. 중국 동진東晉의 도잠陶潛은 본디 음률을 알지 못하여 줄도 없는 거문고 하나를 가지고 있으면서 매양 술이 거나할 때마다 그것을 가져다가 어루만지며 자기의 뜻을 부쳤다는 데서 온 말이다.『진서晉書』권94,「은일열전隱逸列傳」, '도잠陶潛' 참조. 또한 이백李白의 '증임명현령호제贈臨洺縣令皓弟' 시에 "도잠은 팽택 영을 그만두고 떠나, 아득히 태고인의 마음을 지녀서, 오묘한 소리가 절로 곡조를 이뤘기에, 단지 줄 없는 거문고만 탔었다네. 陶令去彭澤, 茫然太古心. 大音自成曲, 但奏無絃琴."라고 하였다.『이태백집李太白集』권8.
96) '거립車笠'은 우의友誼가 두터운 것을 말함. 중국 월越나라 풍속에 처음 남과 사귈 때 토단土壇을 쌓고, 개나 닭을 잡아 제사 지내면서 '거립'이라는 말로 축원했다. '월요가越謠歌'에 '그대는 수레를 타고 나는 입笠(삿갓)을 쓰고, 다른 날 만나면 수레에서 내려 서로 읍하고, 그대는 우산을 쓰고 나는 말을 타고, 다른 날 다시 만나면 그대를 위해 말에서 내리겠네.' 라고 하였다.
97) 절비折臂란 어려움을 겪음을 의미함. "팔이 세 번 부러져봐야만 훌륭한 의원이 된다는 것을 알 수 있다三折肱 知爲良醫"고 한 데서 온 말로, 곧 여러 차례 팔이 부러지는 부상을 당해 보아야만 팔을 치료할 수 있는 방법을 알게 된다는 뜻이다. 또, 주나라 성왕成王이, "세 번 팔목이 부러진 까닭에 의사가 되었다三折臂成醫"라는 말을 인용한 것이다.『춘추좌씨전』,「정공定公 13년」.
98) "서씨 집의 폐장에다 심가 집의 비장을 지녔어도徐家之肺沈家脾"라는 뜻은『당어림唐語林』에서, 서씨는 당 나라 때 강직하기로 이름난 서회徐晦이고, 심가는 같은 시대의 심전사沈傳師인데, 한림학사翰林學士·중서사인中書舍人 등 청직과 여러 곳의 지방관을 오랫동안 지냈으나, 세상의 영욕에 관심이 없어 권세가에 아부하지 않은 것으로 유명하다. 서회는 술을 즐겨 마시고 심전사는 음식을 잘 먹어 당시의 재상인 양사복楊嗣復이 말하기를 "서가의 폐장과 심가의 비장은 참으

자신의 마음을 아는 '지음'을 그리워하며 쓴 시로, 온갖 고초를 겪은 작자의 마음이 그대로 투영되어 있다. 이 세상에 바른 도를 펼칠 수 없기에 더욱 종자기와 백아처럼, 아름다운 우정이 더 필요한지도 모르겠다. 반평생을 살면서 한 번도 만나기 어려운 벗을 생각하며, 남산을 보듯, 금덩어리에 눈을 붙이듯, 오직 그 벗을 망연히 만날 날을 기다린다. 해가 바뀌어 몸이 조금 추슬러지면 그때 회포나 풀 수 있을지, 목을 빼고 기다리는 시인의 마음이 경쇠를 듣는 듯 맑은 울림이 온다. 다음의 시는 '봉설逢雪', 혹은 '마상봉신설馬上逢新雪'로 전하고 있다.

말 위에서 첫눈을 맞으며	馬上逢新雪[99]
말 위에서 첫눈을 맞으니	馬上逢新雪
쓸쓸히 성문은 닫히려하네	孤城欲閉時
점점 술기운은 사라지고	漸能消酒力
코밑수염은 어는데 시를 읊조리네	渾欲凍吟髭
해는 지고 어둑해 보이는 경치 없어	落日無留景
깃든 새는 가지에 자리를 정하지 못하네	棲禽不定枝
저 파교의 나귀 등에 이는 흥취를	灞橋[100]驢背興
나는 옛 사람과 기약하였노라	吾與故人期

이 시는 청아하고 단아한 소품이다. 말을 타고 어둑해질 무렵, 날씨가 어째 꾸물꾸물하다. 느릿느릿 길을 가다가 첫눈을 만났다. 초저녁 도성문이 막 닫히려는 참, 찬 기운에 술기운이 점점 깨자 시를 읊기에는 기가 찬 날씨다. "파교의 나귀등에 이는 흥취灞橋驢背興"란 고사가 있는데,

---

로 편안한가." 하였다는 데서 나온 말로, '술이며 음식을 잘 먹는다'는 뜻이다.
99) 『속동문선』 제6권, '오언율시'.
100) 파교灞橋; 중국 한나라 때 장안長安 동쪽의 파릉灞陵에 있던 다리. 사람들은 이곳을 이별의 장소로 삼았는데 쇄혼교鎖魂橋라고도 했다.

원래 파교灞橋는 당나라 장안의 동쪽에 있던 다리이다. 당시 어느 선비가 정승이던 시인 정계鄭棨에게 요즈음 쓴 좋은 시가 있느냐는 물음에, "시사詩思는 눈보라가 휘날리는 날, 계산桂山에 있는 파교 위에 나귀를 타고 가는 사람에게나 있지, 이렇게 편한 정승된 사람에게는 시가 없는 법이라네"라고 대답했다. 또 구양수歐陽脩는 『귀전록歸田錄』에서 시문을 구상하는 데 가장 좋은 분위기로 세 가지를 꼽았는데, 그 첫째가 당나귀의 등위에 앉아 있을 때(여상驢上), 둘째가 잠자리에 누워 있을 때(침상枕上), 셋째가 뒷간에 앉아 있을 때(측상厠上)라고 했다.101)

청나라 초기에 편찬된 화본畵本인 『개자원화보芥子園畵譜』의 「인물옥우보人物屋宇譜」편에 보면 시동侍童을 데리고 나귀를 타고 가는 선비의 모습을 그린 그림이 실려 있다. 그 옆에 이 그림과 관련된 화제畵題가 적혀 있는데, 바로 당나라 재상이자 시인인 정계의 '눈 내리는 파교 위에서 당나귀 등을 타고 시상에 잠기도다詩思在灞橋風雪中驢子上'라는 시구를 인용한 것이다. 「전당시화全唐詩話」에도 실려 있다. 이같이 '기려행'은 시적 사유의 세계와 밀접한 관계에 있다는 걸 알 수 있다.

길주서의 금오산을 지나다	過吉注書金烏山
낙락히 자취 높은 길주서(길재)께서	落落高標吉注書
금오산 기슭에 숨어 살았다네	金烏山下閉門居
수양산 고사리는 은나라의 남은 풀이고	首陽薇蕨殷遺草
율리의 전원은 진나라의 옛 터전이라네	栗里田園晉故墟
천년의 거룩한 이름은 대의를 붙들었고	千載名垂扶大義
지금도 지나는 사람들 문 앞에서 머리 숙이네	至今人過式前廬
사내로 태어났으면 누군들 담력이 없겠는가	生爲男子雖無膽
우뚝한 봉우리들 모두 내 정신을 일깨우네	立立峯巒摠起余

---

101) "余平生所作文章, 多在三上, 乃馬上, 枕上, 厠上也."

이 시는 장부의 담대하고 굳센 충절과 결의를 드러낸 것으로 이수광의 『지봉유설芝峯類說』102)과 이제신李濟臣103)의 수필집인 『후청쇄어鯸鯖瑣語』104)에도 실려 있다. 『후청쇄어』는 재미있는 소소한 일화들을 기록한 것인데, 이 시를 인용하면서, "내가 일찍이 금오산을 지나다 보니, 이 시의 둘째 연구聯句가 정문 바깥 도리에 새겨져있었다."고 하였다. 당시에 금오산의 금오서원 기둥에 둘째 연의 시구가 시판詩板으로 걸려있었다는 사실을 알 수 있다. 이제신은 조선 중종 선조 년간의 문신으로서 병마절도사 문성文誠의 아들로 태어나 일곱 살 때에 글을 잘 지으므로 남명南冥 조식曺植에게서 칭송을 받았다.

길주서는 야은冶隱 길재吉再를 말하는데, 권응인權應仁의 시화집詩話集, 『송계만록松溪漫錄』 상권에서, "어무적 공이 길재의 옛 고향, '길주서 고리吉注書故里'란 율시 함련頷聯에, '수양산 고사리는 은나라가 남긴 풀이요, 율리의 전원은 진나라의 옛 터라네.' 라 하였다. 고사故事를 쓴 것이 매우 타당하여 고금에 뛰어났다. 어떤 사람이 말하기를, '이 연구는 본래 길 선생이 지은 것인데 어무적이 풀어쓴 것이라고 하는데, 상하의 구법句法을 살펴보면 한 사람의 손에서 나온 것이 아닌 듯하니, 이 말이 아마 그럴 듯하다. 다만, 선생의 문집 가운데 과연 이 연구가 있는지 모르겠다.'"고 하였다.

이 작품은 야은의 충절을 기리면서 대장부로서 대의를 펼치고자 하는 뜻을 부쳤다. '수양산首陽山'과 '율리栗里'란 두 상징적 장소를 끌어와 시적 공간과 시간을 확장시키고 있다. 먼저 수양산에 얽힌 고사를 보면, 은殷나라 백이伯夷 숙제叔齊 형제가 주周나라 무왕武王의 역성혁명易姓革命에 반대하여 수양산에 들어가 고사리를 캐어 먹다 굶어 죽었다는 고

---

102) 제13권 문장부文章部 6, '동시東詩'.
103) 자 몽응夢應, 호 청강淸江, 본관 전의全義.
104) 이제신, 『후청쇄어』, 「청강시화」.

사인데, 두 임금을 섬기지 않는 옛사람의 높은 정신을 칭송한 것이다. 또한 율리에 얽힌 고사는, 도연명陶淵明이 진晉 나라가 쇠망의 길로 들어서자 팽택령彭澤令 벼슬을 버리고 심양潯陽 율리로 돌아가 여생을 마친 일을 말한 것이다.105) 그리고 시의 마지막 구에서 작가 자신이 비록 그만한 담력이 없으나 금오산을 지나면서 벽립壁立한 정신적 기개를 한껏 고무하고 있다.

다음의 시는 '미인수美人睡'라고도 하는데, 단아한 소품이다.

미인도	美人圖
차가운 날씨에 잠 깬 미인이	睡起重門淰淰寒
잠옷 차림에 귀밑머리 치렁치렁	鬢雲繞繞練袍單
덧없이 봄 다 지나갈까 봐	閑情只恐春將晚
매화가지 꺾어서 혼자서 바라보네	折得梅花獨自看

날씨가 여전히 찬데 얇은 옷을 입은, 잠 덜 깬 아리따운 여인을 그렸다. 덧없는 봄은 청춘을 의미한다. 지금은 삼단 같은 검은 머리가 치렁치렁 하지만 언제 좋은 시절이 훌쩍 가버릴까 저어한다. 매화 한 가지를 꺾어 홀로 바라보는 정경 너머에 봄은 이미 세월을 재촉한다. 이미 저만치 달아나는 봄, 매우 섬세하면서도 맑은 여백이 이끄는 미풍이 여전히 졸리는 눈꺼풀을 간지럽힌다.

3. 이단전李亶佃 ─ 스스로 '하인'이라 호를 지은 기인

이단전李亶佃(1755~1790)은 엄격한 신분적 한계에 정면으로 도전하

---
105) 『진서晉書』 제94권.

여 조선 최초로 스스로 '머슴', '종놈'이라고 당당하게 주체적으로 선언한 인물이다. 천수경千壽慶 등의 송석원시사가 중심이 되어 편찬한『풍요속선風謠續選』에는 시인별로 위항인의 시 칠백여 수가 실려 있는데, 이 선집에는 이단전의 시 열다섯 수가 전하고 있으며 다음과 같은 짤막한 평가가 부기되어 있다.

> "이단전의 자는 운기耘岐 혹은 경부耕傅인데, 스스로 필한疋漢이라 호를 짓고, 또 인헌因軒이라 하였다. 연안延安 사람인데 천민이다. 재사才思가 맑고 경세의 눈이 있어 당대에 칭송되었다."106)

그의 이름에서 단亶은 '큰大'라는 의미이며, 전佃은 밭을 가는 소작인 또는 머슴이라는 뜻이니, 단전이란 큰 머슴, 큰 하인이란 뜻이다. 또한 '필한疋漢'이라 스스로 호를 삼았는데, '필疋' 자를 파자破字하면, 아래 하下, 사람 인人으로 '하인'이란 뜻이 된다. '한漢'은 사내, 혹은 소나 돼지 따위를 잡아서 파는 것을 업으로 하는 사람인 푸주한漢처럼 하대下待하는 천직賤職에 붙여 쓰는 끝말이다. 그러므로 필한은 곧 '하인 놈'이 된다. 이렇듯 이단전은 이름과 호로써 '나는 종놈'이라고 스스로 밝히고 다녔다. 게다가 그는 자字까지 '운기耘岐, 경부耕傅', 곧 김매고 밭갈이하는 놈이라고, 비천한 자신의 정체성을 공공연히 선언하고 있다. 이처럼 그는 당시 최하층인 소작농이거나 머슴으로 살다간 천인賤人으로, 탁월한 시적 성취를 이룬 매우 기이한 행적의 인물로서 다음과 같은 자료를 통해 그의 면모를 다양한 시각에서 살펴볼 수 있다.

무엇보다 그에 대한 가장 풍부한 자료는 조수삼趙秀三의『추재기이秋齋紀異』에 실린「이단전전李亶佃傳」이다. 구성은 서문과 본문, 그리고 끝

---

106) 천수경,『풍요속선』제7권. "亶佃字耘岐, 自號疋漢, 又號因軒. 延安人賤人也. 才思淸警見稱當世."

에 조수삼 자신(경원자經畹子)의 찬贊을 붙인 세 문단으로 이루어져 있다. 조수삼과 이단전은 이덕무에게서 함께 시를 배운 동문이다. 이단전은 종종 조수삼을 불쑥 찾아와 시를 보여주며 자주 평을 부탁하기도 하였다. 그는 이렇듯 몇 안 되는 지인들 앞에 불쑥 나타나서 아무런 거침없이 처신을 마음대로 했다. 사사로운 소절小節에 얽매이지 않는 그의 이러한 습벽 저 깊은 내면에서, 태생적인 신분에 대한 한계와 시인으로서의 인간적 고독을 시의 곳곳에서 읽을 수 있다. 추재집에 실린 여러 인물들의 전傳마다 끝에 '경원자 왈曰'이라고 하여 추재 조수삼 자신의 찬을 붙였는데, 그 속에는 「경원선생자전」이 들어있어 추재 자신의 삶도 덤으로 엿볼 수 있어 흥미롭다. 짤막한 서문이 덧붙여진 「이단전전」을 따라 그의 행적을 더듬어 보자.

"나는 단전과 사귀었다. 하루는 눈보라가 세차게 치는 날, 문을 급하게 쿵쿵 두드리는 소리가 들리기에 보니 단전이었다. 그는 소매 속에서 금강산 시를 꺼내 보이며 말하길, '구천구백구십구 명의 사람이 모두 좋다고 해도 안 되고, 오로지 선생 한 분이 좋다고 해야만 그제서야 됩니다' 하고, 드디어 서로 더불어 밤새도록 술 마시고 시를 읊은 뒤에 돌아갔다. 되돌아보니 그때 나눈 한 마디 말이 천고千古의 마지막 말이 되고 말았으니 내가 그의 죽음을 슬퍼하며 이 전傳을 짓는다.
이단전의 자는 운기耘岐, 혹은 경부耕傅이다. 그 어머니는 유兪씨 집 여종인데, 단전이 스스로 법도가 있어 아는 사람들은 점점 그를 고상하게 여겼다. 단전은 작달막하고 눈에 백태가 끼어 외눈으로 보였는데, 마마 자국이 덕지덕지하고 매우 비루한 모습으로 말씨는 어리바리하고 조리가 없었는데 잘된 문장을 살펴 더욱 시를 정련하여 사대부들에게 이름이 알려졌는데, 만나는 사람마다 술을 찾으므로 모르는 사람은 이를 괴롭게 여겼다. 일찍이 남초부南樵夫에게 배우다가 뒤에 이형암李炯菴에게 배웠다. 그래서 시가 더욱 그윽하고 공교로웠는데 절구는 두 선생의 풍격이 있었다. 집이 가난하여 항상 글을 써주고 먹고사는데 매일 서른 장 내지 쉰 장을 써 주고 돈을 얻어 값싼 술을 마셨다. 취하면

초서 한두 줄을 쓰다가 십여 자만 쓰고 그만 두었는데, 오른쪽에서 시작하다 나중에 왼쪽으로 쓰고, 혹은 밑에서부터 위로 쓰는데 그 사이에다 전篆 자를 썼는데 종횡으로 울퉁불퉁하게 써서 위치가 제대로 잡혀 있지 않았다. 그러나 글자는 모두 마른 가지와 괴석과 같아서 비쭉비쭉 살아 꿈틀거렸다. 옆에서 보는 이는 낯이 벌겋게 달아오르는 걸 느꼈다. 그는 성품이 산수를 좋아하여 사람들이 같이 노닐자고 하면 거절하지 않았다. 산수에 이르면 큰 술잔을 휘두르며 웅얼웅얼 끙끙대며 시를 지어 읊조리다가 잔뜩 취해서는 벌렁 누워서 게워내니 삿자리가 흥건하였다. 비록 비가 오고 눈이 오고 서리와 이슬이 내리는 때라도 드르렁 코를 골며 아랑곳하지 않았다. 일찍이 상복을 입고서도 시를 짓고 술을 마시는 자리에 예전처럼 출입하였다. 이에 누군가 경계를 하자 단전은 웃으며 말했다. '예절이란 게 우리 같은 자를 위해 만들어놓은 것인가, 이것은 잠방이 속에 사는 이와 같은 것일 뿐일세.' 구애되거나 걸림이 없는 호탕함이 대개 이러하였다. 뒤에 곤액이 더욱 심하여 누더기를 걸치고 밥을 먹지 못해 자주 꼬르륵 소리를 내며 다녔다. 어떤 선비가 그의 재주를 아끼고 불쌍히 여겨 집안 처녀와 결혼을 시켜 살림을 차려주기 위해 사대부들에게 두루 편지를 띄워 도움을 청하였으나 그를 싫어하는 사람이 있어 이루어지지 못했다. 그 뒤로 단전은 날마다 머리를 풀어헤치고 미친 듯 노래를 불렀다. 그렇게 한 해 남짓을 보내다가 마침내 길에서 죽었는데 평소 그를 알고 지내던 사람들이 돈을 모아 서산 자락에 묻었다 한다. 그때 나이 서른여섯 살이었다. 그가 지은 약간의 시권이 어느 집에 있고, 초서는 사람들 사이에 흩어져 이따금 볼 수 있을 뿐이다.

경원자가 찬하길, 선비가 세상에 태어나서 뜻을 세상에 펼치지 못해 구렁텅이에 매몰된 자가 진실로 많으나 족히 그 사람을 애석해하도다. 오래도록 쇠하지 않은 것은 특히 그 재주일 뿐. 비유하자면 나무가 말라 뿌리와 등치가 썩어 이파리가 다 떨어진 것이라. 홀로 그 빼어난 기운을 돋우어 한꺼번에 버섯이 무성히 돋아나 볼만한 경지를 이루나니 단전의 재주가 바로 이러한 것이다. 나는 그 시를 갈무리한 것을 알지 못하나 단전을 위해 능히 세상에 말할 수 있으니, 대개 그 위인은 혜강과 완적의 무리로다."107)

이단전은 연암 박지원의 절친한 친구이며 재상을 지낸 유언호兪彦鎬 집의 종이었다. 그의 어머니는 여종이었고 아버지는 누구인지 알 수 없다. 아비도 모른 채 계집종에게서 난 천출임이 분명했다. 이단전과 사귄 적이 있는 임천상任天常108)도 "지체가 지극히 낮고 미천하며, 사람도 영성하고 세상 물정에도 어둡다"고 평했다. 위 글에서 조수삼은 이단전이 처음에는 초부樵夫 남유두南有斗(1725~1798)를 스승 삼아서 시를 배우다가 나중에는 형암 이덕무로 바꾸었다고 말하고 있다. 첫 스승인 남초부는 남공철의 족숙族叔인 남유두이다. 그는 숙종 영조 때 사람으로 호는 초부인데, '진락眞樂'선생이라 자처하며 시를 잘 지었다. 일몽一夢 이규상 李奎象(1727~1799)이 지은 18세기 인물지인『병세재언록幷世才彦錄』에도 소개될 만큼 당시 이름을 떨치던 시인이다. 하지만 너무 게으르고 지나칠 정도로 물정에 어두운 것으로도 유명했다. 남공철의「진락선생묘지명眞樂先生墓誌銘」에는 남유두의 우스꽝스러운 면모가 잘 묘사되어 있다.

그는 살아서 벼슬에 나가지도 않았고 죽어서도 작호 따위는 없었다. 일찍이 울창한 산림에서 맘대로 노닐면서 스스로 나무꾼이라 칭하니 사람들도 그렇게 불렀다. 만년에 지산芝山에서 살았는데, 돌밭 몇 두락이 고작으로 한 해도 지탱하지 못하고, 집은 헤지고, 깨진 벼루에 모지라진 붓 몇 자루, 세 치 남은 먹 한 동강이 방안에 널려있을 뿐, 표주박을 허리에 차고 술이나 마시러 다니고, 성질은 게을러 몸이 피둥피둥하여 겨울에는 항상 배를 깔고 뻥뻥하게 누워, 한 달 내내 머리도 빗지 않고 일 년 내내 발도 씻지 않아, 딸이 그의 등을 긁고 나면 먼지와 때가 손톱 밑에 그득했다. 쌀독이 비었다고 하소연하는 아내에게는 웃으며 "편안

---

107) 조수삼,『추재기이』제8권,「이단전전」.
108) 임천상(1754~?); 조선 후기의 문신이자 학자. 본관 풍천豊川, 자 현도玄道, 호 궁오窮悟. 화성출신. 홍문관교리를 지내고 문학에도 조예가 깊었다. 저서『궁오집窮悟集』.

하게 여겨라"고 말하고, 현실의 급선무를 묻는 정승 유언호兪彦鎬109)에게는 "더욱 독서에 힘쓰고 그런 연후에 물어보시오"라고 말할 정도로 괴짜였다. 그는 보통사람들이 흔히 가는 길을 버리고 자신의 독특한 취향에 따라 아예 상궤常軌를 벗어났다. 그야말로 무사태평한 기인으로 세상을 동떨어져 바라보았다.110)

이단전이 나중에 스승으로 모신 이덕무李德懋(1741~1793)는 당대를 대표하는 시인이다. 특히 그는 시를 잘 가르쳐서 유명해져 사대부나 여항인이 두루 찾아왔다. 또 그는 유득공柳得恭(1748~1807)과 아주 가깝게 지냈다. 유득공이 국내외 문물에 대해 고증과 해설을 한「고운당필기古芸堂筆記」제2권에 '보파시장補破詩匠'이란 글을 쓴 적이 있는데, 이는 잘못 쓴 시구를 고쳐주는 "시 땜장이" 신세를 자조적으로 말한 이덕무의 농담을 소재로 쓴 것이다. 그는 스물여섯 살 때인 영조 49년(1773) 생원시에 급제했는데, 과거에 응시할 수 있었던 것은 서얼 출신이던 영

---

109) 유언호(1730~1796); 조선후기의 문신. 본관 기계杞溪, 자 사경士京, 호 칙지헌則止軒. 저서『칙지헌집』, 시호 충문忠文.
110) 南公轍,『金陵集』卷之十七, 墓誌「眞樂先生墓誌銘」참조. "先生生而不仕。歿無贈爵。嘗放跡居林麓江湖之間。自稱以樵夫。人亦以此稱之。旣卒且葬。鄕之弟子泣謂公轍曰。古者賢士死則有以私諡之。先生躬耕讀書五十年。經濟之學。雖未一施當世。而吾黨之被其愛者厚矣。沒而猶襲其嘗稱。將謂鄕人何。請易其號。公轍曰諾。先生爲人。亢傲曠達。不矯飾爲任眞。家無産業。鶉衣糲飯。人不堪其苦。而能固窮以終其身。無慕於外。孔子所稱貧而樂者。其庶幾矣。遂以泥金就先生之柩而書之曰眞樂。先生名有斗。字子瞻。系出宜寧。曾祖諱龍翼吏曹判書。諡文憲公。祖諱聖重斂使。考諱漢宗進士。先生晚居芝山。有石田數頃。不能支一歲。紙窓竹屋破折。不蔽風雨。入視其居。則經史數十卷。錯列在几。破硯一方。禿毫數枚。墨三寸餘在室中。身自佩飮瓢以行。他無長物。妻子告乏。則顧笑曰安之。性懶且肥重。冬月常坦腹而臥。一月不梳頭。一年不洗足。令兒女搔背。塵垢滿爪。其或爲朋友招邀入城闉。則強起巾服。而亦不能久也。盖先生之道。平易坦直。不以窮戚戚。不以得欣欣。翦撤厓幅。于于施施。與物無牴。不知者或疑以傲世。而徐察其內行。則未嘗一日離於禮也。"

조가 서얼허통庶孼許通111)을 실시해 과거 응시할 기회를 주었기 때문이다. 정조는 서얼 출신이 아니었으나 서얼과 노비, 북쪽 사람들 등 소외된 사람들에 대한 애정을 갖고 재위 원년에 서얼허통절목을 만들어 서얼들도 관직에 진출할 수 있게 법제화했다. 그러나 후속 조치가 뒤따르지 않아 서얼 출신들은 문관직에 나갈 수 없었다. 그래서 유득공의 삶은 곤궁할 수밖에 없었다.

> "하루는 이덕무가 붓을 던지며 크게 탄식하기를, '서울에는 온갖 물건을 고치는 수선공이 있어서 깨진 쟁반과 깨진 솥뚜껑, 찢어진 생가죽신과 찢어진 망건을 말끔히 고쳐 생계를 꾸린다. 나나 그대나 나이가 들면 글 솜씨도 거칠어질 것이니, 어찌 앉아서 굶어죽기를 기다리겠는가. 붓 한 자루와 먹 하나를 가지고 서로 필운대와 삼청동 사이를 오가며 '잘못된 시〔破詩〕'를 고치라고 외치면 어찌 술과 안주를 얻을 수 없겠는가' 라고 말해 서로 크게 웃었다."112)

한 시대의 사백詞伯인 이덕무가 아무리 시를 가르쳐도 가난에서 벗어나지 못하자 온갖 물건을 고치는 수선공에 빗대어 스스로 시 땜장이라고 자조적으로 부른 걸 듣고, 뒤에 유득공이 소품으로 남겼다. 또 심로숭沈魯崇113)(1762~1837)은 이단전이 사검서四檢書 곧, 규장각의 핵심요직인 검서관에 임명됐던 박제가, 유득공, 이덕무, 서이수를 쫓아 공부했

---

111) 정조는 정조 1년(1777) 서얼 중에서 뛰어난 재주를 지닌 선비와 나라에 쓰임이 될 만한 사람을 임용하라는 '서류허통절목庶流許通節目'을 공표하였다. 서얼허통을 지속적으로 추진하여 선천내금위宣薦內禁衛를 중인과 서얼들로 뽑도록 하고, 이덕무, 박제가, 유득공 등 서류 출신들을 규장각 검서관으로 등용하는 등 적서嫡庶에 구애됨이 없이 유능한 인재를 적극 등용하였다.
112) 유득공(1762~1837),「냉재서종冷齋書種」,「고운당필기古芸堂筆記」 제2권.
113) 심로숭(1762~1837); 본관 청송靑松, 자 태등泰登, 저서『효전산고孝田散稿』58책(유배일기 20책 포함), 야사총서『대동패림大東稗林』.

다고 하였다. 그는 진정성이 담긴 진솔한 소품문을 즐겨 썼다.

그런데 이단전의 시벽詩癖에 관한 일화가 있다. 그는 좋은 시구를 찾아서 가는 곳곳마다 이를 수습하였는데, 지나칠 정도로 집착을 드러냈다.

> "이단전은 항상 닷 되들이 큰 주머니 하나를 차고 다니며 좋은 시구를 얻을 때마다 문득 그 주머니 속에 집어넣으니 마치 당나라 시인 이장길李長吉114)이 외출할 때마다 등에 금낭錦囊을 메고 다니다가 좋은 구절을 얻으면 주머니에 넣었다는 일화와 비슷한데, 그 정취는 같되 운치는 달랐다. 남은 사랑하면서 자신은 사랑하지 않았고 마음이 넓고 커서 이장길의 무리들을 두어 명이나 포용할 만하였다."115)

인용문에서 언급한 이장길은 이하李賀를 말하는데, 그는 중당中唐시대 황족 정왕鄭王의 후예로 하남성 복창福昌에서 났다. 당은 중국 역사상 시의 전성기였다. 흔히 이백李白을 시선詩仙, 두보杜甫를 시성詩聖, 왕유王維를 시불詩佛이라 한다면, 이하는 시귀詩鬼라 불렸다. 그가 '시귀'라 불린 까닭은 선택하는 어휘가 탁월하고 절묘했으며, 이백 못지않게 상상력이 뛰어나 신화나 전설, 귀신 등을 시의 소재로 삼았기 때문이다. 이미 일곱 살 때 시를 읊고 글을 지어 신동으로 알려졌다. 당시 낙양의 관리로 있던 한유韓愈가 소문을 듣고 제자 황보식皇甫湜을 데리고 만나러왔다. 처음에는 과연 시를 지을 수 있을까 의아해했지만, 시를 읽고는 보기 드문 신동이라고 인정하였다.

스무 살이 되자 장안에 가서 진사시에 응시했다. 뛰어난 문장력에다 한유의 후원을 입어서 급제하기에 좋은 기회였다. 하지만 이미 명성이

---

114) 이하李賀(790~816)의 자. 중국 당나라 때의 시인. 시작에 몰두하여 15세 때에 그 이름이 알려졌으며, 몽환적인 인상과 기이한 분위기의 시로 귀재鬼才라는 평을 받았다. 시집 『이하가시편李賀歌詩篇』, 『창곡집昌谷集』.
115) 유재건, 『이향견문록』 제6권, 「이필재단전李疋齋亶佃」.

너무 높아 그 재능을 시기하는 무리들이 많았다. 어떤 자들은 부친 이름인 '진숙晉肅'에 '진晉'이 들어가는데 이는 '진사進士'의 '진進'과 발음이 같아 피해야 한다고 주장했다. 부친의 함자116)에 '진'이 있으니 아들인 이하는 진사과에 응시하지 말아야 한다는 터무니없는 주장에 한유가 직접 나서, '피휘避諱'117)에 관한 논란을 잠재우려 했지만 이하는 많은 상처를 입고 과거에 실패하고 말았다. 이때 "내 인생 이십 년에 뜻을 이루지 못하니, 마음은 마른 난초처럼 근심으로 시들어간다"고 읊었다.

이 일이 있은 뒤 오직 시작에만 몰두했다. 매일 아침 당나귀를 타고 집을 나서서 뒤에는 비단으로 만든 자루를 짊어진 시동을 따르게 했다. 이렇게 한가로이 교외를 거닐다 멋진 시상이 떠오르면 곧 그 시구를 적어 자루 속에 넣었다. 저녁이면 집에 돌아와 좋은 구절들만 골라 여러 번 퇴고推敲118)를 거쳤다. 그래서 그의 시는 다른 데서 찾아볼 수 없는 독특한 정취가 있었다. 유미적 경향이 강한 작품은 감상적이며 천상이나 신선, 귀신과 같은 소재를 자주 다뤘다. 음률에도 정통하여 그가 쓴 '악부시'는 성조의 조화가 뛰어나 교방敎坊의 악공들이 다투어 그의 작품을 얻기 위해 애썼다. 나중에 '봉례협율랑奉禮協律郞'이란 음악에 관련된 낮은 관직을 얻게 된 것도 이런 배경이 있었다.

하지만 모친은 날마다 아들이 시작에 몰두하여 건강을 해칠까 염려하여 집에 돌아올 때마다 시녀를 시켜 비단 자루를 검사한 뒤, 시구가 너무 많으면 야단쳤다. "이렇게 하다가는 네 심장의 피까지도 토해낼까 두렵구나."라고 꾸짖었다. 결국 젊은 나이에 시작에 지나치게 몰두했던 이하는 모친의 염려에도 불구하고 스물일곱 젊은 나이에 큰 병이 들어

---

116) 함자銜字; 남의 이름자를 높여 이르는 말.
117) 피휘避諱; 이름 자를 다른 글자로 바꿔쓰는 일.
118) 퇴고推敲; 원래 시어를 선택할 때 미느냐(推) 두드리느냐(敲)라는 두 글자를 두고 고심한다는 뜻으로, 시문의 자구를 여러 번 고침을 이르는 말.

자리에 눕고 말았다. 기이한 것은 병이 깊어질 무렵, 갑자기 하늘에서 붉은 옷을 입은 사자가 나타나 한 손에 명부命簿를 들고 그를 불렀다. "옥황상제께서 새로 백옥루白玉樓를 지었으니 나와 함께 가서 축문을 지어야겠소"라고 말했다. 과연 이 일이 있은 지 얼마 후 그는 세상을 떠났다. 뒤에 사람들이 '천상수문天上修文' 곧, '천상에서 문장을 짓다'란 말을 만들어 그가 하늘의 부름을 받아 글을 짓기 위해 떠났다고 여겼다.

이경민李慶民의 『희조질사熙朝軼事』에도 간략한 이단전의 편린이 나타나 있다. 내용은 거의 비슷하다.

"이단전은 자가 운기다. 지위가 낮았지만 재주는 높았다. 시에 능하고 글씨를 잘 써서 이름이 일세에 떨쳤고 사대부들과 사귀었다. 필재疋齋라고 자호한 것은 아래 하下, 사람 인人 자를 딴 것인데 이는 스스로를 빗댄 것이다. 그는 시를 지을 때 기상천외한 발상으로 사람을 놀라게 할만한 것이 아니면 입 밖에 내지 않았다. 두보가 '말이 사람을 놀라게 할만 하지 않으면 죽어도 그치지 않겠노라'라고 말 한 것이 먼 훗날에 이단전을 위해 말한 것이 되었다. '피리소리를 들으며聽笛' 시에서,

마을에 나뭇잎 쓸쓸히 지고	洞葉蕭蕭下
시냇가에 구름이 조용히 이네	溪雲寂寂生

라고 하였는데 가이 왕유王維119)와 위응물韋應物120)의 경지에서 좌우를 흘겨보는 경지에 들었다고 할 만하다. '수성동水聲洞' 시에서,

지는 해 남은 힘이 없어	落日無餘力
뜬 구름은 절로 모습을 바꾸네	浮雲自幻容

---

119) 왕유(699~759); 당나라 때의 시인이자 남종문인화南宗文人畵의 시조始祖. 자연을 소재로 한 오언절구에 뛰어났음. 자 마힐摩詰, 산서성山西省 태원太原 사람.
120) 위응물(737~804); 당나라 자연파 시인, 명편으로 '서새산西塞山', '저주서간滁州西澗'이 있음.

라고 하였으니 아름다운 구절이다. 이윽고 병으로 죽으니 사람들이 시참詩讖121)이라고 하였다. '사람으로서 누구나 죽지 않으랴만 이런 아름다운 구절을 얻는다면 죽어서 또한 무엇이 안타까우랴' 하는 말이 있는데, 이는 이단전을 위해 한 말일 것이다."122)

또한 남공철南公轍123)은 이단전의 시풍과 시벽詩癖, 강개한 성품, 등 그 위인에 대하여 다양한 각도에서 평가하고 있다.

"이단전은 누항인이다. 어려서 당시唐詩를 배웠으나 예전 시고詩稿를 모두 불태우고 서위徐渭, 원굉도袁宏道, 종성鍾惺, 담원춘譚元春을 따라 배웠다. 시는 당시가 가장 뛰어나다. 그러나 진실한 감정과 경물을 그려낼 수 없다면 모작이 되어 음식을 죽 늘어놓고 웃감을 덕지덕지 쌓아놓은 것과 같아 붓과 벼루에서 손을 떼자마자 벌써 진부한 말, 곧 죽은 시구가 되어버린다. 차라리 명明 이후의 작가를 스승으로 삼아서 가슴속에 쌓인 울분과 기굴한 기상을 쏟아내는 것이 낫겠다. 군은 밤마다 기름을 사서 등불을 밝히고 꼿꼿이 앉아서 시를 썼다. 시를 짓고 나면 또 손수 바른 글씨로 베꼈는데 세상에서 중국을 배우는 학자로 일컫는 학자에게 보여줄 때는 분전태사지粉牋太史紙에 쓰고, 그들을 멀리하는 학자에게 보여줄 때는 보통 종이에 썼다. 날이 밝기를 기다려 문 밖으로 나가 여러 문인과 명사를 두루 찾아보고 비평을 받았다. 이와

---

121) 시참詩讖; 자기가 무심히 지은 시가 우연히 뒷일과 꼭 맞는 일.
122) 이경민李慶民, 『희조질사熙朝軼事』하권, '이단전李亶佃'. "李亶佃字耘岐, 地卑而才高, 工詩善書, 名動一世. 與士大夫遊. 自號疋齋, 從下從人自況也. 其爲詩落想空外, 不驚人不出口. 老杜所云, 語不驚人死不休, 遙遙爲亶佃發也. 聽笛云, 洞葉蕭蕭下, 溪雲寂寂生. 可入王韋室中, 東西而睥睨也. 水聲洞詩云, 落日無餘力, 浮雲自幻容, 佳句也. 尋病沒, 人以爲識. 人孰無死, 得此佳句, 死亦何傷, 此可爲亶佃道也." 이 내용은 유재건이 『호산외기』에서 채록하여 『이향견문록』에도 실었다.
123) 남공철南公轍(1760~1840); 조선후기 문신. 본관 의령宜寧, 자 원평元平, 호 사영思穎, 금릉金陵, 서울 출신. 저서 『고려명신전高麗名臣傳』, 시문집 『귀은당집歸恩堂集』, 『금릉집』, 『영옹속고穎翁續藁』, 『영옹재속고穎翁再續藁』, 『영은문집瀛隱文集』. 시호 문헌文獻.

같은 일을 십여 년 동안 게을리 한 적이 없었다. 그로 인해 이군의 명성
이 세상에 널리 알려졌다. 이군의 시에는 영롱한 심성과 지혜가 담겨
있는데, 때때로 곤궁함과 불평의 언어를 드러내기도 하였다. 따라서 군
의 시는 마치 화를 내는 듯하고 비웃는 듯도 하며 과부가 밤에 곡하는
듯하고 나그네가 추운 새벽에 일어나는 듯도 하다. 비록 일가一家를 이
루지는 못했으나 그 안에는 취할 만한 점이 있다. 군은 역사서를 읽을
때 충신과 열사가 절개를 지켜 항거하고 의리를 좇아 목숨을 버리는 장
면을 보면, 책 위에서 데굴데굴 구르고 펄쩍 뛰다가 이내 목을 놓아 울
기도 했다. 그런데 천하가 잘 다스려져 유술儒術을 높이고 예악을 일으
키는 장면에 이르러서는 멍하니 근심이 사라져서 대낮에 꾸벅꾸벅 조
는 사람의 자세를 취했다. 또한 술을 마신 뒤에는 사대부들의 잘못을
직선적으로 지적하여 모욕을 주고도 그 사실을 깨닫지 못했다. 이로 말
미암아 군을 광생狂生, 망자妄子라고 지목하였다. 그러나 우리는 모두
그의 재주를 아꼈는데 시를 짓고 그림을 그리는 산수山水 모임에는 번
번이 뒤따라왔다."124)

    이단전은 시고를 여러 번 퇴고推敲한 뒤 저명한 시인들을 찾아 품평
을 구했다. 초고로 쓴 시를 보여줄 때 품평하는 사람에 따라 필사한 종
이가 달랐다. 이덕무와 같은 북학파에게는 고급지인 얇은 분전태사지
에 쓴 초고를 내밀었고, 북학파를 싫어하는 이들에게는 '품질이 좋지 못
한 보통 종이'인 상지常紙에 써서 보였다. 분전태사지는 당시 역관들이
중국에 연행 사절로 다녀오면서 도입된 수입지인 죽지竹紙로 북학파들
이 즐겨 사용하던 종이였다. 이단전은 이런 세세한 사정을 파악하여 시
고를 보이거나 보낼 때도 각각 다른 종이에 써서 달리하였다. 이는 시에
있어서만큼은 그가 매우 정성을 기울였으며 치밀했다는 성격을 보여준
다. 그는 신경향을 추구하는 북학파 시인들에게 경도된 것으로 보인다.
이단전은 신분이 미약한 하인이라 대개 업신여겨졌지만, 그는 성격이 매

---

124) 남공철,「금릉집金陵集」제11권,「이군시서李君詩序」.

우 호방하며 기개가 높았다. 결코 빌빌거리거나 기죽지 않고 당당한 자신만의 세계 속에서 마음껏 노닐었던 것 같다. 이익의 문인으로 이단전과 사귀었던 윤기尹愭(1741~1826)125)가 그에게 준 다음의 시를 보면 그 면모를 알 수 있다.

이단전에게 줌	贈李亶佃126)
한 잔 술과 한 편 시에 의로운 기상 높으니	一盞一篇意氣高
오래 박자 치며 읊으니 더 호협할 수 없네	長吟猛拍不勝豪
취하여 천하를 바라보니 한 물건도 없는데	醉看乾坤無一物
세상 사람들은 그댈 아주 가벼이 여겼지	世人輕汝九牛毛

이단전은 비록 천민이나 시인으로 이름을 날렸지만, 홍세태洪世泰처럼 면천免賤의 다행을 누리지는 못했다. 그를 허여한 사대부로는 그의 시적 재능을 아끼던 남공철, 임천상, 조수삼 등이었다. 또 평생을 광생狂生으로 살면서 자신의 눈을 찌른 기인화가 최북崔北127)이 있었다. 처음 최북을 남공철에게 소개한 사람이 이단전인데, 이렇듯 이단전은 마당발인 셈인데, 이들을 중심으로 교류하며 시서화를 즐기며 산수간을 노닐었다. 남공철의 『금릉집』에는 '봄날에 이단전이 왔기에春日李佃至'라는 제목의 시가 있다. 어느 봄날 그가 불쑥 찾아왔을 때 지은 시다.

---

125) 조선 후기의 문신, 학자. 본관 파평坡平. 자 경부敬夫, 호 무명자無名子. 아버지는 광보光普, 어머니는 원주원시原州元氏로 일서一瑞의 딸이다. 이익李瀷을 사사하였다.
126) 윤기,『무명자집無名子集』, 시고詩稿 2책.
127) 최북; 조선후기의 화가. 생몰년 미상. 자 성기聖器, 유용有用, 칠칠七七, 호 호생관毫生館, 성재星齋, 기암箕庵, 월성月城, 거기재居基齋, 삼기재三奇齋. 산수화와 인물화에 능하였으며 그림을 받으러 온 어느 사대부의 강압적 요구에 자신의 눈 한 쪽을 찔러 외눈이 되었으며 기행奇行으로 유명하다. 작품에 <하경산수도夏景山水圖>, <추경산수도秋景山水圖>, <관폭도觀瀑圖>가 있다.

| 봄날에 이단전이 왔기에 | 春日李亶至[128] |

한가로이 깊은 병이나 다스리고	閒居養痾瘵
벼슬 복 없어 집안이 적막하네	薄宦門寂寞
버드나무는 하루 종일 푸르고	楊柳日長綠
꽃 피자 작은 이슬방울 떨어지네	花開微露滴
열흘 만에 비로소 사립문 열어놓고	十日始開戶
이런 날 다시 홀로 술잔 기울이네	對此還獨酌
호사가로 그대만한 자 없어	好事莫如君
약속도 하지 않고 불쑥 찾아오니	偶然來不約
얼굴은 갈수록 주름이 늘어	容鬢漸疲皺
옷가지도 헤어져 있네	衣巾亦弊落
본분을 지켜 시구에 고질병 되니	守素癖詩句
처자들은 겨죽을 달갑게 여기네	妻子甘藜藿
맹세코 고관들을 찾아다니며	誓不謁公侯
청탁하는 일은 하지 않네	屑屑事干囑
여기에 본심이 있음을 기뻐하노니	喜玆有素心
얘길 나누는 사이에 해가 저무네	晤言日將夕

남공철[129]의 아호는 금릉金陵인데 그가 살던 집을 이단전도 자주 방문한 것 같다. 금릉은 조선후기 문신으로 두 사람은 서로 오가며 막역하게 허교許交한 듯 보인다.

| 금릉(남공철)이 사는 집에 제하여 | 題金陵幽居[130] |

| 금릉의 새벽빛 깨끗하여 티끌이 없어 | 金陵曉色淨無塵 |
| 초가집 쑥대 듬성듬성 물가에 가깝네 | 茅屋蕭疎近水濱 |

---

128) 남공철, 같은 책 제2권. 시 '춘일이전지春日李佃至'.
129) 본관 의령宜寧, 자 원평元平, 호 사영思穎 혹은 금릉金陵.
130) 천수경, 『풍요속선』 제7권.

새 한 마리 울지 않아 산은 옛적 그대로	一鳥不鳴山太古
소떼들 들판에 풀어놓아 바야흐로 봄이네	萬牛初放野方春
술독엔 맑은 술 고을 풍속 두터워	瓦樽白酒鄕風厚
흙벽 푸르스름 낡아 밤비에 새로워라	土壁靑衰夜雨新
다시 주인을 찾아올 좋은 언약 남기니	更向主人留好約
살구 늘어선 모래톱에 달빛이 교교하네	杏洲煙月作佳辰

다음 시에서는 이덕무와 남공철을 그리워하며 저물녘 강가에서 고독을 달래는 이단전의 모습이 그려진다. 여기서 남 감찰은 사헌부 감찰인 남공철, 이 검서는 규장각 검서관인 이덕무를 가리킨다. 홀로 고독을 풀 길이 없어 강가에 서성이며 그들을 그리워하는 이단전의 모습이 한 폭의 풍경이 되어 다가온다. 결구에서, 강물을 따라 흐르는 뱃전에 '튀어 오르는 물고기처럼' 발랄한 기교도 과외의 여백이 되어 더욱 아름답다. 홀로 목청껏 노래하지만 아무도 없다. 메아리만 맴돌 뿐. 쓸쓸한 여운이 가득하다.

강가 누각에서 벗을 그리워하며	江閣懷人[131]
멀리 있는 벗 그리워 답답함 풀 길 없어	遠客孤懷鬱未舒
흐르는 물 바라보며 홀로 서성이네	每臨流水獨躊躇
삼년동안 남감찰을 보지 못하고	三年不見南監察
천리 떨어진 이검서는 만나기 어렵구나	千里難逢李檢書
봄비 내린 언덕 너머 돛단배 둥실 떠있고	隔岸帆檣春雨後
노을진 강에는 꽃과 새들 가득하구나	滿江花鳥夕陽餘
목청껏 노래 부르지만 아는 이 없고	高歌唱罷無人識
오직 뱃머리에 튀어 오르는 물고기뿐	惟有船頭潑剌魚

---

131) 천수경, 같은 책 제7권.

1781년 어느 봄날, 이단전은 일흔셋의 이용휴李用休(1708~1782)를 찾아왔다. 그는 당대의 문장가로서 초야에 머문 선비였으나 남인계의 문권文權을 서른 해 동안 주도했다는 말을 들었을 정도로 추종을 받았다. 소맷자락에 넣어 온 시집을 꺼내어 보여주자, 이용휴는 천천히 시집을 보고난 뒤 아무런 말도 하지 않고 그냥 벽도화碧桃花 한 가지를 꺾어 그에게 건넸다. 열 마디 말보다 침묵으로 꽃 한 가지를 건넨 뜻으로 늘그막의 시인은 젊은 시인 단전을 허여한 것이리라. 이용휴는 사대부로 당대 최고의 문장이고, 이단전은 천민으로 새파란 애송이였다. 실로 매우 극적인 첫 만남에서 이심전심으로 단번에 시심詩心으로 뜻이 통한 것이다. 당시의 엄격한 신분질서에도 불구하고 노시인은 젊은 시인을 한 번 보고 그대로 그의 시재詩才를 인정해주었다. 이러한 인연으로 이단전은 이듬해 이용휴가 세상을 떠나자 만시輓詩를 지어 그 사연을 적고, 그를 기렸다.

혜환 선생 만사, 짧은 서문을 붙여　　　　　　　惠寰先生輓 幷小引[132]

 단전이 일찍이 소매 속에 시를 지어 혜환 선생을 뵈었는데, 선생께서 손수 벽도화 한 가지를 꺾어 주며 친근한 정을 드러내셨다. 다음해 음력 정월 보름날, 선생께서 돌아가시자, 달 밝은 좋은 밤에 슬픈 심회가 일어 시 한 편을 짓는다.

표연히 외로운 학이 맑은 하늘에 날아올라	飄然孤鶴矗淸霄
봄 동산에 핀 벽도화는 적막하여라	園裏碧桃春寂廖
설령 해마다 다리위에 달이 비친다한들	縱有年年橋上月
남은 생애 어찌 차마 대보름달을 맞으랴	餘生那忍作元宵

---

132) 천수경, 같은 책. "亶佃嘗袖詩, 謁惠寰先生, 先生手折碧桃花一枝, 以贈示眷愛也. 明年上元先生卒, 良宵明月愴然興懷, 聊賦一詩."

혜환 선생惠寰先生은 이용휴133)의 아호를 말하는데, 그는 실학의 대가 가환家煥의 아버지이며, 일찍이 숙부 이익李瀷에게서 수학하여 진사시에 합격했으나, 이익의 실학사상에 깊은 영향을 받아 다시는 과거를 보지 않고 문학에 전념했다. 원시유학에 입각하여 주자학의 구속을 부정했으며, 문학을 영달을 위한 것이 아닌 진실을 추구하는 수단으로 보았다. 당대 문장의 대가인 혜환과의 첫 대면에서 이단전이 내민 시집이 『하사고霞思稿』인데, 이에 이용휴는 다음과 같이 그 시집에 서문, 「제하사고題霞思稿」를 써주며, 천민신분으로 어려운 질곡 속에서도 젊은 나이에 이룬 시적 성취의 아름다움을 다음과 같이 기렸다.

"노인이 할 일이 없어 곁에 앉아 있는 손님에게 평소에 본 기이한 구경거리나 특이한 소문을 말해달라고 했다. 그중 한 분이 이렇게 말했다. '아무 해 겨울 날씨가 봄처럼 따뜻했는데 홀연 바람이 일더니 눈이 내렸습니다. 밤이 되어 눈이 그치자 햇무리가 우물물을 마셨습니다. 마을사람들이 깜짝 놀라 소란을 피운 일이 있답니다.' 또 다른 손님은 이런 이야기를 들려주었다. '지난번에 만난 행각승行脚僧이 이런 이야기를 했습니다. 언젠가 깊은 산골짜기로 들어갔을 때 한 짐승과 맞닥뜨렸는데 범의 몸뚱아리에 푸른 털을 하고 뿔이 난데다가 날개가 돋쳐 있고 소리는 어린아이와 같았다고 합니다.' 이야기를 듣고 나서 나는 황당한 거짓말 같아 도저히 믿을 수가 없다고 했다. 다음날 아침 한 소년이 찾아와서 시를 봐달라고 했다. 이름을 물었더니 이단전이라고 했다. 이름부터 남들과 달라서 놀랐는데 시고詩稿를 펼치자마자 괴상한 빛이 솟구쳐 무어라 형용하기가 어렵고, 도저히 미칠 수없는 생각이 있었다. 그제야 비로소 앞의 두 손님 이야기가 거짓말이 아님을 믿게 됐다."134)

이 글에서 '노인'과 '소년'은 각각 이용휴 자신과 젊은 이단전을 지칭

---

133) 자 경명景命, 본관 여주驪州, 기沂의 아들.
134) 이용휴, 『탄만집』, 잡저, 「제하사고」.

한다. 손님은 상상으로 설정한 풍문을 의미한다. 이용휴는 여느 서문에 붙이는 방식과는 다르게 매우 파격적이고 기이하게 서술하고 있음을 알 수 있다. 이와 같은 격식의 파괴는 이 작품에 한정하지 않고 이용휴의 산문 전반에서 찾아 볼 수 있다. 그의 산문은 구상構想, 행문行文, 용자用字, 구법句法 등의 작법에서 기존 고문의 상투성을 벗어버릴 뿐만 아니라 그 내용 또한 기발하다. 그는 상투적이고 의례적이며 평범한 것을 부정하고 새로운 인생관과 문학성이 담긴 기이한 취향의 '소품문'을 추구하였다. 이같이 범상치 않은 내용과 방식으로 '하사고'의 서문을 붙이고 있는데, 이는 무엇보다 젊은이의 이름과 생김새하며 가련한 처지가 남달랐을 것이고, 더구나 원고의 이름이 '하사고' 즉 '햇무리를 생각(하사霞思)'한다는 기이한 뜻을 부친 데다, 무엇보다 시가 이룬 성취가 빼어난 것이라 여겼기 때문이다. 이용휴는 이단전의 시집에 써준 글에서, "시고를 펼치자마자 괴상한 빛이 솟구쳐 무어라 형용하기가 어렵고, 도저히 미칠 수 없는 생각이 있었다"고 그를 높이 평가했다. 어쨌든 두 사람의 첫 만남은 이태를 넘기지 못하였으니, 실로 기이한 인연이라 할만하다. 이제 이단전이 남긴 대표적인 시 몇 편을 살펴보자.

관왕묘   關王廟[135]

옛날 묘당은 으슥하여 대낮에도 스산하고   古廟幽深白日寒
의젓한 관우상은 한나라 의관 걸쳤네   儼然遺像漢衣冠
중원을 평정하려는 사업을 마치지 못해 선가   當時未了中原事
천년토록 적토마는 안장을 풀지 않네   赤兔[136]千年不解鞍

관왕묘는 전쟁신으로 추앙받는 관우關羽[137]를 신앙하기 위하여 건립

---

135) 천수경, 같은 책 제7권.
136) 적토赤兔; 적토마赤兔馬. 중국 삼국 시대에 관우가 탔었다는 준마의 이름.

된 묘당廟堂으로 관성묘關聖廟라고도 한다. 중국에서는 명나라 초부터 관왕묘를 건립하여 일반 서민에까지도 그 신앙이 전파되었다. 우리나라에서는 임진, 정유왜란 때에 명나라 군사들이 요청해 관왕묘가 건립되었다. 당시에는 동묘와 남묘가 있었는데, 지금은 동관왕묘만 남아 있다. 사당에는 적토마를 타고 있는 관우의 소상塑像을 안치했는데, 이를 소재로 시를 쓴 것이다. 적토마赤兎馬는 관우가 탔다는 준마의 이름인데, '적토'라고도 한다. 전반부에서는 스산한 묘당의 정경을 그리고 난 뒤 후반부에서 관우가 타던 적토마가 안장을 풀지 못함은 중원을 통일하지 못한 한이 아직도 남아있기 때문이라는 기발한 착상에 이른다. 역사가 던지는 그림자가 깊다.

거미 蜘蛛

배는 불룩 경륜이 담겨 있어	滿腹經綸在
먹이를 얻으려고 그물을 치네	謀身網待爲
이슬방울 군데군데 깔아놓은 데로	露珠能點綴
바람타고 날아온 나비가 걸려드는구나	風蝶使橫攤

배가 볼록한 거미에게도 나름대로 먹이를 포획하는 경륜이란 게 있다니, 그 시선이 예사롭지 않다. 그러면서 거미줄에 대롱대롱 매달린 이슬방울은 바로 "이슬 같은" 목숨, 모든 생명의 허무함을 알레고리로 깔고 있다. 바람타고 날아든 나비가 제 몸을 얽는 그물이 기다리는 줄도 모르고 그만 횡액에 걸리고마니, 어쩌면 우리 인생도 이와 방불하다. 소품이지만 그 발상이 경탄할만한 걸작이다. 이단전의 시선이 순간에 잡

---

137) 관우(?~219); 중국 삼국 시대 촉한의 무장. 자 운장雲長. 장비, 유비와 의형제를 맺고 적벽전에서 조조의 군대를 격파하는 등 많은 공을 세웠다. 뒤에 위나라와 오나라의 동맹군에게 패한 뒤 살해되었다.

아내는 사물에 대한 포충망은 독보적이다. 안산에 살면서 '안산문단'138)에 참여하였으며, 시화집 『이사재기문二四齋記聞』를 펴낸 조언림趙彦林139)은 이 시와 관왕묘를 두고, 이단전이야말로 기이한 재사라고 평가하였다.

조지원 담화관과 북쪽의 선비 박치도 경수를 만나 밤새 얘기를 나누며
趙芝園澹華館逢北儒朴穉度敬修夜話140)

난 미친 듯 노래 좋아하고 그대들 시 좋아하니	我喜狂歌子喜詩
외진 곳 어찌 하루라도 서로 그리워하지 않으랴	窮途何日不相思
누추한 집 등 밝히고 거문고타고 술 마시는데	燈深破屋琴書夜
문 닫아건 빈산에는 비와 눈이 섞어치네	門掩空山雨雪時
양 귀밑머리 셀 때 쯤 서울에서 다시 만나	洛下重逢雙鬢改
하늘 끝 한 번 헤어지니 십년이 흘렀네	天涯一別十年遲
술동이 옮겨 다시 찬 매화 옆에 두고 보니	移樽更向寒梅側
담담한 가슴에 품은 회포야 스스로 알아보리	澹澹襟懷也自知

이단전이 밤 이슥하도록 십여 년 만에 친한 벗과 만나 회포를 푸는 정경이 환하다. 지원芝園은 바로 조수삼141)인데, 조선 후기 여항시인으로 시를 쓸 무렵 화관華館으로 있었던 듯한데, 화관은 조선시대 중국 사신

---

138) 임정任珽, 두기杜機 최성대崔成大는 조선후기 안산문단安山文壇을 개창開創한 주역이다. 안산에 살던 임희우, 이용휴, 신광수, 강세황, 안정복, 신택권, 조언림 등 '안산 15학사'는 안산문단을 이끌었다. 성호 이익의 문하들에 의한 '안산 15학사'를 중심으로 한 조선 후기의 남인南人·소북사단小北詞壇과 관련하여 대단히 중요한 가문 중 하나이다.
139) 조언림(1784~1856); 본관 양평, 세거지는 양평이었으나 일시 안산에 살면서 '안산문단'에 참여, 시화집 『이사재기문二四齋記聞』.
140) 천수경, 같은 책 제7권.
141) 본관 한양, 초명 경유, 자 지원, 자익子翼, 호 추재秋齋, 경원.

을 맞이하던 곳이다. 그는 역과譯科 중인 출신으로, 생애는 대부분 여행으로 보냈다. 정조 13년(1789) 이상원李相源을 따라 처음 중국에 간 뒤 여섯 차례나 연행燕行하였다. 그는 신분의 제한으로 헌종 10년(1844) 치사致仕142)할 나이를 훨씬 지난, 여든세 살에 진사시에 합격하였다. 대부大夫가 일흔 살이 되면 치사한다는 치사제도는 『예기禮記』에서 비롯되었는데, 조선시대에 당상관 이상에게 해당되었다. 이 사실로 미루어보면 그가 얼마나 과시科試에 집착했는가를 보여주는데, 한편으로 보면 그만큼 소외되어 주류사회로 진입하지 못한데 대한 갈구의 반증이기도 하다. 조수삼은 송석원시사의 핵심적인 인물로도 활동하였다. 정이조丁彛祚, 이단전李亶佃, 조희룡趙熙龍, 김낙서金洛瑞, 장혼張混, 박윤묵朴允默 등 여항시인과 사귀었고, 김정희金正喜, 김명희金命喜, 조인영趙寅永, 조만영趙萬永, 한치원韓致元, 남상교南尙敎, 이만용李晩用 등 당시의 쟁쟁한 사대부들과도 친밀히 지냈다. 특히, 조인영, 조만영은 풍양조씨 세도정치의 중추인물로 그의 후원자 역할을 하였다. 위 시에서 북유北儒는 함흥부에 사는 선비를 말하고, 낙하洛下는 서울, 도성을 말한다.

    능파루에 올라 피리소리 듣는 밤, 달은 지지 않아 숲을 영롱히 비추네
    凌波樓143)廳笛是夜溪月未落巖樹玲瓏144)

    나그네 있어 한밤중에   有客當中夜

---

142) 치사致仕; 나이가 많아 벼슬을 사양하고 물러남.
143) 능파루는 금강산 만폭동萬瀑洞에 있는 절로 표훈사表訓寺에 딸린 전각이다. 표훈사는 31본산시대에 유점사楡岾寺 말사였는데, 지금은 반야보전을 비롯해 영산전, 어실각御室閣, 산신각, 능파루, 판도방 등이 있다. 중요문화재로는 원나라 황실의 하사물 외에도 몽산화상蒙山和尙의 가사袈裟와 나옹화상懶翁和尙의 사리舍利, 야보전 앞에 53불을 모신 철탑이 있었으나, 일제강점기에 일본군에 의하여 강탈당하였다.
144) 천수경, 같은 책 제7권.

누각에 올라 옥피리를 부네	登樓吹玉笙
외로운 달그림자 가늘게 떨리듯	細搖孤月影
모든 샘 물 소리 콸콸 터지네	高出百泉聲
만폭동 나뭇잎 우수수 지고	洞葉蕭蕭下
골짜기에 구름 고요히 감도니	溪雲寂寂生
선소곡이야 끝내 듣지 못하고	曲終仙145)不見
슬프게도 중향성을 바라본다네	悵望衆香城146)

　금강산 표훈사에 딸린 능파루에 올라 지은 시다. 어디선가 들리는 옥피리소리, 샘물소리, 나뭇잎 지는 소리들로 작품은 청각을 울리는 온갖 소리가 어우러져 나그네의 쓸쓸한 심사를 더듬고 있다. 함련의 감각적 표현은 특히 눈에 두드러진다. 외로운 달그림자가 가늘게 떨리고, 온갖 샘물이 콸콸 용솟음치는 걸 대비하여 밤의 적막함을 한껏 고조시키고 있다. 그런 뒤 시의 후반부는 여음餘音이 점점 사라지며 정적을 감돌다가 중향성을 향하여 일시에 정지하고 만다.

보덕굴	普德窟
도인이 수련하는 곳	眞人修鍊地
날듯 한 누각은 허공에 걸려있네	飛閣駕空虛
성난 폭포가 구리 기둥을 흔드는 듯	怒瀑搖銅柱
켜켜이 쌓인 구름은 돌길에 고여 있네	層雲補石除
마치 신의 조화가 아닐런지	如非神所作
이무기가 우는 소리가 아닌 지	無乃蜃之嘘

---

145) 중향성衆香城은 금강산 철위산鐵圍山을 의미하며, 불교의 '중향성불토국衆香城佛土國'이라는 글에서 따온 것인데, '불토국佛土國'은 부처님께서 교화할 국토라는 의미이다.
146) '곡종선曲終仙'은 '곡조는 선소에서 끝나고曲終仙韶'란 뜻인데, 여기서 선소仙韶는 선소곡仙韶曲으로 일반적으로 궁정의 악곡을 지칭한다.

신선이 탄 학은 소식이 없고	笙鶴147)無消息
신선이 사는 곳에 남은 뜻 우러나네	仙區148)意有餘

　보덕굴은 금강산 만폭동에 있는 절로, 깎아지른 절벽에 아슬하게 구리기둥에 받쳐져 오랜 비바람을 견뎌낸 명승이다. 허공에 달린 암자를 절묘한 필치로 묘사하여 마치 그곳에 와 있는 듯하다. 구름이 흐르는 신선이 머무는 곳, 이제 이무기나 학의 소식은 끊어지고 다만 남은 정취만 생생하다. 고구려 영류왕營留王 10년(627)에 보덕普德이 수도하기 위해 자연굴을 이용하여 암자를 창건하여, 고려 의종毅宗 10년(1115)에 회정懷正이 중창하였다.

선암	船庵149)
햇무리 가까이 오르고 보니	登臨近日邊
잔도는 하늘 끝에 이어지네	棧路逈盤天
샘은 높다랗게 구름 뒤에 방울지고	泉滴高雲背
암자는 노회령老檜嶺에 걸쳐있네	庵懸老檜巓
경쇠소리 새벽달에 실려 오고	磬聲來曉月
바위는 옹골차게 가을 선승처럼 서있네	石氣立秋禪
땅은 어둑하니 서늘한 빛 가득하고	滿地滄溟色
배가 가는 듯 흔들리며 앉아있네	搖搖坐似船

---

147) 생학笙鶴은 신선이 탄 학을 말함. 유향劉向(BC77~BC6)이 지은 『열선전列仙傳』, 「왕자교王子喬」에, "왕자교는 주周나라 영왕靈王의 태자 진晉인데, 생황笙簧을 잘 불어 봉황새가 우는 소리를 내었다. 이수伊水와 낙수洛水 사이에서 노닐다가 도사道士 부구공浮丘公을 숭산嵩山에서 만나, 30년 뒤 학을 타고 후씨산으로 날아가 산꼭대기에 머물다가, 마침내 신선이 되어 날아갔다"고 하였다.
148) 선구仙區는 여기서 금강산을 말한다.
149) 천수경, 같은 책 제7권.

선암은 강원도 회양군 내금강면 장연리 금강산 지장봉地藏峯에 있는 암자로 유점사 말사이던 표훈사의 산내암자이다. 고려 광종 때 거사 박빈朴彬이 창건하였다는 설화가 전한다. 그는 혼자서 이 암자를 짓고 염불정업念佛淨業을 닦다가 삼십 년이 되던 해, 백종일百種日에 극락세계로부터 온 성중聖衆을 맞아 왕생하였다고 한다. 그 때 거사가 용선龍船을 타고 왕생하였다 하여 선암 또는 용암이라 불리게 되었다. 암자의 바로 앞 석등 밑에는 바위에 눌린 작은 샘이 있는데, 이를 장군수將軍水라고 한다. 깎아지른 벼랑 어디쯤 조는 듯, 배가 물길에 흐르는 듯, 운해 속에 파묻힌 선암이라는 작은 암자를 사실적 필치로 그려냈다.

헐성루	歇惺樓150)
봉래산 서른 봉우리 장하게 늘어서서	三十蓬壺始壯游
만 천 봉우리 빛은 높은 다락에 어리네	萬千峰色此高樓
세월이 바뀌어 한기가 뼈에 스미고	陰陽鍊出皆寒骨
비바람에 깎여 마침내 허연 꼭대기	風雨磨來遂白頭
하룻밤 어둑어둑 날 밝기를 기다려	五夜虛明長欲曙
네 계절은 영락하여 가을로 바뀌었네	四時寥落易爲秋
진시황제는 부질없이 일삼아	秦家皇帝空多事
동남을 바다에 배 띄워 보내었던가	錯遣童男泛海舟

기행시로 눈앞에 펼쳐지는 경물과 역사적 사실을 결부시켜 함축미를 더한 작품이다. 헐성루歇惺樓는 정양사正陽寺 경내에 있는데, 금강산 일만 이천 봉을 이곳에서 다 조망할 수 있다. 봉호蓬壺는 봉래산蓬萊山, 곧 금강산을 말한다. 진시황秦始皇의 명에 따라 동남동녀童男童女 수천 명을 이끌고 서복徐福151)이 불사약을 찾으러 바다를 건너 삼신산을 찾아 떠

---

150) 천수경, 같은 책 제7권.

났다. 그곳은 조선의 삼신산인 봉래산, 영주산, 방장산을 말하는데, 결국 돌아오지 못하였다. 빼어난 금강산 봉우리는 세월에 깎여 무상한데, 진시황이 이루고자 했던 불사의 꿈은 부질없이 끝났다. 인간의 죽지 않으려는 어리석은 욕망은 대자연 앞에서 참으로 무색하고 초라하다는 뜻을 부쳤다.

범양호	泛楊湖152)
술 마시고 시 지으며 배타고 노니나니	文酒風流載一船
선유봉 아래 반석을 빙 돌아 흘러가네	仙遊峰下任盤旋
강가에 죽 늘어선 수양버들 저녁달 뜨고	一江楊柳黃昏月
두 언덕에 갈대가 하얗게 드러나네	兩岸蒹葭白露天
돛배 다 지나가니 강 그대로 드러나	過盡帆檣江自在
들판에 내려앉은 기러기 떼 아득하여라	落來鴻鴈野茫然
생황 가락 부연 물안개에 둥둥 떠 있고	笙歌莫向煙磯上
흠칫 삿대 젓는 늙은 어부 밤잠을 깨우네	怕攪漁翁檣夜眠

범양호에서 밤 이슥하도록 뱃놀이하는 정경을 읊고 있다. 배가 진행하는 방향과 시간에 따라 양쪽 강 언덕의 풍경을 마치 스냅사진을 찍듯 정밀하게 묘사하고 있다. 원근을 아우르며 시의 조리개를 다루는 솜씨가 탁월하다. 결구에서 생황은 어둠속에서 긴 여음餘音으로 피어오르는 물안개에 떠돌고, 어옹이 늦은 귀가를 재촉하는 노 젓는 소리는 공명을 일으키며 긴 여운을 남기는 가구佳句이다. 시각과 청각이 한데 어우러진 공감각이 절정을 이루며, 어스름 강물에 떠도는 정취가 예사롭지 않다.

---

151) '서불徐佛', '서시徐市'라고도 함.
152) 천수경, 같은 책 제7권.

| 대호정에서 태수와 밤에 연회를 하며 | 帶湖亭153)陪太守夜讌154) |

고성 태수는 풍류를 즐겨해	高城太守好風流
신선이 사는 삼산 십주를 다스리지	管領三山與十洲
백리나 되는 고을에 저녁연기 피어오르고	百里人煙江郡夕
가을 바다 서리 친 기러기 하늘가 울며나네	數聲霜鴈海天秋
중은 울긋불긋 산봉우리들 일러주는데	庵僧報牒楓千岫
관기는 달 뜬 누각에 가야금을 뜯고	官妓携琴月一縷
서로 이 몸이 객인 걸 알지 못하네	相對不知身是客
초록 술잔 적시자 붉은 촛불 어른거리네	綠樽紅燭且淹留

    가을 밤 태수와 더불어 밤 이슥하도록 잔치를 벌이며 나그네의 심사를 달래고 있다. 결구는 상대인 태수와 작자인 손님, 초록 술잔과 붉은 촛불이 기묘한 대비를 이루며 시적 흥취를 한껏 돋우는 절창이다. 대호정은 강원도 고성군에 있는 정자인데, 고산대高山臺에 있다. 추녀 아래로 푸른 강이 흐르는데 강 밖은 적벽赤壁이다. 삼산여십주三山與十洲는 신선이 사는 곳을 말하는데, 고성태수가 다스리는 고을이야말로 그곳이다. 은근히 칭송하면서, 한편으로는 어진 정사를 펴줄 것을 곡진하게 말함으로써 신선같이 '백성과 더불어 즐기는與民樂' 곳이란 뜻을 부친 것이다. 결구에서, 상대가 서로 손님인 줄 알지 못한다고 하였는데, 세상은 잠시 머물다가는 여인숙이며, 그대나 나는 그저 지나가는 손님일 뿐. 시는 온통 색色으로 시작하여, 곧 텅 비어 공空하기까지 하다.

---

153) 『관동지』와 『여지도서』의 기록에 의하면 조선시대 고성군 읍소로부터 남쪽으로 2리의 거리에 보강甫江에 연하여 건립되었고, 4칸 규모였다. 17세기 초반 군수 허계許啓가 창건하고, 군수 이적길李迪吉이 '대호정帶湖亭'이라 명명하였다. 순조 13년(1813)에 군수 안광우安光迂가 옛터에 새로이 창건하였다.
154) 천수경, 같은 책 제7권.

구질게 내리는 비	久雨[155]

비가 연거푸 사흘이나 내리니	一雨連三日
시냇가 집은 지척도 분간할 수 없네	溪堂咫尺迷
늙은 파초는 찢어질듯 울어 예고	老蕉喧欲裂
어린 대나무는 삐쭉삐쭉 엉기네	穉竹亞難齊
서까래는 눅눅하여 버섯이 자라고	椽濕生朝菌
창은 어둑하여 낮닭이 오르네	窓昏上午雞
사립문은 늦도록 물이 차올라	柴門通晚漲
버들가지 앞 시내에 잠겨버렸네	橋柳失前蹊

　구질게 사흘 동안이나 내리 비가 퍼부으니 천지가 물바다에 사방이 어둑어둑하여 낮인지 밤인지 도대체 분간이 되지 않는다. 조균朝菌은 그믐과 초하루를 알지 못하는데, 『장자莊子』 「소요유逍遙遊」에, "아침 버섯은 그믐과 초승을 알지 못하고, 매미는 봄과 가을을 알지 못한다"[156] 한 데서 온 말이다. 구질구질 내리는 비에 갇힌 채 시간은 그대로 멈춘 듯하나, 눅눅한 습기에 제 철 만난 버섯 같은 조균은 제 생명을 피어 올리는 걸 포착한 미세한 시선이 기이하다. 비오는 날의 정경을 사실적으로 잘 그려낸 소품으로서 비록 정경은 전체적으로 어둑하나 읽는 이의 눈은 환하다. 여기에 작자가 성취한 기이한 시적 풍격이 두드러진다.

삼학사를 기리며	憶三學士[157]

| 화의하지 않은 세 선비 세상에 짝할 자 없어 | 斥和三士世無儔 |
| 성에 기대 슬픈 노래 부르니 눈물이 주루룩 | 倚堞悲歌涕自流 |

---

155) 천수경, 같은 책 제7권.
156) "朝菌不知晦朔, 蛄蛄不知春秋."
157) 천수경, 같은 책 제7권.

나라는 아직도 명나라 천자를 숭상하는데	此地猶懸殷日月
그때 노나라 춘추를 따라 순국하였네	當時應殉魯春秋
의관 갖춰 성에 오르니 외로운 혼이 돌아오고	衣冠北塞孤魂返
제사 올리던 남쪽 성 담장은 그윽하여라	邊鉦南城一院幽
어찌하면 수양산 고사리를 얻어다가	安得首陽山裏蕨
한식마다 향기로운 제물을 바칠까	每年寒食替芳羞

'삼학사'는 인조 14년 병자호란(1636) 때 청나라와 화의를 반대한 홍익한洪翼漢, 윤집尹集, 오달제吳達濟를 말한다. 송시열의 문집,『송자대전宋子大全』제213권에「삼학사전三學士傳」이 실려 있다. '은일월殷日月'은 은나라의 해와 달을 말하는데, 여기서 은나라는 명나라를 비유한 것으로, 명나라는 이미 멸망하였으나 명나라를 아직도 잊지 않고 있다는 뜻이다. '수양산首陽山'은 수양산에서 주나라 곡식을 먹지 않고 고사리만 뜯어 먹다가 굶어죽었다는 백이伯夷와 숙제叔齊를 끌어와 삼학사의 절의를 회고하며 비장한 어조로 그들의 외로운 혼백을 기리고 있다.

일가의 재실에서	宗人丙舍[158]
대숲 깊은 집 시냇물 소리 베고 누워	竹館深深枕澗聲
한 상의 거문고 소리 맑아 겨워하네	一床琴奕不勝淸
어릴 적이야 선배를 쉬 업신여겼더니	少時容易輕先輩
늘그막에야 후생을 두려워하게 되었네	晚境尋常畏後生
전답의 절반은 꽃을 심어두고	農圃半爲花處所
서재는 그냥 제비한테 맡겨두네	書巢一任燕經營
산골 아낙이야 평생 박복함을 아는지	山妻也識生涯薄
울 밑 관솔불에 밤 절구질 소리 들리네	籬下松燈夜杵鳴

---

158) 천수경, 같은 책 제7권.

여기서 병사丙舍는 산소 곁에 지어 놓은 재실齋室을 말하는데, 산기슭 대숲 사이에 개울을 베고 누워있다. 일가 피붙이의 재실에 머물면서 느낀 정경을 담담한 어조로 그리고 있다. 늘그막에 대를 잇는 후생에 대한 생각과 가난을 숙명처럼 달고 사는 아낙을 병치하여 시간과 공간이 어우러진 한 폭의 고즈넉한 풍경이 여기 있다. 자연에 동화되어 세월에 닳아가는 임운자재任運自在(흐르는 대로 맡겨 스스로 존재함)의 경지가 아름답다.

수성동 절필	水聲洞 絶筆159)
흐르는 물길 위 가고 또 가니	行行流水上
물길 끝나니 높다란 봉우리라네	水盡有高峰
떨어지는 해 남은 힘마저 잃어	落日無餘力
뜬구름은 스스로 그 모습을 바꾸네	浮雲自幻容
샘은 불그레하고 마을엔 반이 살구나무	泉紅村半杏
비취빛 바위 골짜기엔 솔이 빽빽해	石翠洞皆松
눈길 아스라이 멀리 동성이 보이고	極目東城遠
봄빛이 아홉 겹겹 에워쌌구나	春光護九重

절필이란 마지막으로 쓴 글, 혹은 붓을 놓고 다시는 더 글을 쓰지 않는 것을 말한다. 어느 봄날, 이단전이 죽기 전에 수성동 골짜기에서 쓴 마지막 작품이다. "떨어지는 해 남은 힘마저 잃어, 뜬 구름은 스스로 그 모습 바꾸네落日無餘力, 浮雲自幻容" 하는 구절은 참으로 얻기 어려운 생멸문生滅門의 경지를 그대로 드러낸 것이다. 여기서 떨어지는 해와 뜬구름은 유한한 생명을 상징하며 자신의 죽음을 예견이라도 하듯, 무언가 조락凋落한 기운을 암시하고 있다. 무심히 지은 시가 우연히 자신의 뒷일과 꼭 맞았으니, 이 시를 두고 뒤에 사람들은 자신의 운명을 예견한 '참

---

159) 천수경, 같은 책 제7권.

시識詩'라고 하였다.

인왕산 자락에 있는 수성동은 많은 문사들의 사랑을 받으며, 음풍하며 노닐던 유명한 곳이다. 겸재 정선鄭敾은 일생동안 그 아름다움을 화폭에 담았다. 그가 일흔다섯 살 때 그린 '인왕제색도仁王霽色圖'(국보 제216호)는 조선 미술 최고 걸작의 하나로 꼽힌다. 산 아랫동네에 살았던 추사 김정희와 존재存齋 박윤묵 같은 문장가는 글로 빼어난 경관을 묘사했다. 다음은 비오는 날의 인왕산을 노래한 추사의 시다.

우중에 수성동 폭포를 구경하다. 심설의 운에 차함
水聲洞雨中觀瀑 次沁雪韻160)

골짝에 들어서자 몇 걸음 안가	入谷不數武
발밑에서 우레 소리 우르릉	吼雷殷屧下
축축한 산안개 몸을 감싸니	濕翠似裹身
낮에 가도 밤인가 의심스럽네	晝行復疑夜
자리 깔아 무엇 하리 조촐한 이끼	淨苔當鋪席
둥그런 솔 기왓장 뒤집는 듯 해	圓松敵覆瓦
예전에는 조잘대던 처마 낙수를	簷溜昔啁啾
이제 와선 대아의 소리 듣는 듯	如今聽大雅
산에 사는 마음 바로 숙연해지니	山心正肅然
온갖 새들 지저귀는 소리도 없네	鳥雀無喧者
원컨대 이 소리를 가지고 가서	願將此聲歸
저 야속한 무리들 깨우쳤으면	砭彼俗而野
저녁 구름 갑자기 먹물 번지듯	夕雲忽潑墨
그대더러 시의 뜻대로 그리란 걸세	敎君詩意寫

낮인데도 밤 같다고 추사가 읊은 골짜기가 수성동이다. 수성동은 '물

---

160) 김정희, 『완당집阮堂集』 제9권, 시詩.

소리가 유명한 계곡'으로, 여기서 '동洞'은 골짜기를 말하는데, 물소리뿐만 아니라 경치도 수려하기로 소문났던 곳이다. 옛날 인왕산의 물은 수성동과 옥류동으로 나뉘어 흐르다가, 수성동의 기린교에서 합쳐져 청계천으로 흘렀다. 비온 뒤 이곳의 물소리는 천둥소리 같았다고 한다. 여름장마가 그친 어느 날, 술병을 차고 수성동을 찾은 박윤묵은 매우 사실적으로 실감나게 그 정경을 구체적으로 묘사하고 있다. 수성동에서 그 장쾌한 물보라를 바라보고 마음이 호탕한 것이 마치 조물주와 더불어 노닌 듯 하다고 말하였다. 박윤묵이 노닐던 수성동은 겸재의 '장동팔경첩壯洞八景帖'에 옛 경관이 담겨져 있다. 그러나 거기에 '산을 찢을 듯한' 물소리는 담겨 있지 않다.

"수십일 동안 내린 큰 비로 개울물이 불어서 얕은 곳도 세 자 깊이나 되었다. 나막신을 신고 우의를 걸친 뒤 술 한 병을 들고 몇몇 벗과 함께 수성동에 들어갔다. 돌다리에 이르니 개울이 넘치고 폭포가 장쾌하여 예전과 전혀 다른 세상이었다 …… 인왕산 백 개의 골짜기와 천 개의 개울은 수성동에 이르러 하나의 거대한 물줄기를 이룬다. 산을 찢을 듯, 골짜기를 뒤집을 듯, 벼랑을 치고 바위를 굴리면서 흐르니, 만 마리 말이 다투어 뛰어오르는 듯하고, 내달리는 우레가 폭발하는 듯하여, 그 기세를 막을 수 없고 그 깊이는 헤아릴 길이 없다."161)

한편 이단전의 죽음을 구체적으로 기술한 인물은 심로숭沈魯崇162)이

---

161) 박윤묵朴允默,『존재집存齋集』권23. '遊水聲洞記', "大雨數十日。川渠漲溢。平地水深三尺。余朝起跣足着屐。衣雨衣携一壺酒。與數三同志者入洞。至石橋邊。上下一望。應接殆不能暇。溪澗之勝。泉瀑之壯。怳與舊日觀大有異焉。凡西山之水。或橫流或倒流。或折而復流。或掛匹練。或噴亂珠。或飛於絶壁之上。或灑於松翠之間。百谷千流。不一其狀。皆到水聲之洞然後。始成一大流。裂山倒壑。衝崖轉石。如万馬之爭騰。如疾雷之暴發。其勢不可遏也。其深不可測也。"
162) 효전孝田 심로숭(1762~1837)은 방대한 야사집『대동패림大東稗林』136책을 편찬하고, 유배일기 20책을 포함한 문집『효전산고孝田散稿』58책을 남겼다.

다. 그는 감상이 농후한 소품을 즐겨 썼다. 시골집을 마련해 병약한 아내와 오순도순 살려했지만 이사하는 날 아내가 죽고 말았다. 불혹의 나이에 가슴 먹먹한 슬픔을 드러낸 그는 전혀 부끄러움 없이 남을 의식하지 않았다. 오랜 병치레 끝에, '공연히 서방님 잠을 깨우지 말라'는 유언을 남기고 떠난 아내에 대한 애틋한 마음을 담아, 절절이 그리워하는 시 스물세 편을 모아 머리맡에서 지었다 하여 「침상집枕上集」을 펴냈다. 또 고생하는 아내의 눈썹을 펴주지 못한 한탄을 담았다 해서 「미안기眉眼記」란 제목을 달고 시문을 지었다. 당시에 체면과 허식에 가려있던 사대부의 가부장적 분위기로 볼 때 매우 드문 일이며 파격 그 자체였다. 일찍이 선조 9년(1576) 안민학安敏學도 부인의 죽음을 애도하여 지은 '애도문哀悼文'163)이 있기는 하다. 젊은 나이에 세상을 떠난 부인 곽씨의 관 속에 넣어 시신과 함께 매장하였던 한글로 쓴 편지 글인데, 당시의 말로 쉽게 풀어서 쓴 구어체 산문으로, 1978년 후손들이 산소를 이장移葬할 때 발견되어 세상에 공개되었다.

어쨌든 당시의 시대상으로 볼 때, 심로숭처럼 절절한 그리움을 솔직하게 표현한다는 것은 참으로 쉽지 않은 일이었다. 하지만 그는 '진정眞情'이 우러나오는 솔직한 표현을 중시하였고, 그러한 소품문의 글쓰기를 좋아하였다. 그는 문학론에서도 정취情趣를 유달리 강조하였다. 그는 만년에 파주에 살면서, 자신뿐만 아니라 선인들의 일화를 기록하여 "스스로 쓴 실기"라는 뜻의 『자저실기自著實紀』를 펴냈다. 심노숭은 시파164)였는데 정적에 속하던 벽파의 영수인 심환지165) 일파를 극도로

---

163) "어찌하여 내 몸에 재앙災殃이 쌓여서 병을 지닌 나는 살았고 병이 없던 그대는 백년해로 할 언약을 저버리고 갑자기 하루아침에 어디로 가셨는가? 이 말 이르자니 천지天地가 무궁無窮하고 우주宇宙가 공활空豁(넓고 텅 빔)할 따름일세. 차라리 죽어 가서 그대와 넋이나 함께 다녀 이 언약을 이루고" 현대문으로 고침. 안민학언간(1576년).

중오했다. 그래서 그는 이들을 인간 이하로 그려냈다. 또한 흥미롭게도 그는 자신의 허물에 대하여도 매우 솔직담백하게 그려냈다. 그는 자기 검열과 성찰에 대하여 엄격하였던 태도를 지닌 것 같다. 자신의 치부까지도 드러냄으로써 도덕적으로 완성된 인간의 묘사보다는 오히려 현실 속에 살아있는 생동감 넘치는 참된 인물의 모습을 그리고자 하였다. 즉, 그는 무거운 도학자의 탈을 쓴 엄숙주의를 내팽개치고 경쾌한 사실주의 글쓰기를 택하였다. 심로숭은 자신의 모든 것을 적나라하게 세세하게 묘사하였다.

먼저 얼굴에 대해서는 일찍 죽을 관상을 가졌다고 해서 혼사가 틀어진 일도 있고, 평생 풀리지 않는 자신의 운도 얼굴 탓이라고 돌렸다. 또 성격이 너무 깔끔하여 세수나 목욕을 자주하고 머리를 자주 빗으며, 방을 잘 정돈해 놓아야 직성이 풀린다고 하였다. 그래서 심지어 모친으로부터 여자 같다는 편잔을 들은 일도 있다. 또한 열다섯부터 서른다섯 나이가 되도록 정욕을 억누르지 못하여 지독한 성적욕구로 정병情病이 있음을 스스로 말하였다. 또 동네 건달들과 어울려 담을 넘기도 하여 남의 손가락질을 받았다고 하면서 반성도 해보고 허물을 고치려고 하였으나 잘 되지 않았다고 고백하였다. 특히 과실을 좋아하여 한꺼번에 설익은 과일도 몇 되씩이나 먹고 익은 건 그 갑절이나 먹었다고 말하면서, 과일 중에서 감을 유독 좋아해서 나이 쉰이 넘어서 한 자리에서 일흔 개나 먹어 '시치柹癡'라고 불리기까지 하였다고 밝혔다. 이렇게 자신의 허물을 덮지 않고 문집에 그대로 적나라하게 드러낸 까닭을 다음과 같이 밝혀

---

164) 시파時派; 조선후기 준론탕평峻論蕩平을 통해 왕권강화를 추진한 정조의 정치 노선을 지지한 정파.
165) 심환지沈煥之(1730~1802); 조선시대 영·정조 시대의 문신. 본관 청송靑松, 자 휘원輝元, 호 만포晩圃, 시호 문충文忠. 노론 벽파의 지도자로 정조의 정적이었으며 좌의정과 영의정 등을 지냈다. 한때 정조의 독살 배후라는 의혹이 제기되기도 했다.

두었다. "죽은 뒤에 아이들에게 맡겨놓으면 자기 어른의 아름답지 못한 치부를 감출 것이 분명하고, 남에게 맡기면 곡해를 받기 쉽다. 죽기 전에 스스로 속임이 없이 진실 되게 쓰는 것이 차라리 나을 것이다. 혹시라도 진실이 아닌 사실이 발설되면 농부가 잡초를 뽑아내듯이 솎아내어 자신의 참된 모습을 드러내고 싶다."166) 당시의 사회 분위기로 볼 때 심로숭의 이런 진술은 파격, 그 자체였다. 마치 타자의 입장에서 냉정하게 객관화하여 매우 정밀하고도 진솔한 글쓰기를 한 것이라 볼 수 있다.

자신에 대한 이러한 심로숭의 서술태도로 볼 때 이단전의 죽음에 관한 진술은 대체로 그 근거가 구체적이며 믿을만하다고 여겨진다. 그의 이런 글쓰기를 고려한다면 이단전이 죽을 당시의 상황도 매우 객관적으로 기록했다고 볼 수 있다. 그는 『자저실기』에서 이단전이 비명횡사했다고 전하면서 그의 죽음을 안타까워했다.

"이단전은 네 검서檢書167)를 쫓아서 배웠다. 시를 지었는데 왕왕 지혜로운 말이 있었다. 때때로 나를 찾아와 서로 마주하고 술을 마시고 시를 지었다. 을사년 겨울에 내가 뜰에 머물 때 마침 큰 눈이 내리고 방안의 매화가 몇 송이 꽃을 피우고 있었다. 쓸쓸히 아무런 상념도 없는데 홀연히 단전이 오는 것이 보였다. 서둘러 술을 내어 마시게 했다. 날도 저물어 만류하고 더불어 대화나 나누자고 하였더니 단전이 사양하며 '밤에 다른 사람과 놀기로 약속하였는데 식언할 수가 없습니다'라고 하였다. 할 수 없이 그러라고 하였는데 그러고 나니 몰취미하기 짝이 없었다. 다음날 아침 들으니 단전이 동네 이웃에 사는 선비 임하상任夏常의 집에서 죽었다는 것이 아닌가. 대개 임하상과 술을 마시기로 약속한 것

---

166) 심로숭,『자저실기自著實紀』참조.
167) 검서관檢書官. 조선후기 규장각의 실무담당자. 인원은 네 명으로 오품 내지 구품에 해당하는 군직軍職을 받았다. 정조 3년(1779)에 규장각 외각인 교서관校書館에 처음 설치되었다가 1781년에 규장각 내각으로 옮겨졌다. 주로 서얼 출신 중에 문예와 학식이 뛰어난 자들이 임명되었다.

인데 술이 과하여 갑자기 죽은 것이다. 그를 그냥 보내지 않았던들 죽지 않았을 것을. 지금 생각해도 대경실색함을 그칠 수가 없다."168)

을사년, 죽기 전날 큰 눈이 내렸다. 이단전은 언제나처럼 약속도 하지 않은 채 불쑥 당대의 명인 가운데 한 사람인 심로숭을 찾아갔다. 그러나 그는 거기에 오래 머물지 않고, 미리 만나기로 약속했던 그 동네에 살던 임하상의 집에 가서 폭음을 하고 갑자기 죽었다. 평생을 빌어먹으며 시인으로 산 이단전의 최후는 이렇게 비참하였다. 죽은 뒤 그의 흔적은 어디에도 남아있지 않았다. 시집도 어느 집에 보관되어 있었으나 간행해줄 사람이 없었다. 조수삼은 그의 시집을 누군가 출간해주기를 기다린다고 했으나 허사였다. 그저 그가 쓴 초서가 가끔 세상에 떠돌아다녔을 뿐. 하지만 그를 기억하는 사람은 적지 않았다. 여러 기록에 흩어져 당대를 풍미한 기인의 한 사람으로, 그가 남긴 몇 편의 시와 함께 전하고 있을 뿐이다.

애석하게도, 이단전의 시 전집이 전하지 않아 작품 세계를 모두 살펴볼 수는 없지만 이밖에 흩어져 있는 시구를 통해서도 시의 수준을 대강 가늠할 수 있다. 다음은 조선후기 문신인 임천상任天常(1754~1822)169) 이 정조 12년(1788)에 편찬한 인물 중심의 야사집으로 다양한 인물들의 유전일화流傳逸話를 수록한 『쇄편瑣編』, 「시필試筆」에서 임천상이 뽑은 시구다. 현재 그의 시집이 전하지 않아 작품세계를 면밀하게 검토할 방법이 없지만, 흩어져 전하는 구절을 살펴보면 관찰과 묘사가 기이하여 매우 독특한 정취를 내뿜고 있음을 알 수 있다.

---

168) 심로숭, 같은 책.
169) 조선 후기의 문신이자 학자. 본관 풍천豐川, 자 현도玄道, 호 궁오窮悟. 화성 출신. 희익希翼의 아들이다. 진사시에 합격, 1795년 식년문과, 1796년 문과중시에 을과로 급제. 홍문관교리, 문학에도 조예가 깊었다. 저서 『궁오집窮悟集』.

벽이 고요하니 벌레들 입을 들이대고	壁靜虫多口
뜰이 텅 비어 한 마리 학이 서있네	庭虛鶴一身
바위 구멍 샘물은 민첩하게 울고	竇泉鳴其慧
나무 등걸의 새는 천치인 양 앉아 있네	?鳥坐如癡
젓대 소리는 밤을 흔들며 감돌고	笛聲搖夜落
등불의 그림자는 강을 거두며 돌아가네	燈影斂江歸

하나같이 각 구절이 평범하지 않고, 자연에 대한 심도 있는 관찰력을 보여준다. 이 시를 뽑아 제시한 임천상은 "시가 대단히 놀라우며 귀신이 하는 말 같다"고 했는데 그런 인상을 가질 만도 하다. 조희룡은 "그의 시는 허공 밖에 상을 던지는 것으로 사람을 놀라게 할 만한 것이 아니면 입밖에 내지 않았으니 두보가 이른바 '시어가 사람을 놀라게 하지 않으면 죽어도 쉬지 않겠노라'라고 한 말이 먼 훗날 이단전을 위해 말한 것이다"170)라고 말한 바 있다. 위의 시들을 보면 결코 과장이나 거짓이 아니다. 임천상은 이단전의 시가 귀신이 하는 말 같다고 칭찬했다.

조선 후기 여항시인인 조수삼이 지은 시문집,『추재집秋齋集』에 실린, '구가九歌'는 남쪽으로 내려온 어느 가을 날, 아홉 명의 유명을 달리한 당대의 인물을 추모하는 시를 지은 것인데, 그 세 번째 인물로 이단전, 곧 '이필한李疋漢 운기耘岐'란 제목의 시에서 그 면모의 일단을 엿볼 수 있다.

이필한, 운기	李疋漢 耘岐171)
글씨는 전서요 얼굴은 원숭이 꼴	書如鳥篆面猴獠
시는 신선의 말이요 읊기는 귀신 휘파람 소리	詩是仙語吟鬼嘯

---

170) "其爲詩, 落想空外, 不警人, 不出口. 老杜所云, '語不警人死不休, 遙遙爲亶佃發也."
171) 조수삼,『추재집』제5권, 시「구가」.

부용꽃이 정정하게 진흙탕에서 피어오르듯	芙蓉亭亭出汚泥
겨울 솔 낙락해 구름 낀 봉우리에 누워있네	寒松落落橫雲嶠
그 힘은 조물주를 밀치고 신기함을 다투고	力排化兒爭神奇
그 빛은 번쩍번쩍 신령함이 두루 미치네	光芒熠爍生靈竅
눈 내리는 빈산에 만취해 누워서는	雨雪空山大醉臥
긴 밤 내내 조금도 일어나지 않네	長夜漫漫曾未料
오호라 세 번째 노래 부르니 그 노래 처량해라	嗚呼三歌兮歌凄凄
수풀 사이 둥그런 무덤에 젊은 시인 묻혀 있네	草間纍纍埋年少

또한 장혼張混도 칠언절구 한 수로 그의 죽음을 애도하였다. 평생을 가난하고 핍박받고 살다간 불우한 시의 천재를 그리워하고 있다.

이단전을 슬퍼하며   悲李亶佃[172]

그날 시의 명성 우레 치듯 귓가 맴돌더니	詩聲當日耳如雷
처량하게 헤진 베옷 입고 깜깜한 무덤에 갇혔네	弊褐凄凉掩夜臺
우스워라 조물주는 장난기가 심해	翻笑天公多戲劇
궁하고 천한 때 기이한 재사를 낳았느니	有時窮賤産奇才

4. 정초부鄭樵夫 — 양평 여씨집 종인 나무꾼 시인

"양근楊根(오늘날의 경기도 양평)의 나무꾼, 봉운鳳雲 정포鄭浦는 여씨 呂氏의 종으로 얼굴이 매우 괴이하게 생겼다. 어려서 몇 권의 책을 읽었는데, 충분히 시를 지을 수 있었다."[173]

이는 이덕무, 『청장관전서』 '양근초부楊根樵夫'에 나오는 기록이다.

---
172) 장혼, 『이이엄집而已广集』 제5권.
173) 이덕무, 『청장관전서』 제34권, 「청비록」 3, '양근초부楊根樵夫'.

또 유재건이 펴낸 『이향견문록』 '정초부봉鄭樵夫鳳'에 보면, 다음과 같이 적고 있다.

"초부樵夫 정봉鄭鳳은 양근楊根에 살면서 오직 배 한 척을 가지고 동호東湖에서 땔나무 파는 것으로 직업을 삼아 사람들이 단지 초부, 즉 나무꾼이라고 불렀다"174)

그런데 조수삼은 18세기 조선 기인들의 짧은 행적을 적고, 끝에 칠언절구로 찬讚을 덧붙인 열전列傳 『추재기이』에서 "정초부"를 스물두 번째 인물로 묘사하였다. "그가 지은 시가 아주 많았지만, 그의 전집이 전하지 않으니 한스럽다"고 하면서, 그의 신분을 밝히지 않고, 초부의 시 두 편과 자신의 찬시 한 편을 실었다. 정초부는 '수청초부水靑樵夫'라고도 불리며, 본래 천민으로 이름은 '봉鳳', 혹은 봉운鳳雲, '일逸', 포浦라 전한다. 명문가인 여씨 집안의 가노家奴였다. 주인이 누구인지는 기록하는 문헌마다 조금씩 다르다. 정승을 지낸 여성제呂聖齊의 종이라 밝힌 데도 있고, 참판을 지낸 여춘영呂春永의 종이라고 말한 데도 있다. 또 승지 여만영呂萬永의 종이거나, 여춘영의 아들인 여동식呂東植의 종이라고도 했다. 기록한 시기에 따라 여씨 집안의 주인이 다를 뿐, 명문가 여씨 집에 딸린 종 신분이었다는 사실은 확실해 보인다. 또한 『풍요속선』에는 그에 대하여 다음과 같이 기록하였다.

"초부는 양근의 월계협에 살았는데, 어떤 사람인지 모른다. 자기의 이름과 자字를 스스로 말하지 않고 언제나 조그만 배에서 나무를 팔며 강호를 돌아다녔다. 그래서 사람들이 초부라고 불렀다."

---

174) 유재건, 『이향견문록』 제5권, 「문학」, '정초부봉鄭樵夫鳳'.

이처럼 정씨 나무꾼으로 살았던 정봉의 생애는 들쭉날쭉하여 문헌마다 다소 차이가 있는데, 어쨌든 그는 천한 나무꾼으로 초야에 숨어살면서도 시를 잘 지어 당시 사람들에게 이름을 얻었다. 대개 활동 근거지가 오늘의 양평부근 월계협인 것으로 추정된다. 월계협은 양근군 관아 서쪽 30리에 있던 골짜기로, 강물을 굽어보던 산중턱 벼랑은 명승으로 이름을 얻은 곳이다. 대개 정봉은 조선시대의 문예부흥기인 정조 때 사람으로 어릴 적부터 글재주가 뛰어났다. 일찍이 주인집 두 아들을 대신하여 과거시험을 쳐 급제시킨 공으로 노비문서를 돌려받고 양인良人으로 면천免賤되었다는 말이 있다. 땔나무를 해서 동대문에 가져와 팔아 살림을 꾸렸는데, 시 '동호일절東湖一絶'은 여러 사람의 입에 회자되었다. 문집 한 권이 있었는데 지금은 전하지 않아 그 시세계 전모를 알 수 없어 안타깝다.

옅은 구름 시든 버들 함께 가을을 짓는데	淡雲衰柳共爲秋
하루 종일 연못가에 있으니 물 기운 아득하네	盡日林塘水氣幽
푸른 새 고기를 낚아채려다 더러 실패하고	翠鳥掠魚時不中
날아와 푸른 연잎 위에 오뚝하니 앉아있네	歸飛端坐碧蓮頭

정초부는 뒤에 1909년 정윤수鄭崙秀가 나무하고 짐승 치는 아이들같이 교육을 받지 못한 사람들을 위하여 편저한 교과서, 『초목필지樵牧必知』에도 실린 매우 독특한 인물이다. 초학자용인 이 책은 알기 쉽도록 한글로 쓰고 어려운 문구에는 한자를 병기하여, 장마다 새로 나오는 한자를 추려 말미에 적고 그 아래에 음을 달았다. 상하 두 권인 책의 상권에 농민이나 천인 중에서 출세한 인물로 정초부를 위시하여, 이기축李起築, 최익현崔益鉉, 동소남董召南, 마원馬援, 제갈량諸葛亮을 실어 분발할 것을 권면하였다.

초부는 나무꾼을 뜻하는 한자어로, 정초부는 '정씨 나무꾼'이다. 그런데 그의 성은 정丁씨로도 알려져 있다. 천민이니 그 출신이 분명하지 않은 듯하나, 이름은 봉鳳이었다. 그는 사람들이 성명을 물어도 대답하지 않고, 그저 '나무꾼'으로 불리면 그만이었다. 그 이름을 아는 사람은 별로 없었지만, 그가 뛰어난 시인임을 모르는 사람은 없을 만큼 당시에 꽤나 명성이 자자하였다.

정초부는 민간전승에서 구비문학으로도 정착되어 그 흔적이 남아있다. 경남 의령에서 채록된 '정초부와 전錢이란 시제詩題'[175)의 화제가 그것이다. 경기도 양평에서 경남 의령으로 전이된 점으로 미루어 보면, 초부의 설화는 전국에 걸쳐 다양한 모습으로 변모되어 전승되었으리라 추정된다.

"정초부라는 사람이 성은 정가鄭哥고 초부는 나무할 '초樵'자, 지아비 '부夫'자, 그래서 정초부라 하였다. 이 사람이 어떤 집에서 남의 머슴을 사는데, 그 해에 모심기는 다 하고 칠팔 월이 됐는데, 서울서 한시漢詩를 두루 거두는데, 합격이 되면 돈을 준다고 하였다. 그래서 그 주인이 글을 짓는다고 종일 앉았는데, 정초부가 머슴으로 살면서 늘 주인이 무슨 일이 그리 있기에 앉아서 뭘 생각하고 있는지 물어보았다. 어디 묻는다는 게 주인과 머슴 사이인데 당치도 한 일인가. 당치도 않지만 자꾸 물으니 그만 주인이 야단을 쳤다.

'네 할 일이나 해, 너는 밥이나 먹고 일이나 해라.'

그래서 초부가 가만히 보니 시제는 돈 '전錢'자라. 잘 지어 일등을 한 사람은 요새 돈으로 제법 큰돈이 주어진단다. 그래서 초부는 스스로 무식하지 않으니까 주인이 벌써 뭐 때문에 저렇게 하는가 이미 알아챘다. 알면서 자꾸 물으니까, 남의 집 머슴산다 하는 놈이 무슨 쓸모가 있겠

---

175) [경남의령읍 설화 55] 채록지; 의령읍 중동, 채록자; 정상박, 김현수, 성재옥 조사, 구연자; 남길우.『한국구비문학대계』8집 10책, 180~183쪽. 구연된 설화를 편의상 윤문을 함.

나싶어 그만 야단을 치고 말았다. 그런데 아무래도 신통한 싯구가 떠오르질 않았다. 며칠 동안 머슴 놈은 이걸 꼬치꼬치 묻는데, 나중에는 오기傲氣가 나서 때릴 듯이 하였다.

'그러면 저 …… 주인어른만 생각해 보실 게 아니라 ……. 아무개 …… 그것 아닙니까? 요새 '전' 이라 하는 한시 모집하는 그것, 아닙니까?'

'그게 뭐 네한테 해당이 되나?'

'그러면 저도 한 바리 지어 보면 안 됩니까?'

그래 이제는 밉다고 하는 말이, '임마, 네 능력이 없지? 어디 한번 지어 봐라.' 이리 됐단 말이라. 그러자 머슴이 말하였다.

'오늘은 그러면, 저 …… 주인어른 승낙을 받았으니까, 일하러가지 않아도 되지요?'

지게를 벗어 놓고 이제는 같이 앉아 시작하네. 그래 할 수 없이 머슴과 함께 형편이 그렇게 됐다. 그리고 한참 지나자, 초부가 뭘 생각하는 체 하더니, '주인어른께서 집필하시고 한 번 써 보이소. 제가 부르는 대로 ……. 거기 내는 데에만 필요하면 안 됩니까? 그렇지요? 그래, 죽 써보시오.'라고 말하였다.

이 세상 어느 곳에 가도 환영받고	周行天下盡歡迎
나라나 집이나 흥하면 세를 가벼이 보지 않고	興國興家勢不輕
갔다간 돌아오고 돌아갔다간 다시 오고	去復還來來復去
산 자를 죽일 수 있고 죽은 자도 살릴 수 있고	生能生死死能生
힘센 장사라도 그 앞에는 무릎을 꿇고	求求壯士終無力
바보라도 잘만 쓰면 세상에 이름을 날리고	善用愚夫特有名
부자는 잃을까 두렵고 가난뱅이는 얻기 원하니	富恐失之貧願得
그런 가운데 몇 사람이나 늙이갔딘가	幾人白髮此中成

그래, 써놓고 보니 주인이 생각할 때 자기의 역량으로서는 늙어 죽도록 생각해도 그런 재주가 없는 것이다. 그래서 그 날부터 칙사 대접이라. 머슴을 칙사대접을 하고, '글을 팔아라고' 이제 사정, 사정하는 것이다. 그래도 초부가 사양을 하는데, '어디 뭐 등참에 들 것이라고 인정합니까? 나도 생각나는 대로 써 봤지마는 그게 뭐 대단하겠습니까?' 라

고 말했다. 그래, 어림도 없는 것이라. 할 수 없이 머슴 사는 저 사람이, '이름은 제 이름으로 보내 보이소.' 하니, 주인이 가만 생각해 보니, 제가 승낙을 하지 않으니 도리가 있나. 아무 도리가 없는지라. 그래서 자기 집 주소에다가 자기 댁내에 그 초부 이름을 써서 보내 봤다. 보내 봤는데, 과연 장원이라. 그래서 일등을 해 가지고 돈이 왔는데, 십 년을 넘게 남의 집 머슴을 살아도 그 돈이 안 될 만큼 큰 돈이라. 그래 딱 돈을 찾아 거머쥐고는 머슴을 부리도록 자신만한 장정 둘을 데려도 될 만큼 주인에게 돈을 떼 주고 길을 떠나버렸다. 정초부가 그랬다는 이름만 남아 전한다."

정초부의 용모나 행실에 관한 기록도 있는데, 그는 생김새가 몹시 고괴古怪했다고 전한다. 『이향견문록』에 보면, 유연노인悠然老人 김윤명金胤明이 일찍이 말하길, "그는 예스러운 훌륭한 용모를 가져 수염이 아름답고 흉금이 넓고 구김이 없었으며 자손을 가르치는데 법도가 있고 세속적인 기질이 없다"고 했다. 유재건은 『침우담초枕雨談草』에서 정초부의 사적을 수습하여 조선 서민들의 일화를 편저한 자신의 『이향견문록』에다 그에 대한 간략한 사실을 싣고 있다.

원래, 장지완張之琓(1806~1858)[176]이 저술한, 『침우담초』 제5권에 「정초부봉전鄭樵夫鳳傳」이 실려 있었는데, 지금은 전하지 않는다. 현전하는 『침우당집枕雨堂集』 제3권, 「침우담초서枕雨談草序」에 따르면, 책을 저술할 때가 마침 장마철이라 지붕에서 빗물이 새어 침구가 젖었으므로 '침우담초'라 하였다고 했다. 장지완은 비연시사斐然詩社의 중심인물로 장효무張孝懋, 임유林瑜, 고진원高晋遠, 박사유朴士有, 한백첨韓伯瞻, 유기와 함께 일곱 명이 중심이 되었는데, 서원시사西園詩社보다 약간 후기에 결성된 듯하다. 그들은 스스로를 죽림칠현에 비의比擬하고 오직 시문에만 뜻을 두고 날마다 풍광이 수려한 자연 속에 노닐며, 사대부 중심

---

176) 본관 인동仁同, 자 옥산玉山, 호 침우당枕雨堂, 저서 『침우당집』 6권.

의 사회체제 밖에서 불우한 자신들의 처지를 시로 달래며 노닐었다. 그는 율과 출신의 중인으로서 김정희金正喜의 성령론性靈論을 이어받아 시에서 개성을 중시하는 시론을 펼치기도 하였다. 이 밖에 정지윤鄭芝潤, 현기玄錡 두 사람이 뒤에 시사에 가담하게 되는데, 이들은 역관의 가문에 태어났으나 거기에 종사하기보다는 뛰어난 재주와 기이한 행동으로 세상을 희롱하며 일생을 마친 변방의 불우한 인물들이었다.

나무나 하던 천한 종이던 정봉이 어떻게 유명한 시인이 되었을까. 그가 신분제의 벽을 뛰어넘은 일화가 전한다. 정초부는 어렸을 때 날마다 낮에는 나뭇짐을 해오고 밤에는 주인을 모시고 잤는데, 곁에서 주인이 독서하는 소리를 듣고 바로 외워버렸다. 그런 그를 주인이 기특하게 여겨 자제들과 함께 글을 읽도록 했는데 그는 학업 성취가 빨랐다. 특히 과거시험에 필요한 과시科詩를 잘 지어 주인집 자제들이 그의 도움을 많이 받았다. 이것은 강준흠姜浚欽(1768~1833)[177]의 『삼명시화三溟詩話』에 나오는 사연이다.

강준흠은 다산茶山 정약용 때문에 그 이름이 역사에 올랐다. 다산이 십여 년의 강진 유배에서 풀려날 수 있었으나, 강준흠이 반대하는 바람에 4년이나 더 귀양살이를 해야 했다고 술회했다. 그래서 많은 문헌에 이 일화가 실려 이름이 알려진 것이다. '삼명시화'는 서거정의 『동인시화』나 허균의 『성수시화』와 더불어 풍부한 '시화'를 수록하고 있다. 최치원에서 저자 당대인 19세기 초에 이르는 기록으로, 서술의 시각은 작자와 근접한 시간대일수록 자세하고 분량도 많아져 현장감이 더해졌다. 강준흠이 남인계이므로 다분히 남인의 입장에서 서술했으며 자연히 남인 시단의 시화가 더 풍부한 편이다.

정초부는 미천한 신분임에도 불구하고, 시인으로 명성이 높아 그에 얽

---

177) 시흥 난곡蘭谷 출생, 본관 진주晉州, 자 백원百源.

힌 일화가 시화와 야사로 채록되어 여러 문헌에 전한다. 그에 관한 소문은 당시에 상당히 떠돈 것처럼 보인다. 황윤석黃胤錫(1729~1791)은 『이재유고』에다, 변재민邊載岷이란 아이로부터 비슷한 소문을 듣고서 그를 기록에 남겼다. 양근땅 나무꾼이 본래는 종인데 어려서부터 시를 잘 지었고, 그 주인을 위해 과거 시험장에 두 번이나 들어가 대신 글을 써줘서 급제를 시켰으며, 그 대가로 주인이 면천시켜 양인으로 만들어줬다는 것이다. 그런데 그가 종에서 양인으로 신분이 변동된 시기는 정확하게 알 수 없다. 그는 양인이 된 이후로도 예전처럼 나무를 해서 배와 지게를 이용해 서울 동대문으로 들여와 팔았다. 어떤 기록에는 그가 남에게 고용되어 나무를 해서 팔았다고도 했다. 정조 당시에는 한강의 뚝섬에서 동대문 주변까지 땔감을 실어오는 이가 많아 큰 나무전 거리가 형성돼 있었다. 한강의 수운을 이용해 경기 일대에서 땔감을 한양으로 공급했다. 정초부도 많은 나무꾼 중 하나였다. 고단한 늙은 나무꾼 신세로, 체험으로 얻은 시를 살펴보자.

글이나 짓는 여생은 늙은 나무꾼 신세	翰墨餘生老採樵
가득 진 지게 쏟아지는 가을빛 쓸쓸해	滿肩秋色動蕭蕭
동풍에 장안 거리로 몸이 떠밀려	東風吹送長安路
새벽녘 동문 둘째다리 걸어간다네	曉踏靑門第二橋

바지게 가득 어깨가 내려앉을 정도로 나무 짐을 지고 가는 노년이 마냥 쓸쓸한 가을 날, 동이 틀 무렵 동문 근처 나무전 거리를 힘겹게 가는 모습이 가련하다. 가을을 닮아 몸은 이미 늙어가고 여생은 아직도 나무 등짐처럼 한 짐 가득하다. 어디에도 그 무거운 숙명의 굴레를 벗어놓을 데라고는 없다. 참으로 가난하고 고달픈 늙은 나무꾼이 동풍에 떠밀리며 찬 가을 새벽 거리로 내몰리는 정경이 애처롭다. 애잔한 슬픔이 배인

인생의 황혼, 가슴이 먹먹해오는 시린 아픔이 느껴지는 맑은 소품이다.

송석원시사를 결성하여 널리 알려진 천수경이 1797년에 위항사람들의 한시를 모아 펴낸 『풍요속선』에는 정초부의 시가 다소 착간錯簡한 듯한 모습으로 실려 있다. 그럼에도 시의 주제와 정조情調는 거의 방불하다.

글 짓는 일로 이름났지만 늙어 나무하니	翰墨聲名老採樵
두 어깨에 가을빛 우수수 찾아드네	兩肩秋色動蕭蕭
새벽에 동성 둘째다리 이르러 보니	曉到東城第二橋
산들바람이 장안 길까지 들이치네	小風吹入長安路

『추재기이』에서 조수삼은 정초부를 기리는 시 한 수를 붙였다.[178)]

새벽에 동문에 들어서 둘째다리 밟으니	曉踏靑門第二橋
어깨 가득 진 지게에 가을빛 쓸쓸하네	滿肩秋色動蕭蕭
동호의 봄풀은 예전처럼 푸르건만	東湖春水依然碧
그 누가 알랴 늙은 시인 나무꾼 정씨를	誰識詩人鄭老樵

이제 정초부가 지은 시로 자주 회자되던, 동호의 경치를 읊은 시 '동호절구東湖絶句'를 살펴보자. 이 시는 윤광심尹光心이 펴낸 『병세집幷世集』 시편 1권 '월계초부'에서 여춘영의 노奴로서 성은 정鄭이라고 덧붙이고, 제목을 '청심루淸心樓'라 달았다.

동호의 봄 물결은 쪽빛보다 푸르러	東湖春水碧於藍
또렷하게 보이는 건 두세 마리 해오라기	白鳥分明見兩三

---

178) 조수삼, 『추재집秋齋集』 권7, 「紀異」. "鄭樵夫 樵夫楊根人也。自少能詩。詩多可觀。如曰翰墨餘生老採樵。滿肩秋色動蕭蕭。東風吹送長安路。曉踏靑門第二橋。東湖春水碧於藍。白鳥分明見兩三。柔櫓一聲飛去盡。夕陽山色滿空潭。如此者甚多。而恨不傳其全集也。'曉踏靑門第二橋。滿肩秋色動蕭蕭。東湖春水依然碧。誰識詩人鄭老樵。'"

노 젓는 소리에 새들은 모두 날아가고 　　　　柔櫓一聲飛去盡
노을 진 산빛만이 강물에 가득하네 　　　　　夕陽山色滿空潭

　　동호는 지금 서울 옥수동 주변의 한강이다. 나무를 해서 한 배 가득 싣고 오다 봄직한 풍경이다. 이 시는 아름다운 한 폭의 산수화와 같은 명징한 가품佳品이다. 시각적이며 동시에 청각적인 시는 공감각적인 짜임이 무척 세련되어 있다. 18세기 후반을 대표하는 서정시의 하나로 꼽을 만큼 유명한 시이고, 정초부라는 이름을 유명하게 만든 작품이기도 하다. 이 시는 당시 사람들의 서정을 그대로 대변한 것이다. 그러기에 진경산수의 풍정風情을 실사實寫하던 당시의 화가들이 화제로서도 종종 차용하였다. 즉 한강 부근을 묘사한 김홍도가 그린 '도강도渡江圖'란 그림에 붙어 있는 화제畵題가 다름 아닌 이 시다. 그림에는 시의 작자를 밝혀놓지 않아 김홍도의 시로 잘못 알고 있는데, 이는 정초부의 작품이다.
　　정초부의 시는 전고典故를 많이 섞어 쓰지 않아 내용은 평이하여 독해하기에 쉬운 장점이 있다. 결코 현학적이지 않았는데, 이 점에서 당대 사대부들의 시작 태도와는 판이하다. 물론 그가 배운 것이 많지 않은 나무꾼 출신이기에 지적함량이 그리 많지는 않은 탓도 있겠지만, 시의 풍격으로 따진다면 그의 시는 고아古雅한 경지에 들어섰다고 평가할 수 있다. 쉽게 읽히는 시가 더 좋은 시임은 오늘에도 여전히 유효하다. 정감을 자연스레 포착하여 한 폭의 풍경화를 그리듯 정경묘사에 매우 탁월한 경지에 올라서 당대 이후에도 사람들이 즐겨 그의 시를 읊었다. 신분적 한계로 억눌린 내면을 토로하거나 강개함이 두드러진 시를 짓지 않았다는 점에서 앞에서 언급한 백대붕이나 어무적의 시풍과는 판이하게 다르다. 그의 시는 외물과 정경을 담담하게 그리면서도 내면에 잘 갈무리하여 절제미를 획득하여 과잉 분출되는 일체의 감정을 배제하고 있음을 알 수 있다. 그래서 그의 시는 한 폭의 산수화를 방불하게 한다.

이러한 그의 시작태도를 잘 보여주는 다음의 시를 보자. 이 시가 바로 그런 삶의 자세, 곧 '안으로 삭임'의 응축된 시풍을 잘 보여준다. 그래서 그의 시를 잘 발효된 '정제의 미학'이라 이름 붙여도 좋으리라. 그가 하루는 땟거리가 없어 굶주림을 달래기 위해 관아에 가서 쌀을 꾸려고 하였다. 그러나 관아의 호적대장에 그의 이름이 실려 있지 않았다. 결국 그는 쌀을 한 톨도 꾸지 못하고 쪼르륵거리는 창자를 달래며 초췌한 모습으로 강가에 있는 다락에 기대어 시를 읊었다.

환곡을 구걸하며   乞糴

산새는 예로부터 산사람 얼굴 알고 있지만   山禽舊識山人面
관아 호적에는 시골 늙은이 이름이 빠져있네   郡籍今無野老名
큰 창고에 쌓인 쌀 한 톨도 나눠 갖기 어려워   一粒難分太倉粟
강가 다락에 홀로 오르니 저녁연기 피어오르네   江樓獨倚暮烟生

저녁 짓는 연기가 모락모락 올라오는 마을 정경을 바라보면서 산새도 알아보는 촌 늙은이를 단지 호적대장에 이름자가 빠졌다고 되치는 관아가 원망스럽기도 하련만, 그는 담담하게 있는 그대로 그릴 뿐이다. 자신의 내면을 절제하여 나지막한 목소리로, 외물의 정경에다 심사를 기탁하여 그려내고 있다. 군수가 듣고서 설마 저런 천한 일개 나무꾼이 이런 시를 지었으랴, 하고 불러다가, '달빛 아래서 비단을 빨다浣紗明月下'라는 제목으로 다시 시를 시험하자, 즉석에서 짓기를,

흰 돌은 번쩍번쩍 달은 비단에 비치고   白石磷磷月照紗
하늘은 물 같고 물은 모래 같네   野天如水水如沙
연꽃이 물에 젖으니 겨우 색이 드러나   輕沾口藕纔分色
겹치는 놀의 무늬 아직 꽃은 못 되었네   亂疊霞紋未作花

교인의 소반에 구슬 눈물이 아니라	不是鮫盤珠結淚
매미의 날개에 이슬이 맺힌 꽃이네	秪應蟬翼露凝華
동쪽 시냇가 벗이 올 때 기다리니	招招且待東溪伴
버드나무 집에서는 이미 베를 다 짰네	織罷春機垂柳家

정초부가 곧장 시를 지어 바치자, 군수가 깜짝 놀라 크게 칭찬하고 쌀을 내려준 뒤에 그 사실을 널리 알렸다. 그로부터 정초부란 이름이 세상에 두루 퍼져, 원근의 사대부들은 다투어 그와 시를 주고받기를 원해 지금까지 변함이 없었다.[179)]

'교인鮫人'은 물속에 산다는 괴상한 사람인데, 중국 진晉나라의 장화張華가 저술한 『박물지博物志』에 "교인이 물속에서 나와 어느 집에 빌붙어 살면서 매일같이 비단 깁을 팔았는데, 그가 떠나려 하면서 주인에게 그릇을 달라 하므로 주인이 그릇을 주자 울면서 구슬 눈물을 소반에 가득 담아 주인에게 주었다." 하였다. 교인을 끌어와서 사람 취급도 옳게 받지 못하고 호적대장에도 없는 천한 것인, 바로 빌붙어 사는 초부 자신을 덧댄 것이다. 구슬 같은 눈물은 꾸러간 곡식의 낱알이며 동시에 배가 곯아 처량한 신세로 전락한 자신의 눈물방울이기도 하다. 알레고리가 서로 촘촘하게 얽혀 한 치도 빠져나갈 틈이 없다. 참으로 무섭도록 시린 시 한편이다. 결구는 매우 탁월한 심층구조로 짜여져 있다. 겉으로 드러난 '버드나무'는 '양근楊根'의 초부 자신을 말하고 아울러 베를 다 짰다는 말은 이제 주어진 시를 다 지었다는 뜻을 겹쳐 말한 것이다. 반전과 묘미를 교직한 매우 아름다운 비단 한 필이 달빛에 반사되어 아름답기 그지없다. 한시를 읽는 참맛은 이런 것이다.

그가 살던 양근의 월계협月溪峽은 오늘의 팔당대교 부근 물살이 빠른 여울목이다. 당시 한강을 오가던 조운漕運[180)]의 요충이던 이곳을 지나

---

179) 이덕무, 『청장관전서』 제34권, 「청비록」 3, '양근초부楊根樵夫' 참조.

는 사대부들마다 정초부를 떠올리고 그를 만나보고 싶어 했다. 윤광심 尹光心(1751~1817)의 『병세집幷世集』에서는 그를 아예 '월계月溪 초부'라고 불렀다. 또 정조 말에 노론老論의 청명당淸明黨 벽파僻派를 대표하는 인물인 김종수金鍾秀(1728~1799)의 『몽오집夢梧集』 제1권에는 수청탄水靑灘에 사는 나무꾼이라 하여 '수청水靑 초부'와 함께 수창酬唱하였다는 시가 실려 있다. 수청이란 우리말 '물푸레'의 한역이다. 물푸레여울은 팔당대교 부근에 있었는데 물푸레나무가 무성한 부근의 여울목을 그대로 고을 사람들이 지명으로 불렀던 데서 유래한다. 어쨌든 그는 18세기 후반에서 19세기 초반에 이 지역의 문단을 상징하는 한 인물로 떠올랐다.

또 윤행임尹行恁은 정초부의 전傳을 비교적 상세하게 전달하고 있다. 그는 남공철南公轍, 서형수徐瀅修, 이곤수李崑秀 등과 사귀었는데, 「동정기東征記」는 1782년 배를 타고 남한강을 거슬러 올라 여주驪州의 신륵사神勒寺를 유람한 일을 기록한 글로서, 여주까지의 여정旅程과 주변의 경치가 상세히 묘사되어 있다. 글의 말미에는 여행길에 동행했던 박군성 朴君聖과 이생李生, 어부漁父에 대한 전傳이 정초부전과 함께 수록되어 있는데, 모두 여항閭巷에 묻혀 살던 비범한 인물에 대한 기록이다. 양근의 월계를 배로 이동하면서 윤행임은 동행하던 이생과 더불어 마침 근처에 살던 정초부의 일을 기억하며 다음과 말하고 있다.

"세상에 능히 쓰이지 못하여 실의에 빠졌으나 시에 힘써서 남에게 얻어듣고서 읊는 자가 예로부터 많았다. 내가 정초부란 자가 남의 집 머슴이란 말을 들었는데, 땔감나무를 지어다 팔고 시에 능해서 이름이 나 절조가 있다고 하는데, 나는 그런 사람이 있을 수 없다고 믿지 않았다. 임인년에 내가 양근현 월계에 이르자 어떤 사람이 나에게 말하길,

---

180) 조운漕運; 현물로 거두어들인 각 지방의 조세를 선박으로 한양까지 운반하던 제도.

이 마을에 정초부가 산다하므로, 이생에게 말하니 또한 초부 같은 사람을 만나지 못했다고 한다. 사람들이 혹 그의 이름을 물으면, 그는 눈을 휘둥그레 뜨고 대답도 하지 않았다. 집도 없어 강호를 떠돌다가 간혹 가다가 저자거리에서 밥을 빌기도 하며, 취하면 문득 떠들며 소란을 피우다가 손을 어루만지며 발을 조아렸다. 일찍이 시가 있는데,

해질 무렵 우뚝 사람이 선 듯도 한데	屹如人立夕陽時
향기로운 풀과 맑은 골짜기 편히 잠들겠네	芳草淸溪穩睡宜
자취는 홀연히 눈발에 휩쓸려 사라지고	意到忽然翻雪去
푸른 산 이내에 언제 만날 기약 있으랴	靑山影裏復誰期

대개 학을 읊었으되 자신을 말한 것임에랴. 곧 이 시를 보면, 새나 짐승처럼 산에 사는 사람임을 알 수 있다. 비록 세상에 쓰이지 못하였으니, 그 말은 맑으나 파리하고, 즐거우나 원망하지는 않으니, 풍격이 악착한 것이다. 혹시나 그 같은 사람을 만나거든 요즘 세상에 새벽 성문에 경쇠를 치는 문지기가 있다고 말해주게. 내가 이미 이생의 말을 듣고 그를 만나보지 못함을 한스러워 하노라."181)

　신광수申光洙는 과시科詩에 능하여 명성이 세상에 떨쳤다. 시 '등악양루탄관산융마登岳陽樓歎關山戎馬'는 시창詩唱으로도 널리 불렸다. 서도지방에서 기령妓伶들이 주로 불렀는데, 내용은 당나라 시인 두보杜甫가 만년에 경승지를 찾아 유람하다가 악주岳州의 악양루에 오른 일을 주로 읊은 것이다. 사실적인 필치로 당시 사회의 모습을 보여주었는데, 농촌의 피폐상과 관리의 부정과 횡포 및 하층민의 고난을 시의 소재로 택하였다. 한번은 그가 여주를 가기 위해 월계부근을 지날 때 "여기에는 노비 정봉이란 사람이 시를 잘 한다"며 만나려 했다. 그러나 마침 초부가 나무하러 떠난 뒤라 만나지 못하자 몹시 아쉬워하였다.

---

181) 윤행임,『석재고碩齋稿』제12권,「동정기東征記」.

이처럼 많은 사대부들은 정초부를 만나고 싶어 하였다. 지금의 서울 동숭동에 있는, 형부상서 이유수李惟秀의 정원에서 윤급과 남유용, 유언호 등이 포함된 열세 명의 정승, 판서들이 시회를 열었을 때도 그는 초빙되어 시를 주고받았다. 이 성대한 모임을 기념하기 위해 어떤 화가가 '동원아집도東園雅集圖'란 그림을 그렸다. 순조 때 영의정을 지낸 남공철南公轍이 그 그림에 기문을 써서 한 사람마다 그 모습과 표정을 묘사했다. 『금릉집金陵集』제12권, 「이상서동원아집도기李尙書東園雅集圖記」에서 여러 인사들 가운데 "패랭이를 쓰고 도롱이를 입고 구부정하게 대청 아래에 서서 시를 바치는 사람이 바로 수청초부 정일鄭逸이다.182)"라고 밝혔다. 아마 너무도 현격한 신분 차이를 부각시키기 위해 그런 자세로 묘사했으리라 추측할 수 있다. 그림이 현존하지 않아 생생한 장면을 확인할 수는 없으나, 그가 한양의 내로라하는 명사들의 모임에까지 초빙될 정도로 인정을 받았다는 점을 미루어 짐작할 수 있다. 정계의 실력자인 김종수金鍾秀는 그와 주고받은 시집을 『백우초창시권伯愚樵唱詩卷』으로 만들기도 하였다. 이러한 여러 기록으로 살펴볼 때 노비였던 정초부가 당시에 그만큼 무시할 수 없는 문사文士로 성장하였음을 보여준다.

초부가 남긴 작품은 여러 시선집에 실려 전한다. 유득공柳得恭의 『병세집幷世集』에는 18세기 최고의 시인들과 어깨를 나란히 하며 열한 수가 실려 전한다. 그는 그만의 시집을 갖고 있었다. 하지만 그 시집은 널리 퍼지지 않고, 더욱 간행되지도 않았다. 많은 사람들은 그의 시전집을 보지 못한 것을 안타깝게 생각했다. 순조 연간 남종현南鍾鉉이란 시인은 어린 시절부터 그의 시를 외우고 있었기에 그 시집을 보고 싶어 했다. 그러다 겨우 팔십여 수의 시가 수록된 '초부시권樵夫詩卷'을 얻어 보았다. 그가 보기에는 명성보다는 작품이 좋지 않아 실망스러웠다고 했다.

---

182) "篛笠草衣, 傴僂立堂下獻詩者, 水靑樵夫鄭逸也."

조수삼 역시 앞에 보여준 두 편의 시를 인용하면서 "이런 수준의 작품이 많지만 안타깝게도 그 전집이 전해지지 않는다"며 아쉬워했다. 정약용의 아들이자 저명한 시인인 정학연과 함께 지은 시에서는 "오백년 문명이 영조 정조 때에 꽃피웠으니, 나무꾼과 농사짓는 여인네까지 시를 잘 짓는다"라고 했다. 그 주에서 나무꾼은 바로 정초부이고, 여인네는 여주에 사는 김씨 아낙임을 밝혔다. 그처럼 정초부는 영·정조 시대 융성한 문화의 한 상징으로 사람들에게 각인되었다.

그런데 최근에 안대회 교수는 그동안 다른 문헌을 통해 그 존재만 알려졌던 『초부유고樵夫遺稿』를 고려대 도서관에서 최초로 발굴하여 공개하였다. 정초부가 지은 구십여 수의 시가 들어 있는 『초부유고』는 세필로 베껴 쓴 필사본 형태이다. 18세기 일류 문인으로 거론되는 정약용, 박제가, 이학규 등 네 명의 시만 골라 한 책에 묶은 필사본 시집 『다산시령茶山詩零』에서 발견돼 정초부의 명성이 대단했음을 짐작하게 한다.

지금까지는 정초부의 주인이 누구인지 명확하지 않았으나 이번에 여춘영呂春永(1734~1812)의 문집 『헌적집軒適集』도 함께 발굴함에 따라 그의 생몰연도, 정초부와 주인의 관계 등이 자세하게 밝혀졌다. 정초부(1714~1789)의 이름은 봉鳳일 가능성이 높은데 이번에 발굴된 『초부유고』에는 이재彛載라는 이름으로도 나온다. 정초부는 부모 모두 노비였던 것으로 보인다. 17세기 노비 출신으로 젊은 나이에 양인이 된 홍세태洪世泰(1653~1725)나 18세기 또 다른 노비 시인으로 불리는 이단전李亶佃(1755~1790)의 아버지가 노비가 아니었던 것과 다른 점이다. 안 교수는 "조선 전체를 통틀어 노비 시인으로 불릴 만한 작가는 대여섯 명이지만 완전한 의미에서 노비 시인의 작품집이 발견된 것은 사실상 이번이 처음"이라고 말했다. 정초부의 주인이었던 여춘영은 조선 후기 문벌 가문의 일원으로서 자기보다 스무 살 많았던 노비 정초부를 인간적으로 대등한 관계로 대했다. 여춘영은 1789년 정초부가 일흔여섯 살로 사망하자 만시輓詩 열두 수를 남겼는데, 그 가운데 "어릴 때는 스승, 어른이 되어서는 친구로 지내며, 시에서는 오로지 내 초부뿐이었지"[183]라는 구절이 나와 두 사람의 돈독했던 관계를 짐작하게 한다.

앞에서도 언급했듯이, 김홍도가 그린 '도강도渡江圖'란 그림이 있다. 넓은 강을 건너는 나룻배 한 척에 사공을 비롯하여 너 댓 명이 보인다. 그림은 화폭 중앙으로 집중한 모습인데 화제도 중앙 상단에 올라 있는 산수화이다. 그림에 붙어있는 화제畫題로 쓰인 시의 제목은 '동호절구東湖絶句'이다.

해 저무는 한강의 고즈넉한 풍경을 묘사한 그야말로 그림 같은 시이다. 담황색의 빛깔과 양 옆이 툭 트인 여백의 공간이 아주 잘 어우러져 시정詩情과 화의畵意가 일체가 되는 군더더기가 없는 그림이라 할 수 있다. 칠언절구 한 수가 달린 화제는 정조 때 양근에 살던 정초부라는 나무꾼 노비의 시이다. 그의 이름은 정봉鄭鳳, 호는 운포雲浦이나 당시 사람들은 한결같이 '정초부'라고 불렀다. 즉 초부는 나무꾼을 뜻하는 말이니, 정씨 나무꾼이라는 말로 통했던 것이다. 그는 여동식呂東植이란 참판댁에 딸린 노비였다. 어릴 때부터 나무를 하러 산으로 가면 주인집 아들이 책을 읽는 걸 부러워하여 어깨 너머로 구경하곤 하였다. 그리고 가끔은 나무하는 것도 잊어버리고 삭정이를 줍고 나무를 패면서 스스로 흥얼거리며 글귀를 따라 외웠다. 오로지 자득한 공부를 통하여 나무하는 틈틈이 시를 지었는데 그는 사람들 사이에서도 조금씩 알려지게 되었다.

정초부는 지금의 팔당대교 상류인 월계月溪 어디쯤엔가 살면서 나무를 져다 한양 나무전 거리에서 팔아 생계를 유지했다. 김홍도의 그림에 적힌 화제도 나무를 팔기위해 오고가며 본 풍경에서 나온 시임이 틀림

---

183) "少師而壯友, 於詩惟我樵."

없다. 서울로 나무를 팔고 돌아가다가 보게 된 동호대교 부근 어딘가의 아름다운 저녁 풍경에 매료되어 나온 작품이리라. 노비의 시라고 하기에는 너무 잘 다듬어지고, 서정적이다. 하기는 노비라는 신분에 집착해서 시를 해석할 필요까지는 없다. 어찌 시에 빈부, 귀천이 있으랴. 이 시는 세상에 널리 퍼져서 정초부는 식자들 사이에서는 유명한 이름이 되었다. 이름이 났다고 해서 정초부의 인생이 바뀐 것은 아니었다. 그는 월계에서 나무하며 시 짓는 시인으로 평생을 보냈다. 한편으로는 주인이 그를 노비에서 풀어주었다는 이야기도 전한다. 노비로서 나무하며 먹고사는 가난한 시인이지만 서울의 고관이나 저명한 문인들이 교통의 요지인 이곳을 지날 때 그를 찾아보려했다. 신광수란 유명한 시인도 여주를 가기 위해 월계를 지날 때 "여기에는 노비 정봉이란 사람이 시를 잘 한다"며 그를 만나려 했으나 만나지 못했다. 몹시 아쉬워하며 "아침에는 나무 팔아 배 위에서 쌀을 얻고, 가을에는 나무에 기대 산 속에서 종소리를 읊네."184)라고 정초부의 살아가는 모습을 떠올리는 시를 지었다. 나중에라도 꼭 만나겠다고 다짐하면서 말이다. 주변 고을의 수령들도 시회가 있으면 그를 불러서 함께 시를 짓기도 했다.

 정초부는 이름이 알려진 이후에도 나무꾼 생활을 그만두거나 명성을 이용해 세력 가진 자를 찾아다니지 않았다. 자신의 본분을 지키며 월계의 나무꾼이라는 이름에 만족했다. 지은 시에는 이름도 쓰지 않고, 그저 초부樵夫라고만 썼다. 남에게 자신을 소개할 때도 초부라고 했다. 자신을 낮췄다고 해서 식자들이 그를 노비니 나무꾼이니 무시하지 않았다. 서울에서 경기도와 강원도로 가는 주요한 길목이었던 월계를 지키는 특별한 명사가 되었다. 심지어는 그가 죽은 지 수십 년이 지나서도 월계를 지나는 사람들은 초부를 기억하고 그를 추모하는 시를 지었다.

---

184) "賣柴朝得江船米, 倚樹秋吟峽寺鍾."

김홍도의 격조 높은 그림에는 그 옛날의 나무꾼 시인이 말없이 작품을 얹고 있다. 굳이 그가 이름이 정봉이요 노비였단 사실을 밝힐 필요가 없을지 모른다. 정초부의 시는 당대에 회자되면서 글자가 고쳐지기도 했는데 맨 앞 글자가 원문과 달리 높을 '고高' 자로 돼 있다. 정초부의 재능을 한양의 사대부 사회에 널리 퍼뜨릴 정도로 그의 재주를 아꼈던 여춘영은 정초부가 죽자 자신의 아들 둘을 데리고 정초부의 무덤을 찾아가 그를 기리는 제문을 짓기도 했다.

　정초부는 나무를 하는 노비였다. 어린 시절 낮에는 나무를 하고 밤에는 주인집 자제들이 배우는 글을 어깨너머로 배웠다. 정초부가 어린 시절 읊는 한시를 외우는 것을 본 주인이 이를 기특하게 여겨 한자를 가르친 것으로 전해진다. 그의 시는 서정성이 풍부하고 회화적인 것이 특징이다. 오늘날 한강 동호대교 부근의 풍경을 읊은 시는 당대에 특히 유명해 단원 김홍도가 '도강도'를 그릴 때 화제畵題로 사용했다.

　정초부는 천부적인 시적 재능이 있어 한시를 지었지만 학문이 그리 깊지는 않아 누구나 알 만한 쉬운 글자로 시를 지었다. 이 때문에 오히려 많은 사람이 더 쉽게 그가 지은 시에 빠졌을 것으로 보인다. 정초부가 시를 잘 짓는 노비로 명성을 얻음에 따라 그가 살던 양근현[185])에는 길을 지나던 사대부들이 그를 보러 그의 집을 방문하곤 했다. 가까이 살던 수원 부사를 지낸 김상묵金尙默(1726~1779)도 그와 친분을 나누었다. 당대 노론 사대부의 폐쇄적 시회였던 '동원아집東園雅集'에 불려가 고관을 지낸 인사들과 함께 시를 짓기도 했다. 안 교수는 "그가 남긴 약 구십 수의 시는 서정적이고 조금은 우수에 찬 느낌이며 노비가 한시작가로 두각을 나타낸 현상은 18세기 조선 문화계에 새로운 세력이 등장하던 시기였음을 보여주는 표지이며, 이번에 발굴된 그의 한시는 서정

---

185) 지금의 경기 광주시 남종면 수청리.

적이고 조금은 우수에 찬 느낌을 준다"고 소개했다. 정초부는 글자 그대로는 정씨라는 성씨의 나무꾼이라는 뜻이지만 그의 실제 이름과 어느 집 노비였는지 등은 명확하지 않았다. 하지만 안 교수는 그와 같은 시대를 살다간 여춘영의 문집으로 오직 규장각에만 유일본으로 확인된 『헌적집』을 함께 찾아내 이에서 정초부 관련 기록을 발굴, 그의 생몰연도를 확인하는 한편, 주인이 여춘영이라는 사실도 밝혀냈다. 여춘영은 조선후기 명문가 집안 중 하나인 함양 여씨다. 『헌적집』에는 1789년 정초부가 일흔여섯 살로 사망하자 여춘영이 그를 추억하며 지은 만시輓詩 열두 수가 담겨있다. 또 여춘영은 그를 묻고 돌아오는 길에 다음과 같은 시를 짓기도 했다.

초부를 묻고 돌아오는 길에 곡하고 읊다	哭樵夫葬, 歸路有吟
저승에서도 나무를 하는가	黃壚亦樵否
잎 서리치고 빈 물가에 비 오는데	霜葉雨空汀
삼한 땅에 명문가 많으니	三韓多氏族
내세에는 그런 집에 나시게나	來世托寧馨

이제까지 정초부는 실제 이름이 알려지지 않았지만 이번에 발굴된 『초부유고』에 따르면 정초부의 이름은 이재彛載이며, 여씨가 노비문권을 불살라 면천시켰는데, 그는 나무꾼으로 생계를 이으며 양근의 갈대울에 거주했다는 사실이 드러났다.

한가로이 살며	閑居[186]
선관처럼 그윽하게 숨어사니	幽居泠寂似禪官

---

[186] 『풍요속선』, 권5.

잠결에 한가한 뜻 잠든 뒤와 같네	睡裏閑情定後同
빈숲에 시내 흘러 그윽한 향기 뿜고	流水空林生暗香
꽃 진 으슥한 집에 산들바람 부네	落花深院度微風
백년을 자재하니 이상향인 것을	百年自在無何有[187]
만사는 마침내 모두 공으로 돌아가네	萬事都歸至竟空
알겠노라 도원이 별세계가 아닌 걸	也識桃源非別界
어부가 돛단배로 지나는 걸 금하지 않네	不禁漁子一帆通

정초부의 이상향은 일상 속에 자재한다. 창을 열면 한 척 외로운 돛단배가 강심을 따라 흐르고, 외진 오두막에는 꽃이 지고난 뒤 산들바람이 불어온다. 자연에 무르녹아 하나가 된 무하유향이 별천지로 따로 있는 게 아니란다. 자적하며 한가로이 사는 풍정이 깊고 그윽하다.

정초부의 다른 시 두 편을 이어서 살펴보자.

새털구름 여윈 버들에 가을이 드니	淡雲衰柳共爲秋
하루 종일 연못에 물안개 어리구나	盡日林塘水氣幽
푸른 새 고기 잡으려다 놓치고서	翠鳥掠魚時不中
연잎 끝 날아와서 오두마니 앉았네	歸飛端坐碧蓮頭

앞의 시는 가을 날 연못가에 앉아 읊은 경물시이다. 스치는 풍경과 심상을 날렵하게 포착한 시선이 마치 스냅사진을 찍듯이 경쾌하다. 매우 감각적이며 결구의 처리는 압권이다. 물고기를 잡으려다 히탕을 치고 연잎에 오똑하게 앉아 부리를 닦고 있을 물새 한 마리가 심상에 그대로 뛰어들어 아쉬운 여백이 충만하다. 그 배후가 거느리는 여운이 참으로 깨끗하고 그윽하다.

---

[187] '무하유無何有'는 인위적인 것이 없는 광활한 자연의 이상향을 뜻한다. 『장자』, 「소요유」.

길손에게 주다	贈過客
강가에 나무꾼 집이래야	江上樵夫屋
원래 여관이 아니라네	元非逆旅客
내 성명 알고 싶거든	欲知我名姓
광릉 가서 꽃에게 물으시게	歸問廣陵花

앞의 시는 자신의 처지를 한 방에 치는 선구禪句를 방불하게 한다. 월계 근처에 사는 나무꾼이란 자신의 거처에 관한 정체성을 밝히고 과객들이 흔히 지나치는 여관이 아니라고 선언한다. 굳이 날 알고 싶거든 광릉에 핀 흐드러진 꽃에게 물어보라, 슬쩍 고개 돌리고 외면하고 만다. 세상사 풍문을 일거에 잠재우는 단칼이 빛난다. 숨어사는 노비이기에 어디 이름자가 가당키나 한가. 그저 나뭇짐이나 하며 시나 한 수 읊으며, 세상사에 등 돌리고 숨어사는 걸. 굳이 날 아는 체 하지 말기를.

5. 박만朴蔓 ─ 요절한 천재 시인

박만朴蔓에 관한 기록은 극히 미미하다. 정조 21년(1797) 천수경千壽慶 등이 편찬한 『풍요속선風謠續選』에 그의 시 한 수와 간략한 신상이 기록되어 있다.

> "박만의 자는 만청蔓倩인데 밀양인으로 천해서 배운 것이 없었다. 분발해 소리 내어 책을 읽었으며 시를 짓는 재주가 크게 성취하여 입만 열면 문득 사람을 놀라게 했는데, 나이 스물셋에 죽었다."[188]

---

[188] 『풍요속선風謠續選』 제7권, 아세아문화사 영인본 779~780쪽 참조. "蔓字蔓倩 密陽人, 賤而無敎. 呼憤讀書, 詩才大成, 發口輒驚人, 二十三而歿."

"倩"은 음이 두 가지로 나뉘는데, '천'과 '청'이다. '청'은 사인使人 곧 심부름꾼이다. 자가 '만청'임을 볼 때 그는 관아나 어디에 종속된 사환使喚인 것으로 보인다. 잔심부름을 하거나 자질구레한 일을 뒤치다꺼리하는 노비인 듯하다. 한편 기이하게도 만청은 동방삭東方朔의 자字이기도 하다.

동방삭(BC154~93)은 한漢나라 무제武帝 때 사람으로 산동성 염차厭次 출생이다. 벼슬이 금마문金馬門 시중侍中에 이르고 해학과 변설로 이름이 났다. 부국강병책을 상주하였으나 받아들여지지 않자 이를 자조한 문장 '객난客難'과 '비유선생지론非有先生之論'을 남겼다. 속설에, 서왕모西王母의 복숭아를 훔쳐 먹어 죽지 아니하고 장수하여 '삼천갑자동박삭'이라 일컬어졌고 저서에 『동방선생집東方先生集』이 있다. 동방삭에 대한 역사적 기록은 동시대이던 사마천의 『사기』 '골계열전滑稽列傳', 출세를 위해 한무제에게 올린 상서의 일부가 실린 『한서漢書』에 전해져 온다. 사마천의 「사기열전」 '골계열전'에 따르면 다음과 같은 행적을 적고 있다. 동쪽 제나라 시골에 사는 동방삭은 멀리 수도인 장안長安에 와서 공차公車라는 관가에 자신을 추천하는 상서를 제출했다. 한무제는 동방삭의 상서를 다 읽는데 두 달이나 걸렸다고 한다.

"신臣 동방삭은 어릴 때 부모를 잃었으며, 장성해서는 형수를 보살폈습니다. 열두 살부터 공부하기를 삼년 동안, 문과 사를 다룰 수 있게 되었으며, 열다섯 살에 검을 쓰는 법을 익혔고, 열여섯 살에는 서경을 공부하였습니다. 암송한 것이 이십삼만 어, 열아홉 살에는 손자와 오자의 병법과 진 치는 법을 배웠으며, 이때 외운 것이 이십이만 어, 따라서 신 삭朔이 암기하는 말이 도합 사십오만 어이며 또한 항상 자로子路의 말을 따랐습니다. 신 삭의 나이 스물두 살에 신장이 구 척 이 촌, 눈은 구슬을 걸어 놓은 것 같고, 이齒는 조개를 짜 넣은 것 같습니다. 용감하기는 맹분孟賁,[189] 빠르기는 또한 경기慶忌[190]와 같으며, 청렴하기는 포숙鮑

叔191)과 같고 신의를 지키기는 미생尾生192)과 같습니다. …… (중략) …… 모든 것이 이러하니 이로 보건대 천자天子의 대신大臣됨이 마땅합니다."

이에 한무제는 동방삭을 기이한 인물로 여겨 낭관郎官으로 삼았다. '골계열전'을 보면 동방삭의 특이한 면은 그의 기행奇行에 있었다. 한무제를 모시고 식사를 하거나 시중을 들 때, 먹다 남은 고기는 전부 옷깃의 품에 싸서 가지고 왔는데 옷이 더럽혀져 말이 아니었다. 또 비단 등을 하사받으면 그것을 어깨에 메고 퇴궐했다. 하사받은 돈이나 비단을 모아 젊은 미녀를 샀으며, 일 년 쯤 뒤에는 버리고 다시 젊은 미인을 샀다. 깊은 산속이 아닌 구중궁궐에 은둔하는 동방삭을 미친 사람이라고 수군거렸다. 한 번은 궁중에서 동료들과 술을 마시는데 누가 "사람들이 자네를 미친 자라고 하네."라고 하자, 동방삭은 이에 "나는 말하자면 궁중에 한가로이 은둔하고 있는 셈이지, 옛날의 은둔자들은 심산유곡에서 세상을 피했지만"193)이라고 대답했다. 동방삭은 술이 거나하게 취하면 땅에 넙죽 드러누워 노래를 부르곤 했다.

속세에 푹 파묻혀	陸沈於俗
궁궐 문안에서 세상을 피한다네	避世金馬門
궁전 안에 세상을 피해 몸을 온전히 하나니	宮殿中可以避世全身
하필이면 깊은 산속, 초막 아래 있을게 무어랴	何必深山之中蒿廬之下

---

189) 맹분은 전국戰國 시대 제齊 나라의 역사力士.
190) 경기는 오나라의 왕자로서 무예에 능했다.
191) 춘추春秋시대 때 제齊 나라의 대부大夫로 관중管仲과 친하여 가난한 그에게 재물을 나누어주고 그가 갇혀있을 때 환공桓公에게 천거하여 석방되게 하고, 환공을 도와 패업을 이루게 했다. 관중이 술회한 말에, "나를 낳은 이는 부모이며, 나를 알아준 자는 포숙이다." 하였다.
192) 춘추春秋시대 노魯나라 사람. 여자와 다리 밑에서 만나기로 약속했는데, 마침 비가 와서 여자는 오지 않는데도, 가지 않고 기다리다가 큰물을 만나 기둥을 안고 죽었다. 일명 '미생고微生高'라고도 함.
193) "所謂, 避世於朝廷間者也. 古之人, 乃避世於深山中."

한편 인조와 숙종 년간의 문신이며 송시열宋時烈과 송준길宋浚吉의 문인이던, 송규렴宋奎濂(1630~1709)의 『제월당집霽月堂集』 제1권에 실린 시 한 편이 흥미로운 단서를 제공하고 있다. 이 한 편의 시가 박만을 노래한 것이든 동방삭을 위한 것이든 '만청'을 두고 우스개로 지은 시임에랴. 증시贈詩이기에 구체적 실존인물인 박만에게 준 것으로 보면 의미의 층위가 드러나 그에 대한 단서를 제공한다.

만청에게 희롱하여 줌	戲贈曼倩
곧은 듯 한 데 도리어 곧지 않고	似直還非直
어리숙한 데 오히려 어리숙하지 않네	如愚却不愚
그렇다 해도 혜강과 완적을 기리고	雖然慕嵇阮
또 정자와 주자를 벗어나지 않네	且莫外程朱
실제로 허물이 없는 듯하여	實地如無過
미친 척 꼭 베어죽일 필요는 없었네	佯狂不必誅
골풀과 삼이야 본래 같이 쓰이는 법	菅麻本同用
마침내 이 사람도 우리의 무리라네	畢竟是吾徒

천수경 등이 펴낸 『풍요속선風謠續選』이 정조 21년(1797)에 세상에 나왔으므로 박만은 그 이전에 활동하던 인물이고, 또한 이 시를 박만에게 주었다면, 그는 대략 17세기 중후반의 인물로 추정된다. 시의 전반부는 그를 상당히 모호한 인물로 묘사하고 있다. 그러나 죽림칠현竹林七賢의 일원이던 혜강과 완적처럼 숨어살면서 정자와 주자를 따랐고, 결구에서 '우리의 무리吾徒'라고 함으로써 그를 허여한 것이다. '골풀과 삼'은 양반과 상놈을 대비하며 근본이야 다른 바 없다고 하였다. 아무 허물도 없는데, 다만 거짓으로 미치광이 행세를 하다가 주살되어 요절하였음을 시사하고 있다. 희시戱詩이지만 행간에는 그의 죽음을 안타까워하는

슬픔이 은은히 배어나오는 걸 느낄 수 있다.

『풍요속선風謠續選』에 실린 박만朴蔓의 시 한 수는 다음과 같다.

스스로 위로함	自遣
남쪽 시냇가 자취 감춰 세상과 멀어지니	屛跡南溪世與疎
장차 슬픔이나 기쁨이나 다 헛일 되겠네	欲將悲喜並歸虛
세월은 북으로 가나 기러기는 남으로 오니	光陰北去南來鴈
넉넉하고 초췌하기는 조삼모사한 꼴이네	豊悴朝三暮四狙
봄기운이 마음 가운데 있어 항상 담담해	春在中心常澹澹
꿈속에 옛날 돌아보니 절로 족하게 여기네	夢回太古自蘧蘧
춥고 배고픔이야 진솔한 데다 맡기노니	寒衣飢食任眞率
어찌 글로써 수레 가득 기록하겠는가	焉用文詞著滿車

제목에서 보듯이 '자견'이란 자신을 스스로 위로한다는 뜻을 부친 시이다. 스물 셋에 요절한 시인의 눈에 비친 세상은 원숭이처럼 영악하여 조삼모사하기 짝이 없으나 시인은 그저 '마음에 봄바람 한 줄기 일어나니 담담하다'고 진술한다. 희비에도 동요하지 않고, 인간으로서 가장 기본적인 의식衣食조차 진솔함에다 맡겨두다니 시인은 너무 조로早老한 것 같다. 세상의 가장 밑바닥을 기면서 이처럼 시선을 한가롭게 가질 수 있다는 사실 때문에, 더욱 눈시울이 뜨거워진다. 자견이란 시제는 조선의 시인들이 즐겨 읊던 주제 가운데 하나였다. 다음에서 같은 제목으로 쓴 다른 시인의 시 두 편을 살펴보면, 박만의 그것과 상통하는 정서가 있음을 알 수 있다. 스스로를 달래며 마음속에서 우러나오는 회한을 드러내는 점이 그렇다.

스스로 위로함 　　　　　　　　　　　　　　　　　自遣194)

말은 글자 아니면 통하기 어려우니 　　　　　言非書字欲通難
아내와 자식도 딴 나라 사람과 다름없네 　　妻子眞同貊與蠻
시들시들 병든 몸 미약하기 낱알인데 　　　兀兀病身微一粒
기나 긴 시름은 천 갈래로 찢어지네 　　　　悠悠愁緒亂千端
나이 오십이 넘었지만 어찌 천명을 알며 　　年踰知命豈知命
벼슬을 살고 있지만 어찌 벼슬이라 하랴 　　位在服官焉服官
귀먹어 듣지 못함은 하늘이 내린 벌이니 　　滅耳不聰天降罰
봉군과 후한 봉록에 편안할 수 있으랴 　　　封君厚祿可能安

스스로 위로함 　　　　　　　　　　　　　　　　　自遣195)

나는 나의 집 좋다고 사랑하여 　　　　　　吾愛吾廬好
죽는 날 까지 대 사립문 닫고 사네 　　　　終年掩竹扉
책을 찾으려고 옛 서가를 뒤지고 　　　　　檢書尋古架
술과 바꾸려고 조복을 잡히네 　　　　　　　換酒典朝衣
물이 얕아도 물고기들 오히려 좋아하고 　　水淺魚猶樂
숲이 울창하니 산새들 절로 돌아오네 　　　林深鳥自歸
즐거이 만물이 변하는 걸 보려는 것이니 　　怡然觀物化
사람의 원망을 피하려 하는 게 아니라네 　　不是避人譏

6. 천한 여종들

　조선시대에 여비女婢는 대체로 그 하는 일에 따라 단순가사, 노동, 젖먹이, 수발을 맡는 계집종으로 나눌 수 있다. 단순한 가사노동은 집안의

---

194) 권근權近, 『양촌집陽村集』 권10. 또 『동문선』 제10권에도 실림.
195) 배중부裵中孚, 『속동문선』 제9권.

잡다한 허드렛일을 도맡아 하는 것으로 목욕, 청소, 세탁, 취사, 방아 찧기, 음식 수발, 베 짜기 등을 담당했다. 또한 유모는 수유授乳 및 주인댁의 육아를 돕는 특수 역할을 수행했다. 마지막으로 시비는 시중드는 여종을 의미하는데, 보통 '몸종'이라 부르며, 남자 주인에게 딸렸는데, 세숫물 떠다 받치기부터 일체의 수발을 담당하였는데, 대개 비첩婢妾으로서 그 성적 대상이 되거나 주악奏樂, 가무歌舞 등 주인의 정서적 충족을 위해 봉사하는 일종의 성비聲婢였다는 점에서 여주女主의 시비와 구별된다. 그리고 만약에 비첩이 되어 소생이 생기면 종모법에 따라 그 자식들도 당연히 천출로 편입되어 장예원 노비안에 등재되어 평생을 노비로 지내야 하였다. 더구나 여비는 남성인 주인이 환락이나 유흥을 위한 성적 노리개나 도구가 되기를 강요하더라도 감수할 수밖에 없었다. 그리고 심지어 남자들 간에 여비는 종종 매매되거나 증여가 되기도 하며 심지어, 하나의 상품으로 인식되어 노름빚에 팔려 다니기도 하였다. 이들의 삶은 참으로 절망적일 수밖에 없었다. 그래서 여종들의 시문학을 개관해보면, 대체로 슬픈 정조가 주를 이루며 행간 곳곳에는 원망과 탄사가 드러나 있다. 또한 운 좋게도 간혹 비첩이 된 경우에는 그리움과 독수공방, 함부로 몸을 내맡기지 않으면 안 되는 자신의 처지를 애절한 슬픔과 회한으로 승화시킨 시가 많다.

1) 안동 권씨 집의 여종, 얼현孼玄

조선후기 문신인 임방任埅196)이 펴낸 시화집, 「수촌만록水村謾錄」에 실려 있는 얼현은 안동 권씨 집의 여종으로 재색이 있고 시를 잘하였는

---

196) 현종 4년(1663) 사마시에 1등으로 합격, 1671년 재랑齋郞, 장악원주부, 호조정랑, 기사환국으로 송시열이 유배될 적에 사직하였다가 다시 단양군수, 사옹원첨정 등을 역임.

데, 스스로 호를 취죽翠竹이라 하였다. 그녀의 시로 두 수가 전하는데, '추사秋思'와 '방석전고거訪石田故居'이다.197)

| 가을밤에 생각이 있어 | 秋思 |

하늘은 물과 같이 맑고 달은 창창한데   洞天如水月蒼蒼
나뭇잎 떨어지고 밤에 서리 내리네   樹葉蕭蕭夜有霜
열두 겹 주렴 속에 외로이 홀로 자니   十二細簾人獨宿
옥병풍 좋지마는 원앙이불 부럽구나   玉屛還羨畵鴛鴦

    가을 밤 찬 서리 내리는 외로운 밤, 노비의 회한이 낙엽처럼 나뒹굴고 있다. 어느 양반의 눈에 들어 잠깐 노리개가 되었을까. 원앙이불은 홀로 덮고 자기에는 너무 허전하고 호사스럽다. 그래서 열두 겹 주렴 속은 더 슬프다.

| 석전의 옛집을 방문하고 | 訪石田故居 |

십년동안 일찍이 석전과 짝해 놀았는데   十年曾伴石田游
양자강 어귀에 취해 얼마나 머물렀나   楊子江頭醉幾留
오늘 임 떠난 뒤 홀로 찾아와 보니   今日獨尋人去後
가을 물가 흰 개구리밥 붉은 여뀌 가득해라   白蘋紅蓼滿汀秋

    가을 강가에 흰 개구리밥과 붉은 여뀌가 어우러져 색채의 조화가 현란하다. 아마도 얽힌 회한의 한 자락도 그러하리라. 십년동안 어릴 때 짝해서 노닐던 임의 옛 고향 사람들 다 떠난 뒤 홀로 찾아와 보니, 그저 먹먹할 따름. 그 동안 양자강 어귀에서 취한 채 얼마나 머물렀던가. 시

---

197) 『해동시화海東詩話』에도 실려 있다.

공간이 교차하는 시의 정조가 쓸쓸하고 서럽다. 석전石田은 얼현을 비첩婢妾으로 맞아들였는데, 그가 떠난 뒤의 쓸쓸한 내면 풍경이 결구에서 찬란한 채색이 대비되어 매우 절창으로 읽힌다.

홍중인洪重寅이 편찬한 『동국시화휘성東國詩話彙成』198)에서는, "이 두 작품은 『기아箕雅』199)에 같이 실려 있는데, '추사秋思'는 기생 취선의 작품이라 잘못 알려져 있고, '고거故居'는 무명씨 작품이라고 잘못 되었는데 세상에서 취죽翠竹의 이름이 전하지 않음이 애석하다"고 기록하였다.200)

그런데 근년에 백운자白雲子 권상원權尙遠(1571~?)의 시문집 목판본인 『백운자시고白雲子詩稿』201)가 발견되었다. 그 말미에 필사된 채 전해지는 설죽雪竹은 여종의 신분으로 여성의 정감이 담뿍 담긴 한시를 상당히 많이 창작했다. 설죽의 행적은 『백운자시고』의 말미 「설죽사적雪竹事蹟」에 간략히 정리되어 있는데, 여기에 따르면 그녀의 생몰 연대는 미

---

198) 단군부터 조선 영조 때까지 인물을 시대별, 신분별로 나누어 인적 사항을 밝히고 그들이 지은 시나 일화를 모아 엮은 책. 22권 7책. 필사본. 편자와 연대는 미상, 지질, 서체로 보아 뒤에 필사한 것으로 보인다. 서문과 발문도 없다. 권1~3은 고조선편 기자, 여옥과, 신라편 유리왕, 박제상 등은 전하는 설화나 후대의 찬시를 수록하고, 권4~9 고려편 가운데 권8은 승류僧類 6인, 권9는 창류娼類 2인이며, 권10~22 조선편 가운데 권18은 종실宗室 4인, 권19는 승류 6인, 권20은 규수閨秀 4인, 권21은 창류 2인 등의 시문이다.
199) 남용익南龍翼(1628~1692)이 엮은 시선집詩選集. 14권 7책.
200) "此兩作, 俱在箕雅, 而秋思, 誤屬妓翠仙, 故居, 誤屬無名氏. 世不傳翠竹名, 可惜."
201) 조선 중기의 시인 권상원權尙遠의 시집. 저자의 자 원유遠游, 호 백운白雲. 본관 안동安東. 19세에 이미 시로 이름을 떨쳤는데 당시 지은 시가 300여 수가 되어 당인唐人에 필적한다는 평을 들었다. 이 책은 그가 죽은 지 약 백년 뒤인 영조 26년(1750) 권사협權思浹 등이 편집, 간행하였다. 서문은 없고 책 끝에 권사협의 후지後識가 있다. 시 200여 수와 부록으로 백운자전白雲子傳과 제문, 증별시 등이 수록되어 있다. 시에는 기행시가 많은데 대표적인 것으로 '부석사종각취음浮石寺鐘閣醉吟'을 들 수 있다. 이 밖에 증별, 차운, 화답류가 많은 것도 특징이다. 부록의 증별시는 이식李植이 지은 것이 많다. 불분권 1책. 목판본. 연세대학교도서관 소장.

상이나 이름은 알현閼玄이며 호는 설죽, 설창雪窓, 월연月蓮, 취선翠仙 등이다. 이로 미루어 보면, 이제까지 전해진 얼현孼玄이라는 인물이 바로 안동에 거주하던 비녀婢女인 알현閼玄과 동일인물인 것을 알 수 있다. 얼현은 신분이 천한 계집종으로 지극히 미천하여 가문에 관한 기록을 전혀 찾아 볼 수 없다. 그녀는 당시의 노비 매매와 상속의 관습과 신분제도 때문에 모진 인생유전을 겪는다.

처음에는 충재冲齋 권벌權橃(1487~1547)의 손자인 석천石泉 권래權來(1562~1617)의 시청비侍廳婢로 출발하여, 나중에 원유遠遊 권상원權尙遠의 시비侍婢가 되었다가, 마침내 석전石田 성로成輅(1550~1615)의 비첩婢妾이 되었다.

실제로 안동권씨 충재종택 삼계서원에는 『백운자시고』 목판이 존재하는데, 이는 조선 중기의 시인 권상원의 시집으로, 불분권 한 책의 목판본이다. 이 책은 그가 죽은 지 약 백년 뒤인 영조 26년(1750) 권사협權思浹 등이 편집, 간행하였다. 서문은 없고, 권말에 권사협의 후지後識가 있다. 시 이백여 수와 부록으로 「백운자전」과 제문, 증별시贈別詩, 송서送序 및 서관창수西關唱酬 여덟 수 등이 수록되어 있다. 얼현은 시비侍婢, 성비聲婢, 가비歌婢, 성비性婢, 비첩婢妾 등 인생유전에 따라 다양한 역할을 감수하며 파란만장한 삶을 살았지만,202) 비천한 여인의 숙명적인 삶을 스스로 극복하고, 천부적인 문학의 재능을 발휘하여, 모두 오언절구 서른일곱

---

202) 조평환 교수는 얼현의 삶을 세 시기로 나누었다. 충재冲齋 권벌權橃(1487~1547)의 손자인 석천石泉 권래權來의 시청비侍廳婢(성장기임과 동시에 귀 동냥으로 한문을 배웠던 시기)로 출발하여, 원유遠遊 권상원權尙遠의 시비侍婢(성숙기임과 동시에 어깨 너머로 한시의 기법을 익혔던 시기) 그리고 석전石田 성로成輅의 비첩婢妾(여성으로서 원숙미를 갖춘 시기임과 동시에 한시를 지어 그 재능을 발휘한 시기) 등을 거치면서, 본주를 시봉하고 함께 명산대천을 유람하며 자연스럽게 상면하게 되어 인연을 맺고 시로 교유하며 지냈던 시기로 나누었다. 조평환, 「朝鮮中期 婢女 月蓮의 漢詩研究」, 『온지논총』 제21집, 72쪽.

수, 오언율시 다섯 수, 칠언절구 백이십육 수 등 모두 백육십팔 수에 달하는 많은 한시를 남겼다. 이 시들은 당시 '유곡삼절酉谷三絶'로 일컬어졌던 권상원의 시문집인 『백운자시고』의 말미에 필사되어 전하고 있다.

얼현의 생애를 앞의 「설죽사적」을 통해 개략적으로 재구성해보면 다음과 같이 추론할 수 있다. 그녀의 이름은 월련 또는 알현, 얼현이며, 자호는 설죽, 설창, 취선으로 불리었다.203) 이름이나 자호가 그만큼 많은 것은 그녀의 살아온 궤적이 파란만장하여 다양한 인생 편력을 거쳐 온 탓이라 생각된다. 얼현은 신분이 시중을 드는 여종으로 어린 나이에 관아에 딸렸다가, 다시 남자 주인에 딸린 시비侍婢가 된다. 주인의 제반 시중을 드는 것은 물론 진악奏樂 가무 등 그의 정서적 충족을 위해 봉사하는 성비聲婢 역할을 수행하거나, 주인의 비첩婢妾이 되어 성적性的 노리개가 되기도 하였다. 따라서 남자 주인에 딸린 시비들은 주인에게 환락 및 유흥의 도구로 강요되기도 하였다. 얼현은 처음에는 관아에 소속된 관비官婢로 석천 권래의 시중을 들며 상전으로 모시고 있었는데, 어려서부터 영리하여 늘 창이나 벽을 사이에 두고 손님들이 시문을 읊는 것을 엿듣고는 그 문장과 시구를 이해하였다. 차츰 그녀는 시에 능하여 당시 사람들이 중국 후한의 학자였던 강성康成 정현鄭玄의 비녀婢女에 버금간다고 찬탄할 정도였다.204) 그 뒤에 그녀는 다시 사가私家에 딸린 사

---

203) 권상원, 『백운자시고白雲子詩稿』, 「설죽사적雪竹事蹟」. "又號雪窓 名閼玄 又月蓮 又翠仙, 翠仙 一名月蓮,……自號雪窓 又曰雪竹."
204) 권상원, 같은 책. "才調伶俐而超逸, 每於聽壁間, 竊聽課詩之聲, 解其文義. 遂能文而長於詩, 時人比之康成婢." 참고로, 강성康成(정현鄭玄의 자字)은 학문을 좋아해서 그에게 딸린 여종들도 모두 독서를 하고 모시에 통달하였다고 한다. 다음의 인용문 참조. "康成學問不但有承先啓後之功, 其好學的影響, 並及於家人奴婢. 據說康成家婢女皆讀書, 尤其通達毛詩, 有一婢觸怒康成, 被罰跪在泥地上. 另一婢嘲笑說:「胡爲乎泥中(你怎麼會落到泥塘裡)?」跪婢回答:「薄言徒愬, 逢彼之怒(一句話說錯, 惹惱了他)。」二人都引用詩經語句, 典雅而幽默, 適被康成聽見, 不覺怒氣全消, 饒恕了犯錯的婢女. 這件事流傳到後來, 稱人家婢女常用「康成文婢」爲典."

비私婢가 되어 권상원을 모시게 되었다. 그리고 마지막으로 그녀는 아마도 노비 매매로 인하여 석전 성로의 집으로 가게 되었던 것 같다. 그녀는 진사인 성로의 비첩婢妾이 되어 모진 종살이를 그만두고 첩실로 들어앉아 그와 인연을 맺고 사랑을 나누었다. 실제로 얼현의 한시 여러 곳에는 석전을 사모하는 마음을 표현한 시들이 많다. 석전과 화답한 시를 이십여 편이나 되는데, 석전은 한 때 그녀와의 정분을 끊지 못해 큰 벼슬길에 나가지 못했다는 소문까지 나돌았다고 한다.205) 당시에 석전이 봉화 유곡에 있는 청정암에 당도하여 그녀와 더불어 유흥을 즐기고자 하자, 좌객들이 그녀로 하여금 희롱삼아 살아있는 석전의 생전 만시輓詩를 짓게 하였다. 이에 그녀는 즉석에서 만시를 지어 석전을 비롯한 좌객들의 눈시울을 적시게 하였다고 한다. 이로 인해 그녀의 시에 관한 명성이 세상에 널리 알려지게 되었다고 한다. 그녀는 석전 외에도 한 때나마 시로 교유하며 지냈던 인물이 적지 않은 것으로 보인다. 그들 중 화답하여 지은 한시를 통해 직접 확인이 가능한 인사들만 열거해 보면, 이덕산李德山, 이상사李上舍, 안배옹安排翁, 서계西溪, 백설비白雪飛, 동양대감東陽大監, 상주태수尙州太守, 심생沈生, 호정주인湖亭主人, 신서호申西湖, 조수재趙秀才, 김도헌金都憲, 김배옹金排翁, 박정랑朴正郎, 윤상사尹上舍, 임정랑林正郎, 심수재沈秀才, 박찰방朴察訪, 고정랑高正郎, 운봉태수雲峰太守, 백악산인白岳山人, 백설산인白雪山人, 이생李生, 안첨지安僉知 등 무려 스물네 명이나 된다. 이들은 대부분 얼현이 주인을 시봉하고 살아가는 과정에서 자연스럽게 상면하게 되어 알게 된 인사들로, 주인과도 무관한 사이가 아니었을 것으로 추정된다. 그리고 후일 얼현이 당대 명사들과 교유하며 지내다가 결국 재상의 비첩이 되었다는 설까지 있는 점

---

205) 권상원, 같은 책. "嘗曰, 吾上典 若入城, 則小妾 當不知死所矣. 以故石田公仕路蹇滯, 實由於翠仙之所爲云."

으로 미루어 보아, 실제 그녀와 교유하며 지냈던 인사들은 이보다 훨씬 더 많았을 것으로 추정된다.206)

| 성진사 석전의 죽음을 곡하며 | 哭挽成進士石田207) |

적막한 서호에 초당 문 닫아거니 　　　　　　寂寞西湖鎖草堂
주인 잃은 봄 누각에 벽도향 풍기네 　　　　　春臺無主碧桃香
푸른 산 어디에 호걸스런 뼈 묻었나 　　　　　靑山何處埋豪骨
무심한 강물만 말없이 흐르네 　　　　　　　　唯有江流不語長

얼현은 아마도 호수 근처에 살았던 것 같다. 시의 곳곳에서 호수의 풍광이 다가오는데, 이 시에서도 임이 떠난 쓸쓸한 서호에 초당 문을 닫고 산다고 한다. 덧붙여 봄날 누각에 올라 벽도향 은은하게 풍겨도 더불어 즐길 임이 없기에 누각마저 주인을 잃었다고 말한다. 벽도화는 봄에 피는 꽃으로 꽃 중의 신선이라 칭한다. 죽음을 넘어 춘대에 그 향기가 물밀 듯 밀려오니 다음 구와 대비되어 절대적 비감을 자아낸다. 사랑하는 임의 백골은 청산 어디엔가 묻히고, 무심한 강물은 심연을 흐르며 시인의 심금을 온통 적시고 있다. 희롱삼아 좌중의 짓궂은 선비들이 살아있는 석전을 거짓 죽여 놓고 만시를 짓게 하였으니, 임을 먼저 저 세상으로 보낸 한 여인의 애잔한 슬픔이 상상 속에 무르녹아 있다.

| 보성으로 가는 이생을 보내며 | 送李生之寶城 |

외기러기 저문 바다 위를 날고 　　　　　　　獨雁海天暮
외로운 배 가을 강에 떠 있네요 　　　　　　　孤舟江上秋

---

206) 조평환, '朝鮮中期 婢女 月蓮의 漢詩硏究'『온지논총』제21집, 76쪽.
207) 권상원, 『백운자시고白雲子詩稿』이하 졸고의 '얼현'의 시는 모두 같은 책.

멀리 남쪽으로 가신다하니	南州地一角
수심만 가득히 밀려만 와요	此去令人愁

이생李生은 누군지 알 수 없다. 다만 시에는 온통 외로움으로 덧칠해 있다. 독獨, 고孤, 일一, 수愁, 모暮, 추秋 따위의 시어는 영락하고 조락한 기운으로 외로움을 드러내는 데 자주 등장하는 시어들이다. 너무 외롭고 수심이 가득하다.

홀로 자며	獨宿
빈 주렴 홀로 자니 밤은 길어	空簾獨宿夜漫漫
바람 부는 높은 누대에 이슬도 차네	風滿危樓白露寒
기러기 울음소리에 잠깨어 일어나니	歸鴈一聲驚夢罷
가을 달이 난간에 내려와 있네	起看秋月下欄干

규방여인의 시에서 독수공방은 늘 주렴 너머 쓸쓸함으로 어른거린다. 가을 밤, 달은 휘영청 밝은데 기러기 날아가고 높다란 누대에는 이슬이 차다. 홀연히 꿈에서 깨고 보니 달은 벌써 난간에 걸쳐있다. 처마 위에 있던 달이 난간 아래에 비껴있으니 그만큼 시간이 경과하였음을 보인다. 여인의 차가운 베갯잇이 쓸쓸한 정조를 드러낸다.

낭군님 가신 뒤	郎君去後
낭군님 가신 뒤 소식마저 끊기니	郎君去後音塵絶
봄날 청루에서 홀로 잠드네	獨宿靑樓208)芳草節

---

208) 청루靑樓는 창기의 집을 말하는데, 흔히 주사청루酒肆靑樓, 홍등가紅燈街라 말한다.

| 불 꺼진 창가에서 무한히 울어 예는 달밤 | 燭盡紗窓無限啼 |
| 두견새 슬피 울고 배꽃은 떨어지네 | 杜鵑叫落梨花月 |

방초가 손짓하는 봄날에 낭군이 떠난 뒤 소식이 없다. 청루는 기녀의 집인데, 여기서는 기생과 같이 옮겨 다니는 자신의 신세를 의탁한 것으로 볼 수 있다. 기녀의 삶이 늘 그렇듯, 불 꺼진 적막한 밤에 두견새 울어 예니 배꽃은 분분하다. 원망과 회한, 고독과 그리움이 밀려오는 밤이 마치 결구의 두견새 울음이거나 날리는 배꽃 같아 어지럽다.

| 덕산으로 가는 이덕산을 보내며 | 送李德山之德山 |

이별하는 길은 천 겹으로 막히고	別路千重隔
안개 낀 강물은 아득히 흘러가네	烟江萬里長
청산에 홀로 두고 임 떠나가시니	靑山人獨去
이별의 정한만 버들에 매어두네	離恨結垂楊

이덕산이 제 고향으로 돌아가는 길에 그를 작별하며 지은 것이다. 이 시는 유지가 유지가柳枝歌라 할만하다. 중국 중당中唐 때 시인 백거이白居易는 기생첩으로 소만小蠻과 번소樊素를 두었다. 소만은 춤을 잘 추고 번소는 노래를 잘했다. 그래서 백거이가 "앵두 같은 번소의 입이요, 버들 같은 소만의 허리로다."라는 양류지사楊柳枝詞209) 여덟 수를 지었다. 버들개

---

209) 白居易, '楊柳枝詞' 八首. "六麽水調家家唱, 白雪梅花處處吹。古歌舊曲君休聽, 聽取新翻楊柳枝。陶令門前四五樹, 亞夫營里百千條。何似東都正二月, 黃金枝映洛陽橋。依依嫋嫋複靑靑, 句引春風無限情。白雪花繁空撲地, 綠絲條弱不勝鶯。紅板江橋靑酒旗, 館娃宮暖日斜時。可憐雨歇東風定, 萬樹千條各自垂。蘇州楊柳任君誇, 更有錢唐勝館娃。若解多情尋小小, 綠楊深處是蘇家。蘇家小女舊知名, 楊柳風前別有情。剝條盤作銀環樣, 卷葉吹爲玉笛聲。葉含濃露如啼眼, 枝嫋輕風似舞腰。小樹不禁攀摺苦, 乞君留取兩三條。人言柳葉似愁眉, 更有愁腸似柳絲。柳絲挽斷腸牽

지는 남녀가 이별할 때 정의 표시로 주고받던 것인데 버들개지는 아무 데나 심어놓아도 금방 그곳에 적응하여 잘 자라기 때문이다.

바느질 하다 말고	停針
바느질 하다 탄식하니 눈물은 옷깃 적셔	停針長歎淚沾衣
초록빛 남원에 가신 임 돌아오지 않고	草綠南園人未歸
봄날 고운 방은 외롭고 쓸쓸한데	無那紗窓春寂寂
제비는 미친 나비 따라 주렴에 날아드네	燕隨狂蝶210)入簾飛

시인이 규방에서 침선을 하다말고 저도 모르게 흐르는 눈물을 주체하지 못한다. 이별과 그리움에 잠 못 드는 밤에 제비는 미친 나비를 좇아 주렴으로 뛰어든다. 내면의 주렴 사이로 언뜻 남녀의 희롱이 자못 적나라하다. 낭군은 제비로, 여인은 나비로, 각각 상정하여 시인은 미친 듯이 제비를 유혹해 주렴 안으로 들인다. 은근하고도 도발적이다. 에로틱한 환상이 여기에 있다.

비단 휘장	錦幃
비단 휘장 잡아 걷고 중문도 닫으니	錦幃秉却掩重門
모시 적삼 소매에 눈물이 얼룩지네	白苧衫襟見淚痕
옥 굴레 금 안장은 지금 어디 있는지	玉勒金鞍何處在
삼경에 흐르는 눈물 견딜 길 없구나	三更殘淚不堪聞

유폐된 공간에 시인은 홀로 견딘다. 휘장도 걷고 중문도 닫으니, 임이 올 가망이 전혀 없다는 현재의 고독한 상황을 말한다. 모시 적삼에 아롱

斷. 彼此應無續得期."
210) 탐화광접探花狂蝶에서 온 말로, 꽃을 찾아다니는 미친 나비라는 뜻이다.

지는 눈물이 투명하다. 옥 재갈 물리고 금 안장에 올라탄 늠름한 낭군은 지금 어느 하늘 아래 있는지, 삼경에 홀로 견디는 텅 빈 방이 슬픔으로 넘실거린다.

| 안배노인의 시에 차운하여 1 | 次安排翁韻 1 |

가을 강에 달 휘영청 밝은데	秋江秋月明
강가의 나그네 수심에 잠겼네	愁作秋江客
풍광이야 예년과 한결같은데	風光似去年
구름처럼 남북으로 모였다 흩어지네	聚散雲南北

안배옹安排翁을 강가에서 보내며 이별의 정한을 드러낸 작품이다. 가을 강물 위에 달이 비치는데, 나그네의 수심도 강물처럼 그대로 흘러가는 심상이 유려하다. 예년과 같이 세월은 무상하여 한결 같은데, 노옹과 헤어지는 모습이 마치 남북으로 우르르 몰려가는 구름을 닮았다고 한다. 구름처럼 이별도 저리 덧없음을 시인은 노래하고 있다.

| 병중에 | 病中 |

깊은 규방 고요하여 등불은 깜박이고	深閨悄悄[211]燈明滅
바람에 일렁이는 주렴은 문을 두드리네	風動疎簾打戶聲
병든 몸 놀라 일어나 보니	伏枕病人驚起坐
창밖에선 새벽닭이 울고 있구나	欲聞窓外曉鷄鳴

작자는 지금 병중이다. 몸이 아파 누워있는데 규방의 그 깊이만큼 분위기도 어둡다. 등불은 가물거리는데, 이는 쇠약한 기운을 암시하며 시의 긴장감을 끌어올린다. 게다가 오래도록 임은 오지 않아 인적은 이미

---
211) 초초悄悄; 근심하거나 걱정에 잠긴 모양. 여기서는 고요한 상태를 말함.

끊겼는데, 바람에 일렁이는 주렴이 문을 건드린다. 겨우 몸을 추슬러 일어나보니 어느 결에 먼데서 새벽 닭 울음이 들려온다. 심신이 아픈 괴로운 밤을 하얗게 지새운 것이다. 시간의 경과를 훌쩍 '새벽 닭'으로 환치하여 시공간의 이동을 절묘하게 대체하고 있다.

백설산인에게 화답하여 주다 2	和贈白雪山人 2
어려서는 지금처럼 늙을 줄 모르고	少日不知今日衰
한 평생 즐거움에 백년기약 했는데	歡娛更擬百年期
봄도 채 다 가기 전에 꽃 이미 시들어	春光未謝花先老
계수나무 그림자 완연하더니 달은 이지러졌네	桂影纔成月已虧

젊은 한 때 연모하던 백설산인과 화답한 시로 지난 시절에 대한 회한이 겹쳐있다. 기구와 전구는 서로 호응하며 시상이 전개된다. 어려서 늙을 줄 몰랐는데 봄이 채 다가기도 전에 이미 꽃은 시들어버렸다고 자탄하고 있다. 시의 화자와 꽃은 서로 다른 행에서 겹쳐지며 이미지가 중첩된다. 결구는 매우 뛰어나다. 계수나무에 비치는 그림자가 완연한 건, 보름달이 되어 달그림자가 뚜렷한 걸 말하는데, 이미 달은 이지러져 시간이 그만큼 경과했다는 걸 암시한다. 청춘이 벌써 시들었다고 한탄하는 시의 화자는 무상함을 노래하고 있다.

운봉태수에게 주다	寄雲峰[212]太守
당신과 함께 맑게 노닐며 취하길 기약하여	淸遊取醉共君期
술동이 앞에서 두건 벗겨진 것도 몰랐네	不省樽前倒接䍦
밤 깊어 손님들 흩어져 술이 깨니	客散酒醒深夜後
가물대는 촛불에 또 홀로 시 읊조리네	更對殘燭獨吟詩

---

[212] 운봉雲峰; 전라북도 남원시 운봉면.

운봉태수雲峰太守와 화답하며 유흥을 즐기며 지은 시로써 시는 두 층위의 언표로 구성되어 있다. 전반부는 운봉태수와 말갛게 노닐며 술을 마시기로 약속하고 술잔을 주고받다가 술동이에 두건이 벗겨진 것도 몰랐다고 고백한다. 기구와 승구에서, '청유淸遊'와 '불성不省'이 대비되어 자못 우스꽝스럽다. 처음 말짱하게 마시려고 했는데, 어느새 취해 인사불성이 되다니. 후반부는 밤이 이슥하자 술자리는 파해 손님은 모두 떠나고, 술이 깰 무렵 가물대는 촛불에 그래도 풀지 못한 여음餘音을 당겨 흥을 풀고 있다.

김배 노인의 시에 차운하여   次金排翁韻

창가에 찬바람 치고 사립문에 눈 내리니   風射寒窓雪擁扉
찬 방에 고운 손으로 낭군님 옷을 짓네   凍閨呵手作郞衣
밤 깊어 등잔 불꽃 물처럼 서늘한데   夜深燈花凉如水
여섯 겹 병풍에 전향은 실인 듯 하늘거리네   六典屛空篆縷飛

시인의 심사는 시적 분위기와 늘 포개져 말을 건다. 너무 써늘하고 유약한 여인의 풍광이 그대로 드러난 작품이다. 김배옹金排翁에 대한 연모의 정을 한 땀, 한 땀 엮어 고운 손으로 임의 옷을 짓고 있다. 창가에 들이치는 눈보라는 시인의 내면풍경을 대변한다. 밤 이슥토록 바느질을 하는데 등잔 불꽃은 가물거리고, 방안에 피운 전향篆香이 마치 실인 듯 하늘거리며 퍼지고 있다.

임정자의 시에 차운하여   次林正字韻

가을 강 맑아 티끌 하나 없는데   秋情江上水無塵
단풍과 국화는 봄꽃처럼 고와라   紅葉黃花別作春

배 가득 취객들 백저가 부르느라	醉客滿船歌白苧213)
양진에 서쪽 하늘 해 지는 줄 모르네	不知西日墜楊津

임정자林正字와 시를 지으며 가을 강에 배 띄우고 풍광을 즐기며 지은 시이다. 정자正字는 벼슬 이름인데, 교서관校書館이나 승문원承文院에 소속되어 경서나 문서의 교정을 맡아보던 직책이다. 단풍이 물들고 누런 국화가 향기를 내뿜는 가을날, 마치 봄날처럼 좋다고 말하며 하늘도 맑고 가을 강물도 맑아 티끌 한 점이 없다고 한다. 배에 가득 타고 있는 취객들은 백저가白苧歌를 부르며 즐기니, 나루터에 해지는 줄도 모른다.

칠송에게 부치다	寄七松
기러기 떼울음 끊기자	雁盡音塵絶
만 리 밖 이 몸 당신이 그리워	相思萬餘里
임이 절 기억하신다면	郎君如憶妾
어이 편지 한 줄 보내시지 않는지	那得一行書

얼현의 시집에는 칠송七松과 관련 된 시가 가장 많이 등장한다. 그런데 칠송은 다음에 이어서 보이는 시에서 아우라는 주註가 붙어있으나, 다른 시의 행간을 미루어 추론하면 이와는 상반된다. 즉, 칠송은 서로 연모하는 사이로 읽히는 시가 훨씬 더 많기 때문이다. 따라서 칠송은 아우이면서, 한편에서는 동명이인으로 연인관계의 다른 인물이었을지도 모르겠다. 어쨌든, 이 점은 다시 밝혀야 할 점이라 미루어 두기로 한다. 승구와 전구에서 상사相思와 일인칭인 첩妾이라는 어휘는 이 시가 연모하던 칠송에게 부치는 시로 읽힌다. 기러기는 종종 안서雁書라 하여 편

---

213) 백저가白苧歌는 중국 양梁 나라 때 불리던 젊은 연인들의 사랑노래로 춤추는 모습을 묘사한 가사로 '백저가白苧歌' 또는 '백저무가白苧舞歌'라고도 함.

지나 기별을 상징하는 시어이다. 기별조차 없는 정황을 기러기 울음이 끊긴 걸로 시작해서 결구의 일행서一行書는 기러기가 남쪽으로 줄지어 날아가는 대열을 상징하며 동시에 사연을 적은 편지의 글을 중첩하여 드러냄으로써 수미상관의 구조를 이루었다.

옛집에 다시 돌아오니 칠송은 호수 밖에 가 빈 집이라 상심하여 짓다
重還故居七松往湖外但有空室愴然詠懷

십년 고생에 살던 곳 늦게 찾아	十年難苦此栖遲
오늘 돌아오니 일마다 그르쳤네	今日重歸事事非
홀로 뜨락에 서니 사람은 뵈질 않고	獨立庭中人不見
창 부서지고 집엔 먼지 쌓여 거미줄 엉겼네	破窓塵戶亂蛛絲

    십년 동안 고생하며 타향살이를 하다가 호숫가에 있는 옛집에 돌아온 감회를 표현했다. 그렇게 고대했던 고향이었지만 기다리던 가족은 없고, 집은 퇴락해 그다지 즐겁지가 않다. 주註에 의하면, 당시 그녀가 고향을 찾았을 때에 아우 칠송은 출타하고 빈 집만 남았다고 하였다.214) 인적이 없고 허물어진 고향집으로 인해 설죽은 상심하고 만다. 거미줄만 무성하게 우거진 고향집의 모습은 시절이 변해버린 작자의 심금에 얹어져 더욱 을씨년스럽다.

박찰방의 시에 차운하여, 3수 중 1수   次朴察訪215)韻三首中其一

| 제비는 춤추고 앵무새 노래하는 긴긴 봄 | 燕舞鸚歌春晝長 |
| 버들개지 어지러이 날아 주렴에 향기나네 | 楊花凌亂撲簾香 |

---

214) 이원길, 『안동 여인 한시를 짓다』, 파미르 및 『안동문화』 8집 참조.
215) 찰방察訪은 조선시대 역참驛站을 관리하던 종6품관 벼슬로 역참에 속한 역의 운영, 역리와 노비의 차정差定 및 관리, 관사보수 등을 관할했다.

낭군님 다시는 좋은 기약 어기지 마세요	郎君莫更佳期誤
그러면 외로운 제 애간장 다 타겠지요	孤妾從來斷寸腸

　봄날의 화창한 풍경에 다시 만날 기약을 하고 은근히 이를 지킬 것을 채근하고 있다. 시의 전반부에서는 흐드러진 봄의 향연이 무르녹아 있으나, 후반부에서는 외로움에 애타는 가녀린 여심을 드러내어 전후의 대비로 시의 묘미를 한층 고조시키고 있다. 버들가지는 사랑하는 연인이 정표로 주고받는 상징으로 채용되어 규방의 주렴 안으로 내밀한 공간을 슬며시 열고 있다.

백설비에게 화답하여 줌	和贈白雪飛生
저의 모습 시든 연꽃 같고	妾貌似殘荷
낭군님 마음은 흐르는 물 같아요	郎心如逝水
흘러간 물결은 흔적조차 없지만	水逝波無痕
연꽃 향기는 그치지 않네요	荷殘香不死

　백설비白雪飛는 아마도 정인情人인 듯하다. 이 시는 정靜과 동動이 서로 대비되어 시의 긴장을 고조시키며, 강물처럼 흐르다가 결구에 와서 견고한 자신의 사랑을 드러내 보인다. 임은 흐르는 물과 같아 붙잡을 수 없는데, 시인은 시든 연꽃처럼 임의 마음을 끌기에는 부족해 그 자리에서 망연히 기다릴 수밖에 없다. 임은 물같이 흘러가면 흔적도 없지만, 난 그 자리에서 연꽃을 그윽한 향기를 그치지 않으리라 다짐한다.

관외로 떠나는 이상사를 전송하며	送李上舍之關外
양관곡을 세 차례 들려주고	三疊陽關曲[216]

술 석 잔 올려 석별의 정 나누네	三杯惜別情
천 겹 산, 만 리 물길 밖으로	千山萬水外
눈보라 치는데 어떻게 가시려나	雪風若爲行

이 시는 왕유가 읊은 '안서로 가는 원이를 보내다送元二使安西'라는 시와 잇닿아 있다. 이상사李上舍를 관외로 보내며 술 석 잔에 양관곡을 거듭하여 부르며 눈보라치는 거친 날씨에도 불구하고 먼 길을 가는 이별을 아쉬워하며 지은 작품이다. 당나라 시인 왕유는 객사 창밖으로 늘어진 푸른 버드나무를 보고는 안서도호부사가 되어 떠나기 위해 행낭을 다 꾸린 친구 원이를 바라보며 술잔을 들었다. 왕유는 눈물을 흘리며 비탄에 잠겨 떠나는 친구를 붙잡으려 하지 않았다. 다만 술 한 잔에 증별시 한 수를 주고 싶을 뿐이었다.

위성 땅에 아침 비가 흙먼지 적시니	渭城朝雨浥輕塵
객사에 푸르른 버들잎 새로워라	客舍靑靑柳色新
그대에게 다시 한 잔 술을 권하노니	勸君更進一杯酒
서쪽으로 양관을 떠나면 옛 벗도 없으리	西出陽關無故人

예로부터 중국에서는 길 떠나는 이에게 버들가지를 꺾어 주면서 전송하였다고 한다. 이 시는 『악부시집』에 '위성곡渭城曲' 또는 '양관곡陽關曲' 이라는 제목으로 되어 있다. 당나라 때 송별의 노래로 널리 애창되었고, 세 번 되풀이하여 부르기 때문에 '양관 삼첩陽關三疊'이라 했다.

---

216) 돈황을 기점으로 실크로드는 두 개의 길로 나누어지는데 천산북로로 가는 관문이 옥문관玉門關이며 천산남로로 가는 관문이 바로 양관陽關인데, 이 시에서는 이별을 슬퍼하는 노래를 말함.

규방에서 한탄하며 1   閨怨 1

그 때 일을 떠올리면   追想當時事
마음 아파 눈물이 옷깃 적시네   傷心淚濕裙
저는 본래 운명이 기박한데   妾身本命薄
어찌 당신을 원망하리오   何必怨郞君

 규방의 원사怨詞에는 언제나 오지 않는 임에 대한 원망과 고독한 정서가 뒤범벅이 되어 눈물짓는 풍경이 많다. 게다가 이 작품에는 자신의 운명이 기박한데 대한 회한이 포개져 더욱 쓸쓸하고 슬픔을 자아낸다. 자신의 박복함을 체념으로 승화하여 임에 대한 원망일랑 거두고 있다. 자못 체념도 체득의 경지에 이르면 그냥 놔버릴 줄도 안다.

동양대감의 운을 삼가 받아   奉酬東陽大監韻

대감께서 시흥을 돋우니   公子挑詩興
풍류와 방일한 기운이 넘치네   風流逸氣多
흥겹게 읊으니 취한 줄 몰랐는데   高吟不覺醉
지는 달은 주렴에 반쯤 걸렸네   落月半簾斜

 동양대감과 주고받으며 시흥이 무르익어 풍류는 넘실대고 술도 제법 거나한 듯하다. 전반부의 분위기는 대체로 확산의 방향으로 외연이 넓어진다. 그러다가 후반부에 와서 수렴의 경지로 나아가 내연의 각성으로 인하여 시는 점점 쉼표를 향하여 정적으로 이끌어간다. 지는 달이 어느새 주렴 아래로 내려서고 시간은 이미 삼경이 훌쩍 지나 한참 경과 되었다. 전후의 시공간에 대한 변화가 대비되어 시의 흥취가 전환의 묘미를 거두고 있다.

심사　　　　　　　　　　　　　　　心事

온갖 생각에 눈물이 하염없이 흘러　　　心事千行淚
생애를 한 편의 시로 적어 보네요　　　　生涯一片詩
가련타 오늘따라 한스러운 건　　　　　　可恰今日恨
소식이 더디 오기 때문이지요　　　　　　消息到來遲

심사心事는 원래 실타래처럼 얽히고설킨 마음의 상태를 나타내는 말이다. 전반부는 자신의 파란 많은 생애를 돌아보며 눈물로 시를 짓는다고 그 사연을 적고, 후반부는 기별이 더딘 임에 대한 원망을 살포시 얹어 홀로 지새는 밤을 슬퍼하고 있다. 실제로 오늘 밤에 소식 없는 임에 대한 원망 때문에 자신의 지난 생애가 더욱 가련하다고 생각할 지도 모를 일이다. 심사는 전후가 없이 서로 교착되어 한껏 수심 가득한 밤에 사람을 더욱 못 견디게 만들 것이다.

초승달　　　　　　　　　　　　　　　新月

붉은 난간 초승달이 옥 낚시에 걸리고　　新月紅欄卦玉釣
누대에서 꿈 깨니 절로 수심이 이네　　　夢迴樓上自生愁
서풍은 애 끊는 이별 알지도 못해　　　　西風不解離腸斷
오동잎 울어대니 이른 가을 알리네　　　　吹動梧桐報早秋

기구는 시각이 절묘하게 어우러져 감각적인 분위기를 자아낸다. 초승달이 누각 위에 둥실 떠 있고 시의 화자는 잠을 이루지 못해 난간에 서성이며 시름겨워 한다. 가을바람인 서풍이 건듯 불어오니 지난 이별의 슬픔을 부채질한다. 그래서 자못 그 바람에다 원망의 눈초리를 보낸다. 마침 오동잎마저 사근대며 마음을 긁으니, 이른 가을날 옥 낚시에 걸린 초승달은 시인의 한 줄기 수심 어린 마음에 잠자던 물살을 흔들어 놓을 뿐이다.

  종제 초선의 죽음을 애도하며   輓從弟楚仙

  부평초나 쑥대같이 떠도는 신세   身似浮萍迹似蓬
  너와 고락을 함께 한 지 몇 년이던가   幾年甘苦與君同
  어느 산 어느 곳에 무덤을 만들었나   何山何處爲松土
  젖먹이와 양친의 울음 그칠 줄 모르네   乳子雙親哭未窮

 시인과 동고동락했던 종제 초선이 젖먹이 자식과 늙은 부모님을 이승에 남겨둔 채 홀연히 세상을 떠나자 그 참담하고 허탈한 심경을 절절하게 읊은 시이다. 관찰자의 시점에서 슬픈 정경을 잘 포착하여 단아한 소품으로 형상화 하였다. 젖먹이 어린 자식을 둔 젊은 딸을 저승길에 앞세우고 울음을 멈추지 못하는 초선의 늙은 어머니를 지켜보면서, 젖먹이와 노친의 울음소리가 그칠 줄 모른다고 읊조린 시인의 이입된 심경이 그대로 전해져 가슴이 먹먹하다. 친족의 죽음에서 오는 무상한 슬픔과 남겨진 가족에 대한 참담한 정황이 겹쳐져 매우 진솔하게 표현된 작품이다.

  동호의 무동암을 지나며   過東湖舞童巖

  강바람 옛 언덕 끼고 십리나 휘돌아   古岸風江十里廻
  무동대 물결치며 돌마저 굴러가네   波搖石動舞童臺
  가을 산 아래 돛단배 타고 지나가자   一帆人過秋山下
  물결 따라 꽃처럼 붉은 잎 흘러가네   紅葉如花泛水待

 한 폭의 산수화를 보는 듯하다. 동호에 있는 무동대를 휘돌아 돌까지 굴리는 거센 물결을 가르며 십리나 되는 급류를 돛단배를 타고 흐르며 아름다운 산수를 구경하고 있다. 꽃처럼 붉은 단풍잎이 물결위에 떠다니는 가을 정경이 눈앞에 가득 뛰어든다. 이 시는 객관적인 외부의 풍광을 절묘하게 묘사하는 데 그칠 뿐, 일체의 사소한 감정은 배제하고 있다. 시인의 뜻을 굳이 싣지 않아도 물결위에 자적하며 흐르는 한 척의 배처럼 그냥 시가 되었다. 뜻을 싣지 않은 무정無情의 시가 그대로 마음의 풍경이 되어 하얀 바탕만 있다. 굳이 무얼 덧붙이랴.

    마음 졸이며 2 　　　　　　　　　　　　　　　遊懷 2

    천 번이나 이별을 생각하니　　　　　　　念別千般恨
    만 리나 되는 정 그리워지네　　　　　　　懷歸萬里情
    부질없는 이 몸 신세　　　　　　　　　　空將此身世
    호숫가에서 평생을 지내네　　　　　　　　湖上寄平生

하마나 기별이 올까, 천 번이나 이별을 생각하고, 만 번이나 그리워하는 여인의 마음은 졸아서 호숫가에서 노심초사한다. 평생을 못가에 살면서 부질없이 세월만 삭이는 신세를 돌아볼 뿐, 일체의 직접적인 언사로 임에 대한 원망이나 청원을 배제하고 있다. 저토록 절제된 낮은 목소리는 안으로만 삭이며, 저 못 속의 물소리에 잠겨 있을까.

    칠송에게 부치다　　　　　　　　　　　　　寄七松

    병풍은 적적해 비단 휘장 드리우니　　　　重屛寂寂掩羅幃
    옛날 입던 옷에 체취만 남아 슬퍼라　　　　但惜餘香在舊衣
    평생 노래하며 춤추리라 생각했는데　　　　自分平生歌舞樂
    오늘처럼 이별이 슬픈 줄 모르겠네　　　　　不知今日別離悲

이 시는 아우 칠송七松에게 준 시로 읽힌다. 남에게 쉽사리 속내를 털어놓을 수 없는 내밀한 자신의 신세를 한 점 혈육에게 토로하고 있다. 빈 방에 처놓은 병풍의 언제나 쓸쓸하고 비단휘장은 찾는 이가 없으니 걷을 일조차 없는데, 옛날에 아우가 입다만 옷에 그 체취만 남아 혈육에 대한 그리움이 뚝뚝 묻어난다. 설죽은 여종의 비참한 삶을 살아가기보다는 비첩의 삶을 누리는 것이 차라리 좀 더 행복하리라 믿어 가족을 떠나 파란곡절을 겪으며 산 불행한 여인이었다. 막상 고향과 혈족을 떠난 그녀는 가족과의 별한이 이렇게 깊을 줄 미처 몰랐다고 고백한다. 가족과 떨어져 살아야하는 분리된 삶에 대한 슬픔과 회한이 서려있다.

가을 날 규중에서 2	秋閨 2
한번 이별한 강가에 가을 돌아오니	一別江頭歲月還
홀로 흘린 눈물이 샘을 이루네	鰥鰥愁緒淚成泉
귀뚜라미는 이별에 애끓어진 줄 모르고	莎鷄不解離腸斷
베개머리에 끝없이 가을을 얘기하네	無限秋情說枕邊

한 때 사랑하던 임을 이별했던 강가를 다시 찾은 듯하다. 가을은 쓸쓸한 계절인데 하필, 저물녘 아픈 이별을 여기 와서 떠올리다니, 귀뚜라미는 시인을 대신해 울어주는 곡비哭婢인가. 전반부에 드러난 시인은 후반부에는 시선의 전환으로 귀뚜라미로 치환하여 시의 효과를 극대화시키며 묘미를 더한다. 밤새 귀뚜라미는 울음을 그치지 않고, 베갯잇에 하염없이 흘러내리는 눈물은 가을을 밤 지새워 얘기한다고 한다. 여인이 홀로 잠 못 이루는 규방이 너무 깊고 슬프다.

| 이별할 때 칠송의 시에 차운하여 | 臨別次七松韻 |

탕자의 정이란 본디 가볍다지만	蕩子恩情本不堅
좋은 인연이 도리어 악연이 되었네	好緣還作惡人緣
말 몰아오는 길 적삼에 눈물 적시니	歸衫淚滿鞭征馬
저문 강을 돌아다보니 아득하구나	回頭西江却杳然

여기서 칠송七松은 임이다. 앞서 말했듯이 칠송이 친제親弟라는 시각으로 읽히는 시가 있는가 하면, 정인情人으로 읽히는 시가 있다. 두 층위로 읽히는 칠송은 시의 문맥에서 그대로 읽는 것이 마땅할 듯하다. 칠송을 이별하고 서강머리에서 잠시 몰아오던 말을 쉬고 읊은 시이다. 여기서 칠송은 인연이 그리 좋게 끝나지 않은 인물로 보이는데, 탕자蕩子란 기구의 언표가 그걸 말해준다. 가볍게 스치는 남녀의 정도 있었을 것이다. 그래서 이별하는 그 자리에서 눈물로 아쉬워하기보다, 돌려보내고 나서 한참, 돌아오는 길 중간에서 눈물을 훔치며 아득한 심경을 슬쩍 드러냈다.

| 완산 동각에 하루 밤 묵으며 고향을 생각하며 | 完山東閣[217]夜宿憶鄕 |

벌레 울음 그치자 항아리 꽃 피고	土蟲消盡暗缸花
주렴은 희미하게 새벽안개 가르네	簾幕依俙隔曉霞
고향이 그 어딘지 알지 못하니	鄕國不知何處是
창가에 저문 달만 하늘가 떠있네	半窓殘月在天涯

동각東閣은 관아에 딸린 접객장이다. 여기서 하룻밤을 묵는데 밤을 꼴딱 새운 듯하다. 벌레소리가 그치고 새벽안개가 주렴에 은은하게 밀

---

[217] 동각東閣은 동쪽에 나 있는 작은 문인데 한漢 나라 공손홍公孫弘이 승상丞相이 되었을 때 이 문을 열어 놓고 어진 선비를 맞이하였음. 후대에는 정승이 어진이를 초빙하는 곳을 이르게 됨.『한서漢書』권58,「공손홍전公孫弘傳」.

려든다. 알 수 없는 심연에 드리운 상실감은 언제나 고향이다. 돌아갈 수 없는 그 고향이기에 '부지하처不知何處'라고 하였다. 이 말은 얼마나 아픈 말일까. 너무나 생생하여 누구나 뼛속까지 새겨놓은 그 옛 동산을 어딘지 모른다고 시침을 떼야 한다면. 슬프도록 아름다움은 결구에서 꽃망울이 영글 듯하다. 하늘가 뜬 달은 객지인 여기도, 고향에도 한결같이 둥실 떠 있어 그리운 사람이 하마 있어 잠 못 이룬다면 그도 그 달을 쳐다볼 것이다. 가슴이 시리다.

| 운성산 집에서 밤에 읊다 | 雲城山舍夜吟 |

나뭇잎 쓸쓸하니 가을은 깊어	木葉蕭蕭欲盡秋
오경에 기러기 우는 소리 간간이 들리네	數聲歸雁五更頭
달빛은 이런저런 고향생각 풀지 못해	月光不解多鄕思
다시 산창에 비치니 쓸쓸하게 하네	更照山窓別作愁

새벽까지 고향에 얽힌 온갖 생각에 잠을 이루지 못하고 근심하고 있다. 전반부는 귀가 밝은 시인의 청각이 두드러진다. 가을 나뭇잎 바스락거리는 소리, 기러기 우는 울음을 간간이 포착하여 깊어가는 가을을 배경 삼아 그 위에 달을 그렸다. 후반부는 정적한 달빛이 시각적 이미지로 다가와 여인의 향수를 더욱 부채질한다. 달빛이 한껏 비치는 마음의 여백에 몇 줄기 상념을 긋는다. 산창에 비치는 달빛에 어른대는 몇 줄기 수심은 아마도 창에 어른어른 비치는 그림자인가. 청소淸疎한 기운이 가득하다.

| 완산관아에서 고향을 생각하며 | 在完山衙館憶鄕 |

| 빈 집에 꿈 깨고 보니 홀로 병풍만 있어 | 夢覺空齋獨依屛 |
| 고향 소식 그리워 기러기 바삐 날으네 | 鄕山消息雁催翎 |

| 누가 오늘 막막한 내 뜻 알아줄까 | 誰知今日天涯意 |
| 안개비 쓸쓸히 내려 뜨락은 어둑하네 | 烟雨蕭蕭暗黃庭 |

고향 꿈을 꾸다가 설핏 깨고 나니 빈 방에 병풍만 덩그러니 있다. 기러기는 안서雁書를 뜻하며, 남쪽으로 날아가 고향에 기별을 전하는 전령사이다. 전반부는 너무 텅 비어 적막조차 말할 겨를이 없다. 후반부는 암울하다. 시각과 공간의 이동이 외부로 향하면서 어느새 시인의 눈길은 어둑한 뜨락에 가닿는다. 보슬비가 내리는 어둑한 정경은 바로 시인의 울적한 내면 풍경을 말한다.

　　가을 뒤에　　　　　　　　　　　　　　　　　　秋後

늦가을 강마을 감람나무 맑은데	秋後江村水欖淸
아득하고 찬 물결 소리 문가에 들리네	寒潮寂寞過門聲
이 밤 부모님 생각에 한없이 눈물나니	今宵無限思親淚
돌아갈 꿈 어려운데 달은 성곽에 올랐네	歸夢難成月上城

가을은 귀소歸巢의 계절인가. 깊은 가을날 밤, 강마을에 잠 못 이루는 시인의 스산한 내면풍경을 그렸다. 문가에 아득하게 밀려오며 찰싹대는 찬 물결 소리를 들으니 부모님 생각에 눈물이 흐르고, 더욱 돌아갈 날은 기약도 없다. 어느새 달은 성곽 위로 둥실 떠올라 심사를 이리저리 비추고 있다. 반본회귀反本回歸의 꿈은 언제 어디서나 근원적인 슬픔을 자아낸다. 달은 회귀의 꿈을 비추는 거울이다. 그래서 시인들은 꼭 이런 달밤이면, 옛 동산을 불러와 앉혀 놓고 술잔을 기울이거나 그 막막한 회포를 시로 풀어내곤 하였다.

| 동생 운선에게 부치며 | 寄季弟雲仙 |

몇 해나 떠돌며 옷깃에 눈물 적셨는지	幾年流落幾沾裳
고향에는 머리 하얗게 센 부모님 계시네	鶴髮雙親在故鄕
간 밤 서리에 기러기 떼 놀라서	一夜風霜驚雁陳
하늘가 소리 끊기어 대오가 흩어지네	天涯聲斷不成行

운선雲仙이라는 막내 동생에게 부친 시로 전반부에서는 고향을 떠난 지 몇 년이 지나도 늙으신 부모님을 찾아뵙지 못한 육친의 정을 말하며 눈물겨워한다. 후반부는 시의 알레고리가 매우 견고하여 상징이 절묘하다. 잠을 이루지 못하는 긴긴 밤, 기러기 떼에 놀라 일어났지만, 하늘가에 무서리가 치니 그 울음소리마저 툭 끊기어 줄지어 날던 대오가 흩어졌다고 말한다. 이는 시인이 가족과 떨어져 마치 외로운 섬처럼 살아온 처지를 말한다. 대오에서 떨어져 외롭게 날아가는 기러기는 곧 시인의 분신으로 자신의 고독한 심정을 이입시켜 표현하였다.

| 병들어 시골집을 생각하며 | 病憶山家 |

강남에 쓸쓸히 가을비 내리니	江南秋雨正凄凄
하늘가 몸져누워 눈물만 흘리네	臥病天涯無限啼
복주에 집 있어도 돌아가질 못하니	家在福州[218]歸未得
꿈길에 서쪽 석천으로 혼백이나 가려네	夢魂長落石泉西

시인은 지금 강남땅에 병든 몸으로 예속되어 있으나 옛 고향 안동은 멀리 떨어져 있어 갈 수 없는 형편이다. 가을비 추적추적 내리는데 찬 기운이 돌며 몸은 아파 돌아갈 길은 막막하다. 현실은 풀지 못할 벽으로

---

218) 복주福州는 고려시대에 오늘날의 경상북도 안동군과 안동시를 일컫던 고호古號.

시인을 에워싸고 있다. 묶인 몸이나 다름없는 비녀婢女의 삶이기에 고달픈 현실을 초극超克하는 데는 꿈 밖에 없다. 그래서 슬프게도 꿈길로나 석천으로 가고프다고 한다. 더구나 혼백이나마 그곳에 가고자 한다. 육신과 혼백의 이탈을 통해서까지 고향으로 가고자 하는 그 마음이 가슴 저미게 시인을 갈구하게 한다.

| 비온 뒤 윤상사 시에 차운하여 | 雨後次尹上舍韻 |

초록빛 강남땅 이슬비 그치자	草綠江南細雨收
저물어 고깃배 노래 부르니 갈매기 섬에 놀고	漁舟唱晩白鷗洲
봄 물결 잔잔하고 하늘은 드넓은데	春波不動春天闊
관악산 푸른빛은 흘러가고파라	冠岳山光碧欲流

    봄날의 평화로운 풍경을 근경과 원경을 아우르며 그려내고 있는 매우 시각적인 작품이다. 자연 현상을 관조하는 사실적이고 감각적인 표현기법이 능숙하게 구사되어 있다. 전반부는 강가 모래톱에 노니는 흰 갈매기를 불러다 놓고 저물어가는 돛단배에서 어부가를 부르는 소리를 듣고 있다. 공감각이 절묘하게 어울려 근경이 완성되었다. 이어받은 후반부는 시선을 풀어 멀리 관악산을 조망하는데, 실눈으로 바라보는 원경이기에 물결도 잠잠하고 하늘가에 솟은 관악산의 산 빛도 물결처럼 흘러 가고프다고 말한다. 섬세하고도 이미지가 맑은 단아한 소품이다.

| 병들어 고향에 편지를 쓰며 | 病中裁故鄕書 |

외로이 병들어 더 슬픈 가을 날	天涯臥病倍悲秋
한 통의 고향 편지 만 가지 시름 담네	一片家書萬斛愁
천리 고향에 돌아갈 계획 아득하여	千里故園歸計阻

　　　　홀로 누워 주루룩 눈물 흘리네　　　　　　　　　不堪孤枕淚隻流

　병들어 아파도 고향에 돌아갈 수 없는 처지이기에 더 슬픈 가을 날, 집으로 부치는 편지 한 통에 사연은 길어 온갖 시름을 담고 있다. 시인은 천한 종으로 이리저리 돌리며 살아온 곤고한 그녀의 역정이 말해주듯, 세상 어느 한 모퉁이에서도 제 한 몸 편히 누일 수 없는 숙세의 아픔을 안고 살았다. 하물며 천리나 먼 고향조차 돌아갈 수 없고, 게다가 돌아갈 기약은 더욱 없으니 눈물로 지새울 뿐, 몸과 마음이 다 닳아 편지에 실을 기별은 그 얼마나 많으며, 그 많은 사연은 언제 끝내리.

　　　산에 뜬 달　　　　　　　　　　　　　　　　　　　　山月

　　　산에 뜬 달 등불처럼 밝은데　　　　　　　　　　山月皎如燭
　　　산골 집 창가에 밤은 길어라　　　　　　　　　　山窓夜定遙
　　　찬 갈까마귀 까악까악 울고　　　　　　　　　　　寒鴉啼啞啞
　　　서리 맞은 잎은 쓸쓸히 지네　　　　　　　　　　　霜葉落蕭蕭

　시인은 배후에 숨어 드러나지 않는다. 관찰자로서 외물을 객관화하여 담담한 어조로 매우 낮은 목소리로 절제미를 얻은 시이다. 행간은 온통 고독하고도 한편으로는 음울하다. 불길한 느낌도 배어난다. 전반부는 시각적 효과를 극대화하여 매우 정적인데, 달과 등불과 창은 서로 연계되어 한 고리를 이루며 점층적으로 소리 없이 음보를 떼고 있다. 후반부는 청각적 이미지가 동적인 장면으로 전환되면서 우울하고 불길하다. 시인은 내면을 말하되 아무 말도 하지 않은 채 시치미를 떼고 외물의 정경만을 뚝 따와 그려냈을 뿐인데, 이토록 많은 말을 은닉하는 저의가 무엇인가.

| 백로 | 白鷺 |

푸른 물빛 또렷한데	綠水分明見
흰 모래는 보일 듯 말 듯	晴沙看却無
하늘가 멀리 날아올라	翻飛遠天際
한 쌍의 진주처럼 까마득하네	明滅一雙珠

잘 그린 한 폭의 산수화를 보는 듯하다. 근경과 원경이 절묘하게 사경寫景되어 마치 화제畫題 시를 보는 것 같다. 대단한 시각으로 그린 단아한 소품인데 가작이다. 전반부는 극사실적인 근경으로서 푸른 물결에 하얀 모래는 보일 듯 말 듯 하다고 하여, 물과 모래가 너무 맑고 깨끗한 걸 비유하고 있다. 후반부는 하늘가 멀리 날아가는 백로 두 마리를 한 쌍의 진주인양 그려냈다. 백로 두 마리를 한 쌍의 진주가 명멸하듯이 날아가는 모습을 그리면서, 저토록 아득한 거리감을 부여하다니, 놀라운 솜씨라 할 만하다. 백로를 진주로 환치하는 상상력이 매우 돋보인다.

| 가을 밤 우연히 읊다 | 秋夜偶吟 |

비단 창가에 반딧불이 반짝이고	螢火綺窓點
풀벌레 맑은 우물가에서 우니	草蟲金井啼
무정한 가을밤 온갖 벌레가	無情秋夜物
날 슬프게 처량토록 만드네	令我自悲悽

이 작품은 가을로 막 접어드는 계절에 읊은 시로서 전반부는 온갖 미물의 모습과 소리가 눈과 귀에 가득하다. 기구에서 비단 창에 반딧불이 점점이 명멸하며 깜빡이고, 승구에서는 풀벌레가 우물가 풀 섶에서 울고 있다. 시각에서 청각으로의 감각의 전환이 자유롭고도 활달하다. 후

반부는 무정물인 저 미물들이 작자를 슬픔으로 이끌고 있다. 외물과 자아를 하나로 회통하여 감각의 절정을 보여준다. 무정한 가을 밤, 풀벌레 울음소리는 시인의 내면에 깊이 잠재해 있던 고독한 심경을 자극하여 처량한 신세를 효과적으로 드러나게 하였다.

    향연   香烟

베개 위에 향기 날아오르고   香烟飛枕上
창가에는 촛불이 눈물 흘리네   燭淚落窓前
적적하게 겹친 병풍 속에서   寂寂重屛裏
근심하는 사람 잠 이룰 듯 말 듯   愁人眠不眠

극도로 정적이며 내면은 절제되어 시적 화자는 결구에서 언뜻 비칠 뿐, 드러나지 않는다. 시의 미덕은 때로 낮은 저음이 필요할 때가 있다. 이 작품이 그런 예인데, 향연과 촛불, 눈물은 하나의 고리에 꿰어 촘촘한 알레고리를 이루며 시의 긴장을 견지하며 행갈이를 하고 있다. 가느스름한 향 연기와 가물거리는 촛불, 영락의 조짐을 예견하기에 시인은 눈물이 난다. 적적한 병풍 뒤에 마치 은화식물처럼 숨죽여 살아야하는 슬픈 조선의 비첩이 보인다. 어찌 잠들 수 있으랴. 억압받고 기다림으로 점철된, 눈물밖에 남지 않은 가녀린 여심이 여기 있다.

    칠송에게 부치다 1   寄七松 1

맑은 밤 어둑하니 바람이 일어   淸夜沈沈風正急
창가에 홀로 앉아 강물 소리 듣네   窓間獨坐聽江聲
적막한 초당엔 인적이 끊기고   草堂寂寂無人到
등불 하나 가물가물 내 마음 비추네   一點殘燈照我情

초당에 홀로 앉아 창에 스며드는 강물 소리를 듣고, 시인은 심연에 드리운 두레박에서 인적마저 끊긴 고독한 그림자를 길어 올린다. 가물대는 등불 하나가 자신의 마음을 비춘다고 말하면서, 칠송에게 향한 연민과 그리움을 힘겨이 잇고 있다. 이 시에서 칠송은 아우이기도하고, 연인이기도 하다. 시인은 때로 강물 소리를 듣고 내면에 찰랑이는 강물 소리를 듣기도 한다. 지금 시인은 절대 고독의 강가에서 어둠을 풀어 노래하고 있다.

상산태수가 기근을 구제하였기에 삼가 드림	奉呈商山219)太守救飢
하늘가 떨어져 보잘 것 없는 지 오래	天涯零落久
굶건 말건 묻는 사람도 없었네	寒苦問無人
세월은 공연히 늙기만 재촉하니	歲月空催老
시와 글만으론 가난을 구제할 수 없네	詩書不救貧

이 시는 상산태수가 상주고을의 태수로 부임해 와서 백성들의 기근을 구제한데 대하여 그 공덕을 찬양하여 올린 작품이다. 전반부는 그간의 실정을 피력하는데, 상주 고을이 궁벽하여 살기가 어려웠는데도 백성이 굶거나 말거나 전임태수들은 아랑곳하지 않았다고 한다. 후반부는 사람은 늙기 쉬워 세월은 바삐 흘러가는데, 글공부만으로는 백성의 가난을 구제 할 수 없다고 하며, 태수의 애민과 덕치를 치켜세우고 있다. 대체 글공부하는 까닭은 예나 지금이나, 백성을 널리 구제하고 만인을 조화롭게 살도록 하는데 있지 않은가.

오지 않는 칠송을 기다리며	待七松不至
돌아온단 허튼 말 하고 오질 않으니	來時空言去不旋

---

219) 상산商山은 경상북도 상주시의 옛 별호.

달 비낀 창가에 밤새 두견새만 우네	月斜窓外五更鵑
내 평생 한스러운 건 몸 가벼이 허락해	平生恨妾身輕許
울며 보내는 오늘 밤 일 년 같구나	啼到今宵若似年

   온다고 약속하고 날짜까지 잡았던 칠송七松이 오지 않은데 대한 원망을 담았다. 전반부는 기구에서 그 경위를 적고, 승구에는 그 뜻을 담아 달밤에 두견새만 운다고 하여, 자신의 처량한 심사를 이입시켜 놓았다. 후반부는 전구에서 좀 더 자신의 신세타령이 고조되어 있는데, 비첩의 몸으로 몸을 가벼이 허락한데 대해 회한을 드러내며, 결구에서는 기다림에 지친 마음을 마치 하루 밤이 일 년인 듯 하다고 하여 애가 타는 심경을 밝히고 있다. 이 시는 칠송이 아우인지 정인인지 모호한데, 대체로 전구에서 자칭하며 일인칭으로 말한 첩신妾身이란 어휘로 볼 때, 정인으로 읽혀야 맞을 것이라 생각한다.

박찰방의 시에 차운하여 1   次朴察訪韻三首中 1

구슬주렴에 등불 가물대니 밤은 길고	珠箔飄燈伴夜長
화로의 남은 연기 향기처럼 피는구나	鴨鑪殘篆吐纖香
평생토록 한스럽긴 청루객에 몸을 맡겨	平生恨嫁靑樓客
두 눈에 눈물 흘러 애간장은 끊어지네	泣損雙眸斷盡腸

   박찰방은 한 때 몸을 허락한 관계로 보인다. 청루는 기생집인데, 아마도 얼현은 자신의 신세를 비유하길, 청루의 기녀와 다름없다고 생각했을 것이다. 곡절 많은 노비의 삶은 의탁하는 남정네가 한 둘이 아니어서, 그게 평생 한이 된다고 고백하며, 눈물로 애간장이 끊어진다고 자탄한다. 전반부에서 등불과 연기는 가늘고 힘없이 연명해야 하는 한 연약한 비녀婢女로서 시인의 가련한 처지를 의탁한 듯 하여 애처롭다.

2) 영남 노복가奴僕家의 한 여종

한 사인士人이 영남에 사는 노비집에 들렀는데, 젊고 재색을 갖춘 한 여자 종을 보았다. 그러나 여종은 한 촌부에게 이미 시집을 간 처지였는데, 그가 마음에 두어 그녀를 데리고 갔다. 낙동강 가에 이르러 그녀는 그곳까지 뒤쫓아 온 남편에게 시 한 수[220]를 건네주고 푸르른 강물에 몸을 던져 절개를 지키고자 하였다.

위엄은 서리 같고 믿음은 산 같은데	威如霜雪信如山
가기도 어렵고 안가기도 어렵구나	欲去爲難不去難
낙동강에 머리 돌리니 강물은 푸르고	回首洛東江水碧
이 마음 편한 곳에 이 몸도 편하리라	此心安處此身安

천한 여종이 오도 가도 못해, 남편에게 억울한 유언을 절명시 한 수로 대신하고 목숨을 버렸다. 푸른 강가에서 죽음으로 절개를 지켰다고, 양반들은 뒤늦게 상찬했으리라. 당시의 야만적인 시대상에 전율하고 분노를 느끼게 한다. 지금도 우리 주위를 둘러보라. 껍데기는 바뀐 듯하나, 더러운 금권金權의 난봉질은 그대로 남아있지 않은 지. 예나 지금이나 똑같다.

3) 금가琴哥

금가는 사문斯文 권붕權鵬의 여종이다. 권붕의 자는 경유景游인데, 안동인이고 찬성 정응두丁應斗의 사위이다. 벼슬은 대사간大司諫에 이르렀다. 그의 여종 금가가 글을 알았는데, 시를 지었다. 허균은 『학산초담鶴

---

[220] 무명씨, 「동국시화휘성」.

山樵談』에서 금가의 시를 여류시인 정문영, 신순일, 양사언의 아내와 정철의 첩의 작품을 함께 제시하고서 문풍이 성행하여 당나라 시인에 견주어도 부끄럽지 않으니, 또한 나라에 커다란 성사[221]라고 평하였다.

장흥 고을에서 처음 헤어지고	長興洞裡初分手
승학 다리 가에서 혼조차 끊어졌네	乘鶴橋邊暗斷魂
방초 우거진 석양 속에 헤어진 뒤	芳草夕陽離別後
꽃 지는 어디엔들 임 생각 없으리	落花何處不思君

4) 동양위東陽尉의 궁비宮婢

동양위 부마駙馬 신익성申翊聖[222]의 궁비도 시를 잘하였는데, 그의 시는 이렇다.

떨어진 잎새 바람 앞에 소곤대고	落葉風前語
찬 꽃은 비온 뒤 눈물 짓구나	寒花雨後啼
오늘밤 상사몽으로 지새노라니	相思今夜夢
작은 다락 서녘에 달빛 하얗네	月白小樓西

7. 정옥서鄭玉瑞 — 백년에 드문 풍월향도風月香徒

정옥서鄭玉瑞는 조선 선조 년간의 인물로 당시에 문장으로 이름이 꽤 알려진 것으로 보인다. 『소대풍요昭代風謠』 수록 시인들의 목록에서 간단히 소개하길, "어우당 유몽인이 말하길, '세상에 정옥서는 문장으로

---

[221] "文風之盛, 不愧唐人, 亦國家之一盛事也."
[222] 신익성; 본관 평산平山, 부친은 영의정 흠欽. 셋째 딸 정숙옹주貞淑翁主에게 장가들어 선조 대왕의 부마가 되었다. 시호 문충공文忠公.

이름이 났는데, 당시 사대부들이 일부러 얼굴빛을 천한 종으로 여기지 않았다. 명실을 두루 통하여 논하지 않더라도 백 년 동안에 드문 사람이다'"223)라고 하였다. 이로 미루어보면, 비록 그가 천한 종의 신분이었으나 당시에 문장으로 이름을 떨쳐, 그를 대하는 사대부들은 그를 천예로 보지 않아 백 년에 드문 인물로 칭송하고 있음을 알 수 있다.

그는 유희경劉希慶, 백대붕白大鵬, 박계강朴繼姜, 최기남崔奇男, 최대립崔大立, 정언음鄭彦窨, 정애남鄭愛男, 김복성金復性, 이정李精 등 서얼, 중인, 서리, 천민 출신의 위항시인들로 구성된 풍월향도에 속한 시인이다. '풍류향도風流香徒'라고도 부르는 이들 인물 가운데는 중인, 서얼과 노비와 같이 신분적 차별을 받았던 시인들이 대개 참가하였다. 특히 유희경은 서자 출신이라는 신분적 한계를 뛰어넘어 당대의 명기 매창과 지극한 사랑을 이루었고, 백대붕은 전함사의 노복으로 천민이었으며, 최대립은 역관이었다. 정옥서는 영조 14년(1738)에 편찬한『소대풍요』에 그 작품이 실려 있다. 이 책은 조선후기 위항시인들의 시를 선집하여 엮은 책으로 권수에 이의현李宜顯의 제題에 이어 오광운吳光運, 조명교曹命敎, 윤광의尹光毅의 서문과 책의 말미에 최경흠崔景欽의 발문跋文이 있다. 책의 편찬자는 고시언이지만 시를 실제로 선집한 사람은 채팽윤이며 서문을 쓴 오광운의 협조로 책이 마무리된 것으로 알려져 있다. 윤광의가 지은 서문에 이 책이 만들어진 취지가 잘 나타나 있다. 이글에서 이들 위항시인들의 고민과 창작 의도가 드러나 있어 흥미롭다.

"글이 대대로 뽑혔으나 사람의 귀하고 천함을 따져 한 것은 아니다 …… 진신대부의 작품을 취하지 않고 다만 위항의 풍요를 채집하여 모아서 한 질의 책을 만든 것으로, 그 뜻은 옛날의 진풍채요陳風採謠가 여항

---

223) "柳於于夢寅曰, 中世有鄭玉瑞, 以詞章名, 當時大夫士多, 假之顔色不以賤隷. 毋論名實端竅, 槩是百年間寡聞者也."

閭巷으로부터 비롯된 것이니 …… 여항에서 조정朝廷과 경사卿士의 풍風을 징험할 수가 있다 …… 하늘이 재주를 낸 것은 귀하고 천함이 없이 한결같은데 귀한 신분은 드러나고 천한 신분은 미미하게 되니 이는 세속의 잘못된 것이다."[224]

진풍은 진나라의 민요풍의 노래를 말한다. 중국 최초의 시가집인『시경詩經』은 삼백십일 편의 고대 민요를 '풍風', '아雅', '송頌'의 삼 부로 나누어 편집하였다. '풍'은 각국의 여러 지역에서 수집된 백육십 종의 민요를 모은 것이요, '아'는 연석宴席의 노래로, 소아小雅와 대아大雅로 구분된다. '송'은 왕조나 조상의 제사를 지낼 때의 노래이다. 어느 것이든 고대의 이름 없는 민중이나 지식인의 노래로 전해오던 것들이다. 이같이 가장 비근卑近한 민중들이 부르던 노래에서 신분의 귀천을 논할 것 없이 인간의 성정에 기초한 진솔한 문학을 추구하려던 지향점을 읽을 수 있다. 따라서 여기에 수록된 작가는 진신대부가 아닌 의역, 중인, 서얼, 서리, 상인, 천예 등 여항인들이 대부분으로 작가별로 수록되어 있고, 각 작가의 자호字號와 약력, 사승관계 등이 세주細註로 적혀 있다. 숙종 38년(1712)에 위항시인의 시선집인『해동유주海東遺珠』가 간행된 이후 위항시인들의 시집이 모아졌는데, 이 책은『해동유주』를 바탕으로 증선增選한 것으로 알려져 있다. 이후 위항시인들의 작품을 모아 펴내는 작업은 정조, 철종 대에도 계속되어『풍요속선風謠續選』,『풍요삼선風謠三選』으로 연결된다.

유몽인柳夢寅이 지은 패담집인『어우야담於于野談』에 보면, 당대의 여러 사대부들이 그를 만날 때에는 낯빛을 가다듬었으며, 그를 천한 종놈으로 여기지 않았다고 하였다. 그가 지은 "오강회고烏江懷古"라는 시는 항우項羽를 그리워하는 시로서 매우 비장한 어조로 읊고 있다.

---

[224] 윤광의尹光毅,『소대풍요昭代風謠』서序.

오강을 생각하며	烏江225)懷古
만 사람 대적하는 걸 배웠지만 뭘 이루었나	學敵萬人何所成
어지러운 천하에 팔년 전쟁만 일으켰네	紛紛天下八年兵
홍문의 잔치 끝나고 도모한 신하는 우니	鴻門226)宴罷謀臣泣
장막의 노래 구슬퍼 장사도 놀랐네	玉帳歌悲壯士驚
달빛 어둔 진구렁에 오추마는 나아가지 않고	月黑澤中騅227)不逝
바람 자는 강에는 노 젓는 소리 들리지 않네	風殘江上櫓無聲
영웅이 한 번 칼을 뽑아 천추에 피 흘리니	英雄一劍千秋血
차가운 물결이 되어 밤낮으로 우는구나	化作寒波日夜鳴

안휘성安徽省에 있는 오강은 초패왕 항우가 스스로 목을 찔러 자결한 곳이다. 한나라 왕 유방과 해하垓下에서 운명을 건 건곤일척乾坤一擲(흥망을 걸고 단판으로 승부를 겨룸)의 한 판 승부에서 패배한 항우는 오강으로 도망갔다. 정장亭長으로부터 "강동江東으로 돌아가 재기하라"는 권유를 받았으나 항우는 "팔 년 전(BC209) 강동의 팔천여 자제와 함께 떠난 내가 무슨 면목으로 강을 건너 강동으로 돌아가 부형을 대할 것인가"라며 파란만장한 생애를 마쳤다. 항우가 죽은 지 천년이 지난 어느 날, 당나라 말기 시인, 두목杜牧(803~852)이 오강의 객사에서 머물다가 한 시대를

---

225) 오강烏江; 중국 남부에 있는 양자강揚子江의 한 지류. 귀주성貴州省 서부 구릉지대에서 발원하여 가파른 절벽 사이의 좁은 골짜기를 통해 동쪽으로 흐른다.
226) 홍문鴻門; 중국 안휘성安徽省에 위치함. '홍문연鴻門宴'이란 고사가 전한다. 진秦나라 말에 유방劉邦이 진秦의 도읍인 함양咸陽을 점령하자, 항우項羽가 군사를 이끌고 홍문에 진을 치며 유방을 공격할 준비를 하였음. 항우가 홍문에 있는 자신의 진중에서 거행한 연회에 유방을 초대하였는데, 항우의 책사인 범증範曾이 기회를 틈타 유방을 암살하려 하자, 유방이 틈을 이용해 도망쳤다는 고사에서 유래함.
227) 추騅; 오추마烏騅馬를 말함. 검은 털에 흰 털이 섞인 말인데 옛날 중국의 항우가 탔다는 준마.

풍미했던 항우를 생각하면서 강동의 부형에 대한 부끄러움을 참고 강동으로 돌아갔더라면, 그곳은 준재가 많아 권토중래捲土重來(한 번 실패에 굴하지 않고 몇 번이고 다시 일어남) 할 수 있는 기회가 있을 것인데, 서른한 살의 젊은 나이로 자결한 항우를 애석히 여겨 시를 읊었다. 이 시는 항우를 읊은 시 가운데 가장 널리 알려진 것이다. 당송팔대가唐宋八大家의 한 사람인 왕안석王安石은 '강동의 자제는 항우를 위해 권토중래하지 않을 것'이라 읊었고, 사마천司馬遷도 『사기史記』에서 '항우는 힘을 과신했다'고 썼다. 두목은 시 '오강정烏江亭'에서 유방劉邦에게 패한 항우가 오강을 지나며 이렇게 읊었다. '병가의 승패는 예상할 수 없는 일, 실패와 좌절을 견디는 게 남아로세, 강남에 수많은 인재들 남아있거늘, 그들이 흙먼지 날리며 달려올 걸 왜 몰랐던가.'228) 항우가 재기를 노리지 않고 사실상 자살의 길을 선택한 걸 아쉬워한 시다. 위 시에서 말하는 홍문鴻門은 고사가 전한다. 당시 사십만 대군을 거느린 항우와 십만 대군을 이끈 유방은 오늘날 섬서성 임동현에 속하는 홍문에서 만나 연회를 베풀었다. 항우의 부하 범증이 유방을 죽이려고 항장에게 칼춤을 추게 하였다. 이는 틈을 엿보아 유방을 찔러 죽이려는 의도였다. 그런데 항백이 역시 일어나 춤을 추면서 자기 몸으로 유방을 지켜내고, 번쾌가 칼을 차고 들어와 유방을 구출하였다.

8. 최기남崔奇男 — 궁실에 딸린 종으로 수졸守拙

최기남崔奇男(1586~1669)은 조선 중기의 시인으로 본관은 천녕川寧이고, 자가 영숙英叔, 호는 구곡龜谷, 혹은 묵헌默軒이다. 가계에 대하여서는 스스로 '부지하여인야不知何如人也'라 했듯이 자세히 알 수가 없다.

---

228) "勝敗兵家事不期, 包羞忍恥是男兒, 江南子弟多才俊, 捲土重來未可知."

두보의 '건원중우거동곡현작가칠수乾元中寓居同谷縣作歌'를 본 따서 지은 시 '구체온천의두공부동곡칠가久滯溫泉擬杜工部同谷七歌'에서 다만 그의 형편과 삶의 편린을 엿볼 수 있을 뿐이다. 이 시는 온천에 오래 머물면서 자기 신세를 한탄조로 읊은 것인데, 그는 당시 칠순의 노모를 모시고 아내는 일찍 죽고 동생과 어린 자식들은 서울에 살고 있었다는 사실을 알 수 있다. 그리고 그가 머물고 있는 곳의 참담한 현실 등을 차례로 읊은 것이다. 이 시를 통해 작자의 가정사의 일면을 읽을 수 있을 뿐만 아니라 당시 여항시인이 겪는 고뇌를 확연히 드러내고 있어 그들의 내면을 읽을 수도 있다.

그는 어려서부터 집이 매우 가난하여, 당시 선조의 부마로 정숙옹주와 혼인한 동양위東陽尉 신익성申翊聖(1588~1644)의 궁실에 딸린 종으로 들어갔다. 신익성의 아버지 신흠申欽의 눈에 띄어 시재詩才를 인정받았다. 시재가 뛰어나 사대부들 사이에서도 이름을 날렸는데, 1648년에는 윤순지尹順之(1591~1666)를 따라 일본에 가서 문명文名을 떨쳤다. 일하는 틈틈이 글을 읽고 깨우쳐 나중에는 서당을 열어서 평민의 자제들을 모아 정성을 다하여 가르쳤다. 그는 성품이 깨끗하고 명예나 이익을 구하지 않아 가난한 생활을 하였다. 그의 아들 승태承太와 승주承冑도 시인으로 이름이 났다. 또 그의 문하에서 임준원林俊元, 유찬홍庾纘洪, 이득원李得元 등 위항문학 시대를 이끈 위항시인이 많이 배출되어서 그가 조선 후기 위항문학의 발달에 끼친 영향은 지대하다고 말할 수 있다. 그는 또 경전에 밝았는데, 특히 『주역』을 좋아하여 직접 베껴서 탐독하였다. 예순세 살 때에는 병이 나서 누워 있으면서도 도잠陶潛을 흉내 내어 만시輓詩 3장을 지었고, 일흔한 살 때에는 병이 위독하여지자 자신의 제문을 짓기도 하였다. 현종초에 실록감인원實錄監印員이 되어 '효종실록' 편찬에 참여하였는데, 이때 나이가 칠십여 세였다. 그는 일흔다섯 살 때인 1660년에는 교유하던 위항시인이던 정담수鄭聃壽, 남응침南應琛, 정예남鄭禮男, 김효일金孝一, 최대립崔大立 등, 시회의 동인들과 많은 시를 주고받았다. 이를 모아 펴낸 것이『육가잡영六家雜詠』으로 남아있고, 그의 문집으로『구곡집龜谷集』229) 네 권이 따로 전하고 있다.『구곡집』230)은 최기남의 시집으로, 권두에는 신익성과 이경석李景奭(1595~1671)의 서문이 있다. 제1권에는 작자의 시 이외에, 일본에 사신을 따라갔을 때 함께 갔던 이들과 수창한 다른 사람의 시도 같이 실려 있다. 이때 부사였던 조경趙絅은 아끼는 최기남의 시는 율격이 매우 정화하여 고적高適과 잠삼岑參, 왕유王維와 맹호연孟浩然을 출입했다고 그를 칭송하였다. 최기남의 시는 서리 출신이었던 자신의 신세를 한탄조로 읊은 것이 많다. 특히 여항의 문인들과 차운한 작품과 교유했던 최대립, 김충렬金忠烈, 유찬홍 등과 수창한 작품이 많이 있어 그들과의 관계를 살필 수 있다.

한편 이 무렵, 낙사를 중심으로 삼청동과 옥류동, 필운대는 숙종년간 (1650~1730)에 시회가 매우 번창하게 벌어졌다. 이 당시는 역관 무역

---

229) 조선 후기의 여항시인 최기남의 시집. 4권 2책. 목활자본. 국립중앙도서관 소장. 현종 6년(1665)문인들에 의하여 간행되었다. 권두에 신익성申翊聖과 이경석李景奭의 서문이 있다. 책은 권4를 제외하고 각 권마다 상·하로 나누어, 권말에 부록이 붙어 모두 8부로 구성되어 있다. 시체詩體에 따라 448수의 시가 실려 있는데, 권1 상에는 오언고시 40수, 하에는 칠언율시 149수, 권2 상에는 칠언고시 16수, 하에는 오언절구 37수, 권3 상에는 오언율시 121수, 하에는 칠언절구 79수, 권4의 상에 오언배율 6수가 실려 있다. 문文은「졸옹전拙翁傳」만이 부록附錄으로 붙어있다. 이 책은『육가잡영六家雜詠』과 함께 여항문학 태동기의 연구자료이다.
230) 권1에는 오언고시五言古詩 41수 '의좌사초은시擬左思招隱詩'부터 '종국種菊'까지, 권2에는 칠언고시七言古詩 7수 '의고擬古'부터 '서성화촌주필별민瑞城禾村走筆檄閔'까지, 권3에는 오언율시五言律詩 112수 '추일秋日'부터 '춘우春雨'까지, 권4에는 오언율시五言排律 2수 '주운암용왕유운住雲菴用王維韻', '정묘병란우양주촌사용두시상춘운丁卯兵亂寓楊州村舍用杜詩傷春韻'가 있다.

의 전성기로서 역관 내부에서도 계층적 분화가 발생하였다. 초기 삼청동에서의 활동 시기는 기술직 중인들이 주류를 이루었고, 후기 옥류동과 필운대 시기는 경아전으로 중심이 이동하면서 음악과 서화 등 다채로운 영역으로 활동의 폭이 넓어졌다. 또한 이 시기는 조선 성리학이 완벽하게 뿌리를 내린 시기였고, 우리 문화의 진경시대 중 초기인 숙종대의 문화 절정기와 때를 같이하면서 진경시대의 예술인들과 폭넓은 교류를 시작하였다. 최기남의 제자인 임준원과, 그리고 구곡의 아들인 승태, 승주 등이 홍세태, 정내교와 어울려 시를 지었다. 권율과 이항복의 집 바로 위가 필운대이고 여기서부터 백련봉 서쪽까지가 북부이다. 지금의 사직동, 누상동 그리고 옥인동에 해당하는 이 지역에 주로 가난한 위항시인들이 모여 살았으며 모임 날짜와 장소를 정하여 시사가 열렸다. '서울의 모임'이라는 뜻의 낙사洛社는 숙종 6년(1680) 무렵에 절정을 이루었다. 이때를 중심으로 활동한 동인 시집으로 『소대풍요』에는 무려 백열여섯 명의 시가 실려 있다. 구곡은 위항시인들의 스승으로 존경을 받아 문하에 훌륭한 시인들을 많이 길러냈다. 그의 시는 당시唐詩에 가깝다는 평을 받았으며, 특히 이경석李景奭은 그의 율시를 두보의 시풍이라 하였다. 이경석이 지은 『구곡시고』의 서문을 그대로 옮겨본다.

"내가 일찍이 백이전을 읽었는데, 여항의 사람에 이르러, 행실을 닦고 이름을 떨치고자 한 사람이 청운의 선비에게 의지하지 않았다면, 어찌 능히 후세에 널리 전해지겠는가. 책을 덮고 탄식하며 말하길, 이는 대개 사마천이 강개하여 한 말이다. 지금 최기남 노인은 여항의 사람이다. 옷은 베옷을 걸쳤으나 가슴에 품은 게 있으니, 곧 비단을 수놓은 것이며, 구슬이 영롱한 것이다. 어찌 베옷이라 천하게 여기리오. 노인은 젊어서 동양군 신도위의 집에 딸렸는데, 현헌玄軒[231] 상국을 뵙고서

---

[231] 신흠申欽의 호, '현헌玄軒'를 말함. 자 경숙敬叔.

인정을 받아 이로부터 선비들 사이에 명성이 났다. 많은 사대부가 듣고 서 그와 함께 하였는데, 대개 그 학문이 두루 하고 조리가 있었으니 더욱 주역에 얻은 바가 있었다. 손수 베껴 이를 즐겼는데, 사림詞林에 있어, 근원이 무궁하고 심오하였다. 고시를 좇아서 가려 뽑았는데 율시는 두보를 주로 하여 소리가 바르고 운율이 맑아 금옥인 듯 읊을 만하였다. 슬프도다. 노인은 기이함을 품고 진실로 궁했는데 위항에서 즐기며 노닐었다. 영달도 없으며 욕됨도 없으니 이름을 드러내는데 구차하지 않았다. 어찌 다시 마음을 수고로이 해서 빌붙는 바가 있는 사람이겠는가. 그런 뒤에야 어찌 양자운揚子雲232)이 없겠는가. 내가 앞의 효종대왕실록을 욕되이 고쳤는데, 노인께서 오래도록 짝이 되어 교정하여 간행하였다. 그래서 더욱 서로 친하게 지냈는데, 때때로 내 집을 찾았는데 올해 여든 살이다. 정신이 밝아서 쇠하지 않았는데 그 시고를 빌려 보니 이로써 글을 써서 돌려드린다. 노인은 스스로 구곡이라 호를 부른다. 을사년 시월 초에 백헌은 병들어 못난 글로 쓰다."233)

한편 신익성은 "그의 고체시는 육조六朝의 것과 같고, 가행歌行은 당나라 시인들의 풍이며, 율조律調는 당나라 목종穆宗 연간의 장경長慶 (821~824) 이전의 어투를 본받았다."라고 평하였다. 신익성이 지은 『구곡시고』의 서문을 그대로 옮겨본다.

---

232) 자운子雲은 전한前漢 말의 학자 양웅揚雄의 자. 저서 『태현경太玄經』, 『법언法言』, 그는 "후세에 반드시 양웅 같은 사람이 있어야 이 양웅을 제대로 알아 줄 것이다."라는 말을 했다.
233) 최기남, 『구곡시고』 권1. '龜谷詩稿序'[李景奭]; "余嘗讀伯夷傳。至閭巷之人。欲砥行立名者。非附青雲之士。烏能施於後世哉。掩卷而歎曰。此盖史遷慨慷之辭也。今崔老人奇男。卽閭巷之人也。衣褐而其胸中之有。則綺綉也。珠璣也。曷可以褐而賤之哉。老人少而出於東陽申都尉之門下。因以謁于玄軒相國。得蒙其印可。由是聲播搢紳間。聞人碩士多與之。盖其學博綜經藉。尤有得於易。手寫而玩之。於詞林。窮源而探奧。古詩追選。律主乎杜。正聲淸韻。鏗然可誦。噫。老人懷奇固窮。湛浮委巷。無所榮。無所辱。不區區於立名。豈復勞心而有所附者哉。然後豈無揚子雲哉。余忝修先朝實錄。老人久於讎校之刊。故益相親。時款吾扉。今年八十。精爽不衰。借觀其詩稿。遂書此以歸之。老人自號龜谷云。乙巳十月之初。白軒病拙書。"

"시는 선禪과 같고 선으로써 깨달음에 들어간다. 시는 신해神解를 귀하게 여겨 돈점頓漸이 모두 교教인데 문으로 드는 길이 절로 끊겼다. 당과 송이 모두 시로 격조가 절로 뛰어났는데 우리가 사는 시대에 머리 깎은 승려에 어찌 한하겠는가. 글 짓고 쓰는 자에 어찌 한하겠는가. 능히 깨달음에 들어가 신해에 능함을 듣지 못하니, 어찌 내가 듣지 아니함이 있으리오. 내가 한 천한 사람 가운데 한 사람을 얻었으니, 배우기를 선에 가까이 하고 시 짓기를 당에 가까이 하여 반드시 깨달음으로 들어 능히 신해를 얻었다. 슬프다. 그 사람의 시가 힘써 취할 만하나 부귀와 권세 있는 자가 빼앗은 지가 오래일 뿐이다. 조물주가 그 궁함과 천함을 슬프게 여겨 이로써 명성이 울리게 하였다. 내가 일찍이 그 시를 평하기를, '고체의 향기가 짙고 육조의 풍을 닮았으니, 시구는 당나라 여러 시인을 넘나들고, 율법은 장경 이전의 말이다. 세상 사람이 자랑하기보다는 혹시라도 의심하는데, 뒤에 반드시 안목을 갖춘 자가 이를 능히 분별할 것이라. 시권의 이름은 '구곡'으로 성은 최요, 이름은 기남이다. 경진년 늦은 가을에 동회東淮의 병든 늙은이가 부용정사에서 쓰다."[234]

그가 언제 죽었는지 정확한 몰년은 알 수 없으나 그의 시 가운데 1668년(여든세 살)에 쓴 시가 있어서 그의 몰년은 그 이후가 될 것으로 추정된다. 그가 지은 유일한 산문은 『구곡집』에 실려 있는 「졸옹전拙翁傳」 한 편뿐이고, 나머지는 사백사십여 수의 시로 채워져 있다. 최기남이 만년에 쓴 저전적인 「졸옹전」은 그의 의식을 심층적으로 드러내고 있다. 「졸옹전」은 최기남 자신에 대한 전傳으로 작자의 인생관 및 생활태도가 잘 드러나 있다.

---

[234] 최기남, 『구곡시고』 권1. '龜谷詩稿序'[申翊聖]; "詩猶禪。禪由悟入。詩貴神解。頓漸皆教。門徑自殊。唐宋皆詩。調格自別。當吾世而祝髮者何限。操觚者亦何限。未聞有能悟入能神解。豈有之而吾未之聞耶。吾得一人於賤者之中。爲學而近於禪。爲詩而近於唐。必因悟入而能神解也。噫。之人之詩。可以力取。則已爲貴勢有力者所敓久矣。造物者哀其窮且賤。而以是鳴之耶。余嘗評其詩曰。古體酷肖六朝。歌行出入唐諸家。律法長慶以前語也。世人或疑於夸。後必有具眼者能辨之。詩卷冠以龜谷。崔姓名奇男云。歲舍庚辰深秋。東淮病翁。書于芙容榭中。"

"세상에 졸옹이란 사람이 있는데, 어떤 사람인지 알 수 없다. 생업은 농업이나 상업도 아니고, 그럴듯한 이름이나 호도 없다. 옷이래야 딸랑 한 베옷, 먹는 것은 거친 밥이며 거처라고는 고작 오두막이다. 집을 나서면 걸어 다니는데, 보는 사람마다 웃음거리가 되지만 어딘지 모르게 교만한 기색도 지니고 있다. 생김새와 말투는 남들과 그리 다르지 않으나, 저들은 현달하나 이쪽은 궁하며, 저들은 형통하나 이쪽은 운수가 꽉 막혔다. 아마도 재주와 덕이 같지 않아서 그런 것인가, 아니면 타고난 명운이 후하고 박한 차이가 그런 것인가. 저들의 현달이 지혜로 얻은 것이 아니고, 나의 궁함이 어리석음으로 인한 것이 아닌 즉, 모두가 하늘 때문이요, 사람 때문이 아니다. 그러니 저들과 같지 아니함을 부끄러워한다면 본래부터 그렇게 된 이치를 모르는 것이다."235)

서두에 '졸옹'이라고 자기의 처지를 묘사하고, 재덕이 모자라는 것도 아니면서 궁하게 사는 것은 하늘의 뜻이라 자위하였다. 성품이 명리名利를 좇지 않고 고요함을 좋아하며 책을 가까이하고 시 읊기를 즐겼으며, 평생 졸拙함을 지키며 살았다고 술회한 것으로 보아 노자 사상에 기울어진 모습을 엿볼 수 있다. 일흔네 살 때의 작품이다.

의고   擬古236)

1.
혹독한 바람 골짝에 몰아치네, 온갖 풀 눕는데   嚴飆振壑兮百卉腓
푸른 바다 넘실대네, 지는 해는 설풋한데   碧海漫漫兮西日微
굽어보고 우러러 홀로 서네, 마음은 어긋나   俯仰獨立兮心有違

---

235) 최기남, 『구곡시고』 권3. 附, 「拙翁傳」 "世有拙翁者。不知何如人也。業不農商。身無號名。衣則短褐。食則䪳糲。居則蓬室。出則徒步。人見之。莫不調笑。曬然有驕傲之色。形貌言行。與人不甚相遠。而彼達此窮。彼亨此屯。豈才德之不侔而然耶。抑賦命之厚薄而然耶。彼之達非智得。此之窮非愚失。則皆天也。非人也。以不若人爲恥。則不識固然之理矣。"
236) 최기남, 『구곡시고』 권2.

임 찾을 수 없어라, 눈물만 흘리네	美人不見兮涕霏霏
어찌하면 미인과 서로 만나서	安得與美人相遇兮
옥패를 풀어놓고 금 거문고를 타리	解瑤佩奏金徽237)

2.

구름 자욱한 산 푸르구나, 물은 넓은데	雲山蒼蒼兮水浩浩
고니는 짝을 잃었네, 안개 낀 섬을 날며	黃鵠失侶兮遶烟島
끼룩끼룩 방황하네, 하늘을 바라보니	吒嗜彷徨兮望穹昊
임 찾을 수 없어라, 마음만 아프구나	美人不見兮傷懷抱
어찌하면 미인과 서로 만나서	安得與美人相遇兮
향기로운 술과 아름다운 문장을 즐기리	酌芳醪羞嘉藻

의고擬古는 옛 것을 본뜨거나 시가나 글을 옛 격식에 맞추어 짓는 걸 뜻한다. 이 시에서 그는 마치 자신을 짝 잃은 고니처럼 임금의 은총을 받지 못한 존재로 비유하고 있다. 곧 재능이 있음에도 신분적 제약으로 경륜을 펼칠 수 없는 자신의 상황을 우의적으로 형상화하고 있다. 그러나 최기남의 자각은 사회 구조적인 문제로 인식하는데 까지는 나아가지 못했다는 점은 앞서 살펴본 그의 자전적 작품인 「졸옹전」에서 살펴볼 수 있다.

한편 최기남의 아들인 최승태崔承太도 시를 잘 지었다. 승태의 자는 자소子紹, 호는 설초雪蕉로 형조의 아전이었다. 『설초시집』이 전한다. 그도 시회에 들어 주고받은 시가 전한다. 한 편을 살펴보자.

감회가 일어 홍수재의 운을 써서 짓다	感懷用洪秀才韻
마음 속 알아주는 벗은 예부터 적어	知己古來少

---

237) 거문고 등 현악기 줄을 고르는 자리를 표시하기 위해 거문고 전면에 원형으로 박은 13개의 조각인데, 특히 금으로 박은 거문고를 금휘金徽라 함.

영웅의 발자취 제 홀로 외로웠네	英雄跡自孤
야박한 풍속 따라 이리저리 헤매다가	伶俜隨薄俗
핍박 받느라 괴롭고 위태로운 길 갔지	偪側困危途
늘그막에 시인의 모임에 몸을 맡기니	晩托詩人社
때로 술집 화롯가에나 찾아가네	時尋酒肆壚
오래 동안 바람이 만 리 밖에서 부니	長風吹萬里
발이나 씻으며 강호에서 노니네	濯足戱江湖

예로부터 지음知音은 퍽이나 드물어 뜻을 펼쳐보려 해도 알아줄 벗이 없어 영웅의 꿈도 사라져 외롭다고 고백한다. 세상 물정 따라 부대끼다 보니 이리저리 비난받으며 위태롭게 여기까지 걸어 왔다. 늙어서 시회에 나가고 술집에나 앉으니 그나마 강호에서 노니는 삶이 그래도 한가롭다고 자위한다.

최기남의 둘째 아들인 최승주崔承冑[238]도 시를 잘 지었는데, 남아 있는 시 한 수를 살펴보기로 한다.

눈 오는 밤에 느낌이 있어 1	雪夜感懷二首[239] 1
눈 그치니 뜨락에는 달 둥실 뜨고	雪晴庭畔月正團
초가집은 쓸쓸해 밤하늘이 차네	草屋蕭條夜色寒
옅은 향 퍼진 산 홀로 밴 베개는 차서	香盡博山孤枕冷
꿈 깨어보니 빈 휘장에 등잔불만 가물대네	夢回虛幌一燈殘

눈 오는 밤에 날리던 눈발이 그치고 난 뒤 잠을 깨고 지은 작품이다. 초가집에 들이치는 눈바람에 겨울밤 하늘은 찬데, 어느 결에 뜨락에는 달이 휘영청 밝았다. 온 산에 맑은 내음이 널리 퍼지며 텅 빈 휘장에는

---

238) 최승주崔承冑의 자는 자진子震.
239) 『소대풍요』, 「습유拾遺」.

등잔불만 어른대며 가물거린다. 설야를 읊은 단아한 소품이다.

또한 최기남의 제자인 이득원李得元(1639~1682)도 시를 잘 지었는데, 그는 자가 사춘士春, 호는 죽재竹齋인데 완산 사람이다. 육가陸賈240) 시인들의 낭만적 시풍을 계승한 인물이다. 그는 서울의 집을 떠나 막부, 병영의 서기로 종군하면서 주로 지방의 외방직을 전전하는 생활을 하였다. 그의 시는 막부에 종군하면서 지은 것이거나 때때로 낙사의 시우들과 어울려 지은 것이 대부분이다. 홍세태는 그의 시는 맑고 깔끔하며 아담하고 고와서 당의 풍조가 있었으며, 글씨 또한 잘 썼는데 서풍이 정묘하였고, 청렴하기가 옥설과 같은 풍채에 언제나 꿋꿋한 절개가 있다고 평하였다. 또한 홍세태는 이득원의 만시를 짓기도 하였다.

서헌에서 자며 자춘 이득원을 애도하며	宿西軒241)悼子春 李得元242)
맑은 밤 고즈넉한데 홀로 사람을 비추니	淸夜沉沉燭照人
주렴 너머 봄비 부슬부슬 티끌과 같네	隔簾春雨細如塵
평생 시와 술로 따라 놀았던 곳인데	平生文酒追遊地
서헌에 올 때마다 자춘을 생각하네	每到西軒憶子春

이득원의 대부분의 작품은 신분 갈등에 관한 내용을 담고 있다. 특히 무관으로서 하찮은 벼슬에 지나지 않았던 그의 시에는 검이 자주 등장하는데 이는 신분 차별의 상징물이었다. 그는 낙사洛社 동인으로 활동하였는데, 그의 사위인 고시언高時彦243)이 『소대풍요』를 편찬하며, 여기

---

240) 육가陸賈는 송宋나라의 시인 육유陸游와 당대唐代의 시인 가도賈島를 합칭한 말.
241) 조선시대 지방관이 생활하던 처소인 내아內衙를 보통 서헌西軒이라 하는데 반해, 정무政務를 보던 중심 건물이 있는 수령守令의 정청政廳은 동편에 있기 때문에 동헌으로 불리었다.
242) 홍세태,『유하집』권11.
243) 고시언(1671~1734); 본관 개성開城, 자 국미國美, 호 성재省齋, 숙종 13년(1687)

에 이득원의 시 서른세 수를 실었다. 그의 시를 몇 편 살펴보자.

가을밤 회포를 적다	秋夜書懷
책과 칼 마침내 어디에 쓰랴	書劍終何用
모두 틀어져 머리털만 희어졌네	蹉跎髮欲華
시골로 돌아가도 물려받은 밭이 없어	歸田無舊業
남의 집을 빌려 몸을 맡겼네	寄跡賃人家
병든 마음 가을도 더 서글퍼지는데	病意秋偏感
귀뚜라미마저 밤 깊어 줄곧 우는구나	陰蟲夜更多
빈 창가 시름겹게 앉아 있노라니	虛窓愁坐久
어느새 달 지고 은하수마저 기울었네	月落曙河斜

문무를 겸전하였지만 어디 소용이 있었는가. 한미한 벼슬로 나이만 늘어 만사가 틀어진 걸 자탄하며 쓴 작품이다. 고향에 돌아가도 한 뼘 지어먹을 전답도 없고 남의 집을 빌어서 그나마 몸을 맡긴 신세란다. 가을이 깊어 귀뚜라미가 시인의 마음을 알고 대신 울어주는데, 영락한 신세를 달과 은하수에 기탁하여 속내를 드러내고 있다. 신분제도를 뛰어넘지 못한 평생의 수심을 회한의 서글픔으로 노래하였다. 병든 마음의 저 건너, 울분과 분노가 뒤섞여있음을 알 수 있다.

역과에 급제하여 역관이 되었다. 여러 차례 청나라에 다녀와서 외교관으로서의 실력을 발휘하여, 그 공으로 2품의 관계에 올랐다. 1734년 다시 청나라에 가다가 도중에 병사하였다. 경전과 백가百家에 능하여 사역원의 후배들이 스승으로 모시고 학문을 물었다. 특히, 한시에 뛰어나 당대의 평민시인인 임원준林元俊, 홍세태洪世泰, 정내교鄭來僑 등과 함께 당풍을 본받은 여항4대시인으로 일컬어졌다. 일반적으로 사리가 정연한 시를 짓는다는 평가를 받았으며, 대제학 남유용南有容도 그의 문장을 칭찬하였다. 만년에는 세조 때부터 영조 때까지의 여항인의 시를 선집하여 『소대풍요』를 펴냈는데, 이는 조선시대의 중요한 시문학 자료이다. 저서로는 『성재집』이 있다.

| 구일 회포를 적다 | 九日[244]書懷 |

백수로 서풍에 병들어 늦게 일어나니 　　白首西風病起遲
노란 국화꽃 좋은 시절에 생각은 많네 　　黃花佳節謾多思
높다란 성 어둑해 나무에 구름 드리우니 　高城瞑色雲沉樹
한 뜨락에 가을비 내리는 소리 못에 가득하네 一院秋聲雨滿池
갑 속 기이한 소리 머금어 거문고 홀로 있고 匣裡奇音琴獨在
술잔 앞에 혼자 분하니 술잔만이 알아주네 樽前孤憤酒偏知
장안의 동산은 일찍이 노닐던 곳 　　　　長安苑囿曾遊地
사직과 갑옷은 옛날과 다르네 　　　　　社稷戎衣異昔時

중양절에 높다란 성곽에 올라 온갖 상념에 사로잡혀 지은 시이다. 첫 수의 정조는 대체로 침울한데 가을비 내리는 소리가 못에 가득하다고 함으로써 시인의 마음에 쌓이는 서글픔을 대변한다. 둘째 수에서 갑 속에 간직한 기이한 소리는 자신의 재능을 자부하여 에둘러 말하고 있다. 오래 동안 갑 속에 감추어 둔 거문고 소리는 바로 작가 자신의 펼 수없는 신분상의 한계를 상징적으로 얹은 것이다. 장안에서 젊은 한때 호기스럽게 노닐었는데, 지금은 왕조에 출사한 무인으로서 현실의 벽을 절감하고 있다. 병든 몸으로 성 위에 서서 백수가 된 몸으로 서풍을 맞으며 자괴의 괴로움과 울분을 토로한다.

| 새벽길 가며 | 曉行 |

산 아래 외딴 마을 사립문 모두 닫혀 　山下孤村盡掩扉
산봉우리에 지는 달 남은 빛 숨겼네 　　峰頭落月隱餘輝
닭 우는 외딴 가게엔 나그네 발길 이른데 鷄鳴野店客行早
눈 쌓인 관아 다리에는 인적조차 드무네 雪滿官橋人迹稀

---

244) 중구일重九日로 음력 9월 9일인 중양절重陽節을 말함.

산촌 마을은 아직 꿈속인 듯 사립짝은 닫혀있고 오가는 사람도 없다. 하얗게 천지가 눈에 덮이고 시골 관아로 통하는 다리 위에는 한 점 발자국도 없다. 닭이 홰치며 우는데, 가게는 문을 열지 않아 나그네는 발길을 돌려야 한다. 추위를 녹일 데는 없고, 새벽길은 참으로 적막하다. 시의 행간에 숨어있는 정경이 실타래를 풀며 소곤거린다. 한 폭의 아름다운 설경이 이루어졌다. 온통 여백이 충만하다.

| 안주병영에서 봉명에게 보이다 | 安州245)兵營示鳳鳴 |

소매 속에 삼척 칼	袖中三尺刀
내 마음을 비추지만	與我心相照
포의의 선비로 군문에 들어왔다고	布衣入轅門246)
아리따운 여인이 손뼉 치며 웃네	嬌女拍手笑

대장부의 소매 속에 벼루어 둔 삼척 칼은 흉금을 비추며 서슬이 시퍼렇다. 재주와 능력이 있음에도 쓸 일이 없고 기회조차 없다. 미관말직으로 군문에 들어와 변변찮으니 아마도 기녀인 듯한 어여쁜 여자가 그를 보고 깔깔대며 웃었을 것이다. 그래서 이를 두고 기롱한 작품으로 읽힌다. 어찌 벼슬 따위로 사람을 보는가 하고, 껍데기만 보고 사내를 판단하는 여자를 은근하게 나무라고 있다. 그 품새가 자못 우스꽝스럽다.

| 호산관 현판에 걸린 시에 차운하여 | 壺山館次板上韻 |

| 한밤중 잠 못 이루고 앉아 있자니 | 不寐坐中夜 |
| 떠도는 내 설움 절로 새로워라 | 自然離恨新 |

---

245) 안주安州는 평안북도平安北道에 있는 병영兵營의 소재지임.
246) 원문轅門은 수레를 벌려 진陣을 만들고, 수레 끌채를 마주 세워 만든 문이다. 곧 군문軍門, 진영鎭營을 가리킴.

가을 서늘한 기운 낡은 객사에 스며들고	秋陰生古館
서늘한 바람에 대밭은 사각거리네	凉吹韻叢篠
평생 말 달리며 무슨 일 이루었나	鞍馬成何事
넓은 천지에 이 몸만 늙어버렸네	乾坤老此身
칼집에는 쓸모없는 칼자루만 남아	空餘匣中劍
맥맥히 홀로 서로 마음 통하네	脈脈獨相親

가을밤 객사에서 잠들지 못하고 떠도는 자신의 신세를 노래한다. 재능을 펼치지 못하고 이미 늙어버린 세월에 대한 회한과 설움이 가득하다. 군영에서 반평생을 보냈지만, 칼집에는 쓸모없는 칼만 남아 있는데, 맥맥이 흐르던 그 기백만은 서로 통하고 있다고 자위한다. 시의 저류에는 서슬 퍼렇게 분노가 일렁인다. 무인으로서 현실을 초극할 담대하고도 웅대한 포부는 갑 속에서 퍼렇게 울음 울지만, 역량을 펴볼 기회조차 없었으니 그저 마음만 통한다고 고백한다. 이 자리에는 당대의 신분제를 향하여 칼끝을 겨누는 서슬이 마냥 일렁인다.

거지를 보고 느낌이 있어	觀乞者有感
양식을 동냥하러 다니는 거지가	客有化粮者
오늘 아침 내 집 문을 두드리네	今朝叩我關
먼 시골에서 떠돌다 들어와	自言遠方來
서울거리에서 구걸하며 다니네	行乞京洛間
가족과 헤어져 떠돈 지 오래라고	流離已淹歲
행로난 노래 길게 부르네	長歌行路難
들어보니 정말 감탄이 나와	聞之爲感歎
굶주린 그 얼굴 슬프기만 해라	哀爾多飢顔
나 또한 고달프고 가난한 선비라서	余亦苦貧士
독에는 남은 곡식 한 톨 없으니	甑中無遺粒

아침저녁 거리도 스스로 대지 못하는데	朝夕不自給
너의 급한 형편 무엇으로 구하랴	奚以救汝急
나라에 큰 창고 곡식을 풀어	欲發大倉粟
배고픈 이를 위해 먹이고 싶지만	特爲飢者食
옆 사람은 내 어리석음 비웃기만 하고	傍人笑我愚
내 측은한 마음이야 알지도 못하네	不知我心惻

아침에 문을 두드리며 구걸하러온 거지를 두고 이득원은 당시의 시 대상을 사실적으로 절묘하게 그리고 있다. 시의 전반부는 길거리에는 유리되어 떠도는 걸인의 사연을 객관화하여 묘사한 뒤, 후반부에서는 쥐꼬리만한 녹봉으로 견뎌야하는 시인의 쌀독도 비어 있어 저 걸인을 구할 방도가 없음을 마음 아파한다. 벼슬이라도 높아 구세救世의 경륜이라도 펼칠 기회가 있다면, 창고를 헐어 배고픔이야 구할 수 있겠지만, 말단 아전 행색에 무슨 자선이냐고 퇴박이 돌아오는 소리를 듣는 것 같다. 측은지심을 비웃는 옆 사람은 아마도 아내일 듯싶다.

유재건은 『이향견문록』에서, "구곡의 시는 유아幽雅, 청신淸新하다."고 평가하였다. 서주 정예남, 국담 김효일, 창애 최대립과 함께 서로 시를 읊으며 사귀었다. 유하 홍세태는 『해동유주海東遺珠』에서 시를 뽑아 편찬할 때에 구곡의 시를 가장 많이 수록하였다. 이 시선집은 조선 초기의 박계강朴繼姜에서 편찬 당시인 1712년까지의 위항시인 마흔여덟 명의 시, 이백삼십여 수를 뽑아 수록한 깃이다. 그만큼 홍세태는 구곡의 시 짓는 재주를 높이 평가하였고 그를 아꼈다.

택당 이학사에게 올리며   上澤堂李學士[247]

---

[247] 이식李植(1584~1647); 조선후기 문신, 본관 덕수德水, 자 여고汝固, 호 택당澤堂, 남궁외사南宮外史, 택구거사澤癯居士, 시호 문정文靖. 1616년 북평사北評事, 이듬해 선전관. 1618년 폐모론이 일자 은퇴하여 경기도 지평砥平(지금의 양

남궁의 편찬국 꿈처럼 생생한데	南宮[248]纂局夢依然
당시에 못난 이 몸 특별히 아껴주셨네	朽質當時特見憐
부침이 심한 세상 헤어져 세월만 흘러	一別雲泥頻甲子
다시 만나니 치아와 머리털 다 늙었구나	重逢齒髮各衰年
군신과 사직은 풍진 사이에 있고	君臣社稷風塵際
도성의 산하는 눈물어려 아득하네	關輔山河涕淚邊
오래 문형을 잡아 노수로 추앙되니	久握文衡推老手[249]
오계의 송 짓는 일이야 선생께 바란다네	浯溪[250]撰頌望吾賢

택당 이식 선생과 예조에서 일하던 당시를 회상하며, 구곡 최기남이 자신의 미욱한 재능을 기꺼이 아껴주신 그 은덕을 기리고 있다. 여전히 나라의 문형을 쥐고 있으니, 조야의 송덕을 짓는 문장을 선생께서 병필秉筆하시길 기원한다는 뜻을 부친다.

평군 양동면)으로 낙향, 남한강변에 택풍당澤風堂을 짓고 호를 '택당'이라 하고 학문에만 전념하였다. 당대의 이름난 학자로서 많은 제자를 배출하였다. 이식은 문장이 뛰어나 신흠申欽, 이정구李廷龜, 장유張維와 함께 한문사대가로서 그의 문장은 우리나라의 정통적인 고문으로 높이 평가되었다. 김택영金澤榮에 의하여 여한구대가麗韓九大家의 한 사람으로 뽑혔다. 『여한십가문초麗韓十家文鈔』에 '사간원차자司諫院箚子' 등 6편의 글이 수록되어 있다. 시는 각 체에 모두 능숙했는데 특히 고체와 오언율시에 능하고 많은 작품을 남겼다. 1686년 영의정에 추증, 여주 기천서원沂川書院에 제향. 『초학자훈증집初學字訓增輯』, 『두시비해杜詩批解』, 『수성지水城志』, 『야사초본野史初本』 등 편찬, 문집 『택당집澤堂集』. 최기남, 『구곡시고』 권1.

248) 남궁南宮은 예조의 별칭으로 보통 남성南省으로 불려진다.
249) 노수老手는 노련老鍊한 솜씨, 또는 그 사람을 일컫는 말.
250) 오계浯溪는 공덕을 칭송하는 문장을 쓰는 것을 뜻함. 당나라 원결元結이 '대당중흥송大唐中興頌'을 지어서 숙종肅宗의 공덕을 가송歌頌하여 이것을 오계浯溪의 절벽 위에 새겼던 데서 온 말이다.

염체   奩體251)

창가에 아리따이 서 있는 버들   婀娜綺窓柳
그 옛날 내 님이 심은 거라네   昔時郎自栽
버들 띠는 하마 벌써 맺을 만한데   柳帶已堪結
긴 세월 님은 아니 돌아오시네   長年郎不廻

창가에다 옛날 사랑하는 임과 같이 버드나무를 심었다. 그 버들이 벌써 자라 말고삐를 맬만하다고 말하며, 오랫동안 오시지 않는 임을 기다리는 여인의 기다림을 노래한다. 이 시는 염체奩體를 써서 화자의 시선을 여성으로 전환하여 진술하는 형식을 취하고 있다. 염체는 여성 화자를 내세워 사랑의 감정을 토로하는 시의 한 양식인데, '향렴체香奩體'252)라고도 한다. 당나라 때 시인 한악韓偓이 지은 시를 모은 『향렴집香奩集』의 문체로서 규녀閨女, 궁왜宮娃, 요조窈窕, 연지臙脂 등 아녀자의 태態를 주로 즐겨 읊은 양식이다.

서산가는 도중에
- 저물녘 말을 몰아 작은 오솔길을 따라 깊은 소나무 골짝을 들어가다
瑞山途中-殘陽驅匹馬側迻入深松谷253)

사람들 두런대니 숲을 지나가는 듯   響聞人語林行見
호산과 천룡 땅 얼어붙어 오가도 못하네   虎山川凌絶域氷
눈이 겨울 더 궁하게 하니 너무 서러워   雪値窮冬可惜重
오는 땅 시름겨워 옛 모습은 적네   來地羈愁減舊容

---

251) 최기남崔奇男, 『소대풍요』 '염체奩體'.
252) "詩體之名. 唐韓偓喜詠閨女宮娃窈窕臙脂之態. 其集名香奩集. 其風格名香奩體."
253) 『소대풍요』 권4.

저물녘 길가는 도중에 으슥한 산길에 들어섰다. 주위에 인적이 끊긴 듯 한 데 인기척이 들린다. 두런대는 소리가 그걸 말해준다. 눈에 쌓인 궁벽한 산골로 들어가는 나그네의 심정이 시름겨워 보인다. 발길 닿는 곳마다 옛날의 자취는 자꾸 없어져 인심이 덧없음을 간접적으로 말하고 있다.

삼청동	三淸洞
물은 응당 홀로 읊어 울리고	水應孤吟響
산은 삿갓 비껴 비스듬히 다가오네	山迎側帽斜
새벽에 바위는 해를 안고 개운하고	曙巖晴抱日
봄 골짝 따스해 이내가 드리우네	春洞暖生霞
초록이 신선의 풀 살찌게 하니	綠膩仙壇草
옥정의 꽃은 향기를 뿜어내네	香飄玉井254)花
막다른 길 백발이 부끄러워	窮途羞白髮
어디 있는가 단사를 묻네	何處問丹砂255)

삼청동은 시의 결이 두 겹으로 겹쳐 읽힌다. 서울에 있는 삼청 고을과, 도교에서 말하는 진인眞人이 사는 이상향인 삼청이 그것이다. 어떻게 읽어도 무리는 없지만, 시의 두 층위를 포개어 읽기로 한다. 결구의 단사丹砂가 그걸 말해준다. 신선이 먹는 불로장생의 선약이다. 봄 산골

---

254) 옥정玉井은 태화산太華山 꼭대기에 있다는 못 이름인데, 이백李白의 시 '고의古意'에 "태화산 꼭대기, 옥정에 있는 연은 꽃이 피면 열 길이요, 뿌리는 배와 같다네. 太華峯頭玉井蓮, 開花十丈藕如船" 라 하였다.
255) 단사丹砂; 도가의 선약仙藥. 중국 진晉나라 갈홍葛洪의 『포박자抱朴子』, 「금단金丹」에 "모든 초목은 태우면 재가 되지만 단사는 태우면 수은이 된다. 태우는 과정을 여러 번 거치면 도로 단사가 되는데, 이를 먹으면 장수할 수 있다. 凡草木燒之卽爐, 而丹砂燒之成水銀, 積變又還成丹砂, 其去凡草木亦遠矣. 故能令人長生." 라 하였다.

짝에 이내 한 짝이 드리워 자못 깊고 그윽하다. 초록이 신선의 풀에다 덧칠을 하니 완연한 봄날의 풍광을 암시한다. 태화산 꼭대기에 있는 연꽃이 향기를 내뿜으니 무릉이 바로 여기라고 여긴다. 다만 늙어감을 아쉬워하여 불로장생의 단사를 구차하게 묻고 있다.

저녁에 공주 광정창에 머무르며	晚次公州廣程倉256)
쑥대 우거지고 인가에 연기 드물어	蕭索人煙少
온통 둘러봐도 가파른 산골짝이네	周遭嶺嶂稠
주린 짐승은 축 늘어져 모이고	飢禽集長薄
게으른 말은 찬 시냇물 마시네	倦馬飮寒流
땅은 좁고 햇살은 여위어 가니	地窄頰陽瘦
바람은 고목을 시름겹게 만드네	風饕古木愁
언제 세금 걷어 수레에 실을 건지	何時稅征駕
뜬세상도 본래는 역참과 같은 걸	浮世本如郵

길 가다 저물어 공납을 걷어 조운을 담당하던 공주 광정창에서 하룻밤 몸을 의탁한다. 마을의 정경은 을씨년스럽고 형편이 말이 아니다. 골짝에 인가는 아주 드물고 쑥대는 우거져, 짐승조차 먹을 게 없는 궁벽한 곳임을 말하며, 시인은 시름이 겹다. 세금은 언제 걷힐지 기약도 없고, 뜬 구름 같은 세상은 잠시 쉬었다가는 역참과 다름없다고 한다.

봉은사	奉恩寺
호숫가 절은 일찍이 노닐던 곳	湖寺曾遊處
매화는 지난 날 떠올리게 하네	梅花記往年
승려는 돌아가고 두 능에 비 내려	僧歸二陵雨

---

256) 공주 정안면 광정리에 있던 창고.

나그네가 강나루에서 배를 건너네	客渡廣津船
양 언덕에는 매미 울음 구성져	兩岸蟬聲合
모래톱 연꽃은 나무 그림자 이고 있네	中洲樹影蓮
내일 아침 닻줄을 풀 것인데	明朝解行纜
슬퍼라 강가에 물안개 자욱하네	怊悵下江煙

　봉은사를 찾아 매화를 보고 지난날을 기억하며 지은 시다. 승려는 어디론가 가고 능원 부근에 비가 뿌리는데, 나그네가 나루에서 배를 타고 강을 건넌다. 양 언덕은 이승과 저승인가, 매미 울음 구성진데 연꽃은 나무 그림자를 이고 있다. 시상이 절묘하다. 매미는 이승에 노니는 시인의 풍류를, 연꽃은 깨달음을 각각 환치하며 둘이 어우러져 중의적으로 포개진다. 결구는 압권으로 시의 무게중심으로 닻을 내리고 있다. 지그시 누르는 시의 힘. 내일 아침이면 다시 닻줄을 풀 것인데, 시간은 무상하여 되풀이되는 일상에 슬픔처럼 강가에는 물안개만 자욱하다. 지척이 뵈지 않는 인생, 마치 그것인 듯.

가을 날 나그네가 되어	客中秋日
전란 속에 병들어 누우니	病臥干戈際
시름이 많아 여관에 머무네	愁多旅寓中
객지에 친구는 적으나	異方親舊少
좋은 시절 예전에 함께 했는데	佳節往時同
어둑해져 온 산에 비 뿌리니	暝送千山雨
추위가 나무들 바람에 재촉하네	寒催萬木風
어찌 견디랴 요락함을 만나니	那堪對搖落
올 한 해도 또 다 가려고 하네	今歲又將窮

　가을 날 전란 속에 몸이 아파 객지의 여관에서 몸을 쉬고 있다. 어둑

해진 시간, 벗도 없이 구질게 찬비만 뿌린다. 깊어가는 가을, 바람마저 초목을 재촉하여 조락으로 몰아간다. 우수와 고독의 낙폭이 너무 크다. 올 한 해도 한 일 없이 저물어 요락한 시인의 신세가 꼭 가을을 닮아 겹쳐진다. 천지가 조락하는 기운으로 쓸쓸하다. 시인의 서글픈 내면이 천지에 가득하다.

신상국이 김포 시골집으로 가는 길을 작별하며
奉別申相國[257]金浦田舍之行

이 작별의 뜻 어떻다 하리	此別意何如
만난 지 십여 년 남짓	相逢十載餘
서호는 배를 매어두던 곳	西湖泊舟處
남악은 아스라한 첫 종소리	南岳暝鍾初
귀양 가서 손자가 큰 걸 보더니	謫去見孫長
돌아오니 옛 친구는 드물었네	歸來故舊疎
저무는 한 해가 싫어져	暮年游已倦
부모 살던 고향집에 돌아왔네	桑梓[258]返郊居

일찍이 최기남은 신익성의 문하에 드나들면서 신익성의 아버지 신흠의 눈에 띄어 시재詩才를 인정받았다. 이 시는 아마도 신흠이 정승이 되었다가 시골집으로 낙향하는 1620년 전후의 어느 해에 최기남이 그를

---

257) 신흠申欽(1566~1628); 조선중기의 문신, 본관 평산平山, 자 경숙敬叔, 호 현헌玄軒, 상촌象村, 현옹玄翁, 방옹放翁. 인조 즉위년(1623) 3월 이조판서 겸 예문관, 홍문관의 대제학에 중용, 같은 해 7월 우의정에 발탁, 1627년 정묘호란이 일어나자 좌의정으로 세자를 수행, 전주에 피난, 같은 해 9월 영의정에 올랐다가 죽었다. 춘천 도포서원道浦書院 제향. 저서 『상촌집象村集』, 『야언野言』. 시호 문정文貞.
258) 상재桑梓는 "부모가 심은 뽕나무와 가래나무도 공경한다. 維桑與梓, 必恭敬止"라고 한데서 온 말로 부모가 살던 고향을 뜻한다. 『시경』, 「소아小雅」, '소반小弁'.

전송하며 지은 것으로 추정된다. 신흠은 1613년 계축옥사가 일어나자 선조로부터 영창대군永昌大君의 보필을 부탁받은 유교칠신遺敎七臣으로 이에 연루되어 파직되었다. 그 뒤 십여 년 동안 정치권 밖으로 밀려나 야인으로 생활했다. 1616년 인목대비仁穆大妃 폐비사건으로 춘천에 유배되었다가 1621년 사면되었다. 귀양에서 돌아와 손자가 큰 걸 보고, 또 벗은 드문 걸 말하면서, 시간이 꽤 경과한 걸 암시하고 있다. 작자도 그를 만난 지 십여 년만이라고 하였다. 저무는 한 해가 싫어 부모님 사시던 옛집으로 돌아감을 노래하고 있다.

정묘병란 때 양주 시골집에서 두보의 상춘 운을 써서
丁卯兵亂寓楊州村舍用杜詩傷春韻[259]

북녘 바라보니 임금의 가마는 멀고	北望龍輈遠
서쪽에 오니 오랑캐 말은 많네	西來虜騎多
오랑캐 장수 한 번 군율을 잃자	元戎一失律
사졸은 모두 싸움을 그치네	士卒盡韜戈
지는 해 황량한 수자리에 잠기니	落日沈荒戍
미친바람은 큰 물결 감아올리네	狂風捲大河
들꽃은 백발을 가엾이 여겨	野花憐白髮
수풀 속 새는 슬프게 우지짖네	林鳥和悲歌
도둑을 피하여 떠돌다 보니	避寇隨飄梗
집을 옮겨 푸른 넝쿨 기억하네	移家憶綠蘿
전장의 티끌 천지에 어둑하니	兵塵暗天地
도로 평화를 막을까 저어하네	還恐礙沖和

오랑캐가 나라를 짓밟으니 백성은 어육이 되고, 임금은 대궐을 버리고 피난으로 행궁하여 온 세상은 미친바람에 어수선하다. 시인도 피난

---

[259] 『소대풍요』 권5, 「오언배율」.

을 가서 임시로 객지에서 몸을 의탁하였는데, 푸른 넝쿨이 우거진 평화로운 고향 집을 떠올리며 언제나 전쟁의 티끌이 가라앉을 지 근심하고 있다. 들꽃도 시인의 흰 머리털을 가엾게 여기는 듯하다 말하고, 또 숲속에 새들도 슬프게 울부짖는다고 하여, 자신의 감정을 탁월한 솜씨로 이입시키고 있다.

원사	怨詞[260]
첩에게는 마름꽃 거울이 있어	妾有菱花鏡
그대가 처음 주신 그때 기억하지요	憶君初贈時
그대는 가시고 거울만 괜히 남아	君歸鏡空在
다시는 고운 눈썹 비추지 않지요	不復照蛾眉

향렴체를 구사한 시로 화자는 여성이다. 여인의 원망이 자못 거울에 비친 듯 환하게 다가온다. 마름꽃 문양을 입힌 손거울을 매양 바라보며 처음 임이 주시던 그때를 상기한다. 지금 그 임은 떠나시고 거울만 남아 빈 거울만 바라보니 모든 게 심드렁하다고 한다. 고운 눈썹도 비추지 않고, 임이 없는 세상에 단장은 해서 무얼 하냐며 토라졌다.

영천암	靈泉菴[261]
산 밑에 영천이 있는데	山下有靈泉
원만히 밝혀 법경을 여네	圓明開法鏡
색상이 공함을 깨치니	了然色相[262]空
마음의 근원 비추어 깨끗해졌네	照得心源淨

---

260) 같은 책 권1.
261) 같은 책 권1.
262) 불교에서 육안으로 볼 수 있는 모든 물질의 형상, 불신佛身의 모습.

절에 가면 부처가 되라던가. 승속이 따로 있지 않으니, 시인이 찾아간 그곳, 문득 하나의 깨침이 언뜻 보인다. 심령을 맑게 비추니 법경이 환하다. 색과 공이 하나로 이개져, 얼룩이라곤 한 점도 찾아 볼 수 없다. 그대로 둘이 아니고, 하나로 원융 회통하여 마음의 근본 자리를 얻었다. 무얼 더 붙여 말장난하랴.

　　　장안 길　　　　　　　　　　　　　　　　長安道

　　녹음 우거진 궁궐 담장　　　　　　　　　綠樹蔭宮墻
　　붉은 대문 집 늘어선 집성촌　　　　　　　朱甍連戚里
　　와자지껄한 한길 가에　　　　　　　　　　喧喧大道中
　　수레와 말소리 언제나 그칠까　　　　　　　車馬何時已

　장안대로, 그 심층구조에는 모순의 길을 고발하고 있다. 뒤집어 읽으면 그대로 그 시대가 읽힌다. 단아한 진술이지만 울리는 심연의 폭과 깊이는 냉정하리만치 싸늘하여, 그 붓끝이 겨누는 서슬이 시퍼렇다. 흥청망청, 말 그대로 우마에 가득 실은 주지육림과 부패와 사치, 전란후의 세도가의 염치없는 행차를 은유하고 조롱한다. 붉은 대문으로 치장한 기와집과 같은 성바지 끼리 붙어먹는 저들의 꽃놀이패, 혹은 혼맥과 벼슬길을 틀어쥐고 농단하는 집단 이기주의가 당시에도 백성을 고통과 신음으로 내몰고 있음을 알 수 있다. 낮은 목소리지만, 울림은 크다. 여항의 뒷골목 곳곳에서 백성은 도탄에 빠져, 돌림병과 주림으로 길바닥마다 거적때기로 쌓은 시신이 즐비하다. 덩그런 대갓집, 고방마다 썩어 나가는 재화가 그걸 말해준다. 뒤집으면 보인다. 배후가 거느리는 그늘이 더 무서운 줄을 지배자는 알아야 한다.

가을에 상심하여　　　　　　　　　　　　　　　　　傷秋

　　가을바람 불어 나그네 눈물 옷을 적시니　　　久客西風淚滿裳
　　마음 아픈 건 중양절 때문만은 아니지　　　　傷心不必是重陽
　　가을빛 맑고 구름 두둥실 해는 지는데　　　　孤雲落日秋光淡
　　포구 끝 먼 산은 어둡고 짙푸르네　　　　　　極浦遙山暝色蒼
　　북받치는 느낌 서글퍼 병이 난 듯 해　　　　　感慨有愁吟似病
　　흐리멍덩 술 없이도 미친 듯 취하네　　　　　昏冥無酒醉如狂
　　알록달록 이파리 서로 요염함을 다투나　　　黃花赤葉徒相艶
　　서해는 말라버리고 백성은 다 병들었네　　　西海涸枯萬姓瘡

중구절인데 가을바람에 마음 상한 게 계절 탓만이 아닌걸 알 수 있다. 술을 마시지 않고도 병난 듯, 미친 듯, 천지는 어둑하고 마음도 서글프다. 끝 구절은 압권이다. 수풀의 온갖 나뭇잎들은 울긋불긋 요염함을 다투는데, 서해가 말라 백성은 도탄에 빠져 병들었다고 말한다. 당시의 아픈 시대를 같이 아파하는 시인의 마음이 가을 하늘가에 서성인다.

가난하게 살며　　　　　　　　　　　　　　　　　貧居

　　해 진 하늘 싸늘해 사립문 닫아두니　　　　　寒天盡日掩柴門
　　가난한 마을 적막하여 인적조차 끊겼네　　　窮巷跫音寂不聞
　　밥 짓는 연기 끊겨 빈 부엌에 쥐만 들락날락　鼠走空廚煙火絶
　　서산에는 눈바람 불어 눈꽃 어지러이 날리네　西山風雪落紛紛

날씨는 차고 손님이 올 리 없어 사립짝은 일찍 닫아건다. 너무 가난해 인적마저 끊긴 지 오래, 적막만 가득하다. 아궁이엔 얼마나 오래도록 군불을 때지 못하였는지, 온기라곤 전혀 없다. 밥 짓는 연기조차 끊긴 지 오래, 생쥐만 들락거린다. 저 주린 쥐는 어떡할 건지. 서산에는 눈보라가 날리고, 마음은 참으로 휑하니 서글프기 짝이 없다. 시의 행간마다 찬바람과 남루가 덕지덕지 붙어 구차하게 떨어진 삶의 심경이 절박하다.

| 좌사의 초은시를 흉내 내어 | 擬左思招隱詩263) |

시내에 거북은 깊은 연못에 살고	川龜宅重淵
연못의 꿩은 깊은 덤불에 깃드네	澤雉巢深藪
아로새긴 새 조롱 참으로 아름다워	雕籠誠可美
명주 상자 진실로 추하지 아니하네	巾笥信非醜
자유로워 매이지는 않았으니	自在不羈畜
외물로 유혹하기 어렵네	難以外物誘
의젓해라 저 골짜기에 선비	懿彼中谷士
구름에 누워 먼지와 때 털어냈네	雲臥揮塵垢
벽려로 옷을 지어 입고	辟荔作裙帔
버섯으로 양식을 채우네	芝朮充糧糗
야윈 모습으로 험한 바위 아래 살며	枯槁伏巇巖
그윽이 홀로 수풀에 의지했네	幽獨依林莽
재물이 많아도 하늘이 덜지만	履滿天所損
깨끗한 뜻 지키니 허물이 없네	守素無愆咎
늘 생각에 빠져 누굴 사모하는지	翹思慕若人
해 저물녘 길게 머리 들어 바라보네	日夕長矯首
인생은 분소의 균과 같으니	人生等糞菌
부귀영화가 어찌 오래 가리오	榮耀那能久
바라건대 총명이야 버리고	願言黜聰明
오래도록 산목처럼 사는 것이네	永與山木264)壽

---

263) 최기남, 같은 책 권1. '초은편招隱篇'은 서진西晋 때의 문학가인 좌사左思의 작품으로 어지러운 세상에 염증을 느껴 삼림에 숨은 은사隱士를 찾아 떠날 것을 노래한 작품이다.
264) 장자莊子가 산에서 나와 잘 아는 사람 집을 찾아 묵게 되었다. 주인은 반가워서 동자를 시켜 집에서 기르는 기러기를 잡아 삶으라고 했는데 동자가 말하기를,

중국 서진西晉 때의 시인 좌사左思가 지은 '초은시' 원운은 다음과 같다. 자연에 기대어 소요자적 하는 삶이 그대로 투영되어 있다. 바위굴에 풀과 나무로 이엉을 얼기설기 엮고 사는데, 안에서는 거문고 소리가 들린다고 한다. 석천에 샘솟는 물로 양치질하고 사는데 산중에 악기가 없어도 산수간에는 맑은 소리가 난다. 어찌 피리나 노래를 거기에 덧대랴. 여백이 너무 크다. 나무가 바람에 우는 자연의 소리에 무얼 견주랴.

은자를 부르다	招隱篇[265]
지팡이 짚고 은자를 청하니	杖策招隱士
고금을 통 털어 모두가 황폐한 길	荒途橫古今
바위굴에 얽어 놓은 게 없는데	巖穴無結構
언덕 안에는 거문고 소리 들리네	丘中有鳴琴
그늘진 언덕에 흰 눈이 쌓이고	白雪停陰岡
양지 바른 숲에는 붉은 꽃 피었네	丹葩曜陽林
바위 샘물에 양치질하고	石泉漱瓊瑤
물결은 고운 비늘처럼 일렁이네	纖鱗亦浮沈
산중에 악기가 없어도	非必絲與竹
산수에는 맑은 소리 들리니	山水有淸音
피리와 노래 소리 어찌 기다리랴	何事待嘯歌
큰 나무는 절로 슬피 노래하네	灌木自悲吟
가을 국화로 양식을 겸하니	秋菊兼糇糧
그윽한 난초가 소매 너머 보이네	幽蘭間重襟

"한 마리는 잘 울고 한 마리는 울지 못하는데 어느 놈을 잡을까요?" 하니, 주인은 울지 못하는 놈을 잡으라고 하였다. 이튿날 제자가 장자에게 묻기를, "어제 산에서 나무 베는 사람이 가지와 잎이 무성한 큰 나무를 쓸모없는 나무라 하여 베지 않았을 때 선생께서는 '저 나무는 재목감이 아니기 때문에 제 수명대로 다 살 수 있는 것이다.' 라고 했는데, 기러기는 그와는 반대로 우는 재주가 없다 하여 죽음을 당하니 선생께서는 과연 어느 쪽이십니까?" 하였다.『장자莊子』,「산목山木」.
265) 좌사, '초은시招隱詩', 혹은 '장책초은사杖策招隱士'라고도 함.

| 힘없어 멈칫거리는 발걸음 | 躊躇足力煩 |
| 애오라지 벼슬도 내던지고 싶어라 | 聊欲投吾簪 |

한편, '초은시'와 관련하여 허균이 지은 「한정록閑情錄」에는 왕휘지에 대한 재미있는 일화가 실려 있다. 왕희지가 어느 날 초은시를 읊다가 불현듯 벗인 대안도 생각이 나서 그를 찾아갔다가 문전에서 그냥 돌아오고 말았다. 그 여백의 배후가 깊다. 어느 결이라도 흥이 다하면 그만. 덧칠하면 무슨 소용인가. 억지를 부리지 않고 작위하지 않는 은자의 삶이 무르녹아 있다.

"중국 동진 때 왕자유王子猷266)는 산음山陰에서 살았다. 밤에 큰 눈이 내렸는데 잠이 깨자 방문을 열어놓고 술을 따르라 명하고 사방을 보니 온통 흰빛이었다. 그는 일어나서 뜰을 거닐며 좌사左思의 '초은시招隱詩'를 외다가 갑자기 대안도戴安道267) 생각이 났다. 이때 그 친구는 멀리 섬계剡溪라는 땅에 살았는데, 서둘러 작은 배를 타고, 밤새 저어가 날이 샐 무렵 그 집 문 앞에 당도했다. 그러나 그는 무슨 생각인지 친구를 부르지 않고 그 길로 돌아오고 말았다. 나중에 어떤 사람이 이를 이상하게 여겨 그 까닭을 묻자 이렇게 대답했다. '내가 흥이 나서 친구를 찾아왔다가 흥이 다해 돌아가는데, 어찌 꼭 안도를 만나야만 하겠는가.'"268)

| 스스로 비웃으며 | 自嘲269) |

| 우습구나 이 늙은이 | 可笑此老翁 |
| 집은 가난해 앉을 방석도 없네 | 家貧座無席 |

---

266) 진晉나라 왕휘지王徽之의 자.
267) 진나라 대규戴逵의 자.
268) 허균, 『성소부부고惺所覆瓿藁』, 「한정록閑情錄」 권8 '임탄任誕' 또 『세설신어』 참조.
269) 최기남, 같은 책 권2.

뱃속이 굶주린 것 알지도 못하고 　　　　　　　不知服中飢
오래도록 책상 위에 주역만 보네 　　　　　　長看床上易

자조의 뒤란은 늘 슬픔이 배어난다. 얼마나 남루하길래 앉을 깔개 하나 없단 말인가. 게다가 늘그막이 서러운 풍경으로 다가온다. 뱃속이 주린 걸 알지도 못하고 책상에 놓인 주역을 오래도록 보고 있다니. 주역을 봐서 무얼 할까. 차라리 그걸 팔아 뱃속에 넣으면 좋지 않을까. 적빈의 삶이 너무 충만하여 어지럼증이 인다. 송곳 한 자루 꽂을 땅뙈기도 없는 저 살림을 뭐로 구제할까.

한가한 가운데 두시의 운을 빌어 　　　　　　閒中用杜詩韻270)

나무 그늘 우거진 곳 꾀꼬리 노래하고 　　　　綠樹陰中黃鳥節
산 그림자 드리운 곳 흰 띠집 한 채 　　　　　青山影裏白茅家
한가로이 푸른 이끼 낀 오솔길 홀로 걸으면 　　閒來獨步蒼苔逕
비 갠 뒤 은은한 향이 풀과 꽃에 풍겨오네 　　雨後微香動草花

그야말로 조선의 진경산수 한 폭이 다가온다. 산 깊어 그윽한 곳, 띠집 한 채가 원경에 그려지면, 때맞추어 꾀꼬리가 나무 그늘에서 노래하고, 푸르른 이끼 자욱한 오솔길을 거니는 선인이 보인다. 비가 개니 말짱하여 초목은 싱그러워 풀 내음이 화폭에 가득하다. 한가로이 사는 시골의 풍정이 그윽하다. 여백이 거느리는 시의 살결이 온통 부옇다.

근세 조선에 관한 기사본말체의 야사로 이긍익李肯翊이 편찬한 『연려실기술』에서는 다음과 같이 적고 있다.

---

270) 최기남, 같은 책 권3.

"당시 요행의 문이 크게 열리고 후궁들이 세력을 쓰니 남의 집 종이 주인을 배반하고 궁중으로 오는 자가 잇달았다. 동양위 신익성의 종 최기남은 시에 능하여 이름이 알려져 당시 문인들이 칭찬하였는데 갑자기 그 주인을 배반하고 신소원辛昭媛의 방에 가서 의탁하고, 또 어떤 공자公子의 종도 주인을 배반하고 기남과 같이 의탁하였지만 두 집에서 모두 화를 겁내어 감히 말하지 못하였다. 반정 후에 공자가 그 종을 매질하여 죽이고 말하기를, "종과 주인의 의리를 밝히지 않을 수 없다." 하였다. 이에 익성이, "종으로 하여금 주인을 배반하게 한 것은 당시 임금의 과실이다. 이 때문에 나라를 잃었으니 어찌 한 천한 종에게 전일의 죄를 탓할 수 있겠는가." 하고 기남을 대할 때에 조금도 다른 기색이 없었다. 기남은 스스로 호를 구곡이라 하고 그 시집이 세상에 나돌았다."271)

위 기록은 『기년편고紀年便攷』272)에서도 서두 부문만 제외하면 『연려실기술』과 거의 동일하다.273) 또한 이덕무李德懋가 지은 『청장관전서青莊館全書』 '시기詩妓'에 관한 글에서 신익성이 데리고 있던 노비에 대하여 다음과 같은 기록이 보인다.

"동양위 신익성의 궁비宮婢도 시를 잘하였는데,274) 그의 시가 다음과 같이 전한다.

---

271) 이긍익李肯翊, 『연려실기술』 제21권, 「폐주廢主 광해군光海君 고사본말故事本末」, '공사견문'.
272) 편자미상, 필사본, 광무 1년(1897) 편찬, 고려에서 조선 광무시기의 역사를 기년체紀年體로 서술.
273) 『기년편고紀年便攷』 권24. "崔奇男和順人, 申翊聖奴也. 號龜谷, 以詩名於閭巷中. 李廷龜序其詩集, 爲一時文, 人所賞譽. 一朝叛其主, 而投屬辛昭媛房, 又有一公子家奴叛主, 投屬如奇男者, 而兩家皆怵禍不敢言. 及反正後, 公子杖殺其奴, 翊聖曰, 使奴叛主者, 當時君上之過也. 是以失國, 豈可追責於一賤隷乎, 待奇男無幾微色. 子承太號雪蕉, 亦以詩名於閭巷中, 與金富賢齊名."
274) 홍만종洪萬宗은 『소화시평小華詩評』에서 동양위 궁비가 시를 잘 하였는데, 그 시어가 공려工麗하다는 평을 하였다.

떨어진 잎새는 바람 앞에 속삭이고	落葉風前語
찬 꽃은 비온 뒤에 눈물짓네	寒花雨後啼
상사몽으로 오늘밤 지새노라니	相思今夜夢
작은 다락은 서녘에 달빛이 하얗구려	月白小樓西

최기남의 호는 구곡인데 동양위의 궁노宮奴이다. 그 역시 시집이 있는데, 그의 '한식도중寒食途中'시는 다음과 같다.

봄바람 보슬비에 긴 둑 지나가니	東風小雨過長堤
풀빛은 연기인 듯 아득히 펼쳐지네	草色和煙望欲迷
한식날 북망산 아래 길	寒食北邙山下路
들새가 백양나무 위로 날으며 우네	野鳥飛上白楊啼

　동양위의 부자, 형제, 조손간이 다 문재文才와 인품이 뛰어나 재상 자질에 손색이 없었는데, 그의 노비奴婢들까지도 화조花鳥를 능란하게 읊조렸다."275)

　앞의 인용문에 보이는 구곡의 시, '한식寒食276)도중'은 보슬비 내리는 긴 둑길을 따라 성묘를 가는 주위의 풍경을 묘사하고 있다. 풀빛은 봄비에 함초롬히 젖어 연기가 피어오르는 듯 옅게 깔리는데, 북망산 아랫길에 들새가 백양나무 위로 깃을 치며 날아오른다. 봄의 생장과 북망산의 죽음, 무덤 아랫길과 백양나무 위가 각각 대비되어 시의 행간을 확장하여 감각의 낙차落差를 최대한 벌려놓음으로써 묘사의 절정을 보이고 있다.

---

275) 이덕무李德懋, 『청장관전서靑莊館全書』 제33권, 「청비록淸脾錄」 2, '시기詩妓'.
276) 명절名節의 하나로 동지가 지난 뒤에 105일이 되는 날인데, 4월 5일이나 6일쯤 듦. 옛날 나라에서는 이 날에 종묘宗廟와 능원陵園에 제향祭享을, 사삿집에서는 조상의 무덤에 제사를 지냈음.

| 한가한 가운데 도잠의 운을 써서 | 閑中用陶潛韻[277] |

봄 지나가고 여름이 오니	春去夏將至
나무들 비로소 그늘을 드리워	樹木始展陰
텅 빈 방에 하얀 햇살은 찬데	虛室白日淨
고요히 옷깃에 괴로움 떨어내네	閑靖祛煩襟
티끌 같은 정이야 귀를 끊으니	情塵割耳[278]界
무슨 일로 거문고 소리 빌리는가	奚事假鳴琴
정신이 노닐어 옛것에 깊이 이르러	游神詣邃古
지금 이 몸 있는 곳조차 모르겠네	不知身在今
어찌 스스로 분수를 기약하리	豈約自有分
구차하게 날 공경하지는 않으니	區區匪余欽
초가 한 채 족히 몸 가리기 넉넉하고	茅茨足庇身
샘물은 맑아서 길어먹기에 좋구나	井泉淸可斟
어디서 새 우는지 알 수 없지만	不知鳥鳴處
아름다운 울음 간간이 들려오네	時時聞好音
눕거나 일어나거나 얽매이지 않아	臥起無束縛
진솔함에다 맡기니 벼슬도 잊었노라	任眞忘冠簪
집에는 찾아오는 손님도 없으니	不問門前客
한가하여 그윽한 뜻만 깊었구나	宴居幽意深

여름이 오는 길목, 초옥에 살면서 한가로운 정을 읊었다. 자족하며 티

---

[277] 최기남, 같은 책 권1. 오언고시五言古詩.
[278] '귀를 잘라 꿩을 구제하다割耳救雉'. 수隋나라 지순智舜스님은 조주趙州 사람으로 북쪽 정산亭山에 노닐다가 암자를 지었다. 하루는 어떤 사냥꾼이 꿩을 쫓는데, 그 꿩이 스님 방으로 뛰어 들어왔다. 스님이 놓아주기를 간곡히 권하였으나 사냥꾼은 들어주질 않았다. 그리하여 귀를 잘라 그에게 주자, 사냥군은 깜짝 놀라 깨닫고서 활을 던지고 꿩을 놓아주었다. 이 일로 여러 마을에서 사냥하는 생업을 버리게 되었다. 스님은 가난하고 배고픈 사람을 볼 때마다 흐르는 눈물이 얼굴에 가득 찼으며, 옷을 벗어주고 음식을 줄여 보시하는 등 하지 않는 일이 없었다. 『치문숭행록緇門崇行錄』.

끌같은 세상사 모두 털어버리고, 문 걸고 찾아오는 손님도 없으니, 자연에 기대어 숨어사는 넉넉한 풍정이 고즈넉하다. 벼슬을 구하지 않고 매사를 진솔함에다 맡기고, 샘물이나 길어나 먹고 오두막으로 몸을 가리면 그만, 자족하는 삶이 충만하다.

한가로운 가운데 부질없이 짓다	自遣閑中謾吟[279]
게으른 혜강처럼 벗도 사귀지 않고	交游已絶嵇康懶
미친 완적처럼 예절도 가볍게 여겼네	禮法全疎阮籍狂
영욕은 이 몸 밖의 일로 상관이 없어	榮辱不關身外事
녹음 우거진 대낮, 평상에 앉아있네	綠陰長晝坐匡床

 예속을 벗어 던지고, 영욕에 벗어나니 환한 대낮 너른 평상에서 지내는 한가로움이 빛나는 정경으로 눈에 가득하다. 완적과 혜강을 끌어와 시의 행간을 넘실거리며 채우고 있다. 그 속뜻에 담긴 옛일을 찾아 고샅을 걸어가 보자. 위진남북조魏晉南北朝 시대 죽림칠현竹林七賢은 대나무 우거진 숲 속에서 저잣거리의 먼지를 피해 숨어들었다. 완적阮籍은 청담淸淡을 즐기며 거짓과 술수를 부리는 사람에 대해서 냉정하게 거리를 유지했다. 세상에서 통용되는 예교의 틀을 벗어던지고 세상에 적극적으로 나서지 않았는데, 그는 눈짓으로 사람을 대하는 데 능했다. 그의 어머니가 세상을 떠나자 부음을 듣고 세속의 명리만을 좇는 혜희라는 인물이 찾아왔다. 그러나 완적은 그가 전혀 마음에 들지 않았다. 번지르르한 말로 혜희가 조문을 하였지만 완적은 흰자위가 크게 드러나는 백안白眼으로 그를 흘기기만 할 뿐. 그런데 혜희의 동생인 혜강이 찾아오자, 그를 바라보는 완적의 눈길은 온화한 눈빛인 청안靑眼으로 대했다.

---

[279] 최기남, 같은 책 권3.

혜강은 형 혜희와는 대조적인 인물로서 명리를 혐오하고, 권력을 찾아 다니며 아부나 하는 사람을 증오했다. 혜강은 숲 속에서 대장장이 일을 하며 살았는데 한적한 그의 집에는 늘 쇠 두드리는 소리가 났다. 누군가 찾아와 쇠를 만들어 달라고 하면 주저 없이 나서서 쇠를 두드렸다. 그러나 세속의 권력자가 찾아오면 그는 아는 체도 하지 않았다. 당대의 권력자인 사마소司馬昭의 심복인 종회鍾會가 여러 명사名士를 거느리고 혜강의 고견을 듣고자 했는데 혜강이 죽림칠현 중 다른 한 명인 상수向秀와 함께 쇠를 단련하는 담금질에만 열중할 뿐, 눈길 한 번 주지 않았다. 오랫동안 기다리다 지쳐 일어선 종회에게 혜강은 "무엇을 듣고 와서 무엇을 보고 가는가"라고 묻자, 종회는 "들은 바가 있어서 왔다가 본 바가 있어 간다"는 뼈 있는 대답을 하였다. 이 일로 종회는 혜강에게 깊은 원한을 품고 결국 그를 모함하였다. 그 뒤 혜강은 친구였던 여안과 여손呂巽 두 형제의 다툼을 중재하게 되는데 여손이 신의를 배반하고 동생인 여안을 모함해 옥에 갇히는 일이 일어났다. 의협심이 강한 혜강이 이를 비판하는 글을 썼는데 종회의 음모로 덩달아 옥에 갇히게 되었다. 혜강이 옥에 갇히자 그 부당함을 읍소하는 상소가 일자, 이에 놀란 사마소는 그 영향력을 두려워하여 혜강을 처형시키게 된다. 이같이 여안呂安 사건280)에서 불효자를 변호한 죄인으로 몰린 그에게 종회는 갖가지 죄를

---

280) "혜강과 여안은 좋은 벗이었다. 매번 만나고 싶은 생각이 나면 천리 밖에서도 수레를 타고 갈 정도였다. 어느 날 여안이 뒤늦게 오니 마침 혜강은 없고 그의 형 혜희가 문밖에 나와서 기다렸다. 여안은 들어가지 않고 문 위에 '봉鳳' 자를 써놓고 갔는데, 혜희는 그 내용을 깨닫지 못하고 오히려 기뻐하였다. '봉' 자는 파자하면 '범조凡鳥' 두 글자가 되므로 곧 범인인 혜희는 상대가 되지못하여 돌아간다는 뜻이었다. 嵇康與呂安善, 每一相思, 千里命駕. 安後來, 値康不在, 喜出戶延之. 不入. 題門上作'鳳'字而去."; 유의경劉義慶, 『세설신어世說新語』, 「간오簡傲」편 참조. 한편 혜강은 여안이 이복형 여손呂巽으로부터 무고를 당하자 친구를 위해 구명 작업에 나섰다. 그는 여손에게 그간 저지른 비행을 신랄하게 공격하는 편

날조해 죽음의 수렁으로 그를 밀어 넣었다. 혜강은 차분하게 다가올 죽음을 준비하면서 마지막으로 "탁주 한 잔에 거문고 한 곡이면 그것으로 원이 없다[281]"라는 말을 하고난 뒤, 여안의 사건에 휘말려 형장에 끌려가서, 광릉산廣陵散 한 곡을 거문고로 연주하자 슬퍼하지 않는 사람이 없었다. 혜강은 거문고를 손에서 내려놓고 하늘을 우러러 탄식하였다. "내가 죽는 것은 하나도 억울하지 않다. 그러나 광릉산아, 너는 이후부터 세상에서 사라지게 되었으니 그것이 원통할 뿐이다." 이렇게 해서 혜강이 죽으니 그때 나이 겨우 마흔 살이었다. 그러나 다행히도 광릉산은 사라지지 않았다. 그 곡조는 금사琴師들 사이에서 계속 탄주되어 구백여 년 후 뜻있는 음악가에 의해『신기비보神奇秘譜』에 수록되어 현재까지 전하고 있다. 그리고 혜강은 '소리에는 본디 슬픔과 기쁨이 없다'는 주장을 담은 '성무애락론聲無哀樂論'을 통해 음악을 한갓 인성 교화하는 도구로 보는 유교의 예악禮樂 위주의 음악관을 비판하고 음악 자체의 독자성을 강조하였다.

   온천에 오래 머물며 두보의 동곡칠가를 본따.
   久滯溫泉, 擬杜工部同谷七歌[282]

지를 보내는데, 이일로 구속되었다. 이러한 일련의 편지 사건 때문에 결국 그는 죽음을 앞당기게 되었다. 이때 쓴 글이『혜강집』에「與呂長悌絶交書」라는 제목으로 전해지고 있다.
281) "濁酒一杯 彈琴一曲, 志願畢."
282) 최기남, 같은 책 권2. *제 5, 6, 7수는 다음과 같다. 五) "山雪河氷共凜洌。天地黯慘頑雲結。頹陽斂彩隱荒戍。凍獸亡曹驚聚決。躑躅中路欲何之。破帽短衣悲急節。嗚呼五歌兮歌轉高。萬竅齊號風刀刀." 六) "荒山榛棘鬱蔽。白日狐鳴古叢祠。殊鄕土俗尙淫祀。佞神祈禳無休時。安能淹滯久留此。俚語雜少所宜。嗚呼六歌兮歌斷續。陰霾漠漠封牝谷." 七) "歲云暮矣柰爾何。行行道遠迷坡陀。袖中丹籙字未滅。頭邊素髮心自嗟。低首偄勉向時人。余懷之悲雙淚多。嗚呼七歌兮歌已終。獨立蒼茫誰與同."

1.
나그네, 나그네가 있어 자는 영숙이니　　　　　有客有客字英叔
근골은 여위고 머리는 대머리라네　　　　　　　筋骸駑緩髮欲禿
여윈 말 타고 언 길로 텅 빈 호수 이르니　　　　羸黔凍路落湖墕
한 해 저무는 타향에 녹록히 말 달렸네　　　　　歲暮他鄕走碌碌
구름 어둑해 쓸쓸한데 들녘은 차갑고　　　　　　雲陰慘慘野色寒
모진 눈바람은 마음까지 놀라게 하네　　　　　　虐雪饕風駭心目
아, 한바탕 노래 부르니 절로 구슬퍼　　　　　　嗚呼一歌兮歌自悲
쓴 노래 처량한 심정 뉘 알아줄까　　　　　　　苦調悽斷知者誰

2.
어머니, 어머니 있어 일흔이신 어머님이여　　　有母有母年七旬
날 낳아 기르시느라 늘 괴로움 겪으셨네　　　　生我育我長苦辛
슬퍼라 늘그막에 남편까지 여의시니　　　　　　哀哉暮年失所天
피땀으로 물 긷고 땔나무 하셨네　　　　　　　血指汗顔躬水薪
멀리 떠도느라 좋은 음식 올리지 못하니　　　　遠遊未奉甘旨歡
이 몸 백이라도 허물 갚기가 어렵구나　　　　　愆咎難贖以百身
아, 두 번째 노래 미처 부르기도 전　　　　　　嗚呼二歌兮歌未了
지는 해 외로운 구름만 아득히 흐르네　　　　　落日孤雲動縹緲

3.
아우, 아우가 있어, 장안에 있는데　　　　　　　有弟有弟在長安
나그네로 떠도는 날 주리고 추울까 늘 근심하네　憂我客遊常飢寒
집이 서로 떨어져 두 달에 한 번 기별 왔는데　　別家兩月一得書
편지에는 정녕히 내 끼니 거르지 마라 권하네　　書中丁寧勸我飡
형제가 장차 서로 어머니를 모시려하는데　　　　兄弟相將侍慈闈283)
홀로 타관살이 위태하여 상심해 하늘가 머무니　獨傷覉危滯天端
아, 세 번째 노래는 고달픔을 생각하니　　　　　嗚呼三歌兮歌思苦
기러기 떼 놀라 강 나루터에서 날아오르네　　　旅鴈驚呼起江浦

---

283) 자위慈闈는 어머니의 높임말.

4.
자식, 자식이 있어, 어린 내 자식들아	有子有子各稚小
어미 없어 일찍 죽을까봐 걱정이네	念汝無母恐致夭
재주가 있고 없음을 어찌 따지랴	才與不才那可論
몸 건강하게 자라길 밤낮으로 비네	只祈成長期昏曉
애비 때문에 떨며 굶주린 너희들	爲父不能免寒餒
생각할수록 근심만 깊어가네	思之令我憂悄悄
아, 네 번째 노래가 우는 소리 같아	嗚呼四歌兮歌聲咽
옆에 사람도 말없이 같이 슬퍼하네	左右無言慘不悅

작가의 살아가는 가정형편이 자못 구체적으로 다가온다. 이 시는 일곱 수 가운데 네 수만 뽑은 것인데, 자신, 어머니, 아우, 자식에 대하여 각각 한 수씩 지은 것이다. 첫째 수는 나그네인 시인 자신이 행색이 초라하게 객지를 떠도는 감회를 적고, 둘째 수는 홀로 되신 늙으신 어머니에 대한 불효와 회한을, 셋째 수는 아우가 늘 타관에서 외로운 삶을 꾸리는 형을 근심하는 혈육의 정을, 넷째 수는 어미 없이 굶주리는 아이들을 염려하며 애처로워하는 아비의 심정이 절절하게 드러나고 있다. 남루하고 군색한 가정사가 있는 그대로 드러나 있다.

옥호의 서재에서 차운하여	玉湖書屋次韻[284]
큰 재목이 속이 텅 빈 채	大材空濩落
막힌 길은 되는 대로 맡겼네	窮路任浮沉
외롭고 분한 마음에 쌍검을 바라보고	孤憤看雙劒
그윽한 마음은 옛 거문고에 얹었네	幽懷托古琴
대숲에 이는 바람 저물녘 서늘해	竹風生晚爽
시냇가 비 내려 그늘은 더욱 짙네	溪雨釀重陰

---

284) 최기남, 같은 책 권3.

| 같은 병 가엾게 여기지 않는다면 | 不是憐同病 |
| 그 누가 여기까지 찾아올 수 있겠나 | 誰能到此尋 |

재능은 큰데 뜻을 펼칠 수 없으니 군색한 길에서 형편 따라 내버려둔 다고 한다. 당시 신분사회의 폐단으로 고독하고 울분에 찬 목소리를 담아, 동병상련의 뼈아픔을 노래하고 있다. 그 마음을 서로 알기에 그윽한 이곳까지 찾아왔다는 말을 부친 것이다. 당시 중인 계층으로서 여항문인들이 처한 시대적 아픔과 소외감을 느낄 수 있다. 칼과 거문고, 그리고 시는 마음을 달래는 방편이었을 것이다.

| 벗과 함께 찾아준 임준원에게 고마워하며 | 謝林子昭俊元與友來訪[285] |

얼어붙은 길에 담근 술 가지고	凍路携家釀
쓸쓸한 바닷가로 찾아와 주었네	來尋寂寞濱
술잔 앞에 두고 서로 마주 웃으니	樽前一相笑
눈 속에서도 문득 봄날 같구나	雪裏便生春
오늘 이 자리 좋은 모임이니	勝事逢今日
풍류가 여러 분들에게 있네	風流有此人
하늘에 별자리 움직이는 걸 아니	應知星象動
시와 술로 좋은 잔치에 모였네	文酒會佳賓

삭풍이 몰아치는 눈길을 뚫고 술 한 동이를 차고 먼 길을 멀다않고 벗이 찾아왔다. 쓸쓸한 바닷가 아무도 찾지 않았는데, 그대가 오니 눈 속에서도 마치 봄이 온 듯 따스하구나, 라고 하며 밤 깊어가는 줄도 모르고 술자리가 질펀하다. 하늘에 별 자리가 움직이는 걸보니 시간이 아주 많이 흐른 걸 알 수 있다.

---

285) 최기남, 같은 책 권3.

새하곡   塞下曲[286]

    장군은 손수 오천의 병사 거느리고   將軍自領五千兵
    철마와 갓옷으로 성문을 나섰네   鐵馬貂裘夜出城
    비단 안장 눈에 묻히고 관산의 달 어두운데   雪沒錦韉關月黑
    은밀히 모래 길 따라 오랑캐 군영 깨버렸네   暗從沙路斫胡營

변방을 지키는 성채에 무인의 기개가 서려있다. 출전을 위하여 병졸을 거느리고 야음을 틈타 은밀하게 모래 길을 따라 오랑캐를 깨부수는 장군의 유격전술을 찬탄한다. 전구轉句에서, 말안장은 흰 눈에 묻히고, 관산의 달은 어두운 밤하늘에서 숨을 죽인다. 극적인 배경은 색의 대비로 긴장감을 한껏 고조시키고 있다.

    청명   淸明[287]

    삼짇날 청명절 차례로 지나가니   上巳淸明取次過
    고요하게 숲에 살며 좋은 세월 보내네   林居寂寞送年華
    구름 낀 이내 드리우니 한기가 재촉해   雲陰垂野寒猶峭
    삼월 강성에는 꽃도 뵈지 않네   三月江城未見花

청명절이라 그런지 아직 찬 기운이 남은 듯 꽃이 보이질 않는다. 숲속에 살며 화평한 세월을 보내는 작가의 시선이 머무는 곳은 자연이다. 응달에는 산 이내가 드리워 한기가 남아있다. 너무 이른 봄을 노래하는가. 청명절은 음력으로 '삼월절'이라고도 하는데, 양력으로 대개 4월 5일경이다.

---

286) 『소대풍요』 권3.
287) 같은 책 권3.

| 달밤에 찾아온 두 손님에게 사례하며 | 謝二客月夜來訪 |

달밤에 문 두드리는 소리가 들려	月下聞扣門
열고 내다보니 두 나그네 찾아왔네	開門二客至
손님을 문안으로 맞아들여	迎客入門內
달빛 깔린 맨땅에 마주 앉으니	露坐月中地
이름은 물을 겨를도 없이	不暇問姓名
서로 마주보고 빙그레 웃네	相看一莞爾
밝은 달은 손님을 머물러 앉히고	明月留客坐
무릎 맞대니 달빛이 덮어주네	促膝淸光邇
달빛아래 얘기 즐거이 나누니	對月縱談謔
마음도 녹아 너와 나도 잊겠네	神融忘彼此
집집마다 달이야 다 똑같다지만	家家同此月
누구 집에 이런 일이 있으랴	誰家有此事
은하수 기울고 달도 기울자	河傾月將斜
얘기 끝나고 손님도 일어서네	語闌客亦起
밖에 나가서 손님을 배웅하니	出門送歸路
영롱한 이슬방울은 소매를 적시네	露彩沾衣袂
모였다가 흩어지는 게 너무 빨라서	聚散悠爾空
꿈인지 생시인지 아득하여라	悄怳如夢寐
고개 들어 푸른 하늘 바라다보니	擧頭望靑天
달빛이야 아까 그대로인 걸	月色依然是

밝은 달밤에 손님 두 분이 오셨는데, 뜨락 맨땅에 퍼질러 앉아 담소를 나누다가 갔다. 달빛이 손님을 불러 앉히고, 도란거리며 맞댄 무릎을 달빛이 덮어준다. 은하수가 기울어진 걸 보면 한참 지난 시간인 듯, 이슬방울이 베적삼을 적시고 홀연히 꿈인 듯 생시인 듯 모였다 흩어지는 게 말짱 꿈결 같다. 매우 환상적인 정취가 가득하다. 달은 세상 어디서나 한 가지인데, 달빛도 아까 그대로란다. 언어를 부리는 조탁의 경지가 절창으로 읽힌다.

| 생일날 | 初度日[288] |

외진 마을에 눈 쌓여 오는 손님 끊기니	孤村積雪斷來賓
들 빛과 산 모습 섣달 기후 새롭구나	野色山容臘候新
떠도는 세상 쉰세 살 생일날에	浮世五旬三甲子
타향 천리에 한 나그네일세	異鄕千里一覊人
누가 장차 좋은 술 가져와 함께 취할까	誰將綠酒來同醉
홀로 찬 구름 대하며 하루를 보내네	獨對寒雲送此辰
백발이 오늘 아침 푸른 거울 속 있으니	白髮今朝靑鏡裏
몰골이야 옛날의 내 모습 아니로세	形骸不復舊吾身

쉰세 살 되는 생일날에 지은 작품이다. 작자는 아마도 객지에서 떠돌며 기식하는 어느 곳에서 외로운 생일날을 맞이하였던 것 같다. 섣달이라 날씨는 춥고, 눈에 길은 끊기고 누구를 딱히 청해 술 한 잔 나눌 벗도 없어 참으로 외로운 날인 듯하다. 홀로 먼 산에 걸린 찬 구름을 마주 보며 종일 보내다가, 문득 거울에 비치는 자신의 모습에 자탄과 자괴의 감회가 물밀듯 밀려온다.

| 도연명의 정절집 자만시에 화운하여 | 和陶靖節自挽詩, 三章[289] |

　내 나이 예순 세 살이 되어 몇 년 전부터 왼쪽 귀가 먹어서 소리를 잘 알아듣지 못하게 되었다. 올해 들어서는 오른쪽 팔에도 병이 들어서 제 맘대로 굽히고 펼 수가 없었다. 거듭하여 침을 맞고 뜸을 뜨고 약을 먹어보았지만 시원하게 낫지 않았다. 기력이 점차 줄어드는 걸 느끼니 나고 늙고 병들고 죽는 게 거짓말이 아닌 것을 알 수 있다. 끙끙 앓던 가운데 우연히 도연명의 『정절집靖節集』[290]을 읽다가 "스스로 죽음을 슬퍼

---

288) 최기남, 같은 책 권1.
289) 최기남, 같은 책 권1.
290) 중국 진晉나라의 시인 도잠陶潛(365~427)의 시문집. 도잠은 대사마大司馬 간

하며" 라는 '자만自挽'편을 읽고는 서글픈 생각이 들었다. 그리하여 붓을 들어 그 운에 따라 나의 느낀 바를 적는다.291)

1.
조화에 따라 죽음으로 돌아가니	乘化會歸盡
예순 평생을 어이 짧다고만 하랴	六十敢言促
스승과 벗들 잃어버리고	但恨失師友
이름 남길 일 못해 한스럽구나	無善可以錄
혼백은 흩어져서 어디로 가는지	游魂散何之
무덤가 나무에는 바람만 울부짖겠지	風號墓前木
사는 동안 좋은 시 남기지 못해	在世無賞音
그 누가 나의 죽음에 곡할까	吊我有誰哭
아내와 자식 놈은 울부짖겠지만	縱有妻兒啼
어두운 땅 속 내 어찌 들을 수 있으랴	冥冥我何覺
귀한 자의 영화는 돌아보지 않았는데	不省貴者榮
천한 자의 치욕이야 내 어찌 알겠는가	焉知賤者辱
푸르른 산 흰 구름 가운데	靑山白雲中
돌아가 누우면 부족함 없으리라	歸臥無不足

모두 세 수 가운데 첫 수이다. 나이 이순耳順에 살아온 생애를 돌아보

侃의 증손으로, 자는 연명淵明(천명泉明, 심명深明), 원량元亮이다. 정절선생靖節先生으로 존칭된다. 어려서부터 고취박학高趣博學하여 글을 잘 지었는데, 현재 시 120여 수와 산문 및 사부 10여 편이 전한다.

291) "吾年六十三, 數年前左耳聾, 不辨聲音. 今年右臂病, 不能屈伸. 連砭灸, 兼且服藥, 不差快. 氣力漸覺衰敗, 生老病死之語, 信乎不誣. 呻吟中, 偶閱靖節集, 看到自挽, 悢然感懷. 命筆步其韻以自遣云." *2, 3수는 다음과 같다. 二) "生不飽菽水. 死何羅豆觴. 一勺不復飮. 一饗那得嘗. 行出國都門. 永歸西陵傍. 林風咽悲響. 山月凝愁光. 人間聊寄爾. 九原眞我鄕. 誰知髑髏樂. 天地同未央." 三) "睠言北邙道. 松風寒蕭蕭. 羣鴉集復散. 飛鳴遶荒郊. 暗泉自潺湲. 亂山空岧嶤. 孤塚聚一坏. 白楊攢衆條. 凄涼九泉下. 冥漠無昏朝. 四大返空虛. 毁譽於我何. 日月爲璣璧. 天地爲室家. 誰知龜老藏. 樵牧來悲歌. 千秋萬歲後. 寂寞依山阿."

는 노쇠한 시인의 독백이 담담한 어조로 진술되고 있다. 죽음이 가까운 나이에는 영욕과 희비조차 아무런 찌꺼기를 남기지 않고 그냥 그대로 직시할 뿐. 청산과 백운은 제 깜냥으로 오락가락하며 휘젓다가 제 풀에 스러진다. 청산 어느 한 귀퉁이 언제라도 돌아가 누우면 그만, 아무 부족함이 없으리라, 한다. 내면을 응시하며 낮은 목소리로 자신을 성찰하는 눈시울이 뜨거워진다.

십주기를 보고 觀十洲記292)

병들어 마음 다스려 속된 인연 끊고 病裡齋心謝俗緣
산서를 펼치고 군선을 살펴보네 手披瑤笈閱群仙
연하는 아득히 인간 세상과 떨어져 烟霞迥隔人間世
일월은 맑아 세상 밖 하늘을 열었네 日月淸開海外天
보굴과 신령스런 물가 여남은 곳 寶窟靈區洲有十
숭대는 천 채도 넘어 따로따로 보네 崇臺別觀第逾千
황연히 나의 몸 있는 걸 잊으니 怳然忘我形軀在
아득히 정신은 그 곁에서 노니네 汗漫神遊若箇邊

도가道家의 책인 『십주기十洲記』를 읽고 쓴 독후감이라 할 수 있다. 현실을 초극하고자 하는 데는 상상 속에나 나오는 '도가서'가 제격일 것이

---

292) 최기남, 같은 책 권1. 『십주기十洲記』는 일명 『해내십주기海內十洲記』라고도 하며, 한漢나라 동방삭東方朔이 찬했다고 하나 후대 방사方士의 위작이라는 설도 있다. 『산해경山海經』의 모방작으로서, 한漢 무제武帝가 십주에 대하여 서왕모西王母로부터 듣고 동방삭을 불러 각 지방의 명물 고사를 물은 것을 기술했는데, 산천, 지리, 신선, 이물異物, 복식服食 등이 기록되어 도가의 색채가 짙다. 동방삭은 자가 만청曼倩이며 평원平原 염차厭次, 지금의 산동성山東省 능현陵縣 사람으로, 한 무제 초년에 천하의 인재를 초빙하자 스스로 추천하는 상서를 올려 조정에 들어갔다. 그는 많은 책을 섭렵하고 기지와 해학에 뛰어났다. 『사기史記』, 「골계열전滑稽列傳」과 『한서漢書』, 「동방삭전東方朔傳」에 사적이 보인다.

다. 병든 몸에 아득한 마음을 다잡고자 하여 여러 신선이 사는 이상향을 그리며 도가적 풍격을 노래한다. 신령스럽고 유현한 곳에서 현실의 답답하고도 애처로운 자신의 몸이 처한 옹색함을 벗어나려는 몸부림이 여실히 보인다. '방외서方外書'293)를 읽는 시인의 마음 한 켠이 언뜻 비치어 슬프다.

    원운을 더하여, 종사관 정랑 신니옹께
    附元韻 從事官申正郞泥294)翁295)

    벼슬 없이 어찌 사신 일행을 따랐느냐 하니   衣褐胡爲逐使華

---

293) 방외서方外書; 원래 '방외'는 세속世俗 사람들 밖에 노니는 일을 말하는데, 여기서 말하는 '방외서'는 유가儒家가 아닌 도가道家나 불가佛家의 책을 일컫는 말.
294) 신유申濡(1610~1665); 조선 후기의 문신. 본관 고령高靈, 자 군택君澤, 호 죽당竹堂, 니옹泥翁. 1636년에 별시문과 병과로 급제, 1642년에 이조좌랑, 이듬해 통신사 종사관으로 일본에 다녀왔다.『인조실록』편찬에 참여, 대사간을 거쳐 1652년 사은부사謝恩副使로 청나라에 다녀왔다. 1657년 대사간으로 국왕을 능멸하였다 하여 강계에 유배되었다가 천안으로 옮겨졌다, 유배에서 풀려나 1661년 형조참판, 이어 호조, 예조의 참판을 역임하였다. 소현세자昭顯世子를 따라 심양瀋陽에 다녀왔다. 글씨에 능하였다. 저서『죽당집竹堂集』.
295) 최기남, 같은 책 권1. 七言律詩; '宮洲舟上。次從事官韻。', "妙年淸選陟金華。絶響千秋數大家。暫輟皐囊封事筆。快乘銀漢上天槎。蓬壺自是多仙藥。句漏何須覓鍊砂。利涉不愁行萬里。眼無桑海去程賖。", '附元韻 從事官申正郞泥翁', "衣褐胡爲逐使華。只緣佳句動詩家。曾吟鸚鵡洲邊草。却泛䍧䍧窟上槎。蓮幕不妨揮彩筆。蓬山況復問丹砂。論文我欲頻相對。呼取隣舟莫謂賖。", '次上使尹參議㳫溟', "詞壇根派闡南華。蹍企開元自一家。久向林泉修月斧。晩浮蓬海逐星槎。仙區揚去詩中畫。神化堪方鼎裏砂。旅榻共開文字飮。玉壺霞醞夜頻賖。", '次幷序, 副使趙典翰龍洲', "崔生奇男。以能詩聞於京城。薦紳大夫。多與之遊。今者從㳫溟公泛桑海。盖其志欲壯觀長文詞也。奇哉奇哉。從事泥翁賦長律以贈。余續而和之。以叙其槩云。愛君詩格極精華。出入高岑王孟家。古匣深藏流水曲。遠遊翻逐漢臣槎。誰知筆欲爭鯨力。謾道心淫鍊井砂。炎暑淸談爽烏匜。會須完月酒頻賖。", '次讀祝官螺山朴 安期', "彩筆煇煌鄴水華。大方風雅擅騷家。王門不抱三年瑟。蠻海虛隨八月槎。夢返薜蘿湖上宅。功休文武鼎中砂。吾生亦作樊籠鳥。相對何妨酒屢賖。"

다만 좋은 시구로 시인을 감동시켰을 뿐	只緣佳句動詩家
일찍이 앵무주 가에 풀을 함께 읊었는데	曾吟鸚鵡洲296)邊草
일본행 배 띄워 바닷길 가게 되었네	却泛韷韽窟上槎
천막 쳐놓고 채색 붓을 휘두른들 어떠리	蓮幕297)不妨揮彩筆
봉래산에 하물며 단사를 물을 건가	蓬山況復問丹砂
글을 논하는데 자주 상대하고자 하니	論文我欲頻相對
이웃 배에서 불러도 멀다고 말하지 마오	呼取隣舟莫謂賒

  정랑 신옹은 날더러 벼슬도 없이 어찌 사신을 따라 일행으로 왔는지 묻기에 시인으로 좋은 시나 지으며 통신사로 가게 되었다고 말씀드리고, 막부에서 요구한다면 글로서 갚고자 하니, 부디 이웃 배에서 불러도 멀다고 내치지 마시라고 은근하게 통정하고 있다. 문인으로서의 자부심을 이면에 드러내고 있다.
  한편, 조경趙絅(1586~1669)은 호가 용주龍洲이며, 본관은 한양漢陽으로 윤근수尹根壽의 문인이다. 그는 1636년 병자호란 때 척화斥和를 주장했으며, 이듬해 사간司諫으로 일본에 청병請兵하여 청나라 군사를 격퇴하자고 상소했으나 허락받지 못했고, 그 뒤 응교應敎, 집의執義 등을 지냈다. 인조 21년(1643) 통신부사通信副使로 일본에 갔다 왔는데, 『동사록』은 그 도중에 지은 시문을 엮은 것이다. 그가 지은 『동사록東槎錄』에는, 앞의 시와 관련하여 죽당竹堂 신유申濡가 같은 운 자를 써서 최기남에게 준 원운元韻시가 다음과 같이 남아 있다.

---

296) 당唐나라 시인 최호崔灝의 '황학루黃鶴樓' 시에 "향기로운 풀이 앵무주에 쓸쓸하다芳草凄凄鸚鵡洲"라 하였음.
297) 막부幕府의 미칭美稱.

최기남에게 줌, 포의布衣로서 시를 잘하나 궁하여 정사 막하로 수행함
贈崔奇男, 布衣詩窮298)從正使幕下

그대의 시격이 매우 높음을 사랑하니	愛君詩格極精華
당나라 때 유명한 시인과 비길만 하네	出入高岑王孟家
거문고 낡은 갑에 유수곡 깊이 감추고	古匣深藏流水曲
멀리 노닐어 사절의 배를 따라 왔구나	遠遊還逐漢臣槎
용공이 보면 기뻐 남은 먹물을 청하고	龍公299)懽喜要殘墨
신선을 만나면 같이 연단을 하겠네	仙子逢迎共鍊砂
이 같은 높은 재주 어찌 얻기 쉬우랴	如許高才那易得
객중에 서로 만나 술 자주 함께 드네	客中相見酒頻賒

통신사를 인솔하는 상관으로서 최기남의 시재詩才를 인정하며, 이를 한껏 찬탄하는 작품이다. 당나라 시인의 조격을 지니고, 거문고 깊은 갑 속에 깊이 감춘 그 시적 재능을 아낀다고 말하고 난 뒤, 뛰어난 화가가 그림이라도 그린다면 화제시를 청할 테고, 게다가 도가적 풍격이 있어 양생술에도 두루 통한다고 말한다. 이런 아까운 재주 때문에 그대와 술도 편하게 마시며 허여하는 사이임을 드러내고 있다.

칠십을 노래함	七十吟300)
거울 속 귀밑머리 희득번득 기이하지 않아	鏡中休怪鬢凋靑

---

298) 송宋나라 구양수歐陽脩의 '매성유시서梅聖兪詩序'에 "시가 사람을 궁하게 만드는 것이 아니라, 사람이 궁해진 뒤에야 시가 공교로워지는 것이다. 非詩能窮人, 殆窮者而後工也."라는 말이 나온다.
299) 용공龍公은 송宋 나라의 유명한 화가 용면거사龍眠居士 이공린李公麟을 지칭함.
300) 최기남, 같은 책 권1. '附次韻 東州', "池荷欲展小錢靑。四月階庭落一䕺。實有窮愁纏瘦骨。虛聞大藥制頹齡。倾情翰墨疲牽攣。照眼波瀾接混冥。與爾得年俱七十。暫時吟賞坐林亭。"

인간은 살아 갑자가 몇 번이나 바뀌나	甲子人間幾換裳
몸은 진실로 환상임을 알았으니	四大久知眞幻相
어찌 알리 내 일흔까지 살 줄을	七旬誰料到稀齡
세상 근심 뿌리치고 공적한 데 돌아가	都抛世慮歸空寂
멀리 정신 내맡기면 현묘지경에 들리라	遠放神游入杳冥301)
얼마나 다행이랴 봄바람에 몸은 병들지 않아	何幸春風身免恙
꽃과 새 좇아 정자 두루 거닐 줄이야	好追花鳥遍郊亭

나이 칠십을 일러, 예로부터 고희古稀, 희수稀壽, 종심從心이라 흔히 부른다. '고희'는 두보杜甫가 지은 '곡강시曲江詩'에서 "인생은 칠십이 예로부터 드물다人生七十古來稀"는 구절에서 나왔고, '종심'은 공자가 "칠십은 마음이 하고자 하는 바에 따라도 법도를 어기지 않는다從心所慾不踰矩"라는 구절에서 나온 말이다. 이 작품은 노경에 이른 시인의 심경을 가감 없이 고백한 것인데, 다분히 불가와 도가풍이 엿보인다. 경련頸聯에서 공적空寂과 묘명杳冥의 경지가 그러하다. 그리고 미련尾聯에서 봄바람에 '임운자재任運自在'하며 자연에 내맡긴 자유로운 삶이 두드러진다.

회포를 적다	書懷302)
넓은 하늘과 땅에 한 늙은이	牢落303)乾坤一老夫
불운해도 세월은 잘도 가는구나	不堪淪躓歲頻徂
칼집 속에 깊이 감춘 쌍용검과	匣中深鎖雙龍劒
벽 위에 오악의 지도 머물러있네	壁上長留五嶽圖
머리카락은 성글어 젊을 때는 아닌데	髮髮蕭疎非少壯
시끄럽고 어려운 난리를 만났지	干戈擾壤値艱虞
시름 속에 홀로 높은 누대 가에 서니	愁來獨立危樓畔

---

301) 묘명杳冥; 어두침침하고 아득함.
302) 최기남, 같은 책 권1.
303) 뇌락牢落은 마음이 넓고 비범함, 드문드문 성글거니 적적하고 쓸쓸함.

푸른 바다 망망하고 지는 해는 외로워라　　　　滄海茫茫落日孤

때를 만나지 못하고 게다가 천출이라는 생래적生來的 꼬리표 때문에 평생을 떠돌며 마치 칼집 속에 깊이 감추어둔 쌍용검과 같이 빛나는 재능을 발휘할 수 없다는 건 얼마나 슬픈 일인가. 이 시의 저변에는 울분과 회한이 엉겨있다. 오악의 지도는 벽 위에 걸려 있을 뿐, 현실의 벽은 답답하여 말 달리며 대장부의 기백을 맘껏 휘날리지 못했으니, 벌써 머리칼은 세고 어지러운 난리를 만나 모든 일은 애초에 틀어져버렸다. 홀로 누대 위에서 바라보니 망망한 바다에 지는 해는 너무 외롭다.

　　　　실록감인 때에 느낌이 있어　　　　　　　　　　　實錄監印時有感[304]

　　　　머리 센 칠순 노인이 네 조정 백성 되어　　　　七旬黃髮四朝氓
　　　　또 영릉의 실록을 이루는 걸 보네　　　　　　　又見寧陵[305]實牒成
　　　　상설은 의연하여 옥궤에 임하니　　　　　　　　象設[306]依然臨玉几
　　　　임금님의 무지개빛 깃발 어느 곳에 머물까　　　龍飛何處駐霓旋
　　　　귀신이 돌보아 명산에 묻혀 계시니　　　　　　鬼神阿護名山藏
　　　　공렬은 머물러 후세에 길잡이 되겠지　　　　　功烈留爲後世程
　　　　이미 성상의 유시로 돌아가는 걸 기뻐 노래하니　已喜謳歌[307]歸聖啓
　　　　하늘에 상서로운 빛 서려 해가 거듭 밝았네　　　中天瑞彩日重明

---

304) 최기남, 같은 책 권1.
305) 영릉寧陵은 경기 여주군 능서면 왕대리에 있는 조선 17대 효종(재위1649~1659)과 부인 인선왕후(1618~1674)의 무덤이다. 처음엔 건원릉의 서쪽에 있었으나 석물에 틈이 생겨 현종 14년(1673)에 여주 영릉 동쪽으로 옮겼다. 영릉은 왕과 왕비의 무덤을 좌우로 나란히 하지 않고 아래 위로 만든 쌍릉 형식을 취하고 있다.
306) 상설象設은 본래 상상을 만들어서 설교設敎한다는 뜻인데, 여기는 묘소의 의물儀物.
307) 구가謳歌는 여러 사람이 입을 모아 칭송하여 노래함. 혹은 행복한 처지나 기쁜 마음 따위를 거리낌 없이 나타냄.

최기남은 현종초에 실록감인원實錄監印員이 되어 『효종실록』 편찬에 참여하였는데, 이때 그의 나이는 칠십여 세였다. 효종이 승하하고 난 뒤 실록청에서 전왕조인 『효종실록』을 편찬하는데 말단 감인으로 참여하여 그 감회를 읊은 것인데, 효종의 치세를 칭송하고 있는 내용이다.

노자를 읽고	讀老子[308]
오천여 말로 고문을 썼으니	五千[309]披古文
재계하고 깨끗해 미세한 말로 궁구하였네	齋潔究微言
텅 비고 희어서 내 고요하길 지키니	虛白守吾靜
첨삭이야 저들이 떠드는 대로 맡겨두고	雌黃[310]任彼喧
하늘의 빛이 초가에 드리우니	天光垂草屋
산 그림자가 사립문에 들어오네	山影入柴門
서글퍼라 흐리멍텅하게 홀린 사람	可惜顚冥子
죽도록 취해서 꿈 속 마냥 어둡네	終年醉夢昏

『노자』를 읽고 난 뒤 지은 독후감이다. 『노자』는 겨우 오천여 글자에 불과한 도가서道家書이지만 그 현묘한 내용은 다의적인 함축미로 인하여 해석이 분분한 책이다. 다만 핵심적인 내용을 한 마디로 말하면, 억지 부리지 않고 자연에 맡기어 작위하지 않는 무위無爲의 사상을 담은 것이다. 그래서 작자도 그곳에 발걸음을 들여놓고 허정虛靜의 경지에 들어 시비는 저들이 떠드는 대로 내맡겨두기로 작정한다. 그래도 결구에는 한 오리의 회한이 언뜻 비치고 있다. 취생몽사의 현실이 그걸 말해준다.

---

308) 최기남, 같은 책 권3.
309) 노자의 『도덕경道德經』은 모두 오천여언五千餘言으로 도道와 덕德의 뜻을 밝혔다.
310) 옛날 누런 종이에 글을 썼는데, 잘못된 글이 있으면 자황을 칠해 지우고 다시 그 위에 썼으므로 전하여 자구를 첨삭하는 일을 말함.

| 유술부 시에 차운하여 | 次庾述夫韻311) |

초여름 아름다운 경치를 보다가	麗景逢初夏
한가로운 시름에 설핏 잠이 들었네	閑愁入小眠
한 조각 검은 구름은 골짜기 넘고	片陰雲度壑
학은 외로운 그림자 남기며 하늘 비껴가네	孤影鶴摩天
벼슬은 내 일이 아니라서	軒冕非吾事
늘그막에 거문고와 책으로 보내네	琴書送老年
이름난 뜰에 저녁 비바람 치니	名園風雨夕
꽃들은 다 떨어져버렸네	花事已茫然

친구의 시에 차운한 것인데 유찬홍은 조선 중기의 여항시인으로 한미한 집안에서 태어났으나, 시문을 잘 지었고 최기남, 홍세태 등과 사귀었다. 그는 평생 술과 바둑에 몰입하여 지냈는데 조선에서 당대 바둑으로 이름난 국수國手였다. 해거름 무렵 낮잠이 설핏 들었다가 깬 뒤의 경물을 재빠른 솜씨로 낚아 채어 그린 한 폭의 스케치를 닮은 작품이다. 거문고와 책에 기대어 소일하는, 한가로운 노경의 매이지 않은 삶이 무르녹아 있다.

| 도잠의 정절운에 차운하다 | 次陶靖節韻312) |

마음을 쉬고 애증을 말하지 않으니	息心謝愛憎
만물에 친하고 성근 게 없어	於物無親疎
천지를 제 맘대로 돌아다녔더니	天地任縱浪
신세야 주막집과 같았네	身世等蘧廬

---

311) 최기남, 같은 책 권3. '술부'는 유찬홍纉洪의 자. 본관 무송茂松, 호 춘곡春谷.
312) 최기남, 같은 책 권1. *중국 남북조南北朝 시대 진晉나라 시인인 도잠陶潛의 문집 『도정절집陶靖節集』은 번잡한 속세에서 벗어나려는 탈속적 분위기의 작품들이 많이 수록되어 있다.

올연히 앉아 말 잊은 지 오래	兀坐忘言久
책상 위에 책도 읽지 않으니	不讀床上書
정신은 홀연히 멀리 나가 노닐고	神遊自迢忽
오고 가는데 어찌 수레를 쓰랴	去來安用車
산촌의 아내는 보리밥을 짓고	山妻炊麥飯
나물 데쳐 향기로운 반찬 마련하니	烹葵刈香蔬
배부르게 먹고서 거닐어볼까	飽喫起徘徊
아이 놈 손잡고 데리고 가니	手携稚子俱
들에는 바람 불어 비 뿌리고 지나고	野風吹雨過
안개 자욱한 수풀 산뜻하구나	煙樹開新圖
이것이 바로 별난 아취인데	卽此成奇趣
한번 웃고 나니 마음은 한결같네	一笑心如如

달관의 경지가 보인다. 탈속하여 세상일에 얽매이지 않는 시인의 삶이 그대로 투영되어 자연스럽게 읽힌다. 애중에 들끓는 마음조차 쉬니 만물에 친소親疎가 없고 생계라야 소박한 음식에 형편에 맞추어 자족하여 산다. 아취래야 별로 드러날 게 없지만, 이게 바로 별난 멋이 아니냐고 반문하며, 일소一笑에 부치니 마음도 한결같다. 도인의 풍모가 비치는 자족한 삶이 녹아있다.

최기남은 유희경과도 사귀었다. 유희경劉希慶(1545~1636)의 자는 응길應吉이고 호는 촌은村隱인데 남언경南彦經에게 예법을 배워 상갓집에 불려 다니며 생계를 삼았다. 그는 박순에게 시를 배워 백대붕과 같은 천한 노비출신의 시인들과 어울려 풍월향도라 이름하고, 경복궁 북쪽 계곡에 있던 침류대枕流臺에서 시회를 열며 당시의 사대부인 차천로, 이수광, 임숙영, 신흠 등과 어울리며 시를 지었다. 문집으로『촌은집村隱集』이 전한다. 그가 최기남에게 준 시가 전한다.

| 최기남의 시에 차운하여 | 次崔英叔奇男韻313) |

시냇가 노닐며 향기로운 꽃 꺾었더니	溪邊散步採芳菲
성품이 게을러 이제껏 세상과 어긋났고	懶性從來與世違
아흔 날 봄날도 이젠 다 저물어	九十韶光今已晚
뜨락 가득 꽃비 내려 노을 속에 빛나네	滿庭花雨映斜暉

한편 육가잡영의 동인이며, 최기남의 후배인 정남수鄭枏壽314)가 지은 시 가운데 "구곡선생의 서당"이란 제목의 시를 보면, 최기남이 자기 집에서 서당을 열어 평민자제의 학동들을 가르치며 살았던 모습을 엿볼 수 있다. 정남수는 풍월향도에 가담하였던 정치鄭致의 아들로 1606년 의과에 급제하여 내의원정內醫院正을 지냈다. 1636년에 소현세자와 봉림대군을 따라 청나라 심양에 볼모로 잡혀갔다. 그가 펴낸 『행림시고杏林詩稿』는 지금 전하지 않는다. 정남수는 남응침南應琛과도 절친했다. 역관이자 시인이었던 이경석李景奭은 그의 시를 "풍정일발風情一發하고 호기쟁영豪氣崢嶸하다"고 평하면서, 감탄하는 소리나 잠꼬대도 시가 되고 동정도 시가 될 정도의 시재를 지닌 사람이라고 하였다.

| 구곡거사의 서당에 차운하여 | 次龜谷居士學堂韻 |

소란함을 물리치고 구곡에 숨어살며	潛居龜谷謝紛喧
풀뿌리 씹을지언정 가난을 즐기시네	淡泊安貧嚼菜根
글 솜씨는 한 세상 으뜸이라 추켜지니	句法一時推絶調
천년에 드문 도심이야 참된 근원을 아시네	道心千載識眞源
강의를 마치고 난 뒤 높이 누우시고	皐此講罷還高臥
예를 익히다 모두 돌아가면 홀로 문을 닫네	綿蕝歸人獨掩門

---

313) 유희경劉希慶, 『촌은집村隱集』 권1.
314) 본관 한천, 자 자구子久, 호 행림杏林, 혹은 행촌杏村.

| 지극한 이치는 그대 헤아려 스스로 터득할 것 | 至理料君應自得 |
| 잘 살지 못살지는 하늘에 묻지 말라 하시네 | 莫將窮達問乾坤 |

최기남은 최대립315)과도 자주 어울려 시를 지으며 노닐었다. 이긍익의 『연려실기술燃藜室記述』에는 여러 역관들의 사적을 채록하며 남겼는데, 그 가운데 최대립이 시를 짓는 재주가 뛰어났던 일화를 소개하고 있다.

"최대립은 자가 수부秀夫, 호는 창애蒼崖, 본관은 수성隋城이다. 성품이 호방하고 재주가 남달라 시에 능하였으나 콧병 때문에 글을 외우지를 못하여 과거에 합격하지 못했는데, 특별히 교회敎誨316)에 올랐다. 일찍이 반송사伴送使317)를 수행하여 돌아오는 길에 안주安州에 들렀는데, 반송사가 도내의 수령 너 댓 사람을 모아 백상루百祥樓에 모여 시 짓기를 하였는데, 그 시는 이와 같다.

누가 국경을 지키는지 애들 장난 같구나	誰設關防兒戱如
청천 강물 흐린 건 호란의 자취이니	淸川水濁虜塵餘
만약 옛 일이 지금과 같다면	若敎古事同今事
수병이 여기서 고기가 된 건 믿지 못하겠네	未信隋兵此化魚

그 자리에 있던 사람들이 탄복하였다. 계모를 극진히 효성으로 섬겨 자식의 도리를 다하였으며, 후진 양성을 게을리 하지 않았고, 또 익살

---

315) 최대립崔大立; 생몰연대미상. 본관 수성, 자 수부秀夫, 호 창애蒼厓, 균담筠潭. 최대립은 역관을 지냈으며, 계모를 모셨는데 효성이 지극했다 한다. 육가중에 구곡과 함께 뛰어난 시인 중의 한 사람이다. 정내교鄭來僑의 '임준원전'에 의하면 김충렬金忠烈, 최승태崔承太, 유계홍庾繼弘, 홍세태洪世泰 등과 함께 낙사시사의 구성원이었다고 한다.
316) 교회敎誨; 조선시대 사역원司譯院 소속으로 중국 연경으로 수행하던 역관. 정원은 한학漢學교회 23명, 왜학倭學교회 10명이며, 이들 중 3명이 사행使行에 참가할 수 있었다.
317) 청나라 사절을 전송하는 임무를 맡은 사신.

에 능하여 듣는 자가 배를 잡고 웃었다.『상서고사象胥故事』에 나와 있
다. 벼슬은 판관判官에 이르렀다. 시집 한 권이 세상에 전한다."318)

최대립의 시는 매우 담박하면서도 진정을 드러내었는데 외물을 끌어
와 심연의 고요한 일렁임을 포착하여 시상의 두레박을 잘 길어 올렸다.
다음에서 그의 시 몇 편을 살펴보자.

극락암에서 묵으며	宿極樂庵
흰 눈이 소나무 대문에 소복이 쌓여	白雪擁松扃
천 봉우리에 외로운 풍경 소리 맑네	千峯孤磬澄
여든 살 늙은 스님	老僧年八十
밤새도록 전등을 얘기하시네	終夜話傳燈319)

'극락암에서 묵으며'란 시는 정밀하고도 관조의 깊이가 느껴지는 가
작이다. 산사에 하룻밤을 묵으면서 불법을 전한 전등에 관하여 노승과
늦도록 얘기를 나누었던 모양이다. 눈이 소복이 쌓여 소나무 빗장은 보
이질 않고, 너무 고요해 풍경이 맑은 소리를 내며 온산에 퍼지는 울림이
청아하다.

아침에 푸른 파도소리를 듣고	滄海朝聞
푸른 파도소리 아침에 들으니 맑고 얕게 흘러	滄海朝聞淸淺流
높은 언덕 저녁에 보니 텅 빈 골짜기 되었네	高陵暮見谽谺谷
인생에 벼랑 있으니 누가 감히 넘으랴	人生有涯孰敢逾

---

318) 이긍익,『연려실기술』별집 권5,「사대전고事大典故」.
319) 전등傳燈; 불법佛法의 정맥正脈을 주고받는 일을 어두움을 비추는 등에 비유하여
일컫는 말.

머리 위 해와 달도 번갈아 바퀴를 돌리는데	頭上日月雙轉轂
하물며 저 사람들 스스로 위기에 걸렸으니	況彼人自觸危機
저들은 어찌 그 죽일 복을 다할 수 있을까	渠輩安能究殊福
등씨의 화로 안에선 구리돈 주조되고	鄧氏320)爐中鑄銅山
조후의 관부에는 붉은 곡식이 남아나지만	條侯321)府內餘紅粟
화복은 참으로 헤아리기 어려우니 어찌 알랴	安知倚伏眞難量
하루아침에 같이 아귀록에 돌아갈지	一朝同歸餓鬼錄
앞 수레 이미 넘어져 뒤 수레에 경계하나	前車旣覆後車戒
뒷수레 얼마나 많이 다투어 좇았든가	後車幾多仍競逐
그대 보게나, 옛날 비단옷 입던 자 있던 자리	君看昔日紈綺場
지금은 들판에 나무꾼과 목동만 오는 걸	卽今野竪來樵牧
인심이 어찌 다만 교만을 미워할 뿐이랴	人心豈但惡驕盈
하늘의 뜻은 예부터 뒤집기 좋아하네	天意由來好反覆
내 지금 명에 맡겨 다할 뿐이니	我今委之命而已
한잔 술 한 번 마시고 한 곡조 부르네	一飮一尊歌一曲
오직 양중과 구중에게만 허락한 뜻이니	此意惟許二仲322)知
언제 세 길로 오거든 솔과 국화나 보게	日來三逕看松菊

인간사 길흉과 화복은 다만 운명에 맡길 뿐. 술이나 마시며 시나 읊으며 마음에 맞는 벗 서넛 있으면 족하니, 빈부와 귀천은 하늘에 따라 뒤집어지기 일쑤라 아예 자기 몸 밖의 일이라 치부한다. 옛날 조후條侯와 등통鄧通의 부귀는 세상을 떨쳤으나 반드시 굶주려 죽을 것을 알았다.

---

320) 등씨鄧氏, 동산銅山; 등씨는 전한前漢의 등통鄧通을 말함. 문제文帝가 등통을 매우 총애하여 그를 부자로 만들기 위해, 촉蜀의 엄도嚴道에 있는 동산銅山을 떼어 주어, 거기서 나는 동銅으로 돈을 주조해서 마음대로 사용하도록 했기 때문에, 등씨의 돈이 온 천하에 퍼졌었다. 『한서漢書』 권93, 「영행전佞幸傳」.
321) 조후條侯는 한漢 나라 문제文帝와 경제景帝 때의 장군 주아부周亞夫의 봉호.
322) 이중二仲은 한漢나라 때의 은사隱士인 양중羊仲과 구중裘仲을 겸칭한 말. 후한 때 은사인 장후蔣詡가 일찍이 향리로 돌아가 은거하면서 가시덤불로 문을 막고 집안에 세 길三逕을 내어, 오직 양중과 구중하고만 종유從遊했다고 한다.

허부許負가 주아부周亞夫의 관상을 보고 말하기를, "그대는 삼시三時로 제후가 될 것이며 팔시八時로 장상將相이 될 것이나, 그럼에도 구 년 만에 굶어 죽을 것이다." 하였다. 문제文帝가 등통鄧通의 관상을 보게 하였더니, 관상 보는 사람이 말하기를, "가난하여 굶어 죽겠습니다." 하였다. 임금이 "등통을 부자로 만들어 주는 것은 짐에게 달린 것이다." 하고, 동산銅山을 주어 스스로 돈을 만들도록 해 주었으나, 그 후 관아에 몰수되어 남의 집에 기식寄食하다가 죽고 말았다.323) 이렇듯 옛일도 그러하니 애써 억지로 뭘 구하려 해서 무얼 하겠느냐고 시인은 자기 분수에 따라 기꺼이 순명順命하고자 한다.

아내를 잃고 밤에 시를 읊다	喪室後夜吟324)
오리향로 잠든 듯 향불 꺼져 밤은 이슥한데	睡鴨薰消夜已闌
꿈 깬 빈 집엔 베개와 병풍이 싸늘하네	夢回虛閣枕屛寒
매화가지 끝에 걸린 달 곱기만 해	梅梢殘月娟娟在
옛날 깨진 거울 한 쪽 보는 듯 해라	猶作當年破鏡看

---

323) "孝文時中寵臣, 士人則鄧通, 宦者則趙同北宮伯子. 北宮伯子以愛人長者；而趙同以星氣幸, 常爲文帝參乘；鄧通無伎能. 鄧通, 蜀郡南安人也, 以濯船爲黃頭郞. 孝文帝夢欲上天, 不能, 有一黃頭郞從後推之上天, 顧見其衣裻帶後穿. 覺而之漸臺, 以夢中陰目求推者郞, 見鄧通, 其衣後穿, 夢中所見也. 召問其名姓, 姓鄧氏, 名通, 文帝說焉, 尊幸之日異. 通亦愿謹, 不好外交, 雖賜洗沐, 不欲出. 於是文帝賞賜通巨萬以十數, 官至上大夫. 文帝時時如鄧通家遊戲. 然鄧通無他能, 不能有所薦士, 獨自謹其身以媚上而已. 上使善相者相通, 曰「當貧餓死」. 文帝曰：「能富通者在我也. 何謂貧乎？」於是賜鄧通蜀嚴道銅山, 得自鑄錢, 「鄧氏錢」布天下. 其富如此. 文帝嘗病癰, 鄧通常爲帝唶吮之. 文帝不樂, 從容問通曰：「天下誰最愛我者乎？」通曰：「宜莫如太子.」太子入問病, 文帝使唶癰, 唶癰而色難之. 已而聞鄧通常爲帝唶吮之, 心由此怨通矣. 及文帝崩, 景帝立, 鄧通免, 家居. 居無何, 人有告鄧通盜出徼外鑄錢. 下吏驗問, 頗有之, 遂竟案, 盡沒入鄧通家, 尙負責數巨萬. 長公主賜鄧通, 吏輒隨沒入之, 一簪不得著身. 於是長公主乃令假衣食. 竟不得名一錢. 寄死人家."『사기史記』권125,「영행열전佞幸列傳」제65조, 참조.

324) 제목이 '도망悼亡'이라 달린 곳도 있다.

아내를 잃고 밤에 홀로 쓴 시는 지아비의 쓸쓸함과 슬픔을 적고 있다. 매화가지 끝에 걸린 남은 달빛이 시인의 마음에 걸려 눈시울이 느꺼워지며 가슴이 먹먹해진다. 그 옛날 부부의 언약으로 거울을 쪼개어 나눠 가진 사랑의 정표가 너무 찬 밤하늘을 비껴 꿈결인 듯 지나간다. 상처喪妻한 지아비의 밤이 매우 처량하다. 잠자는 듯 오리형 향로에 향불은 꺼지고 설핏 잠자다 꿈 깨니 밤은 이슥하고 빈 방은 썰렁하다. 창밖에 어른거리는 찬 매화가지만 달에 비춰 고운데 옛날 사랑의 정표로 나눠가진 거울 한 쪽을 보는 듯, 홀로 된 허전한 마음은 가눌 길이 없다.

임진촌에 묵으며	宿臨津村325)
날 저물어 임진촌에 묵으니	暮投臨津村
촌 늙은이가 날 받아주네	村叟容我宿
연세가 얼마냐고 노인께 물으니	問叟年幾何
올해 일흔여섯이라네	今年七十六
마누라도 동갑인데	荊妻亦同年
백발이 두 어깨에 드리웠네	白髮垂兩肩
큰 애는 논을 갈고	大兒種水畝
작은 애는 산밭을 매는데	小兒鋤山田
손자 애들 예닐곱은	阿孫餘六七
다투어 토란과 밤을 줍네	爭收芋與栗
늙은이야 따로 하는 일 없이	老身別無營
갈매기 백로 노니는 물가에 낚시하네	垂釣鷗鷺汀
모처럼 손님 왔으니 밥 지어	客來堪一飽
백어국에 한번 배불리 먹었네	炊秔白魚326)羹
내 이 노인네 말 들어보니	我聞此叟言
한없이 그윽한 흥취가 있네	無限幽趣存

---

325) 임진臨津은 송도松都 부근 적성積城 남쪽으로 수십 리에 있는 고을 이름.
326) 뱅어과에 딸린 바닷물고기.

벼슬아치 비록 스스로 귀하다 하나	軒輊雖自貴
마음에 번거로운 근심 면하지 못하니	未免心憂煩
누가 능히 이 노인네처럼	誰能此叟如
평생토록 즐거우리오	沒齒樂只且
내 오래 성 안 저자 싫어했으니	我久厭城市
어느 해나 가까운데 살 곳을 정하리	他年卜隣居

임진촌의 한 촌로의 댁에 하룻밤을 묵으면서, 이런저런 식솔들의 사정을 관찰자의 시선에서 잔잔하게 서술하고 있다. 아주 평화롭게 담담하게 살아가는 노인장의 삶이 무척 즐거울 거라고 생각하는 작자는 성 안 도성의 저자거리가 예전부터 싫어 어느 해가 되면, 아마 이런 데서 살고 싶다는 의중을 드러낸다.

법웅선사에게 부치다	寄法雄禪師
선방은 작아 십 홀인데	十笏327)禪房小
불법이 칠조에서 전해졌네	燈從七祖328)傳
재계한 마음은 물처럼 항시 맑고	齋心水恒淨
깨달은 불성은 달처럼 늘 원만해라	覺性月長圓
문은 천 봉우리 마주 대해 있고	門對千峰掩
몸에는 구멍 난 장삼 걸치고 있네	身披一衲穿
하찮은 벼슬이 날 얽어맸으니	微官是吾累
어느 해나 불법을 물을 수 있을지	問法定何年

법웅선사가 주석하는 한 암자를 찾아 선사의 풍모와 산사의 풍경을 두

---

327) 홀笏은 척尺과 같은 뜻으로, 십홀방은 사방일장四方一丈의 조그마한 방을 말함.
328) 화엄칠조華嚴七祖로 화엄종의 교를 이어 받은 7인인데, 마명馬鳴-용수龍樹-두순杜順-지엄智儼-법장法藏-징관澄觀-종밀宗密을 일컬음. 혹은, 육조 혜능의 법을 이은 칠조로서 정중종淨衆宗을 연 무상선사無相禪師를 말함.

루 읊고 있다. 아주 좁은 선방에 청정하게 안거하는 선사는 탈속한 듯 구멍 난 장삼에 원만한 깨달음을 구족하여 문만 열면 산봉우리가 선방으로 뛰어드는 맑은 삶을 살고 있다. 하찮은 미관말직에 얽혀 사는 작자는 어느 날이 되어야 툴툴 벗어던지고 선사에게 법을 물을 수 있을지 자문한다.

벽하담 동천에서	碧霞潭洞329)
나는 물방울로 두건과 소매 씻고	飛翠浴巾袖
하늘 바람에 머리카락 빗질하노라	天風梳毛髮
나그네 있어 구름으로 봇짐 꾸려	有客雲爲裝
가파른 산길 가볍게 내려오네	翩翩下巉嶪
껄껄 웃으며 내게 읍하니	粲然揖余笑
그대가 바로 갈홍이 아니신가	無乃舊姓葛330)
단사를 만들라고 내게 말하며	道余營丹砂
책 꺼내어 진결을 알려 주었네	出書受眞訣

금강산 만폭동 '벽하담'이란 못을 보고 지은 기행시이다. 폭포에서 직하直下하는 물보라로 두건과 소매를 씻으며 땀을 개고, 서늘한 바람에 머리칼을 빗질하는 호쾌한 정경이 보인다. 승구는 감각적인데, 나그네가 구름을 봇짐삼아 가파른 산길을 내려온다고 묘사하였다. 산세가 험하고 높은 걸 구름을 불러다 절묘하게 표현하고 있다. 갈홍葛洪이라는 선인仙人이 내게 말을 거는 환영에 사로잡혀 결구는 아득한 느낌으로 아름답기 그지없다.

이덕무李德懋는 『청장관전서靑莊館全書』에서 최대립의 시를 다음과 같이 소개하였다.

---

329) 금강산 만폭동 가운데 벽하담이 있음.
330) 갈홍葛洪은 동진東晉 구용句容 사람으로 자호를 포박자抱朴子라 했는데, 양생술養生術을 익혀 단약丹藥을 구운 것으로 유명하다.

"최대립은 역관인데, 호는 창록蒼麓이다. 그의 '상우야음喪耦夜吟'이란 시가 있는데, 다음과 같다.

오리는 졸고 향불 꺼져 밤 이미 깊었는데	睡鴨香消夜已闌
빈 집에 혼자 누우니 베갯머리 차갑구나	夢回虛閣枕屛寒
매화나무에 걸린 아름다운 조각달	梅梢殘月娟娟在
당년에 깨어진 거울 보는 것 같네	猶作當年破鏡看"331)

한 때 구곡이 호남 땅으로 갈 때 최대립은 시를 지어 전송하기도 하였다.

최영숙332)을 호남으로 보내며	送崔英叔遊湖右
오릉의 갖옷 입고 말 타니 절로 번듯해	五陵333)裘馬自翩翩
한 눈에 누가 그대 현명한 걸 알아주리	隻眼334)誰能識汝賢
해 저물어 북풍은 불어 눈보라 치는데	歲暮北風吹雪急
하늘가 오늘 작별에 벗이 가엾기만 해	天涯此別故人憐

번화한 도성거리를 갖옷입고 말 타고 나서는 벗이 의젓한데 안목을 갖춘 누가 그대 어짐이나 알아보겠는가 하며 근심에 쌓인다. 가는 길이 저물어 날씨는 불순한데 멀리 떠나는 벗의 장도長途를 진심으로 애처롭게 바라본다.

구곡은 만년에 매우 가난하였다. 그는 병을 얻어 세상을 떴는데 초상도 제대로 치르지 못하고 있었다. 그 문도들이 모여서 초상을 치르고자

---

331) 이덕무, 『청장관전서』 권35, 「청비록淸脾錄」 4.
332) 최기남의 자字.
333) 장안長安 부근에 있던 황제의 다섯 능을 '오릉五陵'이라 하는데, 부호와 외척外戚이 모여 살던 고사에서 유래하여 번화한 도성 거리를 뜻함.
334) 척안隻眼은 원래 한 짝 눈이나 외눈, 혹은 한쪽 눈이 찌그러진 것, 또는 그런 눈을 가진 사람. 여기서는, 남다른 특별한 식견識見을 말함.

하여도 관을 부조할 만한 사람이 없기 때문이었다. 이때 임준원林俊元이 북경에 가 있었는데, 좌중의 한 사람이 한탄하며 말하였다.

"아, 임자소가 여기에 있었다면, 어찌 우리 선생님이 돌아가셨는데 관을 구하지 못하겠는가."

말이 미처 끝나기도 전에 이미 문밖에서 관에 쓸 나무를 운반해오는 사람이 있었다. 물어보니, 바로 준원의 집 사람이었다. 대개 준원이 북경으로 길을 떠날 무렵에 최공이 늙고 병들어 이를 염려한 나머지 집안 사람들에게 미리 일러두었던 것이다. 이에 사람들은 그의 높은 의기와 능히 앞일을 헤아리는 식견에 감복하였다.

임준원은 자가 자소子昭인데 서울 북쪽에 대대로 터를 잡고 살았던 인물이다. 신색身色이 좋고 말을 잘하며, 매우 의롭고 호기로운 사람이었다. 젊었을 때 최기남의 문하에서 수학하였는데 시를 잘 지었다. 그는 집이 가난하여 봉양할 노친이 계시기에 뜻을 굽혀 내수사에서 아전노릇을 하였다. 신임을 크게 얻고는 부를 크게 일으켜 가산이 천금에 이르렀다. 어느 날, 이에 스스로 탄식하며 말하길, "나에게는 이미 충분히 갖추어졌거늘, 어찌 세상일에 골몰해서 지내겠는가" 하고 즉시 사직하고는 문사를 즐기며 유찬홍, 홍세태, 최대립, 최승태, 김충열, 김부현 등 동류들과 시회를 열어 교류하였다. 그는 비록 시를 전문적으로 공부하지는 않았으나, 천기天機에서 저절로 얻어 청염淸艶한 당시의 풍격을 지녔다. 『해동유주』에 그의 시가 많이 수록되어 있다.

9. 왕태王太 － 정조가 아낀 주막 중노미

왕태(1764~1834)의 자는 보경步庚, 보수步廋, 일명 한상漢相, 호는 수리數里, 본관은 개성開城인데, 고려 왕씨의 후손으로 왕협의 아우이다.

조선 후기의 여항시인閭巷詩人으로, 한미한 집안의 출신으로 시문에 뛰어나 영조와 정조 당시에 천수경千壽慶, 장혼張混, 조수삼趙秀三, 차좌일車佐一, 김낙서金洛瑞, 박윤묵朴允默 등과 교유하면서 송석원시사의 일원으로 시 창작에 전념했다. 그는 집이 너무 가난하여 스스로 의지 할 곳도 없고 생계를 이어갈 수가 없어서 스물 네 살 되던 해에 술집을 열고 있던 김가 성을 가진 한 할미의 집에 중노미로 들어갔다. 일꾼으로 허드렛일을 하면서 밥을 빌어먹고 살았는데, 술잔을 나르는 틈틈이 책을 손에서 떼지 않고 품에 넣고서 오며 가며 읽었고, 물을 끓이는 동안에도 아궁이 불빛에 비추어 마음속으로 그걸 외었다고 한다. 김가 할미도 그 뜻을 갸륵하게 여겨 날마다 초를 한 자루씩 주어 밤에도 책을 읽게 하였다. 이로부터 문사가 크게 나아졌으나 아무도 알아주는 사람이 없었다. 일찍이 창덕궁 돈화문의 서쪽에 있던 금호문金虎門335) 밖에서 밤 순라 시간을 기다리는데 이날 밤은 달이 유난히 밝았다. 토굴에서 서경 한 구절을 외우는데 소리가 마치 금석의 악기에서 나오는 것 같았다. 그때 윤행임尹行恁이 지나가다가 그걸 듣고 기이하게 여겨 수레를 멈추고 그를 불러다 만나보았다. 헝클어진 머리에 추한 얼굴에다 옷은 남루하였다. 학사가 그에게 자세히 물어보고 놀라며, "네가 이 같은 시를 지은 왕한상 그 사람인가?" 하고 시를 되읊으며 물었다.

들에는 가을 달빛 가득 한데	野闊秋多月
강은 맑아 밤에는 연기가 아롱지네	江淸夜少煙

 이윽고 윤행임이 어느 날 입궐하여 정조에게 왕태의 글 솜씨에 대하여 아뢰었더니 임금이 그를 불러 시를 짓게 하였다. 그런데 시제를 내자마자 몇 걸음 걷기도 전에 시를 다 지어 바쳤다.

---

335) 창덕궁 돈화문 서쪽에 있는 문의 이름.

| 화창한 바람은 검은 장막에서 일고 | 和風生皂幕 |
| 빛나는 아침 해는 붉은 문을 비추네 | 旭日暎丹門 |

이 시구는 당대에 널리 퍼졌다. 그 재주를 아깝게 여긴 정조가 수원에 설치한 군영인 장용영壯勇營336)에 그를 배속시켜 녹을 하사하여 생계를 도모하게 하였다. 군영에 근무하던 장교들이 말을 타거나 활을 쏘는 솜씨를 겨루는 시험을 볼 때마다 임금이 그에게 시 한 수씩을 짓게 명하였다.

"수하隨何와 육가陸賈는 무용武勇이 없었고 강후絳侯 주발周勃과 관영灌嬰은 문한文翰이 없었다. 어떻게 한 사람의 몸으로 문무가 반드시 갖춰지기를 요구하겠느냐. 시 한 수를 지어 대신하도록 하여라."

여기서 정조가 말하는 네 사람은 한나라를 세운 유방의 신하들인데, 수하와 육가는 언변에는 뛰어났지만 무용이 없어 봉후를 얻지 못했고, 주발과 관영은 무용에는 뛰어났지만 문한이 없었다. 이렇듯 정조는 문무를 겸한 인재로서 왕태를 인정한 것으로 보아, 그는 지속적으로 왕의 총애를 받았던 것 같다. 그때마다 임금은 직접 왕태가 지은 시를 읽어보고 상을 자주 내렸는데, 일찍이 왕태는 「근광수록近光隨錄」 한 편을 지어 그 일을 기록하였다. 이 책은 왕태가 정조 임금에게 받은 특은特恩과 하사품에 대하여 기록한 것인데, 본문은 지금 전하지 않아 구체적인 내용은 알 길이 없다. 다만, 여항시인 박윤묵朴允默의 문집 『존재집存齋集』과 윤정현尹定鉉의 문집 『침계유고梣溪遺稿』에 그 서문337) 만이 전하고 있을 뿐이다.

---

336) 정조 때 수원에 설치했던 군영의 이름.
337) 윤정현尹定鉉, 『침계유고梣溪遺稿』 권4, '근광록서近光錄序' "近光錄者。紀先王恩數之書。而王太步庚所著也。步庚本高麗太祖裔孫。今爲庶人。大父某善皷琴。供奉元孝大王。時爲協律郎。步庚幼好讀書。父母亡。家貧甚。兄弟散失。步庚傭作於酒家。酒家有通鑑綱目典質者。步庚晝滌器供客。夜輒抽一卷大聲讀。達曉不止。一日掖庭人召入禁中。上命廩之內營。給中秘書。讀之幾年。又命居中庠。與諸生應講經試。其詳在本錄。步庚之言曰盖先王必欲太之成科名。而太每臨講。了了於胸中

그런데, 윤정현은 당대의 사대부 문인인 자하紫霞 신위申緯, 추사秋史 김정희金正喜, 환재瓛齋 박규수朴珪壽 등을 비롯하여, 중인 출신인 존재存齋 박윤묵, 소재歗齋 변종운卞鍾運 등과 폭넓은 교류를 나누었다. 고증학考證學과 음운학音韻學에도 조예가 있었다고 전해진다. 그는 순조 초기에 일어난 임시발任時發의 괘서掛書 사건에 연루되어 죽은 윤행임의 아들이다. 그는 정조 6년(1782)에 정시문과에 급제하여 검열에 등용되었고, 초계문신이 되었다. 정조의 신임이 두터워, 정조가 승하하고 난 뒤 정조의 시장諡狀을 썼다. 순조가 즉위한 뒤 이조판서에 올랐으나 신유박해 때에 신지도薪智島로 유배 갔다가 참형 당하였다. 그는 여항문인들을 많이 후원한 인물이다.

장혼의 문집인 『이이엄집而已广集』에는 왕태에 관한 간략한 전傳이 보인다. 장혼은 호를 이이엄而已广, 또는 공공자空空子라 했는데, '이이엄'은 한유의 시구인 '허물어진 집 세 칸이면 그만일 뿐破屋三間而已'에서 따

者。口不能出之。竟不得焉。固太之才薄命蹇。而以是負先王誘掖之恩。爲無窮之恨。故自丁未召對。至庚申大喪前。凡先王一言之及於太。一物之賜於太。鉤稽月日而謹識之。名曰近光錄。生前抱持。如烏號之弓。死便同埋。庶幾枯骨亦沐恩榮也。余謂此錄。豈可藏之地中而已。文王之仁。歌於雅頌。又必取野人游女之作。我先王盛德至善。史不勝書。於此猶徵其万一也。端拱九重。不遺匹夫。明目達聰之盛也。拔之傭丐之賤。班諸儒士之列。立賢無方之推也。一日萬機。不遑暇食。而發難經義。諄諄善誘。終始典學之至也。雖不過記君一人受恩本末。而後之讀者。其將慨然如復見至治之世。詩云於乎。前王不忘。此錄其可以不傳哉。步庚又言始太之爲傭也。子之先公官內閣待敎。親至酒壚前。下馬握太手語移時。後乘軒過中庠。必問王生安否。庚申之明年。子家當禍。故諸生輩咻而黜太曰太某之客也。太益無所歸。而惟太停駟之德。終吾身不能忘。故欲子之序吾近光錄也。余嘗觀步庚有詩數千篇。眷眷乎一飯不忘君之意。間及先公有房太尉墓。諸作之遺音。其人之性於忠厚可知。況以先人之故。施及不肖。徵其一言。義何可辭。而余實有不忍於言者。嗚呼。先公事先王十有九年。日近耿光。君臣都兪。嘉謨嘉猷之可記者。奚止千百。而先公下世。不肖蒙駭。無一識載。雖欲如步庚之寥寥此錄。不可得已。後人將何所考信哉。旣感步庚事。重自悲吾家之不幸。三復流涕而書之如此。"

온 것으로, 한마디로 자족自足한다는 의미를 지니고 있다. 그는 한쪽 다리를 절었는데, 책을 사랑하고 시를 아주 잘 지었다. 또 책을 교정하고 간행하는 데 매우 뛰어난 사람일 뿐만 아니라 나중에는 아동용 교재를 많이 편찬했으며, 서당을 차려 아이들을 가르친 교육자이기도 했다. 그가 펴낸 아동용 교재인 『아희원람兒戱原覽』은 고금의 사적 가운데 아이들이 보아야할 내용을 열 가지의 주제로 가려 뽑은 것이다. 그의 나이 마흔다섯 살인 1803년 활자본으로 간행한 것인데, 이는 근대 아동용 교재의 모범이 되었다. 무엇보다도 그는 조선이 낳은 최고의 출판업자이며, 또한 저술가로서 스스로 '장혼자'라고 이름 붙여진, 목활자를 만들어 책을 출판하였다. 그의 목활자는 자체字體가 필서체인데, 당시 관에서 주조한 활자에 비해 약간 작고 부드러운 글씨체를 갖고 있다. 제작 시기는 대략 그의 나이 쉰두 살인 경오년(1810)으로 추정되는데, 이 목활자로 아동용 교재인 『몽유편蒙喩篇』, 『근취편近取篇』과 『당률집영唐律集英』이란 시집을 처음으로 인쇄하였다. 모두 "경오활인庚午活印"이라는 인기印記가 있는데, 경오년은 그가 송석원 시사의 중심인물로 활동하던 시기이다.

장혼이 왕태에게 답한 시, '답왕보경모시집구答王步庚毛詩集句'는 저자의 절친한 벗인 왕태가 '모시집구毛詩集句' 한 편을 보낸 데 대한 답례로 지은 것이다. 왕태에 대한 간략한 전기를 앞에 기술하고 오언고시 일곱 수를 덧붙여 놓았다. 이 시의 앞에 붙은 왕태의 생애에 관한 전말은 대개 앞서 이미 말한 것과 서로 같은 내용임을 알 수 있다.

    왕보경이 '모시집구'를 보내온 데 답례하며 아울러 쓰다.
    答王步庚毛詩集句 幷序

    왕태 보경은 원래 고려의 후손인데, 어려서 부모가 죽자 가세가 기울어지고 형제자매가 사방으로 흩어져 떠돌게 되었다. 보경이 주막집에 몸을 의탁하여 허드렛일을 하며 시키는 대로 일을 하였으나, 새벽과 밤에는 옛 시와 글을 읽었다. 정미년 겨울에 임금께서 그 일을 듣고 기특하게 여겨 불러서 시문을 짓게 하고, 이에 어릴 때 이름을 지어주었다. 특별히 장용영에 배속시켜 옷과 먹을거리를 대어주시고 경서를 하사하여 학사에서 공부하도록 하였다. 여러 번 응시하여 명예가 세상에 드러났으나 정조 임금께서 승하하시자 그만두었다. 탄식하고 강업講業을 그치고서 돌아와 옥류동 들머리에 깃들어 내 집과 마주 하여 살면서 서로 짝하여 두터움이 우러났다. '모시집구' 한 편을 보냈는데, 강개하고 슬프고 답답하여 사람이 흐느껴 탁식하게 하기에 족하였다. 이에 전 말을 대략 적고 그 뜻에 화답하노라.338)

군자는 아름다운 계책이 있으나	君子有徽猷
그걸 들어 행하는 사람은 드무네	民鮮克擧之339)
학이 하늘에서 우니	鶴鳴于九皐340)
상제가 나쁜 때를 만난 게 아니라네	匪上帝不時341)

또한 장혼이 왕태, 조여수曺汝秀, 박윤묵朴允默과 자신의 집自家를 생각하며 '용전유장율운, 부단고분기用前遊長律韻, 賦短古分寄' 네 수를 지었는데 첫째 수가 왕태를 위해 지은 시이다.

---

338) 장혼,『이이엄집而已广集』권1. 오언고시. "王太步庚本勝國苗裔。蚤歲喪父母。家勢板蕩。兄弟姊妹流散之四。步庚寄身酒壚。作傭保爲命。而晨夜誦讀古詩文。丁未冬。上聞其事奇之。召見應製。仍小字命名。特隷壯勇營衣廩之。賜經書居學舍做講。屢應試。名譽動世。已而正廟賓天。喟然棄講業。歸棲玉流洞口。與余對屋。偶得款洽。惠以毛詩集句一篇。慷慨悲鬱。足令人歔歔。乃略叙其顚末。以和其意。"
339) "덕이 가볍기가 터럭 같으나, 능히 드는 사람은 드물다 하네. 德輶如毛, 民鮮克擧之." 한 데서 온 말로, 덕은 본디 가벼운 터럭을 들기와 같이 행하기가 아주 쉬운 것이지만 행하는 이는 드물다는 뜻.『시경』,「대아大雅」, '증민烝民'.
340) "학이 구고九皐에서 우니, 그 소리가 하늘에 들린다. 鶴鳴于九皐, 聲聞于天." 하였다. 여기서는 하늘을 임금에 비하여 쓴 말.『시경』,「소아小雅」, '학명장鶴鳴章'.
341)『시경』,「대아탕大雅蕩」, '탕지장蕩之章'.

전유장의 율시 운을 써서, 옛날의 부를 짧게 나누어 부치다
用前遊長韻, 賦短古分寄342)

오두막에 붉은 잎 우거지고	紅葉衡宇裏
고사는 거닐며 맑게 사노라네	淸蹈高士居
가을 오솔길 날로 지저분해져	秋逕日穢蕪
새벽에 일어나 모조리 베어내네	晨起自芟除
깨끗이 청소하니 눈이 환하고	瀟灑眼中邇
문을 나서면 내 맘대로 맡겨두네	出門吾所如
창 밑에 국화, 그대 사랑스럽고	愛爾窓下菊
책상 위에 책, 그대 사랑스럽네	愛爾牀上書
가난하게 사귀어도 자주 보니 기쁘고	貧交喜數見
가는 곳마다 옷깃에 시가 트였네	所適襟韻踈

왕태는 당시 여항문학의 산실이던 송석원시사에 들어 폭넓은 교류를 하였다. 시사의 조직은 17세기말 숙종 때의 임준원林俊元을 맹주로 한 낙사시사를 필두로 18세기말 정조 때의 옥계시사가 중인층의 문학동인으로 활동한 것이 본격적인 것이다. 옥계시사의 맹주는 천수경千壽慶인데 그의 집 '송석원松石園'에 모여 동인들이 더불어 시를 지으며 노닐었으므로 '송석원시사'로 부르기도 한다. 옥계는 인왕산에 있던 계곡인데, 왕태, 박윤묵朴允默, 이의수李宜秀, 김태욱金泰郁, 노윤적盧允迪, 조수삼趙秀三, 차좌일車佐一, 장혼張混, 김낙서金洛瑞, 이경연李景淵 등이 모두 옥계시사의 중요한 계원으로서 이 부근에 집중적으로 모여 살면서 돌아가며 시회詩會를 열어 서로 탁마하였다. 이 중에서 박윤묵, 조수삼 등은 19세기 중반까지 생존하여 다음 세대의 후배에게 정신적 지주가 되었다. 19세기 전반의 소규모 시사들이 분립한 곳도 바로 인왕산 기슭이다. 인

---

342) 장혼, 같은 책 권1, '오언고시'.

왕산 자락 옥류동과 수성동에는 비록 가난하지만 학문과 문학을 사랑하던 중인들이 많이 살았다. 『한경지략漢京識略』343)에 따르면 수성동은 인왕산 기슭에 있는데 골짜기가 으슥하여 물과 바위가 빼어나며 특히 여름날 달밤에 노닐기 좋았다고 한다. 천수경의 송석원, 장혼의 이이엄而已广, 왕태의 옥경산방玉磬山房, 김낙서의 일섭원日涉園, 이경연의 적취원積翠園과 삼우당三友堂 등 규모는 비록 작지만 운치 있는 집이 곳곳에 있었다. 『존재집』기문記文에는 수성동水聲洞, 금선암金仙菴, 일섭원日涉園을 유람하고 기록한 왕태의 옥경산방에 붙인 '옥경산방기',344) 천수경의 송석원에 붙인 '송석원기' 등이 있다. 또한 장혼의 『이이엄집而已广集』에는 옥경산방 주인 왕태와 더불어 노닐며 수창한 시 세 수를 남겼다.345) 그 중에 한 수를 옮기면 다음과 같다.

---

343) 작자 미상, 조선 정조 때 수도 한성부의 역사와 모습을 자세히 적은 부지府誌. 2권 2책, 필사본. 저자가 수헌거사樹軒居士로 되어 있으나 유득공柳得恭의 아들 본예本藝로 추정된다.
344) 박윤묵, 『존재집存齋集』권23, 「옥경산방기玉磬山房記」. "數里先生廬於玉溪上。扁其所居曰玉磬。又要余以記之。余曰玉磬何謂也。先生笑曰居在玉溪。室中懸磬。此吾所以名也。余退而思之曰。先生有志之士也。其扁名之取義。豈泥於淺近而止於此。其必有說。余始乃得之矣。夫玉者。君子之所貴也。匪貴其寶。貴其德也。溫潤而澤。縝密而栗。廉而不劌。垂之如墜。皆德之著於外者有如是也。故在山而山以益輝。在水而水不能掩焉。雖連城之重。不足以償其直也。至若磬則雅樂之器。其折也中矩。其音也淸越。此亦君子之所宜御也。先生少日貧甚不得意。饘粥不能糊口。褐布不能掩軆。困而濱危者有年矣。然勵志讀書。之死不渝。竟至於徹九旒之聖聽。被千古之殊恩。褒踰華袞。榮動布衣。此豈非如玉之盛德光輝。有終不可誣者歟。且先生歸老於家。以師道自任。好古禮崇雅音。敎授羣弟子。思欲以風化鄕里。戒切於怠惰。心存乎淸明。寓物而篤行則磬之中矩。淸越亦不爲無助。先生之所以眷眷於玉磬者。安知不在此。而余之此言。亦可謂得其言外之旨也歟。詩曰言念君子。溫其如玉。又曰旣和且平。依我磬聲。余以是爲先生誦之。"
345) '癸酉淸和日玉磬山房分韻共賦', '玉磬山房茶會用劉隨州韻', '酬玉磬山房主人'.

옥경산방 차회에서 유수주의 운을 따서 짓다
玉磬山房茶會, 用劉隨州韻346)

이웃 사람들 서로 가까이 지내며	鄰曲旣相近
할 일 없어 날마다 와서 모이니	無事日來會
작은 오두막이라 살기에 아늑하고	小廬居且幽
좌우로 시내와 산을 마주해 있네	左右溪山對
봄 날씨 점점 화창해지니	春天氣漸和
만물은 온통 싱그러운 모습이라	群物自生態
이를 바라보며 마음이 상쾌하니	顧此愜心賞
농담 삼아 웃으며 등을 어루만지네	良謔笑撫背
짐승과 새들 짝지어 모이고	禽鳥聚儔侶
수풀에 향기로운 안개 피어나니	林木起香靄
비록 성문 안에 있지만	雖在城闉裏
뜻은 세상 밖에 노니네	意出紅塵外
즐거워라 무얼 근심하리	樂哉何所憂
가난과 천함이 분수에 맞구나	貧賤固分內
차 몇 잔 마시고 나니	飮茶一兩椀
가슴속 온갖 시름 사라지는 걸	胸中破悶礙

박윤묵은 인왕산 자락, 수성동에 노닐고서 그 일을 기록으로 남겨놓아 당시의 풍광을 살펴볼 수 있다.

"수성동은 물이 많아 물소리라는 뜻으로 수성으로 이름 불렀는데 곧 인왕산 입구다. 경오년(1810) 여름 큰 비가 십 수 일이나 내려 개울물이 불어 평지에도 물이 깊이가 세 자나 되었다. 내가 아침에 일어나 맨발로 나막신을 신고 비옷을 입고서 술 한 병을 들고 동지 몇과 더불어 수성동에 들어갔다. 돌다리 가에 닿으니 아래 위가 한 눈에 들어오니 다른 데 정신을 팔 겨를이 없었다. 개울이 빼어나고 폭포가 장대하여 예

---

346) 장혼, 『이이엄집』권1, '오언고시五言古詩'.

전에 보던 것과는 아주 달리 보였다. 대개 인왕산에 물은 옆으로 흐르기도 하고 거꾸로 흐르기도 하며 꺾어졌다 다시 흐르기도 한다. 벼랑에 명주 한 폭을 걸어놓은 듯, 혹은 수많은 구슬을 뿜어내는 듯, 혹은 절벽 위에서 나는 듯, 혹은 푸른 솔숲 사이를 씻어내는 듯 흐른다. 백 개의 골짜기와 천 개의 시내가 하나도 그 모습이 같지 않다. 모든 물이 수성동에 이르게 된 뒤에야 하나의 큰 물길을 이룬다. 산을 찢을 듯, 골짜기를 뒤집을 듯, 벼랑을 치고 바위를 굴리면서 흐르니 마치 만 마리 말들이 다투어 뛰어오르는 듯도 하고 우레가 폭발하는 듯도 하다. 그 기세는 막을 수 없고 그 깊이는 헤아릴 수 없으며, 그 가운데 눈비가 퍼붓는 듯, 자욱하여 넘실거린다. 때때로 날리는 물거품이 옷깃을 적시면 서늘한 기운이 뼛속까지 들어와 혼이 맑아지고 정신이 시원해져 마음이 편안하고 뜻이 말짱해진다. 툭 트여 조물주와 더불어 세상 밖에서 노니는 듯하다. 마침내 아주 술에 취하여 즐거움이 지극하였다. 이에 갓을 벗어 머리를 풀어헤치고 길게 노래하노라.

인왕산 위에 비가 쏴쏴 적시네	西山之上雨床床兮
인왕산 아래 물이 콸콸 흐르네	西山之下水湯湯兮
이 물이 있는 데 바로 내 사는 곳이네	惟此水是吾鄕兮
미적거리며 차마 떠나지 못해	徜徉不忍去
물아를 함께 함께 잊어버리네	物與我而俱相忘兮
노래 부르고 돌아보며 일어서니	歌閱相顧而起
하늘은 홀연히 맑게 개어	天忽開霽
해는 이미 서산에 걸렸네	西日已在山347)

---

347) 박윤묵, 같은 책, '수성동에 노닐고서 遊水聲洞記', "洞多水。以水聲名。洒西山之口也。庚午夏。大雨數十日。川渠漲溢。平地水深三尺。余朝起跣足着屐。衣雨衣携一壺酒。與數三同志者入洞。至石橋邊。上下一望。應接殆不能暇。溪澗之勝。泉瀑之壯。怳與舊日觀大有異焉。凡西山之水。或橫流或倒流。或折而復流。或掛匹練。或噴亂珠。或飛於絶壁之上。或灑於松翠之間。百谷千流。不一其狀。皆到水聲之洞然後。始成一大流。裂山倒壑。衝崖轉石。如万馬之爭騰。如疾雷之暴發。其勢不可遏也。其深不可測也。其中霏霏如也蕩蕩如也。時飛沫濺衣。凉意逼骨。魂淸神爽。情逸意蕩。浩然如與造物者。遊於物之外也。遂大醉樂極。散髮長歌。歌曰西山之上

이들은 봄과 가을 좋은 날을 택하여 요즘 백일장에 해당하는 백전白
戰이라는 시 경연을 열었다. 수백 명이나 참가하는 성황을 이룬 백전은
그 당시 위항의 문인들의 큰 잔치이자 위항문학 운동의 핵심이 되었다.
그들은 시사詩社에서 지어진 백전시를 모은「백전첩白戰帖」에 쓴 발문을
남기기도 하였다.348) '백전'은 흰 종이 위에 시를 지어서 싸우는 것이 마
치 의병과 같다는 데서 붙여진 이름이다. 당시에 벌여졌던 백전의 풍경
을 더듬어 보기로 하자.

　　"송석원시사의 활동이 활발해지자 그들은 백전이라고 하는 대규모
　의 시회를 열었다. 백전은 무기 없이 맨손으로 겨루는 싸움이라는 뜻으
　로 시인들이 글재주를 다투는 싸움을 말한다. 이 시회는 절대적인 우수
　작을 선정하는 것이 아니라 상대적으로 우수한 작품을 선발하는 오늘
　날의 백일장같은 성격을 띠고 있었다. 백전의 성황에 대하여 장지완은
　다음과 같이 밝히고 있다. '…… 매년 봄가을 길일에 문통을 보내어 날짜

　　雨床床兮。西山之下水湯湯兮。惟此水是吾鄕兮。徜徉不忍去。物與我而俱相忘兮。
　　歌闋相顧而起。天忽開霽。西日已在山。"
348) 박윤묵, 같은 책 권23, '백전첩발白戰帖跋'. "此詩壇白戰帖也。猗歟社中諸君子。
　　日聚會於雲下。書所詩以爲賭。盖出於長才藝之術。而謀濟勝之具也。非謂其品長
　　短較勝負。以取快於一時。若然則是戰也。即君子之爭。而雖謂詞壘之義兵亦可也。
　　念昔松石千翁居玉溪上。日與文人才子。詠歌於石雲松風之下。以賁飾昭代之風流
　　美事。自千翁去後。此道廢而不講者久矣。其斷簡破幅。存者亦無幾。吾俗之汚隆。
　　人生之聚散。固若是其忽也歟。後數三年。飽翁先生慨當時之寂寥。追舊日之聯翩。
　　往來鄕里朋儕間。動以作之。振以皷之。人莫不和而起焉。於是命題押韻。聲律琤
　　琤。箋幅繽紛。玉溪勝事。庶可以復覩。其詩無慮累百首。軸大如牛腰。欒更子或慮
　　其遺芳馥泯沒於塵埃之間。擧皆收而裝之。欲傳於來後。其志勤矣。帖旣完。要余
　　一言以識之。余以文拙辭不獲。槩以論之。音響淸濁。品格雅俗。雖各不同。然感發
　　興起。歡欣和悅。一切無噍殺悲苦之語。亦可以觀可以羣。僅有太史氏作。或可採其
　　万一。有如列國下里之歌謠。登諸王朝者也耶。嗚呼。異時帖中諸賢之子若孫。披覽
　　此帖。而想其餘風。論其年代。則此帖之成。亦不爲無助。若夫壽傳之方。欒更存則
　　在於欒更。欒更去則在於欒更之子。其可自勉。而勉其子也哉。"

를 약속하고 중서부의 연당에서 만났다. (중략) 사람들은 두 사람의 음식을 가지고 와서 가난하여 밥을 가져오지 못한 사람을 대접했다. 남북을 정하고 시에 능한 사람이 시제를 냈다. 남제는 북운을 사용하고 북제는 남운을 사용했다. 날이 저물 때면 시축이 쌓이는 것이 소 허리에 닿을 만했다. 그것을 노복에게 지워 당대에 제일가는 문장으로 이름난 사람에게 추고케 하였다. 으뜸으로 뽑힌 작품은 수많은 사람들이 돌려 읽어 그날로 성안에 돌아 원축이 본인에게 돌아왔을 때는 이미 너덜너덜하게 된 뒤였다. 당시의 풍속에 이 일을 아주 중요하게 생각했으므로 큰 돈을 아까워하지 않았고, 심지어 파산 상태에 이르러도 후회하지 않았다. 순라군도 백전에 간다고 하면 잡지 않았으며 문망을 받고 있는 재상이 추고를 맡는 것을 영예로 삼았으니 사람들이 부러워하는 것이 이와 같았다.' 라고 하였고 조희룡은 '동인들이 모여 패를 나누어 시를 읊는데 하루도 빈 날이 없었다. 세상에 시를 아는 사람들은 젊은이 늙은이를 가리지 않고 송석원의 모임에 참여하지 못하는 것을 수치로 알았다.' 라고 하여 백전이 규모가 크고 성황리에 이루어졌음을 알 수 있다. 백전이 끝난 후에는 여기서 읊은 시문들을 모아 『백전첩』을 엮었다."349)

1791년 「옥계아집첩玉溪雅集帖」에 보면, 당시 송석원시사의 구성과 운영은 규장각 서리를 주축으로 이루어졌다. 박윤묵은 송석원시사의 핵심인물로 먼저 세상을 떠난 천수경, 김낙서, 장혼, 이의수, 김태욱, 왕태, 노윤적을 기리는 '칠현도망시七賢悼亡詩'를 짓기도 하였다.350) 이 시

---

349) 디지털여항문화 '백전' 참조.
350) 박윤묵, 같은 책 권10. '七賢悼亡詩 幷小序', "松石園千壽慶. 好古齋金洛瑞. 而已广張混, 錦里李宜秀, 睡軒金泰郁, 數里王太書, 畵舫盧允迪此七賢者. 皆西社奇傑不羈之士也. 每於花朝月夕. 相與朗詠酬歌乎玉溪薇園之間. 風流之煥然. 未有盛於當時. 而居然數十年來. 次第零落. 西社美事. 遂廢而不擧矣. 乙未秋. 余獨在大山中. 想像其昔年遺風餘韻. 不覺山陽之感倍切于懷. 仍各賦一詩. 以見求友之情如此云爾. '松石園' 高臥山頭五十春. 松姿石骨極淸新. 滿園花竹知何限. 西社風流作主人. '好古齋'; 五車勤學已成家. 久仰詞壇赤幟斜. 試問詩魂何處是. 黃泉無路寄悲歌. '而已广'; 搜羅千古在心胸. 揮麈高談若有鋒. 居室行囊皆帶筆. 十年無日不詩宗. '錦里'; 玉燭新書括古今. 靑燈編校幾年深. 天門如海終難進. 蓬華誰知愛戴心. '睡軒'; 但愛金樽有酒

의 앞머리에 붙은 글에서 일곱 명에 대하여 글을 짓게 된 사연이 있어 그 전말을 살펴볼 수 있다.

송석원 천수경, 호고재 김낙서, 이이엄 장혼, 금리 이의수, 수헌 김태욱, 수리 왕태서, 화방 노윤적이 바로 칠현인데, 모두 서사西社의 기이한 인걸로서 얽매이지 않는 선비들이다. 꽃피는 아침과 달뜨는 저녁마다 옥계玉溪의 꽃밭에서 서로 더불어 낭랑하게 읊고 즐거이 노래하였으니 풍류가 빛난 듯 하였다. 당시보다 성한 때가 없었으니 모르는 사이에 수십 년이 흘러 점점 영락하였다. 서사의 아름다운 사적은 폐하게 되어 다시는 거행하지 못하였다. 을미년 가을에 나 홀로 큰 산중에 있는데 지나간 해의 유풍과 여운을 생각하여 산양山陽351)의 감회가 절절이 끓음을 알지 못한 채 이에 각각 부 한 수를 지어 벗들의 정을 이같이 돌이켜 구한다.

활과 칼, 남화경은 통곡하고도 남음이 있어	弓劍南華痛哭餘
소금밥 먹으며 서학으로 비로소 글에 묶였네	虀塩352)西學束書初
허옇게 머리 세어 베옷입고 돌아오는 날	白頭短褐歸來日
푸른 산은 예전같아 한 오두막이 있네	依舊靑山一草廬

한편 정조는 왕태를 중부학당의 학생으로 충원하여 오경을 익히도록 하였는데 고금에도 드문 은전이었다. 경신년(1800, 정조 24년) 이후에 왕태

多。醉餘痛哭又長歌。白楊荒草春秋奠。爭似生前一巵羅。'數里'; 弓劍南華痛哭餘。虀塩西學束書初。白頭短褐歸來日。依舊靑山一草廬。'書畵舫'; 詩家自是有天材。慧思神情汨汨來。操紙立成如影響。蕭君刻燭不須催。"

351) 중국 진晉나라 때 상수向秀가 일찍이 산양의 옛집을 지나다가 그 이웃 사람이 부는 피리 소리를 듣고는, 먼저 세상을 뜬 친구인 혜강嵇康, 여안呂安과 서로 즐겨 노닐던 예전 일을 그리워하여 '사구부思舊賦'를 지었던 데서 온 말로, 산양은 곧 옛 친구를 그리는 뜻이 담겨있다.『진서晉書』권49,「상수열전向秀列傳」.

352) '제염虀鹽'은 나물과 소금으로, 소식素食을 하는 청빈한 태학太學의 관직을 말함.

는 자주 강경과講經科353)에 응시하였으나 합격하지는 못하였다. 뒤에 무관으로 보직되어 조령별장鳥嶺別將이 되었고 나이 일흔 살에 죽었다.354)

왕태에 관한 기록은 『희조질사熙朝軼事』에도 실려 있다. 대개 앞서 말한 내용과 거의 같다.355) 한편 추사는 조령진장으로 부임하는 왕태를 위해 송별시를 짓기도 하였다. 1824년 봄에 쓴 왕태의 친필 시고가 화봉문고에 남아 있는데, 왕태의 육필로는 유일한 것이다. 다음 시는 왕태가 예순아홉 살 때 한 해가 바뀌어 나이를 한 살 더하는 걸 느낌이 있어 지은 시이다.

나이를 한 살 더 먹으며	添齒
옛 부터 나이 먹는 걸	古來添齒感
남 달리 나 홀로 기쁘게 여기네	排衆我獨喜
내년에는 꼭 일흔 살이 되니	明年滿七十
분수에 맞추어 벼슬도 마쳐야 하리	隨分當致仕
비로소 나라에서 지팡이도 짚으라 하고	始許杖於國
쌀과 고기도 내려주시겠지	且有米肉賜
인덕이 있어 장수했으며	熙皞仁壽域

---

353) 강경과; 조선시대 과거제도의 하나. 성균관成均館 및 사학四學의 유생들을 대상으로 어전御殿에서 경전을 암송케 하는 시험으로 전강殿講의 시초가 되었다.
354) 조희룡趙熙龍, 『호산외기壺山外記』와 유재건劉在建, 『이향견문록里鄕見聞錄』 권 6 참조.
355) 이경민李慶民, 『희조질사熙朝軼事』 하권, '王太'. "王太字步庚一名漢相號數里, 麗氏裔也. 貧無以自資, 年二十四爲酒家金嫗, 保杯行餘猶能讀書, 嫗呵止之. 乃懷書行且讀, 或照爨火默誦. 嫗奇其志日給燭一炷, 爲夜讀資, 由是文辭大進, 人無識者. 嘗踐更於金虎門外, 是夜月明. 從土窖中誦尙書一章聲出金石. 時碩齋尹學士過聞, 而異之停車召見之. 鬅頭醜面而衣襤如也. 學士細叩之驚曰, 豈非江淸夜少煙之王漢相耶. 乃徹宸聽宣召賦詩, 凡數步而成有. 和風生阜幕, 旭日映丹門之句播傳一世. 付祿於壯營, 凡課弓馬命. 以一詩代之輒乙覽焉. 尋命充中學生, 治五經殆曠數也. 庚申之後, 屢應講不中, 補武爲鳥嶺別將卒, 年七十." [壺山外記].

사람들이 분에 넘치게 칭송하겠지	所愧稱人瑞
산골 시냇가에 오두막 지어놓고	弊廬溪山間
한가롭게 경치나 즐기리	閒臥度淸美
가난하지도 천하지도 않으니	不貧復不賤
나 같은 사람 또 누가 있겠는가	孰能與相似
다만 한스럽기는 팔자가 기구해	但恨賦命乖
늘그막에도 자식이 없는 것	朽老竟無子
만사람 가운데 나 혼자 뿐	萬中一箇身
자식 볼 길이 도저히 없네	永絶生生理
앉아 시 짓기를 참으로 즐겨	應坐酷嗜詩
자식 보듯이 사랑하였네	愛同出自己
하늘에서 두 복 주기 싫은 건지	天道惡兩得
시 재주는 주면서 자식복은 인색하네	優彼而嗇此
아직은 편안하게 즐긴다지만	康哉猶可爲
늘그막에 앞일을 내 어찌할까	宛其將何以
할 수 없이 스스로 마음이나 달래며	已矣乎自遣
봄바람 맞으며 술잔이나 들이키네	把酒春風裏
노래 거듭 불러 마음 달래보지만	反辭欲慰心
실은 이제껏 한 말도 헛소리라네	實知前言戲

　나이가 예순아홉 살인데 아직도 벼슬을 그만 두지는 않은 듯하고, 빈천하지도 않아 그럭저럭 지낼만한 노년이 보인다. 그런데 팔자가 기구해 자식이 모두 앞서 가버리니 자식복은 없다고 스스로 탄식한다. 시를 자식 보듯 좋아할 뿐, 마음 다스리며 자연에 맡기고 소요하는 노경의 삶이 적나라하다. 시를 읊어 억지로 달래도 채울 길 없는 저 심연의 앙금은 무엇일까. 하늘은 공평해서 시와 자식, 둘 다는 주지 않았기에, 무친無親의 슬픔이 가혹하단다. 실은 이제껏 한 말조차도 모두 헛소리라고 치부하고 만다.

10. 홍세태洪世泰 — 조선 최고의 역관 시인

　홍세태洪世泰(1653~1725)는 조선후기 천한 노비로 태어난 시인으로 본관은 남양南陽, 자는 도장道長, 호는 창랑滄浪, 유하柳下, 유하거사柳下居士이다. 그는 다섯 살 때 책을 읽을 줄 알고 예닐곱 살 때는 글을 지을 만큼 뛰어난 재주를 타고났다. 무관이던 익하翊夏의 맏아들로 어머니는 유천운劉天雲의 딸인 강릉유씨江陵劉氏이다. 남양 홍씨의 일곱 파 중에서 가장 미미한 파의 후손으로 홍세태는 중인인 아버지와 노비였던 어머니 사이에서 1653년 12월 7일 태어났다. 가족관계를 살펴보면, 할아버지는 홍자호洪自灝, 형제는 홍세범洪世範, 홍세굉洪世宏, 자녀는 1남 2녀인데 아들은 홍광서洪光緖로 계출系出하였고, 두 딸은 이후로李後老와 조창회趙昌會에게 시집갔다. 홍세태는 비록 신분은 중인이었지만 어머니가 천한 노비의 몸이라, 종모법從母法에 따라 그도 노비의 신분으로 태어나서 같은 중인 사이에서도 천대를 받아야 했다. 젊어서 성리학에 뜻을 두었지만 가난과 낮은 신분은 그의 삶을 다른 방향으로 몰아갔다. 그는 학문에 바치지 못했던 열정을 오직 시에 쏟아 부어 조선 숙종 당시 최고의 시인 반열에 올랐다. 뒤에 영조는 어린 왕세제 시절을 회상하며 홍세태의 문명文名을 기억하고 있었다. 당시 경종은 몸에 종기가 나서 왕세제王世弟가 조정의 여러 행사를 대신 처렀는데, 영조는 삼십여 년이 지난 뒤에 홍세태에 관해 예조판서 홍상한에게 이렇게 말했다.

　　"홍세태는 노예라는 이름이 있었으나 문장이 고귀하다고 내가 어렸을 때 그 이름을 들은 적이 있다. 그래서 사람을 시켜 그의 시를 받아오게 하였다. 그러나 내가 일찍이 몸을 삼가고 조심하여 여항의 사람들과 교제하지 않았기 때문에 그의 얼굴을 알지는 못한다."356)

영조는 장희빈의 아들인 이복형 경종의 후사가 없어 왕세제로 책봉돼 남인과 노론, 소론의 삼각관계 속에서 정란에 희생되지 않고자 처신을 조심했다. 그는 홍세태가 '노비'라는 신분 때문에 직접 만나기는 어려웠을 것이고, 다만 인편을 통해 그의 시를 얻어 보았을 것으로 추정된다. 왕권이 확고해진 뒤에야 홍세태를 기억했지만, 이미 그는 세상을 떠난 뒤였다. 그로부터 12년이 더 지난 뒤에야 홍세태의 아들 홍서광을 불러보고 벼슬을 주었다.

성대중成大中이 지은 『청성잡기靑城雜記』에는 홍세태는 원래 이씨 집안의 종이었다고 기록하고 있다. 주인은 그가 농사일을 하지 않는 것을 괘씸하게 생각하여 잡아 죽이려고 하였다. 그런데 홍세태가 젊었을 때 왕의 외척인 청성淸城 김석주金錫胄(1634~1684)[357]가 '자고사鷓鴣詞' 시를 짓게 했는데 이 시가 너무 절창이라 그를 당나라의 유명한 시인 고적高適과 잠삼岑參의 부류로 인정하였다. 그래서 그를 면천시키기 위해서 속량전을 모아 노비신분에서 풀어주었다. 영조와 정조 시대에 활동한 서얼 출신으로 청성靑城 성대중(1732~1809)이 쓴 『청성잡기』는 당대 풍속과 시대 풍경을 담고 있는 일화, 기층민의 삶을 문학으로 형상화한 한문 단편류, 학문 경향에 관한 날카로운 지적 등이 고스란히 담겨 있는데, 여기에 홍세태의 '자고사'에 관한 일화가 남아 있다.

자고사[358]는 청성淸城 김석주가 계문란季文蘭을 위하여 지은 것이다.

---

356) 『조선왕조실록』, 「영조실록」, 영조 34년(1758) 10월 7일. "上謂禮曹判書洪象漢曰: '洪世泰有奴隸之名, 而文章可貴, 予少時聞其名, 使人受詩以來。而予嘗謹愼, 不交閭里人, 故不知其面目矣。'"
357) 본관 청풍淸風, 자 사백斯百, 호 식암息庵. 왕의 외척으로 숙종 6년(1680) 왕이 쓰는 장막帳幕을 사사로이 사용한 사건을 빌미로 남인 허적許積 등을 축출하고 서인이 집권한 경신환국庚申換局을 주도하였으며, 이어 허적의 아들 허견許堅이 모역한다고 고변告變하여 남인 세력을 완전히 몰아냈다. 그 공으로 보사공신保社功臣 1등으로 청성부원군淸城府院君에 봉해졌다.

계문란은 강남의 양갓집 규수였는데, 집안이 오랑캐에게 짓밟히게 되어 북쪽 심양으로 끌려가다가 진자점榛子店을 지나가게 되었다. 계문란은 진자점 벽에다 시를 써서 자신의 억울하고 괴로운 심사를 표현하고는, 마지막 줄에 '천하의 유심한 남자들은 이를 보면 가엾게 여길 것이다.'359)라고 썼다. -내가 진자점을 물어보았는데, 아는 사람이 아무도 없었다.- 청성이 연경에 사신으로 가다가 이곳에 들러 벽에 쓰여 있는 것을 보니, 먹색이 아직도 변함없었다. 진자점의 주인에게 이것을 쓸 당시의 일을 물었더니, '기병은 문에 서서 갈 길을 재촉하고, 여인은 눈물을 삼키며 벽에 썼는데 오른손이 힘들면 왼손으로 계속 썼습니다.' 하며 매우 자세히 말해 주었다. 청성은 이를 가엾게 여겨 그녀를 위해 칠언절구 한 수를 짓고 홍세태에게 여기에 화답하라고 명하였는데, 그의 시는 과연 뛰어난 작품이었다. 그 시는 다음과 같다.

강남 강북에서 울던 자고새	江南江北鷓鴣啼
비바람에 놀라 날아가 둥지를 잃었네	風雨驚飛失故棲
한 번 하늘가 떨어져 돌아갈 수 없는데	一落天涯歸不得
심양성 밖엔 풀만 무성하구나	瀋陽城外草萋萋

명나라가 망하자 기구한 운명의 여인들이 대부분 만주족에게 끌려갔다. 진회秦淮 출신인 송혜상宋惠湘이란 여인은 위요역衛燿驛 벽에 시를 쓰기를, "꽃다운 열다섯 시집갈 나이에, 명비明妃360) 같은 신세 되어 고향을 떠났네. 그 누가 천금을 흩어 옛날 조맹덕曹孟德이 양황鑲黃의 휘하

---

358) '자고사鷓鴣詞'는 홍세태『유하집柳下集』권1에 '제계문란시후題季文蘭詩後'란 제목으로 실려 있다.
359) "天下有心男子, 見而憐之."
360) 한나라 원제元帝 때 궁녀 왕장王嬙, 자 소군昭君. 원제가 흉노匈奴의 호한야선우呼韓邪單于의 요청에 따라 명비를 그에게 시집보내어 화친하였다.

에서 문희文姬361)를 구해 준 것과 같이 하겠는가." 하였다. 이 또한 계문란과 같은 부류의 사람이다.362)

명 왕조를 멸망시켜 그 잔존세력을 토벌한 뒤 청 황제 강희제康熙帝가 등극하여 왕조의 기반을 세운 1680년 무렵, 중국 황실에 국상이 나자, 조선 진위사가 되어 북경에 간 신정申晸(1628~1687) 일행은 산해관과 계주 사이에 있는 진자점이란 작은 마을에서 하룻밤을 묵게 되었다. 그때 서장관으로 따라간 목임유睦林儒가 벽에 급하게 써내려간 한시 한 수와 이어진 글을 발견하였다.

오랑캐 머리 보니 옛 화장이 서글퍼	推髻空憐昔日粧
나그네 옷차림은 오랑캐로 바뀌었네	征裙換盡越羅裳
부모님의 생사는 어디서 들을까	爺孃生死知何處
애닮구나, 봄바람에 심양으로 가네	痛殺春風上瀋陽

---

361) 문희文姬는 동한東漢의 학자 채옹蔡邕의 무남독녀인 채염蔡琰의 자. 그녀는 음악을 잘하고 전적典籍에 능통하였다. 전란 때 흉노로 잡혀갔으나 후에 조조曹操(맹덕孟德은 조조의 자)가 속량시켜 돌아오게 해 주었다.

362) 성대중成大中, 『청성잡기靑城雜記』 권3, 「성언醒言」 참조. '洪世泰', "洪世泰少以鷦鴣詞, 見知於淸城金錫胄, 至許以高岑者流. 世泰李家奴也, 主怒其不服事, 拘將殺之, 淸城詭計脫之, 然銀非二百兩, 不得贖. 淸城乃出銀百兩, 東平李杭, 亦出百兩贖之, 杭亦愛才故也. 故世泰視淸城及杭如父, 而金農巖三淵兄弟, 亦愛其才, 待以賓友. 文谷相出巳之禍, 杭實慈之. 及杭死於辛巳獄, 金氏兄弟快之, 就觀其磬, 世泰乃手斂杭尸, 以報其恩, 徐謁諸農巖, 告之故, 農巖嘉其義, 待之加厚. 鷦鴣詞者, 淸城爲季文蘭作也. 蘭, 江南良家女也, 家覆於虜, 被掠而北, 路出榛子店, 題詩店壁, 敍其冤苦之辭, 而終曰, 天下有心男子, 見而憐之. 余詢榛子店, 人無有知者. 淸城奉使之燕, 過而見焉, 墨痕故未渝也, 問諸店人, 道其書時事甚悉曰, 騎者立門促行, 佳人掩淚題壁, 右手倦則左手接而書之. 淸城憐之, 爲賦七絶, 命世泰和之, 果絶唱也. 詩曰, 江南江北鷦鴣啼, 風雨驚飛失故棲, 一落天涯歸不得, 瀋陽城外草萋萋. 明亡, 薄命佳人爲滿州所掠者多, 宋惠湘, 秦淮女子也, 題詩衛輝驛壁云, 盈盈十五破瓜時, 已作名妃別故帷, 誰散千金同孟德, 鑲黃旗下贖文姬, 此又文蘭一流人也."

"노奴(나를 종으로 낮춘 말)는 강주江州의 수재 우상경虞尙卿의 아내입니다. 남편은 살해되고 '노'는 사로잡혀 지금 왕장경王章京에게 팔렸습니다. 무오년 정월 스무 하루, 눈물을 씻어 벽에 뿌리며 이 글을 쓰는데, 이는 오직 천하의 마음 있는 사람이 이 글을 보고 불쌍히 여겨 구해 줄 것을 바라는 것입니다. '노'의 나이는 스물한 살이며, 아버지는 계 아무개 수재입니다. 어머니는 진陳씨이며, 형의 이름은 아무개인데, 국부학 國府學 수재秀才입니다. 계문란季文蘭 씀"

서장관의 말을 들어보니 이 년 전에 한족 여인이 전쟁에 포로가 되어 끌려가는 신세를 한탄하여 쓴 것이라 하였다. 진위사 신정은 양가집 규수로 자란 한 여자가 비참하게 먼 땅으로 끌려가는 운명을 슬퍼하며 시를 한 수 지어 남겼다.

벽 위에 새로 시 지으니 눈물 흐르네	壁上新詩掩淚題
까마득해라, 서쪽 초운에 돌아갈 꿈이어	天涯歸夢楚雲363)西
봄바람 끝없이 상심하게 하니	春風無限傷心事
비파 소리마저 처량하게 들리네	欲奏琵琶音轉凄

그런데 이 년 뒤에 김석주가 이곳을 지나면서 이 글을 읽고 동네사람들에게 물어 본 뒤, 앞의 신정이 쓴 내용과는 약간 다르게 기록하고 있다. 계문란의 어머니 성은 '진'이 아니라 '이李'라 했고 이 가련한 여인의 사연을 좀 더 자세히 묘사해 놓았다.

---

363) '초운楚雲'은 남녀의 그윽한 정을 상징하며, 주로 '초운상우楚雲湘雨'라고도 한다. 초楚 양왕襄王이 일찍이 고당高唐에서 놀다가 낮잠을 잤는데, 꿈에 한 부인이 와서 "저는 무산巫山의 여인으로 임금님이 여기 계시다는 소문을 듣고 왔으니, 침석枕席을 같이해 주십시오." 하므로, 임금은 하룻밤을 그녀와 함께 잤다. 그 이튿날 아침에 부인이 떠나면서 "저는 무산의 양지쪽 높은 언덕에 사는데 매일 아침이면 구름이 되고 저녁이면 비가 됩니다." 하였다는 고사이다.

주인 여자에게 물었더니 자세하게 이야기해 주었다. 오륙 년 전에 심양의 왕장경이 백금 칠십에 이 여자를 사서 이곳을 지났는데, 그렇게 비통하고 암담한 중인데도 자태가 아름다워 보는 이의 눈물을 흐르게 하였다. 이 글을 쓰는데 오른손으로 쓰다가 지치면 왼손으로 옮겨 쓰며, 매우 속필이었다.

즉 오랑캐의 나라로 팔려간 여인이 속량된 사실과 그 자태의 아름다움도 덧붙였다. 이 일화가 조선에 퍼지면서 아주 유명하게 되었는데, 김석주도 시를 남겼다.

화려한 쪽진 머리 오래 단장도 않고	婥約雲鬟罷舊妝
흉노 가락에 치마는 온통 눈물범벅이네	胡笳幾拍淚盈裳
누가 능히 조조의 도움을 빌어서	誰能更有曹公力
문희를 낙양으로 돌려보낼 수 있으랴	迎取文姬入洛陽

문희文姬는 거문고의 명인인 채옹蔡邕의 딸로 원래 이름은 염琰이다. 채옹은 조조曹操의 친구였다. 한나라가 쇠약해지고 북방의 흉노가 커지면서 문희는 흉노에게 포로가 되어 끌려간 뒤 좌현왕左賢王의 왕후가 되어 흉노 땅에 십이 년 동안 살면서 아이 둘을 낳았다. 서기 208년 당시 위나라 재상이 된 조조가 그 소식을 듣고 사람을 보내어 흉노에게 문희를 사왔다. 문희는 돌아와서 그의 쓰라린 경험을 노래로 만든 '호가십팔박胡笳十八拍'을 지었다. 이 노래는 거문고의 반주로 부르는 장편서사시로서, 굴원屈原의 이소離騷에 버금가는 명곡으로 알려져 있다. 이 시에 나오는 호가胡笳는 초원지방에 전해오는 피리를 말하지만 바로 그 십팔박 곡을 의미한다. 이 시를 짓고 김석주는 함께 데리고 갔던 수행원 홍세태에게도 시를 지으라고 명하였다. 그리고 팔 년 뒤 1688년에 사은부사 서문중徐文重이 다시 이곳을 지나면서 이 벽의 글씨를 찾았지만 찾지

못했다고 한다. 그리고 이십이 년이 지난 강희 51년(1710), 김창업이 다시 이곳을 지나며 이런 전말을 소개하고 또 시를 남겼다.

강남 아가씨 화장을 지우고	江南女子洗紅粧
북경 하늘 보니 눈물은 옷을 적시네	遠向燕雲淚滿裳
낯선 땅에 가면 언제나 돌아올지	一落殊方何日返
따뜻한 곳 가는 기러기 정말 부럽기만 해	定憐征雁每隨陽

어쨌든 이러한 홍세태의 시 짓는 재주를 아낀 나머지 김석주는 그를 죽음에서 벗어나도록 해 주었다. 그러나 은자銀子 이백 냥이 있어야 그를 속량贖良시킬 수 있었다. 그래서 청성淸城이 은자 백 냥을, 또 동평군東平郡 이항李杭이 은자 백 냥을 내어 면천시켜 주었는데 이항도 그의 재주를 아꼈기 때문이다. 이리하여 홍세태는 청성군과 동평군을 아버지처럼 여겼다. 그 뒤 숙종 기사년(1689)에 정승인 문곡文谷 김수항金壽恒이 화를 당했는데 이 고변은 이항이 그를 해친 때문에 발단이 되었다. 이항이 신사년(1701) 옥사에 처형될 때 김씨 형제들은 매우 통쾌히 여겨 그가 교수絞首되는 모습을 보러 나갔는데, 홍세태가 손수 이항의 시체를 염하여 그의 은혜에 보답하고는 천천히 농암에게 다가와 배알하고 그 까닭을 말하였다. 농암은 그의 의로운 행위를 가상히 여겨 더욱 후대하였다. 당시 서울 삼청동三淸洞에 살면서 이웃에 살던 농암農巖 김창협金昌協과 삼연三淵 김창흡金昌翕 형제 등과 수창酬唱하며 사대부들과 교유하여 낙송시사洛誦詩社에서 활동하였다. 사대부인 농암과 삼연형제는 홍세태의 재주를 사랑하여 신분의 벽을 넘어 그를 빈우賓友로 대우하였다. 그는 시로 이름이 나서 김창협, 김창흡, 이규명李奎明 등 사대부들과 절친하게 지냈으며, 임준원林俊元, 최승태崔承太, 유찬홍庾纘弘, 김충렬金忠烈, 김부현金富賢, 최대립崔大立 등 중인들과 시회를 함께 하며

교유하였다. 숙종 1년(1675) 을묘식년시에 잡과인 역과에 응시, 한학관漢學官으로 뽑혀 이문학관吏文學官에 제수되었다. 서른 살에 통신사 윤지완尹趾完을 따라 일본에 다녀왔다. 이때 조정에서는 경상도관찰사 윤지완을 정사, 홍문관 교리 이언강을 부사에 임명하여 사절단을 구성했다. 이언강은 자제군관子弟軍官364)으로서 홍세태를 개인 수행원 자격으로 데리고 갔다. 최초의 기항지인 쓰시마에서 홍세태는 매우 인기가 많았다. 수석역관 홍우재의 「동사일록東槎日錄」 6월 28일에는, "서승書僧 조삼朝三과 진사 성완, 진사 이재령, 첨정 홍세태가 반나절 동안 시를 주고 받았다."고 적었다. 조삼이라는 승려는 쓰시마에서 에도까지 안내하며 틈만 나면 홍세태와 시를 지었다. 9월1일 일기에는 에도에서 받은 윤필료潤筆料 가운데 홍세태 몫으로 '삼십 금'이라 적혀 있다. 화원 함재린의 윤필료도 삼십 금이었으니, 홍세태가 일본인들에게 시를 지어주고 받은 원고료가 화원의 그림값과 같았던 셈이다. 홍세태의 문인인 정내교는 홍세태가 일본에서 활약한 모습을 묘지명에서 이렇게 묘사했다.

"숙종조 임술년, 통신사를 따라 일본에 갔는데, 섬나라 오랑캐들이 종이나 비단을 가지고 와서 시와 글씨를 얻어 갔다. 그가 지나가는 곳마다 그들이 담처럼 죽 늘어서면, 그는 말에 기대선 채로 마치 비바람이라도 치는 것처럼 써 갈겨댔다. 그의 글을 얻은 자들은 모두 깊이 간직하여 보배로 삼았는데, 심지어는 문에다 그의 모습을 그리는 자까지 있었다."365)

---

364) 자제군관; 중국 연경에 사절로 가던 정사와 부사의 자제를 임명하여 수행하도록 한 군관.
365) "肅宗朝壬戌。從通信使往日本。蠻人持牋縑乞求詩墨。所過堵立。公倚馬揮掃。驟若風雨。詩思騰逸。筆亦遒妙。得者皆藏弆以爲寶。傾慕喧噪。至戶繪其像焉。", '묘지명墓誌銘' [鄭來僑], 『유하집柳下集』 附錄.

일본 에도에서 통신사의 공식 일정을 마치고 돌아갈 때는 일정에 쫓기지 않자 더 많은 시를 찾는 일본의 내방객을 만났다. 쓰시마와 에도에서 윤필료를 청산할 때에 홍세태는 꽤 많은 돈을 벌었다. 그 뒤에 1711년 조선통신사 사절이 그곳에 갔을 때 당시 일본 측 접반 책임자였던 아라이 하쿠세키新井白石가 정사 조태억과 환담하면서 전에 다녀갔던 홍세태의 안부를 물었다. 삼십 년이 지난 뒤에도 기억할 정도로 그는 깊은 인상을 남겼던 것이다. 그러나 조선에 돌아온 홍세태는 시를 지어 번 폐백으로 받은 돈을 다 써버리고 다시 천대를 받으며 가난한 생활을 하여야 했다. 역관시인 홍세태의 이름은 일본뿐만 아니라 중국에도 널리 알려졌다.

> "숙종 21년(1695) 을해, 청나라 칙사勅使가 고금의 시문과 『동문선東文選』과 『난설헌집蘭雪軒集』과 최치원崔致遠, 김생金生, 안평대군 비해당匪懈堂, 죽남竹南 오준吳竣의 필적筆蹟을 요구하므로 이에 응하고, 또 원관院官 안신휘安愼徽, 김양립金楊立과 사자관寫字官 이수장李壽長을 시켜 글자를 쓰고, 제술관製述官 홍세태에게 시를 짓게 하여 가지고 갔다."366)

이 기록을 보면, 중국 사신이 우리나라 최고의 작품집, 명필의 필적과 더불어 홍세태의 시를 높은 수준에 놓고 평가한 걸 알 수 있다. 또 1723년에 사신으로 왔던 도란圖蘭 일행은 아무런 뇌물도 요구하지 않고, 작은 부채 하나를 내놓으며 시 한 편만 지어 달라고 하였다. 「경종실록」에 의하면 "시인 홍세태로 하여금 율시 한 수를 지어주게 하였다. 이들이 뇌물을 받지 않고 돌아간 적은 근래에 없었다."367)고 했다. 우리 조정에

---

366) 이긍익李肯翊, 『연려실기술燃藜室記述』 별집 제5권, 「사대전고事大典故」, '조사詔使'.
367) 『조선왕조실록』, 「경종실록」 경종 3년(1723) 7월11일. "上勑又出一小扇, 要詩人題詠, 使詩人洪世泰製贈四韻一詩, 寫字官書給。 蓋欲得我國人贊揚廉介之言, 以誇

서도 홍세태를 국제적인 시인으로 인정했음을 알 수 있다. 『승정원일기』 에서, 당시의 사정을 읽을 수 있다.

> "홍세태 시에 이르길, 우러러 황제의 두 사신께서 작은 나라에 와서 무릇 민폐가 되니 제거하지 않을 수 없어 크게 준다. 감격을 이기지 못해 삼가 졸시를 지어 덕을 기리는 정성으로 쓰노라.

황제의 명을 힘써 받잡고서	勵操承皇命
한 쌍의 수레가 해동으로 굴러왔네	雙輅轉海東
한 길에 솟아 오른 빛을 바라보니	觀光一路聳
덕을 마시며 만백성은 한결 같네	飮德萬民同
마른 초목에 비 촉촉이 적셔 은혜 베푸니	惠作霑枯雨
정이 우러나 뜨거운 바람을 베끼네	情爲寫熱風
참으로 손 가운데 부채가 있는 듯	眞如手中扇
귀신같은 공으로 더위를 부치네	吹暍策神功"[368]

또 당시 중국사신으로 청나라 호부시랑戶部侍郞 박화락博和諾이 나와 의주義州에서 우리나라 사람이 지은 동인시東人詩를 요구하자 좌의정 최석정崔錫鼎이 숙종에게 홍세태의 시를 추천하여 그 해 제술관에 임명되었다. 그러나 어머니 상으로 사직하였다가 쉰 살에 복직하였다. 이즈음 서울 백련봉白蓮峯 아래에서 서재를 지어 유하정柳下亭이라 편액扁額하고 거처하였다. 쉰세 살에 둔전장屯田長, 쉰여덟 살에 통례원인의通禮院引義, 예순한 살에 서부주부겸찬수랑西部主簿兼纂修郞이 되어 『동문선東文選』 찬수纂修를 담당하고 또 중인들의 공동시집인 『해동유주海東遺珠』를 편찬, 간행하였다. 예순세 살에 제술관, 예순네 살에 의영고주부義盈

張於自中也。"
[368] 『승정원일기』, 경종 3년 7월 8일 (을유) 원본556책 / 탈초본 30책 (35/38) "洪世泰詩, 欽此兩使大人, 來臨小邦, 凡爲民弊, 無不蠲除, 爲賜大矣. 不勝感激, 謹賦拙詩, 庸抒頌德之忱云."

庫主簿가 되었으나 곧 파직되었다. 뒤에 그가 재능과 맞지 않게 궁핍하게 사는 것을 애석하게 여긴 이광좌李光佐의 도움으로 예순일곱 살에 울산감목관蔚山監牧官이 되었다. 홍세태는 역관 시험에 합격한 뒤 여러 말직을 거치다 비로소 이때 목장을 돌보는 감목관에 임명되어, 삼 년간 울산의 남목南牧에서 살았다. 남목은 조선시대 왕에게 바치는 말을 기르는 목장이 있던 곳이다. 노년의 홍세태는 울산에서 육십여 편의 시를 남겼는데, 특히 동축사東竺寺369)를 소재로 읊은 시는 모두 아홉 편370)으로 많다. 홍세태는 자주 동축사에 올라 타관에서 보내는 늘그막의 심회를 읊은 모양이다. 『영남읍지』에는 "동축사는 남목의 북쪽에 있으며, 일출과 월출을 관망하는 곳"이라는 기록이 있다. 홍세태는 자신의 처지를 늘 나그네로 여겨 여수旅愁를 읊기도 하고 동시에 가난 속에서 견뎌야 하는 불우하고도 치열한 삶을 시로 풀어내며 동축사를 절창으로 엮었다. 다음에 보이는 두 수의 시에서 살펴보면, 노경에 접어든 시인의 내면은 다소 불가佛家에 경도된 시풍을 보이고 있음을 알 수 있다.

동축사 2   東竺寺 2371)

지팡이 괴고 징검다리에 앉으니   拄策坐石矼
돌 아래 차가운 물 흘러가고   下有寒流水
단풍든 바위에 붉은 서리 어리고   巖楓受霜赤

---

369) 동축사는 진흥왕 34년(573)에 창건된 사찰로서 『삼국유사三國遺事』 권3 「탑상」, 4편 '황룡사장육상조皇龍寺丈六像條'에 창건연기가 전한다. 불교 발생지인 인도를 지칭하는 서축西竺과 대비되는 이름으로써 동축東竺이라 칭한 것은, 당시 신라가 자국의 영토를 불교의 발상지인 인도와 대등하다고 여긴 신라 불국토사상의 일면을 살필 수 있다. 울산광역시 동구 동부동에 있음.
370) 권7에 '東竺寺' 3편, '東竺寺九月十五夜', '東竺寺東臺觀日出', '賦日出入行', 권8에 '尋東竺寺', '題東竺寺樓', 권13에 '東竺寺'로 모두 9편이 있다.
371) 홍세태, 『유하집柳下集』 권7.

지는 해는 아름답게 비치네	落日相暎媚
푸른 대와 동백은 더욱 어우러져	交加蒼竹栢
울창한 나무들 물가에 서 있네	森立夾兩浹
산들바람 시냇가 골짝에 불어오니	微風入澗谷
쇳소리가 거문고를 타듯 울리네	金石響鏗耳
올라서니 장관이 펼쳐지니	登高信壯觀
그윽한 곳이라 흡족하구나	幽處亦可喜
마음의 경계 공적함을 깨달으니	了然心境寂
공과 색 가운데 날 내버려두네	置我空色裏
고개 돌려 외로운 중에게 묻노니	回頭問孤僧
아, 나는 무엇 하러 여기 왔는지	我從何到此

구월 보름날 밤, 동축사에서	東竺寺九月十五夜[372]

조각 달 자욱한 구름 거두니	片月收羣靄
가을 깊어 산과 바다 텅 비었네	高秋山海空
나그네는 별 그림자 아래 시 읊으니	客吟星影下
중은 물빛 가운데 누워있네	僧臥水光中
서리가 온갖 모습 씻어서 드러내니	霜洗千形出
바람은 모두 샅샅이 통하게 하네	風生萬竅通
신령한 밤에 회포가 일렁이니	緬懷靈隱夜
천지간에 또 여위어가는 늙은이라네	天地又衰翁

동축사 -바닷가에 있다	東竺寺 -在海上[373]
서축은 어찌 이 봉오리까지 왔나	飛來西竺[374]此何峰

---

372) 홍세태, 같은 책 권7.
373) 홍세태, 같은 책 권7.

천리행을 해룡같이 다다르네	千里行如赴海龍
신라 때 탑은 풍광이 절정인데	絶頂影懸羅代塔
수풀 사이로 범종소리 들려오네	中林響出梵王鐘
황금을 펴놓은 땅에 진여의 세계 열어	黃金布地開眞界
밝은 달 마땅히 텅 비어 불법을 보이네	白月當空示法容
창 너머 긴긴 밤 잠들지 못해	永夜隔窓眼不得
성난 파도 철썩철썩 솔바람 소리에 섞이네	怒濤澎湃雜風松

홍세태가 견지한 문학의 심층구조에는 학문을 그만 두지 않으면 되지 않는 처지에 기반을 둔 암담한 정서가 주를 이루는데, 이는 자신이 일흔 살 때(1722) 지은 '자경문自警文'을 통하여 알 수 있다.

"나에게는 평생 한이 있는데, 남들이 알아주지 않는 것이며, 알아주는 경우에도 뜻이 높지 못하고 재주가 넓지 못하다는 한에서일 뿐이다. 나는 다섯 살 때에 곧 책을 읽을 줄 알았고, 자라서는 남을 좇아 겨우 두어 권의 책만을 배웠을 따름이다. 그래서 경서들을 모두 혼자서 읽었지만, 그런대로 그 가운데의 은미한 말들과 심오한 뜻을 암암리에 마음으로 이해하는 바가 있는 것 같기도 했다. 만약 이를 계속 밀고 가 육예六

---

374) 불교의 발생지인 인도를 지칭. 동축사東竺寺는 진흥왕 34년(573)에 창건된 사찰로서 『삼국유사三國遺事』권3 탑상4편 '황룡사장육상조皇龍寺丈六像條'에 창건연기가 전한다. "바다 남쪽에서 큰 배가 와서 하곡현河曲縣의 사포沙浦에 닿았다. 거기에 공문이 있는데, '서축西竺 아육왕이 황철 5만7천근과 황금 3만분을 모아 석가삼존상을 주조하려 하였으나 이루지 못했다. 그래서 배에 실어 바다에 띄워, 인연 있는 국토에 도착하여 장육존상丈六像이 이루어지길 축원하였다. 또 1불, 2보살상의 모양을 싣는다'고 기록되어 있었다. 현리縣吏가 임금께 보고하니, 칙사가 깨끗한 땅을 가려 573년 동축사東竺寺를 창건하고, 삼존을 모시도록 했다. 이 기록에서 주목되는 점은 '동축사東竺寺'라는 절이름이다. 불교의 발생지인 인도를 지칭하는 '서축西竺'과 대비되는 이름으로써 '동축東竺'이라 칭한 것은, 당시 신라가 자국의 영토를 불교의 발상지인 인도와 대등하다는 신라 불국토사상의 일면을 살필 수 있다.

藝의 근본을 구하였다면, 아마도 얻은 바가 꽤 있었을 것이다. 그러나 집안이 본디 빈천하여 의식을 해결하는 것이 우선 급하여서 미처 큰 학업과 포부를 가질 겨를이 없었다. 중년이 되어서는 더욱 곤궁하여 먹고 사느라고 이리저리 뛰어다니다 보니 그만 학문을 그만두지 않을 수 없었다. 그러나 근심, 분개, 답답함, 불평의 기분이 들면 홀로 그것을 시로 표현하곤 하였는데, 이를 본 사람들이 모두 훌륭하다고 하면서 문득 시인으로 지목하게 되었다. 한 번 이러한 이름을 얻게 되자 그만 이 이름을 내칠 수 없었다. (중략) 주부자朱夫子[375]는 일찌기 이태백의 일을 논하시어, '시인이 두뇌를 골몰함이 이와 같다'고 하셨다. 참으로 나 자신이 부끄럽다. 대저 사람으로서 배울 줄 모른다면 어찌 사람이라 할 수 있겠는가? 올해 내 나이 일흔, 목숨이 오늘 내일 하는 사람일 뿐이지만, 그러나 위무공衛武公의 아흔다섯 살에 비할 것 같으면 아직 멀었다 하겠다. 억계抑戒[376]의 뜻을 어찌 힘쓰지 않을 수 있겠는가? 아, 늙고 병든 몸이 어찌 제대로 할 수 있을까마는, 그러나 저녁에 죽기 전이 바로 도를 들을 날인 것이다. 애오라지 이를 써서 벽에 걸고 자신을 경계할 뿐이다."[377]

만년에 이른 홍세태는 일흔 살에 다시 제술관이 되고, 일흔한 살에는 남양감목관이 되었다. 문장의 재능을 인정받았기 때문에 그는 특히 제술관을 자주 역임하였는데, 평생을 가난하게 살아서 8남 2녀의 자녀가

---

375) 주희朱熹를 말함.
376) 『시경詩經』, 「억지편抑之篇」의 경계를 말함.
377) 洪世泰, 『柳下集』卷之十, 「雜著」, '自警文'. "余平生有所恨. 人所不知而己獨知之者. 盖以其求志不高用才不廣爾. 余生五歲. 卽知讀書. 稍長從人受學. 僅數卷而已. 至於經書. 皆自取讀. 而微辭奧旨. 似若有暗解於心者. 若推此而擴之. 以求乎六藝之本. 則庶幾有所得者矣. 而家素貧賤. 急於衣食. 未遑爲大志業. 及其中歲. 屯難阨窮. 東西怳迫. 遂未免廢學. 而遇有牢愁感憤鬱悒不平之氣. 則獨於詩而發之. 人之見者. 皆謂之能. 而輒以詩人目之. 一得此名. 無以辭焉. (중략) 朱夫子嘗論李太白事曰. 詩人之沒頭腦如此. 余甚恥之. 夫人而不知學則何得以爲人. 顧余今年七十. 朝夕人耳. 然而若比之衛武公則未也. 抑戒之義. 其可不勉乎哉. 噫. 老病如此. 其何能爲. 而夕死之前. 卽聞道之日也. 聊且書此掛壁以自警云."

모두 앞서 죽는 불행한 생애를 보냈다. 이러한 궁핍과 불행은 그의 시풍에도 영향을 끼쳐 어둡고 슬픈 정취의 시를 많이 남겼다. 시 속에 중인 신분으로 겪은 좌절과 가난, 사회 부조리에 대한 갈등이 근심과 울분으로 투영되었다. 또 위항문학의 발달에 중요한 역할을 했는데, 중인층의 문학을 옹호하는 천기론天機論을 전개하였다. 따라서 그의 시론은 양반의 문약을 거부하는 기운찬 시학으로서 당대 최고의 시인으로 우뚝 섰다. 그리고 그는 위항인의 시를 모아『해동유주』라는 시선집을 간행하였다. 조선 후기 최초의 여항閭巷 시집으로, 이들의 작품이 뛰어난 글임에도 신분적 한계 때문에 전하지 않는 것을 슬프게 여기고 중종中宗 때의 박계강朴繼姜, 유희경劉希慶 등으로부터 당시에 활동하던 최기남崔奇男, 최승태崔承太, 윤홍찬尹弘璨 등에 이르기까지 모두 마흔여덟 명의 시 이백삼십여 수를 한 권으로 편차하여 한구자韓構字로 간행하였다. 이 시집은 여항시인의 공동시집으로 조선 후기의 중인문학을 연구하는 데 중요한 자료로 평가받고 있다.

 이른바 '시즉기인詩卽其人', 시가 곧 사람이라는 말은 여항시인의 문학관에서 '천기론'으로 드러났다. 창작의 영감과 사람의 기질을 중요시하여, 빈부나 귀천을 따지지 않고 인간이 본래부터 하늘의 품성으로 부여받은 개성적인 글쓰기를 주장한 것이다. 시를 통해서 사람됨까지도 알아볼 수 있다는 말은 그 안에 독창적인 개성이 담겨져야 한다는 뜻이다. 김창협은 천기天機가 깊은 자만이 참다운 시를 지을 수 있다는 천기론을 주장한 문인으로 홍세태에게 당시 구해보기 힘들던 위항시인들의 시선집을 편찬해 보라 권하였다. 우리나라 시 가운데 채집되어 세상에 간행된 것이 많지만, 위항인의 시만은 빠져 없어지고 전하지 않으니 애석하므로 이를 채집하여 펴내도록 한 것이다. 천기는 태어날 때부터 하늘에서 부여받은 본래의 순수한 마음인데, 조탁하거나 수식하지 않고도 시를 지을 수 있는 바탕이다. 홍세태는 1705년에 낙사洛社 동인인 최승태의 시집『설초시집雪蕉詩集』서문을 써주면서 인물의 귀천이 작품과는 아무 상관이 없다면서 그의 시집이 반드시 그 가치를 인정받을 것이라는 강한 자신감을 피력하고 있다. 또한 이 글에서 위항시인과 천기론의 관계를 말하는데, 여기서 그의 문학관을 볼 수 있다.

> "시는 하나의 소기小技이다. 그러나 명예와 이욕에서 벗어나 마음에 얽매인 바가 없지 않고는 잘 지을 수가 없다. 장자莊子가 말하길 '욕심이 많은 자는 천기가 얕다'고 하였다. 예로부터 살펴보면 시를 잘하는 사람은 산림이나 초택草澤378) 사이에서 많이 나왔다. 부귀하고 세력 있는 자라고 해서 반드시 잘할 수 있는 것은 아니다. 이로 미루어 보면 시는 작은 것이 아니다. 그 사람됨까지도 알아볼 수 있는 것이다(중략).
> 대개 그 마음이 담박하여 세간의 일에 대해서 일체 개의하지 않고 다만 좋아하는 것은 시일뿐이니, 이것이 그의 시가 뛰어난 까닭이다. 그러나 내가 공公에게서 취하는 것은 비단 시뿐만이 아니니, 무릇 산수와 금주琴酒의 즐거움을 일찍이 그와 더불어 같이 하지 않은 적이 없고, 외면의 형체를 잊어버리고 내면의 뜻을 얻어 만물을 터럭처럼 보는 것도 또한 일찍이 그와 더불어 그 품은 생각을 같이 하지 않은 적이 없다(중략).
> 어떤 사람들은, '시는 사람을 곤궁하게 만드니, 최자崔子의 곤궁은 시에 뛰어나기 때문이다. 시는 할 짓이 못 된다'고 말한다. 그러나 사람의 궁달窮達은 운명이 하늘에 달려있는 것이다. 어찌 시의 뛰어남과 그렇지 못함에 달려 있겠는가? 지금 세상에 시를 짓지 않으면서도 곤궁한 자를 보건대, 얼마나 많은가? 곤궁할지언정 시에 뛰어난 것이 차라리 낫다. 살아서 돈을 지키는 노예가 되었다가 죽어서 시체가 싸늘하게 식기도 전에 그 이름이 이미 사라져 버리는 자들이야 또한 어찌 말할 게 있겠는가? 어떤 사람들은 또 이렇게 말한다. "양자운揚子雲은 녹봉과

---

378) 초택草澤; 초원과 수택水澤을 아울러 이르는 말. 민간 또는 재야를 비유적으로 이르는 말.

지위와 용모가 남을 감동시키지 못하여 장독이나 덮을 글이라는 기롱譏弄을 면치 못했는데, 지금 최자는 위항의 선비로서, 시가 비록 뛰어나다 하더라도 누가 그를 후세에 전해 주겠는가?" 이것은 더욱 그렇지 않다. 『시경』의 삼백편은 대저 아녀자와 어린애의 작품이 많지만 공자께서 수록하셨으니, 사람이 진실로 시의 재능을 가지고 있다면 전해지지 못할까 근심할 것이 아니요, 다만 그 뛰어나지 못할까 근심해야 할 따름인 것이다."379)

홍세태는 『해동유주』를 펴내기 위해서 마치 모래를 헤쳐 금을 가려내듯 당시 사람들이 즐겨 입으로 전송되던 시를 찾아 십여 년 동안 마흔여덟 명의 시 이백삼십오 편을 골랐다. 책에 실린 시인의 후손들이 출판비용을 모아 1712년에 간행했는데, 김창협은 이미 세상을 떠난 지 4년 뒤였다. 홍세태는 바로 잡아줄 만한 사람이 없는 걸 아쉬워하며 서문을 썼다. '해동유주海東遺珠'라는 제목은 해동에 버림받은 구슬이란 뜻도 되며, 해동에서 시선집을 낼 때에 빠졌던 구슬이란 뜻도 된다. 빛도 이름도 없이 땅속에 묻혀버릴 뻔했던 위항시인들의 작품이 그 덕분에 후세에 전해졌다. 홍세태는 작가의 진솔한 감정, 영감의 표현을 강조하는 '천기'란 개념을 사용하여 서문을 이끌고 있다.

---

379) 洪世泰, 『柳下集』卷之九, '雪蕉詩集序'. "詩者。一小技也。然而非脫略名利。無所累於心者。不能也。蒙莊氏有言曰。嗜欲深者。其天機淺。歷觀自古以來。工詩之士。多出於山林草澤之下。而富貴勢利者未必能焉。以此觀之。詩固不可小。而其人亦可以知矣。(중략) 蓋其心泊然。於世間事。無一掛念。而所嗜者詩耳。此其詩之所以工。而余之所取於公者。不特詩而已。凡山水琴酒之樂。未嘗不與之同。而當其形忘意得。毫視萬物。亦未嘗不與之同其趣也。(중략) 夫人之窮達。有命在天。豈係於詩之工不工耶。見今世之不爲詩而窮者何限。窮等耳。寧工於詩。彼生爲守錢虜。死尸未冷而名已滅者。亦何足道哉。或又謂楊子雲祿位容貌。不能動人。未免有覆瓿之譏。今崔子委巷士。詩雖工。孰肯爲之傳也。此尤不然。詩三百篇。大抵多婦人孺子之作。而夫子述之。人苟有之。不患不傳。第患其不工耳。"

"대저 사람은 천지의 중정中正을 얻고 태어나니, 그 정이 느끼어 말로 표현된 것이 시가 됨은 신분의 귀천이 없이 한가지이다. 그러므로 시경 삼백 편은 마을의 거리에서 부르는 가요의 작품에서 많이 나왔는데 우리 공자께서 그것을 거두셨던 것이다. 즉,「토저兎罝」,「여분汝墳」의 작품들이「청묘淸廟」,「생민生民」편 등과 나란히 풍風과 아雅에 실리고, 애초에 그 작가의 신분을 따지지 않았으니, 이것이 바로 성인의 지극히 공정한 마음인 것이다. 우리나라의 문헌이 성대한 것은 중국과 나란히 비교된다. 대개 지체 높은 대부가 한 번 위에서 노래하매 베옷을 입은 선비들이 아래에서 고무되어, 시가를 지어서 자신을 표현하니, 비록 그 학문이 넓지 못하고 자료를 취함이 원대하지 못하지만, 그 하늘에서 얻은바 재능은 짐짓 스스로 출중히 뛰어나 맑고 밝은 풍격과 격조가 당나라 시에 가깝다. 저 맑고 원만한 경치를 묘사함은 봄 새와 같고 슬픔에 겨운 서정은 가을벌레와 같다. 오직 느낌에 따라 표현한 것이라, 천기에서 자연히 유출되지 않은 것이 없으니, 이것이 이른바 참된 시인 것이다. 설사 공자로 하여금 보게 하더라도 그 사람이 미천하다고 해서 내치지 않을 것은 자명한 일이다. 사람이 태어나서, 임금의 성스럽고 밝은 정치를 만나고 인재를 키우는 교화를 입어 문장으로 세상에 드러내고 후세에 그 빛을 드리울 수 있다면, 이것은 이미 기특한 일이다. 그러나 내가 다만 안타깝게 여기는 것은 그 사람들이 대부분 빈천으로 골몰하여 그 지업志業을 크게 펼쳐서 옛날의 작자를 따를 수 없었던 것이다. 그 사이에는 왕왕 호걸스럽고 탁월한 재주를 가지고도 세상에 알려지지 않아 억울하게 죽은 자들도 있으니, 더욱 슬픈 일이다."[380]

---

[380] 洪世泰,「柳下集」卷之九, '海東遺珠序'. "遂爲之叙曰. 夫人得天地之中以生. 而其情之感而發於言者爲詩. 則無貴賤一也. 是故三百篇. 多出於里巷歌謠之作. 而吾夫子取之. 卽兎罝汝墳之什與淸廟生民之篇. 並列之風雅. 而初不係乎其人. 則此乃聖人至公之心也. 吾東文獻之盛. 比埒中華. 盖自薦紳大夫一倡于上. 而草茅衣褐之士鼓舞於下. 作爲歌詩以自鳴. 雖其爲學不博. 取資不遠. 而其所得於天者. 故自超絶. 瀏瀏乎風調近唐. 若夫寫景之淸圓者其春鳥乎. 而抒情之悲切者其秋虫乎. 惟其所以爲感 而鳴之者. 無非天機中自然流出. 則此所謂眞詩也. 若使夫子而見者. 其不以人微而廢之也審矣. 諸人生逢聖明之治. 與被菁莪之化. 得以文詞表見於世. 垂輝于後. 則斯已奇矣. 然而余獨惜其人多貧賤汨沒. 不能大肆其志業. 以追古之作者."

홍세태는 죽기 한 해 전에 스스로 자신의 시문집을 엮어 자서自序를 써서 부인에게 맡겼다. 이듬해(1725) 1월, 그가 죽었다. 1730년 7월, 그의 문인 정내교鄭來僑가 묘지명墓誌銘을 지었다. 죽은 지 6년 만인 영조 7년(1731)에 사위와 문인에 의하여 『유하집』 열네 권이 간행되었다.

홍세태는 자신의 시문을 남기고자 하는 욕구도 강해 생전에 자신의 원고를 편집해두었을 뿐만 아니라 스스로 간행에 필요한 경비까지 마련해두고 문생들에게 문집의 간행을 누차 부탁하였다고 한다.381) 홍세태는 농암 김창협의 후원으로 『해동유주』를 간행하였다. 『해동유주』서문에서, "사람은 천지의 중을 얻어 태어났으며, 정에서 느낀 바를 시로 나타내는 데는 신분의 귀천이 없다"382)고 선언하였다. 사실 이러한 입장은 당시 신분제 철폐를 위하여 중인계층에 속하던 여항인들이 벌인 통청운동383)과도 관련이 깊다. 인간의 존엄에 대한 민중의 자각이 비로소 싹이 트며, 이를 동력으로 삼아 문학에 있어서도 권세가나 사대부의 시문학에 대한 저들의 자부심을 드러낸 측면이 있다. 동시에 귀천과 빈부가 따로 있지 않은데, 인간의 순수한 성정에 따라 창작한 시문이 어떻게 저들 양반 사대부가 더 우월하며 저들만의 것일 수 있겠느냐는 반동의 저의가 다분히 깔려 있기도 하였다. 여항시인이었던 임광택384)은

而其間往往有豪傑卓異之才. 不見知於世. 沉抑以死者. 尤可悲也. 噫."
381) 李德懋, 『靑莊館全書』卷50, 「耳目口心書」.
382) 洪世泰, 『柳下集』卷之九, '海東遺珠序'. "叙曰. 夫人得天地之中以生. 而其情之感而發於言者爲詩. 則無貴賤一也."
383) 통청운동通淸運動; 조선후기 관직 진출에 신분차별을 받았던 서얼 등의 신분층이 관직진출을 위해 벌였던 신분차별폐지운동으로 '서얼소통庶孼疏通운동'이라고도 한다. 청직淸職으로 진출하는 것을 허용해 주도록 주장했기 때문에 '통청운동'이라고 한다.
384) 임광택林光澤(?~1800); 본관 보성, 자 시재, 호 쌍백당. 임광택의 생애는 자세하지 않다. 사복시 서리였으며, 그의 아내의 치산이 근검하여 치부하였다는 이야기가 『이향견문록』에 실려 있을 정도이다. 임광택은 송석원시사보다 한 세대 전에

'간집계刊集戒'라는 시에서 이를 맹렬하게 꼬집고 있다. 당시 부귀와 권세를 틀어진 양반사족들이 되지도 않은 글 쪼가리를 막대한 경비를 들여 문집 책판을 만들고 또 이를 펴내던 당시의 풍조를 비난하고 있다.

문집 발간하기를 경계하라	刊集戒
시편 꽤나 이루었다 하더라도	詩篇縱有成
문인의 한 작은 재주일 뿐이니	文人一小技
살아서 심심풀이로 하는 거라면	生前供吟弄
죽은 뒤에는 불살라버려야지	死後任棄燬
하물며 이만도 못한 자들이야	尤況下此者
캐캐 묵어 시궁창 오물 같으니	陳腐同泥滓
많은 사람들 스스로 알지 못하고	人多不自知
오히려 기이한 보배인 듯 여기지	反以奇寶視
시 거두어 모아서 목판에 새기니	收聚付剞劂
거친 껍데기에 쭉정이만 뒤섞였네	麤糲雜糠粃
제가 북녘 땅 살쩐 준마인 듯 여기지만	渠擬冀北馬
요동 땅 돼지라고 남들이 비웃네	人笑遼東豚
문집을 찍어 글벗에게 나눠주며	傳播士友間
제 문장이 아름답다 으스대지만	暴揚詞章美
그 가운데 한 편도 채 읽지 않고	觀者美終篇
사람들은 찢어서 방바닥에 바르네	破作塗墍紙
불후의 명작이 어디 있겠나	不朽竟安在
도로 침 뱉으니 부끄러움만 당하지	還貽唾罵恥
속된 무리야 어쩔 수 없네만	俗流固無責
알 만한 사람이면 삼가야 옳겠지	識者宜戒是

홍세태의 시에 대하여는 다양한 평가가 따른다. 홍만종은 "홍세태의

활동했던 인물로, 『풍요속선』에 20여 수의 시가 전하는데 비교적 많은 편이다.

시재는 당나라 시인에 가깝다."라고 했다. 김창흡은 "중형(창협昌協)이 홍세태를 논하기를 시인의 태도가 있다고 했는데, 나도 또한 말하기를 살찌고 여윈 것이 적절함을 얻었다."라고 했다. 그리고 자신이 죽은 후 자기의 문집을 산정할 때 그 시고를 홍세태에게 보이라고 말해두기도 했다. 이규상李奎象은 "여항의 시는 국조 이래 홍세태를 으뜸으로 치고, 정내교를 그와 겨루는 것으로 친다. 홍세태는 충담冲淡하고 왕양汪洋함이 좋고, 정내교는 호방豪放하고 고고高古함이 좋다."라고 말했다. 이러한 평가를 종합해 보면, 홍세태는 젊어서는 당시唐詩를 익혔는데, 늙어서는 특히 두시를 익혀 거의 당시의 수준에 이르렀고, 시풍이 때로는 맑고 넓으며 때로는 슬퍼하고 괴로우며, 경치를 만나면 천기天機가 흘러넘쳐 묘오妙悟의 경지에 들었다고 말할 수 있다.

홍세태는 자신의 작품에 자부심이 컸다. 문집의 머리말을 미리 써놓았을 뿐만 아니라 간행할 경비까지 미리 마련해 두었다. 가난하게 살았던 서얼 시인 이덕무는 그러한 사실을 마음 아파하며 「이목구심서耳目口心書」에 이렇게 적었다.

"유하柳下 홍세태가 일찍이 목호룡睦虎龍과 친구가 되었다. 그는 매번 호룡에게 말하기를, '너의 이름은 부르기가 심히 불길하니 빨리 고쳐라.' 하였다. 그 후 호룡은 결국 죄를 입어 사형 당하였다."[385] 유하가 늙어 손수 시를 다듬고, 베갯속에 백은白銀 일흔 냥을 저축해 두고서, 일찍이 여러 문하생들에게 자랑하며 보여 주면서, '이것은 훗날 내 문집을 발간할 자본이니, 너희들은 알고 있으라.' 하였다. 아, 문인들이 명예를 좋아함이 예부터 이와 같았다. 지금 사람들이 비록 그의 시를 익숙하게 낭송하나, 유하는 죽어 그의 귀는 이미 썩었으니 어찌 그것을

---

385) 성대중, 「청성잡기」 제3권, 「성언醒言」에도 보인다. *성언醒言은 사람을 깨우치는 말이란 뜻으로, 총 3권에 인물평, 일화, 사론史論, 필기筆記, 한문단편 등 다양한 이야기들이 수록되어 있다.

들을 수 있겠는가. 이미 죽은 후에는 비록 비단으로 꾸미거나 옥으로 장식해도 기뻐할 수가 없고, 또 비록 불로 사르거나 물에 빠뜨려도 성낼 줄 모른다. 적연히 지각이 없는데 어찌 그 기쁨과 성냄을 논할 수 있겠는가. 어찌하여 살아 있을 적에 은전 일흔 냥으로 돼지고기와 좋은 술 등을 사서 칠십 일 동안 즐기면서 일생 동안 주린 창자나 채우지 않았는가. 그러나 매월당梅月堂 김시습金時習은 시를 지었다가는 곧 물에 던졌으며, 최근에 이언진李彦瑱은 생전에 자기의 원고의 반쯤을 태워버리고, 그가 죽은 후에 반쯤 남은 원고를 순장殉葬하였으니, 이 늙은 유하와는 다르다. 없어져 사라지는 걸 두려워하지 않은 것과 없어지지 않기를 도모하는 것은 그들이 좋아하는 대로 맡길 따름이다. 그러니 어찌 반드시 아름다운 옥이라고 칭찬하고 나쁜 옥이라고 헐뜯겠는가."386)

목호룡은 청릉군靑陵君의 종인데 시를 잘하고 풍수지리에도 뛰어났다. 그가 자신의 운명을 점쳤더니, 점괘에 '인寅에서 일어나고 진辰에서 패한다.' 하였다. 그리하여 스스로 이름은 호룡, 자는 익주翼珠라고 하였는데, 과연 경종 2년(1722)에 동성군東城君에 봉해졌으나 경종 4년(1724)에 처형되었다. 홍세태가 목호룡과 친하였는데, 일찍이 이름을 바꾸라고 권하였으나 바꾸지 않자 마침내 절교하였다고 한다. 인용문 중간에 한 말은 당시 이덕무가 몹시 집안이 쪼들려 쌀 살 돈이 없어 굶고 있던 때가 있었는데, '맹자' 한 질을 팔아 배고픔을 해결한 일을 두고 말한 것이다. 이덕무가 집에서 팔만한 물건이라곤 '맹자'뿐이었는데, 굶

---

386) 이덕무李德懋, 『청장관전서靑莊館全書』 권50, 「이목구심서耳目口心書」 3. "柳下洪世泰。嘗與陸虎龍爲友。每謂虎謂曰。汝名呼之甚不吉。急改之也。虎龍後竟伏誅。柳下老來。手自刪定其詩。枕中貯白銀七十兩。嘗誇視諸門生曰。此後日刊吾集資也。汝輩識之。噫。文人好名。自古而然也。今人人雖爛誦其詩。柳下耳朶已朽。安能聽之。旣歸之後。雖繡裝玉刻。不可喜也。雖火燔水壞。不可怒也。寂然無知。又何論其喜怒哉。何不生前。把銀作七十塊。沽猪肉白酒。爲七十日喜歡。緣以澆其一生枯腸也。然梅月堂作詩輒投水。近日李彦瑱。生前焚半藁。死後殉葬半藁。與此翁雖異。其不畏泯滅與圖不朽。亦可任他所好而已。何必譽瑜而毁玞哉。"

주림을 견딜 수 없어 이백 전에 팔아 식구들과 밥을 지어 먹었다. 친구 이서구에게 편지를 보내, "맹자가 밥을 지어 나를 먹였다."고 자랑한 이덕무였기에 은전 칠십 냥으로 시집을 출판하는 것보다 고기를 먹고 술을 마시며 칠십 일 동안 즐기는 게 낫지 않으냐고 은근히 그 서글픔을 에둘러 말한 것이다.

홍세태는 죽기 두어 달 전인 경종 4년(1724) 11월에 자신의 시고를 손수 편집하여 아내 이씨에게 주어 잘 보관하도록 부탁하였는데, 자서自序를 지어 이러한 시말始末을 기록하였다. 권두에 실려 있는 자서에는 김석주金錫胄가 자신을 고적高適, 잠삼岑參에 비교하며 칭찬했다는 자부심과 함께 "상자에 보관하던 초고를 꺼내어 번잡한 것을 빼버리고 부賦 세 수, 시 천육백이십칠 수, 문 사십이 수로 정리하여 열 권을 만들었다."387)라는 내용이 실려 있다. 이 원고를 저자가 죽은 뒤 여섯 해 되던 때 영조 6년 (1730)에 저자의 사위 조창회趙昌會와 저자의 문인 김정우金鼎禹가, 스스로 편집한 열 권에다 시 네 권을 보유補遺로 덧붙여『유하집』388) 열네 권으로

---

387) 홍세태,『유하집柳下集』, '자서自序', "吾子之詩而可無序乎。曰息庵公見余少作。稱之曰高岑者流。中歲蒼岩公曰矢口成章。有一唱三歎之音。至於晩後所作。兩公俱未及見。若使見之。未知其所論又如何也。兩公文氣器識。不啻爲後世之子雲。則顧安用序爲哉。今年病甚。意忽忽。發篋中所藏草藁。刪繁就約。得賦三首詩一千六百二十七首文四十二。欲釐爲十卷。遂自爲叙。"

388)『유하집』에 실린 시의 구성내용을 보면, 권1~8이 부賦와 시詩로 구성되어 있다. 부는 3편이고 시는 1천6백여 수로 저자가 편집한 것을 그대로 간행한 것이다. 부에는 기러기를 읊은 '안부鴈賦', 자신의 곤궁한 처지를 읊은 '민지부閔志賦', 한창려韓昌黎 작품을 차운한 '차한창려감이조부次韓昌黎感二鳥賦'가 실려 있다. 시는 연대순으로 배열되었는데, 1682년에 통신사를 따라 일본에 다녀올 때 부산釜山, 대마도對馬島, 적간관赤間關 등을 지나면서 지은 시, 1684년에 횡성橫城, 대관령大關嶺, 수촌水村 등에서 지은 시, 1688년 도담島潭, 의림지義林池, 탄금대彈琴臺 등에서 지은 시, 1693년에 박연폭포朴淵瀑布를 유람할 때 지은 시, 1695년에 아들을 잃은 슬픔을 읊은 시, 1697년에 궁가宮家에서 돈을 주조하기 위한 동철銅鐵을 실어 나르는 것을 풍자한 '철거우행鐵車牛行', 1711년

증보하고 부록으로 정내교가 지은 묘지명을 추가하여 활자로 간행하였다.
　이제 홍세태의 작품을 좇아 그가 걸었던 호젓한 오솔길을 따라 천기가 넘쳐흐르는 시의 행간을 더듬어 보기로 하자.

　　아버지 제삿날 밤, 홀로 앉아 슬픈 마음에 읊다
　　先忌日夜起獨坐愴感口占389)

　　온갖 느낌 이는 밤 홀로 단정히 앉으니　　　　百感中宵獨坐危
　　이 마음 오직 혼백께서 아시리라　　　　　　　此心唯有鬼神知
　　주렴을 스치는 바람에 등불 가물가물　　　　　掠簾風過燈微動
　　당시 병석에 모시던 그때와 같구나　　　　　　却似當年侍疾時

　아버지 제삿날 밤에 단정하게 앉아 슬픈 마음을 드러냈다. 주렴에 들이치는 산들바람에 등불이 일렁거린다. 문득 혼백이라도 강림하셨는가. 병으로 누우신 아버지를 모시던 그 당시를 회상하고 있다. 어느 해인가. 집이 너무 가난하여 제수祭需를 장만할 돈이 없었다. 그래서 아내가 머리에 쪽진 은비녀를 팔아 근근이 아버지 제사를 모실 수 있었다. 다른 시 한 편에 그 정경이 그대로 그려진다.

　　아버지 제삿날, 집이 가난하여 제수를 장만할 수 없었는데, 아내가 머리에 꽂았던 은비녀를 뽑아 팔았다. 이에 느낌이 있어 짓다390)
　　先忌日, 家貧無以供祭需, 室人拔頭上銀尖子鬻之, 感而有作.

　　에 일본 통신사 조태억趙泰億을 전송한 시, 1714년에 지은 '서호십경西湖十景', 1717년에 충청忠淸 수영水營이 있던 영보정永保亭을 읊은 시, 1719년에 울산蔚山 감목관監牧官으로 수년간 장기長鬐 목관牧館에 지내며 주변 명승지를 유람하고 지은 시 등이 실려 있다.
389) 홍세태, 『유하집柳下集』 권3.
390) 홍세태, 같은 책 권3.

아버지 제삿날 어쩔 수 없이 찌든 가난에	祭先無力奈家貧
다른 사람에게 은비녀 파는 걸 슬퍼하지 않네	不惜銀尖391)賣與人
내 스스로 그대 효성스런 뜻에 감동하는데	我自感君誠孝意
이 생애 부질없이 장부의 몸이 되었네	此生虛作丈夫身

제수하나 장만 못하는 가난한 살림살이, 얼마나 적빈赤貧한 삶일까. 아내가 선뜻 은비녀를 팔아 제수를 마련하는 딱한 장면이 안타깝고도 그 배후가 거느리는 정경이 눈물겹도록 아름답다. 부부는 살아서 마음이 잘 맞았다. 홍세태가 죽기 전에 아내에게 부탁했던 대로 남편의 시고 詩稿를 잘 간직해 두었기 때문에 남편이 지은 천육백여 수의 시가 지금까지 전해지고 있다. 아내의 죽음을 슬퍼하는 시는 그래서 더욱 애틋하고 심금을 울린다.

슬픔을 적다 述哀392)

당신 모습은 다소곳이 아름답고	爾貌端且美
당신 마음은 따스하고 곧았지	爾心溫而直
말은 웃으며 구차하지 않아	言笑不苟然
실로 여사의 법을 지녔지	實維女士則
또 그대 누이같이 어질어서	更有爾姊良
순하고 정숙해 늘 내 곁에 있었지	婉娩日余側
애석하게 남자로 태어나지 않아서	惜不生爲男
내게 양 날개를 달게 해주었지	成我兩羽翼
애오라지 눈앞에서 달래노니	聊用目前慰
죽고 난 뒤 힘이라도 될러나	庶幾身後力
도로 누가 나보다 앞선다 말할까	誰謂反先我

391) 은첨銀尖은 상투나 머리를 짠 뒤에 풀어지지 아니하도록 꽂은 은으로 만든 물건, 은비녀나 은동곳을 말함.
392) 홍세태, 같은 책 권5.

한 번 병들어 약을 구하지 못해	一病藥不得
슬프고 슬퍼라 임종에 난긴 말	哀哀臨絶語
자신을 위하지 않아 불쌍도 해라	不自爲己惻
오직 부모님만 염려하였으니	惟念父母獨
지극한 아픔에 가슴만 미어지네	至痛結衷臆
이제 황천으로 들어가나니	持此入窮泉
천지가 어이 끝을 다 하리오	天地豈終極
가련하여라 목석같은 한 사람	可憐一木石
실낱같은 숨이라도 또 부치려네	猶且寄縷息

아내의 죽음을 곡하며 지아비의 절절한 슬픔을 드러낸 만시輓詩이다. 못난 지아비를 위해 평생을 곤고하게 살더니, 아파도 제대로 약한 첩 쓰지 못하고 황천길로 보내니 가슴은 미어진다. 시의 전반부는 아내에 대한 품성과 용모를 그리며 그리움을 나타내고, 후반부에는 임종을 맞아 자신을 위하기보다는 시부모님을 걱정하는 부도婦道의 헌신적인 사연을 적고 있다. 아무리 목석같은 사람이라도 죽음이 갈라놓은 이승과 저승을 한 낱 실낱같은 숨길이라도 부치어 잇고 싶다고 통곡한다.

모든 일은 뜻대로 되지 않아	萬事不如意[393]

모든 일은 뜻대로 되지 않아	萬事不如意
하늘은 이 늙은이 궁하게 하네	天其窮此翁
단지 아녀자의 괴로움 안타까우나	只憐兒女困
장부의 웅대함 아주 부끄럽게 여기네	多愧丈夫雄
헛된 이름 허깨비인양 한바탕 웃으니	一笑浮名幻
석잔 술로 호방한 기운이 통하네	三杯浩氣通
연달아 울리는 북소리 들으니	仍聞蜡鼓動
풍류와 온 세상이 하나이네	樂與四隣同

---

[393] 홍세태, 같은 책 권14.

시의 행간은 뜻대로 되지 않아 갈등에 사로잡힌 시인의 내면이 잠시 출렁인다. 함련의 아녀자와 대장부는 대칭이 되어 갈등의 골이 생겼다. 헛된 이름은 허깨비인양 웃어 넘겨 버리면 그만이지만 아녀자가 겪는 현실의 고통은 어떻게 할까. 생계가 막막한 어느 날, 늙은 홍세태의 살림이 버거운 모양이다. 술로 달래지만, 둥둥 울리는 북소리는 뜨거운 장부의 심장을 두들긴다. 풍류남아의 웅대함도 다만 아녀자의 남루한 적빈赤貧 앞에서 무력하게 무너진다. 지아비의 슬픔이 짙게 배어나온다.

| 이처사를 위해 분매를 두고 읊다 | 爲李處士詠盆梅394) |

창밖에 온 산은 눈에 묻히고 窓外千峰積雪
상머리엔 한 그루 찬 꽃송이 床頭一樹寒葩
그대 고아한 자태 맑음을 보니 看君道骨淸甚
이 몸도 매화 배워야 하지 않겠나 莫是身學梅花

백설이 천지를 덮은 추운 날, 책상 머리맡에 둔 매화 화분을 보고 읊은 5수 중에서 첫 수이다. 매화의 외양은 단아하고 청결하다. 그러나 속뜻은 딴 데 있다. 정신의 도저한 도골道骨을 노래한다. 찬 겨울에도 홀로 고고함을 지키는 빙절氷節을 배울 것을 강조한다. 내용으로서 매화를 절사로 표현하였다.

| 퇴직하며 | 罷官395) |

퇴직이 늦는다고 국화가 날 비웃네 黃花笑我解官遲
술 익으니 꽃 앞에서 술이나 한 잔 酒熟花前可一卮

---

394) 홍세태, 같은 책 권2.
395) 홍세태, 같은 책 권5.

| 영화와 오욕일랑 내 몸 밖의 일이라 | 榮辱不關身外事 |
| 뱃속에 든 시는 귀신도 빼앗지 못하리 | 鬼神難奪腹中詩 |

황국黃菊이 시인에게 말을 건다. 퇴직이 뒤로 늦춰지며, 어느덧 가을이 성큼 들어와 국화가 한창이다. 술 익으니 꽃을 벗 삼아 한 순배 들이키니 시비는 몸 밖의 일이라 내가 어떻게 관여할 바가 아니다. 그러니 내버려두기로 한다. 다만 내 오장육부에 든 천성으로 걸러낸 시야 어느 누구도 빼앗지 못하리라고 한다. 천기天機로 가득한 저 뱃속을 감히 누가 갈라서 보랴.

해직한 뒤에 짓다	解職後作396)
이 늙은이 세상 모든 일 무능하더니	此翁於世百無能
영화 다하여 재앙 오니 버거운 자리였네	榮極招殃坐負乘397)
실로 신명이 있어 국사에 면목 없으니	實有身名慙國士
감히 시의를 논하니 역승을 슬퍼하네	敢云時議惜郵丞
조복 벗어주고 주막에서 술이나 마시며	朝衣脫與客沽酒
산골 집 누워 벌레가 등불에 엉김을 보네	山閣臥看虫撲燈
만사는 뜬구름이라 한바탕 웃어재끼니	萬事浮雲堪一笑
외를 심던 동릉후를 그대 보지 못 하는가	種瓜君不見東陵398)

벼슬을 벗는다는 게 얼마나 홀가분한가. 이름에 걸맞지 않은, 마치 남

---

396) 홍세태, 같은 책 권5.
397) 부승負乘은 분수에 맞지 않는 자리, 곧 소인이면서 군자의 벼슬자리에 있다는 뜻. 『역경易經』, 「해괘解卦」 육삼六三 효사爻辭에, "져야 할 자가 탔는지라 도적이 이르게 된 것이다.負且乘致寇至"라고 하였는데 그 주석에 '승乘이란 군자의 기器요, 부負란 소인의 일이다.' 하였다.
398) 동릉후東陵侯는 진秦나라 사람 소평邵平인데, 진 나라가 망하자 포의布衣가 되어 장안성長安城 동쪽에다 외를 심고 생활하였음. 『사기史記』 권54.

의 옷을 걸친 것 같은 버거웠던 짐을 벗어버리고 나니 한결 개운하다. 조복을 벗어주고 주막에서 술을 마시고, 시골집에 한가로이 누워 등불에 달려드는 벌레를 바라본다. 서푼어치도 되지 않는 명리를 탐하여 달려드는 하루살이들을 망연히 바라보며, 부질없는 세상의 티끌 같은 삶을 한바탕 웃음으로 대신한다. 산골에 처박혀 외나 심으며 몸을 숨긴 소평邵平이 바로 여기 있다고 자부한다. 옛날 소평이라는 사람은 진秦나라 때 동릉후東陵侯라는 벼슬을 했는데 한漢나라가 통일하자 벼슬을 버리고 동문 밖에서 외를 심고 살았다. 그런데 이곳에 심은 외가 특히 맛이 있어서 세상 사람들은 동릉과東陵瓜라고 불렀다.

만월대　　　　　　　　　　　　　　　　　　滿月臺399)

옛 나라 푸른 산천은 그대론데　　　　　　故國靑山在
황폐한 누대엔 해가 저무네　　　　　　　　荒臺落日斜
당시엔 하나로 다스린 땅인데　　　　　　　當時一統地
남은 성곽에 인가는 몇인가　　　　　　　　殘郭幾人家
숲에선 나무꾼 노래 부르고　　　　　　　　玉樹翻樵唱
버려진 구리 낙타는 들꽃에 묻혔네　　　　銅駝400)隱野花
천년 묵도록 여윈 버드나무　　　　　　　　千年有衰柳
밤이면 원통해 우는 갈 까마귀소리　　　　夜夜怨啼鴉

만월대를 되돌아보며 시절의 무상함을 노래한다. 조락하는 기운이 곳곳에 비늘을 팔딱이며 시의 물길 밑으로 관류하고 있다. 소리 높여 부르지 않아도 저음으로 깔린 회고의 정이 서글프다. 황폐한 누대, 버려진

---

399) 홍세태,『유하집柳下集』권3.
400) 동타銅駝; 낙양성 안에 구리 낙타 3개가 세워져 있는데 진晉 나라가 망하려 할 때 그 구리 낙타들이 가시밭에 매몰될 것이라고 삭정索靖이란 사람이 개탄했다.『진서晉書』'삭정전索靖傳'.

구리낙타, 여윈 버드나무, 갈까마귀 소리는 서로 호응하며 무상한 역사의 아픔을 훑어내고 있다.

    만월대가   滿月臺歌[401]

    만월대 앞 죽은 등걸에 가을이 드니   滿月臺前落木秋
    서풍에 석양빛은 수심을 자아내네   西風殘照使人愁
    강감찬은 산하의 기운을 다 하였고   山河氣盡姜邯贊
    정몽주는 해와 달에 이름이 걸렸네   日月名懸鄭夢周

이어서 보이는 '만월대가'는 인걸의 무상함을 얹어 사라진 고려왕조를 노래한다. 죽은 등걸과 서풍과 석양은 사라짐으로 더한 슬픔을 자아내는 제재로 채용되었다. 게다가 걸출한 무장인 강감찬과 왕조의 마지막 충신 정몽주를 등장시켜 망한 왕조를 극적으로 그려낸다.

    기러기 소리를 듣고   聞雁[402]

    봄날 강남의 기러기들   春日江南雁
    떼 지어 또 북으로 날아가네   連行亦北飛
    올 때에 내 동생을 보았으면   來時見吾弟
    어찌하여 같이 오지 않았는지   何事不同歸

타관 땅에서 그리는 가족의 안부는 언제나 애절하다. 기러기가 떼 지어 날으는 깊은 하늘을 바라보며 문득 고향의 아우를 생각한다. 원래 기러기는 기별이나 소식을 상징하는 시어이다. 그래서 편지를 안서雁書라고도 한다. 이 시는 두 층위의 알레고리를 깔고 기별이 궁금한 정조를

---

401) 홍세태, 같은 책 권2.
402) 홍세태, 같은 책 권2.

기러기의 날개위에다 실었다. 한결 여기에 덧댈 수 있다면, 거문고의 안족雁足에다 가락을 실으면 어떨까. 출렁이며 흐르는 그리움이 빈 하늘을 비껴난다.

     흥이 나서 짓다   遣興403)

        누워 청산을 사랑하니 매일 늦게 일어나고   臥愛靑山起每遲
        뜬 구름 흐르는 물도 또한 내 시라네   浮雲流水亦吾詩
        우스워라 이내 몸 선골이 아니어서   此身却笑非仙骨
        뱃속 가득한 노을로도 굶주림은 못 달래네   滿腹煙霞未解飢

벼슬을 벗은 뒤에 지은 시로 보인다. 느지막이 일어나니, 문만 열면 눈 가득 청산이 뛰어든다. 뜬 구름이나 흐르는 물은 모두 공짜가 아닌가. 심심하면 이놈들을 불러다 놓고 시나 지으며 한가롭게 숨어 사는 시인의 정경이 환하다. 결구는 절창이다. 무얼 더 덧붙이랴. 몸은 선골은 아니라서, 허기만은 뱃속 가득한 연하煙霞로 그 주림을 달랠 수 없다고 한다. 그의 시와 그림이 타국에서 한때 금옥보다 더한 보배가 되었지만 그는 평생 가난과 불행을 안고 살았다. 뱃속에 시나 그림이 가득할지라도 그 배고픔만은 달랠 수 없는 청빈한 삶이 무르녹아있는 시인의 모습이 슬프도록 아름답다.

     못가에서 흥이 나서   池上漫興404)

        한가로이 못가에 팔 베고 잠이 드니   閑來池上枕肱眠
        그림자는 맑은 물결에 비쳐 물속에 잠긴 하늘   影落澄波水底天

---

403) 홍세태, 같은 책 권14.
404) 홍세태, 같은 책 권2.

| 한낮 버들에 이는 바람 얼굴을 간질고 | 日午柳風吹拂面 |
| 푸른 산 다시 내 앞에 가까이 다가오네 | 靑山還復在吾前 |

정밀靜謐한 풍광이 진경산수화 한 폭으로 다가온다. 너무 고요하여 못에 비치는 어른거리는 그림자가 사분대는 소리라도 들리는 듯하다. 버드나무에 스치는 산들바람이 낯을 간질고 청산이 바로 눈앞에 다가오니, 반조返照의 기운이 눈부시다.

| 흥취가 많아 | 雜興405) |

1.
시골 마을에 늙은 암말 있어	田家有老牝
태어날 때 천리마 망아지였지	生得天馬駒
용의 갈기에 오색 무늬 털	龍鬐五花文
세상에 없는 신령스런 종자였네	神骨世所無
뛰어난 걸 보지 못한 시골사람들	里閭不見異
앞 다퉈 빌려서 섶 달구지 끌게 하네	爭借駕柴車
두 귀 늘어뜨리고 양과 소랑 어울려	垂耳逐羊牛
종일토록 몇 리 길을 걸어가네	終日數里餘
서울에는 넓고 큰 길 있다지만	長安有大道
이 말은 시골구석 처박혀 있네	此馬終村墟

2.
시골 마을에 못생긴 여자 있어	田家有醜女
얼굴이야 어찌 뻐드렁니에 그치랴	容止何齟齬
오히려 하얀 비단을 잘 짜니	猶能織縑素
밤낮으로 베틀을 희롱하네	日夜弄機杼
누가 그 마음 씀씀이 괴로움 알까	誰知用心苦

---

405) 홍세태, 같은 책 권4.

잘 지어 임금께 바치려 하네	持以獻王所
기생집에는 어여쁜 여인도 많아	青樓多艷色
사람들 말을 기쁘게 만드네	工作說人語
이 여인을 못생겼다 웃지 마오	莫笑此女醜
하얀 비단이야 네게서 나오지 않네	縑素不出汝

두 수로 이루어진 이 시의 속내는 다른 데 있음을 금방 눈치 챌 수 있다. 첫째 수는 암말을 내세워 재능이 있어도 한껏 펼칠 수 없는 당시의 신분제에 대한 비판을 패러디한 것이다. 비록 천리마의 기질과 능력을 가졌어도 시골에 처박혀 소나 양과 어울려 달구지나 끌며 고달프게 노역이나 하는 신세를 빗대어 말한다. 종놈으로 태어난 천민 출신이란 한계에 부딪친 작자가 자기의 울분을 희화적으로 묘사하여 속내를 드러냈다. 재능은 천리마처럼 하늘을 닿을 정도로 뛰어났으나 출신이 미천해 평생 업신여김을 당하며 살아야 하는 억울하고 답답한 심사를 극적으로 그려냈다.

둘째 수는 추녀와 기녀를 대립항으로 설정하여 긴장감을 유지하며 당시의 시대상을 조롱하고 있다. 비록 못생긴 시골 아낙일망정 베를 짜는 솜씨는 뛰어난데, 공물로 바치는 면포의 노역이 너무 가혹해서 괴로움이 많다. 그러나 분칠 가득한 기생들은 거죽은 어여쁘게 치장하고 이들을 비웃는다. 너희들이 걸친 그 비단이 눈물과 한숨으로 짠 시골 아낙의 것인 줄 알기나 하는지, 시인은 시대의 부조리에 대하여 예리한 붓끝을 겨누고 있다.

우연히 읊으며	偶吟406)
시비를 겪어 몸은 고달프나	是非閱來身倦

---

406) 홍세태, 같은 책 권3.

영욕을 버린 뒤라 마음은 비었네	榮辱遣後心空
인적 없는 고요한 밤, 문 닫고	閉戶無人淸夜
누워서 듣는 시냇가 솔바람 소리	臥聽溪上松風

숨어살아도 시비는 언제나 따라다니는 법인가 보다. 인적이 끊긴 깊은 밤, 문 닫아걸고 누우니 들리는가. 티끌 같은 세상사 시시비비가 아닌, 저토록 청량한 소리를. 마음이 텅 비니 온갖 소리가 여실하다. 그대로 뛰어들어 하나로 회통하는 진정한 면목이 여기 있다. 시냇가에 흐르는 솔바람 소리. 귀가 먹먹하도록 가슴 저미는 자연이야말로 심금을 울리는 소리, 오히려 그 너머에 있지 않은가.

남한산성 서장대에 올라	登南漢山城 西將臺有感[407]
남한산성 꼭대기에 해 저물어	南漢城頭落日時
부연 구름 나팔소리 설움에 겹네	黃雲畫角不勝悲
봉우리 높아 푸른 말 아직도 생각나고	峰高尙憶靑驄馬
누대에 날리던 깃발 아스라이 보이네	臺逈空瞻白鷳旗
싸움터 일던 연기 참담히 남은 듯	戰地風烟餘慘淡
서리 내린 산하엔 정적만 감도네	霜天河岳靜逶迤
해 뜨면 조각배 타고 또 가볼까	明朝又欲扁舟去
삼전도 비문 차마 읽고 있네	忍讀三田渡[408]上碑

---

407) 홍세태, 같은 책 권2.
408) 삼전도한비三田渡汗碑는 병자호란丙子胡亂 때 인조仁祖의 항복을 받는 청나라 태종太宗이 삼전도에 세운 비로써 내용은 청 태종의 덕을 칭송한 것임. 사적 제 101호. 서울특별시 송파구 석촌동 소재. 인조 17년(1639)에 세움. 청일전쟁 이후 청의 세력이 약해지자, 고종 32년(1895)에 강물 속으로 쓰러뜨렸다가, 일제 강점기인 1913년에 다시 세웠다. 그 뒤 1956년 묻어버린 것을 1963년 홍수로 모습이 드러나면서 다시 세웠다.

남한산성 서장대에 올라 병자호란에 패한 뒤 송파에 세운 삼전도비를 되새기며 그날의 굴욕을 노래하고 있다. 남한산성에 갇혀 화전양론和戰兩論으로 격론을 벌이던 1637년 1월 21일, 이조참관 정온이 외쳤다. "우리나라는 명나라와 군신의 관계인데 어찌 그 은혜를 잊을 수 있으며 군신의 의리를 배반할 수 있겠습니까. 하늘에는 두 개의 해가 없는데 최명길崔鳴吉은 그 해를 둘로 하려고 하며 백성에게는 두 임금이 없는데 그는 그 임금을 둘로 하려고 하니 차마 무슨 짓을 못하겠습니까." 또 삼학사三學士로 칭송받은 오달제는 임금이 수항단에서 삼배구고두례三拜九叩頭禮(세 번 절하고 아홉 번 머리를 조아리는 의식)를 행하기 하루 전, 강화의 조건으로 화친을 배격한 신하를 묶어 보내라는 청나라의 요구로 심양에 끌려갔을 때 청나라 황제 홍타이지의 친국을 받았다.

"너희는 어찌하여 두 나라의 맹약을 어기도록 하였는가?"

"우리 조선은 신하의 예로 삼백년간 대명大明을 섬겨 대명이 있음을 알 뿐이고 청나라가 있는 것은 알지 못한다."

이렇듯 주화와 주전을 주청하는 조정은 국론이 양분되어 국가가 위란에 휩싸였다. 대세는 이미 기울어져 어쩔 수없이 항복하지 않으면 안 되었다. 누군가는 대의를 위해 악역을 맡아야 하였다.

삼전도비는 병자호란 때 승리한 청나라 태종의 요구로 세운 비석으로 이름은 '대청황제공덕비大淸皇帝功德碑'이다. 당시 주화론主和論을 주청한 인물인 대사헌 백헌白軒 이경석李景奭409)이 비문을 짓고 오준吳竣이 글씨를 썼다. 비석 앞면은 만주 글자와 몽골글자로, 뒷면은 한자로 새겼다. 내용은 청의 일방적인 요구로 청나라에 항복하게 된 경위와 청 태종의 침략 행위를 공덕으로 찬미한 것이다. 그런데 당시 조정에서는

---

409) 이경석李景奭(1595~1671) 본관은 전주, 자는 상보尙輔, 호는 백헌白軒, 시호는 문충文忠, 정종의 손자인 신종군神宗君 이효백李孝佰의 5대손. 저서 『백헌집』 등 유집 50여 권, 조경趙絅, 조익趙翼 등과 함께 『장릉지장長陵誌狀』 편찬.

비문을 누가 짓느냐 하는 문제로 고민이 깊었다.

　인조는 당대의 문장가인 장유張維, 이경전李慶全, 조희일趙希逸, 이경석李景奭, 네 명에게 비문을 찬술할 것을 명하였는데, 다 상소하여 사양하였으나 소용이 없었다. 세 신하가 마지못해 지어 바쳤는데, 조희일은 고의로 글을 거칠게 만들어 채용되지 않기를 바랐고, 이경전은 병 때문에 짓지 못하고, 이경석과 장유의 비문을 청에 보냈다. 청이 심사를 한 끝에 이경석의 글을 택하여 개찬을 요구했다. 이에 인조는 이경석을 대면하여 개찬을 명했다.410)

　인조는 비문을 찬술하도록 명령하기 보다는 곡진한 당부로써 그들의 난색을 무마하고자 하였다. 오랑캐의 승전비를 찬술하여 역사에 길이 오역汚逆의 이름을 남기려고 누가 원하겠는가. 비문의 초고를 청나라 심양瀋陽으로 보냈다. 심양에는 명明나라 학사였던 범문정范文程이 있었는데, 그가 이경석의 글을 일부 개찬할 것을 조건으로 선택하였다. 인조는 이때 이경석을 불러 이렇게 말했다.

> "지금 저들이 이 비문으로 우리의 향배를 시험하려 하니 나라의 존망이 이것에 의하여 판가름 나는 것이다. 월의 구천은 회계會稽에서 신첩臣妾 노릇을 하였으나 끝내는 오吳를 멸하는 공을 이루었다. 후일에 나라가 일어서는 것은 오직 내게 있으며, 오늘의 할 일은 다만 문자로 저들의 마음을 맞추어 사세가 더욱 격화되지 않도록 하는 것뿐이다."411)

　인조의 간절한 부탁은 마침내 이경석의 마음을 움직였다. 그는 더 이상 주저하지 않았다. 누군가는 악역을 맡아 나라를 위란에서 구하지 않으면 안 되었다. 그래서 그는 눈물을 머금고, 단숨에 청나라의 비위에 맞도록 비문을 개찬했다. 글을 배운 선비로서 이때만큼 죽고 싶도록 뼈저

---

410) 『인조실록』 15년 11월 25일 참조.
411) 이긍익, 『연려실기술』 권31, 「현종조 고사본말」.

리게 후회한 적이 없었을 것이다. 조선의 과오와 무례를 용서한 청 태종의 공덕과 자애로움이 비문에 넘쳐흘렀다. 한 하늘을 같이 이고 살지 못할 저 불구대천의 원수에게 감사를 표하고 은인으로 칭송하는 글을 서슴치 않고 지은 것이다. 그러나 이는 사직과 종사의 안위를 위한 불가피한 선택이었고, 일신을 돌보지 않는 멸사봉공의 정신이었다. 비문을 일부 개찬하고는 이경석은 공부를 가르쳐준 형 이경직李景稷에게 편지를 보내, "글공부를 한 것이 천추의 한이 됩니다."라고 썼다. "수치스런 마음을 등에 업고 백 길이나 되는 어계강語溪江에 몸을 던지고 싶다"라는 시에서 그의 깊은 고뇌의 일면을 엿볼 수 있다. 그러나 훗날 이경석은 비문 찬술을 이유로 송시열과 그 제자들로부터 수많은 수모와 공격을 당했다.

괴롭고 추워서	苦寒行412)
1.	
장안에 눈 온 뒤 북풍이 거세지니	長安雪後多北風
큰 추위는 천하가 같은 걸 응당 알리	大寒應知天下同
궁궐에는 따스한 기운이 없으니	五城宮闕無暖氣
초가에 소 거적 덮는 걸 말해 무얼 해	何況牛衣白屋中
해마다 흉년들어 백성 반은 죽었으니	比歲不登民半死
아, 이 겨울 더욱 춥고 떨려라	嗚呼栗烈復此冬
산에 나무하자해도 눈 험하게 덮이고	山欲樵兮雪崢嶸
물에 고기잡자해도 얼음 겹겹이 깔렸네	水欲漁兮層氷橫
다만 바라기는, 이 추위에 사람 상하지 않게	我願司寒莫傷人
저 표범이나 죽여 못 다니게 하려네	殺彼虎豹無得行
2.	
올해처럼 괴롭고 추운 시절 옛날에 없었는데	今年苦寒無古昔

---

412) 홍세태, 같은 책 권2.

섣달에 눈 오니 맨땅에 한 자나 쌓였네	臘月雪下平地尺
성안에 땔나무는 계수나무보다 귀해	城中束薪貴於桂
북악과 남산은 온통 하얀 색으로 덮였네	北岳南山一色白
여덟 제사 폐하지 않아 온갖 물건 토색질하니	八蜡413)不廢索萬物
헐벗은 민초들 채찍질하니 무슨 이익 있는가	赭鞭鞭草何所益
세 발 달린 까마귀는 양 날개로 날지 못하니	踆烏414)側翅不敢飛
자욱한 구름은 해를 가려 빛나기도 어렵네	密雲蔽日難爲暉
우스워라, 야인이 햇볕 쬘 생각하다니	可笑野人思獻曝
임금은 여우와 담비 갖옷 알지 못하네	不識君王狐貉衣

3.
동쪽 마을 선비 할 일 없이 늙어서	東隣布衣空白首
문 닫고 책 읽으며 스스로 달게 여기네	閉戶讀書甘自守
수만 갈래 옛일에 마음 답답해	心中鬱崔萬古事
밤에 일어나 북두성 바라보니	夜起彷徨看北斗
세모의 추위에 땅은 꽁꽁 얼어	歲暮天寒地凍裂
매운 바람에 눈발이 휘날리네	嚴風烈烈吹飛雪
고관 집에 술과 고기 흙처럼 흥청망청	朱門酒肉爛如土
담비 가죽 옷 입고 화롯가 앉았으니	貂裘豹炭坐生熱
어찌 알랴, 길가 주린 사람 널려 있는 걸	焉知路傍有餓莩
슬프다 내야 저들 살릴 힘 없으니	惜我無力能汝活

'고한행苦寒行'은 세 수로 이루어진 작품이다. 문집에 보면 바로 다음 작품이 정축년丁丑年(1697)이니, 아마 숙종 22년(1696) 겨울에 지은 것으로 보인다. 고관대작의 집은 흥청망청 술과 고기가 넘치는데, 세모에 꽁꽁 얼어붙은 길가에는 주린 백성이 널려있는 참담한 광경을 보고 지

---

413) 팔사八蜡는 세밑에 농사를 끝내고 지내는 여덟 가지 제사인데 선색先嗇, 사색司嗇, 농農, 우표철郵表畷, 묘호猫虎, 방坊, 수용水庸, 곤충昆蟲을 가리킴.『예기교특생禮記郊特牲』.
414) 태양 속에 있는 세 발이 달렸다는 까마귀.『회남자淮南子』,「정신훈精神訓」.

은 시다. 계급구조의 부조리한 폐단이 극명하게 묘사되어 있는데, 미약한 힘으로 저 참상을 구제하지 못하는 슬픔과 갈등을 노래한다. 『조선왕조실록』을 보면 숙종조에는 거의 매년 기근과 역병이 잇달았다.415) 이 작품은 바로 이러한 고통 받는 백성의 고달픈 삶을 사실적으로 그리고 있다. 담비 옷을 입고 화롯가에 앉아서 땀을 흘리는 부잣집과 땅이 꽁꽁 얼어 눈보라 휘몰아치는 길가에서 굶어 얼어 죽는 백성들을 대비시킴으로써 백성들의 처참한 삶의 모습을 적나라하게 고발하고 있다.

가난한 선비를 노래함	詠貧士416)
황량한 하늘 대나무에 서리치니	荒荒霜下竹
한 해는 저물고 연실은 드무네	歲暮練實417)稀
그 위에 외로운 봉황의 새끼 있어	上有孤鳳雛
문채 있는 옷을 입고 있네	文章被其衣
어이하여 속세를 거닐면서	如何步塵區
그대의 덕이 빛난다고 말하는지	謂言君德輝
북풍이 날개깃에 불어도	北風吹羽翼
나직이 울며 아침 허기 참는데	啾啾忍朝饑
올빼미와 솔개는 썩은 쥐를 잡고	鴟鳶得腐鼠
치어다보며 을러대고 조롱하네	仰視嚇且譏

---

415) 『숙종실록』, 숙종 22년 병자(1696) 10월 17일(경자), 평안도의 백성으로서 돌림병에 걸려 죽은 자가 6백 5명이었다.
416) 홍세태, 같은 책 권3.
417) 원추鵷鶵라는 봉황새가 먹는 열매. "장자가 양梁나라의 정승이 된 혜자惠子를 찾아가서 말하기를 '남쪽에 사는 원추鵷鶵라는 새를 그대는 아는가. 원추는 남해에서 북해로 날아갈 때 오동나무가 아니면 앉지 않고 연실練實이 아니면 먹지 않고 예천醴泉이 아니면 마시지 않는다. 원추가 지나갈 때에 마침 올빼미가 썩은 쥐고기를 먹고 있다가 위를 처다보고 말하기를 '아이고, 큰일 났네.'라고 하였는데, 지금 그대도 양나라를 통치하고 있다가 나를 보고 '아이고, 큰일 났네.'라고 하는 것인가.' 하였다." 『장자莊子』, 「추수秋水」.

적게 먹으면 마음은 깨끗하나	食少心則潔
많이 먹으면 몸만 살찐다네	食多身則肥
뜻을 잡으니 이미 휩쓸리지 않고	秉志旣不同
천명을 아니 다시 무얼 바라리오	知命復何希
가리라 하늘 길은 영원하여라	去矣天路永
천 길이나 높이 날아오르네	千仞起高飛

당시 부패하여 사리와 사욕에 가득한 부유腐儒를 기롱한 시로 읽힌다. 소인들이 권세를 빼앗길까 봐 전전긍긍하며 군자를 경계하여 을러대고 조롱하는 세태를 패러디한 작품이다. 봉황은 드문 죽실竹實을 먹고도 나직이 울며 배고픔을 참을 줄 아는데, 올빼미와 솔개 같은 권신 모리배는 썩은 쥐를 잡고 몸만 피둥피둥 살찌운다. 푸른 하늘로 돌아가리라. 천 길이나 되는 우뚝한 기상으로 북풍에 비록 날개깃이 부서지고 찢어질지라도, 비록 티끌 같은 속세에 발을 들여놓아도 절대로 마음 하나는 깨끗이 보존하여 천리에 도달하리라 다짐한다. 벽립천인壁立千仞(벽처럼 천 길 높이에 서 있음)의 기상이 시퍼렇다.

달밤에 국화를 보며 읊음	月下對菊吟418)

나와 노란 국화 누가 더 추운지	我與黃花誰最寒
꽃은 하찮은 벼슬인 날보고 빙긋 웃네	花應笑我作微官
한 점 꽃다운 마음 서로 보며 즐기니	芳心一點聊相照
고요한 산, 달빛 아래 사립짝 바라보네	寂歷山扉月下看

미관말직인 한심한 나를 비웃기라도 하는지, 아니면 측은한 마음이라도 든 걸까. 노란 국화가 시인에게 빙긋 웃고 있다. 시인은 미물과도 소통한다. 한 점 꽃의 심장에 한 점 마음을 찍으면 서로 조응하여 하나

---

418) 홍세태, 같은 책 권3.

로 회통하고 있다. 고요한 달밤이 사립짝을 밀며 방안에 들어찬다. 산이 깊어 탈이다. 깊은 가을 밤, 서로의 추위도 다독이며, 황국의 추위를 노래한다.

| 베개 높이 베고 | 高枕419) |

근심과 즐거움 따라 베개 높이 괴고	高枕從憂樂
평생 여기 북쪽 물가에 사노라네	平生此北涯
가난이야 오늘도 심하지만	貧於今日甚
배움이야 해 저물수록 더하네	學得暮年加
산성에 섣달 내린 눈이 녹으니	臘雪融山郭
봄 물이 모래벌에 찰랑이며 흐르네	春流響潤沙
일가 댁은 안부가 그 어떠한지	党家何足問
차 달이는데 바람이 불어오네	風致在煎茶

419) 홍세태, 같은 책 권13. '고침이와高枕而臥'는 아무런 근심 없는 삶을 상징함. 전국 시대, 소진蘇秦과 장의張儀는 종횡가縱橫家로서, 소진은 합종合縱, 장의는 연횡連衡을 주장했다. 합종이란 진秦나라 이외의 여섯 나라, 곧 한韓 위魏 제齊 초楚 등이 동맹하여 진나라에 대항하는 것이며, 연횡이란 여섯 나라가 각각 진나라와 손잡는 것이지만 실은 진나라에 복종하는 것이었다. 소진보다 악랄했던 장의는 진나라의 무력을 배경으로 이웃 나라를 압박했다. 진나라 혜문왕惠文王 10년(B.C. 328)에는 장의 자신이 진나라 군사를 이끌고 위나라를 침략했다. 그 후 위나라의 재상이 된 장의는 진나라를 위해 위나라 애왕哀王에게 합종을 탈퇴하고 연횡에 가담할 것을 권했으나 받아들여지지 않았다. 그러자 진나라는 본보기로 한나라를 공격하고 8만에 이르는 군사를 죽였다. 이 소식을 전해들은 애왕은 잠을 이루지 못했다. 장의는 이때를 놓치지 않고 애왕에게 말했다. "전하, 만약 진나라를 섬기게 되면 초나라나 한나라가 쳐들어오는 일은 없을 것이옵니다. 초나라와 한나라로부터의 화만 없다면 전하께서는 '베개를 높이 하여 편히 잘 주무실 수 있사옵고[高枕安眠]' 나라도 아무런 걱정이 없을 것이옵니다." 애왕은 결국 진나라와 화목하고 합종을 탈퇴했다. 장의는 이 일을 시작으로 나머지 다섯 나라를 차례로 방문, 설득하여 마침내 주周나라 난왕 4년(B.C. 311)에 연횡을 성립시켰다." 『戰國策』 '위책魏策 애왕哀王', 『史記』 '張儀列傳'.

걱정 없이 사는 삶이 극적으로 '베개를 높이 괸高枕' 상태로 도저한 정신이 압축되어 있다. 그저 기쁘면 기쁜 대로, 걱정이 있으면 있는 대로 베개높이 괴고 물가에 사니, 마음 안에 고즈넉하게 흐르는 물소리가 들린다. 한결같이 가로놓인 수평의 삶은 더 이상 추구할 게 없고, 또한 수직적이 아니라서 공격할 것도 없어 일단 시비를 벗어난다. 여기에 물처럼 흐르는 삶이 있다. 가난은 더욱 심해도 해가 저물수록 깨치는 건 많다고 자위하면서, 일가 집에 굳이 무얼 물을 게 있나. 찻물 달이는데 때맞추어 산들바람까지 불어오니, 그저 덤인 걸.

느긋하게 걸으며	晩步420)
저물어서 거친 뜰 홀로 걸으니	獨步荒園晩
풀뿌리에서 벌레가 우는구나	虫吟在草根
소요하며 절로 자적하니	逍遙聊自適
적막함이야 누구와 함께 말하랴	寂寞共誰言
세상사에 홀로 느낌이 많으니	世事孤懷感
하늘은 때맞추어 만상이 어둑하네	天時萬象昏
사방에서 도적을 매우 경계하니	四隣多警盜
모름지기 일찍 사립문을 닫아야 해	須早閉柴門

저물녘에 산책을 나가니 뜰에는 풀이 우거져 있다. 한동안 손길이 가지 않은 듯하다. 자연에 맡긴 채 내버려둔 삶의 모습을 상징한다. 홀로 거닐며 자적自適하는 적막한 산골의 풍경이 다가온다. 세상사 돌아가는 꼴을 보니 온갖 느낌이 일어나는데. 온 세상이 어둑하다고 말한다, 사방에서 도적 떼가 날뛰고, 더 어둡기 전에 사립짝이라도 닫아야 한다고. 난세에 스스로를 검속檢束하는 한사寒士의 내면풍경과 겹쳐 읽혀 자못 놀랍다.

---

420) 홍세태, 같은 책 권4.

| 칼 | 劍[421] |

용천검 쓸모없이 칼집 안에 있으니	龍泉[422]無用匣中閑
거북문양은 낡고 헤져 얼룩덜룩 하네	剝落龜文化繡斑
곧장 강한 기운 뻗치니 숨기지 못해	直是氣剛藏不得
북두성과 견우성 사이 겨눌 때도 있네	有時衝射斗牛間

대장부는 흉중에 칼 한 자루를 품고 산다. 홍세태는 어떤 마음으로 이런 시를 썼을까. 재능을 펼치지도 못하고 강한 기운을 숨기고 산다는 일이 얼마나 힘든지. 용천검이 쓸모없이 칼집 안에만 들어있다고 하면서, 자신의 뜻을 펼칠 수 없는 울분으로 가득한 신세를 가탁假託한 시로 읽힌다. 북두성과 견우성은 지배계급을 지향한다. 칼끝이 겨누는 그 자리에 서슬이 시퍼렇다. 모순에 찌든 당대의 신분구조와 부패를 겨누고 있다.

| 등불 밑에서 칼을 보며 짓다 | 燈下看劍作[423] |

칼이 있는데 장차 어디에 쓸까	有劍將何用
심지 돋우고 다시 한 번 쳐다보니	挑燈且一看
주운은 해를 빌리길 청하였더니	朱雲[424]請借日
비로소 한나라 조정이 쓸쓸한 줄 알겠네	方覺漢廷寒

---

421) 홍세태, 같은 책 권5.
422) 용천龍泉은 용천검. 진晉나라 장화張華와 뇌환雷煥이 용천과 태아太阿의 두 보검을 소유하고 있었는데, 그들이 죽고 나서 두 보검이 절로 연평진延平津 속으로 날아 들어가서 두 마리 용으로 바뀐 채 유유히 모습을 감췄다는 전설이 있다. 『진서晉書』권36, '장화열전張華列傳', 또 「습유기拾遺記」권10.
423) 홍세태, 같은 책 권13.
424) 주운朱雲은 임금의 위세를 두려워하지 않고 직간直諫을 하는 신하. 한漢나라 주운이 아첨하는 신하를 죽이라고 성제成帝에게 바른말을 하던 중에 황제의 노여움을 사서 아래로 끌려내려 가다가 난간을 끝까지 붙잡고 버티는 바람에 난간이 모두 부서져 나갔다는 고사가 있다. 『한서漢書』권67, '주운전朱雲傳'.

검이 있어도 장차 쓸 데가 없다면 어떨까. 마치 죽어버린 자신의 속내를 드러내는 것 같다. 세상에 대장부로 태어나서 숙세의 질곡으로 뜻을 펼치지 못하고 괄시와 천대를 받아야한다면, 그 삶은 얼마나 비극인가. 홍세태의 삶이 그러하였다. 보잘 것 없는 벼슬로 평생을 보내고 글 짓는 솜씨 하나로 세상을 울렸지만, 아무리 눈 닦고 보아도 제 자리는 없다. 심지를 돋우고 찬찬히 생애를 되돌아보니, 주운朱雲같은 직간直諫의 신하가 이 나라에는 없어 조정은 너무 쓸쓸하다고 피력한다.

스스로 풀며	自遣[425]
거친 밥에 절인 순무일망정	糲飯鹽菁菜
주린 배 채우니 스스로 달갑네	充飢亦自甘
어찌 고기 먹는 게 꼭 귀하랴	何須肉食貴
솜옷을 부끄럽게 여기지 않네	未覺縕袍慙
밝은 햇빛에 마음 홀로 비치고	白日心孤映
푸른 산 기운이 더불어 있네	蒼山氣與參
이 가운데 천지가 크기도 하니	此間天地大
베개높이 누운 우활한 사내라네	高臥一迂男

거친 밥에 나물밥이라도 안심 자락自樂한다면 그게 천하의 할 일이다. 베옷입고 햇살에 부끄럽지 않게 심신을 마음대로 내맡기고 자족하는 삶도 큰일이라면 큰일이다. 푸른 산 기운을 흠뻑 마시며 천지간에 한 호흡을 할 수 있다면, 이보다 더 큰 대장부의 사업이 어디 있으랴. 시인이 지향하는 청고한 정신기조가 환하다.

---

[425] 홍세태, 같은 책 권13.

| 집에 돌아와 소리 내어 읊다 | 還家作口號426) |

장부가 집에 있자니 늘 답답해	丈夫在家常鬱鬱
나그네로 떠돌까 집을 나섰지	客遊更思家居逸
올해는 우연히 바닷가에 노니니	今年偶作湖海遊
홍양현서 십여 일을 묵었네	洪陽縣427)裏十日留
맑은 술 금잔에 복어회 곁들이니	金樽淸酒膾鰒魚
사군이 손님을 사랑해 참다운 풍류라네	使君愛客眞風流
다시 또 한 칸 방에 돌아와 누워서	且復歸來臥一室
목청껏 노래하니 성근 머리털 쓸쓸해라	高歌短髮俱蕭瑟
홀로 정자에서 시 오래 읊조리니	獨有永保亭上詩
호수와 산은 내 시 주머니에 들었네	湖山作我囊中物
곁에 사람 내 우졸함을 크게 웃으니	傍人大笑此迂拙428)
가슴 가득 기상이 우뚝함을 깨닫네	但覺胸中氣岸兀

　답답한 가슴을 누르기 위해 집을 떠나 충남 홍성에 있는 바닷가에 십여 일을 묵다가 집으로 돌아와 읊었다. 그곳에서 대접을 잘 받고 다시 집에 돌아와 한 칸 방에 누우니 감회가 파도처럼 밀려온다. 아직도 객수客愁가 다 가시지 않은 듯 산과 호수가 시 주머니에 들어 시의 소재가 가득하다. 옆에 사람이 날더러 세상물정 모르고 어수룩하다고 핀잔을 주나, 시인은 스스로 가슴 가득한 기상으로 우뚝하다고 자위한다.

---

426) 홍세태, 같은 책 권6.
427) 충청남도 홍성군洪城郡에 속해 있는 지명으로 홍주洪州를 말함. 백제시대 사시량현沙尸良縣이었다가 신라 경덕왕 16년(757)에 신평현新平縣으로 개칭. 995년 (고려 성종 14)에는 운주運州로 개편, 도단련사都團練使를 파견하였다가 현종 3년(1012) 도단련사를 폐지하고 지주사知州事를 둔 후 홍주洪州로 개칭. 공민왕 5년(1356)에 홍주목洪州牧으로 승격. 조선시대에는 현종 때 잠시 홍양현洪陽縣으로 되었다.
428) 우졸迂拙은 융통성 없고 어리석다, 세상 물정에 어둡고 어리석다.

홀로 서서   獨立[429]

  동풍에 쏠리는 초목 추위를 알지 못하나   東風草木不知寒
  지팡이 짚고 뜰에 나가 봄 정취 바라보니   春意園中倚杖看
  사랑스러워라 외로운 봉우리 하늘에 우뚝   愛爾孤峰天半立
  어쩌다가 위태로운 곳에 몸 편히 붙였는지   却從危處着身安

봄이 오는 길목에서 서성이는 시인의 마음이 동풍에 쏠리고 있다. 추위를 모른다고 말한다. 지팡이를 짚은 노년이 산책 끝에 심연에 가닿은 듯하다. 홀로 선다는 일, 바로 자신의 몸에 붙어있음을 깨닫는다. 빈 허공에 우뚝 홀로 서 있는 저 경지가 구체적으로 알 수 없다. 다만 생계가 위태롭거나 혹은 정신의 입지처가 위태로운지, 그건 가늠하기 힘들지만, 외로운 봉우리가 창공을 뚫고 훌쩍 떨어져 홀로 선 경지를 오히려 사랑한다고 하는 도저한 격절隔絶의 기상이 보인다.

  문을 나서니 갈 곳이 없구나   出門無所適[430]

  문을 나서니 갈 곳이 없구나   出門無所適
  천지에 이 몸 홀로 있구나   天地此身孤
  온갖 일 처량하여 눈물 주루룩   萬事入危涕
  봄바람에 허연 수염 날리니   東風吹白鬚
  내 차라리 가난한 선비를 노래하나   吾寧詠貧士
  사람들은 역시 범부를 부끄러워해   人亦恥凡夫
  아스라이 고금을 바라보나니   莽蕩看今古
  바다 한 모퉁이에 남은 생애가 있네   殘生海一隅

---

429) 홍세태, 같은 책 권6.
430) 홍세태, 같은 책 권6.

사내가 집을 나서도 갈 곳이 없는 참담한 심정을 아는가. 뜻이 있어도 말하지 못하고, 말하고 싶어도 입 열지 못하는 세상에 천지간에 홀로 던져진 느낌이라니. 몸은 늙어 흰 머리카락 휘날리고 지난 일 생각하면 눈물은 주루룩, 남아의 남은 생애가 외진 바다 구석에 처박혀있다. 홍세태의 우수와 울분이 겹쳐 보이며 당시의 신분제로 폐색한 시인의 생애가 안타깝다. 문을 나서도 갈 곳이 없는 세상이 대장부를 울게 만든다.

문을 닫고서	閉門431)
녹록한 몸으로 무얼 이룰가	碌碌432)成何事
유유히 이 생을 보내고 있네	悠悠送此生
문 닫고 본래 자리로 돌아와	閉門還本地
돌이켜 생각하니 다만 헛된 이름뿐	回首只虛名
늙은 나무에 꽃은 열매가 되고	老木華爲實
흐르는 샘은 그야말로 환하네	流泉定得明
가슴속에 물건을 품은 듯하니	胸中如有物
감히 내 뜻은 가벼이 하지 않네	未敢自家輕

시인은 자주 문을 닫는다. 일체의 소통을 거부한다. 자성하면서, 때로는 생애를 반추하면서 내면을 응시하기에 좋은 시간이다. 노경에 이르러 가슴에 품은 한 물건이 오롯이 있으니, 누가 알아주기를 바라지 않는다. 그래도 처신은 함부로 하지 않고, 늙은 나무에 홀연 꽃이 열매를 달았으니, 놀랍다. 한 물건이 바야흐로 결실을 맺는 찰나, 문은 자주 닫아걸면 걸수록 좋다.

---

431) 홍세태, 같은 책 권7.
432) 녹록碌碌은 특별한 능력이 없이 평범하다. 일이 번잡하여 고생스럽다. 힘겹다.

집에서 온 편지를 보고	見家書[433]

절절한 마음 한창 걸리더니	繫念方行役
문득 등불 앞에서 편지를 읽네	燈前忽得書
사연은 길어 재를 넘어와서는	語長踰嶺際
정이 넘쳐 집에 남은 경사 있다네	情劇到家餘
잠시 헤어져 서로 그리워져	乍別還相憶
장차 돌아가려다 또 홀로 있네	將歸且獨居
같이 주리고 목마를 바 없으니	無由共飢渴
소반 가득한 생선을 바라보며 앉았네	坐對滿盤魚

머나먼 객지에서 고향집에서 부친 편지를 받았다. 한참 만에 받아보니 사연이 절절하여 마치 고개를 넘은 듯 아스라하다. 잠시 헤어진 그때 떠올리니, 형편은 여의치 못해 또 눌러앉았다. 가족이란 같이 먹고 마시고 해야 하는데, 주리고 목마른 고달픔을 함께 하지 못한다. 소반 가득한 생선을 보니 차마 목에 걸린다. 고향에 두고 온 처자식과 부모님이 그립다. 어디 목에 걸리는 게 생선뿐이랴.

들에서 바라보며	野望[434]

갈대 우거진 곳으로 드니	地入蒹葭內
비탈진 못가에 마을이 있어	村居陂澤間
오직 맑은 물만 가두어 오듯	貯來唯白水
청산이 가로 죽 늘어서 있네	橫處或靑山
모든 마을에 세금이 매겨지니	賦出諸州上
한 뙈기 밭도 노는 땅이 없네	田無寸土閑
흉년에 쌀밥은 사치스러워	凶年侈玉食

---

433) 홍세태, 같은 책 권8.
434) 홍세태, 같은 책 권11.

| 고을 풍속은 예부터 아주 완고해 | 民俗故多頑 |

갈대 우거진 사이로 들어가니 산골짜기 못가에 산촌이 있다. 부세賦稅 때문에 한 뙈기 땅도 그냥 묵힌 데라고는 없고, 흉년에 쌀밥은 사치스럽다고 서술한다. 농촌의 궁핍한 살림이 보이는 듯하다. 백성의 삶은 더 완고해지고 당시 피폐한 민초의 삶이 지극히 낮은 목소리로 절제되어 묘사되고 있다.

홍세태가 지향한 천기주의 문학관은 그대로 그의 문인 정내교鄭來僑435)에게도 이어졌다. 그는 여항시인으로 숙종 31년(1705) 일본 통신사 역관으로 일본에 다녀왔는데 그곳에서 청신하고 낭만적인 시로 문명을 날렸다. 승문원承文院 제술관製述官을 지냈고, 저서에 『완암집浣巖集』이 전한다. 입춘 날 지은 네 수 중 두번째 작품을 보자.

입춘 날 느낌이 있어 2-작은누이에게 부치다
立春日有感436) 其二 右屬少姊

시집엔 늘 굶주려도 구할 힘없는데	夫家無力救恒饑
어머니도 남쪽에 내려와 기댈 곳 없구나	母氏南來若失依
네 손에 비록 바느질 솜씨 좋지만	手裏縱存鍼線巧
추운 겨울에 옷 한 벌 입지도 못하네	嚴冬未着一完衣

시집간 작은 누이에게 부친 시이다. 가난한 시집에는 먹을 게 모자라 늘 굶주리는데 어머니마저 남쪽으로 내려와 의지할 데가 없다고 한다. 바느질을 뼈가 빠지게 하여도 제 옷은 한 벌도 제대로 지을 것이 없어

---

435) 정내교鄭來僑(1681~1757); 조선 후기의 여항시인, 자 윤경潤卿, 호 현와玄窩, 완암浣巖.
436) 정내교, 『완암집浣巖集』 권1.

엄동설한에 벌벌 떨고 있다고 하며, 가엾은 누이를 향한 애처로운 마음을 부친다. 가난한 삶의 결속에 농익은 슬픔이 배어난다. 그의 다른 시 '농가탄農家歎'을 보자.

농가의 탄식 農家歎[437]

1.
뙤약볕에 김매고 서리올 때 거두니　　　　　　赤日鋤禾霜天穫
장마와 가뭄에 남는 수확 얼마 되나　　　　　　水旱之餘能幾獲
새벽닭 울도록 등불 아래 베를 짜고　　　　　　燈下繰絲鷄鳴織
짤각대며 베를 짜도 종일 겨우 몇 자뿐　　　　戛戛終日纔數尺
그나마 징포 내면 몸에 걸칠 옷도 없고　　　　稅布輸來身無褐
꿔온 쌀 갚고 나면 독엔 한 톨도 남지 않네　　官糴畢後甁無粟
모진 바람에 풀도 말라 산은 눈에 묻히니　　　惡風捲茆山雪深
쌀 지게미 배부르지 않아 거적을 덮고 자네　　糟糠不飽牛衣[438]宿

2.
백골에게 징수하니 얼마나 혹독한지　　　　　白骨之徵何慘毒
한 동네 한 가족이 근심과 재앙에 쌓였구나　　同鄰一族橫罹厄
채찍으로 매질해 조석으로 엄히 세금매기니　鞭撻朝暮嚴科督
앞 동네선 달아나 숨고 뒷동네선 곡하네　　　前村走匿後村哭
닭과 개 다 팔아도 갚을 길 없으니　　　　　　鷄狗賣盡償不足
사나운 벼슬아치 돈 찾는데 어디서 돈 구할까　悍吏索錢錢何得
부자와 형제도 서로 돕지 못하는데　　　　　　父子兄弟不相保
뼈와 살 붙은 채 반쯤 죽어 언 감옥에 갇히네　皮骨半死就凍獄

---

437) 정내교, 같은 책, 권1.
438) 우의牛衣는 소가 춥지 않도록 덮어 주는 덕석을 말함. 한漢 나라 왕장王章이 병든 몸으로 덮을 것이 없자 우의를 뒤집어쓰고 누웠다는 '와우의중臥牛衣中'이라는 고사가 전한다.『한서漢書』,「왕장전王章傳」.

춘궁기에 관아에서 뀌온 미곡을 겨우 가뭄에 눈곱만치 거둔 걸 몽땅 환곡으로 갚고 나면 먹을 게 없어 술지게미 뿐, 그마저도 입에 물릴 겨를이 없고 솜이불이 없어 소가 덮는 거적때기를 덮고 엄동을 견디는 처참한 백성의 눈물겨운 삶이 투영된다. 두 번째 작품에서는, 백골징포로 죽은 사람에게도 면포를 바치도록 가공의 장부를 만들어 악랄하게 세금을 거두니 동리마다 백성은 유리 도망하고, 매운 매질로 샅샅이 파헤쳐 돈이 될 만한 것은 개나 닭, 땡전 한 푼까지 긁어가는 참담한 정경을 묘사하고 있다. 당시의 피폐하고 도탄에 빠진 민초의 삶이 얼마나 고달픈지 눈에 띄어든다. 정내교는 농민의 고달픈 삶에 대해 매우 섬세하고 예리한 통찰력을 가지고 묘사의 극치를 보여주는데, 당시의 시대상을 읽을 수 있다.

홍세태는 군정의 문란으로 백성들이 겪는 고통을 '초정행抄丁行'에서 다음과 같이 읊고 있다. 정내교의 앞의 시 '농가탄'에서는 죽은 사람에게 군역을 물리는 '백골징포白骨徵布'를 고발하였는데, 홍세태의 다음에 보이는 시는 갓난애에게 군역을 매기는 '황구첨정黃口簽丁'이란 폐단과 혹독한 당시의 부패를 고발하고 있다. 두 시는 연결되어 읽히며, 당시 군정의 문란을 매우 사실적으로 고발하고, 만연한 부패와 백성의 참상을 적나라하게 그려내고 있다.

초정행	抄丁行439)
관가는 해마다 병적을 재촉하여	官家歲抄催補兵
높으신 나리 바람같이 공문을 내리니	上司符牒如風行
작은 마을에 군역을 충당할 백성이 없어	縣小無民可充額
문서를 밀봉하여 어린 장정에게 보내네	鉐箵440)密封投閑丁441)

---

439) 홍세태, 같은 책 권4.

늙은이는 갓난애 포대기에 싸서	阿翁生兒在襁褓
관아 앞에서 안고 울부짖구나	抱向官前泣吞聲
아, 강보에 싸인 걸 하소연 하지마라	吁嗟襁褓爾莫訴
뱃속에 있을 때 이름 먼저 올랐으니	有在腹中先作名
교활한 서리들 권좌에 앉아 재물 탐내어	猾吏操權坐索錢
동쪽마을 일 없으면 서쪽마을 경칠세라	東村無事西村驚

조선시대 군정軍丁은 군적軍籍에 있는 지방의 장정으로 16세 이상 60세 미만의 정남丁男으로, 국가나 관아의 명령으로 병역이나 노역에 종사하였다. 그런데 조선 후기에 들어서면서, 군정軍政이 문란해져서 어린아이를 군적에 올려 군포를 징수하던 황구첨정黃口簽丁이 공공연히 자행되었다. 이 시는 포대기에 쌓인 갓난애를 군적에 올려 군포를 강제 징수한 부패상을 고발한 것이다.

홍세태의 삶은 불우한 시인의 자화상을 그대로 드러낸 작품이 많다. 현실을 초극하지 못하는 한계 때문에 스스로 자폐의 문을 걸고 때로 세상을 등지는 듯한 어투로 속삭인다. 다음 작품도 그 중에 하나이다.

스스로 웃으며	自笑442)
사나이 운명이 나약해 스스로 웃노니	自笑男兒性命孱
이빨 새에 반평생을 들먹거리네	半生吞吐齒牙間
저으기 혐의를 싫어하나 허명은 오래가니	應嫌竊取虛名久
온전히 돌아가려하나 이미 저물었네	獨許全歸暮境閒
외만 숲에 베개 괴니 봄 지난 새소리	高枕一林春後鳥
문 닫으니 내리 사흘 산중에 비가 오네	閉門三日雨中山

---

440) 항통缿筩은 비밀문서를 투입하는 통, 혹은 밀고하는 것.
441) 한정閑丁은 군역에 나아가지 않은 장정.
442) 홍세태, 같은 책 권12.

| 갈대 우거진 언덕배기에 사는 옛사람 | 故人住在蘆原上 |
| 내게 묻노니, 어느 때나 돌아갈 수 있을 지 | 問我何時可決還 |

　현실이 여의치 않을 때 좌절의 심정은 종종 '자조自嘲'나 '자소自笑'와 같은 제목이 달린다. 사내로 태어났으나 날 때부터 천한 출신이니 달리 방도가 없다. 체제에 순응하자니, 모멸과 자괴가 사람을 못 견디게 만들었을 것이다. 스스로 허허 헛웃음을 웃지만, 통곡하지 못해 그러는 것일 뿐. 반평생을 다 들먹거려도 그 자리가 그 자리, 허명은 오래가고 혐의는 참으로 싫기에 차라리 문을 걸고 산중에 숨어든다. 내리 사흘 구질게 비오는 내면풍경이 을씨년스럽다. 갈대 우거진 황량한 산골짝에 묻혀 스스로에게 묻는다. 결연히 어느 때나 돌아갈 수 있을지. 이 물음이 너무 공허하여 더 슬프다. 결구는 너무 아픈 말이다.

말이 병들어　　　　　　　　　　　　　　　　　　　　　　馬病443)

내가 병이 드니 너도 병들어	我病爾亦病
비로소 사람과 말이 같은 줄 알겠네	方知人馬同
아침에는 꼴 먹이고 물을 바꿔주고	朝芻須易水
밤에는 마구간에 바람을 막아주네	夜櫪爲障風
준마의 발굽이 껄끄러운 게 가여워	可惜霜蹄444)澁
그래도 늙은 말이 뛰어난 걸 보겠네	猶看老骨雄
봄 오자 한번 뛰어오르며 우니	春來一鳴躍
천리에 풀은 온통 텅텅 비었네	千里草連空

---

443) 홍세태, 같은 책 권13.
444) 상제霜蹄는 준마駿馬의 발굽을 이른 것으로, 두보杜甫의 '취가행醉歌行'에 "예전에 버들잎 맞힌 걸 진정 스스로 알거니, 잠시 헛디딘 준마의 발굽은 과실이 아니라네. 舊穿楊葉眞自知, 暫蹶霜蹄未爲失."라고 하였다.

어느 겨울날 말이 병들어 지극으로 돌보며 한 철을 보냈다. 말이나 사람이나 병이 들기는 매한가지라고 하며, 늙은 말이 회복하는 걸 놀라워한다. 젊어서 한 때 준마처럼 내달릴 때는 더러 발을 잘못 디뎌 실수를 할 때도 있었지만, 이제 늙은 말이 되어 병치레나 하지만 봄이 오자 풀을 온통 뜯어먹어 초지가 휑하다. 자신을 말에다 견주어 심층에다 위로의 심사를 입힌 시로 읽힌다.

벽에 써서 여러 학생에게 보이다	題壁示諸生445)
도로써 사귀어 반드시 공경하고	交道必須敬
오래 공경하니 사귐도 두터워지네	敬久交乃敦
분노는 사소한 데서 일어나니	忿從微處起
기운을 고르게 해 다투지 말지어다	平氣莫爭言

시인은 한때 서당을 열어 학동을 가르쳤다. 벽에 학생들이 지켜야 할 요목을 적어 보인 것이다. 요즘의 급훈이나 교훈 같은 것이다. 도道로써 벗을 사귀되 경敬으로 할 것을 주문하고 있다. 젊은 혈기를 제어하도록 성내지 말고 화기를 고르게 하여 서로 다투지 말 것을 말한다.

> 항동巷東446)이 일찍이 숭례문 누각의 벽 위에 걸린, '단청한 누각 허공에 높이 솟아, 올라보니 마치 나는 기러기 탄 듯. 평소의 큰 뜻 의탁할 데 없어, 온 세상 만리 바람에 혼자 누웠네.'447)라는 제목의 시를 보았

---

445) 홍세태, 같은 책 권14.
446) 김부현金富賢(?~1714)의 호. 자 예경禮卿, 광산인 최기남의 외손. 최승태의 사위로 경아전 출신이다. 오언절구 5수, 칠언절구 5수, 등 총 31수의 시가 『소대풍요』에 실려 있다. 그의 작품 가운데는 주로 지방의 병영에 서리로 나가면서 그곳을 들렀다가 지은 시가 다수 있다. 그의 시에는 신분적 갈등이 강하게 드러났다.
447) "畫閣巖嶢出半空, 登臨怳若駕飛鴻. 平生壯志憑無地, 獨臥乾坤萬里風." 이덕무, 『청장관전서靑莊館全書』권49, 「이목구심서耳目口心書」에도 나옴.

을 때 누가 지은 것인지 모른다고 말했다. 나중에 알아보니 임득충의 시인데, 대개 득충은 무사로 용력이 있어 그렇게 불렀다. 내가 그를 보니 기개가 격앙되고 호장하여 그 사람됨을 알 수 있으니 투구를 쓴 보통의 용사가 아니다. 슬프다, 사람이 이 같은 재능이 있으나 살아서 세상에 쓰이는 걸 보지 못하고, 죽어서 또한 사라지고 없어 전하지 않는다. 애석하도다. 그러나 이 몇 구절로 보아하니 세상에 임득충이란 자가 있음을 아니, 다행인 것이다. 이에 느낌이 일어 절구한 수로써 화답하노라.448)

巷東子嘗言見崇禮門樓壁上有題詩曰。畫閣岧嶤出半空。登臨悅若跨飛鴻。平生壯志憑無地。獨臥乾坤萬里風。不知爲何人所作。後尋問之則林得忠詩也。盖得忠武士。以勇力稱云。余觀其詩。氣槩激昻豪壯。可以想見其爲人。類非兜鍪下庸士。噫。人有如此才。而生不見用於世。死且泯沒無傳。惜哉。然賴有此數句。得知世間有林得忠者。其亦幸矣。於是感歎。爲一絶以和之。

세상 어느 땅엔들 인재가 낳지 않으랴	世間何地不生才
천리마가 소금 수레 끄니 슬퍼할 뿐	驥服鹽車只可哀
천추를 서글프게 바라보며 노래 부르니	悵望千秋歌一曲
하늬바람 불어와 옛 연대에 떨어지네	西風吹落古燕臺449)

무인 임득충이 지어 숭례문 누각에 걸었다는 시는 조선 문인들 사이에 널리 퍼졌다. 홍세태는 이러한 능력과 기개를 갖고도 크게 쓰이지 못한 임득충을 안타까워하는 한시를 남겼다. 마치 자신을 보는 듯 하였을 것이다. 임득충의 불우한 입지立地가 이입되어 그대로 자신의 심경 한 자락을 펼치는 시가 되었기에 시의 제목에 그 사연을 길게 진술하여 놓았다.

---

448) 홍세태, 같은 책 권3.
449) 연대燕臺는 임금이 현자를 우대한다는 뜻임. 연燕의 소왕昭王이 대각을 지어두고 현자들을 불러 거기에서 기거하게 하면서 예우를 극진히 하였다고 함.『청일통지淸一統志』.

김부현의 죽음을 슬퍼하며　　　　　　　　　　　　　東翁挽450)

한 번 병든 가여운 그대 골목 동쪽에 누워　　　一病憐君臥巷東
밥그릇과 표주박은 늙도록 텅 비었네　　　　　簞瓢垂老覺全空
세상이 어찌 즐거운 일 우리에게 돌리랴　　　　世何樂事歸吾輩
하늘도 일생동안 이 늙은이 곤궁하게 했지　　　天亦窮年困此翁
상여 머문 곁에 외롭게 남은 아이 쓰다듬고　　　手撫孤兒停柩側
닫힌 상자 속 남은 원고 통곡하며 거두네　　　　哭收殘藁閉箱中
황천 가도 시 짓는 모임 있을지 모르겠네　　　　不知泉下論文會
설초 춘곡 다 살던 그 시절같이 모일는지　　　　蕉谷還能在日同

　최승태의 사위로 경아전 출신인 김부현金富賢의 죽음을 기리는 만시이다. 그는 항동이란 호를 가졌는데, 시의 제목에는 나이를 높여 '동옹東翁'이라 하였다. 그는 시에서 드러났듯이 매우 빈한하게 살았던 것으로 보이는데, 밥그릇과 표주막이 텅 비었다고 말한 것이 그걸 말해준다. 남겨진 고아를 보며 마음 아파하고, 몇 바리 남은 시고를 보며 또 통곡한다. 부디 황천에 가더라도 시 짓는 모임에 나가서 더불어 노닐던 설초나 춘곡을 만날 걸 기원한다.

춘옹 유찬홍의 죽음을 슬퍼하며　　　　　　　　春翁庾纘洪451)挽452)

예전부터 노인께서 내 시를 좋아하여　　　　　昔子嗜我詩

---

450) 홍세태, 같은 책 권12. 이 시의 말미의 저자 주에 "蕉谷, 卽雪蕉, 春谷."이라 달려 있다.
451) 유찬홍庾纘洪(1629~1697); 본관 무송茂松, 자 술부述夫, 호 춘곡春谷. 조선 중기의 시인으로 한미한 집안에서 태어났으나, 시문을 잘 지었고, 당대 바둑의 국수國手였다. 역관으로서 동지사冬至使를 수행했으며, 벼슬은 사역원판관司譯院判官에 이르렀다.
452) 홍세태, 같은 책 권11.

뜻이 맞아 나이도 가리지 않고 사귀었지	意傾無老少
시를 지으면 문득 서로 보여주니	有作輒相示
편마다 하나같이 어찌나 묘하던지	發篇一何妙
슬픈 노래 부르며 술로 벗들과 어울리면	悲歌酒人間
비분강개한 연나라 저자의 가락이었네	慷慨燕市調
지난해엔 벗들을 데리고	去年携數子
시냇가로 절 찾아와 웃기도 했지요	顧我溪上笑
그때는 꽃이 집안에 가득 피고	當時花滿樓
산에 뜬 달이 술잔을 비추었건만	山月酒中照
당신은 이제 올 수 없으니	故人今不來
남은 생애는 혼자 슬퍼할 뿐이네	餘生只自吊
높은 다락에 밝은 달 둥실 떴는데	高樓有明月
그 누구와 다시 올라 달구경할까	誰與更登眺
그대 없는 우주는 더욱 넓어서	宇宙莽寥廓
가을바람만 외로운 휘파람 파고드네	秋風入孤嘯

유찬홍庾纘洪은 홍세태보다 스물다섯 살이 위로 나이를 떠나 서로 사귀며 시를 주고받았다. 제목에 보이는 춘옹春翁은 일흔 살에 스스로 지은 그의 아호가 춘곡春谷이기에 연치를 높여 칭하였다. 유찬옹은 한미한 역관 가문 출신으로 일찍이 정두경 문하에서 수학하여 문재를 인정받았으나 바둑에 몰두하였는데, 성품이 항오亢傲[453]해서 공경대부라도 백안시하였고 주사가 심하였다고 한다.

인왕산 기슭에 살며 호협한 임준원의 집에 가장 오래 동안 식객 노릇을 한 사람이 홍세태와 유찬홍庾纘洪이다. 홍세태의 문인 정내교는 스승이 임준원의 집에 얹혀살던 이야기를 '임준원전'에서 이렇게 말했다.

유공(유찬홍)의 호는 춘곡인데 바둑을 잘 두었다. 홍공(홍세태)의 호는 창랑滄浪인데 시를 잘 지었다. 이 두 사람의 명성이 모두 당시에 으뜸이

---

453) 성격이 지나치게 자부하여 오만함.

었다. 유공은 술을 좋아했는데, 한꺼번에 몇 말씩 마셨다. 홍공은 집이 가난해서 양식거리도 없었다. 준원은 유공을 자기 집에 머물게 한 뒤 좋은 술을 마련해두고 마음껏 마시게 했다. 또한 홍공에게는 여러 차례 재물을 주선해주어 양식이 떨어지는 경우가 생기지 않도록 해주었다.

유찬홍(1629~1697)이 먼저 세상을 떠나자, 가장 가깝게 지낸 홍세태(1653~1735)가 전기를 지어주었다. 홍세태의 시문집인 『유하집』에 실린 「유술부전庾述夫傳」은 유찬홍이란 바둑을 잘 두기로 유명한 사람의 전기이다. 그는 아홉 살 때 병자호란을 만나 강화도로 피했는데 포로가 되어 청나라까지 종으로 붙잡혀 갔다가 집안사람이 돈을 주고 사온 기구한 인물이다. 그의 전기를 살펴보면, 그는 대대로 한미한 역관 가문 출신으로 일찍이 정두경鄭斗卿 문하에 나아가 수학하여 문학의 재능을 인정받았으나 너무 바둑에 몰두하였는데, 이윽고 온 나라에 국수로 널리 이름이 났다. 정내교는 유찬홍이 국수가 된 과정을 이렇게 기록했다. 이따금 바둑 두는 사람을 따라 노닐며 그 솜씨를 다 배웠다. 아침에 강할 때마다 훈장은 목찰로 그의 오른쪽 손가락을 치면서, "너에게 글을 읽지 못하도록 하는 것이 이놈이다."라고 말했다. 그러나 바둑 두기를 좋아하는 그의 버릇은 더욱 심해져서 바둑 잘 두는 사람들과 겨루더라도 감히 그를 당해낼 자가 없었다. 성품이 방달放達해서 공경대부라도 백안시하고 주사가 심하였다고 한다. 홍세태는 "그는 옛말에 이르길, 활달하여 어디에도 얽매이지 않는 사람으로 재주를 품고서도 펼쳐볼 데가 없어 가슴 속에 바위덩이처럼 뭉쳐진 불만을 모조리 바둑과 술에 내맡긴 채 생을 마감하고 말았다."고 적었다. '유술부전'의 내용을 살펴보자.

> 유술부庾述夫의 이름은 찬홍纘洪이니 고려 태사太師 검필黔弼의 후손이다. 술부의 사람됨은 훤칠하고 아름다우며, 살갗은 박속처럼 희었

Ⅱ. 노비들의 한시 고찰

다. 아홉 살 때 병자호란을 만나 집사람을 따라 강화도로 피난했다가 오랑캐에게 끌려가 노예가 되었다. 오랑캐에게 수삼 년 억류되어 있는 동안, 주인집의 딸이 술부의 아름다움을 보고 마음속으로 기뻐하여 매일 친하게 대하면서 억지로 간음하려고 했다. 술부의 생각에 한 번 가까이 하면 평생 돌아올 수 없음을 알고, 남자의 성을 모르는 것처럼 핑계대어 거절했다가, 뒤에 그 집에서 마침내 풀려나 돌아오게 되었다.

이웃에 사는 서당 선생이 수십 명의 생도들을 모아 가르치니, 술부가 찾아가 따라서 배우니 총명하고 기억력이 뛰어났다. 생도들이 무리를 나누어 열흘마다 학업 성적을 평가하고 점수를 셈하여 능력이 뛰어난 사람에게는 상을 내리고, 떨어진 사람에게는 벌을 내리기로 했다. 하루 전날 선생이 생도들에게 말하기를, "내일 아침 이소離騷경을 외우는 사람은 백점을 주고 또한 상을 줄 것이다." 라고 하였다. 술부가 집에 돌아와 초사楚辭를 찾아 이를 가지고 학사 정두경鄭斗卿의 문하에 찾아갔다. 문지기에게 말하기를, "너는 들어가 너의 주인을 뵙고, 유찬홍이란 사람이 학사님께 초사를 배우기를 원한다고 말하라." 라고 했다. 정공은 본래 심성이 도도하고 무뚝뚝했으나 뜻밖에 만나 주었고, 만나고 나서 초사를 가르칠 때는 매우 간단했다. 술부는 즉시 돌아와 두어 번 읽었다.

새벽이 되자 생도들이 크게 모여 들었다. 술부가 소매 속에서 초사를 꺼내어 갖고 스승 앞으로 나아가 꿇어 앉아 말하기를, "청하건대 이를 외워 보겠습니다." 하고, 바로 돌아앉아 외었으나 한 글자도 틀리지 않았다. 스승은 크게 놀랐고, 술부는 스스로 그 재주를 믿고서 마침내 다시는 학문에 힘쓰지 않았다.

중간에 바둑 두는 사람을 따라 놀면서 그 기술을 다 익혔다. 매일 아침 강의에 스승이 문득 지저깨비로 오른쪽 손가락을 두드리며 말하기를, "너로 하여금 글을 읽지 못하게 만든 것은 이것이다." 하고 했다. 그러나 더욱 바둑을 즐겼고, 나아가 바둑 잘 두는 사람과 겨룸에 감히 대적할 자가 없으니, 당시에 국수로 추대되었다.

이 보다 먼저 종실인 덕원군德源君이 일종의 국수로 일컬어졌고, 당시에 윤홍임尹弘任이라는 사람도 역시 바둑에 뛰어났다. 그러나 덕원군에게는 한 점을 양보했다. 그러나 덕원군이 늙게 되자, 홍임이 이기게 되었고, 술부가 소년 후배로서 하루아침에 홍임을 이기게 되나, 홍임이 한스럽게 여겼다. 일찍이 술부와 약속하기를 궁벽한 곳에 가서 승부를 가리기로 내기를 걸자고 했다. 십여 일 동안 술부가 모두 크게 이기자, 홍임이 굴복하고 떠나니, 평생 다시는 다투지 않았다. 어떤 이는 덕원군이 늙어서야 홍임이 겨우 이겼는데, 술부는 홍임이 한창 젊을 때 압도했으니, 이는 술부가 덕원군의 적수라고 평했다.

술부는 나이가 젊을 때 호기가 심하여 술을 즐기고, 시를 잘 했으며, 기예를 가지고 두루 공경과 대부 사이에서 노닐었다. 제공들이 그 소문을 듣고 다투어 초대하여 상좌에 앉히고 바둑 두는 걸 보기를 청하니 거르는 날이 없었다. 마을 부호들도 모두 술과 음식을 성대하게 마련해 놓고 초청하였다. 술부가 한 점을 놓으면, 좌우에서 보는 사람들이 담장처럼 둘러서 발이 겹쳐 밟히기도 했지만 해가 넘어가도록 돌아가지 못했다.

술부는 성품이 거만하여 술에 취하면 한 자리에 있는 사람들에게 욕하니, 모두 귀를 가리고 피하며, 혹은 성내어 도리어 꾸짖고 욕했다. 그러나 술이 깨서 함께 말하면 말한 바가 모두 사람들의 뜻을 만족시켜, 듣는 사람들이 모두 기뻐하여 차마 술 때문에 버리지는 못했다.

만년에 더욱 술을 즐기고 방봉하여 식구들과 생업을 돌보지 않고, 친한 벗 두세 사람들과 서로 좇으면서 시주의 모임을 갖고 마을에서 춤추며 밤낮 술 마시기를 즐겼다. 술이 없으면 가끔 남의 집에 가서 술을 찾고, 술이 얼큰하면 곧 땅에 엎드려 노래 부르며 밤새도록 탄식하는 소리가 끊이지 않았다.

일찍이 술에 취하여 이웃 여자의 집에 처들어가니, 그 집에서 고발하여 남한산성으로 귀양가게 되었다. 부윤이 평소에 술부의 재능을 들었기 때문에 보자마자 곧 앉으라, 명하고 술을 마시게 했다. 술부가 취하여 부윤을 내려다보고, "너", "너" 하고 부르니, 본 사람들은 움츠렸으나, 부윤만은 나무라지 않은 것은 술부가 평범한 사람이 아님을 알았기 때문이다. 뒤에 재상이 왕에게 억울함을 아뢰어 석방되었다.

이미 돌아와서는 사역원의 판관이 되어 동지사를 따라 연경에 갔다. 옛날 만리장성과 발해와 동방의 석비 등 빼어난 경치를 두루 보았고, 감동이 이는 곳을 만나면 문득 술잔 가득 따라서 실컷 마셨으며, 사신과 노래 부르며 어울리고 동료들은 무시하니, 동행한 사람들이 모두 미워했다. 집에 돌아 온 뒤 이십여 년 동안 답답하게 지내다가 죽으니 나이 일흔이었다. 일찍이 자호를 춘곡자春谷子라고 불렀다. 지은 시는 모두 흩어지고 수집되지 않았으니 수백 여 수만 집에 보관되어 있었다.

나는 술부보다 스물다섯 살이 적었으나 술부는 나를 보통 남자로 대하지 않았다. 매양 많은 사람들이 모인 자리에서 술이 얼큰하면, 비록 평생 친히 아는 사람들이라도 모두 말로써 곤욕을 치르게 했지만, 나에게는 그렇지 않았다. 때문에 나는 그의 사람됨을 매우 자세히 알았다. 이른 바 멋대로 행동하며 얽매이지 않는 선비다. 재능을 품고 펼칠 곳이 없으니, 그 쌓이고 쌓여 답답하고 불평한 기운을 모두 바둑과 술에 맡기고, 불우하여 쓸쓸하게 지내면서 일생을 마쳤다.

혹자는 이를 망령든 사람이라고 말했다. 그러나 재주가 사실 특이하고 슬기롭고 빼어난 머리를 갖고 있었으니 만일 당세에 등용되었다면 어찌 남만 못했겠는가? 그러나 가난한 좁은 인생행로 속에서 살아다가 끝내 이를 떨치지 못하고 죽으니 슬프도다.

나 혼자 애석해 하는 것은, 그가 일생 동안 즐기던 바가 한 사람 당나라 때 바둑왕 왕적신王積薪454)이 됨에 지나지 않는다는 것이다. 접 때 만일 술부가 바둑에 쏟았던 노력을 원대한 일에 옮겼다면 볼만한 점이 어찌 이에만 그쳤겠는가? 술부는 임자소林子昭와 친하게 지냈다. 자소는 충후하고 훌륭한 분으로 의리가 세상에 알려졌다. 죽어서 한양 서쪽 진관산眞觀山에 묻혔고, 술부가 죽자 또 진관산 같은 기슭에 묻혔다고 한다. 자소의 이름은 준원俊元이니 옥구沃溝 사람이고, 나와 역시 사이가 좋았다. 묘지墓誌가 있다.455)

---

454) 왕적신王積薪은 당나라 때의 인물로 왕과 바둑을 대국하였는데, 그가 오직 즐긴 것은 바둑이었다.『위기십결圍碁十訣』을 지음.
455) 洪世泰,『유하집柳下集』卷之九, '庾述夫傳'. "庾述夫名纘洪. 高麗太師黔弼之後也。述夫爲人碩美。肌膚瓠白。九歲値丙子胡亂。隨家人避兵江都。被蒙胡搶去爲奴。在胡地數歲。主胡家女見述夫美。心悅之。日與狎戲而欲強淫焉。述夫念一近之。終身不得還。佯不知男子事以拒之。後其家竟贖以歸。隣有塾師。聚徒數十人。述夫往從之學。而聰穎善記誦。諸生分曹耦。每旬課業計畫。以賞罰能不能。前一日師謂諸生曰。明早有能誦離騷經者。許百畫。且與之賞。述夫還家覓楚辭。挾以詣鄭

졸수재 선생의 죽음을 슬퍼하며   拙修齋挽[456]

1.
학문은 넓어 참다운 유학자이고   學博眞儒者
재주는 높아 옛 사람에 가까웠네   才高近古人

學士斗卿門。語閽者曰。而入謁而公曰有庾續洪者願從學士學楚辭。鄭公素高簡不
時見。及見。敎楚辭又甚略。㳁夫卽歸讀數回。及曉諸生大集。㳁夫乃袖出楚辭。詣
師前跪曰。請以此講。卽背誦不錯一字。師大驚。㳁夫自恃其才。遂不復力學。間從
奕者遊盡其技。每朝講師輒以木札叩其右指曰。使汝不讀書者此也。然其嗜奕益
甚。出與諸善奕者角。無敢敵者。一時推爲國手。先是宗室德源君以神奕稱。時有尹
弘任者亦工于奕。然於德源君讓一着。及德源君旣老。弘任乃勝之。㳁夫以少年晚
輩。一朝出弘任上。弘任恨之。嘗與㳁夫約就僻　處賭決勝負。連十餘日。㳁夫輒皆
大勝。弘任乃服去。終身不復爭。論者以爲德源君老。弘任僅乃勝。而㳁夫壓倒弘任
方疆時。是㳁夫。德源君之敵云。㳁夫年少時氣豪甚。嗜酒善詩。挾技秋遍遊公卿大
夫間。諸公聞其風。爭招延上坐。請觀奕無虛日。而下及閭巷豪富家。亦皆盛酒食邀
致之。㳁夫一下子。左右觀者如堵墻。至疊足立。終日不能去。㳁夫性亢傲。醉或罵
坐。衆皆掩耳避。而或且怒反詈辱焉。及醒與之語。卽所言悉厭人意。聞者無不悅。
不忍以酒過遽棄之。然㳁夫竟以此崎嶇屢困。不得志于世。晚年益嗜酒自放。不顧
家人生業。與所善友數輩。相逐爲詩酒會。婆娑里巷間。日夜樂飮。無酒則往往從人
家索酒。酒酣以往。卽據地歌呼烏烏然。竟夜不已。嘗醉入隣姬家。其家訴之。編配
南漢。府尹素聞㳁夫才。見卽命坐而飮之酒。㳁夫醉或平眠府尹而爾汝之。見者縮
頸。府尹獨不以爲罪。蓋知㳁夫非庸人也。後有宰相白寃于上釋之。旣還爲司譯院
判官。隨冬至使赴燕。歷見古長城渤碣之勝。遇感發處。輒引滿痛飮。與使臣唱和。
視僚佐蔑如也。同行多娽之。及歸。家居鬱鬱二十餘年卒。年七十。嘗自號春谷子。
所著詩率散佚不收。只有數百餘首藏于家。余生後㳁夫二十五歲。㳁夫不以凡夫視
我。每於廣坐酒樂。雖平生所親識。無不語困之者。獨不及於余。余故得其人甚詳。
蓋古所謂跅弛不羈之士也。抱才藝無所發施。其礧磈壹鬱不平之氣。一皆托於棊
酒。坎軻落魄。以終其身。或者謂之妄人。然其才實奇。智慮明悟。卽用之當世。何
遽不若人。而貧賤阨窮。竟不振以死。悲夫。余獨惜其一生所嗜。不過爲一王積薪。
向使㳁夫移其所業奕者於大且遠者。其可觀。豈止於此而已也。㳁夫與林子昭友
善。子昭忠厚長者。以義聞於世。死葬漢陽西眞觀山。及㳁夫死。又葬眞觀同一麓
云。子昭名俊元。沃溝人也。與余亦善。有墓誌。"

456) 홍세태, 같은 책 권1.

평생 한 병에 주저앉았으니	平生坐一病
백성에게 은택을 내리는 걸 보지 못했네	不見澤斯民
큰 뜻은 끝내 가리워졌지만	大志身終翳
남기신 글은 도와 더불어 새로워라	遺文道與新
천추에 길이 이 땅을 비추시어	千秋照下土
그 기운 화하여 북두성이 되소서	有氣化星辰

2.

우주는 하나의 여인숙이고	宇宙一逆旅
뜬 구름은 고금을 비껴나네	浮雲橫古今
선생께서 이 길로 돌아가시니	先生還此路
죽은 뒤 홀로 무슨 마음이실까	後死獨何心
사람은 가고 휘장만 덩그러니 남아	人去空紗帳
봄은 저절로 대숲으로 돌아가네	春歸自竹林
산 굽이굽이 물은 돌아 어디로 가는지	向來山水曲
누가 다시 거문고를 타고 있는가	誰爲更操琴

졸수재拙修齋는 조성기趙聖期란 인물로서 조선 숙종 때의 학자이자 문신이다. 그의 죽음에 대하여 홍세태는 아쉬움을 피력하고 있다. 그가 경륜을 제대로 펴보지 못한 채 세상을 뜬 걸 애석해 한다. 한편, 김창협金昌協(1651~1708)의 문집인 『농암집農巖集』 연보에서도, 조성기는 기사년(1689) 12월에 죽었다는 기록이 보인다.[457] 농암 일기의 내용을 보자.

---

457) 김창협, 『농암집農巖集』 제35권, 부록附錄 연보年譜 상上 기사년(1689) 김창협 선생 39세, 12월에 "졸수재拙修齋 조공趙公 성기聖期가 별세했다는 소식을 들었다."라고 되어 있다. *조성기趙聖期(1638~1689); 조선시대 숙종 때의 학자. 자 성경成卿, 호 졸수재拙修齋. 본관 임천林川, 군수 시형時馨의 아들, 벼슬하지 않고 학문에만 힘을 썼음. 시문에 능통하고 성리학을 대성했으며, 경제학에도 조예가 깊었음. 『창선감의록彰善感義錄』의 저자로 추측推測되며, 저서 『졸수재집拙修齋集』.

그의 학문은 사학에 정심하여 경세학으로 나아가지 못했음을 지적하고, 그 부음을 듣고 한스럽다고 말하고 있다.

> "이 공공은 학식이 깊고 넓었다. 사색과 궁리에 지극한 심력心力을 기울이고 강설과 논변이 고금을 꿰뚫었으니, 보통 사람들은 따라 미칠 수가 없었다. 그리고 높은 풍류와 인류에 대한 애호는 더욱이 지금 세상에 보기 드문 것이었으니, 공과 종유한 오륙 년 동안 나 자신도 계발되는 유익함이 상당히 있었다. 다만 수렴하고 함양하는 공부가 부족하였으니, 처음 학문에 발을 들여놓기를 사학史學으로부터 했기 때문에 기본적인 틀과 생각이 아무래도 정당하지 못했던 것이다. 지난날 이 점에 대해 충고한 적도 꽤 있었지만 생각을 남김없이 다 개진하지 못했는데, 결국 유명을 달리해 버렸으니 더욱 한스럽다."

다음의 시는 홍세태가 아들 금아金兒를 잃고 난 다음 해 섣달에 아비의 절절한 심경을 읊은 작품이다. 가슴에 묻은 아들을 그리워하며 한 해가 저무는 추운 날, 더욱 을씨년스러운 풍광으로 다가와 내면의 밑바닥에 앙금이 되어 가라앉은 듯하다.

섣달에 죽은 아들 금아를 생각하며	歲晩憶金兒458)
지난 해 오늘엔 네가 내 품에 있더니	去年今日爾在抱
올해엔 볼 수 없어 내 마음 찧는구나	今年不見我心搗
남쪽 성곽엔 눈 내려 추워서 눈물도 말라	寒天淚盡南郭雪
긴 밤 네 혼은 북망의 풀이 되어 돌아왔네	長夜魂歸北邙草
인생 백년이래야 많은 것도 아닌데	人生百歲不爲多
아비라고 아들을 네 해도 보살피지 못해	父子四年會莫保
슬퍼도 이 슬픔 빨리 잊기 어려운데	悲來欲置難遽忘
초가집 차가운 불빛이 날 더욱 늙게 하네	白屋靑燈使人老

---

458) 홍세태, 같은 책 권2.

한 해를 보내며 작년에 죽은 아이를 생각하며 슬픈 마음을 나타내었다. 아마도 네 살 무렵에 죽은 아이가 벌써 일 년이 지나 이젠 눈물도 다 말랐는데, 긴 밤 북망산천에 덮은 풀로 살아왔겠지, 라며 절실한 마음을 더듬고 있다.

예경 서옹에 화답하여 무덤가에서 짓다	和禮卿西翁墓下作459)
거친 언덕에 이미 풀 더부룩하니	荒原草已宿
이곳이 바로 자소의 무덤이라네	是謂子昭460)墳
말 세우고 내렸지만 누가 손님 맞으랴	駐馬誰迎客
잔 잡아 홀로 그대에게 술 권하노니	持杯獨勸君
그대 한평생 작은 비석 하나로 남았을 뿐	平生餘短碣
세상 모든 일 한낱 뜬 구름일세	萬事一浮雲
나무 위에서 소쩍새 울자	杜宇啼山木
마음아파 차마 듣지 못하겠네	傷心不忍聞

이 시는 홍세태가 임준원의 무덤을 찾아 지은 추모시인데 기구에서 '자소子昭'는 임준원의 자를 일컬은 것이다. 자소는 대대로 당시 위항인들이 많이 살고 있었던 서울 북촌에 살았던 경아전이다. 신선 같은 모습에다 말솜씨까지 좋았는데, 젊었을 때 최기남의 서당에서 시를 배웠다. 그는 내수사內需司에 들어가 수천금을 벌었다. 내수사는 조선시대 왕실의 재정을 관리하기 위해 설치한 관청으로 왕실에서 사용하는 쌀, 베, 잡화 및 노비 등에 관한 사무를 관장하였다. 정내교鄭來僑(1681~1757)의 『완암집浣巖集』에는 스승 홍세태의 벗인 임준원전이 실려 있어 그 인물됨을 살펴볼 수 있다.

---

459) 홍세태, 같은 책 권2.
460) 임준원林俊元의 자가 자소子昭.

"임준원이란 사람은 자가 자소인데 서울 북쪽에 살았다. 그는 사람됨이 뛰어났으며 기백이 있었고, 생김새는 신선 같은 모습에다 말솜씨도 좋았다. 젊었을 때에 구곡龜谷 최기남催奇男의 문하에서 글을 배웠는데, 시를 매우 잘 짓는다는 칭찬을 들었다. 그러나 집이 가난한데다 늙은 어버이가 있었으므로, 드디어 뜻을 굽히고 내수사內需司의 서리가 되어 크게 부를 일으키니, 재산이 수천 냥이나 모아졌다. 그러자, '내겐 이만하면 넉넉하다'고 탄식하더니, 곧장 아전 일을 내어놓고는 집에서 지내었다. 문학과 역사책을 읽으며 스스로 즐겼다. 날마다 그를 따르는 무리들이 많이 모여 들었는데, 그 가운데에는 유찬홍, 홍세태, 최대립, 최승태, 김충렬, 김부현 같은 사람들이 있었다. 유공의 호는 춘곡春谷인데, 바둑을 잘 두었다. 홍공의 호는 창랑滄浪인데, 시를 잘 지었다. 이 두 사람의 명성이 모두 당시에 으뜸이었다. 유공은 술을 좋아했는데, 한꺼번에 몇 말씩 마셨다. 홍공은 집이 가난해서 양식거리도 없었다. 준원은 유공을 자기 집에다 머물게 하고서, 좋은 술을 마련해 두고 양껏 마시게 했다. 또한 홍공에게는 여러 차례 재물을 주선해 주어 양식이 떨어지는 경우가 안 생기지 않도록 항상 뒤를 봐주었다. 좋은 날이나 아름다운 경치를 만날 때마다 여러 사람을 불러 모았다. 시를 짓기도 하고 술을 마시기도 하며, 매우 즐겁게 놀다가 흩어졌다. 이러한 일이 늘 있었으므로, 서울에서 재주가 좀 있다고 이름난 사람이 그 모임에 끼이지 못하게 되면 부끄럽게 여겼다. 준원은 이미 재산이 넉넉해졌고 의로운 일을 좋아했으므로, 남에게 베풀기를 좋아했다. 그러면서도 언제나 성에 안차는 것처럼 여겼다. 그 친척이나 친구 가운데 가난해서 혼인과 장례를 치르지 못하는 사람들은 반드시 준원에게 왔다. 그래서 평소에도 그의 집을 드나들며 마치 자식들처럼 그를 모시고 공손히 대하는 자들이 또한 몇 십 명이나 되었다.

준원이 일찍이 육조六曹 거리 앞을 걸어서 지나가는데, 어떤 여자가 관리에게 구박을 받고 있었다. 또 불량배 하나가 그 뒤를 따라가며 욕을 해대는데 그 여자는 매우 슬프게 울기만 했다. 준원이 그 까닭을 묻고는 불량배에게, '그까짓 얼마 안 되는 빚 때문에 여자를 이토록 욕보일 수 있단 말이냐?'라고 꾸짖었다. 그 자리에서 빚을 갚아 주고는, 그 차용증을 찢어 버린 채 곧 가 버렸다. 여자가 쫓아가면서 물었다. '공께서는 어떠한 분이시며, 어디에 사시는지요?' 준원이 대답했다. '예법에 남녀는 길이 다르다고 했소. 그런데 어찌 내 이름을 묻는 게요?' 여자가 자꾸 물었지만 준원은 끝내 알려주지 않았다. 이때부터 준원의 이름이 여염간에 날렸다. 그의 성격을 사모하고 얼굴 보기를 원하는 자들의 발걸음이 그 집에 모여들었다.

구곡 최공이 병들어 죽었는데, 상을 치를 수가 없었다. 그 제자들이 모여들어 상을 치르려고 했지만, 관 값을 내어 도울 만한 사람들이 없었다. 그때 준원은 사신을 따라 중국에 들어가 있었으므로, 그 자리에 있던 사람들이 탄식을 하며 말했다. '아아! 임자소林子昭가 이곳에 있었더라면, 어찌 제 선생이 죽었는데 관도 없게 했겠는가?' 그 말을 마치기도 전에 문밖에서 어떤 사람이 관을 만들 재목을 싣고 왔다. 물어보았더니, 자소가 보낸 사람이었다. 자소가 중국에 갈 때 최공이 늙고 병든 게 걱정되어, 집안사람에게 주의를 주었던 것이다. 이로부터 사람들은 자소의 높은 의리와 사려 깊은 처사에 더욱 감복하였다.

자소가 죽자, 조문객들은 마치 부모라도 죽은 것처럼 곡하였다. 그를 늘 우러르며 도움 받던 사람들은, '나는 어떻게 살란 말이오?' 하였다. 한 늙은 과부가 스스로 와서 바느질을 돕겠다고 청하였다. 상복을 만들어 놓곤 가 버렸는데, 예전 길에서 구해 준 여자였다."[461]

---

461) 정내교鄭來僑, 『완암집浣巖集』卷之四 참조.「林俊元傳」"林俊元者字子昭。世居漢師北里。爲人雋爽有奇氣。好神姿善談辨。少時受學於龜谷崔公之門。頗有能詩之稱。然俊元家貧有老親。遂屈志爲內司椽。勤幹解事務。得任用司中。以起富家貲累千。乃歎曰於吾已足矣。寧可沒沒於此。卽謝仕家居。以文史自娛。日與其徒高會。戶屨常滿。盃盤絡屬。其徒有庾公纘洪, 洪公世泰, 崔大立, 崔承太, 金忠烈, 金富賢諸人。庾公號曰春谷。善碁。洪公號曰滄浪。善詩。名聲俱冠當時。餘人亦皆以氣槩詞翰見稱。然庾公嗜酒。能日飮數斗。洪公母老而孀。無以爲養。俊元館庾公。爲置旨酒。以盡其量。而數以財周洪公。使不至匱乏。每遇良辰美景。招呼諸人。指某地爲期。俊元爲主。辦酒看而隨之。輒賦詩酣飮。極驩而罷。以是爲常。久而不倦。洛下稍有才名者。以不得與其會爲耻。俊元旣饒於財而好義樂施。常如不及。其親戚與知舊之貧不能婚嫁喪葬者。必以俊元爲歸。故其平居往來候視。執恭如子弟者。亦數十人。俊元嘗步過六曹街上。有一女子被官人驅去。一惡少背隨詬之。女號哭甚哀。俊元問其故。叱曰。可以微債辱女人至此耶。立償之。裂其券遂去。女隨而問曰。公何如人。家安在。子昭曰。禮。男女異路。何必問我姓名。强之終不告。自是

다음 시는 농암 김창협의 죽음을 그린 만시이다. 두 사람의 사이가 각별했던 관계로 만시는 모두 여덟 수인데 졸고에서는 그 첫수를 살펴보기로 한다.

판서 김농암 선생의 죽음을 슬퍼하며	農巖金判書挽[462]
하늘의 뜻은 넓고도 무심하여	天意蒼茫甚
어진 분의 운명을 슬프게 했네	高賢命足悲
임종하는 머리맡엔 제자들이 모셨는데	侍終門下士
사랑하던 아들은 벌써 땅속에 묻혔지	迎拜地中兒
뒤를 이을 어린 손자도 너무 약해서	後卽芍孫弱
남은 가족들 굶주림을 면할 길 없어라	生猶闔室飢
강물 위에 날며 노니는 갈매기야	滄江有白鳥
텅 빈 저 자리를 너라도 지키려마	留汝守虛幃

子昭名震閭閻。慕風願識者跡交其門。龜谷崔公病沒。喪不能擧。其門徒會治喪。無可以棺相助者。時子昭從使臣入燕。座客歎曰。嗟乎。使林子昭在此。豈使先生死而無棺。言未旣。門外有人運棺材來者。問之。子昭人也。盖子昭行時念公老病。戒家人者也。於是人益服子昭高義能慮事也。及子昭歿。弔者如哭其至親。其常所仰賴者則曰。吾何以爲生。有老寡女。自來請助針線。至成服乃去。盖街上女也。"

462) 홍세태, 같은 책 권4. *이 '만시'는 모두 8수인데, 1, 2, 3, 4, 5, 7, 8수는 다음과 같다. 1) 天欲吾東作。斯文出大儒。承家元正學。範世卽良模。日月圭爲準。山龍袞所須。滄桑中忽變。萬事一嗚呼。2) 斂却雲霄志。歸從鳥獸居。世多傷草野。天故托圖書。董賈初心是。程朱一脉餘。超然蠻觸外。渼上獨觀魚。3) 一洗東方陋。文章道作根。發揮三代學。包括百家言。贊飾斯無愧。江河並與存。獨看儒佛辨。曾未出詞垣。4) 屛居仍宿望。朝野一宗師。大失當時用。終爲聖主思。山河今氣盡。天日後名垂。俎豆應三世。千秋石室祠。5) 濁世氛埃裏。公能得久留。士林同一涕。吾道欲誰謀。天迥空懸斗。江虛有繫舟。向來聞太極。多恨失深求。7) 謂我知心在。何曾視褐衣。詞場不但興。聖路欲同歸。有孰夫公似。于今此道非。乾坤莽蓼廓。嗟爾草虫微。8) 尙憶公兄弟。招余上峽遊。有詩分四郡。無日不東樓。往事登仙夢。浮生溢世愁。秪今龜島水。嗚咽入三洲。

성대중成大中(1732~1809)이 쓴 『청성잡기靑城雜記』, 「성언醒言」에는 홍세태와 농암에 관한 기록이 있다.

"홍세태는 처음 역관에 소속되었을 때, 미친한 신분 때문에 동료들에게 배척을 당하자 관직을 버리고 문장 짓는 일에 몰두하였다. 그리하여 농암農巖 김창협金昌協 등 여러 선비들이 기꺼이 그와 교류하였고, 후세 사람들도 줄곧 그의 시를 즐겨 읊고 있다."463)

농암의 죽음을 애도하는 첫째 수는 그의 죽음에 대하여, 아들은 일찍 죽고 어린 손자는 유약해 초상을 모시지 못함을 안타까워한다. 그리고 굶주림을 면하지 못하게 될지도 모를 어려운 가정 살림을 걱정하며 어진 분의 음덕을 기리며 그 죽음을 진심으로 아쉬워한다. 결구에서 갈매기만이라도 텅 빈 그분의 자리를 지켜주길 바란다고 기원한다. 다음의 시도 역시 농암의 부음을 듣고 그 영전에 곡한 뒤 곧장 지은 시이다.

농암선생 영전에 곡하고 물러나 느낌을 적다
哭農巖公靈几, 退而述懷464)

봄에 첫 한 마디 이 강가에서 하셨지	春初一語此江涯
꽃 피면 낚싯배 타자 함께 약속했는데	約共花時上釣楂
누가 말했나, 나는 왔건만 공은 기다리지 않네	誰道我來公不待
작은 다락엔 봄 가고 꽃도 또한 없어라	小樓春去亦無花

어느 봄날 강가에서 꽃 피거든 낚시 배 타고 함께 노닐자고 약속하셨는

---

463) 성대중成大中, 『청성잡기靑城雜記』 제3권, 「성언醒言」. 성대중은 서얼 출신으로 영조 8년(1732)에 태어나 순조 9년(1809)에 78세를 일기로 고향 포천抱川에서 졸하였다.
464) 홍세태, 같은 책 권12.

데, 불귀의 객이 되셨다니, 시인은 왔건만 공은 기다리지 않는 허무한 마음을 읊었다. 작은 강가의 다락에는 봄도 가버리고 꽃도 없다고 말하며, 이승과 저승을 가르는 그 절망을 시절에 빗대어 절묘하게 드러내었다.

총 멘 사냥꾼	橫銃子[465]
쑥대머리 사내 거칠고 모질어	蓬頭男子氣麤獰
어깨에 조총 메고 눈길 밟고 가네	鳥銃橫肩踏雪行
꿩과 노루 잡고 돌아가 제가 먹으니	獵得雉獐歸自食
평생 벼슬아치 이름도 모르네	一生官吏不知名

수렵이나 하며 야인으로 살아가는 사냥꾼을 두고 읊은 작품이다. 거칠지만 소박한 삶이 투영되어 마치 작가 자신이 희구하는 삶을 관통하고 있는 듯하다. 평생 벼슬이나 얻으려고 눈치 보거나 혹은 적은 녹봉에 코 꿰어 꼭두각시 놀음을 펼치느니, 차라리 야산에서 산짐승 잡아다가 제 손으로 제 입을 먹이는 삶이야말로 그것도 또한 한 장부의 삶의 길일 것이다.

김시보의 청량 별장에서	金施普淸凉別業[466]
술 익어도 권할 사람 없는데	酒熟無人勸
봄바람 향기롭게 불어오고	東風吹自香
꽃송이에 봄 뜻은 더욱 진해져	花將春意重

---

465) 홍세태, 같은 책 권12.
466) 홍세태, 같은 책 권3. 이 시는 모두 3수인데, 1, 3수는 다음과 같다. 1) 有舌蘇秦死。曾無負郭田。從知縛軒冕。不及僞林泉。春滿東山下。天閑五柳前。地偏稀罟弋。魚鳥亦悠然。3) 一丘含遠意。春去只柴門。白水千畦滿。蒼山四野昏。側崖容鹿過。垂葉停鸎鷤。晚有田翁至。農談坐樹根。

해 길수록 낮잠은 더 늘어지네	日與午眠長
비 기다려 모내기 재촉하고	待雨催移稻
먼 산에 올라 뽕도 따야겠네	穿雲遠探桑
농가에 봄 되자 일은 많지만	田家漸多事
바쁜 서울보다 얼마나 좋은가	猶勝洛中忙

봄이 되어 농사철의 분주한 풍경을 보는 듯 시의 전경이 파노라마처럼 펼쳐진다. 분주한 가운데 한가로운 농촌의 살림이 서울 벼슬살이보다 좋은 걸 은연중에 드러낸다.

연경으로 부임하는 김생을 전송하며	送金生赴燕467)
서리 친 하늘 말세우고 술 한 잔 하니	立馬霜天酒一杯
연나라 노래는 예부터 슬픔을 자아냈지	燕歌468)千古莽生哀
저자에 온갖 물건일랑 흙처럼 보고	市中百物看如土
형가가 지닌 비수나 사갖고 돌아오게	買得荊軻469)匕首來

연경으로 떠나는 사절단 김생을 송별하며 지은 시인데, 당부하는 말로 그를 보낸다. 부디 가거든 저자에 넘치는 물건은 흙처럼 보고, 또한 자객 형가처럼 가슴에 비수 하나 품고 뜻을 펴시길 기대한다는 말로 은근히 채근하고 있다.

---

467) 홍세태, 같은 책 권6.
468) 형가荊軻가 뜻을 품고 사방을 주유하다가 연燕에 와서는 시장의 개백정 또는 술꾼과 어울려 술을 진탕 마시고 취하면 노래를 하다가 또 서로 부둥켜안고 울기도 하다가 마치 곁에 아무도 없는 듯이 놀았다. 『사기史記』, 「자객열전刺客列傳」, '형가荊軻'.
469) 형가荊軻는 중국 전국 시대의 자객으로, 연燕나라 태자 단丹을 위하여 진秦나라에 들어가 진왕을 보고 비수를 꺼내어 찌르려다가, 뜻을 이루지 못하고 죽었다.

지조암   指爪庵470)

벼랑 끝에 스님 여전히 살고   絶頂僧猶在
깊은 산에는 꽃 저절로 피네   深山花自開
그윽한 길 아는 사람 없어   無人識幽逕
비취빛 아지랑이만 몰래 들어오네   暗入翠微來

벼랑 끝에 아슬하게 숨은 지조암이란 곳을 찾았는데, 옛날 그 스님은 그대로 주석하고 있고, 꽃은 절로 피어있다. 그윽한 산속이라 찾는 이도 없으니 길도 잘 알 수 없고, 간간이 산빛에 아롱지는 아지랑이만 몰래 들어온다고 한다. 일체의 수사를 거부한 그 자리에 손톱만한 암자가 숨어있다.

지조암에서 지한 스님에게 주다   指爪庵贈智閑釋471)

고승은 산문을 나서지 않고   高僧不出山
몸은 산에 나무와 더불어 늙어가네   身與山木老
나그네와도 말 한 마디 않고   客來無一言
뜰 가득 봄풀만 우거졌네   滿地生春草

암자에 주석하는 지한智閑이라는 산승에게 준 시로, 선기禪氣가 잔뜩 묻어난다. 산문을 나서지 않아 동구 밖은 얼씬도 하지 않으니, 나그네가 오거나 말거나, 시인은 말도 한마디 붙이지 못하고 머쓱하다. 스님은 산과 나무와 더불어 늙어갈 뿐, 뜰에는 봄풀이 우거져도 입도 뻥긋 하지도 않는다. 만목청산滿目靑山에 천지춘天地春이로다.

---

470) 홍세태, 같은 책 권1.
471) 홍세태, 같은 책 권1.

| 흥이 나서 | 遣興472) |

세상에 태어나 몸은 이제 늙어	落地身今老
구름을 깔보던 기개도 시들었네	凌雲473)氣亦衰
호걸다운 선비가 되지 못해	愧非豪傑士
성스런 밝은 때 이리 헛되이 보냈네	虛此聖明時
천리마의 뜻은 여전히 천리 밖에 있고	驥志猶千里
뱁새는 또 한 가지에 깃들었구나	鷦棲且一枝
가을벌레 절로 읊조린다고	秋虫自吟嘯
필경 너무 슬퍼 그런 건 아니리라	不必有深悲

자신의 반생을 회고하며 흥이 일어 지은 작품이다. 젊어서 호기롭던 한 때는 구름을 깔볼 만큼 기상이 있었는데, 이제 헛되이 보내고 호걸은 되지못한 자한自恨이 서려있다. 후반부는 천리마를 꿈꾸었는데, 이 또한 천리나 멀어지고, 한갓 뱁새마냥 한 가지 끝에 깃들어있다고 옹색한 자신의 처지를 고백한다. 결구는 작자의 감정을 이입하여 가을벌레를 불러다 놓고 반드시 슬퍼서 우는 건 아니라고 슬쩍 귀띔한다.

장차 박연으로 향하는데, 천마산성 남문에서 잠시 쉬며
將向朴淵, 少憩天磨山城474)南門475)

---

472) 홍세태, 같은 책 권12.
473) 능운凌雲은 능연凌煙과 같은 말로, 그 기상이 하늘을 찌를 듯하다는 말.
474) 개성에 있는 산성 이름. 이곳 천마산성은 '성 돌기'로 유명한 곳이다. 윤달에 고성古城이 있는 곳의 마을사람, 주로 부녀자들이 성터에 올라 산줄기를 따라서 열을 지어 도는 것이다. '성밟기'라고도 하며, 대개 중부 이남에서 볼 수 있는 풍습으로 속칭 '안놀이' '치놀이'라는 험준한 곳을 부녀자들이 줄을 이어 통과하는데, 이렇게 함으로써 극락세계에 갈 수 있다는 불교 신앙에서 유래된 것이라고 전한다.
475) 홍세태, 같은 책 권2.

산 높아 오를 수 없어	山高不可上
성 머리에 앉아 말을 쉬게 하네	歇馬坐城頭
외로운 칼에 올연히 기대어	突兀憑孤劍
여러 고을을 아득히 바라보네	蒼茫見數州
쓸쓸한 절간에 저녁 종이 울고	鐘鳴蕭寺夕
옛 도읍에 가을 들어 나뭇잎 지는데	木落故都秋
만고의 시름 한 번 길게 읊조리니	萬古一長嘯
영웅은 그 몇이나 여기 와 놀았던가	英雄幾此遊

개성에 있는 박연폭포로 가는 도중에 천마산성을 넘다가 남문에서 잠시 쉬며 읊은 시이다. 전반부는 비탈진 산머리를 오르다가 말을 쉬고 무인의 기상으로 고을을 내려다보고 있다. 마침 절간에는 범종소리가 귓가에 들리니 날도 저물고, 계절은 낙엽 지는 깊은 가을이다. 옛 시름을 당겨놓으니 인걸과 영웅은 예서 얼마나 노닐었던가. 나그네의 뒷모습이 사라진 인걸에 되비치어 매우 쓸쓸한 배후로 여운이 남는다.

| 홍이 나서 | 遣興[476] |

1.
하루 해도 이미 다 저물어	今日亦已夕
외로운 구름은 어디로 돌아가는지	孤雲何所歸
문 닫고 돌아와 홀로 누우니	閉門還獨臥
세상과 옛날부터 서로 어긋났네	與世故相違
세모에 산은 무척 야위어서	歲暮山多瘦
외딴 시골에는 국화마저 드무네	村深菊亦稀
처마 사이에 새가 자고 가니	簷間有宿鳥
놀라 날아갈 생각도 하지 않는 게지	意定不驚飛

---

[476] 홍세태, 같은 책 권6.

2.
적막함이 나의 길을 맞아주는데	寂寞應吾道
산은 추워 다시 사립문을 닫네	山寒復掩扉
어룡들은 초저녁에 잠들고	魚龍初夜睡
새와 참새는 가을이라 다 살쪘구나	鳥雀盡秋肥
앉아서 삼진이 움직이는 걸 보니	坐看三辰[477]轉
궁통과 영락이야	窮通與榮落
바야흐로 만 가지 조화로 돌아가니	方知萬化歸
사람의 하는 일도 하늘의 기틀인 걸	人事亦天機

해가 저물어 가는 세밑의 풍광을 즐기며, 거처하는 주위의 정경을 매우 자연스럽게 그려내고 있다. 첫째 수는 세상과 맞지 않아 틀어져버린 자신의 이력을 회고하며, 산도 계절 따라 옷을 벗고 나니 황량하고 처마에 깃든 새마저 놀라 달아나지 않을 만큼 사립문에는 인적이 끊긴 모양이다. 두 번째 수는 자신이 걸어온 길이 적막하듯이, 산골이 추워 일찍 사립문 닫고, 천기의 운행을 살펴보니 인간이 하는 일이란 것도 모두 제 뜻대로 되는 게 아니라 천기의 조화라고 말하며, 하늘의 기틀에 따를 뿐이라고 말한다.

시보서재에서 질화로를 같이 읊다	施普書齋, 同詠土爐[478]
흙을 빚고 두드려 구워낸 질화로	鍊質從埏埴
비록 자그만하나 꼭 필요해라	雖微亦世需
가운데가 비어서 슬기로운데	中虛能以智
겉은 투박해 어리숙하네	外樸欲爲愚
놓으면 어디서나 편안히 퍼질러 앉고	着處皆安土

---

477) 삼진三辰은 해와 달과 별을 말함.
478) 홍세태, 같은 책 권3.

들 때는 곰곰이 생각함직 하지	提時可反隅
화로와 친하면 빨리 늙는다지만	或嫌黃面老
이 붉은 마음을 나는 사랑하네	吾愛赤心輸
겨울 석 달은 꼭 필요하니	正合三冬用
너 없이 하루인들 어찌 살겠나	寧容一日無
살며시 불면 흰 재 날아오르고	乍噓煙颺白
속 파헤치면 붉은 불씨 나타나네	深撥火呈朱
아침 해장술 따끈하게 데우고	凍酒朝熏得
밤이면 등잔불로 다시 켜네	殘燈夜續須
솥이 밥 짓더라도 먼저 쓰이고	策功先彼鼎
이웃집 아궁이에도 불씨 나누어주니	餘力及隣廚
화로가 식었다 저버리지는 말게	旣冷君休棄
불꽃이 다시 일면 많이 모여드니	當炎衆所趨
추운 겨울 하늘과 땅 다 막혔어도	窮陰天地閉
이 질화로에 의지해 따뜻하게 사네	獨賴有茲爐

　질화로의 미덕을 칭송하는데, 서민의 삶에 요긴한 장점을 조목조목 들면서 상당히 구체적으로 재미있게 표현한 영물詠物 시에 속하는 작품이다. 사물을 포착하는 섬세한 시인의 눈이 놀랍다. 전반부는 질화로의 외양을 먼저 언급하면서 둥글고 안은 텅 빈데, 투박하여 들 때는 깨질세라 조심해 안아 들고, 어디서나 잘 퍼질러 앉혀놓아도 되는 장점을 말한다. 후반부에서는 가사에 도움이 되는 점을 열거하고 있는데, 꺼진 아궁이 불씨도 되고, 해장술도 간편히 데우며, 등잔불로 대용이 되고, 밥 짓는 데도 먼저 불쏘시개로 불붙이는데 쓰인다고 말한다. 곤고한 서민의 겨울나기에 이만한 물건이 없음을 추켜세운다.

대마도 가는 배 위에서	沙工浦舟上479)
나그네 누우니 바다는 넓기만 하고	客臥海川闊
외로이 배 타니 별과 달빛 총총 하구나	孤舟星月多
아침엔 부산 포구가 눈에 보이더니	釜山朝在眼
오늘밤엔 갑자기 왜놈 노래가 들리네	今夜忽蠻歌

아침에 부산포에서 배를 탔는데 밤이 되어서야 대마도에 닿았다. 전반부는 배 위에 누워서 바라본 바다의 광활한 모습을 그리고 난 뒤, 항진을 계속하여 어느새 별과 달빛이 뱃전에 가득하다. 후반부는 눈에 비치는 장면의 전환을 통하여 이국의 풍경에 대한 낯설음을 한껏 고조시키고 있다. 시의 네 구가 앞뒤로 상관하며 시간과 장면의 전환을 교묘하게 배치하여 절묘한 효과를 거두고 있다.

바다를 건너 달아난 아낙네	海渡娘480)

촌 아낙네가 어떤 남자와 눈이 맞아, 바다를 건너 달아났다. 내가 『고악부古樂府』의 '야도랑夜度娘'481)을 본 따서 이 시를 지어, 그 아낙네를 풍자한다.
村女有渡海淫奔者。余作此詩。擬古樂府夜度娘以刺之。

아득한 바닷가 모래를	漠漠海底沙
밟고 왔으니 어찌 자취가 있으랴	踏來那有跡
내 마음이 배의 노가 된다면	儂心爲舟楫
밀물과 썰물처럼 기쁨이 일어나네	歡意作潮汐

---

479) 홍세태, 같은 책 권1.
480) 홍세태, 같은 책 권12.
481) 송宋 구준寇准, '야도랑夜度娘', "烟波渺渺一千里, 白苹香散東風起。日暮汀洲一望時, 柔情不斷如春水。"

한 쌍의 남녀가 밀통하여 바다 건너 달아났다. 바다 밑바닥, 모래를 밟고 달아나니 흔적이 없다. 물결이 지워주었을까. 인간의 천기를 그대로 드러낸 시이다. 비난하거나 흉볼게 없는 자리에 이 시가 놓여있다. 내 마음이 노가 되어 그 기쁨을 대신 노래해주고 싶다. 조수처럼 철썩이는 사랑의 놀이를.

덕구, 인로, 희성과 같이 경복궁 숙직소에서 밤새 얘기하고 짓다
與德耉, 仁老, 希聖. 會于舍弟景福宮直廬。夜話有作[482]

세상엔 눈썹 펼 만한 곳도 없어	世間無地可伸眉[483]
경복궁에서 친구 몇과 기약하였네	獨與西宮數子期[484]
늘그막에 제각기 서 말 술 갖고 와서	白首各携三斗酒
푸른 등불 아래 십 년 시모임을 또 이었네	青燈重續十年詩
까마귀도 새도 잠드는 초저녁인데	烏棲鳥宿方初夜
달빛과 서리가 한 연못에 가득해라	月色霜華共一池
취한 뒤 질탕하게 웃으며 얘기 나누니	醉後笑談從跌宕
호기 부리는 모습들 그 옛날 같아라	尙憐豪氣似當時

경복궁 숙직을 동료와 함께 하면서 그 회포를 적고 있다. 세상 어느 곳에 근심 한 자락 놓일 곳이 없었는데, 밤에 술추렴하여 뜻이 맞는 지음과 어울린다. 사귄 지 십여 년이 지났어도 여기서 또 시 모임을 가지니 질탕한 당직 근무가 제법 요란하다.

---

482) 홍세태, 같은 책 권3.
483) 눈썹을 펼 만큼 근심 걱정을 벗어버리게 하는 얘기를 말함. 송나라 매요신梅堯臣의 '취중유별영숙자리醉中留別永叔子履'에 "머뭇거리던 진자陳子도 과연 왔으니, 함께 작은 방에 앉아 애오라지 눈썹을 편다. 逡巡陳子果亦至. 共坐小室聊伸眉." 하였다.
484) '종자기鍾子期'는 '백아고금伯牙鼓琴'이란 고사에서, 옛날 백아는 거문고를 잘 타고 친구 종자기는 거문고 소리를 잘 알아들었다. 그래서 뜻이 잘 맞는 친구를 '지음知音' 이라 한다.

추운 밤, 잠은 오지 않고 외로이 등불만 비치는데 벽에 걸린 검을 바라
보고 감탄하여 시를 읊다.
寒夜無眠, 孤燈耿耿, 見壁上掛劍, 取視之, 感歎爲詩485)

외로운 밤 등불 앞에 앉아	獨夜燈前劍
칼 어루만지며 한바탕 노래 부르네	摩挲一放歌
누가 알아주랴 세상에 드문 보검을	誰知絶世寶
천하에 아직도 많지는 않은 걸	天下不曾多

사내대장부는 흉중에 검 한 자루는 항상 벼루고 산다. 평생 간직한 서 늘한 마음 한 조각, 외로운 밤 등불에 비추면 일렁이는 분노, 기백의 혼을 어루만지며 잠들지 못한다. 누가 알아주랴. 천하에 몇 안 되는 이 검의 소용을. 어찌 닭 잡는 데다 이 검을 쓰랴. 하늘가 시퍼렇게 울고 있는 잘 벼룬 조선 검 한 자루, 천출의 질곡에 묶여 갑 속에서 한 번도 제대로 빼보지 못하고, 속으로 쟁여 평생을 울던 검, 그 얼마나 아픈 광휘의 칼날인가.

평생   平生486)

평생은 구부러져 시 배운 건 보잘 게 없고	平生枉487)了學詩酸
성품은 외로운 소나무 같아 오만하여 차갑네	性似孤松尙傲寒
그때 공을 일삼아 어찌 감히 뜻했으랴	當世事功那敢意
해 저물어 마음의 바탕 도로 돌이켜 보네	年心地却回看
몸과 명예는 후직이란 벼슬할 만한데	身名后稷488)爲官可

---

485) 홍세태, 같은 책 권7.
486) 홍세태, 같은 책 권4.
487) 공자가 말하길, "곧은 이를 들어 저 굽은 이에게 둔다면, 능히 굽은 자로 하여금 곧아지게 하느니라. 子曰, 擧直錯諸枉, 能使枉者直." 『논어論語』, 「안연顔淵」.
488) 후직后稷은 중국 주나라의 시조로 성은 희姬, 이름은 기棄. 어머니가 거인의 발

나라에서 둔전을 도모하나 상소하기 어렵네	國計屯田[489]作奏難
술 취해 흥이 올라 내 춤추고 싶어도	興發醉中吾欲舞
야인은 말단 벼슬아치라고 다투어 웃네	野人爭笑短衣冠

평생을 돌아보니 생애는 뜻에 구부러진 채 시는 신산辛酸하고 성격은 오만하여 외로웠다고 자술하며 한 해가 저무는 때에 자신의 심지를 드러내 보인다. 자신은 농사를 담당하는 벼슬을 할 만한 사람인데 둔전제의 폐단을 상소하지도 못한다. 술이나 취하니 벼슬도 없는 이웃사람들은 날 처다보고 비웃는다고 스스로 자괴의 심정을 드러냈다.

아내가 술을 권하기에 '달이 졌는데 초가 없으니 어쩌냐'고 말하기에, 내가 은하수를 가리키며 '이걸로 비추면 된다' 하고, 이에 절구 한 수를 짓다.
室人勸酒, 謂月落無燭何, 余指天河曰, 以此照之, 仍成一絶[490]

술자리 어찌 촛불이 꼭 있어야 하랴	對酒何須燭
은하수가 내 술잔을 비추는데	天河照我盃
넓은 하늘 향해 취해 노래 부르면	酣歌向寥廓
아마도 주성이 찾아오겠지	倘取酒星[491]來

아내와 모처럼 마주 앉아 술상을 차려놓으니 초가 떨어져 안절부절

자국을 밟고 잉태하여 낳아서 불길하다 하여 세 차례나 버려졌으므로 기棄라는 이름이 붙여졌다. 순임금을 섬겨 사람들에게 농사를 가르쳐 그 공으로 후직后稷이라는 벼슬에 오름.
489) 둔전屯田은 변경이나 군사적 요지에 주둔한 군대의 군량을 마련하기 위하여 국가에서 지급한 토지로, 군인이 직접 경작하는 경우와 농민에게 경작시켜 수확량 일부를 거두는 두 가지가 있다.
490) 홍세태, 같은 책 권1.
491) 주성酒聖은 술을 말하는데, 흔히 청주淸酒는 성인聖人, 탁주濁酒는 현인賢人을 뜻한다.

한다. 하늘에 공짜로 널린 저 은하수를 끌어다 비추면 되는 걸, 하며 너스레를 뜬다. 정감이 있는 한 편의 아름다운 풍경이 시로 이렇게 승화될 줄이야. 술자리에 은하수를 청해 다가 불 밝혀놓으니 어스름한 분위기에 술 취해 노래를 부르니 주성酒聖은 필시 다녀갔을 법하다. 여백과 풍류, 그밖에 들어갈 틈이 전혀 없다.

시월 십육일 밤에 큰 바람 불고 눈이 내려
十月十六日夜, 大風而雪492)

세찬 바람이 바다 건너와	疾風渡海來
산골짜기를 온통 뒤흔들고	掀簸一山谷
바닷물도 뒤집혀 넘실대니	海水爲之蕩
조그만 오막살이 하나쯤이야	何況爾白屋
나뭇가지에 새둥지 흔들리는 듯	漂搖若鳥巢
창구멍으로 네 벽은 울부짖네	窓窣鳴四角
나그네 마음 어찌나 겁이 나든지	客心何栗烈
사나운 기세에 어쩔 줄 모르네	猛勢不可觸
한밤중 베개에 가만히 엎드려	中夜潛伏枕
땅이 뒤집히나 근심만 하네	直愁翻地軸
추운데 진눈깨비마저 쏟아지니	天寒兼雨雪
시내와 언덕에는 큰물이 넘치고	浩膠彌川陸
회오리바람 사납긴 하지만	雖云助飇虐
덤으로 독한 기운 사라져 좋아라	且喜消瘴毒
날 밝자 바람도 잠잠해졌는데	平明風稍息
산에 있는 나무는 여전히 울부짖네	餘怒在山木
산새와 짐승은 자취를 감추고	千林鳥獸窮
작은 마을 적막해 연기도 나지 않아	小村煙火寂
시골 늙은이는 세금 바칠 걱정이 앞서	田翁念租期

---

492) 홍세태, 같은 책 권4.

얼음판 길가다 소다리 분질렀네	氷路折牛足
소년은 화살을 찾아 헤매며	少年索弓箭
사슴이나 잡겠다고 홀로 나섰네	獨自出射鹿

　시월의 어느 날 밤, 무섭고도 험악한 일기를 두고 쓴 글이다. 전반부에서 거의 결구 직전까지 불순한 날씨와 산촌의 위태로운 정경이 숨 막히게 전개된다. 그러나 자세히 시를 분석하면, 정작 말하고 싶은 속내는 마지막 결구의 여섯 행 정도에 불과하다. 시인의 심리 저변에 깔린 불안과 공포의 대상은 앞에서 진술한, 미친 듯한 바람과 진눈깨비, 으르렁대는 파도 등으로 잠재의식 속에 일어나는 동요를 외물에 의탁하여 묘사한 뒤, 당시 시대상을 절묘한 실루엣으로 가려놓고 결구부분에서 비로소 이를 드러낸다. 살기가 어려워 자취를 감춘 산짐승, 온갖 세금에 허덕이는 시골 늙은이, 얼음판에서 짐수레를 끌다가 다리를 분지른 소, 풀숲에 쏴버린 빈 화살을 찾아 나선 소년, 등은 당시 백성들의 정처 없는 불안하고도 위태로운 심상을 드러낸 것이다.

　　서쪽으로 가서 생계를 도모했는데, 얻지 못하고 말았다. 갈 때 기약을 점쳤는데 일이 꼬여 수레가 멈추고 게다가 말까지 잃어, 마치 귀신에 홀린 듯 하였다. 이에 결연히 청평으로 갈 생각이다.
　　西遊爲謀生計, 盖不獲已也. 行期旣卜. 因事屢止而且墜馬, 若有魔戲然, 乃決意淸平之行.493)

서쪽으로 가다가 동쪽으로 가게 되었네	西行未就且東遊
득실은 하늘이 주니 내 맘대로 되지 않네	得失由天不自謀
한번 웃어넘기고 청평산 찾아 길 떠나니	一笑淸平山下路
어느 뉘 나와 다투랴, 흰 구름 흐르는 가을에	何人爭我白雲秋

---

493) 홍세태, 같은 책 권11.

생계를 도모하기 위해서, 길을 나섰다가 말을 잃어 수레도 멈추고 낭패를 당하니, 애초에 마음에 둔 계획을 바꿔 길을 다른 방향으로 돌리고 있다. 시의 화자는 이도저도 맘먹은 대로 되지 않는 일을 두고, 웃어넘기며, 달관한 사람처럼 허허롭다. 결구에서, 어느 누가 이 가을날 무심히 흐르는 구름같이 살 걸, 굳이 나와 다투겠는가라고 실소하는 정경이 자못 아프다.

거미   蜘蛛[494]

이건 가득 배에 실을 채워	滿腹絲都是
천부적으로 그물을 잘 엮지	天生結網工
자맥질해 먼저 풀에다 실을 뽑아	潛抽先絡草
대충 허공을 막고 치지	大設卽遮空
촘촘히 칠 걸 생각하면서	思密經營際
기틀을 매우 넓게 펼치네	機深布置中
좋은 자리는 벌레를 쏠 힘을 속이고	善緣欺蚈力
베 짜는 데 능해 누에의 공도 빼앗았지	能織奪蠶功
처마 사이로 비가 가늘게 흐르니	細漏簷間雨
가볍게 날리며 집 모퉁이가 바람이 이네	輕颺屋角風
잘못 부딪쳐 자는 참새를 훼방하고	誤衝妨宿雀
가로 얽혀 나는 벌레들 두려워하네	橫罥怵飛虫
대낮에 순식간에 잃는 걸 보니	白晝看來失
황혼은 어느 곳이나 내리는 게지	黃昏觸處同
살아서 네 가지 해로움 당하니	居當四要害
뜻은 한 개 사냥처가 되고자 해	意欲一牢籠
독 부리는 다른 적을 쫓아서	毒喙從他賊
창자를 탐하여 스스로 배를 채우네	饞腸得自充
상처를 문지르니 지혜가 어떤지 알랴	磨瘡何智識

---

494) 홍세태, 같은 책 권3.

즐거이 차지하니 신령도 통하겠네	占喜或靈通
생각해 보니 벼슬아치가 가여운데	觀感憐公子
기미를 알아 숨어사는 늙은이를 비웃네	知幾笑隱翁
왕이 헤아려 홀로 풀어주길 비니	商王獨解祝
지극한 덕이 오래도록 다하지 않기를	至德永無窮

　세밀한 관찰자의 시각으로 잘 정련하여 포착한 영물詠物 시로서 거미의 생태를 읊은 작품이다. 먼저 거미줄을 치는 거미의 노동을 찬찬히 묘사하고 난 뒤, 주변의 변화에 적응하는 응변의 기술도 덧붙였다. 정작 말하려는 작자의 의표는 결구 부분에 은닉되어 거미줄에 걸리길 기다리고 있다. 거미의 신령스런 지혜와 미덕을 찬양하면서, 거미줄에 걸려 제 명에 살지 못하고 대롱거리며 죽어야하는 공경대부를 차라리 가여워한다. 그러면서 정작 시인은 기미를 알아 숨어산다고 피력한다. 마지막 두 행은 거미줄에 걸려 마지막 숨을 거두길 기다리는 벼슬아치를 동정하며 거미 왕의 자비를 구한다. 자못 우스꽝스러운 진술 가운데, 재기와 골계의 미학이 살아 숨 쉬는 가작이다.

회포를 적다	述懷[495]
장부의 눈물을 흘리지 마라	不出丈夫淚
아녀자 마음이 상할까 두려워	恐傷兒女心
강개하여 문을 나서니	慷慨出門去
긴 바람 내 옷깃에 일어나네	長風生我襟
평생 책 읽기 좋아하여	平生好讀書
길이 고금을 누빌 뜻 품어	永懷橫古今
뜻이야 스스로 적게 하지 않아	志業不自小
군자의 숲에 서길 바랬는데	庶列君子林

---

495) 홍세태, 같은 책 권4.

웅대한 계획은 무너지고	雄圖坐濩落
백수로 좌절하고 말았네	白首成陸沈
이럴 줄 어찌 꿈엔들 생각했으랴	茲行豈夢寐
티끌 같은 세상사 갑자기 닥쳐오니	塵事遽見侵
처자를 위해 좋은 계책하려 하나	良爲妻孥計
옛 언덕에 깃들 겨를이 없네	未遑棲舊岑
공자는 창고 관리가 되어	仲尼爲委吏
회계를 스스로 맡았지	會計故自任
후생은 숨어서 문지기 하였고	侯生496)隱抱關497)
공자는 수레를 몰고 찾아가 말했네	公子駕言尋
천한 곳이 또한 어찌 병이랴	處賤亦何病
성인과 철인을 내가 흠모하도다	聖哲吾所欽
고개 숙여 생각하니 해 저물어	低回白日晚
말안장에 앉아 동무음을 읊조리네	據鞍東武吟498)
길을 가다가도 허둥대기 일쑤이니	棲棲499)行路間
워낭소리는 누가 알아듣겠나	牛鐸500)孰知音

496) 후생侯生은 위魏나라 신릉군信陵君의 문객 후영侯嬴을 말함. 전국 시대의 은사隱士로 위魏의 공자公子의 막내아들인 무기無忌의 상객上客이 되어, 무기가 조趙나라를 구하려고 할 때, 진비晉鄙의 군사를 동원케 하기 위해 병부兵符를 빼앗게 해 주고, 자기는 비밀을 지키려고 성공하면 자결하겠다고 약속하여 이를 결행하였다. 약속을 중히 여긴 것을 뜻함.『사기史記』권77,「위공자열전魏公子列傳」.
497) 포관抱關은 현자賢者가 밤에 성문을 돌면서 딱따기를 치고는, 그 대가를 받아 가난한 생계를 유지해 나가는 것을 말함.
498) 원래 악부樂府 초楚나라 조곡調曲의 이름인데, 당唐나라 이백李白이 지은 가사가 유명하다. 그 내용은 대체로 시사時事의 변천과 영화榮華의 덧없음을 노래하고 있음.
499) 서서棲棲는 마음이 안정되지 못하고 항상 일에 바쁜 모양이거나 허전한 것을 말함.
500) 우탁牛鐸은 소의 목에 다는 방울. 진晉나라 순욱荀勖이 길에서 조趙나라 상인의 소 방울 소리를 듣고 그 소리를 알았다. 그가 음악을 관장하게 되었을 때 음운이 조화롭지 못하자 말하기를 "조나라의 '소 방울牛鐸' 소리를 얻으면 조화를 이룰 것이다." 하고 마침내 모든 고을에 사람을 보내 소 방울을 모두 올려 보내게

| 팔월이라 잎이 진 산 | 八月風落山 |
| 올해도 이미 저물어가네 | 今歲亦已陰 |

　사내의 술회는 늘 뜨거운 눈물 가운데 있다. 회한과 비분강개한 저음의 탄식과 시름이 배어나오기 때문이다. 안으로는 이룬 공부가 없고, 딸린 가솔들은 궁핍하기만 한데 계책조차 또한 뚜렷하게 마련하지 못한 불구의 삶이다. 그리고 밖으로는 크게 소용이 되지못해 이리저리 내몰리며 세상과 불화하기 일쑤이니, 사내의 평생은 늘 어두운 회한과 우수의 그림자가 끈끈하게 따라 붙어 이게 사람을 영 못 견디게 만든다. 그래서 이백의 동무음이나 노래하며, 경륜을 펼 수 없는 세상에서 마지막 기댈 곳은 신선이 사는 이상향을 찾을 밖에, 그러나 어디인가. 그곳은 현실에 실재하지 않는데. 이백이 지은 '동무음東武吟'이란 제목의 시는 '동문을 나선 뒤 한림원의 여러 공들에게 회포를 부치며出東門後書懷留別翰林諸公'란 부제가 붙어 있다. 다음에서 이백의 '동무음' 전문을 살펴보자.

동무음	東武吟
옛 걸 좋아하고 속된 걸 비웃으며	好古笑流俗
평소 현달한 분 풍도를 들어왔네	素聞賢達風
어진 임금을 도우길 바래서	方希佐明主
길게 읍하고 공을 세울 말씀 올렸네	長揖辭成功
밝은 해는 하늘 높이 있어	白日在高天
빛은 미물을 두루 비추네	回光燭微躬
삼가 봉황의 조서 받들어	恭承鳳凰詔
우거진 덤불에서 문득 일어났네	欻起雲蘿中
아득한 궁궐은 그지없이 맑아	淸切紫霄迥[501]

하여 마침내 음률에 조화를 이루는 소 방울을 얻었다 한다.『진서晉書』권39,「순욱전荀勖傳」여기서는 자신의 시를 말함.

궁정을 맘껏 드나들었네	優游丹禁502)通
임금께서 환한 용안을 지으시고	君王賜顏色
명성은 커서 안개와 무지개를 뚫었네	聲价凌煙虹
천자의 수레에 푸른 덮개 두르고	乘輿擁翠蓋
신하들 금성 동쪽에 호위하였네	扈從金城東
좋은 말 타고 빼어난 경치 보며	寶馬麗絶景
비단 옷 입고 신풍으로 들어갔네	錦衣入新豐
바위에 기대어 소나무에 내린 눈 보고	依岩望松雪
술 마주 놓고 풍악을 울렸네	對酒鳴絲桐
양자운의 학문을 배워서	因學揚子雲
감천궁에서 부를 지어 올렸네	獻賦甘泉宮503)
임금은 좋은 재주 많다고 글 내리고	天書美片善
맑은 덕행은 끝없이 퍼져갔네	淸芬播無窮
돌아와 함양 땅에 들어가서	歸來入咸陽
웃으며 얘기하니 다 왕공이었네	談笑皆王公
하루아침에 금마문을 떠나니	一朝去金馬
정처 없이 떠도는 쑥대 신세 되어	飄落成飛蓬
찾아오는 손님들 날로 적어져	賓客日疏散
옥 술 단지 이미 다 비어있네	玉樽亦已空
재주는 아직도 기댈만 한데	才力猶可倚
세상의 영웅호걸에 부끄럽지 않네	不慚世上雄
한가로이 동무음 지었으나	閑作東武吟
곡진해 마음은 아직 다하지 못해	曲盡情未終
이를 적어서 벗에게 사례하노니	書此謝知己
황기옹을 내 찾아가리라	吾尋黃綺504)翁

---

501) 자소紫霄는 높은 하늘을 가리키며, 흔히 제왕의 처소를 일컬음.
502) 붉은 빛깔로 아름답게 장식한 금원禁苑을 단금丹禁이라 하는데, "각각으로 갈라져 있는 단금에는 시위병侍衛兵이 좌우로 열 지어 있다." 하였다. 『수서隋書』, 「백관지百官志」.
503) 감천궁甘泉宮은 한漢나라 궁궐의 이름.
504) 하황공夏黃公과 기리계綺里季를 가리킴. 진晉나라 말기에 상산商山에 들어가

이백은 장안을 떠나 천하를 떠돌 때 세상의 인심과 염량을 보고 당시 시속이 경박한 것을 보고 느꼈을 것이다. 그는 동문을 나선 뒤 아쉬운 정을 느끼며 '동무음'을 지었다. 이 시는 나중에 황제에게 인정받았는데 그는 궁궐에서 보낸 화려한 생활을 술회하고 난 뒤, "하루 아침에 금마문을 떠나니, 정처 없이 떠도는 쑥대 신세 되었네. 찾아오는 손님들 날로 적어져, 옥 술 단지 이미 다 비어있네. 재주는 아직도 기댈만 한데, 세상의 영웅호걸에 부끄럽지 않네."라고 하고, 결구에서 자신은 진나라 때 상산에 들어가 숨어살았던 두 신선인 하황공夏黃公과 기리계綺里季를 찾아 떠난다고 밝혔다.

뜻을 말하다	述志505)
십년 동안 어려운 재앙 앉아보니 빈이름이고	十年窮厄坐虛名
미혹한 길 부끄러워 한탄하니 생애가 어긋났네	憁恨迷途枉此生
요즈음 길가는 가운데 참맛이 있음을 아니	近向道中知有味
점점 몸밖에 정이야 잊으려고 하네	漸於身外欲忘情
소나기 지나가자 말끔해진 산은 도로 고요해	洗來急雨山還靜
뜬 구름 다 지나가니 물은 비로소 맑았네	過盡浮雲水始淸
오늘에야 성현의 글귀 눈에 가득하니	今日聖賢書滿眼
어느 곳을 쫓아 내 정성을 다할까	試從何處着吾誠

마흔네 살 때 지은 '술지述志'는 지나온 삶을 후회하면서 이제 성현의 글을 읽고 이를 실천할 것을 각오한 작품이다. 지난 십년을 돌아보니 겪은 고난이래야 빈 이름 뿐. 헷갈린 생애는 어긋났지만, 이제야 몸소 얻은 게 있는 듯하다. 승구에서는, 참맛을 얻었으니 몸 밖에 일은 잊어버

숨어살았던 상산사호四皓 중의 두 사람을 병칭함.『고사전高士傳』.
505) 홍세태, 같은 책 권2.

리고자 한다. 전구는 비유가 탁월한데, 고난이 마치 소나기처럼 지나가니 자신의 마음을 닮은 산은 움쩍도 하지 않고 고요하고 물처럼 맑다고 말한다. 궁액을 당한 뒤라야, 달관을 체득한 것이다. 이제 성현이 일찍이 하신 말씀이 비로소 실상으로 보이니 그걸 쫓아 정성을 다해 수양하리라 다짐한다.

고검　　　　　　　　　　　　　　　　　　　　　　　　古劍篇506)

내게 고검 있는데 길이는 한 자 남짓　　　　　　我有古劍長尺餘
검신은 짧으나 기가 이처럼 뿜어 나오니　　　　其身雖短氣赫如
바로 지옥 밑에서 나왔는지　　　　　　　　　　直疑出自酆獄底
용의 빛은 두숙과 우숙을 쏘는 듯하네　　　　　龍光猶射斗牛507)墟
갑에 넣어둔 지 삼십 년　　　　　　　　　　　　邇來閉匣三十霜
녹슬고 먼지에 묻혀 오래 감춰뒀네　　　　　　　苔蝕塵埋久晦藏
집사람과 아이들은 무딘 칼로 보아　　　　　　　家人小兒視鉛刀
던져두고 다시 마음 두지 않았는데　　　　　　　委擲不復心在亡
하늘이 아끼는 신물이라 내 말하며　　　　　　　我謂神物天所惜
눈처럼 희게 날을 벼리어 금장식하였네　　　　濯磨雪鍔金爲裝
가을 파도가 흰 벽에 걸린 듯　　　　　　　　　　秋濤掛素壁
달빛이 정광을 뿌리는 듯　　　　　　　　　　　　隙月流精光
몸에 지니고 떼어놓지 않아　　　　　　　　　　　携提不離身
죽을 때까지 같이 할 벗이라 불렀는데　　　　　呼爾作死友
엄한 서리에 돌 갈라지는 날씨 험한 날 밤　　　嚴霜裂石天氣勁
누워서 들으니 은은히 용 울부짖는 소리　　　　隱隱臥聽龍夜吼
용이 밤에 울부짖으니　　　　　　　　　　　　　龍夜吼
소리가 바르고 슬프구나　　　　　　　　　　　　聲正悲

---

506) 홍세태, 같은 책 권6.
507) 두우斗牛; 별 자리 이십팔수二十八宿 가운데 두성斗星과 우성牛星. 북두성北斗星과 견우성牽牛星.

평생에 한스럽게 여긴 건 형가라	平生恨荊軻508)
다만 헛되이 기둥에 칼을 던져	摘柱徒虛施
영아로 천하의 황제가 되게 하여	坐令嬴兒帝天下
당시에 개 잡은 일에는 미치지 못하였네	不及當時屠狗爲
아, 네가 나에게 어찌 중하게 쓰이랴	嗟爾得我那得重
오히려 닭 잡는 데 쓰지 않은 게 다행이네	猶幸不爲割鷄509)用
모름지기 깊이 감추어 천금을 기다려	且須深藏待千金
큰 용기 빛낼 천자를 만나길	會有天子爲大勇

칼은 위항인들이 즐겨 차용하던 시어로서 천출로 태어난 자신의 울분과 분노를 효과적으로 표현하는 매우 적절한 어휘로 보인다. 칼이 가지는 이미지는 두 층위의 구조를 가진다. 즉 안으로 수렴하는 의미로 쓰일 때는 갑 속에 감춰놓은 자신의 능력이나 국량을 상징하나, 외부로 발산하는 의미로 쓰일 때는 분노와 울분, 그리고 다분히 칼끝이 겨누는 저항과 반항, 공격성이 숨어있다. 이러한 두 층위의 알레고리 때문에 조선 중, 후반기의 위항이나 천출 시인의 시에는 더러 칼이 등장하며, 시의 재제로 채용되었다. 앞에 보이는 시도 이러한 계열에 놓여있다. 벼루어 둔 시퍼런 칼을 오직 갑 속에 넣어두고 뜻을 펼칠 수 없는 한계상황을 극적으로 그리고 있다. 소 잡는 칼을 어찌 닭 잡는 데다 쓰겠는가 하고 오직 천금을 기다려 크게 소용이 되어 쓰일 천자를 만나길 고대한다.

김명국의 물고기 그림을 보고 화답하여
-그림은 김명국이 그렸는데, 권세가가 소장한 것이다.
和金子畵魚歌510) – 畵是金命國511)筆, 而權家所藏云.

---

508) 형가荊軻(?~BC.227); 중국 전국시대의 자객. 위나라 사람으로 연나라 태자인 단丹의 부탁을 받고 진시황제를 암살하려 하였으나 실패하고 죽임을 당하였다.
509) "닭을 잡는 데에 어찌 소 잡는 칼을 쓰느냐. 割鷄焉用牛刀", 『논어論語』, 「양화陽貨」.
510) 홍세태, 같은 책 권3.

그대 집 벽 위에 풍파가 이네	君家壁上風濤起
푸른 바다에 용문이 몇 만 리던가	滄海龍門幾萬里
그 가운데 붉은 잉어 비늘 펼치고	中有赤鯉鱗甲張
그 몸을 변화하여 용이 되려 하네	變化其身學龍子
높은 하늘 삼천 길 한 번에 뛰어올라	沖霄一躍三千丈
달을 삼켜 뱃속에 넣으려 하네	意欲吞月入腹裏
하늘 높고 바다 넓어 힘에 부치는 듯	天高海闊未易力
구름과 천둥을 기다려야 날개 돋겠네	且待雲雷生羽翼
피라미 자라 따위 다 놀라 달아나고	纖鯈小鱔盡駭竄
물풀이 쓸리니 물고기 굴도 어두워라	水草靡靡魚穴黑
권세가는 소장해 뛰어난 보배라 하니	權家蓄此稱絶寶
김 노인 솜씨 아니면 그릴 수가 없어라	筆非金老畫不得
내 보니 그대 시가 그림 그대로 그렸네	我知君詩模寫工
이 그림과 더불어 솜씨 겨룰만해라	足與此畫相爭雄
저 잉어 잡아타고 물결 거슬러서	便欲乘鯉撤波去
용문까지 곧 바로 오르고 싶어라	有路直上龍門通

어느 권세가의 집에 김명국이 그린 '어도魚圖' 한 폭이 벽에 걸려있는

---

511) 김명국金命國(1600~?); 17세기 화단의 주류를 이룬 절파화풍浙派畫風의 대표적 화가, 본관은 안산. 자는 천여天汝, 호는 연담蓮潭, 국담菊潭, 취옹醉翁, 일명 명국明國, 또는 鳴國, 도화서圖畫署 화원을 거쳐 사학교수四學敎授를 지냈고, 1636년과 1643년 2차례 통신사를 따라 일본에 다녀왔다. 1647년 창경궁을 중수할 때는 책임화원으로 일했다. 1651년에는 현종명성후顯宗明聖后 '가례도감의궤嘉禮都監儀軌'의 제작에 한시각韓時覺 등과 함께 참여했다. 현재 남아 있는 작품들 중 일부는 안견파 화풍을 따랐던 것으로도 보이나, 대부분은 절파 후기의 광태사학파狂態邪學派 화풍을 보여준다. 그의 화풍은 굳세고도 몹시 거친 필치와 흑백대비가 심한 묵법墨法, 분방하게 가해진 준찰皴擦, 날카롭게 각이 진 윤곽선 등으로 특징지어지는데, '산수도', '설중귀려도雪中歸驢圖', '심산행려도深山行旅圖', '기려인물도騎驢人物圖', '관폭도觀瀑圖' 등에서 전형적으로 볼 수 있다. 이러한 절파풍의 산수인물화 이외에도 대담하고 힘찬 감필減筆로 처리된 선종화도 잘 그렸는데, '달마도達磨圖'는 그의 대표작으로 호방한 필법을 잘 보여준다.

걸 보고, 그 화제畵題에 화답하여 지은 작품이다. 그림의 전면에 흐르는 화의畵意를 매우 사실적이고도 맛깔나게 묘사하는데, 때로는 세세하기도 하고, 더러는 부풀기도 해서 감칠맛이 난다. 전반부에서 얼마나 잘 그렸는지 그림을 마치 살아있는 듯, 벽에 풍파가 이는 듯 하다고 하였다. 기묘한 시상의 포착으로 감각이 절정이다.

시골에서 흥이 나서 村興512)

1.
시골 늙은이도 또한 꽃을 사랑해   田翁亦愛花
꽃을 꺾어다 흰 머리에 꽂았네   折來簪白首
물가에 앉아 제 모습 비춰보다가   臨水自照容
고개 떨군 채 오랜 뒤에야 돌아오네   低回爲之久

2.
보리를 씨 뿌려도 배는 차지 않고   種麥不充腹
삼삼아 길쌈해도 무릎조차 가리기 어렵네 績麻難掩膝
동쪽 집에서는 고기 잡는 법을 배우니   東家學捕魚
방 가득 돈으로 채우는 걸 스스로 터득하네 自得錢滿室

시골의 풍정風情을 두 수로 엮었는데, 두 수의 분위기는 서로 대비된다. 첫째 수는 시골 노인으로 살며 물가에 나가 꽃놀이를 하다가 흥에 겨워 그걸 머리에 꽂았는데, 물위에 비추니 늙고 볼품이 없어 고개 떨구고 돌아온다. 아담한 풍경 속에 빙긋 웃음이 스친다. 두 번째 수는 곤고한 시골의 삶을 그리고 있다. 보릿고개를 넘으며 농사를 지어도 주리기는 매한가지이며, 베를 밤새도록 짜도 제 무릎 한 자락도 가리지 못하는

---

512) 홍세태, 같은 책 권4.

백성의 피폐한 삶을 말하고서, 고기를 잡아 작은 돈이나마 벌어 가용家
用에 충당하려는 옹색한 저들의 살림을 그대로 보여준다. 시의 저변에
묵직하게 드리운 당시의 부패상과 암울하고 참담한 농촌 실정이 교차
하고 있다.

서쪽으로 가는 세범 아우를 전송하며	送範弟西行513)
너 가면 어디에서 묵으려냐	汝去投何處
외로운 길 걱정도 많구나	孤行多所憂
푸른 산 너머 서쪽을 바라보니	靑山向西望
저녁노을 파주 땅에 가득 하구나	落日滿坡州

홍세태에게는 두 동생이 있었는데, 세범과 세굉이다. 아우가 가는 객지의 고달픔을 염려하며 길을 떠나는 아우에 대한 형의 따뜻한 마음이 녹아있다. 푸른 산 머리 서쪽 하늘을 바라보니 막막하다고 말하며, 저무는 노을이 파주 땅에 가득 고여 있다고 말한다. 이러한 표현의 심층에는 시인의 마음 한 켠에 가득 고이는 쓸쓸함과 보내는 사람의 애틋한 정이 무르녹아 있다.

산골짜기에서	峽中514)
1.	
깊은 골짜기 땅 밟지 않고서야	不踏峽中地
길 가기 어려운 걸 누가 알랴	誰知行路難
그늘진 벼랑에 석 자 눈 쌓이고	陰崖三尺雪
호랑이 발자국은 소반만큼 커구나	虎跡大如盤

---

513) 홍세태, 같은 책 권1.
514) 홍세태, 같은 책 권1.

2.
산골짜기에 바닥은 보이지 않고	山谷不見底
양쪽 벼랑에는 늙은 나무만 많아라	側崖多老木
나무 베러 오는 사람도 없어	無人來剪伐
들불만 빈 골짜기 안에 번져오네	野火入空腹

아주 궁벽한 산골짝을 지나면서 실경을 그대로 묘사하고 있다. 첫째 수는 어차피 가는 길을 뚫으려면 험한 골짝을 지나쳐야 되는데, 길조차 영 어려운데, 응달진 벼랑에 눈이 잔뜩 쌓인 데다, 호랑이 발자국까지 찍혀있다. 둘째 수는 양쪽에 아슬한 벼랑을 끼고 골짝을 가는데 바닥은 아득하고, 나무만 울창한데 나무꾼조차 없이 화전을 가꾸는 들불만 골짜기 안으로 비춘다 한다. 매우 치밀한 묘사력으로 생생하게 오지의 길을 더듬고 있다.

사동 초가집에 묵으며 느낌이 있어	沙洞草舍寄宿感懷515)
갈 데도 올 데도 없으니	去就俱無地
인생은 본래 떠다니는 신세라네	人生本自浮
고향 땅 돌아가리라 늘 생각했지만	每思還故土
돌아온 뒤 시름은 더욱 많았어라	歸後更多愁

어느 초가집에 묵으며 객고客苦를 달래는 모습이 수심으로 가득하다. 오갈 데가 딱히 없으니 늘 부평초 같은 떠돌이 신세, 그런데 막상 고향 집에 돌아가 보면 거기에는 더 많은 수심이 기다리고 있다는 걸 체득하여 알고 있다. 오가지도 못하고 차마 돌아가지도 못하는 나그네의 처지가 딱하기만 하다.

---

515) 홍세태, 같은 책 권1.

우천   隅川516)

나그네 시름 말할 수 없으니	客愁不可道
떠도는 나그네 어찌 이리 고달픈지	客遊何太苦
우습구나 나는 무얼 하는 사람인가	笑我胡爲乎
장인도 아니고 상인도 아니네	非工亦非賈
아득해라 산과 바다 고을에는	邈矣山海鄕
일찍이 듣자니 낙토가 있다던데	夙聞有樂土
석서시 읽고서 탄식하노니	歎彼碩鼠詩517)
감개가 어찌 유독 옛날만 그러했을까	感慨寧獨古
영웅이 때를 만나지 못해	英雄時不遇
또한 풀더미에 묻히기도 하는 것	亦或甘草莽
이 몸은 떠도는 외로운 쑥대 같아	身若孤蓬征
회오리바람에 휩쓸려 정처가 없네	飄颻靡定所
저녁에야 수평촌에 묵으니	暮投水坪村
초가집 두서너 채	茅茨兩三戶
새벽별 나와 사람을 비추니	晨星出照人
나그네 일어나 서로 얘기 나누네	行旅起相語

---

516) 홍세태, 같은 책 권1. *우천隅川은 강원도江原道 횡성현橫城縣에 있는 지명. 『신증동국여지승람』 제46권 '강원도, 횡성현' 조.

517) 『시경詩經』, 「위풍魏風」 '석서碩鼠' 편을 말함. '석서'는 큰 쥐를 말한다. 모두 3수로 이루어져 있다. "1) 큰 쥐야, 큰 쥐야. 내 기장 먹지 마라. 삼 년 동안 견디었건만 나를 생각지 않는구나. 가리라, 장차 너를 버리고 저 낙원으로 가리라. 낙원, 낙원이여 거기에서 내 살 곳 찾으리. 碩鼠碩鼠, 無食我黍. 三歲貫女, 莫我肯顧. 逝將去女, 適彼樂土. 樂土樂土, 爰得我所. 2) 큰 쥐야, 큰 쥐야, 내 보리 먹지 마라. 삼 년 동안 너를 견디었건만 내게 은혜를 베풀지 않는구나. 가리라, 너를 버리고 즐거운 나라로 가리라. 즐거운 나라, 즐거운 나라여 거기에서 내 살 곳 찾으리. 碩鼠碩鼠, 無食我麥. 三歲貫女, 莫我肯德. 逝將去女, 適彼樂國. 樂國樂國, 爰得我直. 3) 큰 쥐야, 큰 쥐야, 내 곡식 먹지 마라. 삼 년 동안 너를 견디었건만 나를 위로함이 없구나. 가리라, 너를 떠나 저 즐거운 들녘으로 가리라. 즐거운 들녘, 즐거운 들녘이여 누가 가서 길게 부르짖으랴. 碩鼠碩鼠, 無食我苗. 三歲貫女, 莫我肯勞. 逝將去女, 適彼樂郊. 樂郊樂郊, 誰之永號."

일찍 가는 길에 앞길 조심하시게	早行愼前路
산 깊어 승냥이 호랑이가 많다네	山深多豺虎

이 작품은 중의적으로 읽힌다. 겉으로는 궁벽한 고을을 떠도는 나그네로서 산골의 풍광을 노래한 듯하지만, 그 안을 들여다보면 시대의 아픈 진실이 도사리고 있다. 『시경』에서 백성을 도탄에 빠뜨리는 나쁜 위정자를 '석서碩鼠', 곧 '큰 쥐'라 노래했는데, 여기서도 주린 백성을 탐학하여 제 배를 불리는 당시의 부패상을 고발한 것이다. 그리고 결구에서 산 깊어 궁벽한 여기에도 승냥이와 호랑이가 많다고 말하며, 나그네로 서로 만나 하룻밤을 묵으며 밤새도록 소문으로 들은 이런저런 얘기를 나누며, 부디 그대의 앞길도 조심하라고 당부하고, 조선팔도 어디서나 무서운 탐관오리들의 노략질이 횡행하고 있음을 상징적으로 드러냈다. 시의 중간에서는 자신이 호걸이 되어 바른 뜻을 펼치지 못한 채 한갓 풀더미에 묻힌 걸 자탄하고 있기도 하다.

둔관행	屯官行[518]
필부가 의로움 좋아해 두 빈 손으로	匹夫好義雙手赤
천금을 돌같이 던지지 못한 걸 한탄하네	恨不千金擲如石
올해 우연히 일개 둔관이 되어	今年偶得一屯官
눈앞에 높이 쌓인 곡식을 보았네	眼前突兀看蓄積
문득 흩어서 나의 은혜 베풀고자	便欲散之爲我惠
떠도는 백성들 편히 살게 하고 싶네	坐使流離各安宅
어찌 급암처럼 창고를 열 마음이 없으랴	豈無汲黯[519]發倉心

---

518) 홍세태, 같은 책 권4.
519) 급암汲黯은 한漢 무제武帝 때 구경九卿으로 임금 면전에서 거침없이 바른말을 하였는데, 무제가 겉으로는 경외敬畏하였으나 속으로는 좋아하지 않았다. 결국 외직으로 쫓겨나 회양태수淮陽太守로 있다가 죽었다. 곧, 자기 몸의 안전을 생

다만 상사의 문책을 피하기 어려운 게 두렵네	直恐難逃上司責
상사의 법은 무겁고 둔관은 미약하니	上司法重屯官弱
아 나는 옛사람만도 못하네	嗚呼古人吾不若

국경 변방에 군영의 식량에 조달하기 위해서 둔전屯田을 관리하기 위해 별도로 둔관屯官이란 벼슬을 두었는데, 작자는 말단 벼슬로 그곳에 나가 지은 시이다. 어질게 백성을 보살피려는 포부를 가졌지만, 경륜을 펼칠 만큼 큰 벼슬이 아니다. 상관의 처벌이 두려워 창고를 열어 백성의 굶주림을 구제할 뜻을 펴지 못함을 스스로 기롱하여 지은 시이다.

동쪽 시냇가에서   東溪520)

시냇가의 풍경이 날 슬프게 하니	東溪物色使我悲
어제는 모였다가 오늘은 헤어졌네	昨日會合今別離
이제까진 근심과 기쁨 함께 했지만	從來憂喜本同域
모이고 흩어지는 게 때가 없는 걸 알겠네	亦知聚散無定時
날 저물자 양과 소는 내려오는데	日之夕矣羊牛下
길 가는 사람은 어디서 걸음 멈출까	行人何處初息駕
솔가지 끝에 밝은 달 다시 솟아오르니	松梢明月還復來
천리 강산 모두가 맑은 밤이네	千里江山共淸夜

어느 날 시냇가에 거닐다가, 예전에 자주 모였다가 이제는 흩어진 벗들을 그리워하는 시이다. 그때 근심과 기쁨을 나누며 자주 만나던 벗을 생각하고 있다. 마치 날 저물어 내려오는 양과 소처럼 다시 기약하면 좋으련만, 길 가는 사람은 다 제 갈 길로 가는 걸 깨닫고 슬퍼한다. 밤이 이

각지 않고 임금에게 바른 말을 하는 올곧음을 뜻함. 『사기史記』 권120, 「급암열전汲黯列傳」.
520) 홍세태, 같은 책 권2.

슥하도록 홀로 소요하다가 밝은 달빛만 소매 가득 담고 돌아오는 풍경이 아름답고도 애처롭다.

염곡칠가   鹽谷七歌521)

1.
나그네여 나그네여 자가 도장이라지   有客有客字道長
스스로 말하길 평생 강개한 뜻 품었지만   自謂平生志慨忼
일만 권 책 읽은 게 무슨 소용 있나   讀書萬卷何所用
늙으니 웅대한 포부도 풀 더미에 떨어졌네   遲暮雄圖落草莽
누가 천리마를 소금수레나 끌게 했던가   誰敎騏驥伏鹽車
태항산이 높아서 올라갈 수 없네   太行山522)高不可上
아, 첫 번째 노래를 부르려 하니   嗚呼一歌兮歌欲發
뜬구름이 밝은 해를 가리는구나   白日浮雲忽陰結

2.
아내여 아내여 그대와 결혼하고서   有妻有妻自結髮
온갖 근심 속에서도 금실만은 좋았지   百事傷心但琴瑟
씀바귀 먹고도 냉이 먹은 듯 성내는 기색 없어   食荼如薺無慍色
그대 아니었다면 어찌 오늘 있으리   微子吾能得今日
부끄러워라 남은 생애 조금이라도 갚아   愧無寸報慰餘生
오직 살아서 함께 묻히길 기약할밖에   獨有前期指同穴
아, 두 번째 노래 정말 슬프니   嗚呼二歌兮歌正悲
가련한 이 내 뜻을 하늘은 알아주실까   此意可憐天或知

3.

---

521) 홍세태, 같은 책 권13.
522) 태항산太行山은 중국 하남성과 산서성 경계에 있는 산으로 길이 험준하기로 유명하다. 백거이白居易의 시 '태항로太行路'에 "태항산 험한 길 수레를 부수지만, 인심에 비긴다면 평평한 길이라네. 太行之路能摧車, 若比人心是坦途." 하였다.

딸들아 황천에 있는 우리 딸들아	有女有女在九原
너희들은 한을 머금은 채 원혼이 되었겠지	想爾抱恨爲寃魂
위로는 부모가 있고 아래로 자식들 있으니	上有父母下兒女
슬프다 차마 그 유언을 듣지 못 하겠구나	哀哉不忍聽遺言
늙은 나무는 서리 맞고도 죽지 않았지만	經霜老木猶未死
다시 꽃 피운들 뿌리를 덮을 수 있으랴	縱復花開可庇根
아, 세 번째 노래여 뼈에 사무치니	嗚呼三歌兮歌轉惻
어떻게 보리밥이나 지어 한식날 먹일 수 있을까	麥飯何由作寒食

4.

손자들아 손자들아 송계에 맡겼으니	有孫有孫寄松溪
늘그막에 각각 헤어지단 말하지 말아라	不言臨老各東西
다만 흩어져 배우길 그만 두지 않길 원하니	但願流離不廢學
소매 안에 주자서를 홀로 지니고서	袖中紫陽523)書獨携
밤에 두견새 울고 아가위나무 잎 지니	子規夜啼棠梨葉
동풍이 불어 들가에 수초는 수북하네	東風野水草萋萋
아, 네 번째 노래여 애를 끊으니	嗚呼四歌兮歌斷腸
아득하구나 네 어미들 내 곁에 오려나	怳惚汝母來我傍

5.

내 집은 북쪽 산에 있고 앞에는 시냇물 흐르니	我家北山前溪流
사립문에 홀로 버드나무 물가에 서있네	柴門獨柳立水頭
푸른 그늘 마당을 덮고 바람은 옷깃에 부니	綠陰滿地風散襟
한평생 베개 높이 괴고 누대에서 내려가지 않네	高枕終年不下樓
무단히 진흙소를 타고 한 번 가버리니	無端一去騎土牛524)
이 고을 사람은 어찌 나를 구하리오	此洞之人豈我求

523) 주자朱子가 자양산紫陽山에 학당學堂을 세웠던 까닭에 후인들이 주자를 자양이라 부름.
524) 진흙으로 빚은 소를 말함. 옛날 입춘에 토우를 만들어 멍에를 씌우고 채찍으로 때리며 관청 뜰에서 밭가는 시늉을 하여 풍년을 기원하던 풍속을 타춘打春이라 한다. 후대에는 진흙 대신 짚, 갈대, 종이로 만들었는데 춘우春牛라 한다.

| 아, 다섯 번째 노래여 노래가 슬프도록 길구나 | 嗚呼五歌兮歌悵佇 |
| 그대는 어찌해 돌아오지 않고 산새만 지저귀나 | 君胡不歸山鳥語 |

6.
여러 해 나라가 재앙으로 흉년과 염병 거듭되니	數年邦厄荐饑疫
나라고 홀로 어찌 유랑을 면할 수 있으랴	我獨何能免漂泊
궁하게 살며 죽지 않는 걸 다행이라 여기니	窮居不死誠自幸
눈에 띄는 주린 시신은 큰 길에 흩어져	眼看積殍橫九陌525)
봄 그늘 하루 종일 햇볕 들지 않는데	春陰連日不見陽
잠결에 찢어진 창에 빗방울 지는 소리 들리네	破窓夜眠聆雨滴
아, 여섯 번째 노래가 격앙되니	嗚呼六歌兮歌激昻
깜깜한 방구석에 하는 근심이야 묘당에 서랴	漆室之憂526)況廟堂

7.
저자에 있는 집에는 풀이 자라지 않고	地不生草宅近市
종일 두려워하는 갇힌 사람이네	終日曉曉錮人耳
아침에 문 나서니 큰길이 임하여	朝來出門臨大道
수레와 말이 오가며 누구인지 묻구나	車馬相逢問誰是
베옷입고 두려워 앞에 나서지도 못하니	短衣怵惕不敢前
돌아와 침상에 누우니 늙은이로다	歸臥床頭有老子
아, 일곱 번째 노래여 노래 부르고 또 부르네	嗚呼七歌兮歌復歌
슬픔과 즐거움은 하늘에 있으니 어이 하리오	哀樂從天可奈何

---

525) 구맥九陌은 도성都城의 큰 길.
526) 칠실지우漆室之憂: 칠실은 춘추시대 노魯 나라 읍邑 이름. 『열녀전烈女傳』에 노나라 칠실의 한 여자가 기둥에 기대어 울고 있어 이웃 사람이 시집을 못가서 우느냐고 물으니, 여자 대답이 "사람을 너무 모른다. 임금은 늙고 태자는 어리니 그것이 걱정되어 운다." 하였다. 그 사람이 웃으면서 말하기를, "그것은 대부들이나 할 걱정이다." 하니, 대답이 "그렇지 않다. 지난날 객客의 말이 고삐가 풀려 우리 아욱 밭을 밟아 1년 내내 내가 아욱을 먹지 못하였다. 노나라에 환란이 생기면 군신과 부자가 다 그 해를 입게 되는데 부녀자가 유독 피할 수 있겠는가?" 하였다.

홍세태는 예순아홉 살 되던 해에 자전적인 연작시 '염곡칠가鹽谷七歌'를 지었다. 그 구성은, 나그네로 떠도는 자신, 남루에 시달리는 아내, 황천에 간 여식들, 어린 손자들, 백성의 참상 등을 읊고 있다. 자신 같은 천리마에게 소금수레나 끌게 하는 사회가 바로 그가 인식한 당대의 부조리한 현실이다. 그러나 그는 포기하거나 좌절하지 않고, 제자들에게도 천기天機를 잘 보전하여 시를 지으라고 권하였다. 제자 정민교鄭敏僑가 일자리를 찾아 지방으로 내려가게 되자, 홍세태가 글을 지어 주었다.

"슬프다, 선비가 이 세상에 나서 군자의 도를 배우지 않으면 어찌 사람이라 하겠는가. 재주가 있고 없는 것은 내게 달렸으며, 그 재주를 쓰고 쓰지 않는 것은 남에게 달렸다. 나는 내게 달린 것을 할 뿐이다. 어찌 남에게 달린 것 때문에 궁하고 통하며 기뻐하고 슬퍼하다가, 내가 하늘로부터 받은 것을 그만둘 수 있으랴."527)

중인 이하에게 벼슬길을 제한하는 억압된 신분제도 때문에 슬퍼할 게 아니라, 타고난 천기와 글재주를 맘껏 발휘하라는 충고이자, 사대부 문단에 대한 불만의 선언이다. 그의 천기론은 후대에 더욱 발전하여 위항시인들이 방대한 분량의 시선집을 출판하는 원동력이 되었다.

밤 밭에서 栗園528)

들사람은 고라니 사슴 같아	野人似麋鹿
큰 숲속에 누워서 쉬네	偃息長林間
숲에 들면 꾀꼬리 노래를 듣고	入林聽黃鳥

---

527) 嗚呼, 士生斯世. 不學君子之道則其何以爲人也. 才不才在我, 用不用在人. 吾且爲在我者而已. 豈可以在人者. 爲之窮通欣戚, 而廢我之所得於天者乎. 홍세태, 같은 책 권9, '送鄭季通敏僑序'.
528) 홍세태, 같은 책 권2.

숲에 나오면 푸른 산을 보네 　　　　　　　　　　　出林見靑山

밤 밭이나 가꾸며 들풀처럼 살아가는 야인을 두고 지은 시이다. 자연을 벗 삼아 거리낌 없이 산짐승과 더불어 사는 삶을 그리고 있다. 전구와 결구에서 서로 대對가 되어 한 짝을 이루며, 숲에 들어 숨어사는 삶의 들고 남이 자유롭다.

느낌이 있어 　　　　　　　　　　　　　　　　　　　　有感529)

세상에 살아 어느 누가 백세를 누리랴 　　　　　處世何人百歲能
일생에 노래와 통곡이 괴롭게 거듭되네 　　　　一生歌哭苦相仍
오늘 아침 아이가 죽었다는 소식 또 들으니 　　今朝又報阿兒死
두타산 봉우리 위에 스님 도로 생각나네 　　　却憶頭陀峰530)上僧

홍세태가 마흔 살 무렵, 어느 아침에 자식 아이의 부음을 듣고 애통하며 지은 작품이다. 올해 벌써 한 아들과 두 조카를 잃었다. 자식마다 모두 앞세워 저승으로 보낸 홍세태는 이런 때 아마도 십 년 전에 찾았던 관동지방의 두타산 스님이 떠올랐을까. 스님은 무려 삼십 년을 동구洞口 불출하여 산을 벗어나지 않은 고승이었다. 번뇌와 무상을 깨닫게 해

---

529) 홍세태, 같은 책 권2. 시의 말미에 저자의 주가 장황하게 붙어있다. "余十年前。嘗遊關東頭陀山。山窮路盡。緣峭壁而上。絶頂平處有小庵。二僧居焉。年皆七十餘。厖眉雪衲。不下山三十餘年矣。是時春暮。山極深峻。不見花。亦無鳥雀聲。有蝴蝶一雙栩栩然飛繞於庭前細菜之上。剜竹引泉。自遠而至。從屋上墜于槽。淙淙有聲。余問僧曰老和尙亦有思慮乎。曰此久。不與人接。身旣無累。安有思慮。余聞此言。不覺爽然自失。四十年人世。汨沒苦海之中。欲出不得。雖欲爲此僧。其可得乎。每當悲惱死生之際。輒復思憶。今年哭一子。又哭兩侄兒。哀痛慘絶。口占一絶。仍幷記其事云。"
530) 강원도 동해시 삼화동과 삼척시 하장면과 미로면에 걸쳐 있는 산으로 높이 1,353m. 태백산맥의 동단부에 위치하며 동서 간에 분수령을 이룬다.

준 도리야 이미 알지만 누를 길 없는 가슴 먹먹함에 머리 돌려 망연히 두타산 봉우리를 올려다보았을지 모른다.

연못가에서 흥이 절로 우러나서   池上漫興531)

한가로이 연못가에 팔 베고 잠드니	閑來池上枕肱眠
맑은 물결에 그림자 일자 물 밑에 하늘 있네	影落澄波水底天
한낮 버들 바람은 얼굴 간지르며 불어오고	日午柳風吹拂面
푸른 산은 내 앞에 성큼 다가섰네	靑山還復在吾前

연못에 가득 담겨 되비치는 푸른 산을 보노라니, 버들개지는 바람에 살랑이며 얼굴에 간지럼을 태우고, 푸른 산은 언제 내려왔는지 물가에 앉은 시인의 무르팍에 내려 앉아있다. 절묘한 일필휘지一筆揮之가 여기 있다.

우거하며   寓居532)

초가집 처마가 어찌나 짧은지	草屋簷何短
휘장을 걷어 올리자 누운 채 하늘이 뵈네	褰帷臥見天
가을 깊어 이슬 처음 맺히고	秋深露始結
밤 이슥해 달만 외로이 걸렸네	夜久月孤懸
늙은 어머님 모시는 근심에 병은 깊은데	奉老憂多病
집 옮기느라 돈까지 모자라 괴로워라	移居苦少錢
잠 못 이뤄 나뭇잎 지는 소리 듣다가	不眠聞落木
빨리 흐르는 세월 새삼 느끼네	兼此感流年

초가집 처마가 너무 짧은 그만큼 살림도 옹색한 듯하다. 어머니를 모

---

531) 홍세태, 같은 책 권2.
532) 홍세태, 같은 책 권2.

시려니 근심이 많은데, 돈은 모자라고 궁리해봐야 대책은 없으니, 잠 못 이루고 뒤척이다가 세월만 쏜살같이 흐르는 걸 느끼고 있다.

동전 실은 손수레	鐵車牛行[533]
큰 수레 가득 두 마리 소가 끌고 가는데	大車彭彭服兩牛
앞 소나 뒤 소도 다 고개 떨구네	前牛後牛皆垂頭
소는 지치고 수레는 무거워 가지 못하는데	牛罷車重行不得
열 걸음도 가지 못해 다섯 걸음에 쉬네	十步之內五步休
수레 속에는 무슨 물건을 실었던가	借問車中載何物
관가에서 만든 엽전이니 구리쇠일세	官家鑄錢須銅鐵
이 쇠는 남쪽 오랑캐 땅에서 난 것이라	此鐵由來出南蠻
동래 큰 장사꾼이 거간하였네	萊州大商緣其間
넓은 바다에 많은 배들 고슴도치 털처럼	滄溟萬舸簇蝟毛
부산에서 돛 달고 용산으로 왔네	釜山掛帆來龍山
장안의 유월은 불처럼 타오르는데	長安六月烘如火
쇠수레는 북한산 아래까지 이어지네	鐵車相連北山下
장군의 막부는 골짜기를 누를 듯한데	將軍幕府壓山谷
수많은 사내들 도가니에다 풀무질하네	萬夫橐籥張爐冶
도가니에서 날마다 천만 근씩 녹여서	爐中一日得千萬
쇠돈은 다시 동래 장사꾼에게 넘겨지네	鐵貨更與萊商販
동래 장사꾼 날로 부유하나 돈은 날로 천해져	萊商日富錢日賤
관청에서 어찌 백성의 어려움을 구제하랴	九府何曾求人困
가난한 백성도 몰래 돈 만든다는 소리 들리니	還聞細民竊爲幣
더러 사사로이 돈 만들어 나라 법을 범하네	往往私鑄干邦憲
관가에서 소 기르며 먹이를 준다지만	官家養牛亦有食
수레 몰이꾼은 해마다 굶주려 소먹이 나눠먹네	車丁歲饑分牛飯
몰이꾼아 빨리 달리라고 채찍질하지 말게	我謂車丁鞭莫疾
소 넘어지면 수레 축 부러진다네	牛蹄蹶兮車軸折

---

533) 홍세태, 같은 책 권2.

수레 축이야 부러져도 괜찮지만	車軸折尙可
소까지 죽으면 어떻게 하랴	牛斃不可說
활은 쇠뿔로, 갑옷은 쇠가죽으로 만드는데	弓牛之角甲牛皮
관가의 돈 만들기는 언제나 끝이 나랴	官家鑄錢何時畢

1697년에 궁가宮家에서 돈을 주조하기 위한 동철銅鐵을 실어 나르는 것을 풍자한 작품이다. 당시의 부패한 시대상을 고발한 것인데 매우 희화적으로 그려져 실소失笑를 자아낸다. 무거운 동철을 가득 싣고 가는 수레가 힘에 부쳐 낑낑 거리고 마구 만든 동전으로 피폐해진 경제상을 비판하고 있다.

그럼에도 기층민중의 삶은 더욱 곤궁하여 굶주려 소꼴을 나눠먹고 있는 실정을 지적하고 있다. 끝날 줄 모르는 탐학의 끝을 적나라하게 제시하여 붓끝이 겨누는 서슬이 시퍼렇다.

들판의 메추라기	野田鶉行[534]
들판의 메추라기야	野田鶉
태어나 들판에 살며	生在野田中
갈대숲에다 둥지를 트네	結巢蒿荻叢
비록 무성한 숲은 아니지만	雖非托茂林
제 몸 숨기기에는 넉넉하구나	亦足藏其躬
한 해 저물고 추위 북풍 사나울 때면	歲暮天寒北風勁
굶주린 매 사나운 부리가 추상같지만	飢鷹吻當霜空
들판의 메추라기야	野田鶉
네 몸 작다고 한탄하지 마라	莫恨爾身微
아침거리 되는 건 면할 수 있으니까	得免爪攫充朝飢
이제 알겠네 크고 작은 게 쓰일 데 있으니	乃知大小各有用
만물은 모두 천기를 타고난 것을	萬物皆天機

[534] 홍세태, 같은 책 권4.

들판에 사는 작은 메추라기를 두고 제 명을 보존하는 지혜를 읽고 있다. 마치 『장자』에 나오는 '산목山木'을 닮아있다. 구부정한 나무이기에 나무꾼의 도끼에 찍혀 넘어질 근심이 없으니, 오히려 잘 생기고 쭉 뻗은 나무보다 낫다는 것이다. 그래서 천수를 누리며 제 성명을 보존할 수 있다는 장자의 우화와 긴밀하게 연결된다. 아무리 하찮은 미물도 하물며 저러한데, 비록 천출로 태어난 몸이지만, 자신도 작게 소용은 되리라는 작은 희망을 덧입혀 놓았다. 만물은 하나같이 나름의 천기를 품부 받아 태어났으므로.

어린 대나무	嫩竹535)
어린 대나무 몇 자 안되지만	嫩竹纔數尺
구름도 넘어설 뜻 이미 지녔네	已含凌雲意
몸을 날려 용이 되고	騰身欲化龍
평지에 눕지는 않으리	不肯臥平地

어린 대나무를 보고 그 무한한 잠재성을 드러낸 영물詠物 시이다. 매우 짧은 시이지만, 담긴 깊은 뜻은 절창으로 읽힌다. 몇 자 되지 않는 어린 대가 자라나면 구름도 넘어서 용도 되고, 굳은 절의로 결코 땅바닥에 드러눕지는 않으리라는 의표를 담고 있다. 아마도 작가 자신의 호연한 포부와 기백을 드러낸 시로 읽힌다.

어제	昨日536)
어제 님과 헤어진 곳	昨日別離處

---

535) 홍세태, 같은 책 권2.
536) 홍세태, 같은 책 권2.

오늘 아침 발자국 보았네	今朝見行跡
말울음 소리 들릴 듯하지만	馬嘶如可聞
천리도 지척에서 멀어졌지	千里起咫尺
강남에는 봄풀이 돋아	江南有春草
아 멀리 떠돌아다니시겠지	嗟爾遠遊客

어제 임과 헤어진 그곳을 오늘 아침 다시 찾아와 못다 푼 이별의 정을 재삼 확인하고 있다. 지금은 말울음 소리가 천리나 멀어졌지만, 다시 찾아 여기 오니 지척인 듯 하다고 한다. 기묘한 표현이다. 시공간을 뛰어넘는 거리와 음향의 환치가 아름답다. 결구에서 강남의 봄풀은 새로 돋아 그 생기를 가신 임의 발걸음에 불어넣어, 멀리 떠도는 임의 안녕을 바라는 마음이 숨어있다.

새벽 동산을 거닐며	晨行園中遣興[537]

새벽에 일어나 동산을 거니니	晨起涉中園
풀은 우거져 찬 이슬 맺혔네	草深露湑湑
숲에 바람 스치고 지나가자	林風一蕭散
무더운 기운 어느새 가시네	煩暑覺已去
새들은 아직도 나무에서 잠자고	宿鳥猶在樹
귀뚜라미는 제 홀로 끝없이 우네	孤蛩深自語
가슴속 그윽한 가운데 느끼니	幽懷易爲感
가을 기운 어느새 완연하구나	秋意遽如許
또 한 해 저문다고 무엇이 슬프랴	歲暮亦何悲
뜻있는 선비도 가난한 아낙네 같은 걸	志士同寒女

이른 새벽 산책길을 가며 경물을 그린 소품이다. 찬 이슬 밟으며 숲과

---

[537] 홍세태, 같은 책 권5.

미물의 움직임을 정밀하게 포착하여 장면의 전환을 산책길을 따라 배치하여 서술하고 있다. 또 한 해가 저무는데, 한갓 선비라는 사람도 아낙네와 다름이 없다고 하면서, 자신의 협소하고 옹색한 현재의 심정을 결구에서 토로하고 있다.

강마을에서 흥을 느껴　　　　　　　　　　　　　　水村感興538)

1.
두메라서 사람들 일찍 일어나고　　　　　　　　　山家人起早
모든 닭들도 동튼다고 우네　　　　　　　　　　　衆雞號天曙
나그네 칡으로 얽은 신이 서글퍼　　　　　　　　　客子悲葛屨
한 해 저물도록 서리 이슬을 밟네　　　　　　　　歲晏踐霜露
들판에는 아무도 없어　　　　　　　　　　　　　中野虛無人
밝은 별빛만 내 걸음을 비추네　　　　　　　　　　明星照我去
골짜기 돌아들자 산 더욱 험하고　　　　　　　　　溪回山且險
물은 깊어서 건널 수 없어라　　　　　　　　　　　水深不可渡
동트기가 어찌 이리 더딘지　　　　　　　　　　　東方何其遲
남북으로 가는 갈림길에 서 있네　　　　　　　　　南北有歧路

---

538) 홍세태, 같은 책 권1. 이 시는 모두 6수인데, 2, 3, 4, 5, 6수는 다음과 같다. 2) 朝日何杲杲。照此野田中。田中何所有。葵藿與蒿蓬。葵傾向太陽。蓬飛逐長風。淸霜霑野草。零落與之同。君子抱貞操。誰能亮我衷。 3) 我行墟里間。蔓草何離離。借問誰家墳。相對正纍纍。樵牧登其上。狐狸夜鳴悲。人生有如此。富貴能幾時。齷齪百年內。嗟爾欲何爲。 4) 山田刈黃粱。水田刈晚稻。今年稍有收。霜降幸不早。田家休歲功。放牛野中草。閑時上東皐。顧瞻望官道。落日映山澤。雲水白浩浩。夜歸茆堂臥。濁醪聚隣老。農談非妙理。亦足開懷抱。 5) 壟壟菅中露。肅肅瓠上霜。涼風日夕起。遊子戀故鄕。明月出東山。忽已照我裳。星漢高且亮。原野一蒼蒼。哀鴻號枉渚。烏鵲翻南翔。川塗渺遠懷。徙倚以彷徨。所思不可見。喟然獨悲傷。 6) 鷖沸野中泉。湛湛淸且冽。晨起挹素源。漱齒取斯潔。淸心去塵垢。爽朗氣朝徹。烟霜淨天宇。稍見山外日。萬象俱境空。高興杳蕭瑟。兀然坐中田。孤鴻映天沒。

어느 강촌을 지나가는 너무 이른 새벽 길 위쯤으로 보인다. 두메에 인적은 끊기고, 멀리 닭 홰치는 소리 간간히 들리는데, 낡은 신발로 오랜 여정을 밟아오는 중이다. 별빛만 초롱초롱 발밑을 비추는데 길을 잘못 들어 험한 산길과 물을 만나 고생을 한 듯하다. 헷갈린 이정표 때문에 날 새기만을 기다리는 나그네, 그 발길은 천 근보다 무겁다. 낭패를 본 여정의 심상을 담백하게 그리고 있다. 여섯 수 가운데 첫째 수이다.

아봉이를 그리워하며 憶阿鳳539)

자식 사랑하는 부모 마음이야 　　　　愛子父母情
아들딸을 가리지 않는단다 　　　　　 不必論男女
지난번 집에서 온 편지를 보니 　　　 昨見家中書
네가 이젠 말도 한다고 썼더구나 　　 道汝已能語

아봉阿鳳이는 작자의 여식 이름일 것이다. 승구에서 남녀를 논할 게 없다고 한 말이 그걸 말해준다. 집에서 온 편지를 받으니 이제 겨우 말을 하기 시작한 모양이다. 그래서 멀리 두고 온 어린 딸애를 생각하며 애틋한 마음으로 애비의 심정을 단아하게 그려내고 있다.

마음껏 읊다 放吟540)

천하 일이 뜻대로 되지 않으니 　　　 天下事不如意
세상사람 가운데 누가 날 알아주랴 　 世間誰是知音
뜬 구름 흐르는 물은 아침저녁 바뀌건만 　浮雲流水朝暮
밝은 달 맑은 바람은 예나 이제나 같구나 　明月淸風古今

---

539) 홍세태, 같은 책 권1.
540) 홍세태, 같은 책 권2.

이런 시는 한 잔 거나하게 마시고 대취하여 대로에서 읊으면 그만일 것이다. 천하 일이 어디 맘대로 되나, 세상에 날 알아주는 이는 어디 또 있는가. 자탄의 고함소리가 찌렁찌렁 울린다. 뜬구름도 저 무심한 물도 모두 흘러가건만, 하늘에 뜬 저 달과 바람은 변함이 없다고 한다. 울분과 분노가 뒤범벅이 된 시인의 내면이 과잉되어 분출한다.

삼청동에서	三淸洞歌541)
백련봉은 용과 범이 서린 곳	白蓮峰作龍虎盤
가운데 삼청 옛집에 단이 있고	中有三淸古屋壇
단 앞에는 울창한 솔숲이 있어	壇前鬱鬱松樹林
골짝 그늘에는 유월에도 바람이 차네	洞陰六月靈風寒
소년들 술 독 들고 여기 찾아오니	少年攜酒此來往
함께 노니는 사람 누구인가 다 우리벗이네	與遊者誰皆吾黨
늙은 초부가 붓을 들면 구름이 휘날리고	蕉翁落筆雲煙動
수풀의 노인이 노래하면 바위계곡이 울리네	林老放歌巖谷響
수십 년 만에 오니 옛 모습이 아니고	數十年來非舊觀
만 그루 소나무 우람해 몰래 베려고 엿 보네	萬松濯濯偸斫殘
신령스런 산에 죽치고 앉아 날로 초췌해	坐令神嶽日憔悴
꿋꿋이 서서 구름에 뿌리내려 푸른 빛 띄네	骨立雲根剝蒼翠
보잘 것 없는 백성은 법에 베지 못하게 해	小民于法不容誅
곧장 원기가 마침내 말라죽을까 두렵네	直恐元氣終凋枯
슬프게도 골짜기 광채 없어 시냇물은 급하고	哀壑無光水流急
골짜기 깊은 곳에 산귀신이 바람소리 내네	山鬼谷深風號呼
같이 놀던 옛 친구는 다시 어디에 있는지	同遊故人復誰在
푸른 산 홀로 보니 지금도 여전하네	獨見靑山今不改
인간 세상 우러러 굽어보니 이미 허여한 듯	人間俯仰已如許
푸른 바다가 뽕밭이 된다는 말 어찌 빈말이랴	滄海桑田豈虛語

---

541) 홍세태, 같은 책 권2.

| 소나무 위 구름은 날고 싶어도 날지 못하니 | 欲飛不飛松上雲 |
| 나의 이 회포를 아는 건 오직 네게 있구나 | 知我此懷惟有汝 |

시의 전반부와 후반부의 분위기는 상반되어 전개된다. 전반부는 과거의 화창하던 시절에 대한 회상이고, 후반부는 당시의 시대상과 분위기를 저변에 깔고 음울하고도 조락한 기운이 곳곳에 스며들어 있다. 예전에 삼청동에서 시회를 열며 노닐던 벗들은 다 흩어지고 다시 찾아온 골짜기는 옛 모습이 사라져 울창하던 숲은 생기를 잃었다고 말한다. 후반부에는 상전벽해가 되어 산도 인심도 모두 변하여 볼 게 없으며, 솔가지 위에 한 줄기 엷힌 구름은 시인의 남은 마음인가, 날고 싶어도 그마저 여의치 않다고 한탄한다.

서옹의 백천농장에 묵으며	寄西翁白川庄[542]
흉년이지만 농장에 돌아오니 한가로워	凶歲歸田也自閑
한양은 일 많아 돌아갈 곳 못되네	洛中多事不須還
서리치기 전에 벼 거두러 가을들로 나가고	霜前穫稻秋行野
눈 속에 스님 찾으러 밤중에 산을 오르네	雪裏尋僧夜到山
세상 살며 먹고 입을 게 이만하면 넉넉하니	生世食衣裁取足
늘그막에 아이들도 얼굴이 퍼지네	暮年兒女亦怡顏
천지간에 가엾기는 집 없는 사람이니	獨憐天地無家者
흰 머리로 뒷골목을 헤매고 다니네	白首湛浮市巷間

어떤 늙은이의 농장에 머물며 지은 시로, 당시는 흉년이 들어 먹고 살기가 어려운 시절로 보인다. 부지런히 몸을 움직여 추수를 하고나니 넉넉한 마음이 생겨 아이들 얼굴도 퍼진다고 한다. 덩달아 결구에서는 주

---

542) 홍세태, 같은 책 권2.

리고 집도 없이 떠도는 사람들에 대한 연민을 드러내며, 마친 자신의 일인 양 슬퍼하고 있다.

용만가	龍灣543)歌544)
1.	
의주 땅 옛 요동과 맞닿아	龍灣地接古遼東
변방 풍속 서로 전해져 의협의 기풍이 있네	塞俗相傳有俠風
기생들 다 준마를 탈 줄 알고	妓女皆能騎駿馬
어린애는 낳자마자 좋은 활을 당기네	小兒生卽引琱弓
2.	
변방에서 낳고 자라 의기도 많아	生長邊陲意氣多
몸에는 오랑캐 옷 걸치고 뾰족 신을 신었네	身披胡服脚尖靴
사람 만나면 중국말 반쯤은 섞어 말하며	逢人半作中華語
말 올라타면 먼저 출새가를 부르네	上馬先爲出塞歌545)

변방인 황해도 의주 땅의 풍속과 물정을 드러낸 작품으로 중국 국경과 잇닿은 지리적 특성 때문에 대개 대륙적 기질이 농후하며, 오랑캐의

---

543) 용만은 평안도 의주의 별호인데, 읍지인 『용만지』가 있다. 의주는 태조 이성계가 위화도 회군을 하여 조선 건국의 바탕을 마련한 곳이며, 임진왜란 때 선조宣祖가 피난을 했던 곳인데, 이의 역사적 사실을 기록한 이성조흥왕사적급역대고사, 그리고 1811-1812년에 걸쳐 관서지방을 뒤흔들었던 홍경래 난에 관한 사실과, 그때 난을 진압하는 데 공을 세웠던 인물들의 기록인 신임사적, 추부군공 등의 항목은 다른 읍지에 없는 의주의 특성을 반영하고 있는 독특한 내용이다.
544) 홍세태, 같은 책 권2. 이 시는 모두 5수인데 3, 4, 5수는 다음과 같다. 3) 鴨江西望白雲間。漢使乘槎昔往還。欲向傍人問前路。鳳凰城外是何山。4) 勸君今夜盡餘杯。一渡龍灣幾月廻。燕塞秋風吹馬去。漢陽春草待人來。5) 淚落哀笳不忍聽。行人莫上統軍亭。秋深塞草蕭條白。日暮胡山歷亂靑。
545) 출새가出塞歌; 옛날에 종군하여 국경으로 나갈 때에 부르는 노래. 또는 한漢 문제武帝 때 이연년李延年이 호곡胡曲을 바탕으로 삼아 만든 횡취곡橫吹曲의 이름인데, 군중의 음악으로 말 위에서 연주하는 것이라 한다.

습속을 지니고, 또 의협심도 높다고 말한다. 문화와 풍습이 매우 다른 지방에 가서 관찰한 세세한 특징을 압축적으로 잘 보여준다. 일종의 기행시라 할만하다.

일본에 사신으로 가는 조참의를 받들어 보내며
奉送趙參議令公使日本546)

1.
오사카는 옛날 히데요시 도성이었는데	大坂當時秀吉都
피주머니 흉악한 역적 하늘이 주살했네	血囊凶逆受天誅
오늘날 백성과 문물이 부유한 걸 자랑하니	至今民物誇豪富
염전과 구리 광산 옛적 오나라 같네	鹽海銅山絶似吳

2.
왜의 수도 성안에 왜왕이 사는데	倭京城內住倭皇
남매가 대대로 전해 백 세대를 지났네	娚妹相傳百世長
세력이 뒤집어져 관백 아래에 사니	力勢反居關白547)下
사람들 뒤섞여 사신이 탄 수레 와서 구경하네	混人來覸使軺548)光

3.
에도 성채 높아서 하늘에 닿을 듯 해	江戶城高欲到天
강물 끌어들여 띠 둘러 사방에 배로 통하네	引河爲帶四通船
저자 거리 한낮에도 사람들 들끓어	市門白日穿人海
북 치고 나팔 불며 사절단 앞에 두 줄 서있네	鼓吹雙行使節前

---

546) 홍세태, 같은 책 권12.
547) 관백關白은 일본어로 간파쿠(かんぱく)인데 천황을 대신하여 정무를 총괄하는 일본의 관직임. 율령에는 규정되어 있지 않은 영외관令外官으로서, 메이지 유신 이전까지는 조정대신 중에서 사실상 최고 위직이었다. 경칭은 전하殿下를 뜻하는 '덴카'라 부름.
548) 소헌軺軒은 대부大夫이상이 타는 수레 이름.

4.
오랑캐 계집애가 머리에 꽃을 꽂고	蠻家女兒花揷頭
문에 기대 손님 맞아 부끄러운 줄 모르네	倚門迎客不知羞
고운 모습 또한 나라 망칠만큼 자태를 지녔지만	嬋娟亦有傾城色
음란한 풍습 있어 암사슴처럼 모여드네	獨奈淫風類聚麀

5.
조나라 구슬은 성을 이어 천하에 희귀하고	趙璧549)連城天下稀
부상에서 해와 달은 빛을 양보하네	榑桑550)日月讓光輝
교룡은 힘이 세서 마침내 빼앗기 어려워	蛟龍有力終難奪
다만 서로 받들어 돌아가길 허락할 뿐이네	只許相如奉得歸

　1711년에 일본 통신사로 가는 참의參議 조태억趙泰億551)을 전송하는 송별시이다. 모두 다섯 수로 이루어졌는데, 차례로 살펴보면 첫째 수는 히데요시가 거처하는 오사카성, 둘째 수는 왜 왕이 사는 경성, 셋째 수는 에도성, 넷째 수는 왜 여인들의 음란한 풍습, 다섯째 수는 부임해가는 조참의의 임무에 대한 기대와 성과를 각각 표현하였다. 시인은 통신사로 여러 번 일본을 왕래하여 그곳 사정을 미리 잘 알고 있었기에 송별

---

549) '조벽趙璧'은 조趙 나라의 구슬. 조나라 왕이 화씨和氏의 구슬을 얻었는데, 진나라 소왕昭王이 그 구슬을 탐내어 열다섯 고을과 바꾸자고 하였다. 조왕은 인상여藺相如에게 물으니, 대답하기를, "진왕이 성을 가지고 구슬을 바꾸자고 하는데, 왕이 허락하지 않는다면 잘못이 우리에게 있고, 우리가 구슬을 주어도 진나라가 성을 주지 않는다면 잘못이 진 나라에 있으니, 신이 구슬을 가지고 진나라에 가겠습니다. 진에서 성을 주지 아니할 경우에 구슬을 완전하게 가지고 돌아오겠습니다." 하였다. 『사기史記』, 「인상여전藺相如傳」.
550) 부상榑桑, 부상榑桒, 부상搏桑이라고도 하며, 전설상 해가 돋는 곳을 말함.
551) 조태억趙泰億(1675~1728); 조선 후기의 문신, 본관 양주楊州, 자 대년大年, 호 겸재謙齋, 태록당胎祿堂. 1710년 대사성에 오르고, 통신사로 차출되어 일본에 다녀왔다. 초서, 예서를 잘 썼으며 영모翎毛를 잘 그렸다. 1755년 나주괘서사건羅州掛書事件으로 관작이 추탈되었다. 문집 『겸재집』 시호 문충文忠.

하는 시에서 이를 구체적으로 묘사하여 놓았다. 현장성이 진하게 느껴지는 상상력의 산물이 놀랍다.

마음껏 노래 부르며	放歌行552)
대장부 만권 독서에 이룬 게 없어	丈夫讀書萬卷無所遂
육십년 세월이 훌쩍 다다랐네	六十之年忽已至
벼슬살이 능하여 공경의 자리에 올라	旣不能巧宦取卿相
옥관자, 금요대차고 부귀 이루지도 못해	拖玉腰金誇富貴
젊은이들과 어울려 사귀지도 못하고	又不能結客少年場
말달리기, 닭싸움에 기개를 펴지 못하였네	走馬鬪雞爭意氣
늘그막에 이르러 군대 말직을 얻어	晚從戎府借一名
흰옷 짧은 칼로 서방 정벌에 올랐네	白衣短劍方西征
아름다운 바닷가 고을 내 고향 아니라	海邦信美非吾土
이년에 세 번이나 고죽성에 들어갔지	二年三入孤竹城
됫박만한 방 있는 주막에서	主人茅屋大如斗
밤 되자 홀로 누워 귀뚜라미 소리 듣고	夜臥蟋蟀鳴在牖
하인이 재촉하면 일어나 새벽밥을 뜨고	僕夫催我起曉飯
문 나서자 샛별이 말머리에 빛나네	出門明星當馬首
슬픈 노래 처절한데 뉘 따라 부를까	悲歌激烈誰與和
다행히 이 선비가 내 뒤를 따라오네	賴有李子隨我後
위험하구나 덩굴 얽힌 고개여	危哉羣蔓嶺
깎아지른 비탈길 한없이 높구나	隴坂高不極
깊은 숲 우거진 덤불에 사람 떨며 오르고	深林叢薄人上慄
대낮에도 호랑이 표범이 먹이를 다투네	白日虎豹爭鬪食
아, 갈 길이 이같이 험한데	吁嗟行路難如此
옹진에 닿자마자 한없는 바다로다	更有甕津深莫測
큰 고래 요동치자 배를 삼킬 듯 하고	巨鯨晶屓腹吞舟
바람과 파도는 하늘에 닿아 섬은 가물가물	風濤連天海島黑

552) 홍세태, 같은 책 권4

어이 내 이번 길 떠났던가	我今胡爲此行役
문지기, 야경꾼도 사양할 수 없기에	抱關擊柝辭不得
서리 내리는 구월 늦가을	窮秋九月天雨霜
고향 떠난 나그네 낯빛이 초췌하네	客遊不歸傷顔色

대장부의 방일放逸한 기개가 넘치는 한편에 늘그막에 말직으로 변방의 방비에 나선 자신의 처량한 신세를 한탄하고 있다. 양면의 감회가 교차하면서 시의 행간이 이어지는데, 군데군데 변방의 위태로운 광경들이 포착되면서 시적 긴장을 유지한다. 나그네로 수성을 위해 문지기와 야경꾼 노릇을 하는 고달픈 병영의 삶에서 깊은 우수가 배어난다.

양박편, 남쪽으로 돌아가는 김처사 숙함을 보내며
良璞553)篇送八谷金處士叔涵554)南歸555)

좋은 옥이 형산에서 나니	良璞出荊岳556)
온화하고 순수해 문채를 품었네	溫粹內含章
쪼고 갈아서 쓸 만하게 만드니	追琢乃成器
엄숙해라, 저리 홀도 되고 장도 되네	瑟彼圭與璋
청정한 종묘에 쓸 만도 하지만	用之可淸廟
어쩌다 도리어 구석에 처박혔나	胡爲反懷藏
돌아와 깊은 골짜기에 놓아두니	歸置窮谷底
풀과 나무들 그 빛을 가렸네	草木閟其光

553) 아직 아름답게 다듬지 않은 옥돌.
554) 김숙함金叔涵의 자는 재해載海. 경학經學에 밝은 성리학자, 1713년 세자익위사 世子翊衛司 부솔副率을 지내고 서연書筵에도 참가. 경종景宗 때 대사헌에 중직. 박세채朴世采와 윤증尹拯의 문인, 대학과 중용을 주석한「학용전기學庸箋記」가 실린,「쌍호초고雙湖草稿」를 남김.『숙종실록肅宗實錄』20年 8月 19日조,『경종실록景宗實錄』3年 1月 28日조 참조.
555) 홍세태, 같은 책 권3.
556) 중국 호북성에 있는 형산荊山을 말하는데, 예로부터 옥돌이 나온다고 하는 산.

지극한 보물 늘 있는 게 아닌데	至寶不恒有
내던져 버렸으니 상하게 되었네	棄擲良足傷
사다가 반드시 제 값을 받아	沽哉須善價
마침내 우리 임금께 바쳐야겠네	終以獻吾王

이 시는 김재해金載海의 사연을 시로 읊은 것이다. 제목에서 보이는 '양박편良璞篇'과 관련이 깊다. 그래서 이를 차의借意해서 지은 것이다. 신돈복辛敦復557)이 쓴 『학산한언鶴山閒言』에는 그의 일화가 실려 있다. 그는 1713년 숙종 말년 무렵 세자익위사世子翊衛司 부솔이라는 벼슬을 역임하였다. 경학에 밝은 저명한 성리학자로 처음에는 박세채朴世采의 문인이었는데, 스승이 죽자 윤증尹拯의 문하에 들었다. 김창협金昌協과도 사귀었다. 대학과 중용을 주석한 「학용전기學庸箋記」가 실린, 『쌍호초고雙湖草稿』를 남기기도 하였다. 그 일화는 다음과 같다.

"부솔 김재해는 학문으로 이름을 날렸다. 일찍이 한 집을 샀는데 그 값이 오륙십 량이었다. 본래 그 집의 주인은 과부였다. 김재해가 그 집으로 이사하여 무너진 담장을 축조하려고 땅을 파다 별안간 한 큰 항아리를 발견하였는데, 그 안에는 족히 이백 량에 달하는 금이 들어 있었다. 과부가 그 집의 옛 주인이었던지라 재해는 처에게 명하여 편지를 써 연고를 말하고 그 금을 돌려주도록 했다. 과부는 그 사실에 크게 감동하고 또 괴이하게 여겨 몸소 김재해의 아내를 찾아가 말했다.
'이 금은 비록 나의 옛집에서 나왔지만 실제로는 오랫동안 매장돼 있었던 물건이니, 내가 어찌 그 사실을 숨기고 내 물건으로 취하겠습니까. 서로 반절씩 나누는 것이 어떻겠습니까?'
이 말을 들은 김재해의 아내가 대답했다.
'내가 만일 반분해 가질 마음이 있었다면 곧 바로 가졌지 어찌 집의

---

557) 신돈복辛敦復(1692~1779); 본관 영월寧越, 자 중후仲厚, 호 학산鶴山. 아호ㅏ湖 신경진辛慶晋의 손자. 음사陰仕로 봉사奉事를 지내고 노년에 동지同知 중추부사. 저술이 매우 많았으나 경제로써 자부하였고 일의 실정에 밝았다.

본 주인에게 돌려주었겠습니까? 저 역시 부인의 물건이 아니리라는 것은 알았습니다. 그러나 나는 밖에 남편이 있어 그가 족히 집안을 다스리므로 이 물건이 없어도 가업을 보존할 수 있지만, 부인에게는 달리 집안을 지탱해 줄 사람이 없어 경영하기가 힘들 것이니 돈에 관한 일은 바라건대 사양하지 마십시오.'

김재해의 아내는 한사코 사양하며 받지 않았다. 과부는 감히 또 다시 말을 꺼낼 수 없는지라 비록 그 물건을 도로 가지고 집으로 돌아갔지만 김공의 덕이 지극히 깊음에 감동하여 죽을 때까지 잊지 못했다."558)

눈앞에 펼쳐진 순간의 물욕을 물리치고 인간 본연의 착한 마음으로 돌아가는 일이 쉽고도 어렵다. 앞의 시는 박옥에 대한 중국 고사와 김재해의 아내가 염치를 고수한 조선의 일화를 연결시켜 하나의 작품에 형상화 한 것이다. 조선 숙종 대에 살았던 주의식朱義植이 지은 시조가 있는데, 이와 방불한 뜻을 드러내었다. 그는 숙종조에 무과에 올라 칠원현감을 지내다가 절기節氣를 숭상하여 당시 정쟁만 일삼던 조정을 떠난 뒤 그의 사위 김삼현과 더불어 심중의 불평을 노래로 풀곤 했다. 그의 시상에는 인생의 허무감에서 발현한 초탈과 염세의 경향이 아주 짙게 배어있다.

형산荊山에 박옥을 얻어 세상사람 뵈러가니
겉이 돌이어니 속 알 이 뉘 있으리
두어라 알 인들559) 없으랴 돌인 듯이 있거라

---

558) "金副率載海, 以學問知名. 嘗買得一宅, 價可五六十兩, 本主寡婦也. 金旣移入, 以墻垣頹圮將築之, 命鋤開址, 忽得一大缸, 中有金, 可二百兩. 以寡婦是舊主人, 令其妻作書, 告之故而還之. 寡婦大感, 且異之, 躬詣金室謂曰, '此雖出吾之舊家, 良久遠埋藏之物, 吾亦何可掩爲己物, 請與貴宅, 分半如何?' 金內曰, '吾君有分半之心, 可以直取, 何可歸其本主? 吾亦知非夫人之物, 而吾則外有君子, 足以理家, 雖無此物, 足保家業, 夫人無他持門者, 難爲經紀, 泉事幸勿辭焉.' 固辭不受, 寡婦不敢復言, 雖持歸而感金公之德至深, 沒身不忘."

쉽게 요즘 말로 풀면, "형산에서 옥돌을 얻었으므로 세상 사람들에게 보이러 갔더니 겉은 천연天然 그대로 돌 모습인데, 그 속을 옥이라 알아볼 사람이 누가 있겠는가. 그러나 안타까이 굴 것은 없노라, 언젠가는 알아 줄 사람이 없겠는가. 그러니 돌인 체하고 그대로 참고 있어라."라는 다분히 체념과 달관으로 기다림의 뜻이 함축되어 있다.

회포를 쓰다　　　　　　　　　　　　　　　　　　　　書懷560)

매양 산 가까이 집을 옮기고　　　　　　　　　每欲移家住近山
이 몸 세상에 상관하고 싶지 않네　　　　　　　此身於世不相關
모름지기 담장 없는 초막 지어놓고　　　　　　須營草閣無墻壁
천 봉우리 다 취해 들여놓고 누웠으면　　　　　盡取千峰入臥間

　산기슭에다 초막 한 채 붙이고 살면서 세상을 등지고 상관하지 않으려 한다. 집에 울타리도 없으니 무시로 출입하여도 좋다. 다만 찾아오는 벗이래야 천봉우리가 방안으로 들어오다니, 그 담대한 포부가 절창으로 읽힌다. 자족하며 자적하는 한미한 생애도 이렇듯 자부로 가득한 삶을 살 수 있는 지혜를 옛사람들은 알았기에 얼마나 다행이었을까. 오늘을 사는 탐욕에 찌든 우리를 경책하는 저음의 목소리가 너무 따갑다.

호승도에 제하여　　　　　　　　　　　　　　　題胡僧圖561)

1.
천 봉우리 곳곳마다 가고 싶어　　　　　　　　千峰行欲盡
홀로 서서 큰 솔에 기대네　　　　　　　　　　獨立倚長松

---

559) 알 사람인들.
560) 홍세태, 같은 책 권2.
561) 홍세태, 같은 책 권2. *호승胡僧은 인도의 중이란 뜻.

| 산이 깊은지 아닌지 알지 못하고 | 不覺山深淺 |
| 어디서 종소리 우는지 가만히 듣고 있네 | 微聞何處鍾 |

2.
손들어 흰 구름 가리키니	擧手指白雲
산에 사는 동자 스스로 앞에 꿇어앉았네	山童前自跽
무슨 말을 하는지 알지 못하니	不知何所言
다만 이는 산중의 일일 뿐	只是山中事

인도의 승려 그림에 붙인 제화시題畵詩이다. 그윽한 산 속 장송長松에 기대어 멀리 산사에서 울리는 종소리를 고즈넉하게 듣고 있다. 그림은 유현幽玄하여 그 깊이를 가늠하기 어렵다. 다만 손가락으로 흐르는 구름을 가리키니, 마음 붙잡을 바 없는 운수납자인가. 동자가 무릎 끊고 앉아 있는데, 말길이 천 길 낭떠러지다. 언어를 벗어난 도리가 실상은 무색하다. 그저 산중의 일로 치부하면 그 뿐.

| 경복궁을 지나며 느낌이 있어 | 過景福宮562)有感563) |

성조께서 만세의 터를 열었는데	聖祖曾開萬世基
오늘 법궁은 당시와 다르네	法宮今日異當時
누대 터는 오래 되어 주춧돌에 이끼 서려	樓臺地古苔生礎
오리 울음 스러진 연못에 풀만 무성하네	鳧鴈聲殘草滿池
구름이 협성 감돌아 서기가 서렸지만	雲繞夾城猶瑞氣
꽃 핀 폐원에는 어찌 가지만 무성한가	花開廢苑豈繁枝
태평시절 한 번 잃으면 끝내 얻기 어려워	昇平一失終難得

---

562) 서울특별시 종로구 세종로에 있는 조선시대의 정궁正宮으로 사적 제117호. 도성의 북쪽에 있다하여 북궐北闕이라 불리었다. 임진왜란 때 전소된 후 오랫동안 폐허로 남아 있다가 조선 말기 고종 때 중건되어 잠시 궁궐로 이용되었다.
563) 홍세태, 같은 책 권1.

| 인간사 이리 쓸쓸해 늙은이 슬프게 하네 | 人事蕭條父老悲 |

아마도 시인이 경복궁을 둘러 볼 무렵은 임진왜란 직후가 되는데, 이미 전소되어 폐허가 되다시피 한 조선왕조 정궁의 퇴락한 모습을 보고 이 시를 썼으리라 추정된다. 누대 터에 남은 주춧돌에는 이끼만 서려있고 못에는 오리 울음만이 풀숲에서 스러진다고 표현하여 그 쓸쓸한 모습을 대변하고 있다. 꽃이 피던 정원은 어지럽고 태평한 세월도 한 번 잃으면 돌이키기 어렵다고 말하며, 결구에서 일없이 늙어버린 자신의 심사를 얹어 애상을 드러냈다.

포석정에서, 정서주의 운을 써서	鮑石亭564), 用鄭西疇565)韻566)
음란한 즐거움 끝내 나라를 망치니	淫樂終亡國
어리석은 백성도 알 수 있어라	蚩氓亦可知
임금이 술잔을 못에 띄우던 날	君臨酒池日
군사들은 경양전에 쳐들어왔지	兵入景陽時
한바탕 꿈인 듯 정자는 어디 있나	一夢亭何在
천년이 지났건만 주춧돌만 남아 있네	千秋石不移
가을바람에 누런 낙엽 지니	西風落黃葉
산에 나무들 저물녘 슬피 우네	山木夕鳴悲

---

564) 경상북도 경주시 배동에 있는 정자 및 연회장소로 통일신라시대 건립된 것으로 추정되며, 정자는 없어졌으나, 포어鮑魚 형태를 모방하여 만든 수구가 남아 있다. 계수溪水를 받아들여 점복 모양의 수구水溝에 흐르게 하고 술잔을 띄워 문무백관의 품계에 좇아 열 지어 앉아 시를 읊고 노래를 부르며, 흐르는 술잔을 마시면서 흥겨워하였다. 곡수曲水의 주연酒宴은 중국과 일본에서도 있었다 하나, 오늘날까지 그 유적이 남아 있는 곳은 경주의 포석정뿐이다
565) 정예남鄭禮男인데, 본관 온양, 자 선여善餘, 서주西疇는 그의 호임.
566) 홍세태, 같은 책 권13.

이 작품은 정예남鄭禮男(1517~1612)의 시를 차운하여 포석정을 통하여 신라왕조의 멸망을 노래한 영사詠史 시이다. 신라 왕조가 망국으로 치닫게 된 향락과 사치를 지적하면서, 음란한 즐거움이 나라를 망친다는 걸 어리석은 백성도 모두 안다고 말하며, 당시의 부패상을 경계하는 뜻이 숨겨져 있다. 한편 정예남은 선조 때 의과에 합격하고 내의內醫로서 공을 인정받아 의학교수를 지냈으며『육가잡영』에 그의 시 스물한 수가 수록되어 있고,『소대풍요』에도 일곱 수가 실려 있다. 그의 시 한 편을 보기로 하자.

제나라 제후의 무덤을 지나며	過齊侯墓
우산은 아직도 헐벗겨 있고	牛山尙濯濯567)
치수는 그 곁에 유유한데	淄水共悠悠568)
높다란 무덤이 서너 개 있어	高墳有三四
옛날 제나라 제후의 것이라 하네	云是古齊侯
경공과 환공, 그리고 선공	景公及桓宣
원침이 낡았건만 고치질 않아	園寢廢不修

---

567) 우산牛山은 제齊나라 도성 동남쪽에 있는 산 이름. 사람은 누구나 인의예지仁義禮智의 본성을 지니고 있으나 물욕物慾의 침해를 받아 발현되지 못하는 것이 마치 우산에서 자라는 질 좋은 나무가 나무꾼의 끊임없는 침해를 받아 베어지고 그나마 밤사이에 자란 싹조차 방목하는 소나 양에게 뜯어 먹혀 없어지는 경우와 같다고 맹자는 말하였다.『맹자孟子』,「고자상告子上」.

568) 전국 시대 소진蘇秦이 맹상군孟嘗君에게 말하기를 "지금 신臣이 오면서 치수淄水 가를 지나다가 토우인土偶人과 목우인이 서로 말하는 소리를 들었습니다. 목우인이 토우인에게 말하기를 '그대는 서안西岸의 흙으로 만들어진 사람이라, 8월경에 비가 내려 치수가 넘치면 이지러지고 말 것이다.' 하자, 토우인이 목우인에게 말하기를 '그렇지 않다. 나는 서안의 흙이라서 흙은 또 서안에 있겠지만, 지금 그대는 동국東國의 복숭아나무로 만들어진 사람이니, 비가 내려 치수가 범람하여 그대를 띄우고 흘러가면 둥둥 뜬 그대는 장차 어찌되겠는가.' 하였다."라고 했던 데서 온 말로, 전하여 인생이 덧없음을 의미한다.

소와 양들을 그 위에서 기르고	牛羊牧其上
농사꾼들이 밭일을 하네	氓隷營田疇
옛날엔 천승의 주인이었건만	昔爲千乘主
지금에 와선 한낱 흙무더기이니	今來一堆丘
바람 맞으며 멍하니 오래 서서	臨風久佇立
옛 생각나 두 눈에 눈물 흐르네	懷舊雙涕流

물욕도 인생도 한갓 덧없는 것이다. 우람하게 지은 제후의 무덤 서너 개와 경공과 환공과 선공이 다스린 옛 궁궐터도 황폐하여, 이제는 소나 양이 풀을 뜯으며 농사짓는 땅으로 변하고 말았다. 옛날에는 천대의 수레를 거느리던 인걸들 모두 지금은 흙더미에 묻혔으니 무상함은 이런 것이다. 멍한 듯 오래 서서 회고하니 눈물만 흐른다. 역사란 게 얼마나 허무로 쌓은 발자취인지 그 무상함을 지극하게 표현하였다.

나는 이제 늙고 병들어 죽음에 가까워졌지만, 자녀가 하나도 없이 이곳 영남 바닷가 천리 밖까지 떨어져 있다. 그런데 이 몇 달 사이에 잇달아 두 아우를 잃으니, 슬픔과 괴로움이 처절하고도 심정이 망극하다. 그래서 이 시를 써서 나의 슬픔을 서술하려고 한다. 눈물이 종이에 스며드니, 이 시를 보는 자들이 또한 차마 읽지 못할 것이다.
余老病垂死, 無一子女, 而落此嶺海千里外, 數月之間, 連哭兩弟, 哀痛慘絶, 情事罔極, 爲詩述哀. 有淚透紙, 見者當亦不忍讀矣.569)

내 살 날이 오래 남지 않았는데	不有我久生
어쩌다 이런 괴로움 당하게 되었나	胡爲見此苦
외로이 이 한 몸만 남은 채	孑然餘一身
나의 골육들 모두 땅속으로 들어갔네	骨肉皆入土
이제 또 두 아우 잃고 통곡하니	今又哭兩弟
슬픔과 괴로움이 간장을 찢네	哀痛裂肝肚

---

569) 홍세태, 같은 책 권7.

삼 년 동안 영남 바닷가 붙어사니	三年嶺海陬
한 번 헤어진 게 영이별이 되었네	一別遂千古
이 목숨 마칠 때까지 다시 못 보게 되니	終天不復見
땅속에서 모일 날 기다려야지	惟待地下聚
병들고 여윈 이 몸 돌아다보니	回顧此衰病
후손 이을 뒷일도 실오라기처럼 위태해	後事危一縷
비록 어린 조카 있다지만	縱有孱侄存
조상들 자취를 이을 수 있을지	可能得繩武
괴로움 부닥치니 마음과 일도 어긋나	痛迫心事違
우리 집안을 누가 끝내 주장할까	門戶竟誰主
만약 죽은 이들도 알게 된다면	若使死有知
무슨 얼굴로 아버님을 뵈올까	何面我父祖
남은 생애는 슬픔과 걱정뿐	餘生但悲憂
차라리 너처럼 죽는 게 더 나을지도	反覺汝死愈
아, 아우들 먼저 장사지내는 모습을	嗚呼後先葬
천리 밖에서 친히 보셨으니	千里隔親覩
내가 뿌리는 눈물에 화답하여	和我此時淚
고향 선산에도 비바람 몰아치겠지	故山多風雨

　홍세태는 아래로 두 동생, 세범世範과 세굉世宏이 있었는데 만년에 이 둘마저 먼저 세상을 떴다. 그는 친가가 거의 몰살하다시피 아들과 형제가 자신의 생전에 모두 죽는 불운을 겪었기에 그 상실감은 이루 다 말할 수 없었을 것이다. 슬픈 가족사에 대한 자신의 박복함과 늙고 병들어 외톨이로 남은 생애에 대한 깊은 회한이 서려있는 작품이다. 실제로 시인은 1695년 마흔세 살에 아들을 잃은 슬픔을 읊은 시, 1724년 일흔두 살에 어린아이 둘이 돌림병으로 요사夭死한데 대해 지은 시, 그리고 앞에 보이는 두 아우의 죽음을 읊은 시가 『유하집』에 실려 있다. 이 시를 지을 무렵 작자는 삼년 동안 영남 땅 어느 바닷가 마을에 머물고 있었는데,

그 이별이 마지막이 되고 두 아우는 고향 선산에서 장사를 지냈다는 걸 보여준다.

일본으로 가는 정혜경을 보내며	送鄭惠卿往日本570)
이제 동해 섬나라로 배가 떠나네	此去扶桑571)大壑東
외로운 돛대 위에 해가 붉어라	孤帆上拂日輪紅
일찍이 중국 사신을 만났다더니	曾聞漢使從天上
지금은 섬 안에 오랑캐 왕을 보겠네	即見蠻王坐島中
남쪽 바다 풍랑은 언제나 자려는지	瘴海風濤何日息
지금 원수의 조정에다 예물을 바친다지	讐庭玉帛572)至今通
서릿발 같은 그대의 붓을 창 삼아서	君能用筆如霜戟
적의 땅 쓸어버리면 이 또한 큰 공일세	一掃殊邦亦戰功

정혜경이 일본 통신사로 도왜渡倭하는 뱃길을 전송하며 지은 시이다. 수련에서는 통신사 일행이 승선한 외로운 돛단배 한 척과 왜국을 상징하는 붉은 해가 묘한 대조를 이루어, 자못 긴장감을 유지하며 동해의 거센 물살을 가르며 나아간다. 시인은 노략질을 빈번하게 하던 왜적의 조정에 예물을 바치는 걸 못마땅해 하는 저의를 드러낸다. 그래서 그대가 부디 왜국에 가시거든 서릿발 같은 붓을 창 삼아서 적의 땅을 쓸어버리라고 부탁한다.

---

570) 홍세태, 같은 책 권7.
571) 부상扶桑은 해가 돋는 동쪽 바다, 혹은 중국 전설에서, 동쪽 바다 속에 해가 뜨는 곳에 있다고 하는 나무.
572) 옥백玉帛은 옛날 중국中國의 제후들이 조근朝覲이나 빙문聘問 때에 예물로 가지고 오던 옥과 비단을 말함.

| 옛 시를 본받아 | 擬古573) |

남에는 기성, 북에는 두성이 있어	南箕北有斗574)
견우가 멍에를 메지 않네	牽牛不負軛
옛 사람이 이 말을 하더니	古人有此語
세상인심 옛날이나 지금 다름이 없네	世情無今昔
그대와 처음 벗으로 사귀어	與君初結好
터놓고 지내자고 그대 말했지	君言兩莫逆
북산에는 푸른 솔 있고	北山有靑松
남산에는 너럭바위 있는데	南山有盤石
하루아침 그대 부귀해지니	一朝君富貴
사람 대하는 모습 달라졌네	人事坐變易
마음 다해서 그대 아꼈는데	傾心向他愛
날 보길 길가 손님 대하듯 하네	顧我路傍客
잘 차려진 음식 어찌 급하게 먹으랴	觥飯豈救急
겉치레 예의는 흔적일 뿐	虛禮但形跡
오늘이 있으리라 일찍이 알았기에	早知有今日
내 그대를 꾸짖지는 않으리	吾不爲汝責

이 시는 한 때 사귀었던 어떤 벗을 기롱하여 지은 시로 보인다. 세상의 염량과 인심이 비루해져서 그런가, 북산과 남산에서 푸른 솔 아래 너럭바위에서 같이 노닐었는데, 그 자연은 변함없고 그 밑에 놀던 사람의 인심만 변하였으니 그 허깨비 같은 실상을 깨달은 것이다. 그간 진심을 다해 사귀어도 이제는 길가는 손님 보듯 대하니 인심의 부박함은 이런

---

573) 홍세태, 같은 책 권14.
574) 남기북두南箕北斗는 이름만 있고 실제 내용은 없는 것을 비유할 때 쓰는 말.『시경詩經』,「소아小雅」'대동大東'의 "남쪽 하늘에 기성이 떠 있어도 나락을 까부를 수 없고, 북쪽 하늘에 북두성이 있어도 술을 떠 마실 수 없네. 維南有箕, 不可以簸揚, 維北有斗, 不可以把酒漿."라는 말에서 나온 말이다.

것인가. 부귀해진 한 친구의 행세를 못마땅해 하며, 겉치레로 대하는 이름뿐인 가벼운 예의에 대하여 은근히 비꼬고 있다.

통군정	統軍亭575)
만고에 가슴 아픈 백 척이나 되는 누각	萬古傷心百尺樓
쓸쓸한 국경 모래톱에 늦은 가을 바라보네	蕭條沙塞眺高秋
산하는 울적하여 늘 성난 모습이라	山河氣鬱常如怒
깎아지른 성채도 수심에 잠겨 있네	堞壘形危盡欲愁
모래 이는 삭풍 불어 깃발은 휘날리니	旗捲朔風來大漠
피리 불자 외로운 달 서늘한 고을에 비치네	角吹孤月下涼州
날 밝으면 우리 다시 이별의 정 나눌 텐데	明朝更有分離恨
강 복판에 이르면 배 놓아 주게나	直到中江始放舟

조선시대 서북방 방위의 근거지인 평안북도 의주에 있는 관동팔경의 한 누정인 통군정에 올라 감회를 풀어낸 작품이다. 늦은 가을날, 내일 아침이 밝으면 벗과 헤어질 것인데, 오늘 밤에 높다란 누각에 오르니 삭풍은 불어 수심을 자아낸다. 산하는 역사의 오욕汚辱이라도 증언하려는가. 늘 성난 모습과 같다고 하며 자신의 감정을 이입하고 있다. 어디서 피리소리 홀연히 들리니 서늘한 달빛이 의주 땅을 비추고, 이별의 정이 아쉬운가 강 복판에다 배를 놓아달라고 뱃사공에게 이른다. 헤어지기

---

575) 홍세태, 같은 책 권2. *통군정統軍亭은 평안북도 의주군 의주읍에 있는 조선시대의 누정樓亭. 북한의 보물급문화재로 정면 4칸, 측면 4칸의 합각지붕이다. 의주읍성義州邑城에서 제일 높은 압록강 기슭 삼각산三角山 봉우리에 자리 잡고 있는데, 서북방위의 거점이었던 의주읍성의 북쪽 장대將臺로서 군사 지휘처로 쓰였다. 통군정에 올라서면 이끼 푸른 의주성의 옛 성벽이 눈앞에 보이고, 아래로는 압록강의 푸른 물 가운데에 점점이 떠 있는 여러 섬들이 굽어보인다. 서쪽으로는 멀리 신의주 용암포龍巖浦 일대가 바라보이며, 남쪽으로는 '의주금강義州金剛'으로 불리는 석숭산石崇山과 백마산白馬山 일대의 크고 작은 산봉우리들이 한눈에 들어와 예로부터 관서팔경關西八景의 하나로 꼽혔다.

싫어하는 마음을 이렇듯 완곡하게 표현하였다.

아이 둘이 요절함을 곡하며	哭兩夭[576]
내 나이 일흔 둘	我年七十二
자식은 없고 외손 조금	無子僅外孫
증손도 역시 골육이니	曾孫亦骨肉
내외는 어찌 논하리오	內外何可論
어여쁜 저 두 아이들	婉彼兩小兒
타고난 성질은 수려하고 온순했네	生質秀而溫
작은 놈은 겨우 방긋 웃는 어린애고	小者纔孩笑
큰 놈은 겨우 말하였네	大者頗能言
무릎에 앉히고 어르고 희롱해	膝置迭撫弄
즐거이 근심과 괴로움을 없앴지	聊以寫憂煩
독한 병이 몰래 서로 전염해	毒疾暗相傳
아, 너희 두 혼백이어	嗚呼爾雙魂
새벽에 일어나 곡하고 떠나보내니	曉起哭送出
하늘에 비 뿌리고 동쪽 성곽은 어둑하네	天雨東郭昏
한 번 가면 어찌 다시 돌아오랴	一往豈復還
거친 언덕에다 둘을 묻었네	埋沒兩荒原
너희 옥설 같은 용모 때문이 아니니	不爲爾玉雪
내 생각 있어도 무엇으로 말 하리오	云何我念存
늙고 병들어 나 또한 위태하니	老病亦能幾
이리도 가문이 쇠한 걸 내 슬퍼하네	哀我此衰門
장차 죽기 전에 무얼로 달랠까	將何慰死前
내 이미 갈가리 애가 끊어지네	吾已斷腸猿[577]

---

576) 홍세태, 같은 책 권8.
577) 자식을 먼저 저세상으로 보낸 어버이의 애끊는 심경을 뜻하는 말. 진晉나라 환온桓溫이 군사를 거느리고 장강長江을 거슬러 올라가 촉蜀의 이세李勢를 공격할 당시, 삼협三峽에 이르렀을 때, 어떤 군사가 원숭이 새끼 한 마리를 잡았다.

홍세태는 일흔네 살을 사는 평생 동안, 부인 이씨와의 사이에서 낳은 아들 모두를 먼저 앞세워 저승으로 보내고, 홍광서洪光緖를 양자로 삼아 겨우 대를 잇게 되는 불우한 가족사를 늘 한탄하고 살았다. 두 딸은 이후 노李後老와 조창회趙昌會에게 각각 시집갔는데, 외손이 몇 있을 뿐이었다. 이 시는 늙어서 본 어린 두 아들이 전염병으로 동시에 죽는 변고를 당하자 그 절손絶孫의 아픔과 가문이 쇠한 걸 애절하게 노래한 작품이다.

옛 자취를 더듬으며 읊다 詠懷古跡578)

단군의 옛 자취 구름 속에 아득하고   檀君遺跡杳雲霄
마니산 참성단 겪은 세월 멀어라   摩岳城壇579)歲月遙
사고에는 신이 있어 깊이 간직해 주건만   史閣有神留秘藏
고려 왕릉 그 옛날을 기록한 나무조차 없어라   麗陵無樹記前朝
난리 끝에 백성과 문물 모두 시들해   亂餘民物多凋弊

그 어미가 슬피 울며 강기슭으로 백여 리를 따라오다가 배 위로 뛰어올라 그만 죽고 말았는데, 배를 갈라 보니 창자가 마디마디 끊겨져 있었다 한다.『세설신어世說新語』,「출면黜免」.
578) 홍세태, 같은 책 권1. 이 시는 모두 5수인데, 2, 3, 4, 5수는 다음과 같다. 2) 行朝無復舊樓臺。兵火傷心百戰來。空苑入春鳴野雉。廢池經雨出殘灰。營開鎭撫關防壯。事去昇平父老哀。獨有遺祠忠烈在。每年霜露薦香廻。3) 望洋浦口海漫空。萬里登萊一水通。故國寒蕪看落日。扁舟白首臥西風。乘槎漢使浮雲外。飮馬胡兒絶島中。恨殺當時林慶業。獨無天意與成功。4) 沁口山川似石頭。登臨一望使人愁。風烟夕暗昇天堡。鼓角秋悲鎭海樓。自有雄都稱四塞。誰將往事問東流。邇來水路波濤穩。多少西南賈客舟。5) 海上秋陰黯里閭。至今猶憶亂離初。忠臣不必公卿出。烈女皆堪太史書。社廟歲深多拱木。陂池水濁少嘉魚。聖朝終始安危地。保障唯須尹鐸居。
579) 마니산은 인천 강화군 화도면에 있으며, 높이 469.4m. 마식령산맥의 남서쪽 끝에 솟아 있으며, 주위에 진강산, 길상산이 있다. 원래 이름은 두악頭嶽으로 마리산, 머리산이라고도 부르며, 군내에서 가장 높은 산이다. 특히 '마리'란 머리를 뜻하는 고어로, 강화도뿐 아니라 전 민족의 머리로 상징되어 민족의 영산으로 숭앙되어왔다. 백두산, 묘향산과 함께 단군 왕검이 강림한 장소로 유명한 높이 6m의 참성단塹星壇(사적 제136호)이 있다.

서리 친 뒤 산과 강은 더욱 쓸쓸해라	霜後山河更寂寥
천고의 영웅은 아직 한이 다하지 않아	千古英雄不盡恨
갑진의 비바람은 밤들며 밀물에 우네	甲津風雨夜鳴潮

강화도 마니산에 있는 참성단을 참배하고, 또 조선시대 사초史草를 보관한 마니산 사고史庫를 둘러보고 우리의 아픈 역사를 회고한 영사詠史시이다. 단군과 고려왕조의 역사가 민멸泯滅한 걸 아쉬워하며 산하는 민족의 영쇠를 따라 더욱 쓸쓸한데, 인걸의 남은 회한을 말해주듯 갑곶진甲串鎭에는 비바람이 치며 밀물에 몰려드는 걸 서러워한다. 결구는 주체할 수 없는 슬픈 시인의 심상을 그대로 주위의 풍경에 얹어 상징적으로 드러내고 있다.

한편 홍세태가 남긴 산문 가운데 주목할 만한 것으로 기행문인 '백두산기白頭山記'가 있다. 『유하집』 제9권에 수록된 것으로, 역관 김경문金慶門에게 전해들은 백두산 국경선 획정에 관한 상황을 관찰자적인 시점으로 서술하고 있다. '백두산기'에는 1712년에 청나라에서 오나총관烏喇總管 목극등穆克登, 시위侍衛 포소륜布蘇倫, 주사主事 악세鄂世 등을 파견하여 조선의 관원들과 함께 백두산에 올라 국경을 정하고 정계비定界碑를 세우고 돌아간 내용이 실려 있다. 당시 청은 장백산長白山이라 불렀는데, 1712년 백두산의 국경선을 정하기 위하여 청나라의 목극등과 조선의 박권朴權 등이 백두산 꼭대기의 분수령을 찾아 사람 인人자처럼 생긴 지형 가운데에 정계비를 세우고 내려왔다는 내용이다. 문장에 능했던 지은이의 필력이 유감없이 발휘된 기행문이며, 기록문학으로서 정계비에 얽힌 역사적 사실을 검증하는 데 주목되는 자료이다.

백두산기580)

---

580) 홍세태, 같은 책 권9. '백두산기白頭山記', "白頭山。北方諸山之祖也。淸祖自此

起。去我北邊三百餘里。彼曰長白山。我曰白頭山。兩國以山上二江爲界。然地極荒絶。盖莫得而詳焉。壬辰春三月。淸主遣烏喇總官穆克登與侍衛布蘇倫, 主事鄂世。往觀白頭山。畫定邊界。朝議多疑。廢四郡不復爲我有。而或又以六鎭爲慮。判中樞李公某獨建議曰。此當分白頭山頂池一半爲界。遣接伴使朴公權, 本道巡察使李公善溥。逆于境。同往審卞。金慶門以善譯從。旣登山定界而還。爲余道其事如左。四月辛巳。慶門乘傳出塞千餘里。與克登遇於三水之蓮因。從胡可數十百人。駝馬二百餘匹。牛二十餘頭。接伴使使人勞之。且遺米肉。却不受曰。皇帝慮弊朝鮮。所賜克登資粮甚厚。吾可自食往還。不煩爾也。先是克登在燕京語我使曰。得一知山南路者待我。及是克登問之。慶門對曰是在惠山。公之此行。必欲審定疆界。然白頭山頂有大池。東流爲土門。西流爲鴨綠。此卽北南界也。而自惠山沿流至源。其間山水險阻。從古不通。間有獵夫攀木猱升。而亦未有至山頂者。公何得窮之哉。克登曰吾奉皇命而來。安所憚險。爾言爾國界在此。此豈奏聞皇上而定之歟。抑有史冊之可據者歟。曰小邦自古以此爲界。娘孺盡知之。此豈可上請。而亦何用文字爲證也。昨年皇上在暢春苑。招我使問西北之界。實以此對。公必與聞之矣。盖二江發源此池。爲天下大水。此天所以限南北也。公今一見決矣。五月癸未。到舊茄鎭傳御帖。乙酉朝發。登長嶺北望。白山在天際。橫亘莽眇。然如犉臥草邊。克登以千里鏡覘之曰。約距三百餘里云。丙戌渡虛川江抵惠山鎭。丁亥朴, 李二公入見克登。使人稱上意遺五百金。則又不受而意大悅。及享曰。皇帝曲軫爾國。故此來只欲定界。毋令邊氓犯奸生事而已矣。土民愛順嘗潛入彼界採人蔘。慣知山南路。至是克登召問曰。此山路汝當熟諳。吾今赦汝罪。汝無諱。愛順辭不知。克登笑謂人曰。令渠作導則自有路耳。戊子克登與筆帖式蘇二昌, 大通官二哥, 家丁二十人, 駝牛馬四五十匹, 夫四十三人及我接伴使軍官李義復, 巡察使軍官趙谷相, 居山察訪許樑, 羅暖萬戶朴道常, 譯官金應瀗, 金慶門, 導者三人, 斧手十人, 馬四十一匹, 夫四十七人。同上山。而使布蘇倫, 鄂世率其餘人。徑由虛項嶺西歸。己丑朝飯。人皆氈笠衣窄袖穿兀剌鞋。滕脛至膝。相顧而笑。自掛弓亭下沿流上五時川。川出自鏡城之長白山。西至此。與江水合。川外皆荒磧無人居。北渡循岸而行。石壁削鐵不可緣。取栢德新創路行。凡山坡迤高上平者。北俗謂之德。此卽白山之麓。山多栢樹而路峻急。旣登夯。稍夷然。地勢隨步漸高。穿入深樾。大木根蟠結屈曲。地新雨沮洳難行。行七十里抵劍川宿。庚寅渡劍川。二十五里到昆長隅始發行。時朴, 李二公請與上山。克登曰。吾觀朝鮮宰相。動必輿轎。且年老。遇險能徒步乎。中途顚仆。必悞大事。不許。至是二公與克登下馬爲別。且召我六人。飲酒勞之。行十五里。有大山當前。乃西渡江。水淺而悍急如奔馬。辛卯令愛順率十斧在前斬木。緣岸行五六里路斷。復從山坡。名曰樺皮德。視栢德尤峻絶。其巓夷曠。見有行灶往來之跡。二哥手指草芨語愛順曰。爾謂不知路。宿于此者誰歟。愛順默然無以應。行八十餘里遇一小澤。止人馬飲。克登餽我全牛一有半。其牛飢其人。日且入。天陰而雷。俄而雨驟下。彼人皆袂幕雨不漏。我六人但一麻布帳掌大油紙帒而已。相與蟻聚其中以避。從卒皆雨坐露寒。夜未半雨止得不死。壬辰東渡江。由我岸數里。又由彼岸三十餘里之間。九渡往復。所經無數步平地。水皆瀑急。盖自栢德以上一百四十餘里。巨木彌山。參天蔽日。其大幾五六抱。密如織。人從罅處旁穿側出。及到此始乃見天。而非亭午則日光亦不得見。往往有僵木。橫塗杈牙不可行。必迂而避之。以是百里之行而二百里焉。厥木多杉檜栢樺椵閶之。松則僅一見焉。紅白芍藥方爛開。有木短甚葉初生。俗名豆乙粥云。自過五時川。不見飛禽。有黃雀啅栢脂以生。其鳴短急。北人謂之栢鳥。入山深。栢鳥亦不聞。獸無虎豹。唯熊豕鹿獐。時或見人。輒驚突迸竄。若貂獾貐貀貔貅之類。盖無不有焉。稍前登長坂。巉斗絶。愛順曰此韓德立支當也。支當者。北俗砬崖之稱。每夏羣鹿入其中以避蝱蠅。德立獨守其口。得鹿甚多。故名云。上坂行八九里。克登歇馬層崖上。衆皆凝立。慶門亦下馬坐。俯觀絶壁幾千仞。大壑中坼。瀑水從壁上倒瀉。蕩激崖谷。衆石峰竦峙。左右飛湍。百道注其間。直下箭疾。或漩渦詰曲。與石擊鬪。噌吰磕。如百面雷鼓。眞天下奇觀也。又行十數里。樹漸疎山漸露。自此山皆純骨。色蒼白。盖積氣凝結。成一大塊。水泡石耳。東望一峰。崔兀干霄。顧問愛順曰山近矣。今日可到絶頂。愛順曰未也。此小白山也。逈過此山西十餘里。卽山之趾。自趾至頂尙有二三十里。稍東有一嶺。小白之支也。陟其上脊。望見白山。雄厚博大。千里一蒼。而獨其頂如覆白甕于高俎上。厥名白頭。以此嶺底無撮土寸草。往往有松杉。爲剛風所軋。皆矮而卷局。下嶺而北。渡一潺湲。得平地數里。有樹亦皆擁腫。高不過數尺。俗呼朴達云。過此則山皆童矣。時夕照半山。有片雲出自山頂。下垂于地。俄卷而騰上。彌漫於天。愛順曰是將大風而雨。有懼色。克登問曰何懼也。曰今升高至此。雨則人必凍死。風則泡石隨風四下。一瞥之頃。塞斷崖谷。沒人於不測之底。其可出乎。到此者必齋誠薦禱。乃無事耳。克登曰吾乃天子命吏。寧同爾採獵者乎。慶門曰公言固是。然自古禱祀尙矣。且人未言則已。旣言之。行若有物敵之者。此古人之言也。克登卽顧慶門索燭。意欲自禱也。及夕。雲霽月出。見天在人頭上。而星斗皆光大。氣寒如冬。忽見鬼魃突拏離立若搏人。皆日中所見老木也。令人不覺然。癸巳晨飯。彼三官我六官。各從健步二人及彼所帶畵工劉允吉幷愛順。行可五六里。山忽中陷成塹。橫如帶深無底。廣菫二尺。而馬股栗不敢跑過。下騎使牽者超岸北。引韁度之。克登卽先飛趯。人皆從之。唯慶門及蘇爾昌。李義復不能焉。克登使長身者伸其臂。接手乃度。上四五里。又有塹。比下塹稍寬尺許。道益峻峭。不可以騎。乃留馬。劈木架其上以度。稍西下數百步。越鴨綠上流。少坐北岸。與克登論疆事。於是展氣緩步。初若快意。又前三四里。道峻險益急。脚力盡。汗下如雨。

又前三四里。咽焦氣竭。僅不能動。克登趫捷如猿猱。人莫能及。許樑次之。朴道常, 趙台相, 通官二哥又次之。蘇, 李及慶門最下。喘如牛。遇雪輒掬咽之。不能定。見輕便勇往者。欲奮力追及。兩脚如縶。取驛夫布帶繫之腰。令兩從者左右挽之。猶不及。仰視諸人。皆在雲氣縹緲中。意謂去山頂不遠。比至尙未半矣。少歇又行。心益惕。五步一仆。十步一休。或夾扶或蒲伏。極力從之。愈後人。及到山頂。日已午矣。是山首起西北。直下大荒。至此陡立。其高極天。不知其幾千萬仞。頂有池。如人頤穴。周可二三十里。色黝黑不測。時正孟夏。氷雪委積。望之漠漠一銀海也。山形在遠望。若覆白甕。及登顚。四圍微凸。中窪如仰甕口向上耳。外白內赤。四壁削立。若糊丹堲。又如周緗錦屛。坼其北數尺。水溢出爲瀑。卽黑龍江源也。東有石獅子。厥色黃。引領西望。大如屋。尾鬣欲動。中國人謂望天吼云。是日晝晴。下視四方。直數千里泱漭平在眼底。而環雲點綴若屯絮。西北衆山。累累然頭角半出。雲。與相呑吐。不知爲何地山也。然如鏡城之長白東西大山。隱約猶可指認。甫多會關氏小白諸峰。兒孫列耳。其外則目力窮不可辨。克登曰。吾管一統志。奉旨探歷。足跡殆遍天下。此山之巉絶奇拔。雖不及中土諸名山。其磅礴雄大之勢則過之。卽指池水曰此中有何物歟。慶門曰老蚌耳。克登曰何以知之。曰吾聞明月之珠。産於深淵。其必在此乎。愛順曰見天和景淸之夜。池吐異氣。其光屬天。若海月之升。又曰每歲六月。池氷始解。七月氷復結。其間不過一月。而池光之上射者。必在於氷泮時也。愛順戒人笑語。忽有聲出氷底。其響如雷。愛順失色。克登跪向池。默念數句語呪之。卽引下向東行。有一熊從山嶼躍出。克登大喝攘臂而逆逐之。熊卽驚走。驀岡而逸。慶門謂克登曰公皇帝近臣。何自輕若是。克登笑曰。此吾所以自重也。猛獸出不意。我若畏縮則彼侮易我。豈肯捨。遂從岡脊冉冉而下。約三四里而始得鴨綠之源。有泉泡泡從山穴中出。其流汨㵧漂疾。不數十百步。峽坼爲大壑。中注之。掬而飮之爽然。又行東轉踰一短岡。得一泉。西流三四十步而別出二派。其一派流與西泉合。一則東下而其流甚細。又東而踰一岡。則有泉東流。可百餘步。而中泉之歧而東者來合焉。克登坐中泉泜水間。顧謂慶門等曰。此可名分水嶺。立碑以定界乎。慶門曰甚善。明公此行此事。當與此山而終古矣。其水勢分作人字。當中有小巖石。狀如伏虎。克登曰是山有是石。亦甚奇。可作龜趺也。下山昏黑。宿幕次。甲午。克登謂土門源流。間斷伏行地中。疆界不明。不可輕議竪碑。乃令其二人同愛順往審水道。金應瀗, 趙台相隨後。行六十餘里日暮。二人者還白水果東流矣。克登乃使人伐石。廣可二尺長三尺餘。又於分水嶺取龜趺。碑旣具。列書其額。大淸字稍大。其下文曰烏喇總管穆克登奉旨査邊至此。審視西爲鴨綠東爲土門。故於分水嶺。勒石爲記。康煕五十一年五月十五日。筆貼式蘇爾昌, 通官二哥, 朝鮮軍官李義復, 趙台相, 差使官許樑, 朴道常, 通官金應瀗, 金慶門。遂鑱而立之。旣竣事下山。歸到茂山。克登謂

백두산은 북방 뭇 산의 으뜸으로서, 청나라가 이곳에서 흥기하였다. 우리 북쪽 변경에서 삼백여 리 떨어져 있으며, 중국 사람들은 이 산을 장백산이라 하고, 우리는 백두산이라고 일컫는다. 두 나라가 산 위의 두 강으로써 경계를 삼고 있는데, 땅이 매우 거칠고 멀어서 상세히 알지 못한다.

　임진년(1712년, 숙종 38년) 봄 3월에 청나라 임금이 오라총관烏喇總管 목극등穆克登, 시위侍衛 포소륜布蘇倫, 주사 악세鄂世를 보내어 백두산에 가서 살펴보고 변경의 경계를 획정劃定하게 하였다. 우리나라 조정에서는 폐사군廢四郡 은 다시 우리의 땅이 될 수 없으나, 혹시나 육진六鎭이 염려된다는 의논이 많았다. 판중추判中樞 이공李公 만이 건의하여 말하기를, "의당 백두산 꼭대기의 천지天池를 반으로 나누어 경계를 정해야 한다." 라고 하였다.

　접반사接伴使 박권朴權, 함경도 순찰사 이선부李善溥를 보내어 국경에서 청나라 사신을 맞이하여 함께 가서 살펴보도록 하였다. 김경문金慶門이 통역을 잘하였으므로 따라가서 산에 올라 경계를 정하고 돌아와 나에게 그 일을 이야기하여 주었다. 이에 아래에 그 이야기를 적는다.

■ 4월 29일 신사일

　김경문이 역마를 타고 천여 리 변방으로 가서 삼수三水의 연연蓮淵에서 청나라 사신 목극등과 만났다. 수종하는 호인胡人은 수십에서 백 명쯤 되었고, 낙타와 말이 이백여 필, 소가 이십여 마리쯤 되었다. 접반사가 사람을 시켜서 그들을 위로하게 하고 또 쌀과 고기를 보냈으나 받지 않고 돌려보내며 말하기를, "황제께서 조선에 폐단이 될 것을 염려하여 목극등에게 내린 식량이 매우 많아서 충분히 먹고 왕복할 만하니 그대들은 번거롭게 하지 말라." 라고 하였다. 이보다 앞서 목극등이 청

二公曰。土門源斷處。可築墩接其下流以表之。是行往返凡三閱月。計其道路。盖數千餘里云。余讀古傳記。崑崙其高二千五百餘里。河源出焉。漢張騫窮其源。太史公爲傳而稱之。白頭山卽東北之崑崙也。而世未有登見之者。今金生乃能躡其絶頂。探二江之源。定疆界以歸。壯矣哉。然獨不遇武帝時得與如騫者登是山。乃從一虜使職方之役。是可嘅已。且恨余無子長筆以發揮之也。"

나라 연경燕京에서 우리 사신에게 말하기를, "백두산의 남쪽 길을 잘 아는 사람을 구해서 나를 기다리게 하시오." 라고 하였었다. 이때에 목극등이 그것에 대해 물었는데, 김경문이 답하기를 "여기는 혜산惠山 땅입니다. 공께서는 이번 행차에 필시 경계를 살펴서 정하고자 하시는데, 백두산 정상에는 큰 연못이 있어서 동쪽으로 흘러서 토문土門이 되고, 서쪽으로 흘러서는 압록鴨綠이 되니 이것이 곧 남북의 경계입니다. 그러나 혜산의 연류에서부터 수원水源에 이르는 사이는 지세가 험하여 옛날부터 길이 통하지 못하였습니다. 더러 사냥꾼들이 나무를 부여잡고 올라가기도 하였으나, 또한 산꼭대기에 이른 자가 없었습니다. 그러니 공께서 어찌 정상에 오를 수 있겠습니까?" 라고 하였다. 목극등이 말하기를, "내가 황제의 명을 받들고 왔는데 어찌 험한 것을 꺼리겠는가? 그대는 그대 나라 경계가 여기에 있다고 말하는데, 이것은 황제께 올려 주문奏聞하여 정한 것인가, 아니면 사책史冊에 근거할 만한 것이 있는 것인가?" 라고 하였다.

이에 김경문이 답하기를, "우리나라가 옛날부터 이곳을 경계로 삼았음은 부녀자와 어린아이라 할지라도 모두 알고 있는 것입니다. 그런데 어찌 이것을 황제께 주청하겠으며, 또한 무엇 때문에 문자로 기록하여 근거를 삼겠습니까? 작년에 황제께서 창춘원暢春苑에 계실 때 우리나라 사신을 불러서 서북지역의 경계를 물어서 실제 이러한 내용으로 대답하였거니와, 공께서도 틀림없이 들으셨을 것입니다. 대개 두 강이 이 연못에서부터 시작하여 천하의 큰 강이 되니, 이는 하늘이 남쪽과 북쪽의 한계를 그은 것입니다. 공께서 지금 한 번 보고 결정하도록 하십시오." 라고 하였다.

■ 5월 1일 계미일

구가진舊茄鎭에 도착하여 어첩御帖을 전하였다.

■ 5월 3일 을유일

아침에 출발하여 장령長嶺에 올라 북쪽을 바라보았다. 백두산이 하늘 가장자리에 있는데 가로로 길게 뻗쳐 아득하여 흰 소가 풀가에 누워 있는 것 같았다. 목극등이 천리경으로 보고는 거리가 약 삼백여 리라고 하였다.

■ 5월 4일 병술일

허천강虛川江을 건너 혜산진에 당도하였다.

■ 5월 5일 정해일

박권과 이선부 두 사람이 목극등을 찾아보았다. 사람을 시켜 임금의 뜻이라 일컫고 오백 금金을 보내니, 받지는 않았지만 크게 기뻐하여 술자리를 베풀어 말하기를, "황제께서 마음과 정성을 다하여 그대 나라를 생각하였기 때문에 이렇게 온 것이오. 경계를 정함으로써 변방 백성으로 하여금 간사하고 교활한 일을 범하는 일이 생기지 않도록 하고자 할 뿐이오."
라고 하였다. 그 지역 사람인 애순愛順이 일찍이 청나라 경계에 몰래 들어가 인삼을 캐었으므로 산의 남쪽 길을 잘 알고 있었다. 이에 목극등이 그를 불러서 묻기를, "이 산의 남쪽 길은 네가 잘 알고 있을 것이다. 내가 지금 너의 죄를 사면하여 줄 터이니 숨기지 말아라." 라고 하였다. 애순이 이리저리 둘러대며 모른다고 하자 목극등이 웃으면서 다른 사람들에게 말하기를, "저 놈에게 길 안내를 시키면 저절로 길이 있을 것이다."
라고 하였다.

■ 5월 6일 무자일

목극등이 필첩식筆帖式 소이창蘇二昌, 대통관 이가二哥가 일꾼 스무 명, 낙타 및 소와 말 사오십 필, 짐꾼 마흔세 명과 함께 하고, 우리 쪽에서는 접반사와 군관 이의복李義復, 순찰사와 군관 조태상趙台相, 거산 찰방 허량許樑, 나난 만호 박도상朴道常, 역관 김응헌金應瀗과 김경문,

길잡이 세 명, 도끼잡이 열 명, 말 마흔한 필, 짐꾼 마흔일곱 명과 함께 산에 올랐다. 포소류과 악세로 하여금 그 나머지 사람들을 거느리고 허항령虛項嶺을 거쳐서 서쪽으로 돌아가게 하였다.

■ 5월 7일 기축일

아침밥을 먹었다. 사람들은 모두 담요를 두른 채 갓을 쓰고 소매가 좁은 옷을 입어 구멍을 뚫었는데, 올라혜兀剌鞋를 하고 종아리를 묶어 무릎까지 올라오게 한 차림새였다. 사람들이 서로를 돌아보며 웃었다.
패궁정掛弓亭 밑에서부터 내를 따라 오시천五時川으로 올라갔다. 오시천은 경성鏡城의 장백산 서쪽에서 시작하여 이곳에 이르러 강물과 합하는데, 오시천의 바깥쪽은 모두 황폐하여 사람이 살지 않았다.
북쪽으로 내를 건너 물가를 따라 가니 석벽이 깎아지른 듯하여 붙잡을 만한 것이 없었다. 백덕栢德 쪽을 택해서 새로 길을 만들어 앞으로 나아갔다. 산언덕이 높으면서 위가 평평한 땅을 북쪽 지방에서는 '덕德'이라고 한다. 이곳은 곧 백산白山 기슭이다.
산에는 측백나무가 많았고 길이 험하고 급하였다. 산마루에 오르자 조금 평평해졌는데, 지세는 발을 옮길수록 점점 높아졌다. 깊은 나무숲을 뚫고 들어가니 큰 나무뿌리가 서리서리 얽혀서 마디지고 굽었으며 땅은 새로 내린 비로 진창길이 되어 앞으로 나아가기 어려웠다. 칠십 리를 가서 검천劍川에 당도하여 묵었다.

■ 5월 8일 경인일

검천을 건너 이십오 리를 가서 곤장昆長 모퉁이에 당도하였다. 처음 행차를 떠날 때 박권과 이선부 두 분이 함께 산에 오르고자 청하였는데, 목극등이 말하기를, "내가 보니 조선의 재상은 이동할 때에 반드시 가마를 타는데다가 나이도 많으니 험한 길을 능히 걸을 수 있겠는가? 중도에 넘어지면 대사를 그르칠 것이오." 라고 하고 허락하지 않았다.
이에 이곳에 이르러 박권과 이선부 두 분과 목극등이 말에서 내려 작별 인사를 하고 또 우리 여섯 명을 불러 술자리를 베풀어 위로하였다. 십오 리를 가니 큰 산이 바로 앞에 있어서 서쪽으로 강을 건넜다. 수심은 얕으나 물살은 달리는 말처럼 거세고 급했다.

■ 5월 9일 신묘일

애순에게 명령하여 열 명의 도끼잡이를 데리고 앞에서 나무를 베게 하여 강가를 따라 오륙 리를 가니 길이 끊어졌다. 다시 산언덕을 따라 갔는데, '화피덕樺皮德'이라 하였다. 백덕과 비교하면 더욱 험하고 깎아지른 듯 하였는데, 그 꼭대기는 평평하고 넓었다. 불을 땐 흔적과 왕래한 흔적이 보였으므로 이가가 초막을 가리키면서 애순에게 말하기를, "네가 길을 모른다고 하면 이 곳에서 잔 사람이 누구냐?" 라고 하였다. 이에 애순이 가만히 있으면서 대답하지 않았다.

팔십여 리를 가니 조그마한 연못이 있었으므로, 길을 멈추고 사람과 말이 물을 마셨다. 목극등이 우리에게 소 한 마리를 나누어 반을 주고 나머지 반으로 자기 사람들을 먹였다. 해가 다시 들어가고 하늘이 어두워지더니 우레가 쳤다. 이윽고 비가 쏟아졌다. 청나라 사람들은 모두 천막 속으로 들어가 비가 새지 않았으나 우리 여섯 사람은 단지 삼베포로 된 장막 한 장과 큰 기름종이 포대뿐이어서 마치 개미떼가 그 속에 모여들어서 피하는 것과 같은 모양이었다. 군졸들이 모두 비에 젖어 추위에 떨며 앉았는데 다행히 한밤중이 되기 전에 비가 그쳐서 죽는 것을 면하였다.

■ 5월 10일 임진일

동쪽으로 강을 건너 우리나라의 강가를 따라 몇 리를 가고 또 저쪽의 강가를 따라 삼십여 리를 갔는데, 그 사이에 아홉 번이나 왕복하여 건넜다. 다닌 길은 몇 걸음의 평지도 없었으며 물살은 거세고 급하였다. 대개 백덕栢德에서부터 백사십여 리를 올라왔다. 큰 나무가 산에 가득하고 빽빽하게 하늘을 뒤덮어 해를 가리고 있었다. 큰 것은 거의 대여섯 아름쯤 되고 촘촘하기가 베를 짜 놓은 것 같았다. 사람들이 빈틈을 따라서 옆으로 뚫고 나와서 겨우 하늘을 볼 수 있었는데, 그나마 한낮이 아니면 햇빛을 볼 수가 없었다. 가끔 넘어진 나무가 길을 가로막고 있어서 앞으로 나아갈 수 없었으므로 돌아서 피해 가야만 하였다. 이 때문에 백리 길이 이백리가 되었다. 나무는 주로 삼나무, 회나무, 측백나무, 자작나무, 가문비나무가 많이 뒤섞여 있었고, 소나무는 겨우 한 번 보았을 뿐이었다. 홍백일홍과 작약이 바야흐로 활짝 피었고, 어떤 나무는 키가 작고 잎이 막 돋아나고 있었는데, 속명俗名이 '두을죽豆乙粥'이라고 하였다.

오시천을 지난 이후로는 날짐승들을 보지 못하였더니, 누런 참새 같은 새가 측백나무 기름을 쪼아 먹고 사는데, 그 울음소리가 짧고 촉급하였다. 북쪽 사람들이 이것을 '백조栢鳥'라고 불렀는데, 산에 깊이 들어갈수록 백조의 울음소리도 들리지 않았다.

짐승으로는 호랑이와 표범은 보이지 않고 오직 곰, 멧돼지, 사슴, 노루만 있었는데 때때로 사람을 보면 놀라서 달아났다. 담비, 오소리, 족제비, 박쥐, 다람쥐 따위가 없는 것이 없었다. 조금 앞으로 가다가 언덕을 한참 오르니 꼬불꼬불한 산길이 갑자기 끊어졌다. 애순이 말하기를, "이 곳이 한덕립지당韓德立支當입니다." 라고 하였다. '지당'이란 북쪽 사람들의 속어로 '얼음 절벽'을 가리키는 말이다. 매년 여름이면 사슴 무리가 그 안에 들어가서 등에를 피한다. 덕립이 혼자서 그 입구를 지키고 있다가 사슴을 많이 잡았기 때문에 그런 이름이 붙은 것이라 하였다.

언덕을 올라 팔구 리를 가다 목극등은 층층의 절벽 위에서 말을 쉬게 하였고 사람들은 모두 모여 서 있었다. 김경문도 말에서 내려앉아 절벽을 굽어보니, 몇 천 길이나 되는 큰 골짜기 가운데 폭포수가 절벽에서 터져 나오는데 물이 아래로 쏟아져 내려서 골짜기에 솟아 있는 돌봉우리들에 부딪치며 좌우에서 물보라를 만들고 여러 갈래로 화살처럼 급하게 쏟아져 내리고 있었다. 소용돌이를 만들기도 하고 돌과 부딪치기도 해서 시끄러운 물소리가 마치 사방에서 울리는 천둥소리와 북소리 같았다. 참으로 천하의 기이한 절경이었다.

또 십 수리를 가니 나무가 점점 듬성듬성해지고 산이 점차 모습을 드러냈다. 여기서부터는 산이 모두 뼈대만 남고 색깔은 창백하였다. 쌓인 기氣가 뭉쳐서 하나의 커다란 덩어리를 이룬 것이 있었는데, '수포석水泡石'이라 하였다. 동쪽을 보니 한 봉우리가 하늘로 뾰족하게 솟아

올라 있었다. 김경문이 애순을 돌아보며, "산이 가까운데, 오늘 정상에 도착할 수 있겠는가?" 라고 물으니, 애순이 말하기를, "아닙니다. 이것은 소백산小白山입니다. 이 산을 지나서 서쪽으로 십여 리를 가면 산자락이 있는데 산자락에서 정상까지 아직 이삼십 리입니다. 조금 동쪽에 한 고개가 있는데 그것이 소백산 자락입니다." 라고 하였다.

그 산마루에 올라가서 멀리 백두산을 바라보니 웅대하여 천 리가 한결같이 푸르렀다. 다만 그 정상이 마치 흰 항아리를 높은 도마 위에 엎어놓은 것 같았으니, 이름을 '백두白頭'라고 한 것은 이 때문이다. 고개 밑에는 한 줌 흙, 한 포기 풀도 없고 더러 소나무와 삼나무만 있는데, 거센 바람에 부대껴서 모두 키가 작고 굽어 있었다. 고개를 내려와서 북쪽으로 작은 개울을 건너니 평지가 몇 리나 되었다. 오종종하고 높이가 불과 몇 자밖에 되지 않는 나무들이 있었는데, 속칭 '박달朴達'이라고 하였다.

이곳을 지나자 산은 모두 벌거숭이 산이었다. 이때 저녁노을이 산 중턱에 비치더니 조각구름이 산꼭대기에서부터 나와서 밑으로 떨어졌다. 조금 있다가 감아 올라가서 하늘에 가득하였다. 애순이 말하기를, "장차 큰 바람이 일고 비가 올 것입니다." 라고 하면서 겁내는 기색이 있었다. 목극등이 묻기를, "어찌 겁을 내느냐?" 라고 하니 애순이 말하기를, "지금 이렇게 높은 곳에 올라와서 비를 만나면 사람이 필시 얼어 죽을 것입니다. 바람이 불면 포석泡石이 바람에 날려 사방으로 떨어져 내려 눈 깜짝할 사이에 골짜기가 끊어져서 막혀 버릴 것인데, 사람은 알 수 없는 바닥에 떨어져 버릴 것이니 어찌 헤쳐 나올 수 있겠습니까? 여기까지 당도할 수 있었던 것은 반드시 목욕재계하고 재물을 올려 기도해서 무사했을 따름입니다." 라고 하였다. 목극등이 말하기를, "나는 천자의 명을 받은 관리이니 어찌 너희 사냥하는 자들과 같겠느냐?" 라고 하였으므로 김경문이 말하기를, "공의 말씀이 맞습니다. 그러나 자고로 기도하고 제사하는 것은 오래 된 일입니다. 또 '사람들이 말한 바가 없었다면 그만이지만 이미 말한 바가 있으면 그것을 따르라'고 하는 것이 옛 사람의 말입니다." 라고 하였다. 목극등이 곧 김경문을 돌아보며 초를 찾으니 그 뜻은 스스로 기도하고자 하는 것이었다.

저녁이 되자 구름이 개고 달이 떴다. 하늘이 사람들의 머리 위에 있었는데 북두칠성은 모두 크게 빛났으며 차가운 기운은 겨울 같았다. 갑자기 귀신이나 도깨비가 튀어나와 늘어서서 사람을 잡아갈 듯하였다. 모두 낮에 본 노목老木이었는데 사람들로 하여금 자기도 모르게 두려움을 자아내게 하였다.

■ 5월 11일 계사일

새벽밥을 먹었다. 청나라 관원 세 사람과 우리 관원 여섯 사람이 각각 건보健步 두 사람, 저들이 데려온 화공 유윤길劉允吉, 애순과 함께 오륙 리쯤 갔다. 산이 갑자기 가운데가 움푹 패여 구덩이를 이루어 띠처럼 가로막고 있었는데 깊이는 끝이 없고 너비는 두 자쯤 되었다.

말이 벌벌 떨며 감히 뛰어넘지를 못하여 말에서 내리니 말 끄는 사람이 북쪽 언덕으로 가서 말고삐를 잡고 건넜다. 목극등이 앞장서서 뛰어넘으니 사람들이 모두 뒤따랐는데 오직 김경문과 소이창, 이의복은 하지 못했다. 목극등이 키가 큰 사람으로 하여금 팔을 뻗어 손을 잡고 건너게 하였다.

사오 리를 올라가니 또 구덩이가 있었는데 아래의 것에 비하여 한 자 정도 더 넓었다. 길이 더욱 험준해져서 말을 타고 갈 수 없었다. 이에 말을 머물게 하고 나무를 쪼개어 그 위에 걸쳐 다리를 만들어서 건넜다. 조금 서쪽으로 수백 걸음을 내려가 압록강 상류를 건너서 북쪽 언덕에 잠시 앉아 목극등과 강역彊域 문제를 논하였다. 이윽고 기운을 차리고 천천히 걸으니 처음에는 약간 상쾌한 느낌이 들었으나 앞으로 삼사 리를 더 가자 길이 험하고 더욱 가팔라서 다리 힘이 빠지고 땀이 비 오듯 흘렀다.

그리고 삼사 리를 더 가니 목이 타고 갈증이 심하여 넘어지면 일어날 수 없었다. 목극등은 몸이 민첩하기가 마치 원숭이 같아서 다른 사람들이 능히 따라갈 수 없었다. 허량이 그 다음쯤 되고 박도상, 조태상과 통역관 이가가 그 다음쯤 되었다. 소이창, 이의복, 김경문은 가장 뒤처졌다.

소처럼 숨을 헐떡거리면서 눈을 보면 재빨리 움켜 집어먹어도 가쁜 숨이 진정되지 않았다. 가뿐하고 용감하게 나아가는 사람을 보고 힘을 다해서 따라가려고 하지만 두 다리가 붙들어 매인 것 같았다. 역부驛夫

의 포대를 가져다가 허리에 매달고 두 사람의 종자從者로 하여금 좌우에서 끌게 하였으나 그래도 따라갈 수 없었다. 우러러 여러 사람들을 보니 모두 구름처럼 아득한 곳에 있었다. 생각하기에는 산꼭대기에서 멀지 않은 것 같은데 아직 반도 못 왔다. 조금 쉬고 또 나아가니 마음속으로 더욱 겁이 났다. 다섯 걸음 가다가 한 번 넘어지고 열 걸음 가다가 한 번 쉬며, 부축하기도 하고 기기도 하면서 힘을 다하여 따라갔으나 그래도 남의 뒤에 처져서 산의 정상에 도달하였을 때는 해가 이미 한낮이었다.

이 산은 서북쪽에서 먼저 일어나 바로 큰 황야로 내려와 여기에 이르러 우뚝 솟아 있는데 그 높이가 하늘에 닿아 몇 천만 길인지 알 수 없었다. 산 정상에는 연못이 있는데 마치 사람의 머리에 있는 숨구멍과 같았다. 연못의 둘레는 약 이삼십 리가 되고 색은 흑요석처럼 새까만 것이 깊이를 헤아릴 수 없었다. 계절이 바야흐로 초여름인데도 얼음과 눈이 쌓여 있어서 그것을 바라보면 멀리 막막한 은색의 바다 같았다.

산세는 멀리서 바라다보면 흰 항아리를 엎어놓은 것 같으나 정상에 올라가서 사방을 둘러보면 약간 뾰족뾰족하였고, 가운데는 구덩이여서 벌어진 항아리의 주둥이가 위로 향하고 있는 것 같았다. 겉은 희고 안은 붉으며 네 벽은 깎아질러서 붉은 찰흙을 칠한 것 같기도 하고, 담황색 비단 병풍을 두른 것 같기도 하였다.

그 북쪽은 몇 자쯤 터져서 물이 넘쳐흘러 폭포를 이루는데, 이것이 흑룡강의 근원이다. 동쪽에는 석사자石獅子가 있는데 그 색깔은 누렇고 목을 빼서 서쪽을 바라보고 있다. 크기가 집채만 하고 꼬리와 갈기가 움직이려고 하는 것 같아 중국인들이 '망천후望天吼'라고 부른다고 한다.

이 날 낮에는 맑아서 아래로 사방을 보니 곧바로 수천 리가 아득히 평평하게 눈 아래 펼쳐져 있고, 구름이 점점이 이어져 솜으로 만든 언덕 같았다. 서북쪽에는 여러 산이 겹겹이 있는데 머리만 반쯤 나와서 구름과 서로 삼키고 토해 내니 어느 곳의 산인지 알 수 없었다. 그러나 경성鏡城의 장백산 같은 곳은 동서로 가로지르는 큰 산이므로 어렴풋하지만 오히려 알아볼 수 있었다. 그리고 보다회甫多會, 알씨闕氏, 소백小白 등의 여러 봉우리들은 자식 손자처럼 늘어서 있었다. 그 외에는 눈으로는 판별할 수 없었다. 목극등이 말하기를, "내가 『일통지一統志』를 맡아 천자의 명을 받들어 두루 조사하여 천하를 골고루 두루 다녔는데, 이 산의 준절하고 기이하며 우뚝함은 비록 중국의 여러 명산에는 미치지 못하지만 그 광대하고 웅대한 형세는 중국에 있는 산보다 낫다." 라고 하고는 연못의 물을 가리키면서, "이 속에는 무엇이 있는가?" 라고 하니 김경문이, "늙은 진주조개老蚌입니다." 라고 하였다. 목극등이, "어떻게 아는가?" 라고 하니 김경문이 말하기를, "내가 들으니 명월의 구슬이 깊은 연못에서 나온다는데 필시 여기일 것입니다." 라고 하였다.

이에 애순이 말하기를, "날씨가 좋고 맑은 날 밤에 보면 연못에서 이 채로운 기운이 나오고 그 빛이 하늘에 뻗치는 것이 바다에서 달이 뜨는 것과 같습니다. 해마다 6월이면 못의 얼음이 녹기 시작하고 7월이면 다시 얼기 시작합니다. 그 사이가 불과 한 달뿐인데 못의 빛이 위로 올라가는 것은 반드시 얼음이 녹을 때입니다." 라고 하여 사람들이 웃으며 말하는 것을 경계하였다. 갑자기 얼음 밑에서 소리가 울려 나오는데 그 메아리가 우레 같았다. 애순이 실색하니 목극등이 연못을 향하여 무릎을 꿇고 묵념하면서 몇 구절 주문을 외웠다.

그리고는 곧 아래로 내려가 동쪽으로 향해 가는데, 곰 한 마리가 산모퉁이에서 튀어나왔다. 이에 목극등이 크게 소리 지르며 팔을 걷어붙이고 쫓아가자 곰이 놀라 산등성이를 넘어 달아나 숨어버렸다. 김경문이 말하기를, "공은 황제의 근신인데 어찌 이리 가볍게 행동하십니까?" 라고 하니 목극등이 웃으면서 말하기를, "이것은 내가 자중하고 있기 때문이다. 맹수가 뜻하지 않게 나올 때 내가 만약 무서워 위축되면 그 놈이 나를 업신여길 테니 어찌 가만히 있을 수 있겠는가?" 라고 하였다. 드디어 산등성이를 따라서 천천히 걸어가 삼사 리쯤 내려가서 비로소 압록강의 근원을 찾았다. 샘이 있는데 산혈山穴 속에서 물이 퐁퐁 솟아나와 그 흐름이 빨라지더니, 수십 백 걸음도 못 가서 좁은 골짜기에서 큰 골짜기로 그 물이 흘러 들어갔다. 한 움큼 떠서 마시니 시원하였다.

또 동쪽으로 가다가 짧은 산등성이를 하나 돌아 넘으니 샘이 하나 서쪽으로 흘러 삼사십 보를 흐르더니 갈라져서 두 줄기가 되었다. 그 한 줄기는 흘러서 서쪽 샘과 합쳐지고 한 줄기는 동쪽으로 흘러가는데 물줄기가 매우 가늘었다. 또 동쪽으로 산등성이 하나를 넘으니 샘이 있는데 동쪽으로 백여 보쯤 흘러갔으나 중간에 샘이 갈라져서 동쪽에서 온 것과 합쳐졌다. 목극등이 중간에 두 갈래진 물 사이에 앉아 김경문을 돌아보며 말하기를, "이곳을 분수령이라고 이름 짓고 비석을 세워서 경계를 정할만 하다." 라고 하였다. 이에 김경문이 말하기를, "매우 좋습니다. 명철한 공께서 이번에 와서 하신 일은 마땅히 이 산과 더불어 영원히 무궁할 것입니다." 라고 하였다. 그 물줄기가 나누어져 사람 '인人' 자를 만들었다. 한 가운데에 작은 암석이 있는데 형상이 엎드린 호랑이 같았다. 목극등이 이를 보고 말하기를, "이 산에 있는 이 바위가 또한 참으로 기이하니 귀부龜趺로 쓰면 되겠다." 라고 하였다. 산을 내려오니 어두워져서 천막에서 잤다.

■ 5월 12일 갑오일

목극등이 말하기를, "토문의 원류가 중간에 끊어져서 땅 속으로 흐르므로 강역의 경계가 분명하지 않으니 가볍게 비석을 세우는 의논을 하여서는 안 되겠다." 라고 하고, 이에 두 사람을 명하여 애순과 동행하여 가서 물길을 살피게 하였다. 김응헌, 조태상이 뒤따라갔다. 육십여 리를 나아가니 해가 저물어 두 사람은 돌아와서 백수白水가 동쪽으로 흐른다고 보고하였다.

목극등이 이어 사람을 시켜 돌을 깎으니 너비가 두 자, 길이가 세 자 남짓하였다. 또 분수령에서 귀부를 취하였다. 비에 글씨를 새겼는데 그 이마의 "대청大淸"이라는 두 글자는 조금 크게 썼다. 그 아래 글에는, "오라 총관 목극등은 변방의 경계를 조사하라는 명을 받들어 여기에 와서 살펴보니 서쪽은 압록강이요 동쪽은 토문강이다. 그러므로 분수령에서 돌을 새겨 기록하노라. 강희 51년(1712년, 숙종 38년) 5월 15일 필첩식 소이창, 통관 이가, 조선 군관 이의복, 조태상, 차사관 허량, 박도상, 통관 김응헌, 김경문" 이라 하고, 드디어 깎아서 세웠다.

일을 마치고 산을 내려와 무산에 돌아왔다. 목극등이 박권과 이선부에게 말하기를, "토문강의 원류가 끊어진 곳에는 담이나 울타리를 쌓아서 그 하류와 잇게 하여 표시하여야 한다." 라고 하였다.

이번 행차가 가고 오는데 모두 삼개월이 걸렸고 그 길을 계산하면 모두 수천 여 리라고 한다.

내가 옛 전기를 읽어보니 곤륜산은 높이가 이천오백여 리인데 황하의 물이 나오는 근원이라 한다. 한나라 장건張騫이 그 근원을 밝혀내었고, 태사공太史公은 전傳을 지어 그를 기렸다.

　백두산은 곧 동북의 곤륜산인데 세상에서 아직 올라가 본 사람이 없었다. 지금 김경문이 능히 그 정상을 두루 보고 두 강의 근원을 탐색하여 강역의 경계를 정하고 돌아왔으니 장하도다!

　그러나 다만 한 무제 때에 장건을 얻은 것과 같지 못하여 이 산을 올라간 것은 바로 한 오랑캐 사신을 따라가 직방職方의 역할을 수행하였을 뿐이니 이것이 아쉽다.

　또한 내가 사마천과 같은 글재주를 발휘하지 못한 것이 한스러울 따름이다.

11. 유희경劉希慶 — 강상의 도리를 다한 풍월향도風月香徒

　유희경(1545~1636)은 조선중기 인종과 인조 년간에 살았던 천출賤出시인으로 본관은 강화江華, 자는 응길應吉, 호는 촌은村隱인데, 을사년 2월27일 인시寅時에 서울 대묘동大廟洞에서 태어났다. 아버지는 종칠품인 계공랑啓功郞 업동業소이고 어머니는 허씨許氏였다는 것만 전할 뿐 자세한 가계는 알 수 없다. 그런데 그는 다른 천예 출신과는 달리 거의 완벽할 정도로 생애를 재구성할 수가 있어 흥미롭다. 그의 문집『촌은집』581) 제2권은 부록으로 구성되어 있는데, 유몽인柳夢寅이 쓴 전傳, 김창흡金昌翕이 쓴 묘표墓表, 홍세태洪世泰가 쓴 묘지명墓誌銘, 남학명南鶴鳴이 쓴 행록行錄 및 조선 중기의 문신 이상길李尙吉의 시문집인『동천집東川集』에 나오는 유사遺事가 있다. 이런 자료들을 재구성하여 보면, 촌은

---

581) 촌은 유희경(1545~1636)의 시문집으로 손자 자욱自勖이 수집하고, 김창협金昌協이 선정選定하여, 손자 태웅泰雄이 숙종 33년(1707) 호남만호湖南萬戶로 있을 때 간행했다.『촌음집』책판은 경남 남해군 이동면 용소리 868번지 용문사 대웅전내 목판 52매로 조선시대 유물이다. 경상남도 유형문화재 제172호.

에 관한 거의 완벽한 전기傳記를 구축할 수 있다.

그는 어려서부터 독서를 좋아하여 책을 손에서 떼지 않았다. 어머니가 오래 병석에 누워있어, 지극한 효성으로 돌보았다. 대변을 기저귀에 받아 동소문 밖으로 가서 빨아 치마바위에 널어놓고는 하루 종일 책을 읽었다. 유희경이 열세 살 되던 해 아버지가 죽자, 그는 어린 나이로 홀로 언 흙덩이를 날라다 장사지내고 묘를 다듬었다. 당시 천한 신분임에도 불구하고 삼 년 상을 치르자, 마침 당시 명유이며 서경덕徐敬德의 문인이었던 남언경南彦經이 이곳을 지나가다가 그 효성에 대한 얘기를 듣고 그가 드문 효자라 생각하고, 가상히 여겨 피륙을 보내주고 또 망월암의 승려에게 토자를 지어주게 했는데, 이로 인연해 촌은은 남언경을 따라 문공가례를 배우게 되었다. 이어 그는『의례경전』,『두씨통전』,『구씨의절』을 비롯해 선유들의 저서들을 두루 읽어, 드디어 예학에 밝은 것으로 이름이 났다. 국상 때나 혹은 사대부가에서 상을 당하면 곧잘 촌은을 부르곤 했으므로 당시 "양예수楊禮壽가 뒷문으로 나가면, 유희경이 앞문으로 들어온다"라는 말까지 있을 정도였다고 한다. 양예수는 당시 어의御醫로서 명의로 이름났지만 유희경에게는 미치지 못한다는 항간의 우스갯소리였다. 이때부터 유희경은 장안에서 장례에 밝은 사람으로 이름이 나서, 많은 이가 그를 찾았다. 사대부들의 초상은 물론이고, 국상 때도 그에게 자문을 구할 정도였다.

그 무렵 유희경은 시의 대가 사암思菴 박순朴淳(1523~1589)을 만나, 독서당을 드나들며 그와 인연을 맺는데, 박순은 그 재능을 알아보고 당시唐詩를 가르쳤다. 박순은 당대의 화려한 시의 경향을 비판하고, 담박한 시를 추구한 최고의 시인이었다. 유몽인의 '유희경전'이나 이수광의 '침류대기'를 보면 하나같이 침류대枕流臺를 무릉도원에 버금가는 최고의 문화공간으로 묘사하고 있다. 유희경의『촌은집村隱集』'행록行錄'에 보면, 그의 집은 정업원淨業院 아래쪽 골짜기의 하류下流, 속칭 원동이라고 하는 곳에 있었다. "침류대 너른 바위 주위에는 복숭아나무가 여러 그루 둘러있고, 시냇물 양쪽으로는 꽃비가 흩뿌리니 비단물결이 춤추는 것 같다. 옛날의 도원桃源이 이보다 더 좋지는 못했을 것이다." 라고 '침류대기'가 묘사하고 있음을 볼 때, 그 말이 결코 헛말이 아님을 알 수 있다.

유희경은 곧은 절개로 칭송이 있었고, 임란 때는 의병에 참여하기도 했다. 『촌은집』에 의하면, "유희경은 인품이 돈독하고 산수에 비유하면 높은 산악에 이르고 호연한 강호에 이르면 은연하기는 스스로 귀를 깨끗이 씻을 정도라고 했다." 임진 의병으로 나가 싸운 공으로 선조로부터 포상과 교지를 받았다. 사신들의 잦은 왕래로 호조의 비용이 고갈되자 그가 계책을 일러주었으므로 그 공로로 통정대부通政大夫를 하사받았다. 광해군 때에 이이첨李爾瞻이 모후를 폐하려고 그에게 소를 올리라고 협박하였으나 거절하고 따르지 않았다. 인조가 반정한 뒤에 그 절의를 칭송하여 가선대부嘉善大夫로 품계를 올려주었고, 여든 살 때 가의대부嘉義大夫를 제수받았다. 유희경은 한시를 잘 지어 당시의 사대부들과 교유하였다. 자기 집 뒤의 시냇가에 돌을 쌓아 대를 만들어 침류대라 하고 그곳에서 이름난 문인들과 시로써 화답하였다. 그 화답한 시를 모아 「침류대시첩」을 만들었다. 그는 당시 같은 천인신분으로 시에 능하였던 백대붕白大鵬과 함께 풍월향도風月香徒라는 모임을 만들어 주도하였다. 이 모임에는 박계강朴繼姜, 정치鄭致, 최기남崔奇男 등 중인신분을 가진 시인들이 참여하였다. 그의 시는 한가롭고 담담하여 당시唐詩에 가깝다는 평을 듣는다. 뒤에 아들 일민逸民이 원종훈原從勳에 오른 공로로 촌은도 자헌대부資憲大夫 한성판윤漢城判尹에 추증되었다. 저서로 『촌은집』 3권과 『상례초喪禮抄』가 전한다.

유희경은 당시 '위항委巷 시인'으로 서울 북쪽 깊숙한 골짜기에 있는 정업원에서 풍월향도風月香徒란 시사詩社를 결성하였다. 풍월향도는 임진왜란 전에 백대붕과 유희경이 모여서 만든 평민 문학단체로 풍월과 상두꾼 등 천민과 중인 중심의 향도가 모였다 해서 이름을 딴 모임이다. 유희경이 상장례喪葬禮에 능하고 문학도 능해, 그런 이름이 붙여진 것이다. 임란이 끝난 뒤 유희경은 종2품에 해당하는 가의대부까지 지내고, 사후에는 한성부윤까지 오른 입지전적인 인물이다.

이덕무李德懋는 『청장관전서靑莊館全書』에서 유희경의 시와 간략한 행적을 다음과 같이 기록하였다.

"유희경은 제복장祭服匠으로 호는 촌은이다. 일찍이 이이첨과 사귀었었는데, 뒤에 이첨이 모후母后를 폐하자는 의론을 주장하자 이내 절교하였다. 그의 '양양도중襄陽途中'이라는 시가 있는데, 다음과 같다.

산은 비 기운 머금고 물은 연기 머금었는데	山含雨氣水含煙
청초호수 가엔 흰 해오라리 졸고 있네	靑草湖邊白鷺眠
해당화 밑으로 길 가노라니	路入海棠花下去
흰 꽃잎 채찍에 걸려 가득 떨어지네	滿地香雪582)落揮鞭"583)

유희경의 문집인 『촌은집』에 실린 작품을 통하여 그의 시풍을 일별할 수 있다. 그의 시는 청고하고 담박하다고 말할 수 있다. 그는 천출로서 엄한 신분의 제약이 있었으나, 효행과 절의로 이름이 드러났으며, 상례에 밝고, 강상의 도리를 다하여 국난을 극복하는데 많은 공을 세웠다. 그래서 비록 천비 소생으로 천출로 태어났지만 보기 드물게 조선의 역사 이래 가장 출세한 인물로 평가할 수 있다. 그가 추구한 시는 용사가 그리 많지 않아 담박하게 읽고 즐길 수 있다.

---

582) 향설香雪은 '향내 나는 눈'이라는 뜻으로, '흰 꽃'을 눈에 비유하여 일컫는 말.
583) 이덕무李德懋, 『청장관전서靑莊館全書』권35, 「청비록淸脾錄」4.

| 여러 흥취가 나서 | 雜興 |

단경을 다 읽고 문을 나서니	丹經讀罷出門
마을에 저녁 어스름 비로소 깔리네	洞裏初收暮雲
나랑 술 마실 친구가 없으니	無人與我對酌
밝은 달만 술잔을 비추고 있네	明月來照芳尊
나무 가지 끝 비로소 서늘한 기운 서리니	樹梢新凉初至
연못 속 맑은 달 찬 기운 들이치네	潭心霽月寒浸
그윽한 사람 밤새도록 잠 못 이루고	幽人竟夜不眠
소나무 물결 쌀 이는 듯 베개에 울고	松濤淅瀝喧枕
물결 사이 달빛 타고 연꽃을 캐네	波間乘月採蓮
그윽한 내음 소매 가득 돌아오네	歸來幽香滿袖
은근히 미인에게 부치고 싶은데	慇懃欲寄美人
다만 미인이 받지 않을까 두려울 뿐	但恐美人不受

신선의 글을 읽고 달밤에 소요하는 시인이 홀로 술잔을 기울이고 잠을 이루지 못하고 있다. 주위의 풍취를 읽어내는 귀와 눈이 참으로 감각적이다. 솔가지가 바람에 우는 소리가 마치 쌀을 이는 소리인 듯 베갯잇에 운다고 표현한 탁월한 시적 성취를 눈여겨볼 만하다. 게다가 여울 사이로 달빛을 타고 연꽃을 캐는 절정의 의취는 너무 현묘하다. 이런 좋은 때, 그윽한 마음 한 자락 그저 미인에게 부치고 싶은데 받지 않을까 잠시 저어하는 결구의 언사는 여백을 던지며 여운을 남긴다.

| 양류사 | 楊柳詞 |

이월에 버드나무 휘늘어진 길을 따라	二月隋堤楊柳春
가녀린 가지어린 잎새 비오니 말짱해	纖枝嫩葉雨中新
꾀꼬리는 게을리 북질하니 깊은 규방 한스러워	鶯梭謾織[584]深閨恨
이궁에 매이지 않고 멀리 사람을 작별하네	不繫離亭[585]遠別人

대개 양류사는 이별을 노래하는 시인데, 버들가지 휘늘어진 언덕길을 따라 비오고 난 뒤 물오른 잎사귀가 더욱 싱그럽다. 꾀꼬리는 게으르게 들락거리고 깊은 규방에는 여자의 한이 가득하다. 결구는 쉼터에서 말을 매지 않고 멀리서 서로 작별하는 아쉬움을 여운으로 남겼다.

식영정에서	息影亭586)
무등산 앞에 식영정 있으니	無等山前息影亭
못가에 여린 풀이 근심을 부르네	池邊細草喚愁生
개울가 구름비를 빚어 달을 속이니	溪雲釀雨能欺月
창가에 매화가 한 밤을 밝히네	減却梅窓一夜明

그림자도 쉬는 못이라 이름하여 식영정인가. 못가에 여린 풀이 자잘한 근심을 풀어놓는 곳. 시인의 속내가 여린 풀에 쏠려 그대로 시가 되고 있다. 시냇가 몇 점 구름은 마치 술을 빚듯이 비를 뿌리며 달은 속이다니, 그 감각이 기묘하다. 이제 결구에 오면 다 제하고, 어둑한 밤 창가에 어른대는 매화 한 가지, 절창이다.

---

584) 새들이 둥지를 왔다 갔다 하는 게 마치 길쌈을 할 때 북질을 하는 듯 하여 형용한 말임.
585) 이정離亭은 이궁별관離宮別館에서 조금 떨어진 길거리에 세워진 휴게소로, 옛날에 자주 여기에서 송별을 하였다.
586) 식영정息影亭은 조선시대 누정으로 전남 담양군 남면 지곡리에 있는 정면 2칸, 측면 2칸의 팔작지붕 건물로 전라남도 기념물 제1~1호. 정철鄭澈의 유적으로 송강정松江亭, 환벽당環碧堂과 더불어 정송강유적鄭松江遺蹟으로 불린다. 원래 김성원金成遠이 명종 15년(1560)에 임억령林億齡을 위하여 지은 것으로, 서북쪽에는 칸 반의 방이 꾸며져 있다. 정철은 노송의 숲 속에 묻힌 이 정자의 정취와 주변의 경관을 즐기면서 '성산별곡星山別曲'을 지었다고 하며 '식영정십팔영息影亭十八詠'도 남아 있다.

| 꿈에 식영정의 미녀를 보고 부르다 | 夢見息影亭美女歌 |

남쪽 서석산을 떠올릴 때마다	每憶南州瑞石山587)
두어 칸 정자가 대숲 사이에 있는데	數椽精舍竹林間
그때의 미녀는 지금 어디에 있나	當年美女今何在
아리따운 그 얼굴 꿈에서 보네	綠髮朱顔夢裏看

광주 무등산의 서석대를 떠올릴 때마다, 대숲에 둘러싸인 아담한 정자에서 한 아리따운 여인과 노닐었는데, 어느 곁인가 식영정에 불쑥 나타난 그 얼굴을 꿈결에 보고 지은 작품이다. 지난 현실의 서석산이 꿈속의 가상공간인 식영정으로 장면을 빠르게 전환시켜 시의 효과를 극대화하여 읽는 묘미를 더하고 있다.

| 우이동 | 牛耳洞588) |

도롱이 걸친 채 말 타고 도성문 나서니	披蓑跨馬出城都
비갠 뒤 산 빛은 잠깐 있는 듯 없는 듯	雨後山光乍有無
해가 중천에 오르니 구름 반쯤 걷히고	日上三竿589)雲半卷
얽히고설킨 바위산은 새 그림 펼쳐놓네	攢巖疊嶂展新圖

---

587) 서석대瑞石臺(1,100m)는 광주 무등산無等山 서쪽 정상에 마치 거대한 병풍을 둘러 처놓은 것 같은 장엄한 돌무더기가 펼쳐져 서있는데, 이것이 유명한 서석의 수정병풍水晶屛風이다.
588) 우이동은 북한산 동쪽 골짜기에 위치하며, 소귀같이 보이는 봉우리 아래에 있다 하여 이름하였다. 정조대에 한성부 우윤右尹을 지낸 이계耳谿 홍양호洪良浩는 이곳 만장봉 남쪽에 겸산루兼山樓를 세우고 '우이동 구곡'을 지어 자연의 풍치를 극찬하였다.
589) 삼간三竿은 대나무 장대 세 개의 높이만큼 뜬 해를 말함. 곧 '일상삼간日上三竿'이라 하여 대체로 오전 8~9시 무렵을 뜻한다.

막 비갠 뒤 도성문을 지나 우이동 골짝에 오르는 주변풍경을 사실적으로 관찰하여 그린 소품이다. 서서히 해가 다시 비치고, 구름마저 걷히고 나니 비에 얼룩덜룩 젖어 번들거리는 기묘한 바위의 형상들을 포착해서 산이 새 그림을 펼쳐놓은 것이라는 탁월한 감각을 보이고 있다. 이 작품은 시각적 효과가 뛰어난, 오로지 눈만으로 쓴 시라 할 만하다.

월계 가는 길에서	月溪途中
산은 비 머금어 물안개 피어오르고	山含雨氣水生烟
푸른 풀 우거진 호숫가 백로가 졸고 있네	靑草湖邊白鷺眠
해당화가 아래쪽 길 돌아서가다 보니	路入海棠花下轉
휘두르는 말채찍에 얹힌 눈 떨어지네	滿枝香雪落揮鞭

단출한 소품이지만 감각은 매우 신선하다. 월계 가는 길 도중에 비치는 주위의 풍경을 그대로 묘사하여 마치 살아있는 듯이 생동감이 넘쳐흐른다. 삼 행까지는 정적인 속삭임으로 시각적 효과가 숨은 그림처럼 저변에 흐르다가, 결구에 와서 가지에 얹힌 눈송이가 말채찍에 후드득 떨어지는 청각의 변환을 통하여 긴장의 상승감을 고취시키고 있다.

도중에	途中
만 리는 강으로 길이 막히고	萬里關河路
세 해나 가을 오니 병든 나그네 몸이네	三秋病客身
하늘가에 한 조각달이 뜨니	天涯一片月
응당 고향에 있는 사람들 비추겠지	應照故鄕人

길을 가며 고향을 생각한 작품인데, 아마도 작가는 여러 해 동안 객지

를 떠돈 것처럼 보인다. 달이 뜨자, 고향에 사는 가족들도 저 달을 볼 것이라 말하면서 향수를 달래고 있다.

  여관에서, 당시를 차운하여   旅店, 次唐詩韻

  옛 동산 아득하니 광릉은 서쪽에 있고   故園遙在廣陵590)西
  향기로운 풀 돌아가는 마음에 길은 또 어둡네 芳草歸心路更迷
  산에 뜬 달 비로소 지니 날이 새려나   山月初沉天欲曉
  푸른 구름 깊은 곳에 두견새 우는구나   碧雲深處杜鵑啼

여관에 밤새 뒤척이며 새벽녘에 지은 시로 보인다. 고향은 아득히 먼 곳에 있고, 양주는 서쪽에 있다고 말한다. 아마 거기에도 시인을 기다리는 누군가가 있을 듯하다. 산에 떠있던 달은 이제 이울고, 날이 희붐하게 새려는 참, 푸른 기운 감도는 그윽한 곳에서 두견새가 사람을 서글프게 만든다.

  광주 동헌에서   廣州591)東軒

  객사는 사람이 묻지 않아서   旅舘無人問
  빈 처마에 다만 새소리만 들려   虛簷但鳥聲
  옛 동산은 이곳이 어떠한 지   故園何處是
  구름밖엔 푸른 산봉우리 두엇   雲外數峯青

광주 동헌은 사람이 없어 썰렁하다. 객사만 덩그러니 빈 처마 밑에는 새들만 재잘거리고, 예전의 꽃동산은 어딘지 알 수 없고, 다만 먼데 변

---

590) 광릉廣陵은 경기도 양주군의 옛 별호.
591) 경기도京畿道 광주군廣州郡을 말함.

함없는 산봉우리만 두어 개 바라보인다고 한다. 정사가 번거롭지 않은 시골 동헌이 텅 비어 무료하다.

눈 온 가운데 매화를 즐기다 　　　　　　　　　　　雪中賞梅

어느 누가 날 찾아 사립문을 당길까　　　　　何人訪我叩柴扉
울타리는 헤져 쓸쓸한데 눈보라 날리네　　　　籬落寥寥亂雪飛
홀로 찬 매화 보니 시 읊기 그만인데　　　　　獨對寒梅吟詠足
늙은이 사노라니 이 가운데 마땅하네　　　　　老夫棲息此中宜

아무도 오지 않는 궁벽한 초가집에 눈보라치는 날씨에 매화가 벙글었다고 하며 상매賞梅의 즐거움으로 시를 짓기가 그만이라고 찬탄한다. 늙어가는 나이에 이만한 도락이라면 지극할만하다고 자족하고 있다.

청평사 　　　　　　　　　　　　　　　　　　　清平寺592)

일찍이 노닐던 절에 다시 오니　　　　　　　　又到曾遊寺
텅 빈 숲에 한 줄기 오솔길 헷갈리네　　　　　空林一逕迷
서쪽 개울가에 중은 옷을 빨고　　　　　　　　西川僧洗衲
북쪽의 산에선 학이 둥지를 찾네　　　　　　　北岳鶴尋棲
대웅전에는 향 피운 연기가 모락모락　　　　　寶殿香烟裊
달은 아름다운 봉우리 아래로 지네　　　　　　瓊峯落月低
시 읊조리다 잠시 고요히 앉으니　　　　　　　吟餘仍靜坐
소쩍새는 창가에서 우짖네　　　　　　　　　　杜宇593)近窓啼

---

592) 강원도 춘천시 북산면 청평리 오봉산五峰山에 있는 절로 대한불교조계종 제3교구 본사인 신흥사新興寺의 말사이다.
593) 두우杜宇는 촉蜀나라 망제望帝의 이름인데, 그의 넋이 된 새라는 뜻으로, 소쩍새를 달리 이르는 말.

시인은 예전에 청평사를 다년간 적이 있었다고 말하며, 낯익은 풍경을 훑으며 개울을 따라 절로 들어가는 과정을 정밀하게 묘사하고 있다. 청평사로 드는 상류에는 고려 중기의 학자인 이자현李資玄이 새긴 '청평식암淸平息菴'이라는 각자刻字가 있는데 이곳은 영지 중심의 대규모 고려 정원임이 확인되었다. 구성폭포에서 식암에 이르는 지역은 계곡을 따라 주변 자연 경관을 최대한으로 살려 수로를 만들고, 계곡물을 자연스럽게 정원 안으로 끌어들여 영지에 연결시켜 주위에 정자와 암자 등을 세워, 자연의 섭리에 순응하여 선禪을 익히는 정신수양의 도량으로 짜임새 있게 가꾸어졌다. 영지는 청평사 뒤의 오봉산이 비치고 달이 여기에 뜨고 진다.

아흔을 탄식하며	九十歎
내 아흔을 살았으니 참으로 가련해	吾生九十最堪憐
이빨과 머리칼 빠져 머리는 어깨에 붙었네	齒髮俱凋頂在肩
옆에 사람에게 묻노니 그대 또한 늙어	借問傍人君亦老
사람아 이 누가 나와 동갑이리오	人間誰是我同年

아흔의 나이를 '모질耄耋'이라고도 한다. 모질의 '모耄'자의 한자를 보면 늙을 '로老' 밑에 터럭 '모毛'를 씀으로써 다 늙어버렸다는 뜻을 담고 있다. 치아와 머리털은 다 바래어 빠져버리고 어깨는 머리에 붙어 구부정하게 된 모습을 형상화하면서, 추레하게 늙은 자신의 모습을 가련하게 응시한다. 옆에 있는 노인장에게 물으니 나와 동갑도 찾아보기 드무니, 참 많은 세월을 살아온 자신의 생애를 반추하며 탄식하고 있다.

숙직을 서며   直廬

　　언 옷은 쇠와 같아 평평하게 눕기 어려워   凍衣如鐵臥難平
　　홀로 앉아 아득하니 온갖 생각 일어나네   獨坐悠悠百感生
　　인간사 전란의 변고에 모두 따르니   人事盡隨兵火變
　　눈꽃이 귀밑머리에 밝게 둘렀네   雪華還繞鬢毛明
　　은하수는 맑아 구름은 천리나 되고   銀河淡淡雲千里
　　물시계 소리 똑똑 달은 오경이네   玉漏丁丁月五更
　　베갯잇에 엎드리니 잇단 야직은 견딜 수 없어   伏枕不堪連夜直
　　옷 걷어잡고 때맞춰 계단으로 내려가네   攬衣時復下階行

　며칠 동안 야간 당직을 서며 잠을 이루지 못해 지은 작품이다. 뻣뻣하게 얼어붙은 옷을 입고 추운 밤을 뜬눈으로 지새운 당직 근무의 고달픔을 말하고 있다. 임진왜란이 훑고 간 변고 때문에 이미 귀밑머리는 희끗거리고, 온갖 생각이 오가는데 오경을 알리는 물시계소리에 이윽고 옷매무새를 고쳐 입고, 계단 아래로 내려간다. 아마 교대시간이 다 되었을 것이다. 이미 날은 밝아 올 무렵.

봄날 우연히 읊다   春日偶吟

　　생애는 비록 괴롭고 고달프나   生涯雖苦楚
　　타고난 성품은 본래 맑고 깨끗했네   稟性本澄淸
　　물을 굽어보니 깨끗하기가 마음 같고   俯水心猶淨
　　산을 보니 홀연히 눈이 밝아지네   看山眼忽明
　　시골구석 전란을 피하기 마땅하고   村深宜避亂
　　땅은 외져서 이름을 숨길만 하네   地僻可藏名
　　꼭 삼월 삼짇날이 되니   正値三三日
　　어찌 답청을 방해 받으리오   何妨又踏靑594)

594) 봄에 파랗게 난 풀을 밟고 들을 거닐며 화조花鳥를 즐김.

삼짇날 답청을 하며 읊은 작품으로 분위기는 맑고 깨끗하다. 지나온 생애는 돌아보면 고달프고 또 한바탕 임진전란에 소용돌이쳤건만 산촌에는 외져서 그나마 이름과 몸을 숨길만하다고 안심한다. 아무리 전란이 오가도 답청이야 어찌 방해하겠느냐고 말한다. 결구는 이 시의 눈이다. 인간의 일은 자연의 섭리 앞에는 아무 것도 아님을 슬며시 드러내어 봄날 푸르게 돋아나는 줄기찬 생명력을 노래함으로써 전란에 찌든 상처받은 마음의 회복을 적극적으로 모색하고 있다.

사계절 꽃	四季花
난리 후 마땅히 즐길 일 없어	亂後無佳玩
사계절 꽃에다 옮아 왔노라	移來四季花
푸른 복숭아와 붉은 살구	碧桃與紅杏
다만 한 봄날의 꽃이로구나	只是一春華

임진왜란이 막 끝나고 마음 붙일 데가 딱히 없기에 철따라 피는 꽃에다 작은 즐거움이나마 누리려는 작자의 소박한 마음이 보인다. 전쟁이 훑고 지나간 아픈 상처가 몇 송이 꽃으로 치유될지 모르지만, 봄 한 철 번화한 생기에 가슴이 설레는 건 확실한 것 같다.

강정에서 성쌍천의 운을 차운하여 　　江亭次成雙泉汝學595)韻

---

595) 성여학成汝學(1557~?); 조선 중기의 문신, 본관 창녕昌寧, 자 학안學顔, 호 학천鶴泉, 쌍천雙泉. 일찍이 시에 재능을 보였는데, 평생 불우하게 지내며 60살이 되도록 벼슬을 얻지 못했다. 저자가 편찬한 한문 소화집笑話集『속어면순續禦眠楯』이 홍서봉洪瑞鳳의 발문과 함께 필사본으로 전해지고, 또『가항골계부街巷稽滑裒』를 남겼다. 이 소화집은 송세림宋世琳의 『어면순禦眠楯』에 실리지 않는 이야기들을 모아 만들었다. 모두 32편의 설화가 실려 있으며, 각 편마다 4자로 된 제목이 있다. 그의 시는 숙종 32년(1706) 외손外孫 도정都正 한후명韓厚明이

문 앞 버들은 푸른 새 순이 돋고	嫩綠門前柳
난간 밖에 부는 산들바람 시원하네	微凉檻外風
천지는 상하로 나뉘어져	乾坤分上下
해는 동에서, 달은 서에서 떠오르네	日月見西東
홀로 온갖 사물을 시로 읊으니	萬象孤吟裏
천만 산봉우리는 눈앞에 있구나	千山一望中
어부와 나무꾼도 살림이 족하거늘	漁樵生計足
부끄러워라 내 말년 늙은이의 삶이여	愧我枕流翁

강가 정자에 올라 툭 트인 경물을 즐기며 말년의 삶을 자조적으로 읊고 있다. 어부와 초부의 생계도 저리 만족한 줄 아는데, 스스로 부끄러운 노년의 심상이 대비되어 앙금처럼 가라앉은 생애의 한 자락을 자탄하고 있다.

제야에 수안군에서 성어사를 모시고 우연히 읊다
遂安郡596)除夜, 陪成御史偶吟

어사는 맑은 기절을 지녔는데	御史持淸節
섣달 겨울눈을 맞고 오시네	窮冬冒雪來
위엄 있는 목소리 두메 고을 울리고	威聲今峽郡
옛날 서릿발 같던 감찰 떨치며 일어나	振起舊霜臺597)
밤 지새느라고 등잔걸이 석 자인데	守歲檠三尺
시름 삭이느라 술 한 잔 드시네	消愁酒一盃

간행하여 『학천선생집鶴泉先生集』이라 명명하였다. 책은 모두 2권 2책으로 구성되어있는데, 1권에는 오언절구, 칠언절구, 오언율시 300여수가 있고, 2권에는 칠언율시, 오언배율, 칠언배율, 고시 등 180여수가 수록되어있다.
596) 수안遂安은 황해도에 있는 지명. 현종 9년(1018)에는 수안현縣이 되었다가 태종 17년(1417) 수안군郡이 되었다가, 효종 4년(1653) 잠시 현으로 강등되었다.
597) 관원의 비행非行을 규찰糾察하는 상대霜臺, 즉 사헌부司憲府 관리이므로 그렇게 말한 것임.

| 턱을 빳빳이 웅크려 오래 앉았으니 | 支頤凝坐久 |
| 바깥 처마 끝에는 새는 소리 급하네 | 簷外漏聲催 |

섣달 그믐날 밤, 성어사를 모시고 하루 밤을 지내며, 그의 풍모를 관찰자의 시점에서 그리고 있다. 기절이 높은 어사가 겨울눈을 맞고 와서 추상같은 위엄으로 고을을 감찰하더니, 섣달은 자지 않는 풍습 때문에 무료해 술을 한 잔 걸치고 오뚝하니 앉았다. 처마 끝에는 눈 녹은 낙숫물이 지고 있다. 하루에 일어난 일을 순서대로 시간의 경과에 따라 서술하여 어사의 움직임을 사실적으로 묘사하였다.

| 영국동 | 寧國洞[598] |

빈숲에 저녁 기운 푸른 빛 자욱한데	空林夕氣翠霏霏
한 골짝에 샘물소리 석문을 돌아 흐르네	一壑泉聲遶石扉
산에 비 잠깐 개니 이끼 낀 길 미끄럽고	山雨乍收苔逕滑
목련꽃에 취하여 붙들고 돌아왔네	木蓮花裏醉扶歸

도봉산 기슭에 있는 영국동 계곡은 경승이 뛰어났다. 여우비가 잠시 지나간 뒤 석문을 돌아드니 길이 미끄러워 목련 꽃에 취하여 겨우 몸을 지탱하며 여기저기 붙들며 간신히 돌아왔다고 말한다. 엄살이 자못 심한데, 이게 참으로 시의 맛이다. 이른 봄날의 산행이 깨끗한 한 폭의 산수화로 다가온다. 결구의 표현은 기묘하다.

---

[598] 영국동寧國洞은 도봉산道峯山에 있는 동학洞壑으로 암석이 깨끗하고 물이 맑아 경치가 빼어났는데, 옛날에 영국사寧國寺가 있다가 지금 절은 없어지고 동의 이름만 그대로 남아있다.

지족사 　　　　　　　　　　　　　　智足寺

옛 절에는 사는 승려가 없어 　　　　　古寺無僧住
텅 빈 문에 나그네가 왔네 　　　　　　空門有客來
덩그런 처마아래 푸른 산굴 　　　　　簷虛低碧峀
우물은 말라 푸른 이끼 앉았네 　　　　井廢沒蒼苔
부처님 모신 전각 향연은 싸늘하고 　　佛殿香煙冷
선방에는 나뭇잎 수북하네 　　　　　　禪房木葉堆
둘러보아도 사람은 뵈지 않아 　　　　徘個人不見
아래채에는 긴 휘파람소리 나네 　　　長嘯下層臺

　오래된 고찰인 지족사를 탐방하였는데, 임진전란에 퇴락한 절집을 두고 읊은 듯하다. 주석하는 승려도 없고 선방에도 나뭇잎만 수북하며, 향내음도 끊긴지 오래, 우물은 이끼가 자욱하다고 하여 거의 폐사가 된 듯하다. 인적은 어디에도 없다, 다락 아래에 빈 바람이 지나는 소리인가, 긴 휘파람소리가 난다고 하여 시인의 쓸쓸한 감회를 결구에 슬쩍 얹어놓았다.

회포를 적다 　　　　　　　　　　　　述懷

호위하며 한 달에 아홉 번 먹으니 　　扈衛三旬九遇食
나그네로 사는 맛이 얼음보다 차네 　　客中風味冷於氷
생각하니 티끌 같은 세상 벗질 못해 　　思量莫若超塵世
차라리 향산에서 절 살림이나 살 걸 　　寧作香山舍主僧

　전란 중에 임금의 행차를 호종하면서 끼니를 거르기를 밥 먹듯이 하며 객지에서 겪는 참담한 고생을 토로한다. 세상사는 맛이 얼음을 씹는 맛과 다름이 없다고 하며, 티끌 같은 세상을 훌훌 벗지 못하니 차라리 불문佛門에 들어 절 살림이나 하는 게 낫지 않은가 하며, 자문하고 있다.

| 청풍계를 기억하며 | 憶淸風溪[599] |

청풍계와 세심대	淸風溪與洗心臺
가을 달 봄바람은 몇 번이나 오갔을까	秋月春風幾往來
병 많은 요즈음 마음마저 게을러져	多病邇來心亦懶
좋은 시절 만날 때마다 괜히 머리 돌려보네	每逢佳節首空回

인왕산의 숨은 비경인 청풍계곡에 노닐던 시절을 회상하며 지은 작품이다. 요즘 시인은 병들고 게을러 그곳까지 오르지 못하고 물끄러미 바라볼 뿐이다. 좋은 시절이 오니 괜히 머리 돌려 그곳을 바라보는데, 마음은 이미 눈에 익은 어느 시내에 발 담그고 노니는 상상을 하는 것으로 족하리라.

| 불정대에서 서좌랑과 이별하며 | 佛頂臺[600]別徐佐郞 |

| 맑은 가을 나그네와 큰 붕새에 올라 타 | 有客淸秋跨大鵬[601] |

---

599) 청풍계淸風溪는 인왕산의 '청풍사단淸風社團'을 중심으로 조선후기 사대부의 자주적 의지가 문화적으로 발현된 장소라 할 만하다. 지금 종로구 청운동은 옛날의 청풍동과 백운동을 합한 곳이다. 청계천의 발원지라고 하는 청풍계는 예부터 세심대洗心臺, 유란동幽蘭洞, 도화동桃花洞, 대은암大隱岩, 만리뢰萬里瀨 등과 함께 인왕산 일대의 명소였다.
600) 불정대는 외금강 은선대와 함께 금강산 4대 폭포 중에 제일이라고 하는 십이폭포를 가장 잘 조망할 수 있는 바위이다. 금강산 4대 폭포는 십이폭포와 외금강 구룡동의 구룡폭포, 내금강 구성동 조양폭포, 외금강 옥류동의 비룡폭포이다.
601) 북쪽바다에 물고기 한 마리가 있었는데, 그 물고기의 이름은 '곤鯤'이다. 곤의 둘레의 치수는 몇 천 리인지를 알지 못할 정도로 컸다. 그것은 변해서 새가 되는데, 그 새의 이름은 '붕鵬'이다. 붕의 등은 몇 천 리인지를 알지 못할 정도로 컸다. 붕이 가슴에 바람을 가득 넣고 날 때, 그의 양 날개는 하늘에 걸린 구름 같았다. 그

푸른 구름 너머 곧장 날아올랐네	飄然直上碧雲層
금강산 일만 이천 봉 열흘에 돌아보니	一旬踏盡金剛界
동해로 돌아가 들어 울릉도까지 가볼까	還向東溟過鬱陵

금강산 불정대에 올라 천지를 굽어보니 마치 붕새를 타고 남명南冥으로 나는 호방하고도 웅장한 기개를 드러내어, 석별의 아쉬움에 즈음하여 지은 작품이다. 시인은 열흘 동안 금강산 일대를 유람한 것으로 보이는데, 다음 행선지는 동해의 울릉도까지 편력하고자 호기를 부린다.

완평부원군 이원익에게 올리다	上完平府院君[602]
산 아래 쓸쓸한 몇 채의 집들	山下蕭條屋數間
개울 건너 솔 그늘은 처마 끝에 지네	隔溪松影落簷端
십년동안 정승께선 경륜을 손수 펴더니	十年黃閣[603]經綸手
도로 문 닫고 의서를 쥐고 보시네	還把醫書閉戶看

새는 바다가 움직일 때 남쪽바다로 여행하려고 마음먹었다.『장자』,「소요유」.
[602] 이원익李元翼(1547~1634); 조선의 문신, 자 공려功勵, 호 오리梧里, 시호 문충文忠, 본관 전주全州. 1592년 임진왜란 때 이조판서로 평안도 도순찰사를 겸임해 호종하였고, 이듬해 평양 탈환 작전에 공을 세워 영의정이 되었으나, 일본과 화의를 주장한 죄로 물러난 유성룡을 변호하다가 벼슬에서 물러났다. 1592년 우의정右議政이 되고 사도 도체찰사都體察使를 겸하였고, 1604년 호성공신扈聖功臣에 책록, 완평부원군完平府院君에 봉해졌다. 광해군이 즉위하자 영의정이 되고 1608년 대동법을 건의, 전국적으로 실행하였으며 조세제도를 고치고 군사제도를 개혁하였다. 1615년 폐모론을 반대하다 홍천에 유배되었다가, 1619년 풀려났다. 1623년 인조반정으로 영의정에 등용, 이듬해 이괄의 난 때 공주로 피란하는 왕을 모셨다. 또한 인목대비仁穆大妃가 광해군을 죽이고자 하여 모든 공신이 찬성하였으나, 이원익은 대비에게 간청, 이를 무사하게 하였다. 대동법大同法을 시행하여 공부貢賦를 단일화하였다. 청백리에 뽑혔으며 남인에 속했으나, 성품이 원만해 반대파도 호감을 샀다. '오리 정승'이란 이름으로 많은 일화가 전한다. 저서『오리집』.
[603] 황각黃閣은 정승이 집무하는 청사를 말함. 한나라 때 승상의 청사 문이 황색으로 칠하여 궁궐과 구분했던 것에서 유래되었다.

아마도 오리梧里대감 이원익李元翼이 완평부원군으로 봉해진 뒤, 폐모론 으로 홍천에 유배당한 시기(1615~1619)에 지어진 작품으로 추정된다. 십년 동안 정승의 집무실에서 정사와 경륜을 펴시더니 이제는 산 아래 인가도 드문 산골에서 문 걸고 의서를 펴본다는 포의의 삶을 그대로 말한 듯하다.

평양성에서 이학관의 시에 차운하여 箕城, 次李學官韻

하늘가 우연히 만나 정을 베풀면 天涯邂逅若爲情
이곳은 번화하니 곧 옛 서울이네 此地繁華是舊京
평생 실의로 슬퍼하니 몇 번이나 되나 惆悵一生能幾許
해마다 늘 멀리 떠돌아다니네 年年長作遠遊行

평양에서 우연히 이학관을 만나 차운한 시이다. 번화한 옛 수도 평양에서 만나, 지난 날 서로 실의에 빠져 슬퍼하던 때를 떠올리며, 오늘도 또 멀리 떠돌아다니는 동병의 아픔을 기탁하고 있다. 아마도 처지가 비슷한 지우知遇였으리라 추정된다.

어촌 漁村

외로운 조각배 낚시터 가에 옮겨 묶으니 孤舟移泊釣磯邊
어촌의 성긴 울 너머 푸른 이내 자욱하네 漁戶疎籬隔翠烟
해는 비껴 반쯤 산에 걸려 붉게 물들고 斜日半山紅蘸水
거울 속 같은 하늘에 흰 갈매기 날아오네 白鷗來往鏡中天

어촌의 풍정이 맑고 평화롭다. 작은 고깃배에 올라 낚시터 주변에 있는 어촌에 묵으며 스치는 가을의 풍광을 마치 스케치하듯 그려낸 한 폭의 수채화를 닮았다. 근경으로는 성근 울타리로 산 이내 한 짝이 스며들고, 원경으로는 멀리 서서히 노을 지는 산은 붉게 물들며, 거울같이 맑은 가을 하늘에 풍덩, 한 마리 갈매기가 반짝인다. 한가로움이 옷깃에 뚝뚝 묻어나는 듯하다.

정효순의 시에 차운하여　　　　　　　　次鄭孝純韻

문밖에 찾는 이 없어 낙엽만 가득 쌓여　　門巷寥寥落葉深
창밖에 긴 대나무 푸른 그늘 드리웠네　　隔窓脩竹翠陰陰
한가한 서재에 종일 향을 피우고　　　　　閑齋盡日燒香坐
손에 당시를 쥐고 나 홀로 읊조리네　　　手把唐詩獨自吟
십년을 골짜기와 산 찾아 떠돌며 노니니　十載溪山放浪遊
어느새 봄 석 달 가고 또 가을이 왔네　　三春過盡又三秋
옷 한 벌 밥 한 그릇 모두 하늘이 명하니　一衣一食皆天命
분수밖에 무얼 더 구차히 바라리　　　　　何必區區分外求

자적自適하며 소요逍遙하는 풍도가 무르녹아 있다. 첫수는 오는 사람이 없기에 문 앞에는 낙엽이 수북하다 말하며 인적이 끊긴 지 꽤 오래된 걸 함축한다. 한가롭게 서재에서 책이나 읽으며 혹은 당시를 읊다가 소일한다. 십여 년을 산수 간에 노닐었는데, 다시 봄 석 달은 홀쩍 가버리고 벌써 가을이 다가온다. 소박한 청빈의 삶은 한 바리때의 밥과 한 표주박의 물이면 족하니, 분수 밖에 것은 내 일이 아니라고 한다.

산중의 가을 밤　　　　　　　　　　　　　　山中秋夜

가을 하늘에 흰 이슬 내려　　　　　　　　白露下秋空
산중에 계수나무 꽃 활짝 피었네　　　　　山中桂花發
가장 높다른 가지 꺾어들고서　　　　　　　折得最高枝
밝은 달 더불어 돌아오노라　　　　　　　　歸來伴明月

밤늦게 가을을 한껏 즐기며 산을 거니는 모습이 환하다. 계수나무에 가장 높게 달린 가지를 꺾어들고 둥근 달과 벗하여 돌아오는 정경이 눈부시게 아름답다. 때에 물들지 않은 시심이 오롯이 녹아있는 단아한 소품이다.

신계현에서 호종하면서 이겼다는 소식을 듣고 기뻐서 짓다
扈衛新溪縣,604) 聞捷報, 喜而賦之.

임금의 행차가 신계현에 머무는데	鳳駕駐新溪
싸움에 이겼단 소식 아뢰는 걸 듣네	仍聞報捷書
쫓는 병사는 삼만도 되지 않아	追兵三萬未
적 목을 베기는 구천이 넘었네	斬馘九千餘
장안 거리에 사람 다시 모여들고	洛下人還集
남쪽 지방에는 왜적들 점점 드무네	南中賊漸疎
나라 다시 일으킬 날 멀지 않아	中興應不遠
기쁜 눈물이 옷자락을 적시네	喜淚自沾裾

임란중 황해도 신계에서 임금의 거마를 호종하다가 왜적을 깨부셨다는 승전보를 듣고 기뻐하며 지은 작품이다. 첫수는 전황을 대략 말하고, 둘째 수는 왜적이 점차 무너져서 장안이 회복되고 유리하던 백성들이 차츰 안정되어가는 시국을 말하며, 멀지 않은 날에 사직이 다시 설 것이라 확신한다.

---

604) 신계현新溪縣은 조선시대 황해도 신계군. 『대동지지』에, 삼국시대에 백제의 사소올현沙所兀縣이었다가 아신왕阿莘王(392~405) 때 고구려 영토가 되었다. 태종 13년(1413)에 현령이 파견되었으며, 세종 27년(1445)에 신은현과 협계현을 합해 신계현으로 이름을 바꾸었다.

| 황강의 비오는 밤에 | 黃岡雨夜 |

적적하여라 제안관	寂寂齊安館[605]
외로운 등잔 불빛에 잠 못 이루네	孤燈照不眠
강남에 밤 비 내리니	江南夜來雨
고기잡이 배도 비에 젖으리	應濕釣魚船

황해도 황주의 객사에서 나그네로서 심사를 읊고 있다. 인적이 드물어 적적한데 밤 비가 구질게 내리고, 외로운 등불을 벗 삼아 홀로 뒤척인다. 결구는 청신한 맛이 풍부하다. 고기잡이 배도 비에 같이 젖는 감정의 이입이 그걸 말한다.

| 수림정 현판에 공경히 차운하여 | 敬次樹林亭韻 |

정자 앞은 그림 같아 산은 첩첩	亭前圖畫萬重山
붉고 푸른 사이 오래된 큰 소나무	古木長松紫翠間
물에 비친 달 홀로 읊으니 몸은 늙어가	水月孤吟人自瘦
안개 낀 모래톱 홀로 선 백로가 한가롭네	烟沙獨立鷺猶閑
여섯 해 전쟁에 공연히 눈물 흐르니	干戈六載空垂淚
어느 때 술통 앞에서 주름살 펴볼까	樽酒何時可解顏
석양에 근심어려 하늘가에 서니	愁倚夕陽天畔立
기러기 우는 소리 구름 뚫고 오르네	數聲鴻鴈拂雲還

수림정에 올라 이미 걸려있는 시판의 현액懸額에 실린 시에 차운한 작품이다. 임진왜란이 거의 끝날 무렵에 지은 시로 보이는데, 첫수는 누대위에서 바라본 풍광이 펼쳐진다. 둘째 수는 전쟁의 쓰라림을 언급하

---

605) 제안관齊安館은 황주黃州에 있는 객사의 이름. 황강黃岡은 황해도 황주군 가운데에 있는 읍, 군청 소재지이다.

면서 언제 술이나 맘껏 마실 수 있는 평화로운 날이 올지 근심어린 독백을 토한다. 기러기 울음소리는 작가의 목소리를 차의借意하고, 또 구름 낀 하늘은 전운이 아직도 가시지 않은 당시의 어수선한 시절을 함축하여 어둑한 내면을 상징한다.

살아서 드는 한 잔 술만 못하니	不如生前一盃酒
말간 가을 불현듯 옛 고향 생각나니	淸秋忽憶故園懷
만이랑 푸른 파도 한 개 노로 저어오네	萬頃滄波一棹來
명예와 영달 구하지 않는 게 나중 계책이니	聞達不求身後計
시름을 다스려 눈앞에 잔을 지나치지 않네	攻愁無過眼前杯
강마을 맛좋은 회는 참으로 진미라	江鄕玉膾眞佳味
벼슬길에 은어 이것이 화를 잉태하네	宦路銀魚是禍胎
청컨대 유령의 무덤 위에 이르지 못함을 보게	請看劉伶606)墳上土
외로운 원숭이 달밤에 울며 홀로 서성이네	孤猿嘯月獨徘個

살아서 한 잔 술이 더 낫다. 평생을 술만 마시다가, 삽을 갖고 다니면서 자신이 죽거들랑 땅에 묻으라고 큰소리치며 당당하던, 죽은 유령의 무덤에 같이 묻은 술 한 동이보다 낫다고 속내를 말한다. 또 벼슬길에 진미는 은어회인데, 이게 또 벼슬길을 망치는 화근이라 경계하면서도, 앞으로도 계책은 비록 명예나 영달은 구하지 않겠지만, 시름을 다스리기 위해 눈앞에 술 한 잔이야 마다하지 않겠다는 소박한 뜻을 부친 것이다.

---

606) 유영劉伶은 진晉나라 패국沛國 사람으로 천성이 술을 매우 좋아하여 늘 술 한 병을 가지고 다녔는데, 사람에게 삽을 들고 따라다니도록 하면서 말하기를, "죽으면 곧 나를 묻으라." 하였음.

중흥사에 묵으며 宿中興寺

가람은 아득히 석문 동쪽에 있는데	招提607)遙在石門東
대 지팡이 짚고 짚신 신고 원공을 찾았네	竹杖芒鞋訪遠公608)
푸른 구름, 비에 말갛고 신선의 골짝 고요해	雨洗碧雲仙洞淨
바람은 붉은 계수 재촉해 학은 허공에 깃드네	風摧丹桂鶴棲空
겨우 찾아보니 개미새끼 상머리에서 다투고	纔聞蟻子床頭戰
또 사미승은 공양한 뒤 종소리 듣고 있네	又聽沙彌飯後鍾
신선 사는 곳 보고나서 고요히 앉으니	看罷蘂珠609)仍靜坐
방장실 스님의 말씀 밝은 달 가운데 있네	上方僧語月明中

매우 관조적인 정조를 펼치면서 전체의 분위기는 깊고 그윽하다. 한바탕 비가 지나간 뒤 청신한 산 빛을 더듬으며 행장을 차려 가람에 들어서니, 학은 허공에 깃들고, 요사에 들어가 보니 책상머리에는 개미들이 바글거린다. 사미승은 범종소리에 귀 내어주고, 좌정하니 방장의 법문이 밝은 달처럼 원만하다. 수식이 더하면 불가의 문자는 망치고 만다.

광주동헌 廣州610)東軒

여관에는 아무도 없고	旅館無人問
빈 처마에는 새소리만 들리네	虛簷但鳥聲
옛 고향 동산은 그 어디인지	故園何處是
구름 밖 산봉우리들 푸르기만 하구나	雲外數峯靑

---

607) 초제招提는 범어梵語 caturdeśa의 음역音譯으로, 사원寺院의 별칭.
608) 원공遠公은 진晉 나라의 고승 혜원慧遠. 여산廬山 동림사東林寺에서 백련사白蓮社를 결성한 뒤 산문山門을 나서지 않고 도중徒衆과 정토 수행에 전념하였다. 『양고승전梁高僧傳』권6.
609) 예주蘂珠는 신선들이 산다고 하는 꽃과 구슬로 장식한 궁전.
610) 광주廣州는 경기도 광주군에 있는 읍, 군청 소재지.

경기도 광주의 한 여관에서 고향을 그리워하며 읊은 작품이다. 매우 담박한 어조로 서술하는데, 승구는 빈 처마에서 들리는 새소리를 듣고 불현듯 옛 고향을 떠올린다. 결구는 아스라이 보이는 원경을 불러 구름 밖에 옹립한 올망졸망한 산봉우리를 끌어와서 고향 산천의 그것과 겹쳐놓았다.

산수를 읊으며	山水吟
내 본래 방외인이라	我本方外人
산수간을 다니며 시나 읊네	行吟山水間
한가히 푸른 옥지팡이 끌고	閑拖綠玉杖
푸른 구름 두른 산 두루 밟네	遍踏靑雲巒
하늘에 이는 바람 신령한 소리 울리고	天風散靈籟
골짝 건너니 샘물 흐르는 소리 차갑네	度壑泉聲寒
날으는 신선 푸른 허공을 지나	飛仙過碧虛
신선 사는 단에서 날 맞아주네	邀我紫淸611)壇
신선 사는 곳에서 돌아오는 길 멀어	紫淸歸路遠
옷을 펄럭이며 푸른 난새를 타고 가네	披衣跨靑鸞
아침에는 현포에서 노닐고	朝從玄圃612)遊
저녁에는 창오로 돌아오네	暮向蒼梧613)還
향 피워 북두성에 절하고	焚香拜北斗
패옥소리 바람에 단정하게 우리네	環珮響風端
많은 경지 신령에게 듬뿍 주니	淸境多靈貺
티끌 같은 인간 세상 아득히 멀어지네	茫茫隔塵寰
어찌 마땅히 의약을 먹으랴	何當服刀圭614)
천년이나 동안을 지니고 있는데	千載保童顔

611) 신선이 산다는 곳.
612) 현포玄圃는 신선이 사는 곳으로 곤륜산崑崙山 꼭대기에 있음.
613) 창오蒼梧는 순舜 임금의 묘가 있는 곳.
614) 도규刀圭는 옛날에 가루약을 뜨던 숟가락 혹은 의술醫術을 의미함.

방외인은 겉으로 도는 아웃사이더이다. 천출로 태어난 시인은 체제에 쉽사리 순응하지 못해 늘 소외감으로 신분제의 억압에 눌려 답답하고 억울한 심사를 풀 길 없었다. 그가 선택할 수 있는 유일한 선택은 다 팽개치고 산수에 노니는 일 밖에 없었을 지도 모른다. 이 시는 그런 내면의 아픔을 현실에서 초탈하려는 적극적인 방어기제로 보인다. 유희경의 작품에 자주 드러나는 다분히 도가적 풍격으로 기울어진 시각이 흥미롭다. 도가는 인위와 작위를 물리치고 자연과 일치된 삶을 추구하기에 사람에 대해 부딪치기를 싫어한다. 티끌 같은 세상사를 잊기 위해 양생술이나 익히며 자연으로 회귀하려는 강한 의지를 담고 있다.

감회	感懷
푸른 하늘 구름 걷히자 둥근 달만 외로워	碧空雲盡月輪孤
밤중에 턱 괴고 빈 누대에 노곤해 앉았노라	虛閣支頤夜坐勞
동네 친구들 천하지 않은 자들도 많은데	同里故人多不賤
이 몸은 무슨 일로 진흙에 빠진 듯 곤궁한지	此身何事困泥途

달밤에 텅 빈 누각에 올라 노곤한 몸을 쉬고 있다. 옛 고향 벗들 가운데 천하지 않은 벗들도 많은데, 왜 자신은 진흙구렁에 빠진 듯 곤고하게 살아야 하는지 자문하고 있다. 천민의 신분으로 태어난 자신의 정체성과 불우한 처지에 대한 회한이 녹아 서글프다.

다음에 보이는 작품은 침류대에서 시를 지으며 같이 노닐던 임숙영任叔英[615])이 침류대 주인이었던 유희경에게 준 시이다.

---

615) 임숙영(1576~1623); 자 무숙茂叔, 호 소암疎菴, 동해산인東海散人, 본관 풍천豊川, 그는 이식李植, 장유張維, 권필權韠 등과 교유하였다. 문집『소암집疎菴集』.

침류대 주인에게 부치다	寄枕流主人616)
부슬 비 내리니 햇빛은 근심하고	烟雨濛濛日色愁
풀과 꽃은 시들고 연못은 가을이네	草花零落石塘秋
그대 시는 장공자보다 못하지 않은 걸	君詩不減張公子617)
천 수의 시로 만호의 제후를 가볍게 여기네	千首能輕萬戶侯

가을 무렵 정업원 하류에 지은 침류대 주인이던 유희경에게 부친 시이다. 전반부는 가을의 주위 풍경을 우울하고도 황량하게 드러내었다. 후반부에는 침류대 주인인 유희경의 자부를 추켜세우며, 한나라 장건과 견주어도 못할 바가 없는 그대가 지은 천 수의 시문이 만호를 다스리는 제후보다 낫다고 말한다. 전후의 낙차가 너무 큰 데, 이 시의 묘미가 있다.

김창협金昌協은 유희경의 『촌은집』 서문에서 그의 시풍에 대하여 당체唐體의 조격調格을 얻어 청초담박淸楚淡白하다고 평하였다. 이경전李慶全은 맑고 높아 툭 트여 화락하여 옛날 당나라 사람의 조격을 잃지 않았다고 하였다.618) 또 이수광李睟光은 『촌은집』 유사遺事에서 그는 "오직 당나라의 이백과 두보를 따랐으나 송나라의 진사도陳師道와 황산곡黃山谷을 배우지 않았다"619)고 하였다. 이와 같이 그의 시에는 당나라의 시풍이 있으나 애절하고 비통한 탄식이 많이 깔려 있음을 볼 수 있다. 시

---

616) 임숙영任叔英, 『소암집疏菴集』, 「습유拾遺」. 또 유희경, 같은 책 권3 '수창시酬唱詩'에도 실려 있다.
617) 장공자張公子는 한漢나라 성고成固 사람인 장건張騫을 말함. 월지국月氏國으로 사신으로 가다가 흉노에게 잡혀 십여 년 만에 돌아왔다. 사기史記 권111 '衛將軍驃騎列傳'. 당나라 두목杜牧의 시에 "어떤 사람이 장 공자와 같을 수 있는가, 천 수의 시로 만호의 제후는 가볍게 보네. 誰人得似張公子, 千首詩輕萬戶侯."라는 표현이 나온다. 『번천시집樊川詩集』 권3 '登池州九峯樓 寄張祜'.
618) '村隱集引', "淸高踈暢, 不失古唐人調格."
619) "惟追唐李杜, 不學宋陳黃遺事."

어에 있어서도 잔등殘燈, 청소淸疎, 부병扶病, 고수苦愁, 부침浮沈 등 한사寒士가 즐겨 쓰는 단어들을 많이 쓰고 있다. 상가喪家에 불려 다니며 노역을 하는 신세와 시인의 감상이 응결되어 있다고 할 수 있다.

김창협은 유희경의 시와 행적에 대해 매우 칭찬하는데, 『촌은집』 서문을 지으면서 이를 충분히 드러내지 못한 걸 한탄하였다. 그의 문집 『농암집農巖集』에서 이동보李同甫에게 보내는 편지를 통해 이러한 사정을 말하고 있다.

> "내가 이전에 보낸 편지는 이미 보았으리라 믿는데, 『촌은집』도 받았는가? 그의 시가 비록 꼭 후세에 전할 만하지는 못하지만, 그 인물이 매우 존경할 만한 까닭에 문집에 실린 유사遺事는 충분히 상고해 볼 만한 점이 있네. 그리고 문인 학자들과 주고받은 시 작품들은 더욱 훌륭하여 당시 우리나라 문인들의 시가 풍부하게 모여 있으니, 지금 세상에 어디에서 이런 것을 찾아볼 수 있겠는가. 그런데 나의 서문은 간략하여 이런 뜻을 드러내기에 부족하니 한탄스럽네."620)

농암 김창협은 아우 삼연三淵 김창흡金昌翕과 함께 '농연農淵' 형제로 병칭되며 당대의 문형을 주도하였다. 또한 한국철학사에서 낙론洛論의 종장으로 추숭되는 인물로서 인성人性과 물성物性이 같다는 주장을 펼쳤다. 호락논쟁湖洛論爭은 조선후기 성리학에서 인물성동이人物性同異에 관한 논쟁으로 인물성이론人物性異論을 주장한 한원진韓元震의 견해에 동조하는 학자들은 주로 지금의 충청도 일대인 호서湖西에 거주하였고, 인물성동론人物性同論을 주장한 이간李柬의 견해에 동조하는 학자들은

---

620) 김창협金昌協, 『농암집農巖集』 권13, 「서書」 '이동보에게與李同甫'. "前書。想已見。村隱集。亦領否。其詩雖不必可傳。而其人甚可貴。所載遺事。有足考觀。其唱酬諸作。尤彬彬。鬱然爲大東風雅之萃。今世那得有此。鄙序簡短。未足以發揚此意。是可歎也。"

주로 지금의 서울 일대인 낙하洛下에 거주하였기 때문에 그들 간에 전개된 인물성동이론을 그들의 거주지를 중심으로 하여 지칭한 것이 이른바 호락논쟁이다. 농암은 안동安東 장동壯洞 김씨 일원으로 숙종대의 치열했던 정치적 상황에서 갈등했던 노론老論에 속했던 정치가이다. 그의 말을 미루어 짐작하면, 유희경의 성취에 대하여 매우 수긍하고 있음을 알 수 있다.

그러면 『농암집』에 실린 『촌은집』 서문을 살펴보기로 하자.

> "촌은 유군劉君 희경은 천민 출신이지만 시를 배우고 예를 익혀 성대하게 사군자의 기풍이 있었고, 거처하는 침류대는 궁성과의 거리가 지척에 불과했지만 산림 속의 사람처럼 초탈하여 고요하게 지냈다. 나는 어렸을 적에 선배들의 문집에서 종종 침류대 시를 보고는, 그 사람됨이 그러하였을 것이라고 상상하였다.
>
> 나중에 유군의 시고詩稿를 그의 손자 자욱自勖에게서 얻어 읽어 보니, 여러 명사들의 서序, 인引, 제영題詠이 모두 들어 있고 행적도 자세히 갖추어져 있었다. 그제야 나는 유군은 실로 위대한 점이 있었던 것이지, 앞서 말한 성대한 기풍과 초탈한 자세만 있었던 것이 아님을 알았다.
>
> 사람의 도리는 오륜五倫, 명분名分, 의리義理보다 더 큰 것이 없으니, 이것이 확립된 뒤에 하나의 재능과 작은 선행도 붙어 있을 곳이 있어 귀중하게 여겨지는 것이다. 그렇지 않으면 깨끗하고 아름다운 행실과 고상하고 오묘한 문장을 지녔다 하더라도 큰 절조가 잘못된 이상 더는 볼 것이 없다. 이것이 주부자朱夫子가 기紀, 당唐, 왕王, 저儲를 비판한 까닭이다.621)

---

621) 기紀, 당唐은 한漢나라 기준紀逡과 당림唐林이고, 왕王, 저儲는 당唐나라 왕유王維와 저광희儲光義를 가리킨다. 주희朱熹가, "기준과 당임의 절개가 비범하지 않은 것은 아니지만 신망新莽의 조정에 벼슬하였고, 왕유와 저광희의 시 작품이 청아하고 심원하지 않은 것은 아니지만 안녹산安祿山의 조정에 빌붙었기 때문에, 그들이 평소에 각고의 노력을 기울여 가까스로 후세에 전할 만한 것들이 그저 뒷사람의 비웃음거리에 지나지 않는다." 하였다. 곧, 사람으로서의 기본 윤리

유군이 광해군光海君 때에 행한 일은 당대의 어진 사대부들도 혹 어렵게 여겼으니, 유군은 오륜이며 명분과 의리 등 사람으로서의 큰 도리에 유감이 없는 것이다. 그가 이이첨에게 대답한 한마디 말은 더더욱 뜻이 완곡하고 간절하여, 봉인封人의 고깃국을 먹지 않은 데 대한 대답과 비슷하다.622) 우연히 만난 자리에서 튀어나온 말인데도 사납지 않은 엄숙함이 있었으니, 이는 더욱 어려운 일이다. 어질지 않고 어찌 이와 같이 할 수 있겠는가. 세상에 구양수歐陽脩처럼 훌륭한 사관史官이 있다면 유군에 관한 한 줄의 전傳을 지어 영고숙潁考叔을 논한 그 속에 넣는다 해도 부끄럽지 않을 것이다.

　유군은 담박하고 고아하며 맑고 소탈한 성품으로, 시를 짓는 것도 더욱 산뜻하여 좋았다. 그러나 큰 절조가 이와 같지 않았다면 어찌 세상에서 귀하게 여겨져 사람들로 하여금 끊임없이 기억하게 할 수 있었겠는가. 시고 두 권 중에 한 권은 유군 자신이 지은 것이고, 한 권은 제현이 유군을 위해 지어 준 것이다.

　자욱이 나에게 산정刪定하고 편집하여 한 질로 합쳐 달라고 청하여

인 오륜을 지키지 못한 사람이 이룬 성과는 아무리 뛰어난 것이라 하더라도 가치가 없다는 것이다. 『회암집晦庵集』 권76, 「향향리문집후서向薌林文集後序」.
622) 광해군 9년(1617)에 조정에서 이이첨 주도하에 인목대비仁穆大妃를 서인庶人으로 폐하고 서궁西宮에 유폐하자는 폐모론廢母論이 일어났을 때, 유희경이 평소 사이좋게 지내던 이이첨과 절교하고 만나지 않았는데, 길에서 우연히 만난 그로부터 힐책을 받자, 대답하기를, "소인은 어미가 있어 봉양에 전념하느라 공을 찾아갈 겨를이 없습니다." 하였다. 이는 자신의 입장을 가탁하여 자식이 어미를 폐하는 패륜적인 행위를 비판하는 뜻을 담고 있다. 『촌은집』 권2, 「부록」, '묘표墓表' 봉인封人은 영곡봉인潁谷封人을 약칭한 것으로, 춘추 시대 정鄭나라의 영고숙潁考叔을 말한다. 정鄭나라 장공莊公이 어머니 강씨姜氏를 미워하여 성영城潁에 안치하고 "황천에 가기 전에는 만나지 않겠다."고 선언하였는데, 영고숙이 장공이 하사한 음식을 먹으면서 고깃국은 밀쳐 두고 먹지 않았다. 장공이 그 까닭을 묻자, "소인에게 어미가 있는데 소인의 음식은 맛보았지만 임금님의 음식은 맛보지 못하였습니다. 이것을 소인의 어미에게 주어도 되겠습니까?" 하였는데, 이 말을 들은 장공은 잘못을 뉘우치고 어머니와 화해하였다 한다. 곧 완곡하면서도 폐부를 찌르는 유희경의 말이 옛날 영고숙의 말과 비슷하다는 것이다. 『춘추좌전春秋左傳』 권1, 「은공원년隱公元年」.

내가 겨우 정서正書를 마쳤을 때에, 그의 아들 태웅泰雄이 호남의 만호
萬戶가 되어 급히 판각板刻에 들어갔다. 그러고는 나에게 서문을 요청
하기에 나는 유군의 큰 절조를 특별히 드러내어 후인들에게 분명히 고
하는 바이다. 이 글을 읽고도 옷깃을 여미며 공경심이 일지 않는 사람
이 있다면「증민烝民」첫 장의 뜻623)이 사라질 것이다."624)

이 서문에서 알 수 있듯이, 유희경의 시는 그 사람됨으로 인하여 더욱
빛난다고 말한 것인데, 사례를 들어 절의와 윤리, 명분, 의리에 기초한
시풍이야말로 큰 절조를 얻어 후인들에게도 귀감이 되어 공경심을 불러
일으킬 것이라 추켜올렸다.『촌은집』에 의하면, 유희경은 인품이 돈독하

---

623)「증민烝民」은『시경詩經』,「대아大雅」의 편명인데, 그 첫 장의 내용은 "하늘이 뭇
백성을 내었으니 사물이 있는 곳에 법이 있네. 백성이 지닌 본성은 이 거룩한
덕을 좋아하네. 天生烝民, 有物有則, 民之秉彛, 好是懿德."라는 것인데, 그 뜻은
'하늘이 만든 인간 사회는 어떤 사물이 있으면 반드시 그에 관한 올바른 법이 있
다. 이를테면, 귀와 눈이 있는 곳에는 소리를 들어 느끼고 형체를 보아 아는 기
능이 있기 마련이고, 아비와 자식이 있는 곳에는 아비는 자식을 사랑하고 자식
은 아비를 효성으로 받드는 마음이 있기 마련이다.'는 것이다.
624) 金昌協,『農巖集』권22, '村隱集序'. "村隱劉君希慶。出自閭井。攻詩習禮。藹然有士
君子之風。其所居枕流臺。距宮城咫尺地。而翛然清坐。若山林中人。蓋余少從先輩
文集。累累見枕流臺詩。因以想像其爲人如此。晚乃得君詩稿於其孫自昂讀之。凡諸
名公序引題詠。亦皆在其中。而遺事具焉。則知君固自有大焉者。不獨向所稱藹然翛
然者而已。夫人道之大。莫尙於倫常名義。惟此先立而後。一藝小善。亦得託附而取
貴重焉。不然。雖有清脩之行。高妙之辭。而大節一虧。無足觀矣。此朱夫子所以致
譏於紀唐王儲者也。若君光海時所樹立。雖當世學士大夫之賢者。猶或難之。其於倫
常名義人道之大者。旣無憾矣。其答爾瞻一語。尤微婉深切。與封人舍肉之對相類。
而其發於邂逅之頃而有不惡之嚴。則又有難焉。不賢而能若是乎。使世有良史如歐
陽氏者。作一行傳。以君列於其間。斯無愧矣。夫以君之恬雅淸疎。而其爲詩。又更
楚楚可喜。然其大節不如此。亦何能取貴於世。而使人識之不倦哉。詩稿二卷。其
一。君所自爲。其一。諸爲君而作者。自昂請余刊定編摩。合爲一帙。甫繕寫而其子
泰雄。爲萬戶湖南。亟以入梓。且來問序於余。余特表其大節。以明告後之人焉。觀
於此而有不斂袵而起敬者。烝民首章之義泯矣。"

고 산수에 비유하면 높은 산악에 이르고 호연한 강호에 이르면 은연하기는 스스로 귀를 깨끗이 씻을 정도라고 했다. 그는 어려서부터 효자였으며, 임진왜란 때에는 의병으로 나가 싸워서 포상과 교지를 받았다. 그는 윤리와 절의가 겸비된 시인으로 당대에 추앙을 받았음을 알 수 있다.

또한 이식李植은 그의 문집 『택당집澤堂集』에서 '촌은 유희경의 시집에 쓴 짧은 글村隱劉希慶詩集小引'을 통하여 유희경의 시적 성취를 자세히 서술하고 있다.

"유촌은劉村隱은 시에 노련한 솜씨를 보여 주고 있는데, 지금 나이가 84세에 이르렀는데도 소아騷雅625)의 기풍이 여전히 두 눈썹 사이에 배어 나오고 있다. 한평공韓平公이 궤짝을 열고 수백 편을 찾아낸 다음 이를 정리해 서문을 붙여서 동호인에게 보여 주었는데, 그 시들이 모두 말쑥하고 조출하여 읊을 만하였다. 나는 일찍이 '시는 본성에 뿌리박고 있는 만큼 꼭 책을 통해서 배울 수 있는 것이 아니니, 요컨대 그 정수를 간직해 두고서 묘하게 표현해 내기만 하면 될 뿐이다'는 생각을 한 적이 있었다. 가령 유옹으로 말하면, 거리에서 어렵게 살아가고 있는 사람이니, 지금 박사라든가 유생들이 하고 있는 것처럼 언제 한 번이라도 마음껏 외워 익히고 글 짓는 공부에 매진해 본 적이 있었겠는가. 그럼에도 불구하고 결과적으로 그들을 능가하는 점이 있게 되었으니, 그것은 다른 이유 때문이 아니라 단지 마음이 맑고 깨끗하며 욕심이 적어 흉중에 더러운 찌꺼기가 남아 있지 않기 때문이었다. 게다가 유옹은 일생 동안 유명한 산수를 왕래하면서 틈만 있으면 풀과 바위, 새와 물고기를 보고 즐겼으며, 간간이 종장과 재사며 일민逸民과 석사釋士626)를 접하면서 갈고 닦았는데, 이러한 일을 어려서부터 만년에 이르도록 일관되게 계속해 왔기 때문에, 가슴속에 온축된 정영精英이 어쩔 수 없이

---

625) 소아騷雅는 『이소경離騷經』과 『시경詩經』의 '대아大雅', '소아小雅'를 병칭한 말로, 시문에 대한 재질을 가리킨다.
626) 일민逸民은 절행節行이 탁월하여 세상을 피해 숨어 사는 사람이며, 석사釋士는 불승佛僧 등 수행자를 가리킨다.

자연히 솟아나오게 된 것이었다.

더구나 유웅이 한창 혈기방장한 때에는 나라의 시교詩敎가 활짝 꽃을 피워 삼당三唐의 시대를 멀리 뛰어넘고 있었으니, 더 말해 무엇하겠는가. 홍문관과 예문관의 대가들이 바야흐로 연허燕許627)의 경지를 치달고 있었음은 물론이요, 가령 하급관리인 조정의 신하들의 시를 보더라도 힘차게 새가 울고 높이 날아오르는 듯 하였으니 모두가 원외員外요, 협률協律로서 소리蘇李를 따르는 율양溧陽의 무리 아닌 자가 없었다.628) 그리하여 아래로 서리와 일반 서민에 이르기까지 들까마귀처럼 울고 모랫벌의 학처럼 뽑아 대는 시구들 거의 모두가 금옥처럼 울리면서 성운聲韻을 잃지 않았으니, 예컨대 유웅이나 백대붕 같은 이들이 바로 그들이다.

그래서 당시에 이들을 풍월향도風月香徒라고 불렀는데, 향도는 서민들의 수계修禊629)에 대해서 붙이는 이름이었다. 그리고는 학사와 선생들이 그들에 대해서는 몸을 낮춰 예우하면서 이따금씩 함께 어울려 시를 주고받으며 노래하곤 하였다. 그리하여 하, 은, 주, 삼대 풍요風謠의 남은 뜻이 풍부하게 배어나오곤 하였으니, 얼마나 성대한 광경이었다고 하겠는가.

---

627) 연허燕許는 당唐 현종玄宗 때의 명신 연국공燕國公 장열張說과 허국공許國公 소정蘇頲인데, 모두 문장으로 이름을 떨쳤기 때문에 "연허대수필燕許大手筆"이라는 칭호를 얻게 되었다.『신당서新唐書』,「소정전蘇頲傳」.
628) 모두 시문에 일가견을 지닌 가운데 고아古雅한 시풍을 숭상하였다는 말. 원외와 협률은 원외랑員外郞과 협률랑協律郞의 준말로 예로부터 이 관직에 몸 담았던 이들 가운데 시문에 능한 자가 많았다. 소리蘇李는 한무제漢武帝 때 소무蘇武와 이릉李陵인데, 이로부터 오언시가 비롯되었다. 율양溧陽은, 나이 50에 등제, 율양위溧陽尉라는 하급 관직을 지낸 당唐나라 시인 맹교孟郊를 가리키는데, 특히 오언에 능했던 그의 시는 '탁흥심미託興深微', '결체고오結體古奧' 하다는 평이 전해진다. 한유韓愈의 시 '천사薦士'에 "오언시 한 나라 때 비로소 나와, 소무와 이릉이 처음 시체詩體를 바꾸었네. 五言出漢時, 蘇李首更號"라 하고, 또 "지지리도 고생하는 우리 율양위, 나이 쉰에 그리도 폭삭 늙었는가. 酸寒溧陽尉, 五十幾何耄"라고 한 구절이 있다.『한창려집韓昌黎集』권2.
629) 수계修禊는 고대 민속의 하나로, 음력 3월 상순의 사일巳日날, 물가에 나가 즐겁게 노닐면서 재액災厄을 예방하던 일을 말한다.

그러다가 수십 년의 세월이 흐르면서 병란과 형륙刑戮의 시대를 겪게 되는 바람에 의관들이 몰락하여 기운이 시들해지고, 유옹의 무리 역시 일찍 죽거나 매몰되는 등 지난날의 기상을 다시는 보지 못하게 되었는데, 오직 유옹만은 장수를 누리며 명성을 독점하여 제공의 칭상稱賞을 받고 있으니, 이 어찌 그렇게 된 까닭이 없다고 하겠는가.

아, 이 시집을 보노라면 세상을 논할 수도 있고 사람에 대해서도 알 수가 있을 것이니, '회풍檜風 이하는 평할 것도 없다.'630)는 말일랑 하지 말지어다.

무진년 섣달에 택당 이식은 쓰다."631)

한편, 유희경과 부안 기생 매창梅窓의 사랑은 너무나 유명하여 조선시대에 펴낸 다양한 문헌에서 나타난다. 이매창과 유희경의 처음으로 만난 때는 임진왜란이 일어나기 직전 무렵으로 추정된다. 매창(1573~1610)은 조선 중기의 기생으로 본명은 향금香今, 자는 천향天香, 호는 처음에는 섬

---

630) 논평할 가치도 없을 만큼 하찮은 작품이라는 말. 춘추 시대 오吳나라 계찰季札이 노魯나라에 가서 주周나라의 음악을 차례로 들어 보고는 모두 평을 하였는데, '회檜나라 이하의 민요에 대해서는 아무런 평도 가하지 않았다自檜以下無譏焉'는 고사에서 유래한 것이다. 『춘추좌전春秋左傳』, 「양공襄公」 29年.

631) 이식李植, 『택당집澤堂集』권9, 「인引」 '村隱劉希慶詩集小引'. "劉村隱老於詩。今年八十四。騷雅之氣。猶見眉宇間。韓平公肱其篋。得數百篇。刪而序之。傳諸同好。皆清楚可詠。余嘗謂詩本諸性。學不必書。要在蓄其精按其妙而已。如翁閭井寒窶人。曷嘗侈誦習勤珮。如今經生學子爲也。而所得有過之。無他焉。直以其清虛寡欲。滓礦不留胸中。加以一生往來名山水。動有草石魚鳥之玩。間接宗工才士逸民釋士。磨礱浸涵。自幼至耋如一日。故其精英之蓄。自有不可掩者。況當翁盛壯時。國朝詩敎洋洽。軼帆三唐。無論館閣鉅公。方騖燕許。乃若下僚外朝雄鳴高轟。無非員外協律隨蘇溧陽之倫。下至齊民小胥野鵲之吟沙鶴之句。擧皆鏗鏘不失聲韻。卽如劉翁如, 白大鵬輩是已。當時號爲風月香徒。香徒者。庶流修稧之名也。學士先生。降禮接之。往往酬詠其間。藹乎三代風謠之遺意。何其盛歟。數十年間。干戈刀鉅。衣冠剝喪。憔悴翁之徒。亦皆夭隕湮埋。非復羲世氣象。而翁獨享壽擅名。爲諸公所稱賞。此豈無所自而致耶。嗚呼。觀斯集者。可以論世。可以知人。毋曰自檜以下無譏焉可也。戊辰臘月。澤堂李植題。"

초섬初라 하였다가, 뒤에 '매창'이라 주로 불렸으며 때로는 계생癸生, 계랑桂娘, 계랑癸娘, 계화桂花로도 불렀다. 계유년에 태어났으므로 계생癸生이라 부르며, 계랑癸娘이라고도 하였다. 매창은 어려서부터 시재가 뛰어났던 것으로 보인다. 열 살에 지은 시로 알려진 '백운사白雲寺'는 『매창집』에는 수록 되어 있지 않아, 그 전거典據를 확인할 수는 없으나, 매창 시비詩碑에는 이 작품이 새겨져 있다. 참고로 보자.

걸어서 백운사 오르고 보니	步上白雲寺
흰 구름 사이에 절이 있네	寺在白雲間
스님 흰 구름을 쓸지 마소서	百雲僧莫掃
흰 구름과 더불어 마음 한가롭네	心與白雲閑

매창은 아전 이탕종李湯從의 딸로 태어나 부안扶安에서 이름난 기생으로 가사와 한시를 비롯하여 가무와 현금玄琴에 이르기까지 다재다능한 여류 예인이었다. 매창이 기생이 된 사연은 명백하지는 않다. 다만 매창이 꽃다운 나이가 되자, 재기가 발랄하다는 소문을 들은 진사進士 출신인 태수太守 서우관徐雨觀이 사랑하여 정조를 빼앗고 서울로 전근 되자 데리고 갔는데, 매창은 여의치 않아 다시 부안으로 내려와 기생이 된 것으로 보인다. 이런 내용은 『조선해어화사』, 안왕거安往居의 『열상규조洌上閨藻』와 허균의 『성수시화』에 나온다. 작품으로는 '가을생각秋思', 술 '취한 나그네에게 주다贈醉客', '봄날의 원망春怨', '스스로 한탄함自恨', '감회를 남김遺懷', '이화우梨花雨 흩날릴 제' 등 가사와 한시가 전한다. 『매창집』은 매창이 죽은 지 58년이 지난 1668년 10월 부안의 아전들이 그녀의 한시 쉰여덟 수를 모아 우금산성 아래 있는 개암사에서 간행했다. 그러나 쉰여덟 수 중 '윤공비尹公碑'라는 시는 매창의 시가 아니라 허균의 친구인 이원형李元亨의 시로 판명돼, 실제로 전해지고 있는 매창

의 시는 쉰일곱 수이다. 시문의 특징은 여성적이며 섬세하고 유약하여 자신의 처지를 있는 그대로 노래하고, 자유자재로 시어를 구사하는 데서 우수한 시재詩才를 엿볼 수 있다.

매창은 시문과 거문고에 뛰어나, 당대의 문사인 유희경, 허균許筠, 이귀李貴, 권필權韠, 한준겸韓浚謙 등과 교유가 깊었다. 매창은 유희경의 연인이며, 허균의 문우이며, 인조반정의 기수 이귀의 정인이었다. 허균과 동갑인 권필은 성격이 방달放達하고 기절氣節이 대단해서 벼슬을 좋아하지 않았는데, 매창에게 준 시, '증천향여반贈天香女伴'으로 볼 때 그녀를 천한 기생이 아니라 벗으로 허여한 것을 알 수 있다. 또 유천柳川 한준겸은 이귀와 동갑인데, 전라도관찰사를 지냈다. 매창의 재주를 아껴 '증가기계생贈歌妓桂生'이라는 시를 주었고, 매창도 그의 생일잔치에 초대받아 시를 지어 바쳤다. 매창은 부안 기생으로 개성 황진이와 더불어 조선 명기의 쌍벽을 이루었으나 서른여덟 살에 요절하였다. 전북 부안읍 동중리 오리현에 무덤이 있고 그 부근 개암사 일대에 애틋한 일화와 더불어 시비가 세워져 있다. 묘비는 죽은 지 사십오 년이 지난 효종 6년(1655)에 세웠던 것을 글자의 마멸이 심하여 부안의 풍류모임체인 부풍시사扶風詩社에서 1917년에 다시 세운 것이다. 묘비 앞면에는 '명원이매창지묘名媛李梅窓之墓'라 써있고 뒷면에는 매창의 생졸년과 그의 시문집이 있고, 비석이 오래되어 다시 세운다는 간단한 내용이 새겨져 있다. 근래에 매년 음력 4월 5일, 부안의 율객律客모임인 부풍율회扶風律會에서 매창제梅窓祭를 지내고 있다. 매창에 관한 기록은 당대의 문사들의 기록에 다수 남아있어 그 면모를 재구성해 살펴볼 수 있다. 특히 유희경과 허균의 기록이 두드러진다. 유희경이 계랑에게 준 증시贈詩가 십여 편 남아있다. 고종 13년(1876) 박효관朴孝寬과 안민영安玟英이 편찬한 『가곡원류歌曲源流』에 실린 "이화우 흩날릴 제 울며 잡고 이별한 님"으로 시작되는 계생의 시조는 유희경을 생각하며 지은 것이라는 주註가 덧붙어 있다. 부안의 신석정 시인은 이매창, 유희경, 직소폭포를 가리켜 '부안 삼절 三絶'이라 하였다. 음풍농월하던 침류대 주인이던 유희경과 천민출신의 시인 백대붕白大鵬의 명성은 이미 매창이 살던 부안에도 알려진 듯하다. 아울러 한적한 시골 부안의 기생인 매창의 명성도 한양에 잘 알려진 듯하다. 유희경의 문집, 『촌은집』에는 이런 기록이 있다.

"내가 젊었을 때 부안에 놀러갔었는데, 그 고을에 계생이라는 이름난 기생이 있었다. 계생은 그가 서울에서 이름난 시인이라는 말을 듣고는 '유희경과 백대붕 가운데 어느 분이십니까?'라고 물었다. 그와 백대붕의 이름이 먼 곳까지도 알려져 있었기 때문이었다. 그는 그때까지 기생을 가까이 하지 않았지만 이 때 비로소 지키던 계戒를 저버렸다. 그리고 서로 풍류로써 즐겼는데 매창도 시를 잘 지어 '매창집'을 남겼다."632)

두 사람이 처음 만난 것은 1591년, 봄날이었다. 남도를 여행하던 유희경이 매창을 찾아온 것이다. 이 때 매창은, 유劉와 백白 가운데 누구냐고 묻는데, 유, 백이란 당시 천민시인으로 유명했던 유희경과 백대붕을 뜻하는 것이다. 매창은 유희경의 이름을 이미 익히 알고 있었던 것 같다. 그걸 보면 처음부터 두 사람은 만나기전부터 시를 통해서 이름을 알고 있었다. 그때 매창은 스무 살이 채 되지 않은 나이였고, 유희경은 마흔일곱 살이었다. 나이차가 많았는데 이때부터 서로 상대를 이해하고 사랑하는 사이가 되었다. 유희경은 매창을 처음 만나고 계랑에게 준 염정艷情 시를 그의『촌은집』에 남겼다.

---

632) 유희경,『촌은집村隱集』권2 부록附錄. "少遊扶安邑。有名妓癸生者。聞君爲洛中詩客。問曰。劉白中誰耶。盖君及大鵬之名動遠邇也。君未嘗近妓。至是破戒。盖相與以風流也。癸亦能詩。有梅窓集刊行."

계랑에게	贈癸娘

남쪽에 계랑 이름 일찍이 알려져	曾聞南國癸娘名
글과 노래 솜씨 서울에까지 울렸어라	詩韻歌詞動洛城
오늘에야 참 모습을 대하고 보니	今日相看眞面目
선녀가 신선 사는 곳에 내려온 듯 하여라	却疑神女下三淸633)

유희경이 준 증시贈詩에 매창이 화답한다. 두 사람은 첫눈에 마치 선계仙界에서 내려온 듯 시를 주고받으며 서로 허여한다. '운무가 이루는 깃발雲旗'은 신선의 신변에 딸린 물건으로, 곧 신선을 가리킨다.

그대야말로 장안의 일대 호걸일세	云是長安一代豪
운무가 감도는 곳에 파도는 잠잠하네	雲旗到處靜波濤
오늘 아침 임을 모셔 신선얘기 듣는데	今朝陪話神仙事
제비는 동풍을 타고 지는 해는 높이 떴네	燕子東風西日高

다시 유희경이 장난삼아 계랑에게 은근히 수작을 걸며 시를 지어 주었다. 봄날도 잠시인데 늙어지면 주름진 얼굴 고치기 어려우니, 애써 독수공방에서 외롭게 지내지 말고 운우의 정이나 듬뿍 나누는 게 어떠냐고 넌지시 어르고 있다.

희롱삼아 계랑에게 줌	戲贈桂娘

버들 꽃 붉은 몸매 잠시 동안 봄이라	柳花紅艶暫時春
고운 얼굴 주름지면 고치기 어렵네	撻髓難醫玉頰嚬
선녀인들 외롭고 싸늘한 베개 어이 참으리	神女不堪孤枕冷

---

633) 삼청三淸은 도가道家에서 신선이 사는 곳이라고 하는 옥청玉淸, 상청上淸, 태청太淸의 삼부三府를 말함.

| 무산에 운우의 정이야 자주 내리세 | 巫山雲雨下來頻 |

한편, 유희경의 매창에 대한 인물평은 허균과는 대조적이다. 유희경은 "선녀가 신선 사는 곳에 내려온 듯하다"고 했지만, 허균은 그의 '조관기행漕官紀行'에서 "매창의 생김새는 시원치 않다〔不揚〕"고 했다.

> "23일(임자); 부안扶安에 도착하니 비가 몹시 내려 머물기로 하였다. 고홍달高弘達이 인사를 왔다. 창기倡妓 계생桂生은 이옥여李玉汝(이귀李貴의 자字)의 정인情人이다. 거문고를 뜯으며 시를 읊는데 생김새는 시원치 않으나 재주와 정감이 있어 함께 이야기할 만하여 종일토록 술잔을 놓고 시를 읊으며 서로 화답하였다. 밤에는 계생의 조카를 침소에 들였으니 혐의를 피하기 위해서이다."634)

유희경은 매창이 열여덟 나이인 꽃다운 시기에 만났고, 허균은 스물아홉인 이제 막 꽃이 시들기 시작할 무렵에 만났으니 달리 생각할 수도 있다. 매창과 유희경의 만남은 짧았다. 임진왜란이 일어나자 유희경은 전쟁터로 떠났다. 짧은 만남이었기에 서로는 더 애틋해 했던 듯하다. 그리움이 넘치면 억장이 무너진다. 거문고를 무릎에 앉히고 가락을 탄다. 달이 매화나무 가지에 걸리더니 어느새 보슬비가 창가에 맺힌 어느 봄날의 풍경이다.

하룻밤 봄바람에 비가 오더니	東風一夜雨
버들이랑 매화랑 봄을 다투네	柳與梅爭春
이 좋은 시절에 차마 못할 건	對此最難堪
잔 잡고 정든 임과 이별이라오	樽前惜別人

---

634) 허균, 『성소부부고』 제18권, 「조관기행漕官紀行」. "壬子. 到扶安. 雨甚留. 高生弘達來見. 倡桂生, 李玉汝情人也. 挾瑟吟詩, 貌雖不揚, 有才情可與語, 終日觴詠相倡和. 夕, 納其姪於寢, 爲遠嫌也."

매창은 설움이 복받쳐 거문고를 더 이상 이어가지 못하고 그녀의 노래는 피울음 속에 묻혀버린다. 매창은 유희경에 대한 그리움을 넘어서 서러움과 한을 여러 편의 시와 노래를 지어 부르며 달랬음을 알 수 있다. 그 중의 한 편의 시조가 '이화우梨花雨 흩날릴 제'이다.

    이화우梨花雨 흩날릴 제 울며 잡고 이별한 임
    추풍낙엽에 저도 날 생각하는가
    천리에 외로운 꿈만 오락가락 하노라

이 시조에 대하여, 『가곡원류』는 이렇게 적고 있다.
"계랑은 부안의 이름난 기생이다. 시를 잘 지었으며 매창집이 있다. 촌은 유희경의 애인이었는데 촌은이 서울로 돌아간 뒤에 소식이 없었으므로 이 노래를 지어 부르고 절개를 지켰다."

    등잔불 그무러 갈 제 창에 짚고 드는 임과
    오경종五更鍾 나리올 제 다시 안고 눕는 임을
    백골白骨이 진토塵土된 들 잊은 줄이 있으랴

매창은 그리움이 병이 되었다. 오로지 문을 닫고 자폐自閉의 감옥에서 노래한다. 기생의 정한을 상징할 때, 눈물과 비는 대개 겹친다. 눈물 짓다가, 시를 읊고 또 눈물짓기를 하루 같이 되풀이한다. 그만큼 기생의 시에는 유독 구질게 비 내리는 흐린 날이 많다. 어느 주둔지 군영에 계시는지 기다려보지만, 살구꽃 피는 마을에는 무심한 고깃배만 온다고 하여, 허망한 기다림을 노래하였다.

    이별 하도 서러워 문 닫고 누웠으니   離懷消消掩中門
    옷자락 하염없이 눈물에 젖네   羅袖無香滴淚痕

홀로 누운 잠자리 한없이 외로운데	獨處深閨人寂寂
보슬비 부슬부슬 날이 저무네	一庭微雨鎖黃昏

먼 산은 하늘가 푸르게 솟고	遠山浮翠色
버드나무 강 언덕에 안개가 자욱	柳岸暗煙霞
내 임은 어느 군영에 계신지	何處靑旗在
살구꽃 핀 마을에 고깃배만 떠오네	漁舟近杏花

청기靑旗는 푸른 빛깔의 기로 군영에 세우던 깃발이다. 여기서는 유희경이 의병으로 나가있던 군사 주둔지를 가리킨다. 송백 같은 시들지 않는 맹세도 사랑이 너무 깊어 남은 애마저 절어 밤을 지새운다.

송백같이 굳은 맹세하던 그 날	松栢芳盟日
사랑은 너무 깊어 바다 같아라	恩情與海深
한번 가신 그 임은 소식이 없어	江南靑鳥斷
한밤 중 나 홀로 애를 태우네	中夜獨傷心

유희경 역시 매창을 그리워하기는 마찬가지였다. 부안과 서울의 물리적 거리보다 그리움은 더욱 사무쳐 오동나무 잎에 비 뿌릴 때면 가슴이 미어진다고 고백한다.

계랑을 생각하며	懷癸娘
그대의 집은 부안에 있고	娘家在浪州
나의 집은 서울에 있네	我家住京口
그리움 사무쳐도 서로 못보고	相思不相見
오동나무에 비 뿌릴 젠 애가 끊거라	腸斷梧桐雨

이에 화답하여 매창 또한 그리움을 시로 달랜다. 깊은 규방에 홀로 적막한 밤을 견디는 여인의 정한이 무르녹아 있다. 특히 두 번째 작품의 감각과 상상은 뛰어나다. 시름겨워 하루 밤 새에 머리칼은 반백이나 되고 상사병으로 가락지도 손가락에 헐겁다고 엄살을 부린다. 이쯤 되면 만 사내도 무너지지 않고 어찌 배기랴.

| 여인의 원망 | 閨怨 |

쓰린 이별 한스러워 안방 문 닫으니　　　　　離恨悄悄掩中門
비단 소매엔 향기 없어 눈물 얼룩뿐이네　　　羅袖無香滴淚痕
홀로 있는 깊은 방엔 적막하기만 하여　　　　獨處深閨人寂寂
마당 가득 내리는 보슬비 황혼조차 가리네　　一庭微雨鎖黃昏

그리는 생각이야 말로는 다 못하여　　　　　相思都在不言裏
하룻밤 시름으로 머리칼 반이나 세었어라　　一夜心懷髮半綠
이 첩의 그리는 괴로움 알고 싶거든　　　　　要知是妾相思苦
금가락지도 헐거운 야윈 손가락을 보소서　　須試金環減舊圍

의병을 이끌고 싸움터에 나갔던 유희경을 만나기 위해 찾아 나섰다가 허탕을 치고 울면서 돌아오는 길에서 계량은 또 이렇게 읊었다.

　　기러기 산채로 잡아 정들이고 길들여서
　　임의 집 가는 길을 역력히 가르쳐 두고
　　밤중만 임 생각 날 제면 소식 전케 하리라

한편 이귀의 자는 옥여玉汝, 호는 묵재默齋인데, 이이李珥와 성혼成渾의 문인으로 임진왜란 때 삼도소모관三道召募官, 선유관宣諭官이 되어 군사와 군량을 모집하여, 도체찰사 유성룡의 종사관이 되어 군세를 회복하는데 크게 기여하여, 뒤에 장성 현감이 된다. 그가 김제 군수로 있을 때 부안 군수가 베푸는 연회에서 매창을 처음 만났다. 이즈음 매창은 임란의 소용돌이에서 유희경과 헤어진 뒤, 긴 외로움에 못이겨 이귀를 만나게 되자, 한때 정인이 되기도 하였다. 그런데 매창과 유희경과의 재회는 시간적 공백이 꽤 길었던 것 같다. 서로 애타게 그리워하던 두 사람의 재회는 첫 만남 십오 년 후인 1607년에야 이루어진 듯하다.

    길을 가다 계랑을 생각하며   途中憶癸娘

    아득한 남쪽에서 가인과 한번 헤어져   一別佳人隔楚雲
    나그네 신세로 온갖 마음 흔들리는데   客中心緖轉紛紛
    파랑새는 오지 않아 소식 끊기고   靑鳥不來音信斷
    벽오동에 싸늘한 빗소리 차마 못 듣겠네   碧梧凉雨不堪聞

 전란 중에 이리저리 떠밀리며 군중을 떠도니 나그네 길은 임 생각에 가는 걸음마다 발부리에 채였을지 모른다. 때로는 남쪽에 두고 온 계랑을 생각하며 그리워했을 것이다. 좋은 기별을 물고 온다는 파랑새는 오지 않고 벽오동 푸른 잎에 하염없이 떨어지는 빗소리는 시인의 가슴을 끊임없이 두드리고 있다.

    다시 계랑을 만나서   重逢癸娘

    예로부터 임 찾는 건 때가 있다 했는데   從古尋芳自有時
    낭군께선 무슨 일로 이리도 늦으셨는지   樊川何事太遲遲
    내 온 것은 임 찾으려는 뜻만이 아니라   吾行不爲尋芳意
    시론 펴자는 열흘 기약 있었기 때문이오   唯趁論詩十日期

 번천樊川은 당唐나라 시인인 두목杜牧의 호인데, 여기서는 시인인 유희경 자신을 지칭한 것이다. 대화체의 이 시는 앞의 기승起承 구句는 매창의 물음이고, 뒤의 전결轉結 구는 매창의 물음에 유희경이 답하는 연구시聯句詩 형식을 취하고 있다. 유희경은 "내가 전주에 갔을 때 매창이 날더러 열흘만 묵으면서 시를 논했으면 좋겠다고 했길래, 이렇게 쓴 것이다."635)고 덧붙여놓았다. 계랑은 촌은을 기다리다가 마지막 육필肉筆 시를 남기고 눈을 감았다. '회포를 적으며寫懷'란 제목으로 알려져 있다.

무릉도원 신선과 언약을 맺을 때는	結約桃園洞裏仙
오늘처럼 처량할 줄 그 누가 알았으랴	豈知今日事悽然
그윽한 회포를 거문고에 실어볼까	幽懷暗恨五絃曲
실타래처럼 얽힌 사연 시로나 달래볼까	萬意千思賦一篇
풍진 세상 고해에는 시비도 많아	塵世是非多苦海
깊은 규방의 밤은 길어서 일 년 같아라	深閨永夜苦如年
남교에서 날 저물어 또 다시 돌아보아도	藍橋欲暮重回首
구름 속 첩첩 청산은 눈앞을 가리네	靑疊雲山隔眼前

남교藍橋는 사랑하는 두 남녀의 결합을 의미하는 공간적 장치이다. 당나라 시인 배항裵航이 남교를 지나다가 목이 말라서 한 노파에게 물을 청하니 딸에게 물을 갖다 주게 하였는데, 딸 운영雲英을 만나 경장瓊漿636)을 얻어 마셨다. 이에 첫 눈에 반해 청혼을 하였다. 노파가 예물로 옥저玉杵, 곧 옥으로 만든 절굿공이를 원하니 힘겹게 그걸 구해주고 결혼하였다. 둘은 나중에 신선이 되었다.637) 계랑은 정인과 만나길 손꼽아 기다리며 사랑의 장소로써 남교를 상상하여 저물도록 서성거린다. 그리움은 첩첩 산과 아득한 구름으로 가리고 기약은 보이질 않는다.

---

635) "在完山時, 娘謂余曰, 願爲十日論詩故云."
636) 원래 미주美酒, 곧 맛 좋은 술을 말하나 여기서는 물을 가리킴.
637) 『태평광기太平廣記』, '배항裵航' 참고.

| 계랑에게 부치며 | 寄癸娘 |

헤어진 뒤 다시 볼 기약 없어	別後重逢未有期
그대 있는 곳 꿈에서나 그리워할 뿐	楚山秦樹夢相思
어쩌면 달빛 비친 동루에 함께 기대어	何當共倚東樓月
취하여 시 짓던 얘기 할 수 있을까	却話完山醉賦詩

다시 헤어지고 난 뒤 약속도 채 하지 못하고 꿈속에서나 그리워하는 지경이 되었다. 달이 휘영청 떠오른 동쪽 누대에 오르니 예전에 그대와 둘이서 술 마시며 시를 읊던 좋은 시절이 그립다고 말하며, 다시 만날 날을 애타게 기다리는 마음을 드러냈다.

계랑의 마지막 절필시絶筆詩는 마치 자신의 죽음을 내다본듯한 참시讖詩이다. 그간의 이승에서의 모든 시비를 뒤로 하고, 덧없이 서산으로 지는 해를 말하면서, 자신의 죽음을 예견한다. 또 구름 첩첩 낀 청산은 기다려도 오지 않는 임을 상징한다. 촌은을 애타게 그리다가 죽어 간 여인의 피맺힌 응어리가 애처롭다. 부안 관아에서 삼 마장 쯤 남쪽으로 가면, 오리정 지나 봉덕리, '봉두뫼' 양지바른 언덕에 그녀는 거문고와 함께 묻혔다. "계향은 거문고와 시를 좋아해, 죽어 장사할 때도 거문고를 함께 무덤에 넣어주었다."638)고 『지봉유설』은 기록하였다. 후인들은 이곳을 '매창뜸'이라 불렀다. 시조시인 가람 이병기는 매창뜸을 시조로 풀어 그녀의 넋을 기렸다.

매창뜸

돌비는 낡아지고 금잔디 새로워라
덧없이 비와 바람 오고가고 하지마는

---

638) "娘平日喜琴與詩, 死以琴殉葬云."

한 줌의 향기로운 이 흙 헐리지를 않는다.

이화우梨花雨 부르다가 거문고 비껴두고
등 아래 홀로 앉아 누구를 생각하는지
두 뺨에 젖은 눈물이 흐르는 듯하구나.

나삼상羅衫裳 손에 잡혀 몇 번이나 찢었으리
그리던 운우雲雨도 스러진 꿈이 되고
그 고운 금발 그대로 정은 살아남았다.

매창은 유희경에게 자신의 죽음이 알려지는 것을 원치 않았다. 그것이 유희경에 대한 그녀의 마지막 배려와 사랑이었다. 매창이 세상을 뜬 지 삼년 후 유희경은 그녀의 무덤을 찾아 생전에 다하지 못했던 정인으로서의 미안함과 애달픔에 애통해 하면서 한 잔의 술, 시 한 수로 그녀의 영혼을 위로한다. 1610년 여름, 매창의 죽음을 전해들은 촌은은 아래의 시를 지어 슬픔을 달랬다.

임정자 운에 차운하여 옥진을 애도하다	次任正字悼玉眞韻
"맑은 눈 하얀 이 푸른 눈썹 계랑이여	明眸皓齒翠眉娘
홀연히 구름 따라 간 곳 아득하구나	忽然浮雲入鄕茫
꽃다운 혼 죽어 저승으로 돌아가면	終是芳魂歸浿邑
누가 그대 옥골 고향 땅에 묻어주리	誰將玉骨葬家鄕
마지막 저승길에 슬픔이 새로운데	更無旅櫬新交呂
남은 고운 모습에 옛 향기 그윽하다	只有粧臉舊日香
정미년에 다행히도 서로 만났지만	丁未年間行相遇
옷깃을 적시는 슬픈 눈물 건딜 수 없네	不堪哀淚混衣裳"639)

---

639) 유희경,『촌은집村隱集』제1권 '차임정자도옥진운次任正字悼玉眞韻' 참조.

유희경이 지은 시를 보면, 두 사람의 재회는 정미년丁未年(1607)에 이루어졌을 것으로 추정된다. 매창이 38세 젊은 나이로 죽을 때까지 가슴 안에 간직한 정인情人은 오직 유희경뿐이었다. 유희경 또한 평생토록 매창을 사모하고 그리워했다. 나이를 초월하여 시로 사귀고 정을 나눈 아름다운 사랑이다. 아마도 두 사람은 천출賤出로서의 인간적 공감과 정의가 통하여 더욱 깊은 사랑을 하였을 것으로 추정할 수 있다.

허균은 유희경에 대하여,「성수시화惺叟詩話」에 다음과 같은 기록을 남겼다. 비록 그가 천민 출신이지만, 사람이 맑고 시에 능하다고 하였다.

"유희경이란 자는 천예賤隷이다. 사람됨이 청수하고 신중하며 충심으로 주인을 섬기고 효성으로 어버이를 섬기니 사대부들이 그를 사랑하는 이가 많았으며 시에 능해 매우 순숙純熟했다. 젊었을 때 갈천葛川 임훈林薰을 따라 광주光州에 있으면서 석천石川(임억령林億齡의 호)의 별장에 올라 그 누각에 전인前人이 써 놓은 성星자 운에 차하여,

댓잎은 아침에 이슬을 따르고	竹葉朝傾露
솔가지엔 새벽에 별이 걸렸네	松梢曉掛星

라 하니 양송천梁松川(양응정梁應鼎의 호)이 이를 보고 극찬하였다."[640]

한편 허균의 문집,『성소부부고』에는 계랑이 죽기 일 년 전에 보냈던 짤막한 편지가 한 통이 실려 있고, 또한 이듬해 그녀의 죽음을 애도한 글이 율시와 함께 남아 있다.

■ 계랑에게 보냄. 기유년(1609) 1월

"낭자는 보름날 저녁에 비파를 타며 산자고山鷓鴣를 읊었다는데, 왜

---

640) 허균,『성소부부고』제25권,「성수시화惺叟詩話」.

한가하고 은밀한 곳에서 하지 않고, 바로 윤비尹碑 앞에서 연주하여 남의 허물을 잡는 사람에게 들키고, 거사비去思碑를 시로 더럽히게 하였는가. 그것은 낭자의 잘못인데, 비방이 내게로 돌아오니 억울하오. 요즘도 참선參禪을 하는가. 그리운 정이 간절하구려."641)

윤공의 비에 대한 시비의 전말은 허균의 「성수시화惺叟詩話」에 좀 더 구체적으로 드러나 있다. 두 기록을 이어서 읽어보면 사건의 맥락이 눈에 뛰어든다.

"부안의 창기 계생은 시에 솜씨가 있고 노래와 거문고에도 뛰어났다. 어떤 태수가 그녀와 가깝게 지냈다. 나중에 그 태수가 떠난 뒤에 읍에 사는 사람들이 그를 사모하여 비를 세웠는데 계생이 달밤에 그 비석 위에서 거문고를 타고 하소연하며 길게 노래했다. 이원형이라는 자가 지나다가 이를 보고 시를 짓기를,

한 가락 요금은 자고새를 원망하나	一曲瑤琴怨鷓鴣
묵은 비는 말이 없고 달만 덩실 외롭네	荒碑無語月輪孤
현산이라 그날 양호羊祜의 비석에도	峴山當日征南石
눈물을 떨어뜨린 가인이 있었던가	亦有佳人墮淚無

라고 하니, 당시 사람들이 이를 절창이라 했다. 이원형은 우리 집에 드나드는 관객館客이었다. 어릴 적부터 나와 이여인李汝仁과 함께 지냈던 까닭에 시를 할 줄 알았다. 다른 작품도 좋은 것이 있으며, 석주石洲 권필權韠이 그를 좋아하고 칭찬했다."642)

거사비去思碑는 감사監司나 수령守令이 갈려 간 뒤에 그 선정善政을 사모하여 고을 주민들이 세운 비석을 말하는데, 그 비석의 주인공이

641) 허균, 같은 책 제21권, 「문부文部」 '척독尺牘'.
642) 허균, 같은 책 제25권, 「설부說部」 '성수시화惺叟詩話'.

윤공이란 벼슬아치이다. '산자고'는 옛날 중국 민간에 불리어지던 악부시다. 자고鷓鴣는 '뜸부기'인데, 그리움을 나타내고자 한 것이다. 야심한 때 공공연히 산자고란 곡을 비파에 실어 노래하여 사람들에게 흠을 잡히자, 허균이 짐짓 이를 나무라며, 편지의 말미에 와서는 은근히 정을 비추어 속내를 드러낸다. 옛날 선인들의 간찰에는 말을 에둘러 빙빙 돌아 대개 맨 끝머리에 와서야 정작 말하고 싶은 속내를 드러내곤 하였는데, 허균도 그러하다. 허균은 뜬소문으로 한때 구설에 오른 듯 했으나 매창에 대한 그리움은 여전하다. 그는 당시에 공무가 바빠 부안에 다시 돌아온다고 한 약속을 지키지 못해 슬쩍 웃음으로 넘긴다. 매창에게 보낸 다음의 편지에 허균의 마음이 오롯이 담겨져 있다. 그런데 이원형이 지은 시가 매창이 지은 것으로 잘못 알려져 있었는데 허균의 「성수시화」에서 이를 바로 잡을 수 있었다.

■ 계랑에게, 기유년(1609) 9월

"봉래산蓬萊山에 가을이 한창 무르익으니, 돌아가려는 흥취가 도도하오. 그대는 반드시 성성옹惺惺翁643)이 시골로 돌아오겠다는 약속을 어겼다고 웃을 걸세. 그 시절에 만약 한 생각이 잘못됐더라면, 나와 그대의 사귐이 어떻게 십 년 동안이나 그토록 다정할 수 있었겠는가. 이제 와서야 풍류객 진회해秦淮海644)는 진정한 사내가 아니고 망상을 끊

---

643) 허균 자신을 가리킴.
644) 진관秦觀(1049~1100); 중국 북송 사詞 완약파婉約派의 대표적 작가. 자는 소유少游, 태허太虛, 호는 회해거사淮海居士. 강소성江蘇省 고우高郵 출신. 황정견黃庭堅, 장뢰張耒, 조보지晁補之와 더불어 '소문사학사蘇門四學士'라고 불렸다. 소동파蘇東坡가 천거하여 비서성정자秘書省正字 겸 국사원편수國史院編修로 일했다. 후에 신법당新法黨에게 배척당하여 말년을 어렵게 보냈다. 그의 사詞는 애정묘사와 신세에 대한 감회를 많이 담고 있다. 감정표현은 진지하고, 정서는 우아하고 아름다우며, 어휘는 전아하고, 필법은 세밀하다. 후기 작품은 더 감동적이다. 대표작으로 7월 칠석 견우, 직녀의 만남을 묘사하여 변하지 않는 진지

는 것이 몸과 마음에 유익한 줄을 알았을 것이오. 어느 때나 만나서 하고픈 말을 다할는지, 종이를 대하니 마음이 서글프오."645)

한 때 계랑이 촌은을 저버리고 허균과 가까워졌다는 풍문이 퍼졌다. 그래서 이를 뜬소문임을 해명하고자, 계랑은 다음과 같이 안타까운 마음을 시로 풀어냈다.

떠도는 풍문에 대하여	浮風說
잘못은 없다 해도 풍설이 도니	誤被浮虛說
이래저래 말썽은 더욱 많구나	還爲衆口喧
뜬 시름 갖은 원한 버릴 길 없어	空將愁與恨
사립 닫고 병을 핑계 삼아 누웠노라	抱病掩柴門

부안으로 다시 돌아오겠다던 허균의 약속은 한 해를 또 넘기고 만다. 그러던 중 1610년 어느 여름 날, 허균은 매창이 죽었다는 소식을 전해 듣는다. 그는 시 두 편을 지어 슬픔을 달랜다.『성소부부고』,「병한잡술病閑雜述」에는 계랑의 죽음을 슬퍼하는 글이 시와 함께 다음 같이 실려 있다.

"계랑의 죽음을 슬퍼하다. 계생은 부안 기생인데, 시에 능하고 글도 이해하며 또 노래와 거문고도 잘했다. 그러나 천성이 고고하고 개결하여 음탕한 것을 좋아하지 않았다. 나는 그 재주를 사랑하여 교분이 막역하였으며 비록 담소하고 가까이 지냈지만 어지러운 지경에는 미치지 않았기 때문에 오래가도 변하지 않았다. 지금 그 죽음을 듣고 한 차례 눈물을 뿌리고서 율시 두 수를 지어 슬퍼한다.

한 사랑을 노래한 '작교선鵲橋仙'이 있고, "안개는 누대를 감추고, 달은 나루터에 어른거리네. 霧失樓臺, 月迷津渡"라고 시작되는 '답사행踏莎行'은 쓸쓸한 경치로 감상적인 정서를 표현하고 있다. 저서『회해집淮海集』.
645) 허균,『성소부부고』제21권,「문부文部」18 '척독尺牘' 참조.

신묘한 글귀는 비단을 펼쳐 놓은 듯	妙句堪擒錦
청아한 노래는 머무는 구름도 흩뜨려	淸歌解駐雲
복숭아를 훔친 죄로 인간에 귀양 와	偸桃646)來下界
선약을 훔쳤던가 이승을 떠나다니	竊藥去人群
부용의 장막에 등불은 어둑하고	燈暗芙蓉帳
비취색 치마에 향내는 남았구려	香殘翡翠裙
내년에 복사꽃 방긋 피어나거든	明年小桃發
설도의 무덤을 누가 찾을는지	誰過薛濤647)墳
처절한 반첩여의 부채요	凄絶班姬扇648)
슬픈 탁문군의 거문고로다	悲涼卓女琴649)
분분한 꽃잎에 괜히 한만 쌓이고	飄花空積恨
시든 난초에 다만 마음 상할 뿐	衰蕙只傷心
봉래섬에 구름은 자취가 없고	蓬島雲無迹
한바다에 달은 벌써 잠기었네	滄溟月已沈
다른 해 봄이 와도 소소의 집엔	他年蘇小650)宅

---

646) 서왕모西王母가 선도仙桃 7개를 가지고 와서 한무제漢武帝에게 5개를 주고 2개는 자기 먹었는데, 한 무제가 그 씨를 심으려 하자, 서왕모가 "이 복숭아나무는 3천 년에 한 번 꽃이 피고 3천 년 만에야 열매가 맺는다. 이제 이 복숭아나무가 세 번 열매를 맺었는데, 동방삭東方朔이 이미 3개를 훔쳐갔다." 하였다. 「한무고사漢武故事」 또, '예'라는 사람이 서왕모로 부터 불사약을 얻어 미처 먹지도 못하고 집에 둔 걸 그의 처 항아姮娥가 훔쳐 먹고 신선이 되어 달로 달아나 월정月精이 되었다.『회남자淮南子』,「람명훈覽冥訓」.
647) 설도薛濤는 당나라 중기의 명기로 음률과 시에 능했는데, 계생桂生을 이에 비유한 것이다.
648) 반첩여는 한나라 성제成帝 때 궁녀로 황제의 총애를 받았는데, 조비연趙飛燕으로 사랑이 옮겨가자 참소당하여 장신궁長信宮으로 물러가 태후를 모시게 되었다. 이때 자신의 신세를 버림받아 소용없는 가을 부채秋扇에 비겨 원가행怨歌行을 지었다.『한서漢書』卷97,「열녀전列女傳」.
649) 탁문군卓文君은 한 나라 때 탁왕손卓王孫의 딸로, 과부로 있을 때 사마상여司馬相如의 거문고 소리에 반해 그의 아내가 되었는데 후에 상여가 무릉茂陵의 여자를 첩으로 삼자 백두음白頭吟을 지어 자기의 신세를 슬퍼하였다.
650) 소소蘇小는 남제南齊 때 전당錢塘의 명기名妓인데, 대개 기생을 두루 말할 때 자

낡은 버들 그늘을 이루지 못하지 殘柳不成陰"651)

　허균의 애도 시에는 전고典故가 많은 게 흠이다. 당시의 사회상으로 볼 때 기녀에게 애도시를 바치는 일은 그리 흔한 일은 아니다. 그러기에 그윽한 속내를 고사故事에서 끌어와 이를 대변하고 있다. 송수권은 현대시로서 이매창의 넋을 기리며 부안의 바닷가를 서성거리고 있다.

　　이매창의 무덤 앞에서652)

　　이 세상 뜻있는 남자라면 변산에 와서
　　하룻밤 유숙하고 갈 만하다
　　허름한 민박집도 많지만
　　그러나 정작 들러야 할 민박집은 한 군데
　　지금도 가얏고 소리 끊이지 않고 큰머리 옥비녀를 꽂았는데
　　머리 풀기를 기다리는 여인
　　서해 뻘밭을 끓이는 아아 후끈 이는 갯내음
　　변산 해수욕장을 조금만 비껴 오르면
　　부안읍 서림공원 그 아랫마을 공동묘지
　　바다우렁이 속 같은 고동껍질 속에
　　한숨 같은 그녀의 등불이 걸려 있다
　　온몸의 근질근질한 피는 서해 노을 속에 뿌리고
　　서너 물발 간드러진 물살에 창창하게 피는 낚싯줄
　　이 세상 남자라면 변산에 와서
　　하룻밤 그녀의 집에 들러 불 끄고 갈 만하다
　　'이화우 흩날릴 제 울며 잡고 이별하던 님'
　　뻘 속에 코를 처박고 싶은 여름날

주 쓰인다.
651) 허균,『성소부부고』제2권,「시부」'병한잡술病閑雜述'.
652) 송수권,『격포에 오면 이별이 있다』, 문학의 전당, 2008.

아아,
이 훈훈 이는 갯내음.

또한 『기문奇聞』에는, "한 기생이 선비들의 시를 비평"한 '기평시율妓評詩律'이란 제목의 일화가 전한다. 일화 속의 유柳라는 선비는 아마도 유劉희경을 지칭한 듯하다. 음은 같으나 한자로 성씨는 달리하여 요즘으로 말하면, 가십거리로 '기문'이라 하여 떠도는 얘기로 익명을 치부한 것이리라. 대개 조선시대 야담류의 서술태도로 볼 때, 모인某人이라는 미지칭未知稱으로 익명을 즐겨 쓰는 이유가 당시에 구설口舌을 피하고, 체면을 유지하려는 뜻이 다분히 내포되었다고 짐작할 수 있다. 그러나 그 익명성의 실루엣을 한 꺼풀 벗기고 보면 훨씬 더 텍스트의 심층을 읽어내는데 흥미로운 단서를 발견하는 즐거움을 얻을 수 있다.

"부안 기생 계월桂月이 시를 잘 읊고 노래와 거문고에 능하였다. 스스로 매창이라 호를 짓고 뽑혀 서울로 올라오게 되었다. 수재와 귀공자들이 모두 다투어 먼저 맞이하여 시를 지어 주고받으며 논평하였다.
어느 날이었다. 유柳라는 선비가 그를 찾았을 때, 김金, 최崔 두 사람이 먼저 자리에 앉았는데 둘은 모두 광협狂俠으로 자부하였다. 계월이 술자리를 벌여 그들을 접대하였다. 술이 반쯤 취하자 셋이 서로 계월을 독점하려는 기색이 역력하다. 계월은 웃으면서,
"당신들이 각기 풍류장시風流場詩를 외어 한 차례 기쁨을 뽑는 것이 어떨까요. 만일에 제 마음에 드는 아름다운 글귀가 있다면 오늘 저녁에 모시기로 하리다. 먼저 천기賤妓들이 전송傳誦하는 시를 외어 드리리다."
하고 다음과 같은 두 절의 시를 읊었다.

옥도곤 흰 팔은 여러 사내 베개요
붉은 그 입술은 여러 손님 맛보았소.
네 몸이 보아하니 서릿날이 아니거늘

어이하여 나의 애를 끊고 가는 것인가.

삼경 밝은 달엔 발굽이 춤을 추고
일진一陣 바람결에 이불이 펄렁이네.
이때를 당하여 무한한 그 맛은
오직 두 사람만이 함께 누릴 것이오.

그들 세 사람은 모두 응낙하였다. 김이 먼저 칠언절구 한 수를 읊었다.

창 밖 삼경에 가는 비 내릴 때
두 사람 그 마음을 둘이서만 아오리다.
새 정이 흡족하잖아 날이 장차 새려 하니
다시금 소매 잡아 뒷기약을 물었소.

최가 그 뒤를 이어서 불렀다.

껴안고 사창紗窓을 향해 쉬지 못할 그 일에
반은 교태 머금은 채 반은 부끄럼을 타는구나.
낮은 소리 물어 오되 나를 생각하려나요
금채金釵를 다시 꽂고 웃으며 머리 끄덕이네.

계월은 웃으면서 비평하기를,
"앞의 것은 너무나 옹졸하고, 뒤의 것은 약간 묘하긴 하나, 수법이 모두 낮으니 족히 들을 게 없겠소. 대체 칠언절구는 비교적 쉽지마는 율시는 더욱 어려우니, 저는 그 어려운 것을 취하려 합니다."
하니 김이 먼저 읊었다.

아리따운 그 아가씨 나이 겨우 열다섯에
온 서울에 이름 가득 노래 불러 제일이라.
오입쟁이 맺은 정은 바다보다 깊어 가득 있고
화관花官의 엄한 영은 서리처럼 싸늘하네.

난초 창 따사로워 아침 단장 재촉하고
솔고개 바람 높자 저녁 걸음 바빴네.
이별할 땐 많건마는 만나기 어려우니
양대의 비구름이 초양왕楚襄王을 괴롭히네.

이 시를 본 최는,
"이 시가 비록 아름답다 하나, 보다 더 아름다운 것이 없지 않아."
하고,

강어귀에 말 세운 채 이별 짐짓 더디어라.
버드나무 가장 긴 가지가 나는 몹시 밉구나.
가인은 인연 엷어 새 교태 머금고
오입쟁이 정이 많아 뒷기약을 묻는구나.
돌이꽃이 떨어지니 한식절이 다가오고
자고새 날아가니 석양이 비낄 때라.
남포에 풀이 많고 봄 물결이 넓을 때
마름꽃을 캐러다가 생각한 바 있었다네.

라고 읊었다. 이 시를 보고 계월은,
"이 시는 약간의 맑은 운치가 있으나, 족히 사람을 움직일 수 없겠소."
하고는 유를 돌아보면서 이르기를,
"당신은 홀로 시를 읊을 줄 모르시오?"
"난 애초부터 글이 짧고 옛날 양구가 크기로 이름 높던 오독의 수레 바퀴를 꿰던 재주가 있을 뿐이오."
하는 것이었다. 계월은 웃으면서 답하지 않았다. 최가 화를 내면서 이르기를,
"오늘엔 의당 시의 잘잘못을 논할 것이 아니야!"
하므로, 이 말을 들은 김은 자부하는 빛이 있어 읊기를,

가을 밤 새기 쉬우니 길다는 말 하지 마오.
등불 앞에 다가앉아 비단 치마 풀어 보렴.

외눈이 열리니 감은 눈동자 반짝이고
두 가슴 합해지니 땀 냄새도 향기로워.
다리는 청구머리 물결에 헤엄치고
허리는 잠자리라 물에 바삐 잠기더군.
강건하기 짝이 없음 마음에 자부하여
사랑이 뿌리 깊고 얕음을 임에게 묻노라.

계월이 이 시를 듣고는 잘되었음을 칭찬하였다. 그제야 유는 계월로 하여금 운자를 부르라 하고 운자가 떨어지자 다음과 같이 읊었다.

봄빛 찾은 호탕한 선비 기운도 높으시네
비취 이불 속에 아름다운 인연 있어.
옥 팔뚝을 버티니 두 다리가 우뚝하고
붉은 구멍 꿰뚫으니 두 줄이 둥글구나.
눈매를 처음 볼 때 아득하기 안개 같고
장천을 쳐다보니 돈보다 작아지네.
그 속에 별재미를 만약에 논하려면
하룻밤 높은 값이 천금이 되오리라.

계월이, 이 시를 듣고 나서 탄식하기를,
"이는 운자가 떨어지자 곧 부른 것이었으나 침석枕席 사이의 정태를 잘 형용하였을 뿐 아니라, 글이 극도로 호방하고 웅건하니, 반드시 범상한 재주가 아니오니 원컨대 존어尊御를 듣고자 합니다."
하는 것이었다. 유는,
"나는 곧 유모柳某라는 선비요."
하고 대답을 하였더니 계월은,
"존공尊公께서 이런 누추한 곳에 왕림하실 줄을 몰랐소이다. 이제 다행히 만나 뵈는군요."
하고 이내 잔을 드리고 웃으면서 이르기를,
"만일에 온 하늘로 하여금 작은 돈짝과 같이 한다면 그 값이 다만 천금에 그칠 것입니까?"

하고 또 두 선비를 향하여 이르기를,
"당신들이 읊은 바는 한 잔의 시원한 물만도 못하오."
하고 핀잔을 주는 것이다. 최와 김은 모두 묵묵히 물러가 버렸다. 유는 드디어 뜻을 얻어 함께 밤을 새웠다."653)

---

653) 『기문奇聞』, '기평시율妓評詩律'.

Ⅲ. 마치는 글

Ⅲ. 마치는 글

"왕후장상의 씨가 따로 있단 말인가"[1]

이는 1198년 5월 고려 말 무신정권으로 집정하였던 최충헌의 가노였던, 만적萬積(?~1198)이 노비해방운동을 일으키며 토한 피맺힌 말이다. 역사는 되풀이 된다는 말이 있다. 졸고에서 살펴 본 조선시대 천민출신 노비시인들이 남긴 문학자산은 매우 소중하다고 생각한다. 왜냐하면 시간과 공간너머 그들이 드리운 사유의 파장 안에 우리가 여전히 살고 있다는 점에서 그렇다. 지금도 조금만 고개를 돌려보면 그때, 그곳이 재현되고 있음을 보면 놀랍다. 바로 우리 모두가 발붙이고 사는 세상 곳곳에는 야만적인 폭압과 짐승처럼 인간을 부리며 억압하는 어둠의 구석이 존재하므로 노비문학에서 내뿜는 절규와 한탄은 시대를 넘어 여전히 의미가 크다. 세상은 결코 나아진 게 별로 없다는 생각이 든다. 인간 정신의 크기는 여전히 그대로 머물러 있을 뿐. 인간으로서 지키고 가꾸어야 할 가치는 옛날이나 지금이나 한 치도 변한 게 없는데, 한 치도 더 나아진 것도 없다. 그러기에 선인들이 써내려간 붓의 흔적을 좇아 지금 여전히 힘겹게 따라가고 있을 뿐. 위와 아래는 여전히 통하지 못하고 상

---

[1] "王侯將相, 寧有種乎".

생의 길을 찾지 못하여 헤매고 있다. 겉으로 드러난 삶의 모습은 거짓으로 얼룩덜룩할 뿐, 진실한 삶은 참으로 드물게, 변두리에서 숨죽여 꽃을 피울 뿐이다. 적어도 조선을 힘겹게 써내려간 기층문학은 언제나 변방에 쓸쓸히 꽃피우다가, 아무도 거들떠보지 않아 희미한 발자취마저 지워지거나 흩어지고 대부분 매몰되었다. 문학은 때로 시대의 위안과 위로가 되어야 한다. 동시에 시대를 앞지르는 나침반도 되어야 한다. 그러나 문학이 뿌리내린 땅은 언제나처럼 당대에는 더욱 외롭고 구석지고 황량할 뿐이었다. 조선의 노비제도가 드리운 어둠과 그늘을 당시에는 거의 아무도 거들떠보지 않았기 때문에 세상의 가장 밑바닥에서 울리는 소리의 공명은 그래서 더욱 우렁찰 수밖에 없었다. 가장 낮았기에 더 멀리 퍼져나갈 수 있었던 조선 천민들의 갈라터지고 쉰 목소리는 오늘을 사는 우리에게 여전히 큰 울림을 주고 있다. 우리에게 다시 말을 거는 그 참된 뜻을 지금 곰곰이 되새겨보아야 한다. 끝으로, 가장 낮은 백성의 노래를 얹어 한 줄의 심금에 무딘 안족雁足을 놓는 심정으로 두려운 마음으로 질정叱正을 기다리며 졸고의 거침을 변명하고자 한다.

색 인

<저서 편명 색인>

「간오簡傲」 234
「고운당필기古芸堂筆記」 106, 107
「골계열전滑稽列傳」 243
「공손홍전公孫弘傳」 186
「근광수록近光隨錄」 263
「금단金丹」 218
「대아大雅」 450
「동국시화휘성東國詩話彙成」 196
「동방삭전東方朔傳」 243
「동사일록東槎日錄」 283
「동정기東征記」 149, 150
「람명훈覽冥訓」 470
「문부文部」 467, 469
「미안기眉眼記」 132
「백관지百官志」 361
「백대붕전白大鵬傳」 57
「백이열전伯夷列傳」 64
「백전첩白戰帖」 271
「병한잡술病閑雜述」 469
「사대전고事大典故」 254, 284
「산목山木」 227

「삼학사전三學士傳」 128
「상수열전向秀列傳」 273
「생민生民」 293
「설부說部」 467
「설죽사적雪竹事蹟」 166, 168
「성수시화惺叟詩話」 55, 466, 467
「성언醒言」 279, 296, 344
「소아小雅」 221, 266, 401
「소요유逍遙遊」 127
「수촌만록水村謾錄」 164
「순욱전荀勖傳」 361
「습유拾遺」 446
「시부詩部」 471
「시필試筆」 135
「신계후전申繼後傳」 27
「양공襄公」 453
「양화陽貨」 365
「억지편抑之篇」 289
「여분汝墳」 293
「열녀전列女傳」 470
「영행전佞幸傳」 255
「옥계아집첩玉溪雅集帖」 62, 272
「왕자교王子喬」 123

색 인 481

「왕장전王章傳」 325
「위공자열전魏公子列傳」 360
「위풍魏風」 370
「유술부전庾述夫傳」 333
「은일열전隱逸列傳」 97
「이군시서李君詩序」 112
「이단전전李亶佃傳」 102
「이목구심서耳目口心書」 296, 297, 329
「이상서동원아집도기李尙書東園雅集圖記」 151
「인물옥우보人物屋宇譜」 99
「인상여전藺相如傳」 389
「자객열전刺客列傳」 346
「적암유고適菴遺稿」 79
「전당시화全唐詩話」 99
「정신훈精神訓」 313
「정초부봉전鄭樵夫鳳傳」 142
「제하사고題霞思稿」 117
「조관기행漕官紀行」 458
「졸옹전拙翁傳」 203, 206
「종남총지終南叢志」 79
「증민烝民」 450
「청비록淸脾錄」 80, 88, 137, 148, 231, 260, 423
「촌은유희경전村隱劉希慶傳」 67
「추수秋水」 314
「출면黜免」 404
「침류대시첩枕流臺詩帖」 422
「침상집枕上集」 132
「침우담초서枕雨談草序」 142

「토저兎罝」 293
「학용전기學庸箋記」 391, 392
「한무고사漢武故事」 470
「한정록閑情錄」 228
「한정록閒情錄」 228
「해괘解卦」 303
「황제黃帝」 87

『가곡원류歌曲源流』 455, 459
『개자원화보芥子園畵譜』 99
『격포에 오면 이별이 있다』 471
『겸재집謙齋集』 389
『경국대전經國大典』 14, 37
『경기인물지京畿人物誌』 48
『고금소총古今笑叢』 49, 52
『고려명신전高麗名臣傳』 111
『고사전高士傳』 363
『고악부古樂府』 352
『고전소설전집』 26
『곽우록藿憂錄』 43
『관동지關東志』 126
『구곡시고龜谷詩稿』 204, 205, 206, 207
『구곡집龜谷集』 203
『국조시산國朝詩刪』 76, 89
『궁오집窮悟集』 105, 135
『귀은당집歸恩堂集』 111
『귀전록歸田錄』 99
『근취편近取篇』 265
『금릉집金陵集』 111, 112, 113, 151
『기년편고紀年便攷』 230

『기문奇聞』 472, 476
『기아箕雅』 166
『난설헌집蘭雪軒集』 284
『남가기南柯記』 87
『남명집南冥集』 91
『논어論語』 365
『농암집農巖集』 338, 447
『다산시령茶山詩零』 152
『다산시문집茶山詩文集』 80
『당률집영唐律集英』 265
『당서唐書』 77
『당어림唐語林』 97
『대동지지大東地志』 440
『대동패림大東稗林』 107, 131
『대명률大明律』 41
『대전통편大典通編』 38
『도덕경道德經』 249
『도정절집陶靖節集』 250
『동국시화휘성東國詩話彙成』 166
『동명해사록東溟海槎錄』 70
『동문선東文選』 284, 285
『동방선생집東方先生集』 159
『동사록東槎錄』 245
『동인시화東人詩話』 143
『동천집東川集』 420
『매창집梅窓集』 454
『맹자孟子』 397
『명시종明詩綜』 80
『목재선생문집木齋先生文集』 57
『몽오집夢梧集』 149

『몽유편蒙喩篇』 265
『무명자집無名子集』 113
『문화유씨계보文化柳氏系譜』 48
『민족문화대백과사전』 25
『박물지博物志』 148
『백우초창시권伯愚樵唱詩卷』 151
『백운자시고白雲子詩稿』 166, 168, 170
『백전첩白戰帖』 62, 272
『백헌집白軒集』 310
『번천시집樊川詩集』 446
『법언法言』 205
『병세재언록幷世才彦錄』 105
『병세집幷世集』 145, 149, 151
『사기史記』 37, 64, 91, 159, 243, 346,
 360, 372, 389
『삼국유사三國遺事』 286, 288
『삼명시화三溟詩話』 143
『삽교별집雪橋別集』 27
『상례초喪禮抄』 60, 422
『상촌집象村集』 221
『석재고碩齋稿』 68, 150
『설초시집雪蕉詩集』 208, 291
『성소부부고惺所覆瓿藁』 79, 228, 458,
 466, 469
『성수시화惺叟詩話』 143, 454
『성재집省齋集』 211
『성호사설星湖僿說』 43, 47, 65
『세설신어世說新語』 234, 404
『소대풍요昭代風謠』 62, 197, 198, 199,
 204, 209, 210, 217, 222, 239, 397

색인 483

『소문쇄록』 93
『소암집疏菴集』 445, 446
『소화시평小華詩評』 230
『속대전續大典』 38
『속동문선續東文選』 76, 85, 89, 98, 163
『속어면순續禦眠楯』 432
『손곡집蓀谷集』 78
『송계만록松溪漫錄』 80, 100
『송자대전宋子大全』 128
『쇄미록瑣尾錄』 20
『쇄편瑣編』 135
『수서隋書』 362
『수성지水城志』 216
『승정원일기承政院日記』 285
『시경詩經』 75, 82, 199, 221, 266, 289, 370, 371, 450, 451
『시구편鳲鳩篇』 82
『시흥군지始興郡誌』 48
『신기비보神奇秘譜』 235
『십주기十洲記』 243
『쌍호초고雙湖草稿』 392
『아희원람兒戲原覽』 265
『악록집岳麓集』 71
『악부시집樂府詩集』 180
『안동 여인 한시를 짓다』 178
『야언野言』 221
『양고승전梁高僧傳』 443
『양촌집陽村集』 163
『어면순禦眠楯』 432
『어수록禦睡錄』 49

『어우야담於于野談』 199
『여지도서輿地圖書』 126
『여한십가문초麗韓十家文鈔』 216
『역경易經』 303
『연경재전집硏經齋全集』 63
『연려실기술燃藜室記述』 13, 229, 230, 253, 254, 284, 311
『열녀전烈女傳』 375
『열상규조洌上閨藻』 454
『열선전列仙傳』 123
『열자列子』 87
『영남읍지嶺南邑誌』 286
『영옹속고潁翁續藁』 111
『영옹재속고潁翁再續藁』 111
『영은문집瀛隱文集』 111
『예기禮記』 121
『오리집梧里集』 437
『옥계계축춘상시축玉溪癸丑春賞詩軸』 62
『완당집阮堂集』 130
『완암집浣巖集』 62, 324, 340, 342
『용만지龍灣誌』 387
『위기십결圍碁十訣』 336
『유선類選』 65
『유하집柳下集』 210, 278, 286, 298, 299, 304, 399
『육가잡영六家雜詠』 203, 397
『이사재기문二四齋記聞』 120
『이소경離騷經』 451
『이이엄집而已广集』 137, 264, 266, 268,

269
『이재유고頤齋遺稿』144
『이하가시편李賀歌詩篇』108
『이향견문록里鄕見聞錄』56, 108, 138, 142, 215, 294
『일통지一統志』417
『자저실기自著實紀』132, 134
『잠부론潛夫論』94
『장자莊子』127, 157, 314, 437
『전국책戰國策』316
『정절집靖節集』241
『제월당집霽月堂集』161
『조선왕조실록』19, 72, 277, 284, 314
『조선해어화사朝鮮解語花史』454
『존재집存齋集』131, 263, 268
『졸수재집拙修齋集』338
『죽당집竹堂集』244
『죽천한화竹泉閑話』47
『지봉유설芝峯類說』100, 464
『진서晉書』97, 101, 273, 304, 318
『진안의 맥』49
『창곡집昌谷集』108
『창선감의록彰善感義錄』338
『청강시화淸江詩話』72, 76
『청구야담靑邱野談』27
『청상잡기靑箱雜記』81
『청성잡기靑城雜記』277, 279, 296, 344,
『청일통지淸一統志』330
『청장관전서靑莊館全書』67, 78, 80, 87, 88, 137, 148, 230, 231, 259, 260,

297, 329, 423
『초목필지樵牧必知』139
『초부유고樵夫遺稿』152
『초한지楚漢志』37
『촌은집村隱集』60, 251, 252, 420, 449, 456, 465
『추관지秋官志』42
『추재기이秋齋紀異』102, 105
『추재집秋齋集』136, 145
『춘추좌전春秋左傳』97, 449, 453
『치문숭행록緇門崇行錄』232
『칙지헌집則止軒集』106
『침계유고梣溪遺稿』263
『침우담초枕雨談草』142
『탄만집歎敎集』117
『태평광기太平廣記』463
『태평어람太平御覽』86
『태현경太玄經』205
『택당집澤堂集』216, 451, 453
『패관잡기稗官雜記』76, 84
『포박자抱朴子』218
『풍요삼선風謠三選』199
『풍요속선風謠續選』62, 102, 114, 138, 145, 156, 158, 161, 162, 199
『학산초담鶴山樵談』196
『학산한언鶴山閒言』392
『학천선생집鶴泉先生集』433
『한경지략漢京識略』268
『한서漢書』159, 186, 243, 255, 318, 325, 470

『한창려집韓昌黎集』 452
『해내십주기海內十洲記』 243
『해동시화海東詩話』 165
『해동유주海東遺珠』 199, 261, 285
『행림시고杏林詩稿』 252
『향렴집香奩集』 217
『헌적집軒適集』 152, 156
『호산외기壺山外記』 274
『회남자淮南子』 313, 470
『효전산고孝田散稿』 107, 131
『후청쇄어鯸鯖瑣語』 100
『희조질사熙朝軼事』 65, 110, 111, 274

㉠

가노家奴 138
가도賈島 55, 56, 210
가비家婢 75
가선대부嘉善大夫 422
가의대부嘉義大夫 422
간집계刊集戒 294
간파쿠(かんぱく) 388
갈홍葛洪 218, 259
감천궁甘泉宮 362
갑곶진甲串鎭 405
갑연甲連 29
갑이甲伊 48
강감찬姜邯贊 305
강경과講經科 274
강계薑桂 94

강구가康衢歌 85
강구곡康衢曲 87
강동江東 200
강릉유씨江陵劉氏 276
강성康成 168
강옥서姜玉瑞 61
강주江州 280
강준흠姜浚欽 143
강화江華 420
강후絳侯 263
강희제康熙帝 279
거립車笠 97
거사비去思碑 467
검서관檢書官 107, 115, 134
검천劍川 412
검필黔弼 333
견마지치犬馬之齒 73
견우성牽牛星 364
겸산루兼山樓 426
겸재謙齋 130, 131
경공景公 398
경기慶忌 159
경부耕傅 102, 103
경성鏡城 412, 417
경원자經畹子 103, 104
경장瓊漿 463
경포黥布 37
계공랑啓功郎 61, 420
계랑桂娘 454
계랑癸娘 454

계룡산鷄龍山 64
계문란季文蘭 277, 280
계산桂山 99
계생桂生 470
계생癸生 454
계손씨季孫氏 77
계월桂月 472
계유정난癸酉靖難 32
계찰季札 453
계화桂花 454
고거故居 166
고검古劍 364
고당高唐 280
고산대高山臺 126
고시언高時彦 198, 210
고의古意 218
고적高適 203, 298
고정랑高正郞 169
고족형刖足刑 38
고진원高晋遠 142
고청孤靑 64
고침이와高枕而臥 316
고한행苦寒行 313
곡강曲江 33
곡강시曲江詩 247
곡수曲水 396
곡종선曲終仙 122
곤鯤 436
곤륜산崑崙山 419, 444
곤장昆長 412

골계열전滑稽列傳 159
공공자空空子 264
공납貢納 76
공노비公奴婢 14
공사천무과公私賤武科 15
공손홍公孫弘 186
공억건孔億建 61
공천추쇄도감公賤推刷都監 39
관백關白 388
관서팔경關西八景 402
관성묘關聖廟 119
관영灌嬰 263
관왕묘關王廟 118
관우關羽 118, 119
관저關雎 75
관중管仲 46, 160
관폭도觀瀑圖 366
광남서원廣南書院 32
광릉廣陵 428
광릉산廣陵散 235
광주廣州 426, 428, 443
괘궁정掛弓亭 412
괴안槐安 87
교방敎坊 109
교인鮫人 148
구가謳歌 248
구가진舊茄鎭 410
구경九卿 371
구고九皐 266
구곡龜谷 201, 205, 231, 341, 342

색 인 487

구맥九陌 375
구양수歐陽脩 99, 246, 449
구의裘衣 82
구일취음九日醉吟 56, 65
구준寇准 352
구중裘仲 255
구체온천의두공부동곡칠가久滯溫泉
　擬杜工部同谷七歌 202
국수國手 250, 331, 333
군공종량軍功從良 15
군보軍保 81
군정軍丁 326, 327
굴원屈原 281
궁노宮奴 231
궁비宮婢 197, 230
권근權近 163
권래權來 167
권벌權橃 167
권붕權鵬 196
권사협權思浹 166, 167
권상원權尙遠 166, 167, 168, 170
권여장權汝章 56
권율權栗 52
권응인權應仁 79, 80, 100
권천동權千同 61, 63
권필權韠 56, 455, 467
극치屐齒 69
근광록서近光錄序 263
금가琴哥 196
금강산金剛山 121, 122, 123, 124, 259, 436, 437
금낭錦囊 108
금릉金陵 114
금마문金馬門 159, 363
금선암金仙菴 268
금아金兒 339
금오산金烏山 99, 100, 101
금오서원金烏書院 100
금원禁苑 362
금호문金虎門 262
급암汲黯 90, 91, 371
급회양汲淮陽 90, 91
기려인물도騎驢人物圖 366
기리계綺里季 362, 363
기미驥尾 63
기준紀逡 448
기평시율妓評詩律 472, 476
길재吉再 100
길주서고리吉注書故里 100
김경문金慶門 405, 409, 411, 416, 419
김근공金謹恭 64
김낙서金洛瑞 62, 121, 262, 267, 268, 273
김도헌金都憲 169
김득신金得臣 79
김명국金命國 365, 366
김명희金命喜 121
김배옹金排翁 169, 176
김복성金復性 198
김부륜金富倫 69

김부현金富賢 61, 261, 282, 329, 331, 341
김상묵金尙默 155
김생金生 284
김석주金錫胄 277, 281, 298
김성원金成遠 425
김성일金誠一 69
김세렴金世濂 70
김수金晬 69, 92
김수항金壽恒 282
김숙함金叔涵 391
김시습金時習 297
김씨남정기 22
김양립金楊立 284
김윤명金胤明 142
김응헌金應𢧳 411, 419
김일金鎰 67, 68
김재해金載海 392
김정우金鼎禹 298
김정희金正喜 121, 130, 143, 264
김종수金鍾秀 149, 151
김창업金昌業 282
김창협金昌協 282, 292, 338, 343, 420, 446, 447
김창흡金昌翕 282, 296, 420, 447
김충렬金忠烈 61, 203, 253, 261, 282, 341
김태金泰 25
김태욱金泰郁 267, 272, 273
김택영金澤榮 216

김포金浦 221
김학공전金鶴公傳 23, 25, 27
김홍도金弘道 153
김효일金孝一 203, 215

ⓛ

낙론洛論 447
낙사洛社 203, 210, 291
낙사시사洛社詩社 61
낙송시사洛誦詩社 282
낙하洛下 121, 448
낙형烙刑 38
난익적비難匿赤婢 52
난장亂杖 38
남공철南公轍 111, 112, 113, 114, 115, 149, 151
남교藍橋 463
남궁南宮 216
남기북두南箕北斗 401
남명南冥 91, 93, 100
남목南牧 286
남상교南尙敎 121
남양감목관南陽監牧官 289
남양南陽 276
남언경南彦經 60, 251, 421
남용익南龍翼 166
남유두南有斗 105
남응침南應琛 203

남종현南鍾鉉 151
남초부南樵夫 103
남학명南鶴鳴 420
납공納貢 14
납속수직納贖授職 23
낭선浪仙 71
낭청郎廳 92
낭파郎罷 81
내수사內需司 340, 341
내의원정內醫院正 252
노련老鍊 216
노복가奴僕家 196
노복奴僕 66
노비문학奴婢文學 13, 18
노비일奴婢日 43
노비추쇄도감奴婢推刷都監 39
노비추쇄도감사목奴婢推刷都監事目 40
노수老手 216
노예군奴隸軍 48
노윤적盧允迪 62, 267, 272, 273
노전蘆田 81
녹록碌碌 322
농암農巖 282, 343
농연農淵 447
뇌락牢落 247
뇌환雷煥 318
눌재訥齋 78
능운凌雲 348
니옹泥翁 244

㈦

다산茶山 143
단근형斷根刑 38
단금丹禁 362
단丹 365
단사丹砂 218, 259
단약丹藥 259
단양丹良 29, 31
달마도達磨圖 366
담원춘譚元春 111
답사행踏莎行 469
답왕보경모시집구答王步庚毛詩集句 265
당림唐林 448
당송팔대가唐宋八大家 201
대구속량代口贖良 40
대규戴逵 228
대동大東 401
대동법大同法 437
대마도大馬島 352
대명률大明律 37
대묘동大廟洞 420
대아大雅 266, 451
대안도戴安道 227, 228
대은암大隱岩 436
대청大淸 419
대청황제공덕비大淸皇帝功德碑 310
대호정大湖亭 126
덕원군德源君 334

도가道家　243, 244, 457
도가서道家書　249
도강도渡江圖　146
도규刀圭　444
도란圖蘭　284
도망悼亡　256
도봉산道峯山　434
도연명陶淵明　46, 101, 241
도원수都元帥　52
도잠陶潛　69, 97, 202, 232, 241, 250
도장道長　276
도탄塗炭　45
도필리刀筆吏　58
도화동桃花洞　436
돈점頓漸　206
돈황敦煌　180
돌무적乭無赤　41
동각東閣　186
동곡칠가同谷七歌　235
동릉과東陵瓜　304
동릉후東陵侯　303, 304
동림사東林寺　443
동무음東武吟　361
동방삭東方朔　159
동산銅山　255, 256
동성군東城君　297
동소남董召南　139
동양대감東陽大監　169, 181
동양위東陽慰　197, 202, 230
동옹東翁　331

동원아집東園雅集　151, 155
동철銅鐵　380
동축사東竺寺　286, 288
동타銅駝　304
동평군東平郡　282
동학洞壑　434
동호東湖　183
동호절구東湖絶句　145
두기杜機　120
두목杜牧　200, 201, 462
두보杜甫　108, 136, 201, 222, 235, 247, 328, 446
두성斗星　364
두우斗牛　364
두우杜宇　429
두을죽豆乙粥　414
둔관屯官　372
둔전屯田　355, 372
둔전장屯田長　285
등씨鄧氏　255
등악양루탄관산융마登岳陽樓歎關山戎馬　150
등통鄧通　255, 256

㈁

마니산摩尼山　404, 405
마상봉신설馬上逢新雪　98
마원馬援　139

막부幕府 245
만랑무가漫浪舞歌 78
만리뢰萬里瀨 436
만리萬里 55
만시輓詩 116, 202, 301
만월대滿月臺 304, 305
만적萬積 479
만청曼倩 158
만폭동萬瀑洞 121, 123, 259
망제望帝 429
매성유시서梅聖兪詩序 246
매요신梅堯臣 353
매월당梅月堂 297
매창뜸 464
매창梅窓 453
매창제梅窓祭 455
맹교孟郊 55, 452
맹분孟賁 46, 159, 160
맹상군孟嘗君 397
맹손씨孟孫氏 77
맹자孟子 297
맹호연孟浩然 203
머슴날 43
면천免賤 71, 139
면천첩免賤帖 23
명기名妓 470
명비明妃 278
명시明詩 80
명절名節 231
모살조부모부모조謀殺祖父母父母條 41
모시집구毛詩集句 265
모질耄耋 430
모칭冒稱 23
목극등穆克登 405, 409
목임유睦林儒 279
목호룡睦虎龍 296, 297
무등산無等山 425, 426
무산巫山 280
무열공武烈公 83
무왕武王 100
무진봉사戊辰封事 93
무하유無何有 157
무현금無絃琴 97
묵재默齋 461
묵헌默軒 201
묵형墨刑 37
문곡文谷 282
문공가례 421
문성文誠 100
문제文帝 255, 256
문희文姬 279, 281
물푸레 149
미도媚道 74
미생고微生高 160
미생尾生 160
미인수美人睡 101
미주美酒 463
민암부民巖賦 91

ⓑ

박계강朴繼姜 61, 198, 215, 290, 422
박군성朴君聖 149
박권朴權 405, 409, 419
박규수朴珪壽 264
박도상朴道常 411, 416, 419
박만朴蔓 16, 158, 162
박빈朴彬 124
박사유朴士有 142
박상朴祥 78
박세채朴世采 392
박순朴淳 251, 421
박연朴淵 348
박연폭포朴淵瀑布 349
박영석朴永錫 62
박원종朴元宗 83
박윤묵朴允默 62, 121, 130, 131, 261,
    262, 263, 264, 266, 267, 268, 270,
    271, 272
박인수朴仁壽 61, 63, 64
박정랑朴正郎 169
박제가朴齊家 107
박지원朴趾源 105
박지화朴枝華 61
박찰방朴察訪 169
박치도朴穉度 120
박화락博和諾 285
박효관朴孝寬 455
반석평潘碩枰 16

반송사伴送使 253
반첩여班婕妤 470
방석전고거訪石田故居 165
방외서方外書 244
방외인方外人 445
방장산方丈山 125
배중부裵中孚 163
배항裵航 463
백거이白居易 172, 373
백골징포白骨徵布 326
백기伯奇 46
백대붕白大鵬 16, 55, 61, 198, 251, 422,
    456
백대붕전白大鵬傳 58
백덕栢德 412, 413
백두白頭 415
백두산기白頭山記 405
백두음白頭吟 470
백련사白蓮社 443
백로국白露國 87
백병침채白餠沈菜 49
백사白沙 52
백산白山 412
백설비白雪飛 169, 179
백설산인白雪山人 169, 175
백수白水 419
백아伯牙 96
백아고금伯牙鼓琴 96, 353
백악산인白岳山人 169
백안白眼 233

색 인 493

백어白魚 257
백옥루白玉樓 110
백운사白雲寺 454
백운자白雲子 166
백원百源 143
백이伯夷 100, 128
백이전伯夷傳 204
백저가白苧歌 177
백전白戰 271
백전첩발白戰帖跋 271
백종일百種日 124
백헌白軒 310
번소樊素 172
번천樊川 462
범문정范文程 311
범증範曾 200
벽도화碧桃花 116, 170
벽파僻派 133, 149
벽하담碧霞潭 259
변문變文 71
변재민邊載岷 144
변종운卞鍾運 264
병사丙舍 129
병자호란丙子胡亂 309, 310, 334
병한잡술病閑雜述 471
보강步康 261
보경步庚 261
보다회甫多會 417
보덕굴普德窟 122
보수步廋 261

보파시장補破詩匠 106
복주福州 189
복창福昌 108
본예本藝 268
봉래산蓬萊山 124, 125, 468
봉례협율랑奉禮協律郎 109
봉설逢雪 98
봉운鳳雲 137
봉은사奉恩寺 219
봉인封人 449
봉호蓬壺 124
부도婦道 301
부상扶桑 400
부상榑桑 389
부세賦稅 324
부승負乘 303
부안 삼절扶安 三絕 456
부안扶安 454, 472
부풍시사扶風詩社 455
부풍율회扶風律會 455
북궐北闕 395
북두성北斗星 364, 401
북망산北邙山 231
북유北儒 121
북학파北學派 112
불정대佛頂臺 436, 437
불평원울지기不平冤鬱之氣 65
붕鵬 436
비공입회수형鼻孔入灰水刑 38
비녀婢女 167

비婢 13
비연시사斐然詩社 142
비첩婢妾 167
비해당匪懈堂 284
빙절氷節 302

ⓢ

사검서四檢書 107
사고史庫 405
사구부思舊賦 273
사노비私奴婢 14
사동沙洞 369
사마상여司馬相如 470
사마소司馬昭 234
사마정司馬貞 64
사마천司馬遷 37, 64, 201
사비私婢 40
사소올현沙所兀縣 440
사수복주대보조死囚覆奏待報 41
사암思菴 421
사약司鑰 55
사약체司鑰體 55, 66
사역원司譯院 335
사자관寫字官 284
사춘士春 210
사헌부司憲府 433
사환使喚 159
삭정索靖 304
삭정전索靖傳 304

산수도山水圖 366
산양山陽 273
산음山陰 228
산자고山鷓鴣 466, 468
삼간三竿 426
삼계서원三溪書院 167
삼대三代 73
삼도소모관三道召募官 461
삼부三府 457
삼산여십주三山與十洲 126
삼시三時 256
삼연三淵 282, 447
삼우당三友堂 268
삼월절三月節 239
삼전도三田渡 309
삼전도비三田渡碑 309, 310
삼진三辰 350
삼청동三淸洞 107, 203, 218, 282, 385
삼청三淸 457
삼학사三學士 20, 127, 128, 310
삼협三峽 403
삼흉三兇 48
상대霜臺 433
상매賞梅 429
상산商山 194
상설象設 248
상수向秀 273
상우야음喪耦夜吟 260
상재桑梓 221
상제霜蹄 328

색 인 495

상주尙州 65, 67
상청上淸 457
상촌象村 221
생구生口 16
생학笙鶴 123
서강西江 56
서거정徐居正 143
서경덕徐敬德 421
서경창徐慶昌 62
서계西溪 169
서궁西宮 449
서기徐起 63
서리망국론胥吏亡國論 93
서문중徐文重 281
서복徐福 124
서부주부겸찬수랑西部主簿兼纂修郎 285
서불徐佛 125
서사西社 273
서서棲棲 360
서석대瑞石臺 426
서석산瑞石山 426
서승書僧 283
서시徐市 125
서얼庶孼 73
서얼소통庶孼疏通 294
서얼허통庶孼許通 107
서예胥隷 67
서왕모西王母 470
서우관徐雨觀 454

서원시사西園詩社 142
서위徐渭 111
서익徐翊 57
서진西晋 227
서출庶出 71, 79
서형수徐瀅修 149
서회徐晦 97
석서碩鼠 370, 371
석전石田 167
석주石洲 467
석천石川 466
석천石泉 167
선구仙區 123
선도仙桃 470
선상노비選上奴婢 14
선禪 206
선소곡仙韶曲 122
선암船庵 123, 124
선약仙藥 218
선유관宣諭官 461
선인仙人 259
설도薛濤 470
설죽雪竹 167
설중귀려도雪中歸驢圖 366
설창雪窓 167
설초雪蕉 208
섬초蟾初 453
성기聖期 338
성대중成大中 277, 279, 296, 344
성령론性靈論 143

성로成輅　167
성무애락론聲無哀樂論　235
성밟기　348
성비聲婢　164
성산별곡星山別曲　425
성성옹惺惺翁　468
성수시화惺叟詩話　78, 467
성여학成汝學　432
성제成帝　318
성해응成海應　62, 63
성혼成渾　461
세굉世宏　368, 399
세덕사世德祠　32
세범世範　368, 399
세심대洗心臺　436
세전법世傳法　15, 71
소군昭君　278
소리蘇李　452
소만小蠻　172
소무蘇武　452
소문사학사蘇門四學士　468
소민小民　89
소반小弁　221
소백산小白山　415
소백小白　417
소소蘇小　470
소식蘇軾　96
소아小雅　451
소아騷雅　451
소왕昭王　330, 389

소요유逍遙遊　157, 437
소이창蘇二昌　411, 416, 419
소재穌齋　264
소정蘇頲　452
소진蘇秦　316, 397
소평邵平　303, 304
소헌翛軒　388
속량贖良　26, 282
손곡蓀谷　78
솔거노비率居奴婢　15
송강정松江亭　425
송경松京　64
송규렴宋奎濂　161
송석원松石園　267, 268, 273
송석원시사松石園詩社　61, 62, 102, 267, 294
송설체松雪體　93
송세림宋世琳　432
송시열宋時烈　128, 161
송준길宋浚吉　161
송혜상宋惠湘　278
쇄혼교鎖魂橋　98
수계修禊　452
수구水溝　396
수리數里　261, 273
수림정樹林亭　441
수부秀夫　253
수성동水聲洞　110, 131, 268, 269
수성동기遊水聲洞記　270
수성隋城　253

색 인　497

수안遂安 433	시청비侍廳婢 167
수양산首陽山 99, 100, 128	시투詩鬪 79
수졸守拙 201	시파時派 133
수청탄水靑灘 149	식암息庵 277
수하隨何 263	식영정息影亭 425
수헌거사樹軒居士 268	식영정십팔영息影亭十八詠 425
숙손씨叔孫氏 77	신계현新溪縣 440
숙제叔齊 100, 128	신계후전申繼後傳 27
순량順良 29, 33	신공身貢 23
순안사巡按使 57	신광수申光洙 120, 150, 154
순우분淳于棼 87	신니옹申泥翁 244
순욱荀勖 360	신돈복辛敦復 392
술부述夫 250, 331	신력탄新曆嘆 85
술지述志 363	신륵사神勒寺 149
숭례문崇禮門 329	신릉군信陵君 360
습유拾遺 318	신서호申西湖 169
승주承冑 202	신소원辛昭媛 230
승태承太 202	신위申緯 264
시귀詩鬼 108	신유申濡 245
시기詩妓 230	신유한申維翰 16
시노寺奴 40	신익성申翊聖 197, 202, 203, 221, 230
시벽詩癖 108	신정申晸 279
시보서재施普書齋 350	신해神解 206
시불詩佛 108	신흠申欽 202, 204, 216, 221, 251
시비侍婢 167	신흥사新興寺 429
시사詩社 61, 271, 423	실공노비實貢奴婢 40
시선詩仙 108	실록감인원實錄監印員 202, 248, 249
시성詩聖 108	심로숭沈魯崇 107, 131, 134, 135
시위侍衛 405	심산행려도深山行旅圖 366
시참詩讖 111	심생沈生 169

심수재沈秀才　169
심양瀋陽　101, 310, 311
심열沈悅　64
심전사沈傳師　97
심환지沈煥之　133
심희수沈喜壽　58, 59
십주기十洲記　243
쓰시마　283

ㅇ

아봉阿鳳　384
아신왕阿莘王　440
악부樂府　360
악세鄂世　405, 409
안민영安玟英　455
안민학安敏學　132
안배옹安排翁　169, 174
안산 15학사　120
안산문단安山文壇　120
안서雁書　177, 305
안석경安錫儆　27
안신휘安愼徽　284
안영晏嬰　46
안왕거安往居　454
안정복安鼎福　120
안주安州　213
안침安琛　93
안평대군安平大君　284
안회顔回　46

안휘성安徽省　200
알씨閼氏　417
압록鴨綠　410
압슬壓膝　38
애도문哀悼文　132
애순愛順　411
애절양哀絶陽　80
야도랑夜度娘　352
야은冶隱　100
양경우梁慶遇　78
양관陽關　180
양근陽根　80, 81, 137, 148
양근초부楊根樵夫　137
양근현楊根縣　155
양기楊基　77
양대박梁大樸　79
양류지사楊柳枝詞　172, 424
양박편良璞篇　391, 392
양사복楊嗣復　97
양송천梁松川　466
양양도중襄陽途中　423
양예수楊禮壽　421
양왕襄王　280
양웅揚雄　205
양자운揚子雲　205
양주가학楊州駕鶴　88, 222
양중羊仲　255
양황鑲黃　278
어계강語溪江　312
어무적魚無迹　16, 71, 79, 80

색　인　499

어세겸魚世謙 93, 94
어숙권魚叔權 79, 84
어잠부魚潛夫 78
얼현孼玄 16, 164, 167
업동業全 61, 420
에도 283, 389
여동식呂東植 138, 153
여만영呂萬永 138
여민락與民樂 126
여비女婢 163
여상廬上 99
여성제呂聖齊 138
여손呂巽 234
여안呂安 234, 273
여주驪州 149, 248
여춘영呂春永 138, 152, 153
여한구대가麗韓九大家 216
여항문학閭巷文學 17, 62
여항시인閭巷詩人 17, 262
역관譯官 17, 260, 331
역노비驛奴婢 39
역성혁명易姓革命 100
역참驛站 178
연국공燕國公 452
연담蓮潭 366
연대燕臺 330
연산군燕山君 75
연실練實 314
연안延安 102
연연蓮淵 409

연하煙霞 306
연향連香 41
연허燕許 452
연형連衡 316
연화재 고개 35
열금 20
염곡칠가鹽谷七歌 373, 376
염琰 281
염체奩體 217
영고숙潁考叔 449
영곡봉인潁谷封人 449
영광靈光 23
영국동寧國洞 434
영국사寧國寺 434
영류왕營留王 123
영릉寧陵 248
영물詠物 351, 359
영사詠史 397
영숙英叔 201
영창대군永昌大君 222
영천암靈泉庵 223
예주蕊珠 442
오가작통五家作統 81, 92
오강정烏江亭 201
오강회고烏江懷古 199
오계浯溪 216
오광운吳光運 198
오나총관烏喇總管 405
오달제吳達濟 20, 128
오라총관烏喇總管 409

오릉五陵 260
오리梧里 437, 438
오봉산五峰山 429
오승포五升布 19
오시천五時川 412
오악五嶽 248
오윤겸吳允謙 20
오준吳竣 284, 310
오추마烏騅馬 200
오형五刑 37
오희문吳希文 20, 21
옥경산방玉磬山房 268, 269
옥계시사玉溪詩社 267
옥구沃溝 336
옥류동玉流洞 131, 203, 268
옥문관玉門關 180
옥백玉帛 400
옥수동玉水洞 146
옥여玉汝 461
옥인동玉仁洞 204
옥저玉杵 463
옥정玉井 218
옥청玉淸 457
옥황玉皇 85
와우의중臥牛衣中 325
와치회양臥治淮陽 91
완산完山 186
완암浣巖 324
완약파婉約派 468
완적阮籍 104, 161, 233

왕보경王步庚 265
왕부王符 93, 94
왕안석王安石 201
왕유王維 108, 110, 180, 203, 448
왕자유王子猷 228
왕장경王章京 280
왕장王章 325
왕장王嬙 278
왕적신王積薪 336
왕태王太 16, 62, 261, 266, 272, 273, 274
왕후장상 479
왕휘지王徽之 228
외거노비外居奴婢 15
외금강外金剛 436
용공龍公 246
용만가龍灣歌 387
용면거사龍眠居士 246
용주龍洲 245
용천검龍泉劍 318
우도가牛島歌 78
우불吁咈 86
우산牛山 397
우상경虞尙卿 280
우성牛星 364
우의牛衣 325
우이동牛耳洞 426
우졸迂拙 320
우천隅川 370
우탁牛鐸 360

색 인 501

운기耘岐 102, 103, 136
운봉雲峰 169, 175, 176
운붕雲鵬 58
운선雲仙 189
운영雲英 463
운장雲長 119
운포雲浦 153
울산감목관蔚山監牧官 286
원가행怨歌行 470
원공遠公 443
원관院官 284
원굉도袁宏道 111
원문轅門 213
원사怨詞 181
원외랑員外郞 452
원외員外 452
원유遠遊 167
원제元帝 278
원추鵷鶵 314
월계月溪 427
월계협月溪峽 139, 148
월연月蓮 167
월요가越謠歌 97
월정月精 470
월족형刖足刑 38
월지국月氏國 446
월하독작시月下獨酌詩 68
위성곡渭城曲 180
위심違心 87
위요역衛耀驛 278

위응물韋應物 110
위진남북조魏晉南北朝 233
위책魏策 316
위항委巷 102, 271, 422
유관柳灌 48
유교칠신遺敎七臣 222
유득공柳得恭 106, 107, 151, 268
유란동幽蘭洞 436
유몽인柳夢寅 67, 197, 199, 420, 421
유미암柳眉庵 47
유민탄流民嘆 77, 78, 89
유방劉邦 200, 201
유술부庾述夫 250
유언호兪彦鎬 105, 106, 151
유연노인悠然老人 142
유영劉伶 442
유윤길劉允吉 416
유의경劉義慶 234
유인숙柳仁淑 48
유재건劉在建 56, 108, 138, 142
유찬홍庾纘弘 61, 202, 203, 250, 261, 282, 331, 332, 333, 341
유천운劉天雲 276
유하柳下 276, 296
유하정柳下亭 285
유하혜柳下惠 77
유향劉向 123
유희경劉希慶 16, 56, 59, 198, 251, 252, 290, 420, 455, 456, 465
유희경전劉希慶傳 421

육가陸賈　210, 263
육가잡영六歌雜詠　252
육유陸游　210
윤공비尹公碑　454
윤광심尹光心　145, 149
윤광의尹光毅　198, 199
윤근수尹根壽　245
윤기尹愭　113
윤문자尹文子　86
윤비尹碑　467
윤순지尹順之　202
윤원형尹元衡　48
윤임尹任　48
윤정현尹定鉉　263, 264
윤지완尹趾完　283
윤집尹集　128
윤필료潤筆料　283
윤행임尹行恁　67, 68, 149, 150, 262
윤홍찬尹弘璨　290
율려습독관律呂習讀官　72
율리栗里　100
율양溧陽　452
율양위溧陽尉　452
은선대隱仙臺　436
은일월殷日月　128
은첨銀尖　300
을사사화乙巳士禍　48
응길應吉　60, 251, 420
의고擬古　208
의비형劓鼻刑　38

의영고주부義盈庫主簿　285
의종毅宗　123
의주義州　24, 285, 386, 387, 402
이경민李慶民　65, 110, 111, 274
이경석李景奭　203, 204, 252, 268, 310, 311, 312
이경연李景淵　62, 267
이경전李慶全　311
이경직李景稷　312
이계耳谿　426
이곤수李崑秀　149
이공린李公麟　246
이공좌李公佐　87
이광좌李光佐　286
이궁별관離宮別館　425
이귀李貴　455, 461
이규명李奎明　282
이규보李奎報　87
이규상李奎象　105
이긍익李肯翊　13, 229, 230, 253, 254, 284, 311
이기李芑　48
이기축李起築　139
이난향　48
이단전李亶佃　16, 101, 108, 111, 121, 152
이달李達　78, 79
이덕무李德懋　66, 67, 77, 78, 80, 85, 87, 88, 103, 105, 106, 107, 112, 115, 137, 148, 230, 231, 259, 260, 296,

색인　503

297, 298, 329, 423
이덕산李德山 169, 172
이덕형李德泂 47
이득원李得元 202, 210
이릉李陵 452
이만용李晚用 121
이문학관吏文學官 283
이발李潑 69
이백李白 68, 108, 218, 360, 361, 363, 446
이상길李尙吉 420
이상사李上舍 169, 180
이상원李相源 121
이선부李善溥 409, 419
이세李勢 403
이소離騷 281, 334
이수광李睟光 42, 100, 251, 421, 446
이수장李壽長 284
이식李植 60, 215, 216, 451, 453
이십팔수二十八宿 364
이여인李汝仁 467
이연년李延年 387
이옥여李玉汝 458
이용휴李用休 116, 117, 120
이원익李元翼 437, 438
이원형李元亨 454, 467
이유수李惟秀 151
이의복李義馥 411, 416, 419
이의수李宜秀 267, 272, 273
이의현李宜顯 198

이이엄而已广 264, 273
이이李珥 461
이이첨李爾瞻 61, 422, 449
이익李瀷 43, 47, 64, 65, 113
이익지李益之 78
이자현李資玄 430
이장길李長吉 108
이재彛載 152, 156
이정구李廷龜 216
이정李精 198
이정離亭 425
이정里正 81
이제신李濟臣 72, 100
이중二仲 255
이충순李忠順 57, 58
이탕종李湯從 454
이필한李㻶漢 136
이하李賀 108
이항복李恒福 52
이항李杭 282
이해조李海朝 23, 27
이형암李炯菴 103
이화우梨花雨 454, 459
이황李滉 69
이효칙李孝則 79
이후노李後老 276, 404
익주翼珠 297
익하翊夏 276
인목대비仁穆大妃 222, 449
인병간비因病奸婢 51

인상여藺相如 389
인왕산仁王山 130, 131, 267, 332, 436
인왕제색도仁王霽色圖 130
인헌因軒 102
일몽一夢 105
일민逸民 451
일본 통신사日本通信使 389
일상삼간日上三竿 426
일섭원日涉園 268
일천즉천一賤卽賤 14
일행서一行書 178
임광택林光澤 294
임득명林得明 62
임득충林得忠 330
임방任埅 164
임숙영任叔英 251, 445, 446
임시발任時發 264
임억령林億齡 425, 466
임원준林元俊 211
임유林瑜 142
임자소林子昭 261, 336, 342
임정랑林正郎 169
임정任珽 120
임정자林正字 177, 465
임준원林俊元 61, 202, 238, 261, 267, 282, 340
임준원전林俊元傳 253
임진왜란壬辰倭亂 65, 432
임진촌臨津村 257, 258
임천상任天常 105, 113, 135, 136

임천林川 55

㉣

자경문自警文 288
자고사鷓鴣詞 277, 278
자고鷓鴣 468
자급資級 60
자락自樂 319
자소子紹 208, 261, 336, 340, 341
자소紫霄 362
자소自笑 328
자양산紫陽山 374
자운子雲 205
자위慈闈 236
자적自適 317
자제군관子弟軍官 283
자조自嘲 328
자하紫霞 264
작교선鵲橋仙 469
작매부斫梅賦 76, 77, 80, 83
잠두蠶頭 78
잠부론潛夫論 94
잠부潛夫 71, 93
잠삼岑參 203, 298
잠승록균헌시潛僧綠筠軒詩 96
잠실음형蠶室淫刑 81
장건張騫 420, 446
장경長慶 205
장공자張公子 446

장군수將軍水 124
장녹수張綠水 75
장동壯洞 448
장동팔경첩壯洞八景帖 131
장령長嶺 410
장뢰張耒 468
장백산長白山 405, 412
장안長安 224, 260, 363
장열張說 452
장예원掌隸院 15, 47
장용영壯勇營 263
장욱張旭 77
장유張維 216, 311
장유長孺 91
장의열전張儀列傳 316
장의張儀 316
장자莊子 226
장책초은사杖策招隱士 227
장혼張混 62, 121, 137, 262, 264, 266, 267, 269, 272, 273
장화열전張華列傳 318
장화張華 148, 318
장효무張孝懋 142
재상경차관災傷敬差官 92
저광희儲光羲 448
적취원積翠園 268
적토마赤兎馬 118, 119
전금展禽 77
전등傳燈 254
전민변정도감田民辨正都監 14, 39

전백영全伯英 39
전생全生 29
전함사典艦司 56
절비折臂 97
절양絶陽 80
절파화풍浙派畫風 366
절필絶筆 129
절필시絶筆詩 464
정계비定界碑 405
정계鄭棨 99
정궁正宮 395
정남수鄭枏壽 252
정내교鄭來僑 204, 211, 253, 283, 294, 296, 299, 324, 325, 340, 342
정담수鄭聃壽 203
정두경鄭斗卿 333, 334
정묘병란丁卯兵亂 222
정민교鄭敏僑 376
정봉鄭鳳 138, 153
정선鄭敾 130
정송강유적鄭松江遺蹟 425
정순붕鄭順朋 48
정애남鄭愛男 198
정약용丁若鏞 80, 143
정양사正陽寺 124
정언음鄭彦窨 198
정업원淨業院 61, 422
정예남鄭禮男 203, 215, 396, 397
정옥서鄭玉瑞 16, 197
정왕鄭王 108

정윤수鄭崙秀 139
정응두丁應斗 196
정이조丁彛祚 121
정일鄭逸 151
정장亭長 200
정절운靖節韻 250
정철鄭澈 425
정초부鄭樵夫 16
정초부와 전錢이란 시제詩題 140
정치鄭致 56, 61, 68, 252, 422
정포鄭浦 137
정현鄭玄 168
정혜경鄭惠卿 400
제갈량諸葛亮 139
제계문란시후題季文蘭詩後 278
제노문祭奴文 44, 46
제복장祭服匠 423
제술관製述官 284
제안관齊安館 441
제안대군齊安大君 75
제염虀鹽 273
제화시題畫詩 395
조경趙絅 203, 245
조관기행漕官紀行 458
조균朝菌 127
조령별장鳥嶺別將 274
조만영趙萬永 121
조맹덕曹孟德 278
조명교曹命敎 198
조벽趙璧 389

조보지晁補之 468
조비연趙飛燕 470
조삼朝三 283
조선통신사朝鮮通信使 284
조성기趙聖期 338
조성趙娍 34
조수삼趙秀三 62, 102, 105, 113, 120, 135, 145, 262, 267
조수재趙秀才 169
조식曹植 91, 93, 100
조신曺伸 93
조언림趙彦林 120
조여수曹汝秀 266
조운漕運 148, 149
조인영趙寅永 121
조조曹操 281
조창회趙昌會 276, 298, 404
조태상趙台相 411, 416, 419
조태억趙泰億 389
조후條侯 255
조희룡趙熙龍 121, 136, 274
조희일趙希逸 311
존재存齋 130, 264
졸수재拙修齋 337, 338
졸옹拙翁 207
종모법從母法 276
종모종량법從母從良 14
종부법從父法 14
종성鍾惺 111
종심從心 247

색 인 507

종자기鍾子期　96, 353
종회鍾會　234
좌사左思　226, 227, 228
좌현왕左賢王　281
주발周勃　263
주부자朱夫子　289
주사主事　405
주사청루酒肆靑樓　171
주성酒聖　355
주아부周亞夫　255, 256
주운전朱雲傳　318
주운朱雲　318, 319
주의식朱義植　393
주이존朱彛尊　80
주자朱子　374
주화론主和論　310
주흘산主屹山　80
주희朱熹　289
죽남竹南　284
죽당竹堂　244
죽림칠현竹林七賢　161, 233
죽실竹實　315
죽재竹齋　210
준원俊元　336
중구일重九日　212
중노미　261
중양절重陽節　66, 212
중인계층　61
중향성불토국衆香佛土國　122
중향성衆香城　122

중흥사中興寺　443
증가기계생贈歌妓桂生　455
증민烝民　266
증천향여반贈天香女伴　455
지덕구池德龜　62
지도성池道成　62
지산芝山　105
지순智舜　232
지원芝園　120
지음知音　98, 209, 353
지장봉地藏峯　124
지조암指爪庵　347
지족사智足寺　435
지한상池翰祥　62
지한智閑　347
직소폭포直沼瀑布　456
진관산眞觀山　336
진관秦觀　468
진락眞樂　105
진락선생묘지명眞樂先生墓誌銘　105
진사도陳師道　446
진숙晉肅　109
진시황秦始皇　124
진안군鎭安郡　48
진양형제도晉陽兄弟圖　78
진인眞人　218
진자점榛子店　278
진자陳子　353
진풍채요陳風採謠　198
진회秦淮　278

진회해秦淮海 468
징청방澄淸坊 56

ㅊ

차좌일車佐一 62, 262, 267
차천로車天輅 251
찰방察訪 178
참성단塹星壇 404
참포관소塹浦官沼 33
창덕궁昌德宮 262
창랑滄浪 276, 341
창록蒼麓 260
창생고蒼生苦 89
창생난蒼生難 89
창애蒼崖 253
창오蒼梧 444
창춘원暢春苑 410
채염蔡琰 279
채옹蔡邕 279, 281
척독尺牘 467, 469
척안隻眼 260
천기론天機論 290
천기天機 261, 376
천녕川寧 201
천루賤陋 74
천마산성天磨山城 348
천상수문天上修文 110
천수경千壽慶 62, 102, 114, 115, 116, 121, 124, 125, 126, 127, 128, 129, 158, 262, 273
천예賤隷 16, 466
천자수모법賤者隨母法 14
천적賤籍 40
천지天池 409
천출賤出 55
천향天香 453
청강淸江 72
청기靑旗 460
청담淸淡 233
청루靑樓 171
청릉군靑陵君 297
청명당淸明黨 149
청묘淸廟 292
청성淸城 277, 282
청성靑城 277
청심루淸心樓 145
청안靑眼 233
청평사淸平寺 429
청평식암淸平息菴 430
청풍계淸風溪 436
청풍사단淸風社團 436
청환淸宦 72
초부시권樵夫詩卷 151
초부樵夫 105, 138
초사楚辭 334
초운상우楚雲湘雨 280
초운楚雲 280
초은시招隱詩 226, 227, 228
초은편招隱篇 226

색 인 509

초정행초丁行　326
초제招提　443
초초悄悄　174
초택草澤　291
촌은村隱　60, 251, 420
최경흠崔景欽　198
최기남崔奇男　16, 61, 198, 201, 203,
　　204, 205, 206, 207, 217, 226, 228,
　　229, 230, 231, 232, 233, 235, 237,
　　238, 241, 243, 246, 247, 248, 249,
　　250, 260, 290, 329, 340, 421, 422
최대립崔大立　61, 198, 203, 253, 259,
　　260, 261, 282, 341
최명길崔鳴吉　310
최북崔北　62, 113
최석정崔錫鼎　285
최성대崔成大　120
최승주崔承胄　209
최승태崔承太　61, 208, 253, 261, 282,
　　290, 291, 329, 331, 341
최익현崔益鉉　139
최치원崔致遠　284
최호崔灝　245
추노계 소설推奴係 小說　22
추노推奴　22
추사秋史　264, 274
추사秋思　164, 166
추쇄推刷　22
추일秋日　59, 65
추雛　200

춘양春陽　57
춘옹春翁　331, 332
춘우春牛　374
출새가出塞歌　387
충비 갑연지비忠婢甲連之碑　35
충비단양지비忠婢丹良之碑　31
충비순량순절지연忠婢順良殉節之淵
　　34
충비전생忠婢全生　29
충비忠婢　29
충암　78
충재冲齋　167
취가행醉歌行　328
취선翠仙　167
취죽翠竹　165
취중유별영숙자리醉中留別永叔子履
　　353
측상厠上　99
치마바위　421
치사致仕　121
칠송七松　177
칠실지우漆室之憂　375
칠현도망시七賢悼亡詩　272
침류대기枕流臺記　421
침류대枕流臺　61, 421, 446
침상枕上　99

ⓔ

타춘打春　374

탁문군卓文君 470
탁왕손卓王孫 470
탄금대彈琴臺 23, 27
탐화광접探花狂蝶 173
탕지장蕩之章 266
태배笞背 38
태사공太史公 63, 420
태사太史 85
태아太阿 318
태웅泰雄 450
태청太淸 457
태항로太行路 373
태항산太行山 373
태화산太華山 218
택당澤堂 215, 216
토계土階 86
토우인土偶人 397
통군정統軍亭 402
통례원인의通禮院引義 285
통정대부通政大夫 60, 422
통청운동通淸運動 294
퇴고推敲 109

ⓟ

파교灞橋 98, 99
파릉灞陵 98
팔당대교八堂大橋 148
팔사八蜡 313
팔시八時 256

팔조법금八條法禁 14
패관잡기稗官雜記 83
팽택령彭澤令 101
평양성平壤城 438
폐모론廢母論 449
폐비사건廢妃事件 222
포관抱關 360
포박자抱朴子 259
포석정鮑石亭 396
포소륜布蘇倫 405, 409
포숙鮑叔 159, 160
포어鮑魚 396
표훈사表訓寺 122
풍류향도風流香徒 60, 68, 198, 251
풍수지리風水地理 297
풍월향도風月香徒 59, 422, 423, 452
피휘避諱 109
필운대弼雲臺 107, 203
필한疋漢 102

ⓗ

하육夏育 46
하황공夏黃公 362, 363
학명장鶴鳴章 266
학산鶴山 392
한구자韓構字 290
한무제漢武帝 160, 470
한문사대가漢文四大家 216
한백첨韓伯瞻 142

색 인 511

한상漢相　261
한식도중寒食途中　231
한유韓愈　108
한익지韓益之　57
한전론限田論　44
한정閑丁　327
한준겸韓浚謙　455
한치원韓致元　121
한퇴지韓退之　78
한평공韓平公　451
한후명韓厚明　432
함자銜字　109
함종咸從　71
합종合縱　316
항동巷東　329, 331
항아姮娥　470
항오亢傲　332
항우項羽　200, 201
항통缿筩　327
해동유주海東遺珠　292
해미현海美縣　22
해사海槎　70
향금香今　453
향렴체香奩體　217, 223
향설香雪　423
향월向月　51
허국공許國公　452
허균許筠　55, 78, 79, 143, 228, 454, 455, 456, 458, 466, 467, 468, 469, 471
허랑許欜　411, 416, 419

허봉許篈　59
허부許負　255
허산전許山前　71
허성許筬　63, 65, 67, 70, 71
허억건許億健　63
허천강虛川江　412
헐성루歇惺樓　124
현포玄圃　444
현헌玄軒　204
협률랑協律郞　452
협률協律　452
형가荊軻　346, 365
형산荊山　393
형전刑典　37
혜강嵇康　104, 161, 233, 234, 273
혜문왕惠文王　316
혜산惠山　410
혜원慧遠　443
혜환 선생惠寰先生　116, 117
호가십팔박胡笳十八拍　281
호가胡笳　281
호곡胡曲　387
호락논쟁湖洛論爭　447
호북성湖北省　391
호승胡僧　394
호정주인湖亭主人　169
호해胡亥　77
홍광서洪光緖　276, 404
홍등가紅燈街　171
홍만종洪萬宗　230

홍문연鴻門宴 200
홍문鴻門 200, 201
홍서봉洪瑞鳳 432
홍성군洪城郡 320
홍세굉洪世宏 276
홍세범洪世範 276
홍세태洪世泰 16, 61, 113, 152, 204, 210, 211, 253, 261, 276, 278, 283, 286, 287, 296, 298, 299, 300, 301, 302, 303, 304, 305, 306, 307, 308, 312, 315, 316, 318, 319, 320, 321, 322, 323, 326, 327, 328, 329, 330, 331, 337, 339, 340, 341, 343, 344, 345, 346, 347, 348, 349, 350, 352, 353, 354, 355, 356, 357, 358, 363, 364, 365, 367, 368, 369, 370, 371, 372, 373, 376, 377, 378, 379, 380, 381, 382, 383, 384, 385, 386, 387, 388, 390, 391, 394, 395, 396, 398, 400, 401, 402, 403, 404, 405, 420
홍습洪濕 48
홍양현洪陽縣 320
홍양호洪良浩 426
홍여하洪汝河 57, 58
홍익한洪翼漢 128
홍자호洪自灝 276
홍주洪州 320
홍준래洪俊來 41
홍중인洪重寅 166
홍태고洪太古 57

화관華館 120
화서華胥 87
화씨벽華氏璧 33
화씨和氏 389
화엄칠조華嚴七祖 258
화제畫題 155, 367
화조花鳥 431
화피덕樺皮德 413
환공桓公 160, 398
환벽당環碧堂 425
환온桓溫 403
환재瓛齋 264
황각黃閣 437
황강黃岡 441
황구첨정黃口簽丁 326, 327
황국黃菊 303
황동로 추노사건 23
황룡사장육상조皇龍寺丈六像條 286, 288
황보단皇甫湍 32
황보석皇甫錫 32
황보식皇甫湜 108
황보억皇甫億 32
황보인皇甫仁 31
황보흠皇甫欽 32
황산곡黃山谷 446
황윤석黃胤錫 144
황정견黃庭堅 468
황주黃州 441
황학루黃鶴樓 245

색 인 513

회양태수淮陽太守 371	후영侯嬴 360
회해거사淮海居士 468	후직后稷 354
횡성현橫城縣 370	흑의지열黑衣之列 58
횡취곡橫吹曲 387	희수稀壽 247
효량孝良 71	희시戱詩 161
효전孝田 131	희춘希春 47
후생侯生 360	

노비문학산고

초판 1쇄 인쇄일	| 2012년 4월 26일
초판 1쇄 발행일	| 2012년 4월 27일

지은이	| 이상원
펴낸이	| 정구형
출판이사	| 김성달
편집이사	| 박지연
책임편집	| 정유진
본문편집	| 이하나 이원숙
디자인	| 김현경 장정옥 조수연
마케팅	| 정찬용
영업관리	| 김정훈 권준기 정용현 천수정
인쇄처	| 월드문화사
펴낸곳	| **국학자료원**

등록일 2006 11 02 제2007-12호
서울시 강동구 성내동 447-11 현영빌딩 2층
Tel 442-4623 Fax 442-4625
www.kookhak.co.kr
kookhak2001@hanmail.net

ISBN	| 978-89-279-0175-4 *93800
가격	| 38,000원

* 저자와의 협의하에 인지는 생략합니다.
 잘못된 책은 구입하신 곳에서 교환하여 드립니다.